ANTIMODERNISMUS UND REFORM

D1668466

ANTIMODERNISMUS UND REFORM

Zur Geschichte der deutschen Heimatbewegung

Herausgegeben von
EDELTRAUD KLUETING

WISSENSCHAFTLICHE BUCHGESELLSCHAFT
DARMSTADT

Einbandgestaltung: Studio Franz & McBeath, Stuttgart.

Einbandbild: Eckhard Jacobsen, Gütersloh.

Die Deutsche Bibliothek – CIP-Einheitsaufnahme

Antimodernismus und Reform: zur Geschichte
der deutschen Heimatbewegung / hrsg. von
Edeltraud Klueting. – Darmstadt: Wiss. Buchges.,
1991
   ISBN 3-534-11528-7
   NE: Klueting, Edeltraud [Hrsg.]

Bestellnummer 11528-7

Das Werk ist in allen seinen Teilen urheberrechtlich geschützt.
Jede Verwertung ist ohne Zustimmung des Verlages unzulässig.
Das gilt insbesondere für Vervielfältigungen,
Übersetzungen, Mikroverfilmungen und die Einspeicherung in
und Verarbeitung durch elektronische Systeme.

© 1991 by Wissenschaftliche Buchgesellschaft, Darmstadt
Gedruckt auf säurefreiem und alterungsbeständigem Bilderdruckpapier
Gesamtherstellung: Wissenschaftliche Buchgesellschaft, Darmstadt
Printed in Germany
Schrift: Garamond, 9.5/11

ISBN 3-534-11528-7

INHALT

VORWORT

Von Edeltraud Klueting

Antimodernismus und Reform – die Zusammenstellung der beiden heterogenen Begriffe im Titel einer Geschichte der deutschen Heimatbewegung mag auf den ersten Blick Erstaunen auslösen. Die deutsche Heimatbewegung wird zwar oftmals mit dem pauschalen, als Vorwurf gemeinten Urteil der Fortschrittsfeindlichkeit belegt, hingegen ist der Begriff der Reform weder im Selbstverständnis der institutionalisierten Heimatpflege noch in der Außensicht des unbeteiligten Betrachters als Charakteristikum der deutschen Heimatbewegung verankert. So ist es – um das als Erklärung für den Titel vorwegzunehmen – ein bemerkenswertes Ergebnis, daß keiner der Autoren dieses Sammelbandes den generellen Antimodernismus-Vorwurf bestätigen konnte. Vielmehr findet sich in der Mehrzahl der Beiträge die Feststellung, daß die Heimatbewegung *eine* Antwort der Moderne auf die Wandlungen des Industriezeitalters war. Zur Kennzeichnung ihrer Ambivalenz wird der Begriff der „rückwärtsgewandten Fortschrittlichkeit" (Harm Klueting) geprägt. Er beschreibt das Grundmuster des Verhaltens der Heimatbewegung, die zur Bewältigung der Probleme der Gegenwart auf Formen der Vergangenheit zurückgreift. Dieser Rückgriff geschieht nicht in der Absicht der emotionalen und romantisierenden Verklärung der Vergangenheit, sondern stellt einen Versuch rationaler Daseinsgestaltung als Gegenentwurf zum Industrialisierungsprozeß des 19. Jahrhunderts dar.

Der Konflikt zwischen Traditionalismus und Modernismus, zwischen Bewahren und Gestalten, durchzieht die Geschichte der Heimatbewegung von ihren Anfängen bis zu der heutigen Praxis der Heimatpflege, die lokal in den Heimatvereinen und regional in den Heimatbünden organisiert ist. Das Titelbild dieses Bandes nimmt den Konflikt in graphischer Form auf. Es zeigt Objekte der Denkmalpflege und des Naturschutzes – die zentralen Aufgabengebiete der Heimatpflege – als idyllisches Ensemble unter einer Käseglocke, die halb geöffnet ist. Es gibt nur die Alternative: entweder wird die konservierende Glocke übergestülpt oder weggezogen. Die Entscheidung der gegenwärtigen Heimatpflege (ebenso auch die gestalterische Idee des Graphikers) ist eindeutig: die zugleich schützende und isolierende Hülle wird entfernt, um die Auseinandersetzung der Heimatbewegung mit der sie umgebenden Lebenswelt zu ermöglichen.

Die Heimat-Diskussion der letzten beiden Jahrzehnte – beginnend 1971 mit

Alexander Mitscherlichs „Hauptworte, Hauptsachen: Heimat. Nation" – hat die unterschiedlichen Entwürfe von Heimat vergegenwärtigt. Die damit entfachte intensive Auseinandersetzung mit dem Begriff Heimat hat gezeigt, daß das Heimatverständnis den Veränderungen in der historischen Situation unterworfen ist. Der Wandel des Bedeutungsinhalts von „Heimat" reflektiert das Selbstverständnis und die geistige Situation einer Zeit.

Der Begriff Heimat erschöpft sich nicht in seiner umgangssprachlichen emotionalen Bedeutung. Ohne den zahlreichen Begriffsdefinitionen und Bedeutungsumschreibungen, die mit dem Grimmschen Wörterbuch einsetzen, noch eine weitere hinzufügen zu wollen, sei doch knapp der gegenwärtige Diskussionsstand resümiert. Heimat wird allgemein verstanden als ein Raum, in dem jemand geboren ist oder dem er sich durch längeren Aufenthalt zugehörig fühlt. Wichtig dabei scheint, daß „Heimat" keine objektiv gegebene Größe darstellt, sondern nur in Abhängigkeit von dem subjektiven Moment, dem Gefühl der Zugehörigkeit des Menschen zu einem bestimmten Raum, existiert. Heimat kann so auch „von der Person her als zu gewinnender sozialkultureller Satisfaktionsraum"[1] definiert werden.

Die Erfahrung von Heimat wird in vier Dimensionen gemacht: im Raum, in der Zeit, im sozialen Umfeld und in den kulturellen Bindungen. Das Heimatbewußtsein bezieht sich in erster Linie auf einen Raum. Es ist kein geographisch exakt zu definierender Raum, sondern ein wandelbarer funktionaler Lebensraum. Die räumliche Ausdehnung von Heimat läßt sich weder exakt abgrenzen noch ein für allemal fixieren – etwa auf den Geburtsort. Als Konsequenz aus dieser Feststellung hat sich die Vorstellung entwickelt, das Heimatbewußtsein entwickele sich und „wachse" gleichsam in konzentrischen Kreisen: beginnend mit dem Haus und der Nachbarschaft führe es über den Ortsteil oder den Ort hin zu einem „Landesbewußtsein" für ein historisches Territorium oder ein Bundesland, um schließlich in dem Nationalbewußtsein und dem Europa-Bewußtsein zu gipfeln. Diese Bewußtseinsebenen heben sich nicht gegenseitig auf, sondern ergänzen einander, so daß ein bewußter Europäer durchaus emotional eng mit seinem unmittelbaren Heimatraum verbunden sein kann. In der Praxis hat sich die Bestimmung des Heimatraums als „räumlich-soziale Einheit mittlerer Reichweite" als treffend erwiesen.[2] Wie weit sich diese Reichweite im konkreten Einzelfall erstreckt, hängt von dem individuellen Aktionsradius und der Mobilität des einzelnen ab.

Eng verbunden mit dem Raumbewußtsein ist das Zeitbewußtsein. Das Hei-

---

[1] Ina-Maria Greverus, Der territoriale Mensch. Ein literaturanthropologischer Versuch zum Heimatphänomen, Frankfurt a. M. 1972, S. 39.

[2] Hermann Bausinger, Heimat und Identität, in: E. Moosmann (Hrsg.), Heimat – Sehnsucht nach Identität, Berlin 1980, S. 13–29, Zitat S. 26.

matgefühl verknüpft sich auch mit der Zeiterfahrung und mit der Geschichtlichkeit des Menschen. Das meint nicht nur vordergründig die Beschäftigung mit der Heimatgeschichte und auch nicht allein die Erinnerung an die selbst erlebte Vergangenheit und an die eigene Kindheit, wie sie in Ernst Blochs Vision von der Heimat aufscheint – „etwas, das allen in die Kindheit scheint und worin noch niemand war"[3]. Zeiterfahrung und Zeitbewußtsein werden auch in dem Sinne gewonnen, daß Heimat als das Feld bewußter Auseinandersetzung mit Vergangenheit und Zukunft aufgefaßt wird. Dieser Heimatbegriff ist auf den einzelnen bezogen der Zustand, „in dem er gelebtes Leben – Vergangenheit – tätig an die Zukunft zu knüpfen vermag"[4]. In diesem Sinne beschränkt sich die Heimaterfahrung nicht auf die Suche nach der „guten alten Zeit", die vornehmlich in Heimatmuseen präsentiert wird, sondern schließt auch die aktive Gestaltung der eigenen Gegenwart mit ein.

Die Einbindung in ein Sozialgefüge, in dem man sich sicher bewegt, das man kennt und in dem man akzeptiert wird, wirkt ebenfalls konstitutiv für das Erleben von Heimat. In empirischen sozialwissenschaftlichen Untersuchungen, wie etwa der EMNID-Umfrage von 1979 „Was denken Sie, wenn das Wort Heimat fällt?", assoziieren 19% der Befragten ihre sozialen Beziehungen und Bindungen mit dem Heimatgefühl.[5] Neben dem Kreis der Familie, Freunde und Nachbarn wird in dieses Netz sozialer Beziehungen auch die Arbeitswelt, die Möglichkeit zur Mitgestaltung der eigenen Lebenswelt im politischen Bereich und die Mitwirkung im örtlichen Vereinsleben einbezogen.

Die kulturelle Dimension von Heimat ist wiederum in enger Abhängigkeit von dem Raumbewußtsein zu sehen. Sprache bzw. Sprachformen, Bau- und Siedlungsweisen, regionale Lebensart, Überlieferungen u. a. sind für die Konstituierung des Kulturraums von Bedeutung. Auf die Probleme der objektiven Festlegung und der subjektiven Wahrnehmung des Kulturraums hat Günter Wiegelmann hingewiesen: „Eine auf Grund der Kulturelemente und der Dominanten herausgeschälte Raumeinheit kann den dort wohnenden Menschen als Heimatraum erscheinen, aber die äußeren Verhältnisse können auch ganz andere Raumstrukturen aufweisen als die Zugehörigkeitsvorstellungen der Leute."[6] Die Vertrautheit mit den tradierten Kulturmustern verleiht die Verhaltenssicherheit, die eine der Voraussetzungen für das Zugehörigkeitsgefühl

---

[3] Ernst Bloch, Das Prinzip Hoffnung, 3 Bde., 4. Aufl., Frankfurt a. M. 1977, Zitat Bd. 3, S. 1628.

[4] Bausinger, Heimat und Identität, S. 26.

[5] Nach Frank-Dieter Freiling (Hrsg.), Heimat. Begriffsempfindungen heute, Königstein/Ts. 1981, S. 90–93.

[6] Günter Wiegelmann, Probleme einer kulturräumlichen Gliederung im volkskundlichen Bereich, in: Rheinische Vierteljahrsblätter 30 (1965), S. 95–117, Zitat S. 101.

zum Heimatraum ist. Dadurch – so Bausinger – erfährt der einzelne am deutlichsten seine soziale Identität.[7]

Die organisierte Heimatbewegung entstand im Strom der Erneuerungs- und Reformbewegungen der Umbruchzeit um 1900, und sie ist wie viele andere Bestrebungen ein Ausdruck der zeitgenössischen Zivilisationskritik. Schutz von Natur und Landschaft, Pflege des Brauchtums, Erkundung der Vergangenheit des eigenen Lebensraumes, Erhaltung der Baudenkmale und landschaftstypischer Bauformen bildeten wichtige Aspekte ihres weitgespannten Aufgabenfeldes. Ihre Verzahnung mit anderen Bestrebungen im Wilhelminischen Deutschland ist jedoch – wie vor allem Jürgen Reulecke und Andreas Knaut herausstellen – weniger eng als gemeinhin angenommen wird.

Die Gemeinsamkeiten gehen kaum über das Allgemeingut aller als Reaktion auf den Umbruch der Gesellschaftsordnung entstandenen Bewegungen wie z. B. die grundsätzliche Kritik an den Folgen der Industrialisierung hinaus. Doch ist auch hier bereits eine Einschränkung notwendig, denn so unisono und „grundsätzlich" läßt sich die Ablehnung der modernen Industriegesellschaft durch die Heimatbewegung nicht feststellen. Bei differenzierter Betrachtung zeigt sich auch in den fortschrittskritischen Bewegungen wie Wandervogel und Heimatschutz der Trend zur Akzeptanz der positiven Seiten der modernen Industriegesellschaft. Die Großstadt wird – ebenso wie das agrarromantisch verklärte „Landleben" – als „Heimat" entdeckt, die „Industriekathedrale" ebenso schwärmerisch beschrieben wie die versinkende „Volkskultur". Hervorzuheben ist die Eigenständigkeit der programmatischen Ansprüche und Ziele der Heimatbewegung. Die von Ernst Rudorff entwickelte Konzeption des „Heimatschutzes" – die bis heute die Tätigkeit der Heimatpflegeorganisationen prägt – ging von der Vorstellung aus, den Raum, mit dem der Mensch durch Geburt oder Lebensumstände verbunden ist, in seiner natürlichen und historischen Eigenart zu erhalten. Daraus ergab sich für ihn notwendig die Umsetzung in ein praktisches Arbeitsprogramm, das Naturschutz, Denkmalpflege, Heimatgeschichte und Volkstumspflege im weitesten Sinne umfaßte. Die wissenschaftliche Erforschung der heimatbezogenen Objekte wird nicht als Selbstzweck betrieben, sondern soll die Legitimation für die Erhaltung und Bewahrung des heimatlichen Raumes bieten.

Der vorliegende Band hat das Ziel, den historischen Standort der Heimatbewegung zwischen „Antimodernismus" und „Reform" zu bestimmen. Bei seiner Konzeption galt es zunächst, die wesentlichen Entwicklungslinien in dem breiten Spektrum der konkreten Arbeitsfelder der Heimatbewegung zu verfolgen. Dabei wurde der „kulturhistorische Ort der Heimatbewegung" – um ein Wort von Heinz Gollwitzer aufzugreifen – als Leitgedanke akzentu-

---

[7] Hermann Bausinger, Zur kulturellen Dimension von Identität, in: Zeitschrift für Volkskunde 73 (1977), S. 210–215.

iert. Die Schwerpunkte der Darstellung sollten liegen auf den Fragen 1. zum
Verhältnis der Heimatbewegung zu den bürgerlichen Reformbewegungen der
Jahrhundertwende, 2. der spezifischen Programmatik der Heimatschützer,
3. den konkreten Auswirkungen des Heimatschutzgedankens auf Teilbereiche
von Kultur und Wissenschaft. Es ist unschwer zu entdecken, daß weite Aufgabenbereiche der Heimatschutzbewegung nur ungenügend angesprochen
werden bzw. weitgehend ausgespart bleiben. Das gilt für die Pflege von Volks-
tanz, Volkslied, Regionalliteratur und Mundart ebenso wie für die Naturkunde, den Naturschutz und die Landschaftspflege. Diese „grüne Säule" der
Heimatschutzbewegung – neben der Bau- und Denkmalpflege – ist in sich so
differenziert und facettenreich, daß die Aufarbeitung nicht von diesem Sammelband geleistet werden kann, sondern einem weiteren Band vorbehalten
werden muß.

Jürgen Reulecke, der das Verhältnis von Jugendbewegung und Heimatbe-
wegung vor dem Ersten Weltkrieg analysiert, und Andreas Knaut, der die in-
stitutionelle Festigung der Bewegung durch den Gründer des Deutschen
Bundes Heimatschutz, Ernst Rudorff, darstellt, beschäftigen sich mit den Anfängen der Heimatbewegung. Barbara und Werner Hartung untersuchen die
Wechselbeziehung von „Heimat" als Rechtsbegriff und Gemütswert, was
Werner Hartung durch eine kulturkritische Studie über die Wandlungen des
Heimatbegriffs ergänzt. Die Rolle der Heimatbewegung in der Weimarer Republik und in der nationalsozialistischen Zeit wird exemplarisch in zwei Fallstudien zur Geschichte des Westfälischen Heimatbundes herausgearbeitet.
Doris Kaufmann stellt die Bemühungen der Heimatpflegeorganisation um soziale Integration der Arbeiterschaft des Ruhrgebiets dar, während Karl Ditt
der Frage nachgeht, welche Haltung die Heimatbewegung zu den politischen
Strömungen der Zeit zwischen 1918 und 1945 und vor allem zum Nationalsozialismus einnahm. Klaus Goebel geht mit der Geschichte des Faches Heimatkunde in der Schule auf einen wichtigen Bereich der Heimatbewegung ein.
Birgitta Ringbeck zeigt den Einfluß der Heimatschutzbewegung auf Architektur und Städtebau auf und behandelt in einem weiteren Beitrag die Gründung der Heimatmuseen. Zwei Beiträge behandeln das Verhältnis der Heimatkunde zur Geschichtswissenschaft und wissenschaftlichen Volkskunde.
Harm Klueting stellt die Heimatgeschichtsschreibung vor dem Hintergrund der Geschichtswissenschaft des 19. Jahrhunderts als Form der Geschichtsschreibung dar und untersucht ihre methodischen Eigentümlichkeiten. Stefan Meier behandelt die Abgrenzung der wissenschaftlichen
Volkskunde von der angewandten oder heimatpflegerischen Volkskunde.
Die Übersicht von Dieter Riesenberger über die Instrumentalisierung der
Heimatgeschichte in der DDR, mit der der Band derzeit besondere Aktua-
lität gewinnt, beschließt die Aufsatzsammlung.

Der Dank der Herausgeberin gilt allen, die das Zustandekommen dieses

Bandes auf vielfältige Weise gefördert haben. In erster Linie ist dem Landschaftsverband Westfalen-Lippe zu danken, der das Arbeitsvorhaben im Rahmen der landschaftlichen Kulturpflege großzügig unterstützt hat. Dadurch wurde es ermöglicht, beim Westfälischen Heimatbund ein Forschungsprojekt zu den Themen „Architektur und Städtebau unter dem Einfluß der Heimatschutzbewegung" und „Dorfsammlung – Haus der Heimat – Heimatmuseen. Aspekte zur Geschichte einer Institution seit der Jahrhundertwende" einzurichten. Daraus sind zwei zentrale Beiträge des Bandes erwachsen. Der Dank gilt weiterhin dem Westfälischen Heimatbund für die Begleitung und Förderung der Forschungsarbeit. Sein 75jähriges Bestehen gab der Herausgeberin den Anstoß zur intensiveren Beschäftigung mit der Geschichte der eigenen Institution und ihrer Einbindung in die deutsche Heimatbewegung. Eine „Jubiläumsschrift" im herkömmlichen Sinne oder eine Institutionengeschichte, die trotz der zweibändigen „Geschichte des Westfälischen Heimatbundes und seiner Vorläufer" noch geschrieben werden könnte, war nicht geplant. Es ist dem Westfälischen Heimatbund besonders dafür zu danken, daß er das Ausgreifen der Forschungen über den eigenen Tätigkeitsbereich hinaus ermöglicht hat. Nicht zuletzt gilt der Dank auch der Wissenschaftlichen Buchgesellschaft, insbesondere dem viel zu früh verstorbenen Lektor Hermann Cürten, der das Entstehen des Bandes mit konstruktiven Diskussionsbeiträgen begleitet hat, und seinem Nachfolger Rainer Kühn für die umsichtige Betreuung der Drucklegung.

WO LIEGT FALADO?

Überlegungen zum Verhältnis von Jugendbewegung und Heimatbewegung
vor dem Ersten Weltkrieg

Von Jürgen Reulecke

> Falado, o Falado,
> Wer seilt mit nach Falado?
> Jeder sucht es, keiner fand,
> Falado, das Wunderland.
> Ein Mast ho, zwei Mast ho,
> Dreimast, wo liegt Falado?
> *Hans Leip, um 1920*

Es gibt (noch) keine deutsche Mentalitätsgeschichte des 20. Jahrhunderts,
aber wer auch nur oberflächlich nach den mentalen Dispositionen fragt, die
für viele Menschen des 20. Jahrhunderts – bis heute – prägend waren, der stößt
sehr bald auf die Jahre um 1900: Wie selten in der Geschichte trifft auf sie mit
Blick auf das dann folgende Jahrhundert der Satz von Rudolf Alexander
Schröder zu: „Das Herz der Geschichte ist überall in ihren Anfängen." Herausragende politische oder ökonomische Ereignisse fanden in diesen Jahren
zwar nicht statt, doch beginnend um 1890, insbesondere aber um die Jahrhundertwende setzte eine fast nicht mehr zu überschauende Vielzahl an Reform-
und Aufbruchs-, Rettungs- und Neuerungs-, Flucht- und Schutzbewegungen
spektakuläre, oft lange nachwirkende Ideen in die Welt, die Orientierungs-
hilfen und Lösungswege in der sich rasant zuspitzenden Identitätskrise jener
Zeit zu sein versprachen und vor allem im bürgerlichen Lager, dort vor allem
im Bildungsbürgertum und seinem Umfeld, ein breites Spektrum neuer Denk-
und Deutungsmuster entstehen ließen.[1] Zwar waren manche dieser Positionen und Perspektiven nicht erst jetzt „erfunden" worden, sondern besaßen
Vorläufer oder hatten bereits eine längere Vorgeschichte, doch vollzog sich sowohl ihre sprunghafte Popularisierung als auch ihre Umsetzung in „Bewe-

---

[1] Grundsätzlich dazu K. Vondung (Hrsg.), Das wilhelminische Bildungsbürgertum. Zur Sozialgeschichte seiner Ideen, Göttingen 1976, sowie U. Engelhardt, „Bildungsbürgertum". Begriffs- und Dogmengeschichte eines Etiketts, Stuttgart 1986, bes.
S. 180 ff. Vgl. auch U. Linse, Ökopax und Anarchie. Zur Geschichte der ökologischen
Bewegungen in Deutschland, München 1986, bes. S. 14 ff.

gungen" aller Art erst um 1900. Offenbar hatten nun die Intensität der Problemwahrnehmung ebenso wie das Ausmaß des Sich-betroffen-Fühlens einen Grad erreicht, der die schon vorhandenen Impulse zusammen mit neuen Lehren und Ideologien in einen wachsenden Handlungswillen umschlagen ließ. Daß im Denken der Zeitgenossen hierbei offensichtlich sehr stark generationenspezifische Wahrnehmungsweisen eine Rolle spielten, sei von vornherein gleich angemerkt: Nicht zufällig lassen sich die genannten Jahre auch als Wurzelgrund eines äußerst wirksamen, zeitweise höchst gefährlich werdenden Jugendkults und Jugendmythos charakterisieren.[2]

Es liegt auf der Hand, daß neben vielen anderen Bestrebungen, z.B. den vielfältigen Ausprägungen bürgerlicher Sozialreform, in dieses Spektrum die bürgerliche Jugendbewegung – d.h. der Wandervogel und die Freideutschen – und die Arbeiterjugendbewegung, die Lebensreform-, Sexualreform- und Sozialhygienebewegung ebenso hineingehören wie die Heimatkultur-, Naturschutz- und Heimatvereinsbewegung. Allerdings ist in allen Fällen zu fragen, ob die jeweilige „Bewegung" nur eine Facette in einem allgemeinen zivilisationskritischen Hauptstrom war oder ob sie nicht auch den Charakter eines eigenständigen Aufbruchs und somit Originalität besessen hat.

An dieser Stelle ist es nicht mehr nötig, die Entstehungsgeschichte einzelner Bewegungen und die gesellschaftsgeschichtlichen Hintergründe zu erläutern, die zu jenem Konglomerat von – wie sich in den folgenden Jahrzehnten noch herausstellen sollte – teils brisant explosiv wirkenden, teils bemerkenswert weitsichtigen Bestrebungen führten: Inzwischen liegt eine beträchtliche Zahl von Detailuntersuchungen vor, die allerdings meist nur eine spezifische Einzelbewegung behandeln und weniger das Gesamtspektrum bzw. die gegenseitigen Anstöße und Abgrenzungsbemühungen im Auge haben. Zu dem hier zu behandelnden Thema finden sich z.B. nur einige wenige Bemerkungen. So weist Heinz Gollwitzer in seinem umgreifenden Aufsatz ›Der kulturgeschichtliche Ort der Heimatbewegung gestern und heute‹ aus dem Jahre 1975[3]

---

[2] Vgl. W. Rüegg (Hrsg.), Kulturkritik und Jugendkult, Frankfurt a.M. 1974; B. Stambolis, Der Mythos der jungen Generation, Diss. Bochum 1982, bes. Kap.1; F. Trommler, Mission ohne Ziel. Über den Kult der Jugend im modernen Deutschland, in: Th. Koebner/R.-P. Janz/F. Trommler (Hrsg.), „Mit uns zieht die neue Zeit". Der Mythos Jugend, Frankfurt a.M. 1985, S. 14–49.

[3] H. Gollwitzer, Der kulturgeschichtliche Ort der Heimatbewegung gestern und heute, in: Westfälische Forschungen, 27. Bd. (1975), S. 12–21; die folgenden Zitate finden sich auf den Seiten 16 und 19. In der neueren Literatur zur Geschichte der Jugendbewegung geht lediglich Jakob Müller in seiner Dissertation ›Die Jugendbewegung als deutsche Hauptrichtung neukonservativer Reform‹ (Zürich 1971) kurz auf „Fahrt, Heimat und Nation im Wandervogel" (S. 37 ff.) ein. In dem Band von K.O. Paetel, Jugendbewegung und Politik, Bad Godesberg 1961, lautet zwar die Überschrift des ersten Kapitels ›Die Rückgewinnung der Heimat‹, doch folgen dann keine Ausfüh-

eher beiläufig darauf hin, daß die Jugendbewegung zwar nicht mit der Heimatbewegung identisch, „aber eng mit ihr verzahnt" gewesen sei; es habe enge Be-
rührungen vor allem mit dem Wandervogel und dem Jugendherbergswesen gegeben. Den Beweis dafür führt der Verfasser dann jedoch nur ex negativo,
wenn er schreibt: „Man versuche einmal die Dimension der erwanderten
Heimat aus dem Erlebensbereich der Jugendbewegung herauszunehmen, und
man wird entdecken, welche bedeutende Funktion dem Heimatgedanken im
Aufbruch bürgerlicher Jugend zukam."

Um die Richtigkeit dieser These von der großen Bedeutung des Heimatgedankens in der frühen Jugendbewegung zu belegen, scheint es nicht nur nötig
zu sein, nach der inhaltlichen Füllung des Heimatbegriffs im Wandervogel
und bei den Freideutschen zu fragen, sondern es gilt auch zu unterscheiden
einerseits zwischen den konkreten Erlebnissen und den programmatischen
Ansprüchen bzw. Zielen der Jugendbewegten, andererseits zwischen verschiedenartigen Möglichkeiten, den Erlebnisbereich „Heimat" wahrzunehmen.[4]
Daß diese Beweisführung nicht ganz einfach sein dürfte, zeigt sich bereits in
widersprüchlichen Urteilen des wohl frühesten Chronisten und umstritten-
sten Deuters der Wandervogelbewegung, Hans Blühers. Er behauptete noch
vor dem Ersten Weltkrieg, „die gebildete Jugend (sei) ins Wandern geraten ...,
weil es in ihrer Heimat viel Schmerzvolles und nicht mehr Erträgliches gab",[5]
meinte aber sechs Jahre später – 1918 –, die Wandervogelbewegung habe der
Gesundung der männlichen Jugend gedient und gleichzeitig „die Förderung
der Heimatliebe verkündet".[6] Flucht in die Fremde aus einer erdrückenden
Heimat, um sich zu befreien, oder Hinwendung zur Heimat, um sie zu begreifen, zu schützen, um aus ihr Kraft und Geborgenheit zu schöpfen – das
sind zwei Pole, die sich allein bei einem Autor finden! In den gesamten programmatischen Äußerungen aus jugendbewegten Kreisen vor dem Ersten
Weltkrieg, so etwa bei dem berühmten Treffen auf dem Hohen Meißner bei
Kassel im Oktober 1913,[7] taucht allerdings der Heimatbegriff nirgendwo an

rungen zum Thema. Eine Abgrenzung der Jugendbewegung zu den bürgerlichen Wan-
dervereinen an einem exemplarischen Fall hat W. Mogge unternommen: Wanderer und
Zeitgenossen. Unkonventionelle Gedanken zur Jahrhundertfeier des Werratalvereins,
in: Schriften des Werratalvereins Witzenhausen, Jg. 1983, Heft 8, S. 3–24.

[4] Der folgende Beitrag orientiert sich im wesentlichen, was die Quellen angeht, an
Material, das im Archiv der deutschen Jugendbewegung auf Burg Ludwigstein bei Witzenhausen gesammelt ist. Der Verf. dankt vor allem dem Archivleiter, Herrn Dr. Win-
fried Mogge, für viele Hilfen und Hinweise.

[5] H. Blüher, Wandervogel. Geschichte einer Jugendbewegung. Erster Teil: Heimat
und Aufgang, hier zit. nach der 5. Aufl. Prien 1920, S. 63 (Erstausgabe Berlin 1912).

[6] Ders., Familie und Männerbund, Leipzig 1918, S. 23.

[7] Siehe dazu die Quellenedition: Hoher Meißner 1913, hrsg. von W. Mogge/J. Reulecke, Köln 1988 (Edition Archiv der deutschen Jugendbewegung, Bd. 5).

herausragender Stelle auf, so daß er klarer fixierbar wäre. Die angebliche Verzahnung von Zielen der Heimatbewegung mit denen der frühen Jugendbewegung kann also nicht so sehr auf der Ebene der Programme, großen Reden oder Präambeln untersucht werden, sondern nur in den sonstigen, eher durchschnittlichen Äußerungen der von vornherein recht schreib- und dokumentationsfreudigen Mitglieder der Wandervogelbewegung und ihres Umfeldes.[8] Die Mitteilungsbereitschaft dieser Mitglieder, die sich in einer Vielzahl von Zeitschriften und Nachrichtenblättern niedergeschlagen hat, bezog sich jedoch in den Gründungsjahren der von Berlin-Steglitz ausgehenden Bewegung nur in sehr wenigen Fällen auf Standortbestimmungen, Selbstvergewisserungen und zeitkritische Überlegungen; statt dessen dominierten Erlebnisberichte und Informationen über die Ausbreitung des Wandervogels in immer mehr Orten des Deutschen Reiches und des deutschsprachigen Auslands. Die farbigen Fahrtenschilderungen beschwören neben dem Gemeinschaftserlebnis der Gruppe in einer bis ans Pathetische und gar Mythische gehenden Weise die Natur;[9] die Kernargumente des 1904 gegründeten Bundes Heimatschutz tauchen dagegen zunächst kaum auf: Das spontane Erleben, die Fahrtenromantik und – daneben – ein z. T. verblüffend biederes Vereinshandeln standen im Mittelpunkt. Während die Heimatschützer Mittel und Wege finden wollten, „die deutsche Heimat vor weiteren Verunglimpfungen zu bewahren",[10] entdeckten die Wandervögel die nähere und weitere Umgebung im

---

[8] Der äußerst umfangreiche Quellenbestand ist für den vorliegenden Beitrag nur exemplarisch, keineswegs erschöpfend gesichtet worden. Zwei weitere „Bewegungen" – die Arbeiterjugendbewegung und das sich ebenfalls vor dem Ersten Weltkrieg ausbreitende Jugendherbergswesen – werden hier nicht behandelt. Zur Arbeiterjugendbewegung s. den thematisch verwandten Aufsatz von G. Gröning/J. Wolschke, Soziale Praxis statt ökologischer Ethik – Zum Gesellschafts- und Naturverständnis der Arbeiterjugendbewegung, in: Jahrbuch des Archivs der deutschen Jugendbewegung 15 (1984/85), S. 201–252.

[9] Vgl. W. Sauer, Der Mythos des Naturerlebnisses in der Jugendbewegung, in: J. H. Knoll/J. H. Schoeps (Hrsg.), Typisch deutsch: die Jugendbewegung, Opladen 1988, S. 55–70; s. auch W. Mogge, Naturmystik und kosmisches Lebensgefühl. Religiöse Vorstellungen in der deutschen Jugendbewegung, in: A. Schilson (Hrsg.), Gottes Weisheit im Mysterium. Vergessene Wege christlicher Spiritualität, Mainz 1989, S. 231–246. Grundsätzlich seit kurzem: J. Wolschke-Bulmahn, Auf der Suche nach Arkadien. Zu Landschaftsidealen und Formen der Naturaneignung in der Jugendbewegung und ihrer Bedeutung für die Landespflege, München 1990.

[10] Mitteilungen des Bundes Heimatschutz 1 (1904), S. 1, zit. nach K. Bergmann, Agrarromantik und Großstadtfeindschaft, Meisenheim/Glan 1970, S. 123. Vgl. auch K. Ditt, Vom Heimatverein zur Heimatbewegung. Westfalen 1875–1915, in: Westfälische Forschungen 39 (1989), S. 232–255, sowie R. P. Sieferle, Fortschrittsfeinde? Opposition gegen Technik und Industrie von der Romantik bis zur Gegenwart, München

wesentlichen als abenteuerliche Fremde, als romantische Natur jenseits der
Großstadt und als ein besonders geeignetes Feld zur körperlichen Ertüchti-
gung – dies schließlich bis hin zum sog. Kriegsspiel.[11] Als sich z. B. der „Alt-
Wandervogel" – einer der Hauptäste der frühen Jugendbewegung – nach län-
gerem Hin und Her am 4. April 1906 eine ausführliche Satzung gab, wurde
neben vielen akribischen Organisationsdetails als Zweck dieses „Bundes für
Jugendwanderungen" in § 1 lediglich genannt, „das Wandern unter den Schülern höherer Lehranstalten zu fördern, den Sinn für Naturschönheit zu
wecken und der Jugend Gelegenheit zu geben, Land und Leute aus eigener
Anschauung kennen zu lernen".[12] Der Nutzen eines solchen Wanderns, so
heißt es in einem werbenden Artikel ein Jahr später,[13] liege klar auf der Hand:
„Die Stadtjungen, die sonst oft genug zwischen hohen Häuserreihen und
allenfalls in wohlgepflegten Parks sich herumdrücken müssen, sie kommen
mal hinaus an den schulfreien Tagen in die weite Natur, in Wald und Feld, in
das Gebirge und an die See. Herz und Lunge arbeiten anders beim ordentli-
chen Wandern als in der dumpfen Luft der Städte und beim Schauen auf die ge-
waltige Schönheit der Natur, bei der gesunden Bewegung in ungebundener
Freiheit, da erwacht ein Frohsinn, eine Freude am Leben in dem jungen Men-
schenherzen, die sich jauchzend auslöst in einem jubelnden Wanderliede."
Die Schule habe leider bisher lediglich den Geist gebildet; hier im Wandervogel gehe es statt dessen um die „Übung und Stählung unseres Körpers, und
dadurch eine Heranbildung zu selbständigen, entschlußkräftigen Charak-
teren". „Sehnig und stark" sollten die Wandervogeljünglinge sein, das Ideal
der Kalokagathie, der Wohlbeschaffenheit von Leib und Seele, wird beschworen, und damit rückt die Wandervogelbewegung sehr viel näher an die
zeitgenössischen lebensreformerischen und sozialhygienischen Bestrebungen
heran als an die Heimatbewegung.[14] In einer Buchbesprechung des Buches
›Die Heimatkunde in der Schule‹ (Berlin 1904) von Prof. Hugo Conwentz,

1984, bes. S. 167 ff., und A. Andersen, Heimatschutz. Die bürgerliche Naturschutzbewegung, in: F.-J. Brüggemeier/Th. Rommelspacher (Hrsg.), Besiegte Natur. Geschichte der Umwelt im 19. und 20. Jahrhundert, München 1987, S. 143–157.
    [11] Dazu Wolschke-Bulmahn (s. Anm. 9), S. 196 ff. und S. 202 ff.; s. auch ders., Kriegs-
spiel und Naturgenuß. Zur Funktionalisierung der bürgerlichen Jugendbewegung für
militärische Ziele, in: Jahrbuch des Archivs der deutschen Jugendbewegung 16 (1986/
87), S. 251–270.
    [12] Wandervogel. Illustrierte Monatsschrift 3/6 (1906), S. 92.
    [13] K. Westphal, Mitarbeiten, Mitbauen! in: Der Wandervogel. Zeitschrift des
Bundes für Jugendwanderungen „Alt-Wandervogel" 2/8, 9 (1907), S. 121–124, Zitat
S. 122.
    [14] Zur Lebensreformbewegung s. W. R. Krabbe, Gesellschaftsveränderung durch
Lebensreform. Strukturmerkmale einer sozialreformerischen Bewegung im Deutschland der Industrialisierungsperiode, Göttingen 1974.

einem der Gründer der Heimatschutzbewegung, freut sich der Rezensent in
der Zeitschrift ›Wandervogel‹ zwar darüber, daß der Verfasser auch den
Wandervogel aufführt, wenn es darum gehe, Heimatsinn zu verbreiten und gefährdete Naturdenkmäler zu schützen, doch meint er einschränkend, der
Wandervogel sei doch wohl ein „recht bescheidener Bundesgenosse" für die
Heimatschützer.[15] Immerhin wird kurze Zeit später ein Artikel von Conwentz über „Naturdenkmäler" abgedruckt, der die ausdrückliche Belehrung
enthält, daß nicht nur der Mensch, sondern auch die Natur schützenswerte
„Denkmäler" geschaffen habe, zu denen u. U. „ganze natürliche Landschaften
mit ihrer Bodengestaltung" gehören könnten.[16]

Doch dieser Artikel bleibt eine Ausnahme; die „Fahrt" diente den Steglit-
zern recht eindeutig nicht dem Begreifen des volkserzieherischen Wertes von
Heimat, sondern in erster Linie der Festigung des Charakters: „Werdet deutsche Männer, die dann später auch in unsere, an den deutschen Mann große
Anforderungen stellende Zeit passen", rief einer der älteren Freunde den
jungen Wandervögeln zu;[17] dazu gehöre auch das Lernen eines „selbstge-
wollten Gehorsams, die Zurückstellung des eigenen Willens".

Wenn auch aus zunächst unterschiedlichen Motiven heraus, so ist jedoch
eine Einstellung von Anfang an der Heimatbewegung und der frühen Jugendbewegung gemeinsam gewesen: die betonte Ablehnung des sich ausbreitenden
touristischen Massenreisens. Hier scheint es insgesamt so etwas wie eine gemeinsame Front quer durch eine ganze Reihe von Gruppierungen des bil-
dungsbürgerlichen Spektrums gegeben zu haben,[18] wobei die Wandervögel
mit ihrem „Scholarentum" eine besonders dezidierte Stellung bezogen. Schon
im ersten Jahrgang bezeichnete es die bereits genannte Zeitschrift ›Wandervogel‹ als eine ihrer Hauptaufgaben, die Jugend „vor allem (zu) warnen und
(zu) behüten vor der modernen ‚Touristik' und sie ein(zu)führen in eine ge-

---

[15] Wandervogel 1/9 (1904), S. 83 (Karl Albert); der Passus in dem Buch von Conwentz lobt die Schülerwanderungen als „vortreffliches" Mittel, „die Heimatkunde zu
fördern und die Heimatliebe zu stärken". Der „Wandervogel" in Steglitz könne hier bereits „auf eine mehrjährige, segensreiche Tätigkeit zurückblicken" (ebd., Heft 6, S. 38).

[16] H. Conwentz, Naturdenkmäler, in: ebd., Heft 11, S. 99–101, Zitat S. 100; zu
Conwentz s. Bergmann (s. Anm. 10), S. 130, bes. aber W. Schoenichen, Naturschutz,
Heimatschutz. Ihre Begründung durch Ernst Rudorff, Hugo Conwentz und ihre Vor-
läufer, Stuttgart 1954.

[17] E. Kolbe, Mancherlei vom Jugendwandern, in: Der Wandervogel 2/10 (1907),
S. 140 f.

[18] Siehe etwa die scharfe Kritik an der „seichten Trivialität" des sich ausbreitenden
Tourismus vor dem Ersten Weltkrieg bei dem Historiker Friedrich Meinecke, zit. bei
J. Reulecke, Kommunikation durch Tourismus?, in: H. Pohl (Hrsg.), Die Bedeutung
der Kommunikation für Wirtschaft und Gesellschaft, Stuttgart 1989 (Beiheft 87 der
VSWG), S. 362 f.

sunde Naturbetrachtung, für die unserer Großstadtjugend oft der Blick fehlt".[19] Während jedoch die Heimatschützer, allen voran ihr wohl wichtigster Protagonist, Ernst Rudorff, nicht müde wurden, darüber zu klagen, daß der „verlebte, mattherzige ... Reisepöbel" der großstädtischen Salons in die auf dem Lande noch vorhandenen einfachen Zustände „Elemente großstädtischer Verwöhnung und Verderbnis" hineintrage und dadurch die gewachsene Volkskultur ersetze,[20] hatten die Wandervögel ein sehr viel näherliegendes Problem: Da – zumindest in den Anfangsjahren – für die von Steglitz ausgehende Bewegung die „wilden, rauhen, treuherzigen und hart anstrengenden Fahrten" im Mittelpunkt des gesamten Gruppenlebens standen[21] und die Wanderungen bzw. die manchmal bewußt auf Kilometerfresserei angelegten „Klotzmärsche" geradezu Selbstzweck besaßen, mußten die Wandervögel sich von dem seit einigen Jahren ebenfalls in Mode gekommenen gepflegten Wandern der sog. „Salontiroler" absetzen und den Sinn des eigenen Stils stärker bedenken. Nach einer Wanderung durchs Riesengebirge im Sommer 1905 schrieb der Steglitzer Wandervogelführer Frank Fischer in sein Tagebuch[22]:

„Wie verschieden fühlt man sich als alterprobter Wanderer auf dem Kammweg unter den Berliner Kleinphilistern, den Salonmenschen mit den langen Gebirgsstöcken, als abgerissener Bursch auf der Walze, als vagans im Mantel verhüllt, als Zuschauer vor dem rauschenden weißen Kursaal in I. mit Bogenlicht und österreichischer Militärmusik, als friedlicher Waller abends am Wirtstisch. Und das eigene Ich streckt sich dabei ein Stücklein nach allen Seiten."

Worin dieses Anderssein und Andersdenken bestand, hat Fischer dann drei Jahre später auf einen klareren Nenner zu bringen versucht, als er den „Touristen" mit dem „Wandervogel" verglich und den Unterschied zunächst einmal auf die Formel reduzierte: „ohne Kochtopf" oder „mit Kochtopf" wandern.[23] Doch dabei blieb Fischer nicht stehen: Sein Artikel zeigt, daß nun um 1907/08 – gewissermaßen nachträglich – eine allmähliche Selbstideologisierung und „Kultivierungsepoche" der durch die Schule des Gruppen- und Fahrtenlebens

---

[19] Wandervogel 1/12 (1904), S. 111.

[20] Zitate nach Bergmann (s. Anm. 10), S. 127.

[21] H. Wangelin (Hrsg.), Der Wandervogel in Tagebüchern Frank Fischers und anderen Selbstzeugnissen, Tübingen 1982, S. 23.

[22] Ebd., S. 25. Frank Fischer – nicht zu verwechseln mit dem eigentlichen Begründer des Wandervogels, Karl Fischer – gehörte zum Steglitzer Wandervogel e. V. und nicht zum Alt-Wandervogel. Zur Geschichte der Wandervogelbewegung s. neben vielen Monographien insbesondere das Quellenwerk ›Die Wandervogelzeit‹ (Dokumentation der Jugendbewegung II, hrsg. von W. Kindt, Düsseldorf/Köln 1968).

[23] F. Fischer, Oratio pro domo, in: Nachrichtenblatt des „Wandervogel e. V." zu Steglitz 5/4 (1908), S. 37–40. Siehe zu diesem Text auch Sauer (s. Anm. 9), S. 58 f.

gegangenen älteren Wandervögel begonnen hatte.[24] Dem Touristen unter-
stellte der Autor, dieser suche auf seiner Reise bloß die Erfüllung relativ eng
begrenzter Einzelzwecke, z. B. „sportsmäßige" oder „ästhetische"; alles
andere interessiere ihn nicht, sofern er nur gutes Wetter, schöne Aussicht,
passende Bahnverbindungen, bequeme Gasthöfe u. ä. vorfinde. Dies alles
brauche jedoch der Wandervogel nicht; er stelle an Natur und Land keine Bedingungen: „Das bloße Wandern gibt uns das höchste Hochgefühl des freien
Menschen."[25] Die Fahrt als ganzheitliches Erlebnis wird so zur Schule der
Selbsterziehung und schließlich zur Lebensschule, das Wandern zur Metapher
für den Weg durchs Leben schlechthin: „Wir suchen und gehen unsern Weg
mit innerm Anteil, forschendem und liebendem."[26] Dabei stelle sich etwas
„Inneres" ein, das „nicht nachzuahmen, nicht zu beweisen ... unwägbar" sei.
Der Wandervogel wird letztlich als säkularisierter Wallfahrer oder Pilger gedeutet, dessen Lebenslust um so unersättlicher wird, je mehr ihm „das Ge-
heimnis einer Ferne blaut". Ferne: Das war für den Berliner Studenten Fischer
z. B. noch das „in sagenhafter Ferne" liegende „bunte hessische Bergland", dahinter dann das Rothaargebirge, doch überschritten sehr bald die Wander-
vogelfahrten die deutschen Grenzen,[27] so daß hier erst recht vom Erkunden
der eigenen Heimat als zentralem Fahrtenzweck keine Rede sein konnte; es
ging vielmehr um das Erleben der Fremde und die damit verbundene Selbsterziehung.

Sucht man in den verschiedenen Schriften der Wandervogelgruppen bis 1910
über die dezidierte Ablehnung des „Touristen" hinaus nach weiteren „Verzah-
nungen" mit der Heimatbewegung, so findet man – abgesehen von dieser
vor 1910 eher noch singulären, aber bezeichnenden Stellungnahme Frank
Fischers – recht wenig: Ihr und den ihr verwandten Bestrebungen, z. B. dem Dürerbund und dem Kunstwart, wird hier und da zwar Anerkennung zuteil, aber
es bleibt durchweg bei einer gewissen Distanz. In einem Artikel klingt sogar
Kritik an, wenn die geringen Erfolge der Heimatschützer hinsichtlich des
um sich greifenden Unwesens, in der Landschaft Reklametafeln aufzustellen,

---

[24] Zu dieser Entwicklung in der frühen Jugendbewegung s. H. Bohnenkamp,
Jugendbewegung als Kulturkritik, in: Rüegg (s. Anm. 2), S. 23.

[25] Fischer (s. Anm. 23), S. 37.

[26] Ebd., S. 38. Vgl. auch das Bekenntnis des Elberfelder Wandervogels Hannes
Heeren: „Die allmähliche Erkenntnis von Schönheit und Reinheit ist es, die unser Wandern ausgestattet, bereichert hat und weiterhin bereichern wird und muß. Es ist das
Streben, das Gute und Feine um seiner selbst, nicht um eines bestimmten Zweckes
willen zu pflegen" (Wandervogel am Rhein 5/2 [1914], S. 18).

[27] In den verschiedenen Zeitschriften finden sich in wachsender Zahl Berichte über
Fahrten in die nordischen Länder, in die Alpen und nach Norditalien, nach England
und in die Länder der Donaumonarchie.

beklagt wird.[28] Der Verfasser wird schließlich sehr deutlich und greift dabei nachdrücklich einschlägige Vorwürfe der Heimatschutzbewegung auf:

„Ich hätte manchmal Lust, in einer dunklen Nacht mit einer guten Säge, einer Axt und einer Zange die Bahndämme entlang zu wandern und einmal praktisch Heimatschutz zu treiben. Soviel ist der Moloch unserer Schacher-‚Kultur‘ nicht wert, daß man die Schönheit, die Keuschheit der Heimat zum Opfer bringe" – ein typisches Beispiel für die zeitgenössische (bildungs)bürgerliche Kapitalismuskritik! Ähnlich zieht er auch gegen die Mode, überall im Lande Bismarcktürme zu errichten, zu Felde, weil er befürchtet, daß bald „jeden Maulwurfshaufen eine Esse mit Steinbaukastenzinnen und schwarz-weißroter Fahne ‚schmücken‘ wird (und) die unendlich zarte Rückenlinie unserer Mittelgebirge mit Kommas und Ausrufungszeichen ‚geistreich‘ gegliedert sein wird".[29] Das trübselige Kapitel der Schändung der Heimat durch geschmacklose und gewinnsüchtige Leute sei endlos lang; deshalb fordert der Autor seine Wandervogelfreunde auf, wenn sie dereinst selbst in der Öffentlichkeit Funktionen übernähmen, dazu beizutragen, daß solch „greulicher Wirtschaft in deutschen Landen Einhalt" geboten werde.

Nun waren der Alt-Wandervogel und der Steglitzer Wandervogel e.V. nicht die einzigen Äste der bürgerlichen Jugendbewegung vor dem Ersten Weltkrieg; die Geschichte dieser Bewegung ist geprägt von Spaltungen, Neuanfängen, Konkurrenzbestrebungen und Einigungsbemühungen.[30] Neben und unabhängig von der von Steglitz ausgehenden Wandervogelbewegung entstand z.B. 1905/06 in Hamburg ein „Hamburger Wanderverein" höherer Schüler und junger Kaufleute (später: „Bund Deutscher Wanderer"), dessen führende Mitglieder bei der Gründung der Akademischen Freischar Göttingen, bei der Vorbereitung des berühmten Treffens auf dem Hohen Meißner 1913 und bei der Konstituierung der Freideutschen Jugend eine wichtige Rolle spielen sollten. Häufiger als die Steglitzer und die von hier angestoßenen Gruppierungen griffen die Hamburger zeitgenössische reformerische Ideen auf; ihre seit 1906 herausgegebene Zeitschrift ›Der Wanderer‹ öffnete sich daher sehr viel stärker zeitkritischen Themen und allgemeinen Neuerungsideen.[31] So begann Ferdinand Goebel, einer der Leiter des Hamburger Wandervereins, Wortführer in der Abstinenzbewegung und engagierter Teil-

---

[28] Kurwenal, Natur und Mensch, in: Der Wandervogel (Berlin) 5/8 (1910), S. 161–163.

[29] Ebd., S. 162.

[30] Darauf wird im vorliegenden Beitrag nicht näher eingegangen; s. dazu die „Dokumentation der Jugendbewegung II" (s. Anm. 22) sowie die einschlägigen Monographien.

[31] Hierzu und zum Folgenden die ›Dokumentation der Jugendbewegung II‹ (s. Anm. 22), S. 652 ff.: zu Goebel ebd., S. 1055 f.

nehmer an einer Reihe sonstiger Reformbestrebungen, schon früh über die
„Ideale" zu reflektieren, welche die neue, vom Wandern begeisterte Jugendbewegung beflügen sollte. Doch die von ihm formulierten „praktischen Ideale"
enthalten wie die der Steglitzer Wandervögel nahezu keine Parallelen mit
denen der Heimatschützer: Sie sind im wesentlichen auf das „Innere der Menschen" ausgerichtet. Das „erquickende deutsche Wandern" werde, so heißt es
in einem programmatischen Aufsatz Goebels aus dem Jahre 1909,[32] eine „harmonische und zwar echt deutsche Ausbildung von Körper und Geist"
schaffen. Hierzu sei eine gründliche „Reform der Jugendkultur" nötig, die die
„pulsierende Lebenslust" anstachele und den jungen Menschen zum Kampf
befähige: nicht zum „die Besten hinraffende(n) Mord, sondern (zum) stäh-
lende(n), hinauftragende(n) Geisteskampf". Zwei Wege führen laut Goebel
dahin: Der erste sei das „Sichanpassen an die Natur, ein Sichhingeben, ein Genießen. Köstlich ist's, auf einsam fernen Wegen, weit, weitab von der Heer-
straße, mit wenigen vertrauten Genossen die Natur zu durchstreifen, zu belau-
schen, zu durchdringen". Der zweite Weg führe über das Kriegsspiel, in dem
es gelte, den ganzen Mut, die ganze Kraft einzusetzen und „Willen zu haben,
Willen zu gehorchen, Willen zu befehlen". Eingebettet sind diese Zielsetzungen in eine Debatte, die von der Diagnose einer allgemeinen „Kulturnot"
angestoßen wurde. Die Einzelargumente dieser Debatte, die u. a. in einem einschlägigen Artikel in der Zeitschrift ›Der Wanderer‹ ausführlich vorgestellt
werden,[33] sind mit denen der zeitgenössischen Zivilisationskritik des Bildungsbürgertums weitgehend identisch[34]: Es gebe keine „in sich selbst ruhen-
de, einheitliche Kultur" mehr, wird beklagt; Zersplitterung, eine „regellose
Urwaldwildnis", Einseitigkeit statt Einheitlichkeit und eine Fülle von widersprüchlichen „Sonderbewegungen", von denen keine die „volklichen Notwendigkeiten als Ausgangspunkt" nehme, beherrschten das Feld.[35] In diesem
Zusammenhang taucht neben „volklich" und „völkisch" zwar auch der Begriff „Volkskultur" auf, freilich in einem durchaus anderen Sinn als in der
frühen Heimatschutzbewegung, die darunter im wesentlichen die „Volkskunst auf dem Gebiete der beweglichen Gegenstände" sowie „Sitten, Gebräuche, Feste und Trachten" verstand.[36] Volkskultur als Ergebnis und als
„Zweck aller völkischen Tätigkeit" sei, so heißt es in der Zeitschrift ›Der Wanderer‹, die „Sicherung des völkischen Lebens in aufsteigender endloser

---

[32] F. Goebel, Praktische Ideale, in: Der Wanderer. Monatsschrift für Jugendsinn und
Wanderlust 4/1 (1909/10), S. 1–3.
[33] Ph. Stauff, Von unserer Kulturnot, in: Ebd., 4/12 (1909/10), S. 396 f.
[34] Siehe dazu Vondung (s. Anm. 1), Bergmann (s. Anm. 10), Linse (s. Anm. 1) u. a.
[35] Stauff (s. Anm. 33), S. 397.
[36] Siehe das Programm des Bundes Heimatschutz von 1904, in Faksimile abgedruckt bei Linse (s. Anm. 1), S. 22; vgl. auch Bergmann (s. Anm. 10), S. 122.

Linie".[37] Sich in dieser Richtung als „bewußter Kulturförderer" zu betätigen, das ist ganz offensichtlich die Aufforderung, die der Autor an die Jugendbewegung richtete.

Insgesamt finden sich also auch bei den Hamburgern nur wenige Hinweise auf Beziehungen zur Heimatbewegung, mit einer Ausnahme: Ähnlich wie in anderen Fällen, in denen der Herausgeber Aufsätze oder Passagen aus Neuerscheinungen wiederabdruckte, von denen er meinte, sie könnten zur Bereicherung der jugendlichen Leser beitragen – so z.B. über die „Naturreligion der alten Deutschen" von Otto Pfleiderer[38] –, findet sich im Jahre 1909 kommentarlos ein zweiteiliger Bericht über die „Aufgaben des Heimatschutzes". Verfasser ist der Architekt Paul Schultze-Naumburg, immerhin der Vorsitzende des 1904 gegründeten Bundes Heimatschutz.[39] Er geht zunächst ausführlich auf die künstlerisch-architektonische Seite des Heimatschutzes ein, fordert dann dazu auf, die „scheußliche Technik zurückzudämmen, wo es irgend geht", wobei er als Beispiel insbesondere auf die von Profitsucht angetriebenen Bergbahnprojekte zu sprechen kommt, und endet mit dem Appell, auch den Naturschutz als Teil des Heimatschutzes ernst zu nehmen: Gesetze sollten geschaffen werden, die nicht nur das Eigentum des einzelnen beschützten, sondern auch das „ideale Eigentum des ganzen Volkes" erhielten.[40] Und dazu zählt er z.B. markante Felsgruppen als Teile des Landschaftsbildes. Allerdings fallen seine Naturschutzpassagen erheblich blasser aus als die über die Baukunst und die Technik; deutlich spürt man hier ein gewisses Verständnis für die „tiefen wirtschaftlichen Fragen", die mit einem durchgreifenden Naturschutz kollidieren würden.[41] Eine breitere Auseinandersetzung

---

[37] Stauff (s. Anm. 33).

[38] Der Wanderer 5/6 (1910/11), S. 177–180. Hier wird z.B. der „echt deutsche Zug mystischer Innerlichkeit" beschworen, der sich „im Dämmerlicht heiliger Haine, unter dem Rauschen alter Eichen, beim murmelnden Quell" einstelle. Siehe zur Verlegung von „Heiligtümern der Nation" im Kaiserreich in die Natur (z.B. die Walhalla) – „von Eichen umkränzt, dem Sinnbild deutschen Sinnes" – als Ausdruck eines verbreiteten „romantischen Antiurbanismus" auch Th. Nipperdey, Nationalidee und Nationaldenkmal in Deutschland im 19. Jahrhundert, in: Ders., Gesellschaft, Kultur, Theorie, Göttingen 1976, bes. S. 148f.

[39] Der Wanderer 4/5, 6 u. 7 (1909/10), S. 159–163, S. 205–208; zu Schultze-Naumburg s. Bergmann (s. Anm. 10), S. 129ff., s. auch Ditt (s. Anm. 10), S. 243, Anm. 45.

[40] Der Wanderer (s. Anm. 39), S. 208; einige Gesetze in deutschen Einzelstaaten gegen die Verunstaltung der Landschaft z.B. durch Reklametafeln gab es bereits, so in Preußen und Hessen (s. Bergmann, S. 123).

[41] Der Wanderer (s. Anm. 39), S. 208; vgl. auch den Artikel von Wilmowski, Wesen und Ziele des Heimatschutzes, in: Heimatschutz 8/1 (1912), S. 1–7, bes. S. 6f.; zwar gab es auch einen radikaleren Flügel im Bund Heimatschutz, doch dessen Argumente hatten keine „Realisierungschance"; s. Sieferle (s. Anm. 10), S. 173.

mit dem Heimatschutz, wie ihn Schultze-Naumburg den Hamburgern vorgestellt hat, hat jedenfalls der Artikel im Bund Deutscher Wanderer nicht ausgelöst.

Ein zentraler Themenkomplex, in dessen Beurteilung sich alle Strömungen
der frühen Heimatbewegung weitgehend einig waren und der angesichts ihrer
Naturbegeisterung eigentlich auch die Jugendbewegten zu ähnlicher Einschätzung geführt haben müßte, war die Einstellung zur Großstadt[42]: Als Gegenpol zum Land, das als „Vorratsbehälter der Menschheit" verstanden
wurde, galt den führenden Vertretern der Heimatbewegung die Großstadt geradezu als „Grab des Menschengeschlechts" und als das „größte Übel der
Menschheit".[43] Da einer der wortgewaltigsten Propagandisten der Großstadtkritik, zugleich der rührigste Verteidiger eines „gesunden Bauerntums", der
„Vater des deutschen Landvolks" Heinrich Sohnrey,[44] in der Frühphase des
Wandervogels eine führende Rolle als älterer Freund und – von 1907 bis 1912 –
auch als Vorsitzender des Steglitzer Wandervogels e. V. gespielt hat, liegt die
Vermutung nahe, von ihm seien entsprechende großstadtkritische Einflüsse
auf den Wandervogel ausgegangen. Doch dies läßt sich nirgendwo nachweisen. Der schon zitierte Frank Fischer bescheinigt Sohnrey zwar „persönliche Liebenswürdigkeit", schildert ihn in seinem Tagebuch aber als „gutmei-
nende(n), etwas weltabgewandte(n) Schriftsteller", der offenbar auf die innere
Ausrichtung der Bewegung wenig Einfluß genommen hat.[45] Fischer selbst,
immerhin 25 Jahre jünger als Sohnrey, sah das Großstadtproblem schon sehr
viel nüchterner als Sohnrey, wenn er schreibt: „Wir sind alle schon Städter und
heimatlose, erdfremde Menschen einer jungen Zeit."[46]

Insgesamt stellt sich heraus, daß in den frühen Schriften der Jugendbewegung das Urteil über das Verhältnis Stadt/Land und über die Großstadt sehr
viel differenzierter ausfällt, als es meist in der zeitgenössischen Zivilisationskritik gerade aus den Kreisen der Heimatbewegung anzutreffen ist: Grundsätzliche Ablehnungen der Großstadtzivilisation finden sich ebensowenig wie
eine krasse Technikfeindschaft. Lediglich Übertreibungen und vermeintliche
Fehlentwicklungen werden angegriffen. Insbesondere aus dem letzten Jahr-
fünft vor dem Ersten Weltkrieg sind verschiedene Texte überliefert, die sich

[42] Bergmann (s. Anm. 10), S. 123.
[43] Zitate ebd., S. 64 und S. 66; zur Großstadtkritik s. neben dem grundlegenden
Werk von Bergmann auch A. Lees, Cities Perceived. Urban Society in European and
American Thought, 1820–1940, Columbia University Press 1985, bes. S. 142 ff.; sowie
J. Reulecke, Geschichte der Urbanisierung in Deutschland, Frankfurt a. M. 1985, Kap.
III, 7.
[44] Zu Sohnrey s. Bergmann (s. Anm. 10), S. 63 ff. und passim.
[45] Fischer, Tagebücher (s. Anm. 21), S. 19, sowie Dokumentation II (s. Anm. 22),
S. 82.
[46] Fischer, Tagebücher, S. 155.

mit dem Problemfeld auseinandersetzen und Stadt und Land in ein ganzheitliches Bild einzufügen versuchen. Die oft anzutreffende Übung, „die Großstadt als Ursache rettungsloser Verherdung des Menschenwesens zu schmähen",[47] wird dabei ebenso abgelehnt wie jede schönfärberische Romantik beim Umgang mit „Volk und Bauer". Es sei falsch, so wieder Frank Fischer, „den Blick nur auf das Ländliche und Idyllische zu richten, am Lebendiggroßen der Stadt und der Industrielandschaft (aber) vorbeizusehen".[48] Aus der Zeitschrift ›Alt-Wandervogel‹ stammt sogar das Urteil, „alle Bauernschwärmerei (sei) das sichere Zeichen von geistiger Mittelmäßigkeit und von Dilletantismus des nur nach ‚Kraft‘ sehnsüchtigen Dekadenten".[49] Der Autor kritisiert hier unter der Überschrift ›Allerlei Heimatschutz‹ recht scharf eine Reihe von Fehlentwicklungen in der Heimatschutzbewegung und fordert zu einer „sachliche(n) Ehrung der Landbevölkerung" auf. Heimatschutz im positivsten Sinne des Wortes sei „der stille Respekt, den die Wanderer vor dem einzelnen Menschen und vor dem ganzen Leben des Bauern auf ihren Fahrten an den Tag legen, der Respekt, der eigentlich nichts anderes ist als das stetig wache Bewußtsein, hier zwischen den Äckern und Wäldern einer nicht standes- und vielleicht auch nicht stammesverwandten Bevölkerung Gastrecht zu genießen". Der Bauernstand sei zwar die Wurzel der Volkskraft, eine Wurzel, die aber „ohne die Krone einer hochentwickelten Kultur in sich selbst nicht überschätzt werden dürfe".[50]

Quellen wie diese belegen, daß die Jugendbewegung vor dem Ersten Weltkrieg mißverstanden würde, wollte man sie simpel als „Fluchtbewegung aus der Großstadt in die Natur, aus der Zivilisation in die Natürlichkeit" interpretieren.[51] Trotz einiger späterer Ausnahmen im Zusammenhang mit Siedlungsexperimenten waren die Jugendbewegten durchweg keine Jünger Rousseaus; die Fahrt war in erster Linie ein „Gemeinschaftserlebnis großstädtischer Jugend mit dem Hintergrund neu zur Kenntnis genommener Landschaft".[52] Die Wandervögel blieben eine im wesentlichen städtische Jugend und haben

---

[47] Zitat aus: Alt-Wandervogel. Monatsschrift für Jugendwandern 9/5 (1914), S. 104.

[48] Fischer, Tagebücher, S. 156 f.; zum sonst üblichen Bild vom Bauern bei vielen Jugendbewegten s. Wolschke-Bulmahn (s. Anm. 9), S. 69 ff.

[49] A. Fendrich, Allerlei Heimatschutz, in: Alt-Wandervogel 5/5 (1914), S. 110; dieser Text ist – offenbar zustimmend – aus der Zeitschrift ›Der Wanderer‹ übernommen worden.

[50] Ebd.

[51] Sauer (s. Anm. 9), S. 59; zu den im folgenden erwähnten jugendbewegten Siedlungsexperimenten s. U. Linse, Die Kommune der deutschen Jugendbewegung, München 1973.

[52] K. O. Paetel, Jugend in der Entscheidung 1913–1933–1945, Bad Godesberg 1963, S. 67.

dies auch zunehmend betont, ja, sich sogar bewußt als Vermittler zwischen Stadt und Land verstanden, so z. B. der Schöpfer des Liederbuches ›Zupfgeigenhansl‹, Hans Breuer, der dafür eintrat, die alten vergessenen Volkslieder wieder ins Land zu tragen und dort erneut heimisch zu machen.[53] Die Pflege des alten Liedes war für ihn nicht folkloristisches Heimatkunstbemühen, sondern die Bewahrung „kostbar heiliger Reste: deutsches Werden, deutsche Träume, deutsche Volksseele", dagegen galten ihm „deutsches Hurra" und deutsche „Rekordmacherei" bloß als „Wahrzeichen der Nationalblässe".

Von Breuer stammt eine vielzitierte, z. T. mißverständliche, aber in unserem Kontext bedeutsame Reflexion im Anschluß an das Treffen auf dem Hohen Meißner: „Herbstschau 1913 – plus ultra."[54] Der Autor beantwortet den Ruf nach einer neuen Kultur jetzt nicht mehr mit der Empfehlung, ein höheres Menschsein allein durch Schweifen in die Ferne zu gewinnen, sondern dreht den Spieß um, indem er fragt: „Liegt nicht viel näher, den großen Urwald unserer Tage wegbar zu machen, das unerlöste Zeitalter von Technik, Industrie und Wissenschaft auszubauen zur Kultur als einer Arbeit in Harmonie und Klarheit?" Nach der wilden Anfangszeit des Wandervogels, in der dieser hinaus in Klüfte, Wälder und Einsamkeit gestürmt sei und die Großstadt verhöhnt und verlästert habe, sei jetzt Reifezeit angesagt. Die großen Fahrten hätten denen, die zu verstehen in der Lage gewesen seien, ihr Vaterland im Spiegel fremder Nationen gezeigt, und dies habe zur Einsicht in die „Bestimmtheit" der Deutschen im Getriebe der Völker geführt. Ein „neuer deutscher Erdentypus" sei auf diese Weise entstanden: „in der Jugend von der Nährmutter Heimat gezogen, als Bursche gekräftigt im Deutschtum, als Männer willig zu Taten, zu deutscher Arbeit, zur Prägung deutscher Gesinnung – der Wandervogeldeutsche." Der nationalistische Idealismus und die Deutschtümelei, die hier anklingen, seien dahingestellt, doch ist bedeutsam, daß Breuer in diesem Zusammenhang auch für eine Ästhetisierung von Industrie und Stadt eintritt: „So wanderten sie (die Wandervögel, d. V.), immer reifer werdend, auf der Straße der natürlichen Erziehung hinauf bis in unsere Tage, bis sie staunend an den Feuerschlünden nächtlicher Gießhütten standen und mit Lust ihre Augen am Stahlgerippe breiter Bahnhöfe weideten." Als mit der einst verhaßten Großstadt Versöhnte seien sie, so Breuer, nun bereit zur „Weltüberwindung".

[53] H. Breuer, Wandervogel und Volkslied, in: Wandervogel. Monatsschrift des deutschen Bundes für Jugendwanderungen 4/7 (1910) S. 81–85, s. auch Müller (s. Anm. 3), S. 35.

[54] Wiederabdruck in: H. Speiser, Hans Breuer – Wirken und Wirkungen, Burg Ludwigstein 1977, S. 78–81 (ursprünglich in: Wandervogel 8/10 [1913]); s. auch Müller (s. Anm. 3), S. 35 f., sowie die Anmerkungen zu Breuers „Herbstschau" bei H. Wangelin, Bemerkungen zu Jakob Müllers Dissertation, in: Jahrbuch des Archivs der deutschen Jugendbewegung 4 (1972), S. 157 f.

Ohne Zweifel blieben solche Höhenflüge und Umdeutungen der Jugendbewegung singuläre Erscheinungen und Klärungsversuche eines Älteren, doch der Trend zur Akzeptanz der positiven Seiten der modernen Industriegesellschaft und der Stolz, „Miterlebender dieser herrlichen Hochblüte der Wissenschaft und Industrie" zu sein,[55] nahmen kurz vor dem Ersten Weltkrieg deutlich zu. „Heil dir Vaterstadt!" heißt es in einem von Essener Wandervögeln gestalteten Heft der Zeitschrift ›Wandervogel am Rhein‹: „Auf diese Kraftentfaltung (die der Herrschaft der Menschen über die Naturgewalten, d. V.) gründet sich dein Ruhm, dein Stolz und deine Größe. Gräßlich bist du, Industrie ... und doch so erhaben! Stolz, kalt, gebietend, schaurig schön, und gewaltig."[56] Jede fanatische Verachtung der Industrie wird scharf abgelehnt; sie habe zwar „Schattenseiten, ungeheure Schattenseiten", doch müsse man sie anerkennen, zugleich sich aber darum bemühen, nicht zum Sklaven, sondern gerade auch mitten im „wirklichen, so nackten Leben" zum wahren Menschen zu werden.[57] Die eigene Stadt, die Großstadt, die Industriestadt wird jetzt als zu entdeckende und zu gestaltende Heimat erlebt. Ähnliches läßt sich in einem Heft nachlesen, das die Elberfelder Wandervögel zusammengestellt haben: Nach farbigen Schilderungen der Textilgewerbestadt im Wuppertal stellen die Verfasser die rhetorische Frage: „Ihr draußen im Gau, seid ihr euch schon einmal klar geworden, was die Schönheit, was das Charakteristische eurer Stadt ausmacht?"[58] Und die Essener appellieren an die z. T. noch in schwärmerischer Romantik befangenen Wandervögel: „Drum hinweg mit aller Gefühlsduselei, drum hinweg mit allen Wehs und Achs um das vergangene Schöne! Seid der Zeit angehörig, dann lernt ihr auch sie schätzen, auch sie ist schön!"[59]

Das, was führende Stadtplaner wie Camillo Sitte, Historiker wie Dietrich Schäfer und Karl Bücher sowie Sozialwissenschaftler wie Max Weber, Ferdinand Tönnies und Georg Simmel nach 1900 angesichts um sich greifender Großstadtkritik nachdrücklich betont hatten, nämlich die historische Bedeutung, die Kulturleistung und die potentielle Lebensqualität der modernen Städte,[60] findet sich nun auch im Denken von älteren Jugendbewegten: Die Gefährdungen des Großstadtlebens galten als durchaus kurierbar, die Belastungen durch die Industrie als bewältigbare Übergangserscheinungen. Der neue Begriff „Großstadtheimat" spiegelt diesen Gesinnungswandel wider.

---

[55] Breuer, „Herbstschau", in: Speiser (s. Anm. 54), S. 79.
[56] Wandervogel am Rhein 5/5 (1914), S. 3.
[57] Ebd., S. 7.
[58] Ebd., Heft 2, S. 8.
[59] Ebd., Heft 5, S. 7.
[60] Dazu Lees (s. Anm. 43), bes. S. 239 ff., sowie Reulecke, Urbanisierung (s. Anm. 43), S. 143 ff.

Wenn der Pol einer „neukonservativen Reform",[61] die bis hin zu völkischen und sozialdarwinistischen Strömungen reichen konnte, auch weiterhin in der Vorkriegsjugendbewegung sehr viel stärker besetzt war, so wurden offenbar andere Teile der Jugendbewegung in wachsendem Ausmaß vom zeitgenössischen Fortschrittsoptimismus angesteckt. Das Gesamtbild ist daher eher heterogen und zeigt die Vielschichtigkeit des Phänomens, nachdem erst einmal die „Sturm- und Drangphase" der Anfangsjahre überwunden war.

Mit all jenen mit dem Älterwerden der ersten Wandervogelgeneration zunehmenden Selbstdeutungsversuchen und Bestrebungen, dem jugendbewegten Aufbruch Sinn und Ziel zu unterlegen, korrespondierte aber – und dies ist ein Problem, das bei der gesamten Geschichte der Jugendbewegung bis heute zu bedenken ist – das konkrete, z.T. rauschhaft empfundene Gruppen- und Fahrtenleben, bei dem Reflexionen über Volk, Nation und Vaterland, Heimat und Volkskultur, Zivilisation und Verstädterung kaum eine Rolle spielten.[62] Meist waren es gerade nicht die vielfältigen Sinnkonstruktionen der Führerkreise, die den von der Jugendbewegung in ihren Bann gezogenen jungen Menschen ein Leben lang prägen sollten, sondern die hautnahen und stark emotionalisierenden, Phantasie und Bildwelten beflügelnden Erlebnisse der Fahrtengemeinschaft[63] und abenteuerlichen Fremde. Nicht Seßhaftigkeit in der Heimat war das Ideal der meist ja erst 12- bis 20jährigen Gruppenmitglieder – trotz des zunehmenden Bemühens einzelner Gruppen und Bünde, sich eigene „Nester", Landheime und sonstige feste Zufluchtsstätten in und außerhalb der Städte zu beschaffen –, sondern der immer wieder neue Aufbruch in die Ferne. „Heimat", d.h. einerseits die eigene noch unbekannte

[61] So ordnet Jakob Müller die Jugendbewegung vor dem Ersten Weltkrieg im wesentlichen ein; s. seine Dissertation (s. Anm. 3) und die Rezension von A. Mohler dazu im Jahrbuch des Archivs der Jugendbewegung 4 (1972), S. 152 ff.; s. auch U. Linse, Die Jugendkulturbewegung, in: Vondung (s. Anm. 1), S. 120 f.

[62] Siehe die typische Kritik eines Jüngeren am „theoretischen Sums" der Älteren beim Meißner-Fest von 1913: „Und wenn sich die Redner das nicht merken sollten, so wird es geschehen, wie es diesmal schon anfing, daß die Jugend singt, springt und tanzt, die Reden aber in den Wind gesprochen werden", zit. nach G. Ziemer/H. Wolf, Wandervogel und Freideutsche Jugend, Bad Godesberg 1961, S. 475 f.; s. auch C. Hepp, Avantgarde. Moderne Kunst, Kulturkritik und Reformbewegungen nach der Jahrhundertwende, München 1987, S. 33.

[63] Der umstrittene Wandervogelbiograph Hans Blüher hat deshalb schon früh die Wandervogelbewegung als ein im wesentlichen „erotisches Phänomen" interpretiert, was zwar zu vielen Mißverständnissen geführt hat, aber heute differenzierter diskutiert wird; s. J. H. Schoeps, Sexualität, Erotik und Männerbund. Hans Blüher und die deutsche Jugendbewegung, in: Knoll/Schoeps (s. Anm. 9), S. 137–154; s. auch Blühers Grundschrift: Die Rolle der Erotik in der männlichen Gesellschaft, Neuausgabe Stuttgart 1962, bes. S. 253 ff.

Heimat, die meist mehr oder weniger mit einer eher vagen Vorstellung von Vaterland verschmolz,[64] und andererseits die fremde Heimat, die Heimat anderer Menschen, „Stämme" und Völker also, war letztlich „nur Feld oder Raum der Fahrt".[65] Doch galt die Fahrt zunehmend nicht als Selbstzweck, sondern als Herausforderung an das (männliche) Individuum, sich zu bewähren und die Fähigkeit zu gewinnen, „aus eigener Bestimmung, vor eigener Verantwortung, in innerer Wahrhaftigkeit" sein Leben zu gestalten, wie es dann in der berühmten ›Meißner-Formel‹ vom Oktober 1913 heißen sollte.[66] Dieser Vorgang vollzog sich intuitiv, weniger als Akt bewußten Wollens, und erhielt entscheidende Impulse durch das Sichausliefern an die Fremde und die Natur. Noch einmal Frank Fischer[67]: „Wandern ist ein Nieverweilen, ein traumhaftes Schweifen durch die Weite der Welt ..., denn im Wandern und Schweifen sollst du den Raum tragen und fühlen, der dich umschließt, und sollst ihm atmend danken." Die Natur solle wie ein Freund erlebt werden, dann „entsteht zwischen euch eine schmiegsame, nachgebende Rundigkeit der seelischen Bewegungen; jeden Augenblick füllst du lebendig aus und greifst nach einem inneren Rhythmus zu dem nächsten. So ist es ein Miteinanderleben und ein Vorwärtsleben". Kein Wunder, daß spätere Kritiker der Jugendbewegung wie Hermann Bloch und Kurt Tucholsky ihr „Seelenlärm" und „Innenrummel" vorgeworfen haben, einen „Innenrummel", der im wesentlichen der Selbstbespiegelung gedient habe![68] Als „Innenkünstler" – so Tucholsky – seien die Jugendbewegten entweder selbst reaktionär oder – noch schlimmer – könnten sie von Reaktionären „benutzt, ausgenutzt oder mißbraucht" werden. Dies ist ein polemisches, aber durchaus nicht völlig falsches Urteil, wie sich später herausstellen sollte. Doch darf man Sätze wie die von Frank Fischer, die sich in ähnlicher Weise auch bei vielen anderen Wandervögeln finden lassen,[69] keineswegs bloß als lyrische Wortdrechslereien abtun: Sie waren durchaus – im Ton der Zeit gehalten – Ausdruck einer entspre-

---

[64] Müller (s. Anm. 3), S. 37 ff.; vgl. auch die Rede Gottfried Traubs bei dem Fest auf dem Hohen Meißner, wiederabgedruckt in: Hoher Meißner 1913 (s. Anm. 7), S. 282–288, bes. S. 286 f.

[65] Müller (s. Anm. 3), S. 37.

[66] Zur Entstehung dieser „Meißnerformel" s. W. Mogge, in: Hoher Meißner 1913 (s. Anm. 7), S. 50–54.

[67] F. Fischer, Wandern ein Traum, abgedruckt in: Grundschriften der deutschen Jugendbewegung, hrsg. v. W. Kindt, Düsseldorf/Köln 1963, S. 83 (Dokumentation der Jugendbewegung I).

[68] Zit. nach H. Pross, Jugend, Eros, Politik, Bern/München/Wien 1964, S. 452 und S. 458.

[69] Vgl. neben den in Anm. 9 zit. Darstellungen hierzu auch W. Mogge, Naturverständnis und Kulturkritik, in: Jahrbuch des Archivs der deutschen Jugendbewegung 15 (1984/85), S. 171–200.

chenden jugendlichen „Befindlichkeit", die sich vor allem in den selbstge-schaffenen Liedern niedergeschlagen hat, die kurz vor dem Ersten Weltkrieg und besonders dann danach an die Seite jener Volkslieder traten, die Frank Fischer in seinem ›Wandervogel-Liederbuch‹ und Hans Breuer in seinem ›Zupf-geigenhansl‹ (beide um 1910 erschienen) mitgeteilt haben. Um nur auf die be-kanntesten Lieder hinzuweisen: ›Wir wollen zu Land ausfahren‹ von Hjalmar Kutzleb, ›Wilde Gesellen, vom Sturmwind durchweht‹ von Fritz Sotke und – ein wenig später – ›Wildgänse rauschen durch die Nacht‹ von Walter Flex. Besonders das erstgenannte Lied gilt bis heute als das beste Zeugnis für den Mythos des jugendbewegten Naturerlebnisses[70] und als Ausdruck eines spezi-fischen „Fernwehs", einer Sehnsucht nach Fremde und Weite, in der Heimat überall dort besteht, wo sich eine „gastliche Statt" findet. Und das in späteren Jahrzehnten in der bündischen Jugend verbreitete ›Falado‹-Lied von Hans Leip, dessen erste Strophe als Einleitungsmotto zum vorliegenden Beitrag ge-wählt worden ist, beantwortet schließlich die Frage, wo denn nun das ersehnte Wunderland Falado und damit das Ziel alles Fahrens liege, mit dem Verweis auf die Ewigkeit …

Ein kurzes Fazit und ein Ausblick: Meine Überlegungen zum Verhältnis von Jugendbewegung und Heimatbewegung sind u.a. von jener zweiteiligen These Heinz Gollwitzers ausgegangen, nach der – so der erste Teil – die „Di-mension der erwanderten Heimat" für den Erlebnisbereich der Jugendbewe-gung zentrale Bedeutung gehabt und – so der zweite Teil – der „Heimatge-danken" eine bedeutende Funktion beim jugendbewegten Aufbruch besessen habe.[71] Dem ersten Teil der These ist nachdrücklich zuzustimmen, freilich nur dann, wenn man von einem sehr weitgefaßten Heimatbegriff ausgeht: In den meisten Fällen war Heimat nicht bloß die Nahwelt, sondern sie konnte überall dort erlebt werden, wo Menschen sich „heimatlich" eingerichtet und einen entsprechenden unverwechselbaren Lebensstil ausgeprägt hatten. Der „Hei-matgedanke" selbst, verstanden als reflektiertes Konzept oder als programma-tischer Kernpunkt wie bei den Wortführern der Heimatbewegung, spielte da-gegen allenfalls am Rande oder nur in Einzelfällen eine Rolle; eine Funktion besaß er für die frühe Jugendbewegung praktisch nicht, es sei denn, man setzte ihn mit dem „Naturgedanken" gleich! „Heimat" im Sinne der Jugendbewe-gung läßt sich im wesentlichen als „innere" Heimat verstehen; die Suche nach ihr war eine Suche nach neuer Identität, nach Selbstfindung in einer diffusen Zeit der Auflösung vieler traditioneller Sicherheiten. Der jugendliche Auf-bruch nach Falado war ein ganz und gar idealistischer und hatte nichts zu tun mit den vergleichsweise eng begrenzten, konkreten Zwecken der Heimatbe-

[70] Sauer (s. Anm. 9), bes. S. 56 und S. 68.
[71] Siehe oben Anm. 3.

wegung. „Unsere Liebe zur Heimat sei Liebe", heißt es in jenem schon zitierten kritischen Artikel aus dem Jahre 1914 zum gängigen Heimatschutz,[72] und gemeint war damit die Liebe zum fremden Menschen und dessen Heimat sowie zur Natur insgesamt.

Eine bemerkenswertere „Verzahnung" der Jugendbewegung mit einem Teilbereich der Heimatbewegung, typischerweise mit der Landschaftspflege, begann erst später: in den 1920er Jahren und vor allem nach 1945. Einzelne Männer, die durch die Jugendbewegung geprägt worden waren, meist ehemalige Wandervögel, engagierten sich jetzt nachdrücklich im naturnahen Städte- und Heimstättenbau, im Siedlungswesen, in der Landschaftsarchitektur und Gartengestaltung, vor allem aber im Landschaftsschutz und in der Naturparkbewegung.[73] Neben dem Münchener Altwandervogel Alwin Seifert, einem der bedeutendsten Garten- und Landschaftsarchitekten des 20. Jahrhunderts,[74] sei hier insbesondere Alfred Toepfer genannt, der bekannte Hamburger Mäzen und langjährige, äußerst erfolgreiche Vorsitzende des Vereins Naturschutzpark,[75] dessen vielfältigen Verdienste bei der Anlage von Naturschutzgebieten in Deutschland,[76] bei der Pflege von Bau- und Bodendenkmälern, bei der Stiftung von entsprechenden Preisen und bei der Anregung wie Förderung einer großen Zahl einschlägiger Initiativen – weit über die Bundesrepublik hinaus – hier nur ausdrücklich erwähnt, aber nicht ausführlich gewürdigt werden können. Ihm, dem inzwischen 96jährigen, dem alten Wandervogel und letzten lebenden Zeitzeugen des Freideutschen Jugendtages auf dem Hohen Meißner im Oktober 1913, sei dieser Beitrag in Dankbarkeit gewidmet.

[72] Alt-Wandervogel 9/5 (1914), S. 111 (s. oben Anm. 49).

[73] Zur Entwicklung in den 1920er und 1930er Jahren s. Wolschke-Bulmahn, Arkadien (s. Anm. 9); s. auch die beiden Beiträge von B. Schomburg, Lebensführung und Umweltgestaltung, und von R. Gardiner, Aufbau aus der Landschaft, in: Die Jugendbewegung. Welt und Wirkung, Düsseldorf/Köln 1963, S. 120–136 und S. 137–145. Ein wenig scheint es so, als ob der oben zitierte Appell von Kurwenal (s. Anm. 29) an die jungen Wandervögel, sich später als Erwachsene im Naturschutz zu engagieren, gefruchtet hätte.

[74] Vgl. vor allem die Autobiographie von A. Seifert, Ein Leben für die Landschaft, Düsseldorf 1962.

[75] Siehe seinen Bericht: Naturschutz, Naturschutzparke und Landschaftspflege, in: Lebensfragen und Gestaltungswille. Arbeitsgemeinschaft des Meißnertages 1963, hrsg. von K. Ahlborn/H. Hertling, Klappholttal/Sylt 1963, S. 157–165.

[76] Zur Entwicklung des Naturschutzes und der Naturparks in der Bundesrepublik in der Zeit, als Alfred Toepfer Vorsitzender des Vereins Naturschutzpark war, s. die beiden Artikel ›Naturpark‹ und ›Natur-/Landschaftsschutz‹, beide verfaßt von G. Gröning/J. Wolschke, in: Von „Abwasser" bis „Wandern". Ein Wegweiser zur Umweltgeschichte, hrsg. von der Körber-Stiftung, Hamburg 1986, S. 133–138.

ERNST RUDORFF UND DIE ANFÄNGE
DER DEUTSCHEN HEIMATBEWEGUNG

Von Andreas Knaut

Im letzten Drittel des 19. Jahrhunderts mehrten sich die Stimmen derjenigen, die der fortschreitenden Wandlung des wilhelminischen Deutschland in eine moderne Industriegesellschaft zunehmend kritisch gegenüberstanden.[1] Vorwiegend die Mitglieder des gebildeten Mittelstandes registrierten die Veränderungen im Landschaftsbild und die wachsende Urbanisierung infolge des dynamisierten Wirtschaftsprozesses mehr und mehr negativ als bloße Zerstörung der natürlichen Lebensräume und, weitgehender noch, als eine Bedrohung der deutschen kulturellen Identität. Das Wort von der „Krise" begann seinen Einzug in das Bewußtsein der bürgerlichen Zeitgenossen zu nehmen. Die Veränderungen wurden als „Kulturfall" notiert, als „ein Sinken des Lebens ins Profane, Säkuläre, Ordinäre", wie es der Philosoph Rudolf Eucken schrieb. „Augenscheinlich befinden wir uns inmitten einer schweren geistigen Krise, der wir nicht gewachsen scheinen."[2]

Vor diesem Hintergrund schwoll die seit den Tagen Wilhelm Heinrich Riehls stetig vorhandene Fortschrittskritik nunmehr von einer bloßen Begleitmusik der Moderne zu einem machtvollen Konzert an. Mit Beginn der achtziger Jahre des vorigen Jahrhunderts gelangten mehr und mehr Entwürfe an die Öffentlichkeit, die in ihrer Programmatik der zunehmenden Landschaftszerstörung, dem architektonischen Stilwirrwarr des wilhelminischen Eklektizismus, dem Schwinden des volkstümlichen Brauchtums, der Landflucht der Bauern, im Kern schlicht dem vermeintlich drohenden Verlust der deutschen Identität, entgegenzusteuern suchten. Die jetzt einsetzende Bewegung bestand aus einer breitgefächerten, facettenreichen Palette von antimodernistisch gefärbten, im überwiegenden Maße konservativen Heilslehren, Kunst- und

---

[1] Zu dem Eindruck der Moderne auf das Bürgertum vgl. K. Vondung, Zur Lage der Gebildeten der wilhelminischen Zeit, in: Ders. (Hrsg.), Das wilhelminische Bildungsbürgertum. Zur Sozialgeschichte seiner Ideen, Göttingen 1976, S. 20–34; zum Krisengefühl des Deutschen Bildungsbürgertums vgl. etwa T. Nipperdey, Probleme der Modernisierung in Deutschland, in: Ders., Nachdenken über die deutsche Geschichte, München 1986, S. 44–60.

[2] Zit. R. Eucken, nach F. Ringer, Die Gelehrten. Der Niedergang der deutschen Mandarine 1890–1933, Stuttgart 1983, S. 230.

Lebensreformversuchen, die in der historischen Forschung verschiedentlich als eine „Krise der deutschen Ideologie",[3] als Ausdruck des „Kulturpessimismus"[4] der Deutschen, als „deutsche Bewegung",[5] als „kulturrevolutionäre Gebildetenrevolte"[6] oder als „fortschrittliche Reaktion"[7] gekennzeichnet worden sind und besonders unter dem Aspekt der geistesgeschichtlichen Vorfeldbereitung des Nationalsozialismus Beachtung fanden. Zu ihrem weiteren Umfeld gehörte auch der Heimatschutz, dem bisher seitens der historischen Wissenschaft allerdings nur wenig Aufmerksamkeit zuteil wurde.[8] Lediglich einige recht tendenziöse und zum Teil apologetische Darstellungen und Jubiläumsschriften aus der Heimatbewegung selbst haben den Heimatschutz zu ihrem Thema gemacht.[9] Die historische Forschung näherte sich dem Heimatschutz bisher fast ausschließlich im Kontext kunsthistorischer bzw. umweltschutzhistorischer Fragestellungen.[10] Eine Darstellung und Auseinanderset-

---

[3] Vgl. G. Mosse, The Crisis of German Ideology. Intellectual Origins of the Third Reich, London 1964.

[4] Vgl. F. Stern, Kulturpessimismus als politische Gefahr. Eine Analyse nationaler Ideologie in Deutschland, Bern 1963.

[5] Vgl. A. Klönne, Zur Erinnerung an eine „deutsche Bewegung", in: W. Abendroth u. a. (Hrsg.), Nicht links – nicht rechts? Über die Zukunft der Grünen, Hamburg 1983, S. 7–16.

[6] Vgl. U. Linse, Fin de siècle und Aufbruch ins neue Jahrhundert, in: Ders. (Hrsg.), Zurück o Mensch zur Mutter Erde. Landkommunen in Deutschland 1890–1933, München 1983, S. 31.

[7] Vgl. J. Hermand/R. Hamann, Stilkunst um 1900, Berlin 1965, S. 25.

[8] Vgl. auch das Urteil von W. Speitkamp, Denkmalpflege und Heimatschutz zwischen Kulturkritik und Nationalsozialismus, in: Archiv für Kulturgeschichte 70/1 (1988), S. 149–193.

[9] So W. Schoenichen, Naturschutz – Heimatschutz. Ihre Begründung durch Ernst Rudorff, Hugo Conwentz und ihre Vorläufer, Stuttgart 1954; K. Zuhorn, 50 Jahre Deutscher Heimatschutz und Heimatpflege – Rückblick und Ausblick, in: 50 Jahre Deutscher Heimatbund, Deutscher Bund Heimatschutz, Neuss 1954, S. 13–58; Deutscher Heimatbund (Hrsg.), 80 Jahre für Heimat und Umwelt. Deutscher Heimatbund 1904–1984, Bonn o. J. (1984).

[10] Vgl. unter dem Aspekt kunsthistorischer Forschungen etwa die Untersuchung der architektonischen Konzeption des Heimatschutzes bei C. F. Otto, Modern Environment and Historical Continuity: The Heimatschutz Discourse in Germany, in: Art Journal 43 (1983), S. 148–157 und die Darstellung der Beziehung zwischen Heimatschutz und Erforschung der Weserrenaissance bei B. Ringbeck, Heimatschutzbewegung und Weserrenaissance-Forschung, in: Heimatpflege in Westfalen. Rundschreiben des Westfälischen Heimatbundes 2/2 (1989), S. 1–6. Zu den zahlreichen Aufsätzen über die beginnende deutsche Denkmalpflegebewegung vgl. W. Speitkamp, Denkmalpflege und Heimatschutz, S. 151, Anm. 11. Mit dem frühen deutschen Umwelt- und Naturschutz und damit auch den entsprechenden Aspekten des Heimatschutzes beschäftigen

zung seiner spezifischen Programmatik und Vorgehensweise blieb bis jetzt weitgehend aus.[11]

Ein solcher Aufsatz kann hier keine Abhilfe schaffen oder gar eine umfassende Untersuchung leisten. Im folgenden sollen zunächst die komplexe Idee und Programmatik des ursprünglichen Heimatschutzgedankens und die Person seines Gründers Ernst Rudorff in den Mittelpunkt gestellt werden (I). Sodann rückt die Gründungsgeschichte des „Bundes Heimatschutz" unter Berücksichtigung ihrer Beziehungen zu ähnlichen Bestrebungen in die Betrachtung (II), und zuletzt wird ein Ausblick auf die ersten Jahre des Bundes unter dem Gesichtspunkt seiner Organisation und seiner Vorgehensweise versucht (III). Es ist Ziel des Folgenden zu zeigen, daß die frühe Heimatschutzbewegung über eine breitgespannte Grundkonzeption verfügte, die sie über eine bloße Natur- und Denkmalschutzorganisation hinaushob. Sie suchte in Konzeption und Praxis das weitgehend aus der Romantik entwickelte Programm von „Heimat" umzusetzen[12] und verfügte in diesem Versuch innerhalb des Spektrums der gesamten wilhelminischen fortschrittskritischen Bewegung durchaus über programmatische Eigenständigkeit.

I

Begrifflichkeit und inhaltliche Ausformulierung des „Heimatschutzes" gehen zurück auf den Pianisten und Komponisten Ernst Rudorff, geboren am 18. Januar 1840 in Berlin und gestorben am 31. Dezember 1916 in Großlichter-

---

sich u.a.: G. Däumel, Über die Landesverschönerung, Meisenheim 1961; W. Erz, Zur zeitgeschichtlichen Entwicklung von Naturschutz und Landschaftspflege, in: J. Ruhland (Hrsg.), Erhalten und Gestalten. 75 Jahre Rheinischer Verein für Denkmalpflege und Heimatschutz, Neuss o. J., S. 367–389; K. G. Wey, Umweltpolitik in Deutschland. Kurze Geschichte des Umweltschutzes in Deutschland seit 1900, Opladen 1982; A. Andersen, Heimatschutz. Die bürgerliche Naturschutzbewegung, in: F.-J. Brüggemeier, T. Rommelspacher (Hrsg.), Besiegte Natur. Geschichte der Umwelt im 19. und 20. Jahrhundert, München 1987, S. 143–158.

[11] Eine gewisse Ausnahme für den programmatischen Bereich bilden K. Bergmann, Agrarromantik und Großstadtfeindschaft, Meisenheim 1970; R. P. Sieferle, Fortschrittsfeinde? Opposition gegen Technik und Industrie von der Romantik bis zur Gegenwart, München 1984; ders., Heimatschutz und das Ende der romantischen Utopie, in: Arch + 81 (1985), S. 38–42; ders., Entstehung und Zerstörung der Landschaft, in: M. Smunda (Hrsg.), Landschaft, Frankfurt a. M. 1986, S. 238–266; U. Linse, Ökopax und Anarchie. Eine Geschichte der ökologischen Bewegungen in Deutschland, München 1986.

[12] Vgl. zum Programm „Heimat" etwa Sieferle, Heimatschutz und das Ende der romantischen Utopie, S. 38.

felde.[13] In Leben und Werk war Ernst Rudorff durch und durch von der Romantik geprägt und beeinflußt, deren literarische und philosophische Hauptvertreter er teilweise in seiner Jugend noch persönlich kennengelernt hatte: Zur weiteren Verwandtschaft zählte Ludwig Tieck[14]; Savigny, von Raumer, Schleiermacher und Schinkel verkehrten im Berliner Elternhaus, und zum engsten Freundinnenkreis der Mutter gehörte Bettina von Arnim. Hochbegabt und mit dem absoluten Gehör ausgestattet, erwies sich schon früh die Neigung des Jungen zur Musik. Nach dem Studium von Komposition und Klavierspiel am Leipziger Konservatorium übernahm Rudorff 1865 die Leitung der Musikalischen Gesellschaft am Kölner Konservatorium. 1869 zog ihn ein Angebot Joseph Joachims, mit dem Rudorff zeitlebens eine enge Freundschaft verband, an die neugegründete königliche Musikschule nach Berlin, an der er bis 1910 als erster Lehrer der Klavierabteilung und Vorsteher der Klavierklassen, zuletzt als Abteilungsleiter, verblieb. Rudorff schrieb rund 60 Kompositionen, darunter eine Vertonung von Gedichten von Eichendorffs, und veröffentlichte gemeinsam mit Brahms eine kritische Gesamtausgabe der Werke Chopins.

Dem musikalischen Romantiker Rudorff entsprach seine introvertierte Persönlichkeitsstruktur. Der Musiker besaß zeit seines Lebens eine Scheu vor öffentlichen Auftritten und vermied jedes Aufsehen um seine Person. Außerordentlich sensibel und im Alter zunehmend kränkelnd, gelang es ihm nicht, aus dem Schatten der viel bekannteren Komponisten seiner Zeit, wie Wagner oder Brahms, herauszutreten. Exzentrischen oder extrovertierten Persönlichkeiten, wie Bettina von Arnim, stand Rudorff trotz aller Sympathie eher hilflos oder, wie im Falle Wagners, vollständig ablehnend gegenüber.[15] Stets bildeten das persönliche Naturerlebnis, die einsame, individuelle, stille Versenkung in Landschaft und Wald das persönliche Rückzugsrefugium des Komponisten und gewannen für ihn mit steigender beruflicher Belastung an

[13] Über die Urheberschaft Rudorffs bezüglich des Wortes „Heimatschutz" gibt es in der Literatur keine abweichende Meinung, vgl. dazu W. Schoenichen, Natur als Volksgut und Menschheitsgut, Stuttgart 1950, S. 30; zur Biographie Ernst Rudorffs vgl. E. Alpers, Ernst Rudorff 1840–1916. Sonderdruck, Niedersächsische Lebensbilder Bd. 3, Hildesheim 1977; Schoenichen, Naturschutz – Heimatschutz; F. Koch, Ernst Rudorff, in: Heimatschutz 6/4 (1916), S. 761; autobiographisch über Familie und seine Kindheit E. Rudorff, Aus den Tagen der Romantik, hrsg. von Elisabeth Rudorff, Leipzig o. J.
[14] Ludwig Tieck war der Urgroßonkel Ernst Rudorffs, der dem Jungen oft noch persönlich aus seinen Märchen vorlas, was diesen nach eigener Aussage nachhaltig beeindruckte, vgl. dazu Rudorff, Aus den Tagen der Romantik, S. 259 f.
[15] Ernst Rudorff lehnte Wagner sowohl als Menschen wie auch als Komponisten vollständig ab; er sei „buntscheckig, widerspruchsvoll", zit. E. Rudorff nach Alpers, Ernst Rudorff 1840–1916, S. 13.

Bedeutung. Bereits seit seiner Kindheit verbrachte er einige Monate im Jahr auf der „Knabenburg", einem alten Sattelhof der Familie in Lauenstein im ländlichen Niedersachsen. An dieser Gewohnheit hielt Rudorff auch später fest; 1910 zog er sich sogar fast ganz nach Lauenstein zurück. Die dortige waldreiche, zunächst noch weitgehend unberührte Natur entsprach seinen romantischen Neigungen.

Aufgrund seiner Persönlichkeitsstruktur „nie dazu berufen (...) das hohe Lied der Technik zu singen",[16] traf der Einbruch der technisch-rationalen Welt in Gestalt von Flurbereinigung und Verkoppelung den Komponisten um so mehr, als er jetzt auch seinen eigenen unmittelbaren Bereich bedrohte. Die sichtbare Bedrohung seines ländlichen Refugiums wurde das ausschlaggebende Moment, das den introvertierten, öffentlichkeitsscheuen Komponisten veranlaßte, seit Ende der siebziger Jahre des vorigen Jahrhunderts die Heimatschutzkonzeption zu entwickeln und rund zwanzig Jahre ohne zunächst größere Resonanz vor einem breiteren Publikum zu propagieren.[17] Die Aktivitäten Rudorffs erschöpften sich während dieser Zeit nicht allein in der theoretischen Form. Teilweise unter erheblichem finanziellen Aufwand und durch Grundstückstausch suchte er gefährdete Waldstücke, Wiesen und Wege zu erhalten. Die hierbei erzielten kleinen Erfolge befand Rudorff allerdings auf die Dauer für wenig befriedigend. Sie mußten nach seiner Auffassung ungenügend bleiben, solange nicht eine allgemeine gesellschaftliche Sensibilisierung für heimatschützerische Belange, verbunden mit einer entsprechenden Haltung des Gesetzgebers, eintreten würde. Der „Heimatschutz" sollte beides leisten.

Ernst Rudorff entwickelte die Begrifflichkeit des Heimatschutzes nicht systematisch. In seinen beiden ersten veröffentlichten Aufsätzen, 1878 in der Berliner ›Post‹ und 1880 in den ›Preußischen Jahrbüchern‹ (›Über das Verhältnis des modernen Lebens zur Natur‹)[18] erschienen, beschäftigte er sich fast ausschließlich mit einer kritischen Bestandsaufnahme und Kommentierung der Natur- und Landschaftszerstörung infolge der Industrialisierung und des Tourismus, ohne tiefer auf mögliche Lösungsvorschläge einzugehen. Erst in der Folgezeit entwickelte er weitergehende Vorstellungen und baute seine Ideen zu einer umfassenden „ästhetischen Zivilisationskritik"[19] aus, ver-

---

[16] P. Schultze-Naumburg, Vorwort zu E. Rudorff, Heimatschutz, Berlin o. J. (1926), S. 2.

[17] Daß die Verkoppelung in Lauenstein den Anstoß für sein Eintreten für den Heimatschutz war, hat Rudorff stets selbst betont, vgl. Brief Rudorffs an Joseph Joachim vom 12. September 1878, in: J. Joachim/A. Moser (Hrsg.), Briefe von und an Joseph Joachim, Bd. 3, Berlin 1913, S. 201.

[18] Vgl. E. Rudorff, Über das Verhältnis des modernen Lebens zur Natur, in: Preußische Jahrbücher 45 (1880), S. 261–276.

[19] Sieferle, Heimatschutz und das Ende der romantischen Utopie, S. 39.

bunden mit entsprechenden programmatischen Vorschlägen für eine etwaige verbandliche bzw. staatliche Vorgehensweise. Rudorff stellte diese weitergehenden Überlegungen im Kern bereits 1888 in seinem ›Antrag auf Schutz der landschaftlichen Natur‹ auf der Tagung des „Gesammtvereins der deutschen Geschichts- und Alterthumsvereine" in Posen vor und wiederholte sie 1892 in einem Vortrag über den ›Schutz der landschaftlichen Natur und der geschichtlichen Denkmäler Deutschlands‹, gehalten vor dem „Allgemeinen Deutschen Verein" in Berlin.[20] Das Wort „Heimatschutz" selbst allerdings führte er erst 1897 mit seinen beiden Abhandlungen in den ›Grenzboten‹ (›Heimatschutz‹, ›Abermals zum Heimatschutz‹)[21] in den öffentlichen Sprachgebrauch ein. In diesen beiden letzten Aufsätzen verfaßte Rudorff die eigentliche Programmatik des Heimatschutzes. Die Schrift ›Heimatschutz‹, zum ersten Mal erschienen 1901[22] und im Verlauf der folgenden Jahrzehnte mehrmals wieder veröffentlicht, gab lediglich den Inhalt dieser Aufsätze in etwas erweiterter Form wieder. Sie wurde die Grundlage der Tätigkeit der in den folgenden Jahren entstehenden Heimatschutzvereine.

Die Grundgedanken Ernst Rudorffs wurzelten in ihren wesentlichen Elementen in der Romantik zu Beginn des Jahrhunderts. Er zitierte ausdrücklich mehrmals eine Passage aus Friedrich von Schillers 1795/96 erschienenem Aufsatz ›Über naive und sentimentalische Dichtung‹: „Es giebt Augenblicke in unserem Leben, wo wir der Natur (…) sowie der menschlichen Natur in Kindern, in den Sitten des Landvolks und der Urwelt, (…) blos weil sie Natur ist, eine Art von Liebe und von rührender Achtung widmen. Jeder feinere Mensch, dem es nicht ganz und gar an Empfindung fehlt, erfährt dieses, wenn er im Freien wandelt, wenn er auf dem Lande lebt (…), wenn er in künstlichen Verhältnissen und Situationen mit dem Anblick der einfältigen Natur überrascht wird (…). Es sind nicht diese Gegenstände, es ist eine durch sie dargestellte Idee, was wir in ihnen lieben. Wir lieben in ihnen das stille schaffende Leben, das ruhige Wirken aus sich selbst, das Dasein nach eigenen Gesetzen, die innere Nothwendigkeit, die ewige Einheit mit sich selbst. Sie sind, was wir waren; sie sind, was wir wieder werden sollen. Wir waren Natur, wie sie, und unsere Kultur soll uns auf dem Wege der Vernunft und der Freiheit zur Natur

[20] Vgl. E. Rudorff, Antrag auf Schutz der landschaftlichen Natur, in: Korrespondenzblatt des Gesammtvereins der deutschen Geschichts- und Alterthumsvereine 6/8 (1888), S. 86 f. und E. Rudorff, Der Schutz der landschaftlichen Natur und der geschichtlichen Denkmäler Deutschlands. Vortrag gehalten zu Berlin 30. März 1892, Berlin 1892.

[21] Vgl. E. Rudorff, Heimatschutz, in: Grenzboten 56/2 (1897), S. 401–414, S. 455–468, und E. Rudorff, Abermals zum Heimatschutz, in: Grenzboten 56/4 (1897), S. 111–117.

[22] Für diesen Aufsatz wurde verwendet E. Rudorff: Heimatschutz, 3. Aufl., München 1904.

zurückführen. (...) Da sich dieses Interesse für Natur auf eine Idee gründet, so kann es sich nur in Gemüthern zeigen, welche für Ideen empfänglich sind, d. h. in moralischen. Bei weitem die mehrsten Menschen affektiren es blos (...)."[23] Die in diesem Abschnitt mit einem durchaus elitären Unterton ausgedrückte Ansicht von individueller Naturempfängnis und von einer verlorengegangenen organischen Verbundenheit von Mensch und Natur bildete den Kern der heimatschützerischen Überzeugung. Die Forderung Schillers nach einer Kultur, die der Rückführung des Individuums zur Natur diente, beschrieb in kürzester Form seine letztendliche Zielsetzung. Mensch und Natur sollten wieder versöhnt, die alte organische Verbundenheit wiederhergestellt werden. Waren diese Überzeugungen durchaus allgemein-ästhetischer Art, so transferierte Rudorff sie in einen speziellen deutschen Zusammenhang: „In dem innigen und tiefen Gefühl für die Natur liegen recht eigentlich die Wurzeln des germanischen Wesens. Was unsere Urväter in Wodans heilige Eichenhaine bannte, was in den Sagen des Mittelalters, in den Gestalten der Melusine, des Dornröschens lebt, was in den Liedern Walthers von der Vogelweide anklingt, um dann in neuer ungeahnter Fülle in Goethes oder Eichendorffs Lyrik, endlich in der eigenartigsten Offenbarung des deutschen Genius, in unserer herrlichen Musik wieder hervorzubrechen: immer ist es derselbe Grundton, derselbe tiefe Zug der Seele zu den wundervollen und unergründlichen Geheimnissen der Natur, der aus diesen Äußerungen des Volksgemüths spricht."[24] Die Koppelung von romantisch-ästhetischer Naturanschauung und Deutschtum führte den Heimatschutz über die Grenzen einer bloßen Ästhetikkritik hinaus auf ein politisches, weil nationales Arbeitsfeld. Bildete die Naturempfängnis einen wesentlichen Teil deutscher nationaler Identität, so mußte ihr Verlust notwendigerweise auch den Verlust dieser Identität bedingen, mithin das Deutschtum in seinem Bestand bedrohen. Die Erhaltung des „Zuges der Seele zur Natur" avancierte zur nationalen Aufgabe.

Wie viele andere Vertreter der Heimatbewegung sah Rudorff in der jeweiligen regionalen Umwelt die Vorbedingung für die Ausprägung einer höheren „idealen Gesinnung" bzw. betrachtete sie als den manifest gewordenen Ausdruck einer entsprechend gewachsenen Kultur.[25] Umwelt, das bedeutete nicht allein Natur oder Wald, sondern schloß die gesamte bauliche und volkstümliche Lebensumgebung des Menschen mit ein. Rudorff sprach in diesem Zu-

---

[23] F. v. Schiller, Über naive und sentimentalische Dichtung (1795/96). Zit. nach Rudorff, Heimatschutz, S. 85 f. Rudorff führte dieses Zitat mehrmals an, vgl. Rudorff, Über das Verhältnis des modernen Lebens zur Natur, S. 268 f. und E. Rudorff, Zur Talsperrenfrage, in: Heimatschutz 1 (1904/5), S. 176.

[24] Rudorff, Über das Verhältnis des modernen Lebens zur Natur, S. 276.

[25] Rudorff bezog sich mit dieser Kulturauffassung nach eigenem Bekunden auf Rankes ›Weltgeschichte‹, vgl. Rudorff, Heimatschutz, S. 8.

sammenhang von der „Gesammtphysiognomie des Vaterlandes, wie sie im Laufe der Jahrhunderte und Jahrtausende sich entwickelt hat" und die es jetzt „als Vorbedingung aller Kultur" zu schützen gelte.[26] Mit dieser Kulturauffassung verband Rudorff seine Vorstellung von der Existenz einer instinktiven, urwüchsig schaffenden Volkskunst,[27] die gleichsam automatisch im Sinne seines Ästhetikverständnisses „echt" und damit „schön" wirkte, baute und arbeitete. Diese „wahre Volkskunst" sei jetzt im Zeitalter der beliebigen mechanischen Reproduzierbarkeit verlorengegangen, an diesen „Volksinstinkt in seiner pflanzenartig still fortschreitenden Thätigkeit"[28] müsse wiederangeknüpft werden. Der Heimatschutz beschränkte sich daher nicht allein auf den Natur- und Architekturbereich oder auf den Schutz von toten Gegenständen. Rudorff wollte die Erhaltung der jeweiligen regionalen Identität, der „Heimat" in ihrem vollständigen Spezifikum. Auch spätere Heimatschützer betonten stets, daß der Heimatschutz über eine bloße „Schutzfunktion" von Einzelheiten hinausweise und Höheres anstrebe. Er sei nichts weniger als eine „Kulturbewegung".[29]

Ernst Rudorff argumentierte vorwiegend rückwärtsgewandt. Seine Vorstellungswelt wurzelte in der friedlich-romantischen Biedermeieridylle eines Ludwig Richter oder Hoffmann von Fallersleben[30] bzw. griff noch weiter zurück bis in das Mittelalter. In diesen Zeiträumen sah Rudorff noch alles das erfüllt, was er in der Gegenwart vermißte: eine intakte Welt, die ohne Hast zufrieden und in Harmonie dahinlebte und die Veränderungen nur allmählich, eben „instinktiv" vollzog. Dort schien eine gleichsam gottgegebene Sozialordnung bestanden zu haben, die jedem Menschen seinen Platz zuwies und jegliche Landflucht oder Verstädterung verhinderte.[31] In der Gegenwart sah Rudorff diese Fiktion einer vergangenen Idylle[32] noch am ehesten auf dem

---

[26] Vgl. Rudorff, Antrag auf Schutz der landschaftlichen Natur, S. 86.

[27] Vgl. Rudorff, Der Schutz der landschaftlichen und der geschichtlichen Denkmäler Deutschlands, S. 27.

[28] Ebd., S. 96.

[29] Der Geschäftsführer des Deutschen Bundes Heimatschutz 1907–1914, F. Koch, bezeichnete den Bund Heimatschutz als eine „allgemeine deutsche Kulturbewegung, nichts weniger" (F. Koch, in: Heimatschutz 4 [1908], S. 42).

[30] Rudorff, Heimatschutz, S. 112.

[31] Rudorff zeichnete den Vergleich zwischen der mittelalterlichen und der modernen Stadt in aller Deutlichkeit: „Dort Familiensinn, bürgerliche Tüchtigkeit, Gemütlichkeit, Schlichtheit, Friede und Freude, Genügsamkeit und Genügen, Humor und Gottesfurcht; hier Strebertum, Scheinwesen und Aufgeblasenheit, elegante Renomisterei, vollkommenste Nüchternheit, Kälte und Blasiertheit. Dort Poesie, hier kahler Verstand" (Rudorff, Heimatschutz, S. 16 f.).

[32] Vgl. dazu die hart urteilende, aber im Kern durchaus zutreffende Kommentierung von Bergmann, Agrarromantik und Großstadtfeindschaft, S. 126.

Lande erhalten und folgte damit den in bürgerlichen Kreisen durchaus gängigen agrarromantischen Vorstellungen. So betrachtete der Heimatschutz die Großstadt mißtrauisch. „Wo aber soll sich Lebenskraft neu erzeugen, wenn nicht in dem Teil des Volkes, der fern von der nun einmal unvermeidlichen Überreizung und Entsittlichung der großen Städte in harter, aber gesunderhaltender Arbeit, ja in der Schule mancher Entbehrungen aufwächst und erstarkt?"[33] Der Heimatschutz widmete daher dem Land und dem ländlichen Leben besondere Aufmerksamkeit und ließ dessen Schutz und Erhaltung für besonders dringlich erscheinen. An dieser Stelle wurden jetzt die implizierten politischen Zielsetzungen durchaus konkret, wenn Rudorff für Maßnahmen eintrat, um zu verhindern, daß der Landbevölkerung „das Land nicht verleidet" werde und „vorzüglich die Aermeren" ihr Heil in der großen Stadt suchten.[34]

Angesichts einer derartig umfassenden Konzeption des Heimatbegriffes mußte der Einbruch der modernen Welt eine vollständige Katastrophe bedeuten. Rudorff machte als Hauptgegner die „materialistische Gesinnung"[35] aus, deren Anmarsch auf breiter Front beobachtet werden konnte. Rudorff notierte seismographisch besonders für den ländlichen Bereich jede Veränderung, wo der „moderne Prokrustes, den man Civilisation nennt",[36] voranschritt. Er verurteilte die zunehmenden Eingriffe des Staates in die Landschaft, kennzeichnete die Verkoppelung als ein „Joch abstrakter Nutzungssysteme",[37] beklagte die Bemühungen um Begradigung von Feldrainen, Bächen und Waldrändern. Er warnte vor einer allzu „rationalen" Waldwirtschaft seitens der Forstverwaltungen[38] und vor dem Verschwinden der Tierarten. Für die Architektur stellte Rudorff fest, daß die alte ländliche Bauweise immer mehr zurückwich und sich die „Wohnkasernen" im alten Stadtbild breitmachten.[39] Im Bereich der Volkskunde bemängelte er den zunehmenden Einzug städtischer Kleidung auf dem Land und das Verschwinden überkommenen Brauchtums. Seiner Kritik legte Rudorff stets die Überlegung zugrunde, ob eine existentielle Bedrohung heimatlicher Ursprünglichkeit vorlag und ob die Notwendigkeit für die Errichtung einer Innovation einen solchen Eingriff hinreichend rechtfertigte. Angesichts des radikalen Ursprünglichkeitsbegriffes und des hohen Stellenwerts, den er ästhetischen Belangen zu-

---

[33] Rudorff, Heimatschutz, S. 77.
[34] Rudorff, Über das Verhältnis des modernen Lebens zur Natur, S. 272.
[35] Rudorff, Heimatschutz, S. 110.
[36] Ebd., S. 3.
[37] Ebd., S. 12.
[38] Rudorff, Der Schutz der landschaftlichen und der geschichtlichen Denkmäler Deutschlands, S. 23.
[39] Rudorff, Heimatschutz, S. 16.

wies, mußte eine versöhnliche Haltung Rudorffs etwa zu technischen Bauten auf dem Lande aber nur schwer zu erreichen sein. Rudorff führte seine Vorgehensweise exemplarisch in einer Stellungnahme zu dem geplanten Bau eines Wasserkraftwerkes im Bodetal vor: „Die Ausführung von Talsperren und ähnlichen Anlagen, die einen gewaltsamen Eingriff größten Maßstabs in die natürliche gewordene Gestalt der Landschaft bedeuten, kann niemals als eine Verschönerung der Natur angesehen werden; sie ist und bleibt unter allen Umständen ein Preisgeben idealen Besitzes. Deshalb soll man sich nur dann zu einem solchen Schritt bereit finden lassen, wenn eine geradezu unausweichliche äußerliche Nötigung wie die Abwehr von Gefahren für Leben und Eigentum in weiten Landesstrecken oder andere zwingende Umstände jenes Opfer fordern."[40] Eine solche „unausweichliche" Nötigung mußte naturgemäß nur selten vorliegen und in der Praxis auf eine enge, „ausgesprochen reaktionäre",[41] lediglich abwehrende Haltung hinauslaufen. Dabei betonte Rudorff mehrmals, nicht grundsätzlich dem Fortschritt feind zu sein. Wie viele seiner Zeitgenossen erhoffte er sich gerade von der Elektrizität neue positive Impulse auch für den Heimatschutz etwa in bezug auf das Verschwinden der Fabrikschornsteine. Freilich sollten die nötigen Anlagen „von dem Bereich der vorzugsweise schönen Natur grundsätzlich ausgeschlossen"[42] bleiben. Letztendlich konnte sich der Komponist nur eine Industrie vorstellen, die ihre Fertigungsmethoden auf Bereiche beschränkte, „die einzig und allein, so und nur so gemacht werden können. Alles andre, namentlich alles das, was irgend einer, wenn auch noch so unscheinbaren Mitwirkung des Geschmacks, des künstlerischen Gestaltens, des Individualisierens, also der Freiheit zu seiner vollkommenen Herstellung bedarf, muß dem Handwerk zu ausschließlicher Behandlung zurückgegeben werden, weil es seiner Natur nach ihm und nur ihm gehört".[43] Unter solchen Vorzeichen blieb eine Versöhnung Rudorffs mit Innovationen schwierig, zumal er nicht bei der Errichtung von Fabrikanlagen haltmachte. Rudorff forderte ähnlich, daß sich die Landwirtschaft der Einführung neuer mechanisierter Verarbeitungsmethoden verschließen sollte[44] und befürwortete die Aufführung der Passionsspiele in

---

[40] E. Rudorff, Zur Talsperrenfrage, in: Mitteilungen des Bundes Heimatschutz 1 (1904/5), S. 175.

[41] Vgl. das Urteil Bergmanns, Agrarromantik und Großstadtfeindschaft, S. 125.

[42] Rudorff, Der Schutz der landschaftlichen Natur und der geschichtlichen Denkmäler, S. 23 f. Auf die Hoffnungen, die etwa zeitgenössische utopische Schriftsteller auf die Elektrizität setzten, hat Jost Hermand hingewiesen, vgl. J. Hermand, Orte. Irgendwo. Formen utopischen Denkens, Königstein 1984, S. 28 f.

[43] Rudorff, Heimatschutz, S. 46.

[44] Der Bauer „thut viel besser daran, die Leere mancher Stunde des langen Winters mit dem Ausdreschen seines Korns auszufüllen, wobei die Energie seiner Muskeln

Oberammergau nur unter der Bedingung, daß jede fachmännische Hilfestellung unterbleibe und auch der ursprüngliche „Zurüstungsrahmen" nicht überschritten werde.[45] Vor diesem Hintergrund mußte besonders der beginnende Tourismus der Wilhelminischen Zeit Rudorff ein Dorn im Auge werden, da er nicht nur die Landschaft für eine rein profane Zerstreuung, für ein bloßes „Affektieren" im Schillerschen Sinne nutzte und erschloß, sondern auch die traditionelle Gesellschaftsordnung auf dem Lande selbst veränderte. Im Tourismus fand Rudorff alle negativen Attribute der modernen Zivilisation versammelt: oberflächliche Neugierde, Gewinnstreben, sittliche Verdorbenheit. Die Natur wurde instrumentalisiert, „prostituiert".[46] Er wandte sich daher vehement gegen touristische Erschließungsarbeiten wie dem Bau von Seilbahnen, Aussichtstürmen und Ausflugslokalen im Harz, in der Sächsischen Schweiz oder im Thüringer Wald.[47] „Alle die Zurüstungen, die gemacht werden müssen, um solchem Publikum (dem touristischen, Anm. A. K.) gefällig zu sein, alle die Spuren, die es zurückläßt, verwischen den ursprünglichen Charakter einer Gegend so vollständig, drücken ihr so deutlich das Gepräge des Entweihten, Verbrauchten auf, daß es einem feineren Sinn kaum gelingen wird, unter dem Bann dieser Eindrücke noch einigermaßen Empfänglichkeit für das zu bewahren, was nicht zerstört werden konnte."[48] Rudorff kann dergestalt durchaus eine Vorreiterrolle in der Kritik am modernen Massentourismus zugesprochen werden. Seine Kritik richtete sich aber nicht allein gegen die Naturzerstörung, sondern wies darüber hinaus auf die sozialen Folgen bei der Landbevölkerung hin, die sich in ihrem Erwerbsleben auf die neue Kundschaft einzustellen begann. Rudorff warnte vor einer gesellschaft-

frisch erhalten wird, als vor langer Weile nach der nächsten Eisenbahnstation zu troddeln, um städtische Vergnügungen aufzusuchen. Der Takt der Drescher ist wohltönende Dorfmusik im Vergleich zu dem unaufhörlichen, nervenquälenden Heulen und Summen der Dampfdreschmaschinen (...)" (Rudorff, Heimatschutz, S. 79).

[45] Rudorff wandte sich in diesem Zusammenhang gegen die zunehmende Kommerzialisierung der Passionsspiele, vgl. Rudorff, Heimatschutz, S. 73.

[46] Rudorff, Über das Verhältnis des modernen Lebens zur Natur, S. 263. Rudorff schilderte in diesem Zusammenhang die Folgen für die Landbevölkerung außerordentlich drastisch: „Nicht nur, daß die Fremden in die vorhandenen einfachen Zustände Elemente großstädtischer Verwöhnung und Verderbnis mitbringen, die gerade hier doppelt zersetzend wirken müssen, wo das Unbekannte imponiert: auch die Unsicherheit des Erwerbs, die Entwöhnung von eigentlicher Arbeit, als dem Einzigen, worauf der Segen des Materiellen wie des moralischen Gedeihens ruht, sind die gefährlichen Begleiter der veränderten Lebensform" (Rudorff, Heimatschutz, S. 74 f.).

[47] „Unter allen Ausgeburten der Fremdenspekulation ist keine schmählicher als die der Drahtseil- und Zahnradbahnen, die die faulen Vergnüglinge scharenweise auf die Höhe der Berge zu schleppen haben (...)" (Rudorff, Heimatschutz, S. 60).

[48] Rudorff, Über das Verhältnis des modernen Lebens zur Natur, S. 266 f.

lichen „Entwicklung auf faule, ungesunde Bahnen",[49] einer neuen Art des Erwerbens, die „etwas von einem Spielgewinn" an sich habe.[50] Als Folge prophezeite er den langfristigen Untergang der deutschen Nation. Rudorff stimmte in den Chor der agrarromantisch gesinnten Schriftsteller ein, die den Untergang des germanischen Volkstums vorhersagten, wenn nicht endlich das natürliche Leben, die ländliche Heimat geschützt werde. Die Stadt bedeutete lediglich die steingewordene Manifestation des kulturellen Niedergangs und des modernen rationalen Nützlichkeitsdenkens, das „sozialpolitische" und „sozialethische" Gesichtspunkte zu verdrängen drohte.[51] Die Stadt war mehr noch der Brutkasten der diesem Denken entspringenden „Ideen der roten Internationale",[52] die mit ihrem „gleichmacherischen" Impetus die Nation zu untergraben suchten: die „Vaterlandslosigkeit" kam aus den Fabriken. Für Rudorff bestand zwischen Naturzerstörung, Stadtbildverschandelung und den Bestrebungen der Sozialdemokratischen Partei ein enger unauflöslicher Zusammenhang: „Eine verkoppelte Feldmark und ein Mietskasernenviertel sind zwei hübsche Abbilder für den Zukunftsstaat der Sozialdemokratie, von dem man sagen dürfte, daß allein die ihm eingeborene Langeweile genügen würde, um das Geschöpf, das man bis dahin unter dem Namen Mensch zu verstehen pflegte, zu töten."[53]

Es blieb die Frage, wie ein Wiederanknüpfen des deutschen Volkstums an die harmonische, Verstand und Gemüt vereinigende alte Zeit erreicht werden konnte.[54] Der ›Heimatschutz‹ sollte einen Lösungsweg weisen. „Keine einzige Vereinigung aber würde in ihrer Bedeutung schwerer wiegen", erklärte Rudorff, „ist dringender nötig als eine Zusammenscharung aller Gleichgesinnten, denen es darum zu thun ist, deutsches Volkstum ungeschwächt und unverdorben zu erhalten, und was davon unzertrennlich ist, die deutsche Heimat mit ihren Denkmälern und der Schönheit ihrer Natur vor weiterer Verunglimpfung zu schützen. Denn hier und nirgends anders liegen die Wurzeln unserer Kraft. Alle Poesie ist an die Erscheinungswelt gebunden; sie muß verkümmern, wo diese ihre Frische einbüßt, und banalisiert wird."[55] Die unberührte landschaftliche Erscheinungswelt als Hintergrund der „Gesundung

---

[49] Ebd., S. 267.
[50] Ebd., S. 267.
[51] Rudorff, Heimatschutz, S. 45.
[52] Ebd., S. 89.
[53] Rudorff, Der Schutz der landschaftlichen Natur und der geschichtlichen Denkmäler Deutschlands, S. 16.
[54] Diese Frage beschäftigte allgemein die Vertreter der „Heimatprogrammatik", vgl. Bergmann, Agrarromantik und Großstadtfeindschaft, S. 129.
[55] Rudorff, Heimatschutz, S. 88 f.

der Seele des Volkes" sollte bewahrt bleiben.[56] Das Tätigkeitsfeld der neuen
Vereinigung mußte daher über Naturschutz, Denkmalschutz, Volkstumspflege, Brauchtumspflege, Architektur bis hin zur Erhaltung der deutschen
Mundarten alle Aspekte und Nuancen des sozialen Zusammenlebens erfassen. Rudorff stellte sich 1888 in seinem Antrag auf Schutz der landschaftlichen Natur inhaltlich zunächst eine gesetzliche Ausdehnung des Denkmalschutzes auch auf landschaftliche und volkstümliche Belange vor. „Es gilt
darauf zu dringen, daß in der Gesetzgebung die Wichtigkeit des ästhetischen
Moments auch für das sittliche Gedeihen des Volkes in ihrem vollen Umfang
anerkannt (...) werde."[57] Konkret sollte der Gesetzgeber nicht allein die „seitens der Industrie, des Verkehrswesens, der Spekulation der Gastwirthe, der
Tourismusvereine usw." drohenden Gefahren ins Auge fassen, sondern auch
bei staatlicherseits verfügten Maßnahmen wie Verkoppelung und Gemeinheitsteilung die natürlichen und historischen Verhältnisse beachten. Rudorff
schlug in diesem Zusammenhang besonders die Erhaltung landschaftlicher
Eigentümlichkeiten wie alter Bäume und Baumgruppen und die Schonung ur-
sprünglicher Vegetationsgrenzen (z. B. Waldgrenzen) und seltener Pflanzen-
arten vor.[58] In seinem Vortrag 1892 vor dem „Allgemeinen Deutschen Verein"
in Berlin konkretisierte Rudorff sein Programm und gab nunmehr einem von
ihm beantragten „Schutz-Ausschuß" innerhalb des Vereins drei Stoßrich-
tungen: Neben dem Eintritt für eine Gesetzgebung in den deutschen Einzelstaaten, die außer wirtschaftlichen und sozialen auch ästhetische Gesichtspunkte berücksichtigen sollte, stand nun die Mobilisierung des öffentlichen
Bewußtseins und die Forderung nach „praktischem Vorgehen" (z. B. durch
Erwerb gefährdeter Objekte).[59] Besonders die örtlichen Touristen- und Verschönerungsvereine, die den Bestrebungen des Heimatschutzes eher entge-
gengearbeitet hatten, hielt Rudorff für mögliche Bündnispartner, da auch sie
sich mit der Umweltgestaltung befaßten. Sie seien in „Schutzvereine" umzu-
wandeln. Neben den Naturschutz trat die Neubelebung der traditionellen
Bauweise. Architekten sollten Musterpläne entwerfen, welche den jeweiligen
regionalen Baustil berücksichtigen und zum Vorbild der örtlichen Bautätigkeit avancieren sollten. Eine entsprechende staatliche Gesetzgebung sollte die
Verfahrensweise absichern und in die schulische Ausbildung der Bauhandwerker und Architekten einfließen lassen.[60] In seinen ›Heimatschutzauf-

---

[56] Rudorff, Der Schutz der landschaftlichen Natur und der geschichtlichen Denkmäler Deutschlands, S. 8.
[57] Rudorff, Antrag auf Schutz der landschaftlichen Natur, S. 86.
[58] Ebd., S. 87 f.
[59] Rudorff, Der Schutz der landschaftlichen Natur und der geschichtlichen Denkmäler Deutschlands, S. 24.
[60] Ebd., S. 27.

sätzen‹ 1897 und in der Broschüre von 1901 hat Ernst Rudorff dieses Programm für den „Schutz-Ausschuß" nur bezüglich eines speziellen Heimatschutzvereins modifiziert und etwa im Hinblick auf volkskundliche Gesichtspunkte erweitert.[61] Allerdings traten in diesen späteren Schriften die „Schutzaspekte", die das Wort Heimatschutz von vornherein implizierte, stärker zutage. Das gab unter Berücksichtigung der sozialkonservativen Grundüberzeugung Rudorffs seiner Heimatschutzkonzeption durchaus einen radikalen Zug, wie Rudorff hinsichtlich der Erhaltung des ländlichen Volkstums vorführte (vgl. oben). Er forderte nicht allein die Erhaltung bestimmter baulicher Teile der dörflichen Struktur, sondern überhaupt das Verbot, anders als in dem „überkommenen, der Landschaft eigentümlichen Stile zu neu zu bauen oder Vorhandenes umzugestalten".[62] Eine ähnliche museale Konservierung, aber diesmal gleichsam moderne ökologische Überzeugungen vorwegnehmend, forderte Rudorff auch für die Natur, wenn er die Einrichtung von „Nationalparks" nach dem Beispiel des Rocky-Mountains-Parks in den USA vorschlug.[63]

Der Heimatschutz sollte erhaltend bzw. dort, wo dieses nicht mehr möglich war, erzieherisch, „aufklärend" wirken, was ein durchaus elitäres Selbstverständnis einschloß.[64] Die eigene Auffassung von „schön" und „wahr" besaß eine staatstragende Komponente und durfte daher Vorrang beanspruchen. Diese Haltung duldete wenig Spielraum für divergierende ästhetische Auffassungen und neigte zu apodiktischen Regelungen. Die wahre Kunst konnte nicht dem Geschmack jedes einzelnen überlassen bleiben, sondern sollte jenen vorbehalten werden, die auch die entsprechende, sprich: heimatschützerische Überzeugung vertraten. In der Ausführung einer ästhetisch orientierten Gesetzgebung plädierte Rudorff folgerichtig für die Bildung von Ausschüssen aus „Persönlichkeiten von geschichtlichem Verständnis und tieferer Geschmacksbildung",[65] die eine Art kulturelles Wächteramt übernehmen sollten. In ihrer späteren Tätigkeit haben die Heimatschutzvereine und die ihnen angeschlossenen Bauberatungsstellen im wesentlichen an solche Vorstellungen angeknüpft.

Ernst Rudorffs Konzeption des „Heimatschutzes" besaß ihre Eigenständigkeit in dem programmatischen Versuch, die ideelle Vorstellung von „Heimat"

---

[61] Rudorff, Heimatschutz, S. 92.

[62] Ebd., S. 94.

[63] Ebd., S. 99.

[64] Rudorff, Über das Verhältnis des modernen Lebens zur Natur, S. 266. Rudorff vertrat den Standpunkt, daß die „Poetik" der Natur vorhanden sei, auch wenn sie gerade von der ländlichen Bevölkerung nicht erkannt und gefühlt würde, vgl. Rudorff, Heimatschutz, S. 112.

[65] Rudorff, Heimatschutz, S. 100.

in ein praktisches Programm umzusetzen und solcherart erstmals Naturschutz, Denkmalpflege und Volkstumspflege zusammenzuführen. Die Kern-
aussagen des Heimatschutzes selbst konnten keine sonderliche Originalität
beanspruchen. Agrarromantische und heimatideologische Vorstellungen besaßen in der kulturpessimistisch gestimmten bürgerlichen Gesellschaft des
Wilhelminismus durchaus eine gewisse Popularität. Die etwa zugleich mit
denen Rudorffs erscheinenden Bücher eines Paul de Lagarde und Julius Langbehn erreichten einen weitverbreiteten Leserkreis.[66] Rudorff selbst wies in
seinen Schriften immer wieder darauf hin, daß er zumindest gewissen Schlußfolgerungen anderer Autoren zustimmte. Zu seinen Kronzeugen zählte vor
allem Wilhelm Heinrich Riehl, der bereits zu Beginn der zweiten Hälfte des
Jahrhunderts gegen den „Wasserkopf der modernen Zivilisation"[67] ange-
schrieben hatte. Riehl nahm in seiner Analyse des Deutschland der Revolution von 1848 bereits viele Ansätze des Heimatschutzes vorweg,[68] wenn er
hinter den im Entstehen begriffenen Großstädten einen gleichmacherischen,
rationalen Geist erblickte, der die altgewohnte Ständeordnung zu zerstören
drohte. Auch Riehl betrachtete den Bauern als das gesunde, weil beharrende
Element im Staate, dessen gewachsene Volkskultur nun von der ökonomischen Ausstrahlung der Großstadt bedroht wurde. Ebenso wie später Rudorff
befürchtete er ein Untergehen der deutschen Identität, warnte vor der Kommerzialisierung der Kunst und einer überregionalen Schematisierung des
Häuserbaus. Ebenfalls seit der Mitte des Jahrhunderts stellten die bekanntesten Vertreter der "Arts and Crafts"-Bewegung in England, John Ruskin und
William Morris,[69] ein sozial und künstlerisches Programm auf, das später dem
Heimatschutz zahlreiche Impulse geben konnte. Ruskin und sein Nachfolger
Morris waren Sozialisten, ihre architektonischen Vorbilder und ihre Auffas-
sung vom Handwerk aber wurzelten in organischen Überzeugungen. Beide

---

[66] Paul de Lagarde veröffentlichte seine ›Deutschen Schriften‹ 1878 und 1881. Julius
Langbehns ›Rembrandt als Erzieher‹ erschien 1890. Zu beiden vgl. Stern, Kulturpessimismus als politische Gefahr; Mosse, The Crisis of German Ideology; J.G.Pankau,
Wege zurück. Zur Entwicklungsgeschichte restaurativen Denkens im Kaiserreich. Eine
Untersuchung kulturkritischer und deutschkundlicher Ideologiebildung, Berlin 1983;
C.Hepp, Avantgarde. Moderne Kunst, Kulturbewegung und Reformbewegungen nach
der Jahrhundertwende, München 1987, S.58–69; Stern (S.203) bezeichnet die Veröffentlichung des Langbehnschen Buches als einen „Wendepunkt im kulturellen Leben".
[67] H.W.Riehl, Vom Deutschen Land und Volk. Eine Auswahl, Jena 1922, S.19.
[68] Vgl. zur fortschrittskritischen Position W.H.Riehls Bergmann, Agrarromantik
und Großstadtfeindschaft, S.38ff.; Mosse, The Crisis of German Ideology, S.19ff.
[69] Zur "Arts and Crafts"-Bewegung vgl. N.Pevsner, Wegbereiter moderner Formbewegung von Morris bis Gropius, Köln 1983. Zu dem utopischen Roman von W.Morris,
News from Nowhere, o.O. 1891, vgl. Hermand, Orte. Irgendwo. Formen utopisti-
schen Denkens, S.23ff.

wandten sich vehement gegen die industriellen Herstellungsmethoden des
19. Jahrhunderts. Nur manuelle Fertigungsmethoden erkannte Ruskin als
„wahr" an und setzte die Selbstverwirklichung des eigenen Schaffens in bewußten Gegensatz zur maschinellen Fertigung. Die Kunst sollte nicht einer
reinen Ästhetik dienen, sondern aus dem Volk entstehen und für es existieren.
Zweckmäßigkeit und Schönheit gingen eine Einheit ein. 1889 erschien das
Buch von Camillo Sitte ›Der Städtebau nach seinen künstlerischen Grundsätzen‹, das erstmals konkret die Notwendigkeit des Bauens im Einklang mit
der Umgebung vorführte.[70] Sitte verwies in diesem Zusammenhang auf Tradi-
tionsbeachtung und Heimatverbundenheit. Besondere Aufmerksamkeit bei
Rudorff fand der ehemalige Landschullehrer und Publizist Heinrich
Sohnrey,[71] einer der bekanntesten Vertreter der Heimatbewegung, der im Anschluß an Riehl das Land zur Grundlage eines gesunden Staatswesens erklärte
und sich für eine Eindämmung der Landflucht einsetzte. Rudorff stimmte
Sohnrey in vollem Umfang zu, wenn er schrieb, daß für die Erhaltung der Seßhaftigkeit des Landvolkes und dessen „naiven" Wohlgefühls Sorge getragen
werden müsse.[72]
Der Bezug zu Sohnrey offenbart, daß der Heimatschutz nicht allein restaurative Tendenzen beinhaltete. Bereits Sohnrey hatte darauf hingewiesen, daß
ein Verbleiben der Bauern auf dem Lande auch eine Verbesserung ihrer
schlechten sozialen und wirtschaftlichen Lage erforderte. Auch der Heimatschutz konnte sich diesem Problem nicht verschließen. Rudorff urteilte freilich vom Standpunkt des Konservativen aus, wenn er dringlich auf die vorhandenen Nachteile gerade für die unteren Schichten der Dorfbevölkerung
hinwies, welche durch die Ablösung der Dorfallmenden in Preußen seit den
siebziger Jahren verursacht wurden. Seine Vorschläge blieben einer Erhaltung
vormaliger Zustände verpflichtet[73] und stellten nicht die Besitzverhältnisse in
Frage. Die Forschung hat Rudorff in diesem Zusammenhang verschiedentlich
den Vorwurf gemacht, durch die bloße naturromantische Rückwärtsgewandt-

---

[70] Zu Camillo Sitte vgl. S. Muthesius, Das englische Vorbild. Eine Studie zu den
deutschen Reformbewegungen in Architektur, Wohnbau und Kunstgewerbe im späten
19. Jahrhundert, München 1974, S. 170. Rudorff stimmte Sittes Kritik an der fehlenden
Rücksichtnahme auf gewachsene Stadtviertelphysiognomien vollständig zu, vgl. Rudorff, Der Schutz der landschaftlichen Natur und der geschichtlichen Denkmäler
Deutschlands, S. 17.
[71] Zu Sohnrey vgl. Bergmann, Agrarromantik und Großstadtfeindschaft, S. 63 ff.
Sohnrey gab seit 1893 die Zeitschrift ›Das Land. Zeitschrift für die sozialen und volkstümlichen Angelegenheiten auf dem Lande‹ heraus.
[72] Rudorff, Heimatschutz, S. 30. Rudorff bezeichnete Sohnreys Überzeugungen als
„vortrefflich".
[73] Rudorff, Über das Verhältnis des modernen Lebens zur Natur, S. 273 f.

heit seiner Sichtweise einer notwendig vorwärtsorientierten, kritischen Diskussion der bestehenden Produktionsverhältnisse ausgewichen zu sein. Die
bei allen vorhandenen Ressentiments gegen die Moderne letztendlich zustim-
mende Haltung zu bestehenden Besitz- und Sozialverhältnissen habe daher
den Heimatschutz seiner schärfsten Argumente beraubt und ihm den Blick
auf grundsätzlichere Zusammenhänge verstellt.[74] Es ist sicherlich richtig, daß
ein Eingehen auf sozialdemokratische Forderungen für den Heimatschutz
nicht in Frage kam, denn das mußte ein Austreiben des Teufels mit dem Beel-
zebub bedeuten. Er suchte einen anderen Weg aus der „Krise" und fand ihn
dort, wo auch sein Ansatz lag: in der Vergangenheit. Sieferle hat darauf hingewiesen, daß der Heimatschutz eine eigenständige, neue Kritikfront gegen den
Kapitalismus aufbaute, die nicht notwendig mit dem Sozialismus zusammen-
fiel, denn die Sozialdemokratie mit der ihr eigenen Fortschrittsbetonung war
eben Teil der bekämpften Moderne.[75] Der Heimatschutz kann daher nicht allein als eine rein reaktionäre Verteidigung des gesellschaftspolitischen Status
quo durch bedrängte Eliten ausgemacht werden. Seine ästhetisch orientierte
Position erlaubte es, sehr genau die Defizite des Industrialisierungsprozesses
festzuschreiben und die Gefahren eines allzu hemmungslosen Kapitalismus
anzuprangern. Der Heimatschutz wies eindringlich darauf hin, daß nicht nur
monetäre Werte die Entwicklung eines Gemeinwesens bestimmen konnten,
sondern auch „ästhetische" und „historische" Fragestellungen Eingang finden
mußten. Obwohl Rudorff selbst noch der Konservierung bestehender Verhältnisse zuneigte, deuteten seine Schriften bereits an, wo zukünftig der Weg
des Heimatschutzes gesucht werden mußte: in der Versöhnung von Öko-
nomie und Ökologie.[76] Es bleibt ein Verdienst Rudorffs, als einer der ersten
auf die Zerstörung der Natur und auf den davon betroffenen Lebenszusammenhang des Menschen und seiner Umwelt hingewiesen zu haben. Er bereitete damit dem wissenschaftlich fundierten Ökologiebegriff den Boden, ohne
ihn explizit selbst benutzt zu haben.

---

[74] Vgl. Andersen, Heimatschutz. Die bürgerliche Naturschutzbewegung, S. 144 f.
und A. Andersen/R. Falter, Lebensreform und Heimatschutz, in: F. Prinz/M. Kraus
(Hrsg.), München, Musenstadt mit Hinterhöfen, München 1988, S. 300.
[75] Vgl. Sieferle, Heimatschutz und das Ende der romantischen Utopie, S. 40, und
ders., Entstehung und Zerstörung der Landschaft, S. 255. Eine ähnliche Position ver-
tritt auch Linse, Ökopax und Anarchie, S. 23.
[76] Vgl. die Beurteilung von Linse, Ökopax und Anarchie, S. 28.

II

Obwohl Rudorff seine Ideen zur Gründung eines Heimatschutzvereins bereits in den achtziger Jahren entwickelte, mußte er noch rund zwanzig Jahre auf die endgültige Realisierung seines Vorschlags warten. Seine 1878 und 1880 erschienenen Artikel waren ohne nennenswerte öffentliche Resonanz geblieben; auch persönliche Vorstöße beim preußischen Kultusministerium erwiesen sich als erfolglos.[77] Rudorff versuchte daher zunächst, bereits bestehende Organisationen für seine Absichten zu gewinnen. Auf der Generalversammlung des „Gesammtvereins der deutschen Geschichts- und Alterthumsvereine" in Posen am 11. September 1888 stellte Rudorff einen Erweiterungsantrag zu dem sogenannten Mainzer Beschluß, den die Generalversammlung 1887 gefaßt hatte.[78] In diesem hatte der Gesamtverein die deutschen Regierungen ersucht, umfassende gesetzliche Regelungen für den Schutz der geschichtlichen und vorgeschichtlichen Denkmäler zu treffen und eine wirksamere Organisation der Denkmalpflege anzustreben. Rudorff forderte die Generalversammlung in Posen auf, diesen Beschluß auch auf den Schutz der landschaftlichen Besonderheiten und seltener Tiere und Pflanzen auszudehnen, mußte aber feststellen, daß die Teilnehmer seinen Vorschlägen nur wenig Gegenliebe entgegenbrachten. Sie befürchteten den Vorwurf der Kompetenzüberschreitung und eine Verquickung des Denkmalschutzes mit fremden Problemfeldern wie der Gemeinheitsteilung und der Verkoppelung und lehnten den Rudorffschen Antrag daher ab. Einen weiteren Mißerfolg erlitt Rudorff bei seinem zweiten Vorstoß vor dem „Allgemeinen Deutschen Verein" in Berlin, obwohl dieser sich in seiner Satzung die Pflege des deutschen Volkstums und auch der landschaftlichen Natur und der geschichtlichen Denkmäler Deutschlands zum Ziel gesetzt hatte und daher für die Zwecke des Heimatschutzes eine große Affinität besaß.[79] Nach dem einleitenden Vortrag Rudorffs am 30. März 1892 gründete der ADV zwar zunächst einen entsprechenden „Schutz-Ausschuß", löste ihn dann aber wieder auf.[80]
Rudorffs Veröffentlichungen 1897 im ›Grenzboten‹ erzielten schließlich ungleich mehr Resonanz. Sie fielen in eine wesentlich mehr für Natur- und Hei-

---

[77] Vgl. zum Folgenden Rudorffs Tagebuchnotizen, abgedruckt in: H. Klose, Ernst Rudorffs Heimatland unter Landschaftsschutz, in: Naturschutz 20 (1939), S. 119.
[78] Vgl. zum Folgenden das Korrespondenzblatt des Gesammtvereins der deutschen Geschichts- und Alterthumsvereine 36/11 (1888), S. 133 ff.
[79] Vgl. dazu und zum Folgenden den Klappentext bei Rudorff, Der Schutz der landschaftlichen Natur und der geschichtlichen Denkmäler Deutschlands.
[80] Vgl. das Schreiben von E. Rudorff an H. Conwentz, Großlichterfelde 26. 1. 1900: Staatsbibliothek Berlin, Preußischer Kulturbesitz, Nachlaß Hugo Conwentz, Kasten 1–8, Mappe E. Rudorff.

matschutzfragen sensibilisierte Öffentlichkeit, als es noch zehn Jahre vorher
der Fall gewesen war, und zudem stellte jetzt ein Heimatschutzbund keine
allzu fremde Erscheinung mehr dar. Bereits 1894 konstituierte sich in England
ein ähnlich gearteter "National Trust for Places of Historical Interest or National Beauty". In Deutschland schwoll die Zahl der Touristen-, Wander- und
Gebirgsvereine stark an,[81] von denen sich viele auch dem Brauchtums- und
Naturschutz verschrieben. Die Rede des Abgeordneten und späteren Heimatschützers Wilhelm Wetekamp vor dem preußischen Abgeordnetenhaus 1898
und die Veröffentlichungen des Direktors des Danziger Botanikmuseums
Hugo Conwentz gaben den Anstoß zu einer breiteren Debatte über „Naturdenkmalpflege" und „Naturschutzparks" bei den preußischen Behörden und
in der Fachöffentlichkeit.[82] In dem weiten Bereich der wilhelminischen Reformbewegung siedelten sich gleichzeitig Vereine an, deren Zielsetzungen
denen des Heimatschutzes nahestanden oder diese in Teilbereichen berührten,
so der von Adolf Damaschke schon 1888 begründete Bund der Bodenre-
former oder die um 1900 beginnende Gartenstadtbewegung.[83] Noch stärker
in der Anschauung war dem Heimatschutz die literarische Heimatkunstbewegung[84] verbunden. Mit dem 1902 konstituierten „Dürerbund" der aus der
Zeitschrift ›Der Kunstwart‹ von Ferdinand Avenarius hervorging, die sich seit
ihrem Entstehen 1887 nach einem Urteil von Janos Frecot zur „wohl verbrei-
tetsten Kulturzeitschrift" entwickelt hatte,[85] überschnitten sich ebenfalls die
Interessen. Kunstwart wie Dürerbund setzten sich für eine „gesunde, boden-
wüchsige" Kultur ein, darunter auch für die Liebe zur Natur und Landschaft.
Mehr praktischen Zielen, nämlich der Restituierung des Landlebens, widmete
sich der von Heinrich Sohnrey 1896 gegründete „Ausschuß für Wohlfahrts-

---

[81] Vgl. G. Gröning/J. Wolschke-Bulmahn, Die Liebe zur Landschaft, Teil I: Natur in
Bewegung. Zur Bedeutung natur- und freiraumorientierter Bewegungen der ersten
Hälfte des 20. Jahrhunderts für die Entwicklung der Freiraumplanung, München 1986,
S. 124 f. Genannt wird eine Zahl von 47 Vereinen im Jahre 1890. In diesen Zusammenhang gehört auch die Wandervogelbewegung, die sich gegen Ende der neunziger Jahre
in Steglitz/Berlin zu organisieren begann; vgl. Hepp, Avantgarde, S. 11 ff.
[82] Vgl. Däumel, Landesverschönerung, S. 162 und Wey, Umweltpolitik in Deutschland, S. 129 ff.
[83] Vgl. W. Krabbe, Gesellschaftsveränderung durch Lebensform. Strukturmerkmale
einer sozialreformerischen Bewegung im Deutschland der Industrialisierungsperiode,
Göttingen 1974, S. 29 ff.
[84] Vgl. K. Rossbacher, Heimatkunstbewegung und Heimatroman. Zu einer Literatursoziologie der Jahrhundertwende, Stuttgart 1975.
[85] Vgl. J. Frecot, Die Lebensreformbewegung, in: K. Vondung (Hrsg.), Das wilhelminische Bildungsbürgertum, Göttingen 1976, S. 148. Zum Dürerbund allgemein vgl.
G. Kratzsch, Kunstwart und Dürerbund. Ein Beitrag zur Geschichte der Gebildeten im
Zeitalter des Imperialismus, Göttingen 1969.

pflege auf dem Lande" (seit 1904 „Deutscher Verein für ländliche Wohlfahrts-
und Heimatpflege").[86] Im ganzen bestand bereits um 1900 eine solche Vielzahl von Vereinen und Gruppen zur Förderung des Heimatwesens, daß
Rudorff bereits die „Vereinsmeierei" bemängeln konnte und für den Heimatschutz die Funktion eines übergeordneten Dachverbandes reklamierte.[87] Er
stand mit solchen Überlegungen nicht allein. Um 1900 entstand aus der Abteilung „Volkskunde" des „Gesammtvereins der Deutschen Geschichts- und Alterthumsvereine" der „Tag für Denkmalpflege", ein jährliches Treffen von Kunsthistorikern, Denkmalpflegern und entsprechend Interessierten, die sich den
Schutz und die Pflege von „unbeweglichen" und „beweglichen" Denkmälern
von „kunstgeschichtlicher oder geschichtlicher" Bedeutung zur Aufgabe
machten,[88] ein Programm, das ohne weiteres zu einer Erweiterung im umfassenden heimatschützerischen Sinne geeignet war. 1901 veröffentlichte der
Kunstwart-Mitarbeiter und Schriftsteller Robert Mielke in der von Ernst
Wachler herausgegebenen ›Deutschen Zeitung‹ einen Vorschlag zur Bildung
eines „Deutschen Kulturvereins". 1903 bildete sich in Erfurt ein „Ausschuß
zur Pflege der heimatlichen Bauweise in Sachsen und Thüringen" auf Veranlas-
sung des Baurats im sächsischen Finanzministerium, F. L. K. Schmidt. Der
Ausschuß stellte seinerseits bereits einen Zusammenschluß mehrerer regionaler Vereinigungen dar und sollte eine spätere größere Vereinigung vorbereiten.[89] Ein zu gründender Heimatschutzbund mußte sich notgedrungen mit
diesen Bestrebungen auseinandersetzen und sie zu integrieren suchen, wie die
Vorbereitungsphase 1902 bis 1904 zeigte.

1901 veröffentlichte der Verleger Georg Heinrich Meyer, dessen Unter-
nehmen auch die Zeitschrift ›Heimat‹ herausgab, in einer ersten gebundenen
Form den Rudorffschen ›Heimatschutz‹, der in den einschlägigen Blättern

---

[86] Vgl. Bergmann, Agrarromantik und Großstadtfeindschaft, S. 89 ff.

[87] Rudorff, Heimatschutz, S. 88.

[88] Vgl. A. v. Oechelhaeuser, Bericht über die Tätigkeit des Tages für Denkmalpflege
während des 1. Dezenniums seines Bestehens, in: Ders. (Hrsg.), Denkmalpflege.
Auszug aus den stenographischen Berichten des Tages für Denkmalpflege 1900–1909,
Bd. 1, Leipzig 1910, S. 2.

[89] Vgl. hierzu und zur folgenden Gründungsgeschichte, sofern nicht anders ange-
geben, R. Mielke, Meine Beziehung zu Ernst Rudorff und die Gründung des Bundes
Heimatschutz, in: Brandenburgia 38/1, 2 (1929), S. 1–16. Im Zusammenhang mit dem
„Ausschuß" spricht Mielke (S. 12) von einem „Ausschuß zur Pflege der heimatlichen
Bauweise in Sachsen und Thüringen", der damals von F. L. K. Schmidt ins Leben ge-
rufen wurde. P. Schultze-Naumburg, Lebenserinnerungen, o. O. o. J. (unveröffentl.
Manuskript), S. 62 f., nennt dagegen einen „Deutschen Ausschuß für gesundes Bauen in
Stadt und Land", dessen Vorsitzender er 1903 geworden sei. Da später ein sächsisch-
thüringischer Ausschuß unter Führung Schmidts auch als Mitglied des Heimatschutz-
bundes fungierte, wurde der Version Mielkes der Vorzug gegeben.

nun eine gewisse Aufmerksamkeit fand. „Solche Männer, wie Rudorff, die sich nicht bestechen lassen durch allzu viel Rücksicht, brauchen wir gerade", lobte der Hamburger Dozent der Kunstakademie und Volkskunstpublizist Oskar Schwindrazheim den Autor in einer Rezension, meinte aber freilich, daß der Hauptwunsch Rudorffs schon in Erfüllung gegangen sei, da der Verein, den er vorschlage, bereits in der Gestalt des Dürerbundes existiere.[90] Trotz der freundlichen Aufnahme im Kreis der Heimatbewegung verkaufte sich das Buch Rudorffs jedoch nur schleppend, so daß Meyer, nicht zuletzt aufgrund kommerzieller Überlegungen, auf den tatsächlichen Beginn der Gründungsvorbereitungen drängte. Im Frühjahr 1901 vermittelte er eine Begegnung Rudorffs mit Robert Mielke, der zugunsten des Heimatschutzes auf seine Idee eines Kulturvereins verzichtet hatte. 1902 stieß auf Vermittlung Mielkes der Vortragende Rat im Ministerium der öffentlichen Arbeiten Preußens und Herausgeber der Zeitschrift ›Die Denkmalpflege‹, Oskar Hoßfeldt, zu den Beratungen. Am 25. Oktober 1902 beschloß man endgültig die Gründung eines „Vereins zur Abwehr der die deutsche Heimat schädigenden Einflüsse", der „selbstverständlich" den Namen „Heimatschutz" tragen sollte.[91] Das Vorbereitungskomitee plante, zunächst einen Aufruf und Satzungen zu verfassen, die dann einem prominenten Kreis zur Unterzeichnung vorgelegt und schließlich an die Presse weitergeleitet werden sollten. Anschließend sollte die Einladung zu einer konstituierenden Versammlung erfolgen. Obwohl sich Mielke in Absprache mit Rudorff und Hoßfeldt seit Ende 1902 an die Anfertigung des Aufrufes machte, verliefen die Vorbereitungen nicht reibungslos. Zunächst schien das Verhältnis zum „Tag für Denkmalpflege" klärungsbedürftig, um den Bund nicht als Konkurrenz erscheinen zu lassen. Hoßfeldt konnte diesbezügliche Vorbehalte zerstreuen und schlug vor, dem Vorsitzenden des „Tages", Hugo Lörsch, auch den Vorsitz über den Heimatschutz anzubieten, was dieser aber im folgenden Jahr ablehnte. Sodann erbrachte eine Sitzung zu Beginn des Jahres 1903, an der auch Eduard Heyck, Schriftleiter der ›Heimat‹, und Heinrich Sohnrey teilnahmen und auf der die Bundessatzung abschließend erörtert werden sollte, mehr Verwirrung als Klarheit. Rudorff, Hoßfeldt und Mielke zogen es daher in der Folgezeit vor, die Besprechungen wieder allein zu führen. Zur gleichen Zeit erfolgte die erste begrenzte Versendung des Aufrufs, dem u. a. Pfarrer Hansjakob, Peter Rosegger, Ernst von Wildenbruch, Hermann Muthesius, Fritz Lienhardt, Felix Dahn, Theodor Fischer, Hugo Conwentz, Willy Bölsche und Gabriel von Seidl beitraten. Die Aufrufentsendung selbst bewirkte aber gleichzeitig eine außerordentlich lebhafte Diskussion, die eine endgültige Abfassung bis Ende

[90] Vgl. O. Schwindrazheim, Heimatschutz, in: Das Land 10/5 (1901), S. 76.
[91] Vgl. Mielke, Meine Beziehung zu Ernst Rudorff und die Gründung des Bundes Heimatschutz, S. 6.

des Jahres 1903 verzögerte. Spenden aus dem angeschriebenen Kreis ermöglichten die Finanzierung dieser ersten Schritte.

In den folgenden Monaten klärte sich die personelle Situation des künftigen Vorstandes. Hoßfeldt schlug nunmehr den Architekten, Kunstwart-Mitarbeiter und Kulturschriftsteller Paul Schultze-Naumburg vor, der durch die Veröffentlichung der ›Kulturarbeiten‹ und durch seine Schrift gegen das Korsett als Entstellung des weiblichen Körpers 1902 bereits populär war und als Zugpferd für den Heimatschutz geeignet erschien.[92] Schultze-Naumburg stand zu diesem Zeitpunkt dem „Ausschuß zur Pflege der heimatlichen Bauweise in Sachsen und Thüringen" vor. Rudorff wandte sich brieflich an ihn und regte ein Zusammengehen an.[93] Am 2. Juli 1903 sagte Schultze-Naumburg zu, den Vorsitz nach der Gründung zu übernehmen. Anläßlich des vierten „Tages für Denkmalpflege" in Erfurt besuchten ihn Hoßfeldt, Rudorff und Mielke am 24. September an seinem Wohnsitz im nahe gelegenen Saaleck, um dort weitere Schritte zu besprechen und die endgültige personelle Zusammensetzung des Vorstandes zu vereinbaren. Am Rande des „Tages" in Erfurt erklärten auch der Baurat im sächsischen Finanzministerium F. L. Karl Schmidt, der Freiburger Nationalökonom Carl Johannes Fuchs und der Denkmalschützer Carl Rehorst ihre Bereitschaft zur Mitarbeit. Bereits im Vorfeld hatten der Kaufbeurener Kurat Frank, dessen Bemühungen um das Allgäuer Volkstum den Anstoß zur Gründung des „Bayerischen Vereins für Volkskunst und Volkskunde" gaben, und Hugo Conwentz eine Mitwirkung in dem neuen „Bund Heimatschutz" zugesagt.

Bis Mitte Dezember 1903 hatte man mit den einzelnen Entwürfen des Aufrufes 211 Unterschriften gesammelt, so daß dieser mit den Namen prominenter Unterzeichner veröffentlicht werden konnte. Die Zeitschriften der Heimatbewegungen griffen, nicht zuletzt durch die persönlichen Verbindungen der Gründer, den Aufruf in breiter Front auf und begrüßten das Vorhaben. Es wachse die Zahl derer, „die durch die Kunst wollen, weil sie's nach Leben verlangt",[94] verkündete etwa Ferdinand Avenarius 1904 im ›Kunstwart‹. 150 Personen, darunter zahlreiche Delegierte von Vereinen, Städten und Behörden, nahmen schließlich am 30. März in Dresden an der konstituierenden Sitzung teil. Die Versammlung beschloß die Gründung und die Satzung des „Bundes Heimatschutz" einstimmig und ebenso die personelle

---

[92] Zu P. Schultze-Naumburg vgl. N. Borrmann, Paul Schultze-Naumburg. 1869–1949. Maler – Publizist – Architekt, Essen 1989; K. Rothschuh, Naturheilbewegung, Reformbewegung, Alternativbewegung, Darmstadt 1983, S. 121 f.
[93] Rudorff schlug in diesem Zusammenhang vor, das Aufgabenfeld des Ausschusses auf die Landschaftspflege auszudehnen, vgl. Schultze-Naumburg, Lebenserinnerungen, S. 64.
[94] F. Avenarius, Heimatschutz, in: Der Kunstwart 17/12 (1904), S. 653.

Zusammensetzung des Vorstands. Den Vorsitz übernahm Paul Schultze-Naumburg, die Geschäftsführung und Herausgabe der Bundeszeitschrift Robert Mielke. Ernst Rudorff verzichtete aus gesundheitlichen Gründen auf eine Kandidatur für ein Vorstandsamt.[95]

III

„Heimatschutz fordern wir",[96] erklärten die Gründer des ›Aufrufes zur Gründung eines Bundes Heimatschutz‹ 1903, der in Stil und Diktion weitgehend dem Vorbild Rudorffs folgte. „Die Verwüstungen des dreißigjährigen Krieges haben nicht so verheerend gewirkt (…), wie die Übergriffe des modernen Lebens mit seiner rücksichtslos einseitigen Verfolgung praktischer Zwecke." Zwar habe man nicht die törichte Absicht, die außerordentlichen Errungenschaften der Gegenwart auf praktischem Gebiet zurückdrängen zu wollen, aber wohl dürfe man „einen Ausgleich anstreben zwischen jener herzlosen Ausbeutung des Heimatbodens und den Forderungen des Gemüts (…). Würden wir diesen Ausgleich nicht finden, so wäre das gleichbedeutend mit der Zerstörung des besten und bedeutungsvollsten Teiles unserer Kultur". Der Zweck des Bundes sei, die deutsche Heimat in ihrer natürlichen und geschichtlich gewordenen Eigenart zu schützen.

Der „Bund Heimatschutz" suchte in seiner 1904 beschlossenen Satzung dieser umfassenden Zielsetzung weitgehend gerecht zu werden. Das Arbeitsgebiet wurde in sechs Gruppen aufgeteilt[97]: a) Denkmalpflege, b) Pflege der überlieferten ländlichen und bürgerlichen Bauweise, c) Schutz der landschaftlichen Natur einschließlich der Ruinen, d) Rettung der einheimischen Tier- und Pflanzenwelt sowie der geologischen Eigentümlichkeiten, e) Volkskunst auf dem Gebiet der beweglichen Gegenstände, f) Sitten, Gebräuche, Feste und Trachten. Jeder Gruppe wurde ein Leiter und ein Arbeitskreis von „Vertrauensleuten" vorangestellt. Der Gruppenleiter sollte sich mit den bestehenden,

[95] Vgl. den Bericht über die konstituierende Versammlung von R. Mielke in: Mitteilungen des Bundes Heimatschutz 1 (1904/5), S. 3 ff. An dieser Stelle ist zu betonen, daß sich der spätere „Deutsche Bund Heimatschutz" 1904 lediglich als „Bund Heimatschutz" konstituierte; vgl. Gesellschaft der Freunde des Deutschen Heimatschutzes (Hrsg.), Der deutsche Heimatschutz. Ein Rückblick und Ausblick, München 1930, S. 187, und den berechtigten Hinweis bei Gröning/Wolschke-Bulmahn, Die Liebe zur Landschaft, S. 133.

[96] Vgl. zum Folgenden den Aufruf zur Gründung eines „Bundes Heimatschutz": HSA Stuttgart, E 151 e II, Bü 303.

[97] Vgl. die Satzungen des „Bundes Heimatschutz" festgestellt auf der begründenden Versammlung am 30. März 1904 in Dresden: HSA Stuttgart, E 151 e II, Bü 303. Die Satzungen folgten den Vorschlägen im ›Aufruf‹ 1903.

sein Arbeitsgebiet berührenden Vereinigungen in Verbindung setzen und sich um die Gewinnung korrespondierender Mitglieder bemühen. Um ein flächendeckendes Arbeiten im Reichsgebiet zu ermöglichen, gab sich der Bund in seiner Mitgliederstruktur flexibel. Mitglieder konnten nicht nur Vereine und Verbände werden, sondern auch Kommunen, staatliche Körperschaften und nicht zuletzt Einzelpersonen. Letztere wurden in „Helfer" und „Gönner" unterschieden. Von „Helfern" wurde erwartet, daß sie im Sinne des Bundes vor Ort tätig werden, etwa bezüglich der Gründung einer Ortsgruppe oder der Beeinflussung bereits bestehender Vereine im Hinblick auf heimatschützerische Zielsetzungen. „Gönner" verpflichteten sich lediglich zu regelmäßigen Geldspenden. Einer zentralen Geschäftsstelle oblag die Koordinierung und Organisation der Bundestätigkeit, die Verwaltung der Kasse und die Herausgabe der Bundeszeitschrift, den ›Mitteilungen des Bundes Heimatschutz‹ (seit 1907 ›Heimatschutz‹). Die Führung des Bundes lag beim Vorstand, dem neben den Gruppenleitern der Vorsitzende, der stellvertretende Vorsitzende, der Geschäftsführer, der Schatzmeister und vier Beisitzer angehörten. Den Vorstand kontrollierte eine jährlich einzuberufende Bundesversammlung, auf welcher die angeschlossenen Vereinigungen entsprechend ihrer Mitgliederzahl bis zu vier Stimmen besaßen.

Mit dieser Satzung suchte der Bund Heimatschutz organisatorisch seine Absicht umzusetzen, nicht ein „neuer Verein neben anderen" zu sein, „sondern die bereits vorhandenen Verbände um einen Mittelpunkt zu gemeinsamem Wirken zu sammeln".[98] Gedacht war nicht so sehr an einen Dachverband, sondern an einen wirklichen Bund,[99] eine „Bewegung", wie Carl Johannes Fuchs, nunmehr Gruppenleiter „Schutz des Landschaftsbildes", formulierte,[100] die entsprechend straff die Komplexität heimatschützerischer Anschauungen vertreten sollte. Allerdings mußte der Vorstand in den folgenden Jahren erkennen, daß der erwartete Zulauf zum Heimatschutz nicht eintrat. Zwar erwiesen sich die Publizität der Gründung und mehr noch die „Laufenburgaffäre" (vgl. unten) zunächst als Magnet, und Mielke konnte auf der ersten Bundesversammlung 1905 in Goslar befriedigt resümieren, daß die Zahl der körperschaftlichen und Vereinsmitglieder von 44 (1904) auf 84 (1905) und die der persönlichen von 573 (1904) auf 683 (1905) angestiegen war,[101]

[98] Zit. Aufruf zur Gründung eines Bundes Heimatschutz.
[99] Vgl. zum Begriff des „Bundes" Mosse, The Crisis of German Ideology, S. 212.
[100] Vgl. C. J. Fuchs, Heimatschutz im In- und Ausland, in: Heimatschutz 6 (1910), S. 55.
[101] Vgl. R. Mielke, Geschäftsbericht. Bericht der Jahresversammlung 1905, Goslar o. O. o. J., S. 27. Die Zahl für die persönlichen Mitglieder 1904 ist errechnet aus dem Mitgliederverzeichnis 1904, beigelegt den Mitteilungen des Bundes Heimatschutz 1 (1904/05).

aber danach flachte die Wachstumskurve ab. Obwohl der Vorstand die Notwendigkeit der Gründung von Ortsvereinen und Landesverbänden stets bekräftigte,[102] mußte 1907 eine ernüchternde Bilanz gezogen werden. Mit Ausnahme des „Ausschusses zur Pflege heimatlicher Kunst und Bauweise in Sachsen" und der „Landesgruppe Brandenburg des Bundes Heimatschutz" (gegr. 15.6.1907) hatten sich lediglich Ortsgruppen bzw. Regionalgruppen von Kleinstaaten der Bundesorganisation direkt angeschlossen: Jena (gegr. 30.3.1904), Schmalkalden (gegr. 14.4.1905), Weimar (gegr. 19.5.1906), Hamburg (gegr. 29.12.1906), Gera (gegr. 19.4.1907). Die großen Heimatschutzverbände waren dem Bund ferngeblieben bzw. bevorzugten eine einfache Verbandsmitgliedschaft oder den Status eines Beobachters auf den Jahresversammlungen: der Heimatbund Niedersachsen (gegr. 1901), der Bayrische Verein für Volkskunst und Volkskunde (gegr. 15.6.1902), der Verein für niedersächsisches Volkstum Bremen (gegr. 3.10.1904), der Heimatbund Mecklenburg (gegr. 15.1.1906), der Niedersächsische Ausschuß für Heimatschutz (gegr. 8.10.1906), der Rheinische Verein für Denkmalpflege und Heimatschutz (gegr. 20.10.1906).[103]

Der Vorstand mußte einsehen, daß die Bundesorganisation den Erfordernissen einer regional geprägten Tätigkeit nicht genügend Rechnung trug und die fehlende Regelung der Zwischenebenen in der Satzung den Anschluß von Landesvereinen nicht eben förderte. Zudem stand die eher regionale Orientierung der Heimatschützer immanent einer reichsweiten Organisation entgegen. Der Vorstand sah sich daher gezwungen, auch auf Druck der Regionalvereine hin, das Ruder herumzuwerfen. Der Bund Heimatschutz wandelte sich von der Bewegung zum Dachverband. Am 23. September 1908 beschloß die Bundesversammlung in Lübeck, die Arbeit der Bundesorganisation ganz auf die Bedürfnisse der Regionalvereine auszurichten.[104] Die Kompetenzen der Bundesversammlung übernahm nun die jährliche Vertreterversammlung der Vereine, die auch die Vorstandswahlen durchzuführen hatte. Mitglieder dieser Versammlung waren lediglich die Orts- und Landesvereine sowie der Vorstand des Bundes Heimatschutz (später kam noch eine begrenzte Zahl von Vertretern der Einzelmitglieder hinzu). Die Bundesversammlung hatte ledig-

[102] Vgl. die Beschlüsse der Vorstandssitzung vom 15. Mai 1904 in Frankfurt a. M., in: Mitteilungen des Bundes Heimatschutz 1 (1904/05), S. 23 f.

[103] Stichtag dieser Aufstellung ist der 20. September 1907, vgl. F. Koch, Geschäftsbericht auf der Jahresversammlung des Deutschen Bundes Heimatschutz in Mannheim 1907, in: Heimatschutz 4 (1908), S. 41.

[104] Vgl. die „Satzungen des Bundes Heimatschutz, unter Abänderung der Satzungen vom 30. September 1904 festgestellt auf der Vertreterversammlung am 22. September und der Bundesversammlung am 23. September 1908 in Lübeck", beigelegt Heimatschutz 4/4, 5 (1908).

lich die Aufgabe, inhaltliche Fragen zu erörtern und tagte nur noch alle zwei Jahre. Sie vereinigte sich seit 1911 mit dem „Tag für Denkmalpflege" zum „Tag für Denkmalpflege und Heimatschutz". Körperschaftliche und individuelle Mitglieder, für deren Bereich ein Regionalverein bestand, wurden an diesen überwiesen. Sie konnten nur noch in Ausnahmefällen die direkte Mitgliedschaft erhalten. Gleichzeitig reduzierte sich der Vorstand. Die Arbeitsgruppen und somit die praktische Tätigkeit fielen weg, der Bund subsumierte seine Arbeitsfelder jetzt unter zwei Grundzielsetzungen: 1. „Schutz der Natur" und 2. „Schutz und die Pflege der Werke". Dem Vorstand verblieben auf diese Weise lediglich lobbyistische und werbungstechnische Aufgaben. Auch die erneute Revision der Satzung am 25. April 1914 hat daran nichts Wesentliches mehr verändert.[105] Diese grundsätzliche Neuordnung brachte den „Bund Heimatschutz" (seit 1914 „Deutscher Bund Heimatschutz" [DBH]) seinem Ziel einer Zusammenfassung der „gleichstrebenden" Vereine erheblich näher. 1920 verfügte der DBH in nahezu jedem deutschen Staat und in jeder preußischen Provinz über einen Landesverein.[106]

In seiner Tätigkeit suchte der Bund das Rudorffsche Programm in die Praxis umzusetzen. Zwei Vorgehensweisen waren in den Jahren nach 1904 zunächst beabsichtigt: zum einen die Propaganda und Werbung für den Heimatschutz gegenüber Behörden, Parlamenten und Vereinen und zum anderen die direkte Aktion vor Ort. Letzteres sollte nach dem Willen der Satzung zwar über Ortsgruppen und Arbeitsgruppenmitglieder geschehen, verblieb aber durch den nur schleppend vorangehenden Aufbau der Organisation weitgehend bei der persönlichen Initiative der Vorstandsmitglieder bzw. der Zentralstelle unter Mielke. 1905 berichtete der stellvertretende Vorsitzende, der Staatsminister von Schaumburg-Lippe, Freiherr von Feilitzsch, auf der Jahresversammlung, er habe versucht, „die Bestrebungen unseres Bundes in täglicher, dienstlicher Berührung mit Untergebenen und der Bevölkerung ‚populär' zu machen".[107] Als Beispiel nannte von Feilitzsch die Anfertigung von ortsüblichen Trachtenstücken im Handarbeitsunterricht der Schulen, die Ausweitung der Heimatkunde im Lehrplan und den Bau eines Schulhauses im regionalen Stil. 1906 verhinderte Carl Johannes Fuchs „durch persönliches Eingreifen beim Oberbürgermeister" die Errichtung eines Aussichtsturmes in einem Erholungs-

---

[105] Vgl. die „Satzungen des Deutschen Bundes Heimatschutz unter Abänderung der Satzungen vom 30. März 1904 und vom 22. und 23. September 1908 errichtet am 25. April 1914" (Archiv des Westfälischen Heimatbundes, Ordner D 1).

[106] Vgl. die Liste der „angeschlossenen Vereine", in: Heimatschutz-Chronik 4/1, 2 (1920), S. 5 f. Der Bayerische Verein für Volkskunst und Volkskunde trat als letzter Landesverein erst 1928 dem Deutschen Bund Heimatschutz bei.

[107] Frhr. v. Feilitzsch, Rechenschaftsbericht, in: Heimatschutz. Jahresversammlung 1905, Goslar 1906, S. 6 f.

gebiet nahe Freiburg i. Br. und verwendete sich für eine heimatschützerische Bauordnung für das Ufer des Titisees/Neustadt.[108] Im selben Jahr führte eine Intervention des Bundes zur Rücknahme des Verbotes des traditionellen Kindersommersingens durch die Behörden der Stadt und des Kreises Liegnitz. Gleichzeitig forderte der Bund die niederschlesischen Lehrer und Lehrerinnen auf, für die Erhaltung des Sommersingens zu sorgen und ihm Abschriften des alten Liedgutes zuzusenden.[109] Einzelaktionen dieser Art – Fritz Koch, Geschäftsführer des Bundes seit 1907, sprach von allein 1907 geleisteten ca. „200 praktischen Heimatschutzfällen"[110] – waren allerdings wenig geeignet, dem Bund größere Aufmerksamkeit in der Öffentlichkeit zu sichern. Dies konnte nur durch Großaktionen geschehen, wie der Konflikt um das Wasserwerk Laufenburg zeigte, in welchem sich der Bund nach seiner Gründung außerordentlich stark engagierte.[111]

Überlegungen, den Rhein in dem Felsbecken zwischen dem badischen Kleinlaufenburg und dem schweizerischen Großlaufenburg aufzustauen und für die Gewinnung von Strom zu nützen, existierten bereits seit 1891 und traten 1904 in die endgültige Entscheidung. Seit 1900 regte sich örtlicher, teilweise ökonomisch motivierter Widerstand. Der badische Schwarzwaldverein berief sich bereits auf Rudorff, wenn er die Erhaltung der im Felsenbecken befindlichen Stromschnellen aus ästhetischen und naturschützerischen Gründen forderte. Der Bund Heimatschutz schloß sich dieser Position an. Der in dieser Angelegenheit besonders engagierte Carl Johannes Fuchs vermied aber, eine völlig ablehnende Haltung einzunehmen. „Wir verlangen nicht", hieß es in der von ihm wesentlich mitinitiierten Eingabe des Bundes Heimatschutz an den Großherzog von Baden, „die gänzliche Unterlassung der geplanten Entschließung (zur Genehmigung des Kraftwerkbaues, Anm. A. K.) aus Rücksicht auf die Naturschönheit, wohl aber meinen wir, daß es unrichtig ist, etwas zu zerstören, was keine Menschenkunst je wieder bereiten kann (...) und daß darum ein Weg gefunden oder jedoch ernstlich gesucht werden muß, die hier einander widerstrebenden wirtschaftlichen und ästhetischen Interessen zu versöhnen".[112] Unter dem Eindruck der ausbleibenden Antwort seitens der Ministerien und dem drohenden positiven Abschluß des

---

[108] Vgl. Mitteilungen des Bundes Heimatschutz 2 (1905/06), S. 75.

[109] Ebd., S. 108 ff.

[110] Vgl. Heimatschutz 4 (1908), S. 43.

[111] Vgl. zum Protest gegen das Wasserkraftwerk bei Laufenburg U. Linse, „Der Raub des Rheingoldes": Das Wasserkraftwerk Laufenburg, in: Ders. u. a., Von der Bittschrift zur Platzbesetzung. Konflikte um technische Großprojekte, Berlin 1988, S. 11–63.

[112] Zit. Eingabe des Bundes Heimatschutz vom 2. November 1904 nach: Mitteilungen des Bundes Heimatschutz 1 (1904/05), S. 69 f.

Konzessionsverfahrens entschloß sich der Bund Heimatschutz in Zusammenarbeit mit dem Dürerbund zu einer breitgefächerten Kampagne, wohl dem ersten Massenprotest in der Geschichte des Umweltschutzes überhaupt. Im März und April 1905 wurde ein ›Aufruf des Bundes Heimatschutz gegen die Zerstörung der Laufenburger Stromschnellen‹ über 500 Zeitungsredaktionen und den Abgeordneten der Badischen Kammer und des Reichstages zugeleitet.[113] Fuchs bezifferte die Zahl der bis Juli 1905 eingegangenen Zustimmungserklärungen auf einentausend.[114] Unter den Unterzeichnern befanden sich illustre Namen wie Hans Delbrück, Alfred Lichtwark, Richard Riemerschmidt, Gerhard von Schultze-Graevernitz, August Thiersch, Heinrich Vogeler, Friedrich Naumann, Werner Sombart, Max Weber, Joseph Joachim.[115] Dennoch half alles nichts. 1906 mußte der Bund Heimatschutz resignierend das Scheitern seiner Bemühungen feststellen und beschränkte sich im weiteren darauf, Postkarten mit Motiven der Stromschnellen aus einer Photoserie Schultze-Naumburgs herzustellen und zu vertreiben.[116]

Dennoch verschaffte die „Laufenburgaffäre" dem Bund und seinen Anliegen eine außerordentliche Publizität und staatliche Aufmerksamkeit. Nicht zuletzt dieser Aufmerksamkeit war es zu verdanken, daß der Bund mit seiner Zielsetzung einer gesetzmäßigen Verankerung des Heimatschutzes mit der Verabschiedung des Preußischen Gesetzes gegen die Verunstaltung von Ortschaften und landschaftlich hervorragenden Gegenden am 15. Juli 1907 einen Durchbruch erreichte. Über 530 Kommunen in Preußen stellten im Anschluß an das Gesetz bauliche Ortsstatute auf,[117] und in den Folgejahren zogen die meisten deutschen Staaten mit entsprechenden Gesetzen nach. Die Legislative hatte damit das Prinzip des Einbeziehens ästhetischer und historischer Gesichtspunkte bei Bauvorhaben im heimatschützerischen Sinne anerkannt und einer Einschränkung der individuellen und wirtschaftlichen Freizügigkeit zugestimmt, obwohl die jeweiligen Gesetzestexte den Behörden weiterhin noch viel Entscheidungsspielraum überließen. Der Staat erkannte den Heimatschutz als zu seinen Aufgaben gehörig an, und die Heimatschutzverbände sahen ihre Mitglieder und Einrichtungen immer mehr als Sachverständige, besonders im architektonischen Bereich, hinzugezogen.[118] 1911 konnte Paul

---

[113] Vgl. Mitteilungen des Bundes Heimatschutz 1 (1904/05), S. 130 f.

[114] Ebd., S. 161.

[115] Ebd., S. 151 ff. und S. 132 f.

[116] Vgl. Linse, Der Raub des Rheingoldes, S. 35.

[117] Nach einer Schätzung des Vorsitzenden des Bundes Heimatschutz 1914–1920, Frhr. v. Willmowski, Wesen und Ziel des Heimatschutzes, in: Heimatschutz 8 (1912), S. 5.

[118] So befahl der Erlaß des preußischen Ministers für öffentliche Arbeiten, von Breitenbach, vom 29. Februar 1908 den Oberpräsidenten, den Bund Heimatschutz zu för-

Schultze-Naumburg die Staatsregierungen als „die stärksten Hilfen und Stützen in der Verfolgung unserer Ziele" bezeichnen.[119]

Trotz all dieser Erfolge zeigte sich, daß die Heimatschutzkonzeption in der Praxis kaum zu erfüllen war. Eine gleichberechtigte Bearbeitung aller Gebiete konnte nicht erreicht werden, und der Bund Heimatschutz setzte, anders als sein Vordenker, das Schwergewicht auf die Architektur und das Bauwesen (allein 6 von 11 Mitgliedern des ersten Vorstandes bis 1907 waren Architekten und Denkmalpfleger).[120] Weiter erwies sich die harte Rudorffsche „Schutzkonzeption" als wenig geeignet, den Heimatschutz in der Öffentlichkeit populär zu machen. Der Bund Heimatschutz neigte daher von vornherein pragmatischeren Positionen zu, wie das Vorgehen in der „Laufenburgangelegenheit" zeigte, um eine völlig unüberwindliche Frontstellung des Heimatschutzes gegen den Fortschritt zu vermeiden. Ein führender Vertreter dieser Richtung war Paul Schultze-Naumburg, der eine rein negative Haltung zur Moderne entschieden ablehnte und die für Rudorff so wichtige Forderung nach einer „unberührten Natur" lediglich als einen „Ausnahmefall" bezeichnete.[121] Schultze-Naumburg verwahrte sich energisch gegen eine Betrachtung des Heimatschutzes als „lebensfeindliche Altertümelei".[122] Ein Gegensatz zwischen Heimatschutz und Gegenwart dürfe nicht konstruiert werden. „Beide Dinge müssen sich durchdringen, und sie müssen gemeinsam die richtige Lösung suchen, die sie allein nie finden können."[123]

Solche pragmatischeren Vorstellungen und der Rückzug des Bundes Heimatschutz auf einen Dachverband verhalfen dem Heimatschutz zu einigem Erfolg, beeinflußten aber auch die Strenge seiner Gesamtkonzeption. Es gelang dem Bund Heimatschutz, der Denkmalpflege, dem Naturschutz und der Heimatpädagogik in der Politik und in der Öffentlichkeit ein beträchtliches

dern und seine Mitglieder bei der Bildung von örtlichen Gutachterausschüssen zu berücksichtigen; vgl. Heimatschutz 4 (1908), S. 6.

[119] P. Schultze-Naumburg, Entwicklung und Ziele des Heimatschutzes in Deutschland, in: Heimatschutz 7 (1911), S. 137.

[120] Die Feststellung von G. Grönings und J. Wolschke-Bulmahns, daß der Naturschutz eines der primären Anliegen des Bundes Heimatschutz gewesen sei, kann daher nicht zugestimmt werden (vgl. Gröning/Wolschke-Bulmahn, Die Liebe zur Landschaft, S. 134. Die Aussage bezieht sich auf eine ähnliche Argumentation bei F. Moewes, Zur Geschichte der Naturdenkmalpflege, in: W. Schoenichen [Hrsg.], Wege zum Naturschutz, Breslau 1926, S. 28–71). Fritz Koch sprach 1912 ausdrücklich von einem Übergewicht architektonischer Themen, vgl. F. Koch, Kurzer Überblick über den Stand der Heimatschutzbewegung, in: Heimatschutz 8 (1912), S. 71.

[121] Vgl. Schultze-Naumburg, Aufgaben des Heimatschutzes, S. 8.

[122] Vgl. P. Schultze-Naumburg, Entwicklung und Ziele des Heimatschutzes in Deutschland, in: Heimatschutz 7 (1911), S. 134.

[123] Ebd.

Ansehen zu verschaffen und zumindest in Teilbereichen zu einer differenzierteren Haltung gegenüber dem Fortschritt anzuregen. Zugleich verwässerte die vielfältige Tätigkeit und die dadurch bedingte Zunahme von eher spezifisch fachlich orientierten Mitgliedern aber die konzeptionelle Strenge des Heimatschutzes. Der Bund Heimatschutz drohte bereits nach dem ersten Jahrzehnt seines Bestehens zu einer pragmatischen Dachorganisation von Schutz- und Pflegeverbänden zu werden, die das eigentliche Ziel, nämlich die Wiedererweckung des Heimatsinns, aus dem Blick zu verlieren drohte. Das Scheitern des Konzeptes, über die Restaurierung des Äußerlichen die Veränderung der deutschen Innerlichkeit zu erreichen, zeichnete sich bereits ab. Schon 1909 warnte Fritz Koch vor einer bloßen „äußerlichen Organisation".[124] Aber endgültig gaben die Heimatschützer erst mit dem Ende des Weltkrieges 1918 alle Hoffnungen auf einen Erfolg ihres Konzepts auf. Eine Rückkehr „kulturstarker Zeiten" erschien nun unwiderruflich ausgeschlossen, „weil für die dazu unerläßliche Blüte von Bürgersinn, Handwerk und Kunst, für die ganze dazu nötige Art und Gesinnung des Volkes die Vorbedingungen kaum wieder zu schaffen sind".[125]

[124] Vgl. F. Koch, Vom Heimatschutz und vom Organisieren, in: Heimatschutz 5 (1909), S. 7.

[125] Zit. W. Lindner, Die Zukunft des deutschen Heimatschutzes, in: Heimatschutz-Chronik 3/1, 3 (1919), S. 4.

RÜCKWÄRTIGKEIT DES ÖRTLICHEN –
INDIVIDUALISIERUNG DES ALLGEMEINEN

Heimatgeschichtsschreibung (Historische Heimatkunde)
als unprofessionelle Lokalgeschichtsschreibung
neben der professionellen Geschichtswissenschaft[*]

Von Harm Klueting

Hast du, lieber Leser, schon einmal, auf S.s Höhe stehend, den Blick schweifen lassen über die herrliche Landschaft, die sich zu deinen Füßen ausbreitet? Hast du gehört, wie drunten tief im Tal sich R. und L. fröhlich rauschend nach langer Trennung begrüßen, um dann gemeinsam die weite Reise westwärts fortzusetzen? Gebannt folgt der Blick dem Silberbande, bis ihn fern des K.bergs Kegel hemmt. Mit Entzücken ruht er auf dem lachenden Gelände, das sich zu beiden Seiten der L. ausdehnt: die smaragdenen Wiesen mit den bunten weidenden Kühen, die sanft ansteigenden, malerisch umkränzten Höhen und fern im Süden als wohltuende Begrenzung des Tales das altersgraue H.burger Schloß. Wie freundlich blinkts im Sonnenglanze! Ists nicht, als winke es uns trauten Freundesgruß? Wie gern folgen wir dem Lockruf! In gemächlicher Wanderung gelangen wir bald in ein Tal, das, an Lieblichkeit mit jedem andern der weiteren Heimat wetteifernd, den Ehrennamen ‚das Paradies Westfalens‘ empfing.[1]

Mit diesen Sätzen beginnt ein knapp 600 Druckseiten umfassendes Werk mit dem Untertitel ›Ein Beitrag zur westfälischen Orts- und Territorialgeschichte‹. Zum Einstieg wählt der Verfasser eine Landschaftsschilderung und nimmt dazu den Blick eines Betrachters ein, der auf der Höhe eines Bergsporns oberhalb des Zusammenflusses zweier Flüsse steht. Von diesem Aussichtspunkt aus lenkt er den Blick des mit der Örtlichkeit vertrauten Lesers auf die Stätte, die historisch im Zentrum des Ortes steht, dessen Geschichte danach in 36 Kapiteln behandelt wird, auf das „altersgraue H.burger Schloß". Doch ist das Stilmittel damit noch nicht erschöpft, denn nun führt der Verfasser den Leser mit der Schilderung einer Wanderung dem Flußlauf der L. folgend einige Kilometer weiter nach Süden in das Gebiet der alten Grafschaft L.burg und zu deren Hauptort H.

[*] Der Verfasser dankt Frau Dr. Barbara Bußkamp (Münster) und Herrn Hans Roth (München) für Hilfen bei der Beschaffung von Literatur.
[1] Hermann Esser, Hohenlimburg und Elsey. Ein Beitrag zur westfälischen Orts- und Territorialgeschichte, Dortmund 1907, S. 1.

Auf dem Wege dorthin berühren Autor und Leser das Dorf E., seit 1901 Teil der Stadt H. und als Ort eines im 13. Jahrhundert gegründeten Prämonstratenserfrauenstifts lange der kirchliche Mittelpunkt der Gegend. Hier fügt der Verfasser eine Schilderung des ein Jahrhundert früher, 1807, gestorbenen, im Westfalen seiner Zeit nicht unbekannten „Pfarrers von E." über das damalige Aussehen dieses Ortes ein. In die Gegenwart von 1907 zurückkehrend schreibt unser Autor:

> Das Dörflein an sich freilich ist ein anderes geworden als das E. jener Tage, und der ehrwürdige Pfarrer würde wohl oft verwundert den Kopf schütteln, wenn er jetzt, nach hundertjährigem Zauberschlaf erwachend, mit uns das „villengeschmückte" stattliche Dorf durchwanderte. Die oft unpassierbaren Hohlwege machten trefflich gepflasterten Straßen Platz, moderne Bauten verdrängten manche der altehrwürdigen Bauernhäuser, die allesamt ihr bemoostes Strohdach mit einem solideren aus Ziegeln vertauschten. Auch E.s Bewohner treiben nur noch spärlich Ackerbau und Viehzucht nach der Väter Weise.[2]

Mit dem Fortgang der Wanderung nach der Kleinstadt H., die längst von dem beschaulichen gräflichen Residenzort des 18. Jahrhunderts zu einem bedeutenden Industriestandort geworden war, läßt der Verfasser den Wandel der Lebensverhältnisse noch stärker vor Augen treten:

> Drunten zu unsern Füßen im Tal pulsiert fröhliches Leben. Nichts mehr von der idyllischen Ruhe vergangener Zeiten. An Schönheit hat das Bild nicht gewonnen durch die ungezählten himmelhohen Schlote, die ununterbrochen ihre schwarze (!) Wolken zum Himmel emporspeien (…). H. hat sich im Laufe eines Jahrhunderts zur beachtungswerten Industriestadt emporgeschwungen; seine Erzeugnisse in Messing, Draht, Stahl- und Faconeisen aller Art, Blaudruck usw. gehen in alle Welt. In innigem Zusammenhange mit seiner industriellen Entwicklung steht naturgemäß die Zunahme der Bevölkerung, der Aufschwung des Verkehrswesens und der Wohlstand der Bewohner, deren Zahl im Laufe eines Jahrhunderts um das Sechsfache gestiegen ist.[3]

Damit war das Ende der Wanderung erreicht –

> das Gebiet, dessen Entwicklung, (…) die Orte, deren Erlebnisse diese Blätter erzählen möchten. Welterschütternde Ereignisse erwarte man nicht; in der Abgeschiedenheit unseres Tales flutete das Leben seiner Bewohner ruhig dahin, gleich dem Fluß, der es durchströmt.[4]

Die Rede ist von Hermann Essers Buch ›Hohenlimburg und Elsey‹ aus dem Jahre 1907. Dabei wurden die Zitate durch Abkürzung der Orts- und Gewässernamen[5] verfremdet, weil es nicht um dieses Buch und seinen Autor und

---

[2] Ebd., S. 5.
[3] Ebd., S. 7 f.
[4] Ebd., S. 8.
[5] E. = Elsey, H. = Hohenlimburg, K.berg = Kaisberg, L. = Lenne, L.burg = Limburg, R. = Ruhr, S. = (Hohen)Syburg.

auch nicht um die westfälische Grafschaft Limburg mit ihrem Hauptort Hohenlimburg geht,[6] sondern um ein Beispiel für eine weitverbreitete, aber unter Historikern wenig angesehene Gattung der historischen Literatur. Hermann Essers Werk kann als exemplarisch für die Heimatgeschichtsschreibung oder die Historische Heimatkunde gelten, so daß es als Ausgangspunkt für allgemeine Überlegungen zu dieser Erscheinungsform moderner Geschichtsschreibung dienen kann.

Exemplarisch für diese lange Zeit populäre Form der Aneignung von Geschichte durch Heimatgeschichte war auch die Person des Autors hinsichtlich sozialer Herkunft, Bildungsgang, Beruf und Sozialisation. Hermann Esser wurde 1875 in Bürenbruch, einem nur wenige Häuser umfassenden Ort in der Gemeinde Ergste (Ruhr) im damaligen Landkreis Iserlohn der preußischen Provinz Westfalen[7] geboren. Sein Vater, Theodor Esser, war Dorfschullehrer in Bürenbruch. So wuchs der junge Hermann in ländlicher Umgebung im Hause eines preußischen Volksschullehrers auf und besuchte acht Jahre lang die einklassige Schule, in der sein Vater als einziger Lehrer unterrichtete. Diese Lebensumstände waren weit entfernt von der Welt des städtischen Bildungsbürgertums akademisch gebildeter Beamter und Freiberufler, für die das Humboldtsche Gymnasium mit der Pflege der alten Sprachen, das Universitätsstudium mit seinen gesellschaftlichen Begleiterscheinungen wie Corpsstudentenschaft u. ä. und die Staatsexamina status- und stilbildend waren.[8] Das Schulhaus in Bürenbruch und der Beruf des Vaters gehörten einer Art „zweiter Gesellschaft" der Bildungswelt an, die durch große materielle Engpässe und enge Berührung mit der Lebenswelt der Bauern, kleinen Handwerker und Industriearbeiter ebenso gekennzeichnet war wie durch mangelnde gesellschaftliche Anerkennung seitens der Akademikerschaft, aber auch durch ein starkes Bildungsstreben.[9]

---

[6] Aus diesem Grunde wird auch auf die Anführung von Literatur zur Geschichte der Grafschaft Limburg oder des Stiftes Elsey verzichtet.

[7] Heute Ortsteil Ergste der Stadt Schwerte im Kreis Unna, Nordrhein-Westfalen.

[8] Ulrich Engelhardt, „Bildungsbürgertum". Begriffs- und Dogmengeschichte eines Etiketts, Stuttgart 1986; Werner Conze u. Jürgen Kocka (Hrsg.), Bildungsbürgertum im 19. Jahrhundert, Tl. 1, Stuttgart 1985; Reinhart Koselleck (Hrsg.), Bildungsbürgertum im 19. Jahrhundert, Tl. 2, Stuttgart 1988; Jürgen Kocka (Hrsg.), Bürgertum im 19. Jahrhundert. Deutschland im europäischen Vergleich, 3 Bde., München 1988.

[9] Douglas R. Skopp, Auf der untersten Sprosse. Der Volksschullehrer als „Semi-Professional" im Deutschland des 19. Jahrhunderts, in: Geschichte und Gesellschaft 6 (1980), S. 383–402; Wolfram Fischer, Der Volksschullehrer. Zur Sozialgeschichte eines Berufsstandes, in: Soziale Welt 12 (1961/62), S. 37–47; Rainer Bölling, Sozialgeschichte der deutschen Lehrer. Ein Überblick von 1800 bis zur Gegenwart, Göttingen 1983 (Kap. 3 zur Sozialgeschichte des Volksschullehrers); Helmut Meyer, Das Selbstverständnis des Volksschullehrers in der zweiten Hälfte des 19. Jahrhunderts (1850–1880), Diss. Münster 1965.

Hermann Esser blieb dem Beruf seines Vaters treu, auch wenn er innerhalb des Sozial- und Bildungsmilieus der seminaristisch gebildeten Volksschullehrer durch Berufsausübung in einer Kleinstadt und durch Aufstieg zum Rektoramt, d.h. zur Stellung eines Schulleiters, einen höheren Status erlangte. Gemäß der im damaligen Preußen üblichen Form der Volksschullehrerausbildung[10] trat er nach achtjähriger Volksschulzeit 1890 als Fünfzehnjähriger in eine Präparandenanstalt, in Holzwickede an der Ruhr, ein und besuchte danach von 1893 bis 1896 das Lehrerseminar im westfälischen Soest. 1896 bekam der Einundzwanzigjährige seine erste Lehrerstelle an der Volksschule in dem Dorf Elsey. 1907 legte er die Hilfsschullehrerprüfung und 1912 die Mittelschullehrerprüfung, in den Fächern Erdkunde, Botanik und Zoologie, ab. Danach wurde er 1912 Hauptlehrer an der von zahlreichen Kindern von Industriearbeitern besuchten Volksschule in dem stark industriell geprägten Hohenlimburger Ortsteil Oege. Nach Absolvierung der Rektorprüfung im Jahre 1913 wurde er 1914 Rektor dieser Schule, bevor er 1924 als Rektor an die Elseyer Volksschule zurückkehrte. Esser starb 1935 als Volksschulrektor, Herausgeber und einziger Autor der von ihm begründeten ›Heimatblätter für Hohenlimburg und Umgegend‹ und als Gründer eines kurz vor seinem Tod eröffneten Heimatmuseums.[11] Seine Bekanntheit als „Heimatforscher" – so die übliche und außerhalb dieses Milieus zumeist pejorativ gebrauchte Bezeichnung für Leute seines Schlages – rührte allerdings schon von dem 1907 von dem damals erst zweiunddreißigjährigen Volksschullehrer veröffentlichten Buch ›Hohenlimburg und Elsey‹ her, mit dem er aus „Liebe zur schönen gottgesegneten Heimat" den Versuch unternahm, „den geschichtlichen Werdegang Hohenlimburgs und Elseys zu schildern", bevor „unsere schnellhastende Zeit auch darüber vergessend hinweggleiten" werde.[12]
Was macht nun dieses Werk, an dessen Stelle andere ausgewertet werden

---

[10] Gunnar Thiele, Geschichte der preußischen Lehrerseminare, Tl. 1: Allgemeine Voraussetzungen zur Geschichte der Preußischen Lehrerseminare, Berlin 1938; Johannes Tews, Ein Jahrhundert preußischer Schulgeschichte. Volksschule und Volksschullehrerstand in Preußen im 19. und 20. Jahrhundert, Leipzig 1914; Hans Karl Beckmann, Lehrerseminar – Akademie – Hochschule. Das Verhältnis von Theorie und Praxis in drei Epochen der Volksschullehrerausbildung, Weinheim 1968; Rita Weber, Die Neuordnung der preußischen Volksschullehrerbildung in der Weimarer Republik. Zur Entstehung und gesellschaftlichen Bedeutung der Pädagogischen Akademien, Weinheim 1984.

[11] Biographische Angaben nach der Todesanzeige (in: Heimatblätter für Hohenlimburg und Umgegend 9 [1935], S. 82) sowie nach Heinrich Hunecke, Rektor Hermann Esser †. Hermann Esser als Mensch und Erzieher, ebd. S. 97–101; ferner: Hermann Esser zum Gedenken, in: Heimatblätter für Hohenlimburg und Umgebung 11 (1950), S. 3–7.

[12] Esser, Hohenlimburg und Elsey, S. VII, VI u. V.

könnten, exemplarisch für die Gattung Heimatgeschichtsschreibung? Eine
Antwort auf diese Frage setzt einen Blick auf die Geschichtsschreibung überhaupt und auf die seit dem 18. Jahrhundert entstandene Geschichtswissenschaft – beides ist nicht dasselbe – voraus.

1. Geschichtsschreibung und Geschichtswissenschaft, Lokalgeschichte und Heimatgeschichte

Hermann Essers ›Hohenlimburg und Elsey‹ ist, wie alle heimatgeschichtlichen Darstellungen, ein Werk der Orts- oder Lokalgeschichtsschreibung.
Doch gehören längst nicht alle lokalgeschichtlichen Gesamtdarstellungen
oder Einzelstudien zur Gattung Heimatgeschichte. Ortsgeschichts-, insbesondere Stadtgeschichtsschreibung war schon im Mittelalter verbreitet. Die
Chronisten der mittelalterlichen Städte hielten die Ereignisse ihrer eigenen
Zeit und diejenigen der Vergangenheit ihrer Stadt, von denen sie Kunde
hatten, in ihren Aufzeichnungen fest – meist sehr unkritisch und vielerlei Legenden und Wundergeschichten weitertragend.[13] Das änderte sich mit der
humanistischen Geschichtsschreibung im Italien des 15. und 16. Jahrhunderts,
die mit Werken über die Geschichte einzelner Städte, besonders über die Stadt
Florenz, begann, so daß wegen ihrer kritischen Haltung gegenüber Legenden
und Wundergeschichten die Stadtgeschichtsschreibung italienischer Humanisten als Beginn der modernen Geschichtsschreibung gelten kann.[14] Besonders
ist dabei an den 1369 geborenen Leonardo Bruni mit seiner lateinisch geschrie-
benen ›Geschichte von Florenz in zwölf Büchern‹ zu denken. Bruni war der
erste Geschichtsschreiber seit der Antike, der grundsätzlich Kritik an der
Überlieferung übte und geistliche und weltliche Legenden aus seiner Darstellung ausschloß. Stadtentstehungslegenden wie die Legende von Romulus und
Remus als Gründern der Stadt Rom und ähnliche Legenden über die Entstehung der Stadt Florenz, aber auch andere legendarische Ausschmückungen,

---

[13] Edith Ennen, Geschichtsbewußtsein und Geschichtsschreibung des städtischen
Bürgertums in seinen historischen Wandlungen bis zur Gegenwart, in: Soest. Stadt –
Territorium – Reich, Soest 1981, S. 9–34 (Schwerpunkt liegt auf dem Spätmittelalter);
Heinrich Schmidt, Die deutschen Städtechroniken als Spiegel des bürgerlichen Selbstverständnisses im Spätmittelalter, Göttingen 1958; Johann Bernhard Menke, Geschichtsschreibung und Politik in deutschen Städten des Spätmittelalters. Die Entstehung deutscher Geschichtsprosa in Köln, Braunschweig, Lübeck, Mainz und Magdeburg, in:
Jahrbuch des Kölnischen Geschichtsvereins 33 (1958); S. 1–84; 34/35 (1959/60), S. 85–
194.
[14] Allgemein Eric Cochrane, Historians and Historiography in the Italian Renaissance, Chicago u. London 1981.

spielten bei ihm keine Rolle mehr, was ihn zu einem modernen Historiker machte, auch wenn sein Werk wegen der streng annalistischen Stoffgliederung und der thematischen Beschränkung auf Krieg und Politik noch recht altertümlich wirkt. In mancher Hinsicht moderner waren daher zwei andere italienische Stadthistoriker dieser Zeit, Niccolò Machiavelli, der eine 1532 gedruckte ›Geschichte von Florenz‹ von der Völkerwanderungszeit bis 1492 verfaßte, und Francesco Guicciardini, der eine erst 1859 veröffentlichte ›Geschichte von Florenz‹ mit dem Schwerpunkt auf der Zeitgeschichte seit 1492 schrieb.[15]

Nun hat ein Heimatforscher des frühen 20. Jahrhunderts wie Hermann Esser mit Bruni, Machiavelli oder Guicciardini nicht mehr gemeinsam als das Florenz der Renaissance mit jenen zahllosen deutschen Kleinstädten oder Dörfern, die Gegenstand heimatgeschichtlicher Darstellungen wurden. Dennoch ist der Vergleich berechtigt, weil sie alle – der Heimatforscher nicht weniger als die drei Italiener – Historiker waren und ortsgeschichtliche Werke schrieben. Es geht mit diesem Vergleich auch nur darum, deutlich zu machen, daß Ortsgeschichtsschreibung nicht von vornherein, weil auf die Vergangenheit eines räumlich eng umgrenzten Bereichs konzentriert, als zweitrangige oder gar als mediokre Erscheinungsform der Geschichtsschreibung anzusehen ist, sondern in einer ehrwürdigen Tradition steht, die an den Anfang der modernen – sprich: überlieferungskritischen – Geschichtsschreibung zurückreicht.[16]

Seit dem 16. Jahrhundert entfernte sich die „große Geschichtsschreibung" jedoch immer mehr von der Stadtgeschichte, was auch, selbst in Italien, mit dem Zurücktreten der Städte hinter den aufsteigenden Fürstenstaaten zusammenhing. Seit der Reformation brachten die konfessionellen Gegensätze konfessionell orientierte Darstellungen der Kirchengeschichte hervor, wie sie mit den zwischen 1559 und 1574 veröffentlichten ›Magdeburger Centurien‹ auf lutherischer oder mit den ›Annales ecclesiastici‹ des Caesar Baronius aus den Jahren 1588–1607 auf katholischer Seite vorliegen. Daneben gab es bis ins

---

[15] Paul Avis, Foundations of Modern Historical Thought. From Machiavelli to Vico, London 1986; Gisela Bock, Machiavelli als Geschichtsschreiber, in: Quellen und Forschungen aus italienischen Archiven und Bibliotheken 66 (1986), S. 153–191.

[16] Ernst Breisach, Historiography. Ancient, Medieval, and Modern, Chicago u. London 1983; Matthew Anthony Fitzsimons, The Past Recaptured. Great historians and the history of historiography, Notre Dame u. London 1983. Ältere Werke: Harry Elmer Barnes, A history of historical writing, Norman, Okla. 1937, 2. Aufl. New York 1963; Karl Brandi, Geschichte der Geschichtswissenschaft, Bonn 1947, 2. Aufl. 1952; Herbert Butterfield, Man on his past. The study of the history of historical scholarship, Cambridge 1955; Eduard Fueter, Geschichte der neueren Historiographie, München 1935; Heinrich von Srbik, Geist und Geschichte vom deutschen Humanismus bis zur Gegenwart, 2 Bde., München 1950/51, 3. Aufl. 1964; James Westfall Thompson, A history of historical writing, 2 Bde., New York 1942.

18. Jahrhundert die politisch-juristischen Interessen dienende reichspublizistische Geschichtsschreibung, die Dynastiegeschichte und die Hofhistoriographie. Doch kamen bald neue Ansätze der Kirchengeschichte hinzu, etwa mit der historischen Bibelkritik des Franzosen Richard Simon in Werken von 1678 und 1689 oder der ›Unpartheyischen Kirchen- und Ketzerhistorie‹ Gottfried Arnolds aus den Jahren 1699 und 1700, die ebenso wie die großen Quelleneditionen der ›Acta Sanctorum‹ des Belgiers Johannes Bolland oder die Editionen der französischen Maurinermönche um Jean Mabillon mit ihrem Bemühen um kritische Sichtung der Überlieferung in die Aufklärungshistorie des 18. Jahrhunderts überleiteten.

Die Geschichtsschreibung der Aufklärungszeit[17] trat in England und Schottland mit großen historischen Darstellungen hervor, etwa David Humes ›History of England from the Invasion of Julius Caesar to the Revolution in 1688‹ (1754–63) oder William Robertsons ›History of Scotland during the Reigns of Queen Mary and King James VI‹ (1759),[18] die im damaligen Deutschland ohne Gegenstücke blieben. Hier wurden mehr die „historioskopischen" Studien und weniger das Erzählen von vergangenem Geschehen gepflegt. Doch wurde damit nicht nur die Verwissenschaftlichung der Beschäftigung mit Geschichte, die „Autonomisierung der Historie zur Wissenschaft",[19] vorangebracht. Vielmehr wurde in Deutschland in dieser Zeit die Historie auch zur Universitätsdisziplin, womit die Professionalisierung der Beschäftigung mit Geschichte begann.[20] Wichtig wurde dabei vor allem die

---

[17] Allgemein Fritz Wagner, Die Anfänge der modernen Geschichtswissenschaft im 17. Jahrhundert (Bayerische Akademie der Wissenschaften, Phil.-hist. Klasse, Sitzungsberichte Jg. 1979, Heft 2), München 1979; Wilhelm Dilthey, Das Achtzehnte Jahrhundert und die geschichtliche Welt, in: Ders., Studien zur Geschichte des deutschen Geistes (= Gesammelte Schriften, 3), 5. Aufl., Stuttgart u. Göttingen 1976, S. 209–275; Friedrich Meinecke, Die Entstehung des Historismus (= Werke, 3), 4. Aufl., München 1965.

[18] Ulrich Vogt, David Hume und das Problem der Geschichte, Berlin 1975.

[19] Wolfgang Hardtwig, Die Verwissenschaftlichung der Geschichtsschreibung und die Ästhetisierung der Darstellung (= Theorie der Geschichte. Beiträge zur Historik, 4), München 1982, S. 147–191, Zitat S. 170.

[20] Hans Erich Bödeker/George G. Iggers/Jonathan B. Knudsen/Peter Hanns Reill (Hrsg.), Aufklärung und Geschichte. Studien zur deutschen Geschichtswissenschaft im 18. Jahrhundert, Göttingen 1986; Peter Hanns Reill, Die Geschichtswissenschaft um die Mitte des 18. Jahrhunderts, in: Rudolf Vierhaus (Hrsg.), Wissenschaften im Zeitalter der Aufklärung, Göttingen 1985, S. 163–193; Peter Hanns Reill, The German Enlightenment and the Rise of Historicism, Berkeley, Los Angeles u. London 1975; Notker Hammerstein, Jus und Historie. Ein Beitrag zur Geschichte des historischen Denkens an den deutschen Universitäten im späten 17. und 18. Jahrhundert, Göttingen 1972; Andreas Kraus, Vernunft und Geschichte. Die Bedeutung der deutschen Akade-

1737 eröffnete Universität Göttingen[21] mit dort als Professoren tätigen Historikern wie Johann Christoph Gatterer[22] oder August Ludwig von Schlözer.[23] Erzähler, nicht Erforscher von Geschichte und der wichtigste Historiker der Aufklärungszeit war jedoch der Franzose Voltaire, vor allem mit seinem Werk ›Le siècle de Louis XIV‹ von 1751, das neben der Gliederung und Komposition des Stoffes besonders wegen seiner thematischen Breite große Bedeutung erlangte.[24] Voltaire bezog die Gesamtheit der geschichtlichen Wirklichkeit des behandelten Zeitalters in seine Darstellung ein; die Geschichte der Außenpolitik wurde von ihm nicht mehr losgelöst von der der inneren Politik behandelt und darüber hinaus in ihren Verflechtungen mit dem gesamten Innenleben der Staaten sowie mit dem Finanzwesen und der Wirtschaft dargestellt. So ging Voltaire auch ausführlich auf die Geschichte des Handels ein, aber auch auf Kirche, Kunst und Literatur und auf Erscheinungen des Alltagslebens wie z. B. die wechselnden Kleidermoden. So wurde thematische Breite ein Charakteristikum der „großen Geschichtsschreibung" der Aufklärungszeit. Neben der Politik wurden so Wirtschaft, Kultur und Gesellschaft zu Gegenständen, die die Aufmerksamkeit von Historikern auf sich zogen.

Eine hervorragende Rolle spielte in diesem Zusammenhang in Deutschland Justus Möser, der als Historiker einerseits noch der Aufklärung angehörte,

mien für die Entwicklung der Geschichtswissenschaft im späten 18. Jahrhundert, Freiburg 1963; Karl Hammer u. Jürgen Voss (Hrsg.), Historische Forschung im 18. Jahrhundert. Organisation, Zielsetzung, Ergebnisse, Bonn 1976.

[21] Georg G. Iggers, Die Göttinger Historiker und die Geschichtswissenschaft des 18. Jahrhunderts, in: Festschrift Rudolf Vierhaus, Göttingen 1982, S. 385–398; Rudolf Vierhaus, Die Universität Göttingen und die Anfänge der modernen Geschichtswissenschaft im 18. Jahrhundert, in: Hartmut Boockmann u. Hermann Wellenreuther (Hrsg.), Geschichtswissenschaft in Göttingen, Göttingen 1987, S. 9–29.

[22] Peter Hanns Reill, Johann Christoph Gatterer, in: Hans-Ulrich Wehler (Hrsg.), Deutsche Historiker, Bd. 6, Göttingen 1980, S. 7–22; Peter Hanns Reill, History and Hermeneutics in der Aufklärung. The Thought of Johann Christoph Gatterer, in: The Journal of Modern History 45 (1973), S. 24–51.

[23] Ursula A. J. Becher, August Ludwig v. Schlözer, in: Hans-Ulrich Wehler (Hrsg.), Deutsche Historiker, Bd. 7, Göttingen 1980, S. 7–23; Ursula A. J. Becher, August Ludwig von Schlözer. Analyse eines historischen Diskurses, in: Hans Erich Bödeker u. a. (Hrsg.), Aufklärung und Geschichte (wie Anm. 20), S. 344–362; Günter Mühlpfordt, Völkergeschichte statt Fürstenhistorie. Schlözer als Begründer der kritisch-ethnischen Geschichtsforschung, in: Jahrbuch für Geschichte 25 (1982), S. 23–72.

[24] Hans-Peter Jaeck, Von der „Henriade" zum «Siècle de Louis XIV». Motive und Voraussetzungen der Geschichtsschreibung Voltaires, in: Jahrbuch für Geschichte 19 (1979), S. 147–178; Ulrich Muhlack, Geschichte und Geschichtsschreibung bei Voltaire und Friedrich dem Großen, in: Johannes Kunisch (Hrsg.), Persönlichkeiten im Umkreis Friedrichs des Großen, Köln u. Wien 1988, S. 29–57.

andererseits aber auch schon nachaufklärerische Züge trug.[25] Von seiner
›Osnabrückischen Geschichte‹, von der der erste Teil 1768 erschien, ist die
›Allgemeine Einleitung‹ hervorzuheben, in der Möser das Programm einer
umfassenden Gesellschaftsgeschichte entwickelte, die „die Geschichte der
Religion, der Rechtsgelehrsamkeit, der Philosophie, der Künste und schönen
Wissenschaften" mit der „Staatsgeschichte" verband.[26] Geschichte war bei
Möser – wie bei Voltaire – nicht mehr Fürstengeschichte, sondern Volksge-
schichte. Einzelne Ereignisse wie die Taten von Kaisern und Fürsten sollten
nur insoweit Berücksichtigung finden, wie sie Einfluß auf das Zusammen-
leben der Menschen besessen hatten. Somit war Mösers Geschichtsschreibung
mit ihrer thematischen Breite und der umfangreichen Einbeziehung der So-
zial- und Wirtschaftsgeschichte und insbesondere der Geschichte der Landwirtschaft, des Handels und des Handwerks so etwas wie die Umsetzung der
Voltaireschen Geschichtsschreibung in die Regionalgeschichte des Hochstifts
Osnabrück. Hier gibt es zwar keine direkten, aber doch indirekte Berührungspunkte mit der einer späteren Epoche angehörenden Heimatgeschichtsschreibung.

Ähnliche Beziehungen lassen sich bei einem anderen Historiker im Übergang von der Aufklärungshistorie zur Geschichtsschreibung des 19. Jahrhunderts aufweisen, bei dem Schweizer Johannes von Müller.[27] 1780 hatte Müller
seine ›Geschichten der Schweizer‹ veröffentlicht, die er in den Jahren 1786 bis
1808 in einer Neubearbeitung unter dem Titel ›Geschichten der Schweizer.
Eidgenossenschaft‹ herausbrachte. Bedeutsam war daran das regionale
Thema, d. h. der Bezug auf die Vergangenheit der Schweiz, und der patriotische, heroisch-personalistische und sentimentale Zug. Der 1809 gestorbene
Müller galt als größter deutschsprachiger Historiker seiner Zeit und gewann

[25] Jonathan B. Knudsen, Justus Möser. Local History as Cosmopolitan History, in:
Hans Erich Bödeker u. a. (Hrsg.), Aufklärung und Geschichte (wie Anm. 20), S. 324–
343; Jonathan B. Knudsen, Justus Möser and the German Enlightenment, Cambridge
1986; Volker Sellin, Justus Möser, in: Hans-Ulrich Wehler (Hrsg.), Deutsche Historiker, Bd. 9, Göttingen 1982, S. 23–41; William F. Sheldon, The Intellectual Develop-
ment of Justus Möser. The growth of a German patriot, Osnabrück 1970.

[26] Justus Möser, Osnabrückische Geschichte. Allgemeine Einleitung (= Justus Mösers Sämtliche Werke, 12/1), Oldenburg u. Hamburg 1964, S. 43.

[27] Karl Schib, Johannes von Müller 1752–1809, Thayngen 1967; Christoph Jamme u.
Otto Pöggeler (Hrsg.), Johannes von Müller. Geschichtsschreiber der Goethezeit,
Schaffhausen 1986; Matthias Pape, Johannes von Müller. Seine geistige und politische
Umwelt in Wien und Berlin 1793–1806, Bern u. Stuttgart 1989 – die Rezension des Ver-
fassers zu diesem Werk in der ›Frankfurter Allgemeinen Zeitung‹ Nr. 71 vom 24. 3. 1990
gibt dessen Urteil über diese Bonner Dissertation nur unvollständig wieder, weil der
Text von der Redaktion ohne Wissen des Verfassers um eine Reihe kritischer Bemerkungen gekürzt wurde.

mit diesem Werk großen Einfluß auf die Geschichtsschreibung.[28] Mit seinem Patriotismus, seiner auf die Schweiz bezogenen Vaterlandsliebe, wurde er Vorbild für viele Historiker, womit er wesentlich zur Anregung der – damals so genannten – „vaterländischen Studien" und damit der landesgeschichtlichen Bestrebungen des 19. Jahrhunderts beitrug. Dennoch blieb Müller ebenso wie Möser ohne Einfluß auf den Professionalisierungs- und Verwissenschaftlichungsprozeß der Historie. Die Formierung der modernen Geschichtswissenschaft vollzog sich an Historikern wie Müller und Möser vorbei. „Den ‚Historiker' im heutigen Sinne", so Wolfgang Hardtwig, „gibt es erst seit der idealistischen Universitätsreform und auch dann noch keineswegs überall."[29]

Hier muß nun, wie schon angedeutet wurde, zwischen Geschichtsschreibung (Historiographie) und Geschichtswissenschaft (Historioskopie, so eine alte Bezeichnung) unterschieden werden, will man die Geschichtsschreibung der Zeit *nach* der Professionalisierung und Verwissenschaftlichung der Historie nicht auf „den Historiker im heutigen Sinne" beschränken.

Geschichtsschreibung ist jede literarisch gestaltete Darstellung über Ereignisse, Zustände oder Wandlungsvorgänge der Vergangenheit. Die Grenze der Geschichtsschreibung zur Literatur im Sinne der schöngeistigen oder belletristischen Literatur ist oft fließend, also etwa die Grenze zum historischen Roman. Entscheidend für die Bestimmung dieser Grenze scheint, zumindest in neuerer Zeit, daß Geschichtsschreibung keine fiktionalen, nur von der Phantasie des Autors hervorgebrachten Gegenstände zum Thema hat, sondern nur in der Vergangenheit tatsächlich eingetretene Ereignisse oder Vorgänge bzw. Personen, die tatsächlich gelebt und durch ihr Handeln irgend etwas bewirkt haben. Entscheidend ist ferner, daß Geschichtsschreibung entweder – etwa im Falle der Autobiographie eines Politikers – auf eigener Erfahrung und Anschauung beruht oder auf der Verarbeitung von Überlieferungen wie im Falle der mittelalterlichen Chronistik oder auf kritischer (überlieferungskritischer) Forschung. Beruht Geschichtsschreibung auf kritischer Forschung, so kann man von ‚wissenschaftlich begründeter Geschichtsschreibung' sprechen. Nur diese ist Teil der Geschichtswissenschaft. Eine Quellenedition, etwa ein Urkundenbuch oder die Edition von Kabinettsprotokollen, Steuerlisten oder Tagebuchaufzeichnungen, ist nicht Geschichtsschreibung, weil die literarische Gestaltung fehlt. Dagegen ist der historische Roman ebenso wie das populäre Sachbuch über ein geschichtliches Thema oder eine

---

[28] Ernst Schulin, Der Einfluß der Romantik auf die deutsche Geschichtsforschung, in: Ders., Traditionskritik und Rekonstruktionsversuch. Studien zur Entwicklung von Geschichtswissenschaft und historischem Denken, Göttingen 1979, S. 24–64, 237–239, hier S. 28 f. Zuerst erschienen in: Geschichte in Wissenschaft und Unterricht 13 (1962), S. 404–423.

[29] Hardtwig, Verwissenschaftlichung (wie Anm. 19), S. 170.

Politikerautobiographie wie Bismarcks ›Gedanken und Erinnerungen‹, die ›Erinnerungen‹ Konrad Adenauers oder die ›Erinnerungen‹ Willy Brandts Geschichtsschreibung. Dasselbe gilt für Darstellungen der Historischen Heimatkunde zur Geschichte einzelner Orte. Auch das ist Geschichtsschreibung, wie auch der über die Geschichte seines Heimatortes schreibende Heimatforscher Historiker ist – wenn auch nicht „Historiker im heutigen Sinne".

Hingegen ist unter *Geschichtswissenschaft* die nach bestimmten Methoden erfolgende und an wissenschaftlichen Fragestellungen orientierte Erforschung von Vergangenheit auf der Grundlage der kritisch überprüften Überlieferung in Gestalt der vielfältigen historischen Quellen zu verstehen, aber auch die Quellenkritik im engeren Sinne und die Erschließung, Aufbereitung und Auswertung der Quellen, wozu auch die Quellenedition gehört, ferner die Publikation und die Kritik von Forschungsergebnissen und schließlich die Darstellung größerer historischer Sachverhalte in der Form der ‚wissenschaftlich begründeten Geschichtsschreibung‘. Geschichtsschreibung und Geschichtswissenschaft sind also auch heute noch zwei verschiedene, sich nur partiell – in der ‚wissenschaftlich begründeten Geschichtsschreibung‘ – deckende Bereiche einer auf Erkenntnis der Vergangenheit bezogenen intellektuellen Tätigkeit. Das ist wichtig für die Beurteilung der Historischen Heimatkunde, deren Darstellungen Geschichtsschreibung (Heimatgeschichtsschreibung) sind, aber – in der Regel – nicht ‚wissenschaftlich begründete Geschichtsschreibung‘ und somit nicht Teil der Geschichtswissenschaft.

Geschichtsschreibung gab es bereits in den alten Hochkulturen, etwa in Gestalt der Inschriften der Ägypter oder Babylonier, die dem Andenken oder dem Lob verstorbener Herrscher dienten. Zahlreiche Bücher des Alten Testaments sind Geschichtsschreibung des Volkes Israel. Als „Vater der Geschichtsschreibung" gilt jedoch, seit einer entsprechenden Äußerung Ciceros, erst der Grieche Herodot aus dem 5. vorchristlichen Jahrhundert, gefolgt von Thukydides und den römischen, byzantinischen und mittelalterlichen Geschichtsschreibern.

Sehr viel jünger ist die erst mit der Professionalisierung und Verwissenschaftlichung der Historie im 18. und 19. Jahrhundert entstandene Geschichtswissenschaft.[30] *Professionalisierung* meint die zunehmend berufsmäßig (zum Erwerb des Lebensunterhalts) und bald auch hauptberuflich betriebene Arbeit der Historiker (weder Leonardo Bruni oder Machiavelli noch David Hume, Voltaire, Justus Möser oder Johannes von Müller waren berufsmäßige Historiker); *Verwissenschaftlichung* bedeutet Bindung an bestimmte Arbeitsmethoden, vor allem an die philologisch-kritische bzw. historisch-kritische Methode, also Bindung historischer Aussagen an die möglichst umfassende

---

[30] Dazu auch Hans Erich Bödeker u. a., Einleitung. Aufklärung und Geschichtswissenschaft, in: Dies. (Hrsg.), Aufklärung und Geschichte (wie Anm. 20), S. 9–22.

Heranziehung und Auswertung kritisch überprüfter Quellen. Während die Professionalisierung in Deutschland mit den Göttinger Professoren des 18. Jahrhunderts einsetzte und im Laufe des 19. Jahrhunderts mit dem Ausbau und der zunehmenden Spezialisierung der Geschichtswissenschaft als Universitätsdisziplin und der wachsenden Normierung der Historikerausbildung durch das Geschichtsstudium zum Durchbruch kam, können die Anfänge der Verwissenschaftlichung im Sinne der Anwendung der philologisch-historischen Methode auf die Bibelkritik des 17. Jahrhunderts (Richard Simon) und auf die Quellenarbeit der Bollandisten und der Maurinermönche (wenn nicht auf den Humanismus) zurückgeführt werden. Zum Durchbruch kam die Anwendung der philologisch-kritischen Methode gegen Ende des 18. Jahrhunderts, und zwar in Deutschland zuerst in der Klassischen Philologie bei Friedrich August Wolf, bevor sie dann in der Historie zuerst bei dem Althistoriker Barthold Georg Niebuhr in seiner ›Römischen Geschichte‹ von 1811 Anwendung fand.[31]

Für die Ausbildung der modernen Geschichtswissenschaft und einer ‚wissenschaftlich begründeten Geschichtsschreibung' erlangte Leopold Ranke außerordentliche Bedeutung. Während Niebuhrs ›Römische Geschichte‹ eine Sammlung quellenkritischer Studien war, boten andere Historiker dieser Zeit, etwa die Franzosen Prosper Barante und Augustin Thierry, farbenprächtige Geschichtsdarstellungen im Stil des schottischen Dichters Walter Scott und seiner historischen Romane, der ›Waverley Novels‹, scherten sich aber wenig um Quellenkritik. Ranke begründete hingegen seinen Ruhm damit, daß er die Quellenkritik Niebuhrs mit großer Geschichtsschreibung in der Art Barantes oder Thierrys verband,[32] und zwar in seinem Erstlingswerk ›Geschichten der romanischen und germanischen Völker von 1494 bis 1535‹ aus dem Jahre 1824,

---

[31] Jörn Rüsen, Historische Methode, in: Christian Meier u. Jörn Rüsen (Hrsg.), Historische Methode, München 1988, S. 62–80; Ulrich Muhlack, Von der philologischen zur historischen Methode, ebd., S. 154–180; Wolfgang Hardtwig, Verwissenschaftlichung (wie Anm. 19); Wolfgang Hardtwig, Konzeption und Begriff der Forschung in der deutschen Historie des 19. Jahrhunderts, in: Alwin Diemer (Hrsg.), Konzeption und Begriff der Forschung in den Wissenschaften des 19. Jahrhunderts, Meisenheim 1978, S. 11–26; Otto Gerhard Oexle, Die Geschichtswissenschaft im Zeichen des Historismus. Bemerkungen zum Standort der Geschichtsforschung, in: Historische Zeitschrift 238 (1984), S. 17–55.

[32] Ernst Schulin, Rankes Erstlingswerk oder Der Beginn der kritischen Geschichtsschreibung über die Neuzeit, in: Ders., Traditionskritik (wie Anm. 28), S. 239–245 (zuerst u. d. T.: Rankes erstes Buch, in: Historische Zeitschrift 203 [1966], S. 581–609); Rudolf Vierhaus, Leopold von Ranke. Geschichtsschreibung zwischen Wissenschaft und Kunst, in: Historische Zeitschrift 244 (1987), S. 285–298; Rudolf Vierhaus, Ranke und die Anfänge der deutschen Geschichtswissenschaft, in: Bernd Faulenbach (Hrsg.), Geschichtswissenschaft (wie Anm. 34), S. 17–34.

das ihm, bis dahin Gymnasiallehrer in Frankfurt an der Oder, eine Professur
für Geschichte an der Universität Berlin einbrachte.[33]

Der Titel seines ersten Buches verrät den geographischen Horizont, auf den
Ranke seine Geschichtsschreibung auch später im wesentlichen beschränkte.
Seine Schüler und Nachfolger, besonders die Historiker der borussischen
Schule, reduzierten den geographischen Rahmen ihrer Werke auf den Raum
einer preußisch-kleindeutschen Nationalgeschichte. Hinzu kam bei den Historikern des 19. Jahrhunderts – auch das mehr bei Rankes Schülern und Nach-
folgern als bei diesem selbst – die Konzentration auf politische Ereignisgeschichte und insbesondere Geschichte der Außenpolitik, der Diplomatie, der
Kriege und der zwischenstaatlichen Machtrivalitäten. Dennoch kann nur mit
Einschränkungen von einem Rückschritt gegenüber der thematisch viel breiteren Geschichtsschreibung Voltaires gesprochen werden. Der Rückschritt lag
im Verlust des Blickes für den Zusammenhang. Im übrigen war die Konzentration der Historiker auf *einen* zentralen Bereich anscheinend Voraussetzung
für die Verwissenschaftlichung der Historie, zumal es sich dabei im Grunde
um einen Vorgang der Arbeitsteilung handelte, indem die Geschichte der
Wirtschaft von der Nationalökonomie und die Geschichte des Rechts von der
Rechtswissenschaft behandelt wurden, während sozialgeschichtliche Fragen
später in der entstehenden Soziologie Aufmerksamkeit fanden.

Die „große Geschichtswissenschaft" des 19. Jahrhunderts war also im wesentlichen – und nicht nur in Deutschland – nationalgeschichtlich orientiert
und auf Politikgeschichte konzentriert.[34] Das hatte Folgen für die Beachtung,

---

[33] Zu Ranke auch Helmut Berding, Leopold von Ranke, in: Hans-Ulrich Wehler
(Hrsg.), Deutsche Historiker, Bd. 1, Göttingen 1971, S. 7–24; Leonhard Krieger, Ranke.
The Meaning of History, Chicago u. London 1977; Wolfgang J. Mommsen (Hrsg.),
Leopold von Ranke und die moderne Geschichtswissenschaft, Stuttgart 1988.

[34] Zur deutschen Geschichtswissenschaft im 19. Jahrhundert: Georg G. Iggers,
Deutsche Geschichtswissenschaft. Eine Kritik der traditionellen Geschichtsauffassung
von Herder bis zur Gegenwart, München 1971 (zuerst u. d. T.: The German Concep-
tion of History. The national tradition of historical thought from Herder to the present,
1968); Bernd Faulenbach (Hrsg.), Geschichtswissenschaft in Deutschland. Traditionelle Positionen und gegenwärtige Aufgaben, München 1974. Ältere Werke: George
P. Gooch, Geschichte und Geschichtsschreiber im 19. Jahrhundert, Frankfurt a. M.
1964 (zuerst u. d. T.: History and Historians in the Nineteenth Century, 1913); Georg
von Below, Die deutsche Geschichtsschreibung von den Befreiungskriegen bis zu unseren Tagen. Geschichtsschreibung und Geschichtsauffassung, 2. Aufl., München u.
Berlin 1924. Siehe auch Franz Schnabel, Deutsche Geschichte im 19. Jahrhundert, Bd. 3,
Freiburg 1934, S. 36–162. Aus der Sicht der traditionellen marxistisch-leninistischen
DDR-Geschichtswissenschaft: Joachim Streisand (Hrsg.), Die deutsche Geschichts-
wissenschaft vom Beginn des 19. Jahrhunderts bis zur Reichsgründung von oben,
Berlin 1963; Hans Schleier, Geschichte der Geschichtswissenschaft. Grundlinien der

die der Geschichte kleinerer Einheiten – sprich: der Geschichte von Regionen und Orten – gewidmet wurde. Nationalgeschichte stand ja nicht nur gegen Universalgeschichte, sondern auch gegen Regional- und Lokalgeschichte, während die Konzentration auf die Politikgeschichte der Vergangenheit solcher Orte, an denen – wie Hermann Esser formulierte – „welterschütternde Ereignisse"[35] nicht stattgefunden hatten, das Interesse versagte. Erst damit wurde Lokalgeschichte in den Augen der Vertreter der „großen Geschichtswissenschaft" und darüber hinaus im akademischen Bildungsbürgertum zu einer weniger angesehenen und der Karriere eines professionellen Historikers nicht eben förderlichen Sache. Da das 19. Jahrhundert mit seinen landesgeschichtlichen Bestrebungen aber gerade auch im Bereich der Regional- und Lokalgeschichte große Aktivitäten entfaltete, begann hier das Auseinandertreten zwischen der sich immer mehr professionalisierenden Geschichtswissenschaft und einer auf das Regionale und Lokale bezogenen Art von „zweiter Historie".

Es fällt auf, daß die großen Historiker des 19. Jahrhunderts keine Stadtgeschichten – geschweige denn Darstellungen der Geschichte von Kleinstädten oder Dörfern – geschrieben haben. Das gilt für Ranke ebenso wie für Johann Gustav Droysen, Heinrich von Sybel, Ludwig Häusser, Heinrich von Treitschke oder den Schweizer Jacob Burckhardt, aber auch für die herausragenden Mediävisten dieser Zeit. Nur der Außenseiter Ferdinand Gregorovius veröffentlichte in den Jahren 1859 bis 1872 seine ›Geschichte der Stadt Rom im Mittelalter‹. Doch war Gregorovius gerade kein professioneller Historiker, kein Universitätsprofessor der Geschichte, sondern Journalist und Schriftsteller. Zwar beschäftigte sich Ranke in mehreren Studien mit Einzelfragen der Geschichte Venedigs, aber mit Venedig als bedeutender Macht im europäischen Staatensystem des 16. und 17. Jahrhunderts und nicht mit dem inneren Leben der Kommune auf den Laguneninseln. Ebenso veröffentlichte Heinrich Leo Arbeiten über die Verfassung der lombardischen Städte im Mittelalter, doch waren das Vorarbeiten für sein Werk über die ›Geschichte der italienischen Staaten‹. Georg Waitz schrieb über ›Lübeck unter Jürgen Wullenweber und die europäische Politik‹, doch galt sein Hauptinteresse seiner ›Deutschen Verfassungsgeschichte‹ und der Edition mittelalterlicher Quellen in den ›Monumenta Germaniae Historica‹. Auch begann man 1862 mit der Veröffentlichung der ›Chroniken der deutschen Städte‹, einem wissenschaftlichen Großunternehmen der Historischen Kommission der Bayerischen Akademie der Wissenschaften, an dem ein bekannter Historiker wie Karl Lamprecht beteiligt war. Doch war gerade dieser – obgleich ein professioneller Vertreter

bürgerlichen deutschen Geschichtsschreibung und Geschichtstheorien vor 1945, Potsdam 1983. Siehe auch Anm. 16.

[35] Esser, Hohenlimburg und Elsey, S. 8.

seines Faches – ein Außenseiter unter den Historikern. Aber auch im 20. Jahrhundert traten und treten die führenden Historiker in Deutschland nicht mit Gesamtdarstellungen der Geschichte einzelner Städte hervor. Das gilt nicht nur für die Vertreter der politikgeschichtlichen Richtung, sondern auch für die sozialgeschichtlich orientierten Historiker. Der eine oder andere mag sich mit einem Einzelbeitrag an einer – heute oft als Gemeinschaftswerk mehrerer Autoren angelegten – Stadtgeschichte beteiligen oder einen entsprechenden Aufsatz veröffentlichen. Doch wird er damit ebensowenig zum Lokalhistoriker wie Ranke mit seinen venezianischen Studien.

Dennoch gab es im 19. Jahrhundert, ähnlich wie heute, eine sehr umfangreiche Buch- und Zeitschriftenproduktion, die sich mit der Geschichte einzelner Orte von Großstädten bis zu Dörfern oder – damit verwandt, aber nicht identisch – mit der Geschichte einzelner Regionen, historischer Territorien, „Länder" oder „Kulturräume" beschäftigte. So entsteht der Eindruck eines Nebeneinanders „zweier" Erscheinungsformen der Geschichtsschreibung – der ganz überwiegend von Inhabern geschichtswissenschaftlicher Lehrstühle an Universitäten und dem Nachwuchs des Berufsstandes der Professoren (wenn überhaupt) getragenen ‚wissenschaftlich begründeten Geschichtsschreibung' auf der einen und der Geschichtsschreibung über räumlich kleinere Einheiten bis hin zu Kleinstädten und Dörfern auf der anderen Seite. Wer waren im 19. Jahrhundert die Träger dieser „zweiten Historie"?

Wenn wir uns auf die Lokalgeschichte beschränken – für die Regional- oder Landesgeschichte gilt weitgehend dasselbe –, so waren die Verfasser solcher Werke anfangs gelehrte Dilettanten – dieses Wort gemäß dem Sprachgebrauch des frühen 19. Jahrhunderts und ohne pejorativen Unterton verwendet – und Privatgelehrte aus dem Bürgertum der jeweiligen Stadt, oft Männer mit einer juristischen Ausbildung und Berufspraxis.[36] Eine wichtige Rolle spielten auch Geistliche beider Konfessionen, so der katholische Priester Leonard Ennen, der Verfasser der großen fünfbändigen ›Geschichte der Stadt Köln‹ aus den Jahren 1863 bis 1880. Zumeist erst im Laufe des 20. Jahrhunderts traten haupt-

---

[36] Eine bedeutende Rolle spielten dabei auch regionale Geschichtsvereine. Dazu Thomas Nipperdey, Verein als Sozialstruktur in Deutschland im späten 18. und frühen 19. Jahrhundert, in: Geschichtswissenschaft und Vereinswesen im 19. Jahrhundert, Göttingen 1972, S. 1–44; Hermann Heimpel, Geschichtsvereine einst und jetzt, Göttingen 1963; Erich Maschke, Landesgeschichtsschreibung und Historische Vereine, in: Festschrift für Gerd Wunder, Schwäbisch Hall 1974, S. 17–34; Max Braubach, Landesgeschichtliche Bestrebungen und historische Vereine im Rheinland. Überblick über ihre Entstehung und Entwicklung, Düsseldorf 1954. Siehe auch die Beiträge der Festgabe zum hundertfünfzigjährigen Bestehen des Vereins für Geschichte und Altertumskunde Westfalens 1824–1974 (= Westfälische Zeitschrift 124/125 [1974/1975]), darin besonders Hildegard Ditt, Zur Entwicklung der Sozialstruktur des Vereins für Geschichte und Altertumskunde Westfalens – Abteilung Münster, ebd., S. 61–90.

amtliche Stadtarchivare als Verfasser oder Herausgeber von Stadtgeschichten an die Stelle solcher um die Erforschung der Geschichte ihrer Stadt oft außerordentlich verdienten Lokalforscher. Damit ergab sich auch in der Lokalgeschichtsschreibung ein Professionalisierungsschub, der aber gegenüber der Professionalisierung der allgemeinen Geschichtswissenschaft um mehr als ein Jahrhundert verzögert war und einen anderen Personenkreis – den des Stadtarchivars und nicht des Universitätsprofessors – mit anderem Sozialmilieu, anderem Anstellungsverhältnis und abweichenden Arbeitsgegenständen und Aufgaben betraf. Doch sind beide durch eine – in der Regel – gleiche Grundausbildung, das Geschichtsstudium, und durch die Orientierung an denselben Forschungsmethoden verbunden.[37] Wie der Professor, so kann auch der hauptamtliche, oft von außen in seine Stadt gekommene Stadtarchivar der Geschichte der Stadt, deren Archiv ihm anvertraut ist, mit der distanzierten und emotionsfreien Haltung des Wissenschaftlers entgegentreten und seiner Arbeit vorwiegend geschichtswissenschaftliche Fragestellungen zugrunde legen.

Das war anders bei den Liebhaber-Historikern des 19. Jahrhunderts, auch wenn die besseren unter ihnen die geschichtswissenschaftlichen Arbeitsmethoden kannten und anwandten. Doch gab für sie in der Regel nicht eine geschichtswissenschaftliche Fragestellung das Motiv für die Abfassung einer Stadtgeschichte ab, sondern „Vaterstadtsliebe" – wie man in Anlehnung an „Vaterlandsliebe" sagen könnte – oder Lokalpatriotismus, ein Begriff, der hier ohne jeden negativen Unterton benutzt werden soll. Dasselbe Motiv galt in dieser Zeit auch für die Regional- oder Landesgeschichte, für die ja schon Justus Möser und Johannes von Müller erwähnt wurden. Ein anderer, eher nüchtern an sein Thema herangehender Begründer der Landesgeschichte war der Aufklärungshistoriker und Göttinger Professor Ludwig Timotheus Spittler, der 1783 eine ›Geschichte Württembergs unter den Grafen und Herzögen‹ veröffentlichte und ihr 1786 eine ›Geschichte des Fürstentums Hannover seit den Zeiten der Reformation bis zum Ende des 17. Jahrhunderts‹ folgen ließ.[38] Bei Spittler kann man ähnlich wie bei Möser beobachten, wie die

---

[37] In jüngster Zeit werden in zahlreichen Städten unzureichend ausgebildete Personen als Archivare eingestellt, bei denen es sich um städtische Verwaltungsangestellte ohne akademische Ausbildung oder um Beamte des mittleren oder gehobenen Dienstes handelt, die in Schnellkursen archivarische Kenntnisse beigebracht bekommen. Dieser Mißstand begegnet z. B. in Nordrhein-Westfalen, wo die Archivberatungsstelle Rheinland des Landschaftsverbands Rheinland und das Westfälische Archivamt des Landschaftsverbands Westfalen-Lippe solche Kurse veranstalten.

[38] Joist Grolle, Landesgeschichte in der Zeit der deutschen Spätaufklärung. Ludwig Timotheus Spittler (1752–1810), Göttingen 1963; Ernst Schubert, Ludwig Timotheus Spittler und Wilhelm Havemann. Die Anfänge der Landesgeschichte in Göttingen, in: Boockmann u. Wellenreuther (Hrsg.), Geschichtswissenschaft in Göttingen (wie Anm. 21), S. 122–160.

thematische Breite in der Art der Voltaireschen Geschichtsschreibung am ehesten in der Landesgeschichte (und in der Lokalgeschichte) mit ihrer Überschaubarkeit der Verhältnisse und der besser zu bewältigenden Quellensitua-
tion möglich war. So blieb auch im 19. Jahrhundert die thematische Breite der
Landesgeschichte stets größer als die der „großen Geschichte".[39] Daneben
spielte das Motiv des Landespatriotismus eine große Rolle.

Deutlich ist das bei Johann Suibert Seibertz,[40] einem der Begründer der
westfälischen Landesgeschichte, der mit seinen Arbeiten noch ganz jener älteren, vorprofessionellen Phase der landesgeschichtlichen Studien angehörte,
in der landesgeschichtliche Darstellungen und Quelleneditionen noch nicht
Sache berufsmäßiger Historiker waren. Der 1788 in Brilon geborene Seibertz
hatte Jura studiert – wie Ranke oder Droysen Klassische Philologie oder evangelische Theologie und nicht Geschichte studiert hatten. Im Gegensatz zu
diesen wurde Seibertz aber auch später nicht Historiker im professionellen
Sinne. Er blieb Jurist und verdiente seinen Lebensunterhalt als Richter. Auch
wandte er sich mit seinen historischen Arbeiten keinen überregionalen Themata zu, sondern widmete sich der Geschichte des ehemaligen kurkölnischen
Herzogtums Westfalen, also seines Herkunfts- und Wirkungsbereichs. Sein
Hauptwerk war die seit 1845 in sechs Bänden erschienene ›Landes- und
Rechtsgeschichte des Herzogtums Westfalen‹. Bald nach Seibertz' Tod 1871
begann jedoch auch in der Landesgeschichte die Zeit der Professionalisierung.
Zunächst entstanden Historische Kommissionen – 1876 die Historische Kommission für die preußische Provinz Sachsen, 1881 die Gesellschaft für Rheinische Geschichtskunde oder 1896 die Historische Kommission für Westfalen,
um nur einige zu nennen – als Arbeitskreise von Archivaren und Landeshisto-
rikern, bevor bald danach spezialisierte Universitätsinstitute landesgeschichtliche Forschungsarbeiten aufnahmen. Das setzte 1899 mit dem von Karl
Lamprecht an der Universität Leipzig gegründeten und 1905 umgestalteten
„Institut für Landesgeschichte und Siedlungskunde" ein.[41] In diese Zeit der
professionell in wissenschaftlichen Instituten betriebenen landesgeschichtlichen Forschung hätte ein Historiker wie Seibertz kaum noch gepaßt. Er wäre,
obgleich Jurist, vielleicht Heimatforscher geworden.

---

[39] Franz Schnabel, Der Ursprung der vaterländischen Studien, in: Blätter für deutsche Landesgeschichte 88 (1951), S.4–27; Alois Gerlich, Geschichtliche Landeskunde
des Mittelalters. Genese und Probleme, Darmstadt 1986.
[40] Harm Klueting, Der westfälische Historiker Johann Suibert Seibertz (1788–1871),
in: Ders. (Hrsg.), Johann Suibert Seibertz (1788–1871). Leben und Werk des westfälischen Historikers, Brilon 1988, S.13–56; Harm Klueting, Johann Suibert Seibertz, in:
Westfälische Lebensbilder, Bd. 15, Münster 1990, S.135–164.
[41] Rudolf Kötzschke, Das Seminar für Landesgeschichte und Siedlungskunde an der
Universität Leipzig. Ein Rückblick, in: Neues Archiv für sächsische Geschichte und
Altertumskunde 57 (1936), S.200–216.

Seibertz hatte als junger Mann starke Eindrücke von Johannes von Müllers Werk über die Geschichte der Schweiz empfangen, über den sich in seinem Briefnachlaß begeisterte Äußerungen finden.[42] Als er 1819 als erste größere Veröffentlichung unter dem Titel ›Westfälische Beiträge zur deutschen Geschichte‹ ein Schriftstellerlexikon herausbrachte, ließ er in der Einleitung das Motiv seiner Geschichtsschreibung und historischen Quellenforschung anklingen: Vaterlandsliebe – wobei der Bezugspunkt seines Vaterlandsbegriffs das historische Territorium des Herzogtums Westfalen war: „Das Herzogtum Westfalen, so merkwürdig durch seinen alt-geschichtlich-klassischen Boden (…) so wie durch seine ehemalige Landesverfassung überhaupt (…), gehört leider eben so sehr zu denjenigen deutschen Provinzen, welche in aller Hinsicht aufs unverzeihlichste herabgewürdigt sind. Dieser Umstand erregte schon in den ersten Jahren seiner reifenden Jugend den tiefsten Unmuth in dem Verfasser, bewog ihn gleich damals zu einer Untersuchung der Gründe, auf denen er wohl beruhen möge, und erfüllte ihn bald mit eben so lebhafter Freude, je mehr er bei seinen literarischen Nachforschungen auf die reichen Spuren des nur verkannten Vortrefflichen, was sein Vaterland von jeher zeugte, traf. Hierdurch wurde der Entschluß in ihm zur Reife gebracht, alles was in ihm wäre dazu anzuwenden, dem gekränkten Lande Recht zu verschaffen."[43] Was für Johannes von Müller die Schweiz war, das war für Seibertz das Herzogtum Westfalen, dem er durch Beiträge zu seiner Geschichte die Anerkennung verschaffen wollte, die es seiner Ansicht nach verdiente.

Wenn nun Hermann Esser 88 Jahre später schrieb, daß er „aus Liebe zur Heimat und ihrer wechselvollen Vergangenheit den Versuch unternehme, den geschichtlichen Werdegang Hohenlimburgs und Elseys zu schildern",[44] so erinnern diese Worte zumindest äußerlich an Seibertz' Äußerung von 1819. Des einen Heimatliebe scheint mit des anderen Vaterlandsliebe große Ähnlichkeit zu haben. Warum gehört dann Essers Werk zur Gattung Heimatgeschichtsschreibung, Seibertz' Arbeiten aber nicht? Der Umstand, daß es Seibertz um die Geschichte eines Territoriums ging, das 25 Städte und 11 Freiheiten (stadtähnliche Siedlungen) umfaßte, während Esser nur eine Kleinstadt und ein beim Erscheinen seines Buches bereits von dieser Kleinstadt eingemeindetes Dorf behandelt und somit trotz einiger Ausblicke auf die fünf weitere Kirchdörfer umfassende Grafschaft Limburg nur Ortsgeschichte bot, erscheint dabei als eher zu vernachlässigender Unterschied. Die Gegensätze liegen woanders, wobei die Untersuchung dieser Gegensätze zu grundsätzlichen Aussagen über die Gattung Heimatgeschichtsschreibung führen kann.

---

[42] Klueting, Seibertz, S. 19.
[43] Zitiert ebd., S. 30.
[44] Esser, Hohenlimburg und Elsey, S. VI.

2. Zur Struktur und Methodologie der Heimatgeschichtsschreibung
(Historischen Heimatkunde)

a) Verzicht auf wissenschaftliches Ziel

Im Gegensatz zu Seibertz, der mit seiner Vaterlandsliebe wissenschaftliche Ziele verband, verfolgte Esser keine wissenschaftliche Fragestellung. Seine Arbeiten dienten, wie es in einem Artikel zu seinem Gedenken aus dem Jahre 1950 heißt, „nicht der Wissenschaft primär", sondern sollten „in ihrer lebendigen Art zu jedem Menschen sprechen".[45] In diesem Artikel wird Esser nach einem Vortragsmanuskript über ›Die Aufgaben der Heimatbewegung‹ – das Entstehungsjahr wird nicht genannt – zitiert: „Heimatpflege, insbesondere Durchforschung der Heimatgeschichte, ist eine Aufgabe nicht um ihrer selbst willen, sondern ein wesentliches Mittel, um aus der so verwurzelten Liebe zum Heimatboden die echte Vaterlandsliebe zu gewinnen."[46] Zugleich kommt Esser an dieser Stelle mit einer offenbar von 1907 stammenden brieflichen Äußerung zu Wort: „Ich habe das Beste gewollt und mich, wie Ihnen ja auch das Quellenverzeichnis beweist, nach Kräften bemüht, auch den Forderungen der Wissenschaft Rechnung zu tragen. Doch Hauptsache war mir immer, meinen Mitbürgern ein möglichst anschauliches Bild der Entwicklung unserer Gegend etc. zu bieten."[47] Verzicht auf ein wissenschaftliches Ziel bedeutete aber nicht Verzicht auf kritischen Umgang mit den Quellen: „Ich bemerke dazu", so Esser im Vorwort seines Werkes, „daß manche der Quellen nur mit Vorsicht zu gebrauchen sind – und wie der vergleichende Leser merken wird – auch mit Vorsicht gebraucht wurden."[48]

b) Lokalgeschichte für lokale Zielgruppe

Wollte Seibertz dem Herzogtum Westfalen gerade auch jenseits seiner Grenzen Geltung verschaffen, so behandelte Esser „die Geschichte einer kleinen Stadt für ihre Bewohner und die der Umgegend".[49] Er war sich bewußt, daß seine Darstellung deshalb „für jedermann verständlich sein" und „manche Ausführungen" enthalten mußte, „die dem Geschichtskundigen überflüssig erscheinen" mochten.[50] Er wollte nicht die Geschichtsinteres-

---

[45] Hermann Esser zum Gedenken (wie Anm. 11), S. 7.
[46] Ebd.
[47] Ebd., S. 5.
[48] Esser, Hohenlimburg und Elsey, S. VI f.
[49] Ebd., S. VI.
[50] Ebd.

sierten in anderen Regionen ansprechen, sondern „dem Leser ein Bild vergangener Tage aus den Leiden und Freuden der Heimat unverlierbar vor die Seele (…) zeichnen".[51]

c) Heimatbegriff, Heimatliebe und Heimatbewegung

Essers Werk lag ein emotional aufgewerteter Heimatbegriff zugrunde, wie er Seibertz in dieser Form noch unbekannt und mit seinem Vaterlandsbegriff nicht zu verbinden war. Das – althochdeutsch als heimôti belegte – „Heimat" wird 1877 im Grimmschen Wörterbuch ganz ohne mitschwingende Gefühlsmomente erklärt als 1. „das land oder auch nur der landstrich, in dem man geboren ist oder bleibenden aufenthalt hat", 2. „der geburtsort oder ständige wohnort" und 3. „das elterliche haus oder besitzthum".[52] 1888 kannte Meyers Konversations-Lexikon in der vierten Auflage den Heimatbegriff nur als juristischen Terminus, als „Bezeichnung für den Geburtsort, auch für den Ort, wo jemand sein Heim, d.h. seine Wohnung, hat", im Sinne von Heimatrecht und Indigenat und Unterstützungswohnsitz gemäß Reichsgesetz von 1870.[53] Das Brockhaus Konversations-Lexikon faßte sich in der 14. Auflage von 1894 im Artikel ›Heimat‹ noch kürzer: „Die Heimat ist im Gegensatz zum faktischen Aufenthalt und andererseits zur Staatsangehörigkeit die rechtlich anerkannte und rechtlich wirksame Zugehörigkeit zu einer Gemeinde, auf welcher die kommunalpolitischen Rechte und Pflichten beruhen"[54] – also auch hier nur der juristische Heimatbegriff. Der Begriff „Heimatkunde" geht zwar bereits auf Christian Wilhelm Harnisch und seinen ›Leitfaden beim Unterricht in der Weltkunde‹ von 1816 zurück, dessen erster Teil als ›Kunde der Heimat‹ überschrieben ist,[55] doch war der dahinter stehende nichtjuristische Heimatbegriff noch in den neunziger Jahren des 19. Jahrhunderts nicht lexikonwürdig. Hingegen notierte die Brockhaus-Enzyklopädie in der 17. Auflage 1969 zum Stichwort „Heimat" u.a.: „Besonders im Deutschen begreift das Wort eine Gemütsbindung ein, das Daheim-Geborgensein."[56] Dieses heute geläufige Verständnis von „Heimat" macht den oft mißbrauchten, oft auch belächelten kulturphilosophischen Heimatbegriff aus, der in der Tat eine provinzielle, zuweilen bornierte und nicht eben urbane

---

[51] Ebd., S. 8.
[52] Deutsches Wörterbuch von Jacob und Wilhelm Grimm, Bd. 4/II (1877), Sp. 864 ff.
[53] Meyers Konversations-Lexikon, 4. Aufl., Bd. 8, Leipzig 1888, S. 300 ff., Zitat S. 300
[54] Brockhaus' Konversations-Lexikon, 14. Aufl., Bd. 8, Leipzig 1894, S. 970.
[55] Diese Kenntnis verdankt der Verfasser dem in diesem Band abgedruckten Beitrag von Klaus Goebel, Der Heimatkundeunterricht in den deutschen Schulen.
[56] Brockhaus-Enzyklopädie, 17. Aufl., Bd. 8, Wiesbaden 1969, S. 316.

Attitüde ausdrückt, aber doch einen ernstzunehmenden zivilisationskritischen Kern hat. Seine Prägung wird vor allem bei Eduard Spranger greifbar, der 1923 – damals Professor in Berlin – mit seiner Schrift ›Der Bildungswert der Heimatkunde‹ den kulturphilosophischen Heimatbegriff theoretisch (und ideologisch) zu dem mit hohen Gefühlswerten aufgeladenen Begriff des Daheim- und Geborgenseins machte: „Der Mensch hat, wo er auch lebe, immer eine Umwelt, ein für ihn und seinen Lebensvollzug bedeutsames ‚Milieu‘, nicht aber eine Heimat. Eine Heimat hat er nur da, wo er mit dem Boden und mit allem Naturhaft-Geistigen, das diesem Boden entsprossen ist, innerlich verwachsen ist. (...) Das tiefe Verwachsensein aller Lebensenergien mit dem Boden läßt ihn erst zur Heimat werden. Oder deutlicher gesagt: Von Heimat reden wir, wenn ein Fleck Erde betrachtet wird unter dem Gesichtspunkt seiner Totalbedeutung für die ‚Erlebniswelt‘ der dort lebenden Menschengruppe. ‚Heimat ist erlebbare und erlebte Totalverbundenheit mit dem Boden.‘ Und noch mehr: ‚Heimat ist geistiges Wurzelgefühl.‘ (...) Der intime Ursprung solcher Beziehungen liegt wohl darin, daß uns die Dinge unserer Welt an diesem Ort zum ersten Male ‚gedeutet‘ und gleichsam ans Herz gelegt worden sind."[57] Doch brachte Spranger damit nur in eine sprachlich damals ansprechende Form, was sich in der Heimatbewegung vor und nach dem Ersten Weltkrieg ausgebildet hatte. In dieser Bewegung stand auch Esser, der 1907 schrieb: „Nur das, was man kennt, liebt man, und darum, wer an den Geschicken seiner Heimat regen Anteil nimmt – und wer möchte sich da ausschließen? – der trage sein Scherflein dazu bei, daß der Vergessenheit entrissen werde, was Schutt und Moder zu ersticken drohen."[58]

Heimatgeschichtsschreibung ist also nicht einfach mit Lokalgeschichtsschreibung gleichzusetzen. Sie hat mit anderen Formen der Lokalgeschichtsschreibung das räumlich eng umgrenzte Objekt gemeinsam. Ihr Motiv ist jedoch ein spezifisches, nämlich Heimatliebe, also – anders als Seibertz' Vaterlandsliebe – Identifikation mit der historischen Rückwärtigkeit des Heimatortes und Aneignung des am Heimatort geschichtlich Gewordenen. Heimatgeschichtsschreibung ist einerseits Teil der Geschichtsschreibung, andererseits Teil der Heimatbewegung, die – nicht eigentlich ausgehend von den Umbrüchen und Wandlungsvorgängen der Französischen Revolution, der Säkularisation, der Auflösung des Alten Reiches, der preußischen und der rheinbündischen Reform und vor allem der Industrialisierung, sondern diese Umbrüche und Wandlungsvorgänge widerspiegelnd – besonders nach der Reichsgründung und in der Phase der Hochindustrialisierung in Deutschland als Wendung gegen großstädtische Urbanisierung, Industrialisierung und

---

[57] Eduard Spranger, Der Bildungswert der Heimatkunde (= Reclams Universalbibliothek, 7562), 7. Aufl., Stuttgart 1967, S. 14f.
[58] Esser, Hohenlimburg und Elsey, S. V.

Modernisierung zum Tragen kam, um ihren Höhepunkt nach dem Ersten Weltkrieg zu erreichen.

Vor 1914 blieb, so der Pädagoge Erich Weniger 1926, „die Heimatbewegung auch in ihrer pädagogischen Form (…) doch ein wenig sekundär, getragen im wesentlichen von kleinbürgerlichen, unproduktiven, abseits des eigentlichen geschichtlichen Fortgangs stehenden Schichten, und durch einen uferlosen Dilettantismus nicht eben gefördert. Die geistige Oberschicht war innerlich noch durchaus mit der politischen und kulturellen Entwicklung einverstanden. Nach Krieg und Revolution ist das nun anders geworden, die Heimat hat eine zentrale Stellung erhalten und ist jetzt ganz pädagogisiert".[59] Welche Bedeutung dabei der Niederlage des Deutschen Reiches im Ersten Weltkrieg zukam, läßt ein bayerischer Heimatforscher, der Gymnasiallehrer Johann Brunner, deutlich werden. Sein ›Heimatbuch des bayerischen Bezirksamtes Cham‹ solle, so Brunner in seinem Vorwort von 1922, „uns veranlassen, Einkehr bei uns selbst zu halten, die wir nun geschmäht und gemieden in der Welt stehen. Es soll uns anregen, das zu pflegen, was uns kein Feind nehmen und schmälern kann: Die Liebe zur Heimat, die Anhänglichkeit an die Scholle der Väter."[60]

d) Liebhaber-Historie *nach* der Professionalisierung der Geschichtswissenschaft

Während Seibertz als nichtprofessioneller Historiker der älteren, vorprofessionellen Phase der landesgeschichtlichen Forschung erscheint, war Esser ein Liebhaber-Historiker in einer Zeit der vollen Professionalisierung der Geschichtswissenschaft, in der auch landesgeschichtliche Forschung zunehmend von hochspezialisierten Fachleuten nach wissenschaftlichen Fragestellungen betrieben wurde. Das ist charakteristisch für die Historische Heimatkunde überhaupt, nämlich Lokalgeschichtsschreibung von geschichtswissenschaftlichen Laien unter den Bedingungen einer professionalisierten Geschichtswissenschaft zu sein. Das vergrößerte die ohnehin zwischen der „großen Geschichte" und der Lokalgeschichte bestehende Trennung und erhöht den Grad des laienhaft-unprofessionellen. Das war zusätzlich dadurch bedingt, daß Esser und die Mehrzahl der anderen Heimathistoriker mit ihrer seminaristischen Volksschullehrerausbildung weder auf eine fachliche Ausbildung als Historiker noch auf eine akademische Ausbildung in einer Nachbardisziplin

---

[59] Eduard Weniger, Heimat und Geschichte, in: Die Erziehung. Monatsschrift für den Zusammenhang von Kultur und Erziehung in Wissenschaft und Leben 1 (1926), S. 208–220, Zitat S. 211.
[60] Johann Brunner, Heimatbuch des bayerischen Bezirksamtes Cham, München 1922, S. I.

– wie der zeitlebens stark von der Rechtsgeschichte geprägte Jurist Seibertz in
der Rechtswissenschaft – zurückblicken konnten. Sie gingen als Autodidakten
an ihre Arbeiten und strebten nicht danach, in der "scientific community" der
akademischen Historiker auf sich aufmerksam zu machen, sondern fanden ihr
Publikum in der örtlichen, fachlich noch weniger vorbereiteten oder urteils-
fähigen Leserschaft.

e) Lokalgeschichte in didaktischer Absicht

Ganz anders als Seibertz' Arbeiten war Essers Werk 'Lokalgeschichte in
didaktischer Absicht' und – wie die meisten heimatgeschichtlichen Darstellungen dieser Zeit – Materialsammlung eines Volksschullehrers für den Heimatkundeunterricht acht- bis elfjähriger Schüler und somit im weiteren Sinne
ein Schulbuch, das sich aber zugleich auch an Erwachsene wandte. Wenn es in
einem der Nachrufe auf Esser 1935 – erstaunlicherweise – heißt, daß „die Darstellung und Sprache" seines Werkes von 1907 „für den Schulgebrauch und für
das Laienstudium zu wissenschaftlich gehalten" sei,[61] so bestätigt diese Bemerkung doch nur den didaktischen Zweck. Auch der Volksschullehrer Esser
hatte ja jenen Heimatkundeunterricht zu erteilen, der im 19. Jahrhundert in
den Volksschulen Preußens und anderer deutscher Staaten – von ähnlichen Erscheinungen außerhalb des Deutschen Reiches, etwa in der Schweiz, kann hier
keine Rede sein – eingeführt wurde und bis in die sechziger Jahre des 20. Jahrhunderts beibehalten blieb.[62] Für mehrere Generationen bedeutete dieser
Heimatkundeunterricht die erste und oft prägende Bekanntschaft nicht nur
mit Geschichte, sondern auch mit Geographie und Naturkunde. Dazu notierte der bayerische Gymnasiallehrer Johann Brunner: „Am notwendigsten
ist das Heimatbuch für den Volksschullehrer. Er soll Unterricht in der Heimatkunde geben und weiß nichts oder wenig davon, wenn er in eine fremde
Gegend kommt. Das, was die meisten bayerischen Schulordnungen unter
Heimatkunde verstehen und nur für die neunjährigen Schulkinder bestimmt
ist, macht ihm ja nicht viel Schwierigkeiten. Will er aber den Unterrichtsgegen-
stand auch auf die oberen Klassen der Volksschule (…) ausdehnen und all das
berücksichtigen, was die eigentliche, wirkliche Heimatkunde umfaßt, dann
wird er bald einsehen, daß sein Wissen bei weitem nicht ausreicht. So beginnt
er dann eifrig, sich um geschichtlichen, natur-, volks- und ortskundlichen
Stoff umzusehen. Er fragt, forscht und sammelt, schreibt und zeichnet, malt

---

61 Hunecke, Rektor Hermann Esser (wie Anm. 11), S. 99.
62 Dazu in diesem Band der Beitrag von Klaus Goebel. Siehe auch Ulrich Schubert,
Das Schulfach Heimatkunde im Spiegel von Lehrerhandbüchern der 20er Jahre, Hildesheim 1987.

und photographiert und ist mit dem größten Eifer daran, das Neufeld zu bearbeiten, das ihm zugewiesen worden ist."[63]

Hinter dem Heimatkundeunterricht stand das Konzept des methodischen Voranschreitens „von Erfahrung und Umgang des Zöglings, das Fortschreiten des Unterrichts vom Nahen zum Entfernten, vom Bekannten zum Unbekannten, vom Einfachen zum Komplizierten, vom Teil zum Ganzen, vom Besonderen zum Allgemeinen, von der Anschauung zur Abstraktion" und der „Anknüpfung an die rein sachlich als die zufällige Umgebung des Kindes aufgefaßte Heimat"[64] – also induktive und von der Lebenswelt des Kindes ausgehende Erkenntnis der Realien in Geographie, Naturkunde und Geschichte oder, um es mit Eduard Sprangers heute fremdartig klingenden Worten zu sagen: „Schon in dem Namen Heimatkunde liegt, daß hier die Beziehung auf einen Erlebnismittelpunkt, auf ein bestimmt lokalisiertes Subjekt festgehalten wird. Die Heimatkunde betont also ,einerseits' die Verflechtung aller Wirklichkeiten in dem subjektiven Organismus des Erlebens – in die menschliche Erlebnisstruktur: Die Auswahl und Beachtung der Gegenstände ist hierdurch mitbestimmt. ,Andererseits' aber nimmt sie das Ganze dieser Wirklichkeiten (…) als Weltstruktur. (…) Zugleich aber eignet sich die Heimatkunde mit ihrem Ausgehen vom Nahen und Nächsten vorzugsweise als Bildungsmittel des werdenden Geistes, der von seiner engen Scholle aus nur allmählich ins Weite strebt."[65] So ließ sich die historiographische Beschäftigung mit der Geschichte einzelner kleiner Orte – mit der „Fülle von kleinen Dingen, von denen die Welt nichts weiß, die aber im Munde der Bewohner sich lebendig gehalten haben" und „das geistige Lokalkolorit und die uns nächstumgebende Kultur" bestimmen[66] – didaktisch begründen, während ein professioneller, wissenschaftliche Fragestellungen verfolgender Historiker die Wahl eines einzelnen Ortes für seine geschichtswissenschaftlichen Fallstudien ('case studies') mit der Gunst der Quellenlage oder der Prägnanz bestimmter Erscheinungen (oder der finanziellen Förderung seines Forschungsprojektes durch einen örtlichen Geldgeber) begründen wird.

Dabei war der Heimatkundeunterricht im 19. Jahrhundert – wie Klaus Goebel in seinem Beitrag in diesem Band zeigt – lange hauptsächlich erdkundlich orientiert, woran die behördlichen Lehrpläne in Preußen auch nach der Reichsgründung festhielten. Ansätze zu einer stärker historischen Ausrichtung der Heimatkunde wurden seit etwa 1860 von verschiedenen Theoretikern wie Karl Bieder-

---

[63] Brunner, Heimatbuch Cham, S. II. Siehe auch Josef Blau, Der Heimatforscher, 3. Aufl. des Buches ›Der Lehrer als Heimatforscher‹, Prag 1922 (zuerst 1915).

[64] Weniger, Heimat und Geschichte, S. 210.

[65] Spranger, Bildungswert der Heimatkunde, S. 25, 37.

[66] Ebd., S. 23.

mann,[67] Albert Richter[68] und vor allem August Tecklenburg[69] verfolgt, ohne in die staatlichen Unterrichtspläne Eingang zu finden. Erst mit den ›Methodischen Weisungen‹ von 1908 trat in den staatlichen Lehrplänen die erdkundliche Seite der Heimatkunde zugunsten einer stärkeren Berücksichtigung der Heimatgeschichte zurück. Die volle Ausbildung der Heimatkunde als Propädeutik des Erdkunde-, Naturkunde- und Geschichtsunterrichts wurde jedoch erst in der Weimarer Republik – mit den Lehrplänen von 1921 – erreicht.[70] Mit seinem heimatgeschichtlichen Werk von 1907 lag Esser auf der Linie der Vorstellungen August Tecklenburgs von einer historischen Heimatkunde, bei dem Heimatgeschichte als Schlüssel „für das rechte Verständnis von Staats-, Vaterlands- und Menschheitsgeschichte"[71] erschien. In seinem Buch ›Schule und Heimat. Wegweiser zur Umgestaltung des Unterrichts von der Heimat aus‹ (1909) bezeichnete Tecklenburg die Zusammenstellung von heimatgeschichtlichen Quellen- und Darstellungswerken und die Einrichtung von Heimatmuseen als Aufgaben des Lehrers. Beiden Forderungen kam Esser nach, zunächst mit seiner heimatgeschichtlichen Darstellung von 1907 und danach in den dreißiger Jahren mit der Gründung eines Heimatmuseums.

Diese an einem Vergleich zwischen Seibertz und Esser und ihren Werken festgemachten Überlegungen lassen sich durch weitere Beobachtungen ergänzen, die sich in Essers Buch machen lassen und darüber hinaus für die Heimatgeschichtsschreibung generell als charakteristisch gelten können.

f) Rückwärtigkeit des Örtlichen

Essers Werk beginnt mit dem Kapitel ›Aus den Tagen der Römer und Sachsen‹. Über die Feldzüge des Germanicus östlich des Rheins während der Jahre 14 bis 16 n. Chr. heißt es darin:

[67] Karl Biedermann, Der Geschichtsunterricht in der Schule, seine Mängel und ein Vorschlag zu seiner Reform, Braunschweig 1860.

[68] Hartmut Voit, Die Bedeutung der „Kulturhistorischen Methode" für die Entwicklung der Geschichtsdidaktik: Untersuchungen zum Werk Albert Richters. Ein Beitrag zur Erforschung des geschichtsdidaktischen Denkens in der zweiten Hälfte des 19. Jahrhunderts, Bochum 1988.

[69] August Tecklenburg, Die organische Eingliederung der Heimat- und Stammesgeschichte in die Reichsgeschichte. Eine methodische Anweisung. Mit Stoffverteilungsplan und Unterrichtsbeispielen, Hannover u. Berlin 1899; August Tecklenburg, Der erste selbständige Geschichtsunterricht auf heimatlicher Grundlage, Hannover u. Berlin 1904. Siehe auch August Tecklenburg, Deutsche Geschichte für Schule und Haus. Nach den Forderungen der Gegenwart, 7. Aufl., Hannover u. Berlin 1899.

[70] Dazu Goebel in diesem Band.

[71] Zitiert nach Goebel, S. 94.

In das entvölkerte Gebiet drangen von Norden her die Marsen ein, gegen die sich bekanntlich des Germanikus erster Zug richtete. Nahm er seinen Weg durch unser Tal, als er vom Rheine kommend in das Herz des Süderlandes vordrang?[72]

Das zweite Kapitel stellt dem Leser ›Die Grafschaft Limburg‹ vor. Wir lesen u. a.:

Die Zahl der Einwohner aus jener Zeit ist uns nicht übermittelt, doch läßt die Beschaffenheit des Ländchens wohl den Schluß zu, daß sie äußerst gering war. Betrug sie doch am Ende des 18. Jahrhunderts kaum sechstausend Seelen. Um wieviel geringer mochte sie also 600 Jahre früher gewesen sein, wo noch der größte Teil des ganzen Territoriums mit einem Wald bedeckt war, der (…) nur selten durch Weide, Acker und Weg unterbrochen wurde.[73]

Im vierten Kapitel berichtet Esser unter dem Titel ›Das Kloster zu Elsey‹ über das Elseyer Prämonstratenserfrauenstift:

Das Jahr 1223 ist eins der bedeutungsvollsten in der Geschichte Elseys. Das Kloster war vollendet und harrte nur der feierlichen Einweihung, um seiner Bestimmung übergeben zu werden. Der Tag, an dem sich dieser weihevolle Akt vollziehen sollte, nahte. Versetzen wir uns im Geiste unter die Menge, die zu jener Stunde ins Tal hinaus den Kommenden entgegenschaut. Eine stattliche Schar bewegt sich die Straße lennaufwärts. Voran reitet im prächtigen Ornat Engelbert, der kölnischen Diözese Erzbischof. Fest greift seine Hand des edlen Rosses Zügel; sie scheint sich besser dazu zu eignen, als das geistliche Szepter zu führen und den Segen zu spenden. Herrlich ist des Fürsten Wuchs, Kraft und Anmut vereinigend, männlich schön sein Antlitz.[74]

Über das im späten Mittelalter auch in Limburg, wie an vielen Orten des niederdeutschen Raumes, gehaltene Femgericht handelt Esser im 13. Kapitel, ›Die Vervemung des Herzogs Heinrich von Bayern‹:

Keiner unter den zahlreichen Prozessen, die der Limburger Freigraf Albert Swinde während seiner zwanzigjährigen Tätigkeit führte, hat eine solche Berühmtheit erlangt wie der gegen den Bayernherzog Heinrich den Reichen. (…) An der Südgrenze des ehemaligen Herzogtums Bayern lag das Stammschloß der angesehenen Familie von Törring, in deren Besitz sich seit der Mitte des 14. Jahrhunderts das Oberjägermeisteramt des Herzogtums befand. Von den damit verbundenen Vorrechten wollte Herzog Heinrich, selbst ein eifriger Jäger, nichts wissen, und da Kaspar Törring nicht freiwillig darauf Verzicht leistete, so nahm er ihm (1413) einen Jäger und mehrere Hunde in Haft. (…) Törring, wohl wissend, daß seine Macht den Zwist nicht entscheiden könne, wandte sich hülfesuchend an die westfälischen Gerichte. (…) Der Morgen des 20. Juni 1429 brach an. Eine stattliche Schar bewegte sich den sanft aufsteigenden Schloßberg hinan, voran die Reiter; die Mehrzahl der Fußgänger folgte auf dem vielfach gewundenen Wege, der zur Feste Limburg führte. Endlich war der Gipfel erreicht; auf dem ge-

---

[72] Esser, Hohenlimburg und Elsey, S. 16.
[73] Ebd., S. 38 f.
[74] Ebd., S. 60.

ebneten Platz außerhalb der Mauern, überschattet vom Blätterdach der altehrwürdigen Linden hält der Zug. Hier am Limburger Freistuhl sollte, wenn möglich, der Handel zum Austrag kommen. Albert Swinde, der Limburger Freigraf, bestieg den Richterstuhl (…).[75]

Diese Textbeispiele lassen eine der strukturellen Eigentümlichkeiten der Heimatgeschichtsschreibung deutlich werden: Weder interessieren Geschichte und Eigenart der Femgerichtsbarkeit im spätmittelalterlichen Westfalen noch die Person und das Verhalten Herzog Heinrichs XVI. von Bayern oder die Umstände der Gründung eines geistlichen Instituts des Prämonstratenserordens im 13. Jahrhundert, weder Ursachen und Größenordnung der Bevölkerungsentwicklung der Region vor dem 18. Jahrhundert noch die Germanenzüge des römischen Feldherrn Germanicus. Im Rahmen seines heimatgeschichtlichen Konzepts geht es dem Verfasser weder um Vergangenheit noch um Gegenwart, sondern um *Örtlichkeit* – oder genauer: um *Rückwärtigkeit des Örtlichen*, wie man in Anlehnung an den Begriff „Gegenwärtigkeit" sagen kann: „Die Menschen früherer Zeiten interessieren an sich nur soweit, als ihre Beziehungen zum gegebenen Raum nachweisbar sind. (…) Gefragt wird immer nach dem Zuständlichen: ‚wie sah es dann und dann an diesem Ort aus?' ist die spezifisch heimatgeschichtliche Frage."[76] Daß dabei die Dimensionen verzerrt und – beispielsweise – dem Leser eine übertriebene Vorstellung von der Bedeutung des Limburger Freistuhls im Rahmen der westfälischen Femgerichtsbarkeit vermittelt wird, stört nur den wissenschaftlichen Historiker; für den Heimathistoriker war das ein legitimes Darstellungsmittel.

Ein anderes – entgegenstehendes – Beispiel: Die Fokussierung des Blickes auf einen Ort und seine Zuständlichkeit in verschiedenen Vergangenheiten begegnet nicht generell in der ortsgeschichtlichen Literatur dieser Zeit. Ein gutes Beispiel für einen ganz anderen, nämlich wissenschaftlichen Ansatz bietet der katholische Pfarrer Willibald Herlein in seiner 1908 veröffentlichten Geschichte des bayerischen Dorfes Rohrbach – ein Werk, das man daher auch nicht zur Historischen Heimatkunde rechnen kann, auch wenn es auf den ersten Blick dazu zu gehören scheint. Herlein schreibt:

Es ist auch gar nicht meine Absicht, das Interesse des Lesers für die Ortsgeschichte von Rohrbach in Anspruch zu nehmen, sondern ich möchte diese Ortsgeschichte nur gleichsam als Paradigma aufstellen, um daran zu zeigen, wie das Landvolk in den verschiedenen Jahrhunderten gelebt und gewirtschaftet und welche Lasten es getragen, um nachzuweisen, wie die Zustände sich allmählich entwickelt und zu ihrer jetzigen Form sich herausgestaltet haben. Freilich wird eine solche lokalgeschichtliche Darstellung der Kultur-, Rechts- und Wirtschaftsgeschichte immer der Vollständigkeit ermangeln, weil sie eben doch nur jene geschichtlichen Gegenstände behandeln kann, welche den

---

[75] Ebd., S. 202–205.
[76] Weniger, Heimat und Geschichte, S. 215.

geschilderten Ort berührt und ihm ihre Spuren eingedrückt haben. Auf der anderen Seite aber muß eine solche Darstellung den Vorzug größerer Klarheit besitzen. Denn gar oft machen wir uns beim Studium kulturgeschichtlicher Werke von manchen Zuständen eine ganz falsche Vorstellung, indem wir uns Dinge nebeneinander denken, die wohl gleichzeitig in einem Lande, aber nie nebeneinander an einem Orte bestanden haben.[77]

g) Individualisierung des Allgemeinen. Anschauungsprinzip und pädagogischer Effekt

Im sechsten Kapitel seines Werkes behandelt Esser ›Die Isenberger Wirren (1230–1247)‹, eine Fehde, aus der die Grafschaft Limburg als Territorium hervorging. Die einzige erzählende Quelle, Levold von Northofs mehr als ein Jahrhundert nach diesen Ereignissen entstandene ›Chronica comitum de Marka‹,[78] berichtet über den Isenberger Erbstreit und die Errichtung der Burg Limburg – hier in deutscher Übersetzung der lateinischen Quelle –: „Es war geraume Zeit später; den erstgeborenen Sohn und Erben des Grafen Friedrich von Isenberg hatte sein Oheim, der Herzog von Limburg, (…) zu sich genommen, um ihn zu erziehen. Da wollte dieser Herzog Heinrich, der auch Graf von Berg war, nach Möglichkeit für seinen Neffen etwas aus der väterlichen Erbschaft zurückgewinnen, die schon von verschiedenen räuberischen Händen in Besitz genommen war. So sammelte er ein großes Heer und erbaute an der Lenne eine Burg, die er nach dem Namen seines eigenen Schlosses Limburg gleichfalls Limburg nannte. Es heißt, der Herzog habe so viele Ritter dort gehabt wie Bretter oder Planken, mit denen die Burg befestigt wurde. Daher ist den Grafen von Berg bis auf den heutigen Tag das Recht des offenen Ein- und Ausgangs, wie man es nennt, in dieser Burg eingeräumt worden."[79] Dieser nüchtern gehaltene Bericht aus dem 14. Jahrhundert ist bei dem Heimatforscher Esser kaum wiedererkennbar; vor allem kennt er Einzelheiten, die in keiner Quelle belegt und nur seiner Phantasie und dem Wunsch nach Anschaulichkeit und Ausschmückung entsprungen sind:

[77] Willibald Herlein, Dorfleben in seiner geschichtlichen Entwicklung, gezeigt an der Geschichte eines einzelnen Dorfes, an den Grenzen von Bayern, Franken und Schwaben; oder: Geschichte des Dorfes Rohrbach als Paradigma für die Geschichte der sozialen, rechtlichen und wirtschaftlichen Verhältnisse auf dem Lande, Regensburg 1908, S. VI.

[78] Lateinischer Text: Monumenta Germaniae Historica, Script. rer. Germ. N. S. 6 (1926), hrsg. von F. Zschaeck.

[79] Levold von Northof, Die Chronik der Grafen von der Mark. Übersetzt von Hermann Flebbe (= Die Geschichtsschreiber der deutschen Vorzeit, 99), Münster u. Köln 1955, S. 78.

Man schrieb das Jahr 1230. Auf der Höhe des Lenneberges, der jetzt unseres Kreises einziges Schloß trägt, erhob sich damals aus grünem Waldeskranze eine kleine Feste, groß genug, einigen Mannen in den Stürmen dieser Zeiten Unterschlupf zu gewähren, zu schwach, einem energischen Angriff zu widerstehen. Keine Urkunde berichtet, wer sie erbaute (…). Ein Schleier deckt jene Zeiten, erst im anfangs genannten Jahr beginnt sich das Dunkel zu lichten, und wir schauen ein Gemälde voll Leidenschaftlichkeit und Kampfesgetümmel, voll gerechten Hasses und unlauterer Schadenfreude und Begehrlichkeit. Der Frühling war ins Land gekommen, und mit ihm erschien eines Tages vor den Mauern der kleinen Feste Herzog Heinrich von Limburg in Holland, um das blutige Drama zu eröffnen, in welchem Söhne eines Landes, Dynasten eines Stammes sich gegenseitig befehden und ihre Gebiete verheeren sollten. Nur kurze Zeit währte die Belagerung; ehe den Eingeschlossenen von ihren Genossen die ersehnte Hilfe gebracht werden konnte, waren die wenigen Mannen vertrieben und die Burg in Heinrichs Händen. Ein reges Leben entfaltete sich nun auf der waldigen Bergeskuppe. Von früh bis spät sind fleißige Hände in Bewegung. Balken und Steine werden herbeigeschleppt, und in aller Eile errichtet man einen festen Bau mit starken Mauern. (…) Tag und Nacht halten bewaffnete Krieger Wache, und ihrer sind so viele wie Schindeln auf dem Dache und Balken und Steine an des Schlosses Gemäuer. In kurzer Zeit ist das Schloß vollendet, und der Gebieter kann seinen Einzug halten. Ein junger, kaum fünfzehnjähriger Rittersmann reitet zur Höhe hinan. Traurig schweift sein Blick über des lieblichen Tales lachende Fluren; auf seiner edlen Stirn scheint wehmutsvoll die Frage zu thronen: „Wird mir hier das ersehnte Glück erblühen?"[80]

Es ist keine Rede vom Fehderecht, vom Lehnswesen und vom „Offenhaus", vom Freigericht und vom Gogericht, von Landesherrschaft und Territorialisierung oder vom Burgenbau mit seiner technischen, sozialen und rechtlichen Seite. Statt dessen fabuliert Esser über die Existenz einer Vorgängerburg und weiß genau Bescheid über das nirgendwo belegte Jahre 1230 und über die Empfindungen des jungen Dynasten. Im Kapitel über ›Die Reformation in Elsey‹ mag der Protestant Esser das späte Eindringen des Protestantismus in den von ihm behandelten Raum nicht gern zugestehen:

Es ist eine eigenartige Erscheinung, daß gerade in jener Zeit, da das helle Licht des Evangeliums aus finsterer Nacht hervorleuchtet, über unserm Dorfe und seiner Umgebung ein geheimnisvolles Dunkel schwebt. Keine Urkunde unserer hiesigen Archive berichtet, wann die neue Lehre hier ihren Einzug gehalten hat. Sind Zeugnisse dieser bedeutendsten Epoche deutschen Geisteslebens vorhanden gewesen und in den Wirren der späteren Jahre verschwunden, oder hat man – in der Voraussetzung, daß diese entscheidende Veränderung im Gedächtnis der Nachkommen für alle Zeiten unvergeßlich sein und bleiben würde – es für unnötig erachtet, jenes große Ereignis den Schriften anzuvertrauen?[81]

---

[80] Esser, Hohenlimburg und Elsey, S. 81 f. In einer Fußnote fügt Esser hinzu: „Das Jahr der Erbauung (1230) ist übrigens urkundlich nicht mit Bestimmtheit zu ermitteln."
[81] Ebd., S. 211 f.

Ganz ähnlich konstruiert Esser im 15. Kapitel seine Schilderung über ›Die Zeit des dreißigjährigen Krieges‹:

> Von den Drangsalen des dreißigjährigen Krieges hat unser stilles Tal jedenfalls übergenug erlebt; aber die Urkunden schweigen darüber. Wer sollte auch in jener trüben Zeit daran denken, die Schandtaten niederzuschreiben, die wilde Horden verübten? Vielleicht mag auch manches Schriftstück dieser Periode, da ganze Städte und Dörfer vom Erdboden verschwanden, von den Flammen vernichtet, unter Trümmern vermodert sein. Mehr berichtet die Überlieferung von jenen entsetzlichen Greueln, die sich allerorten wiederholen. (…) Unter diesen Umständen ist es natürlich, daß man möglichst eine Berührung mit dem erbarmungslosen Feinde vermied. In düstern Höhlen, im Dickicht der Wälder hielt das Volk seine Gottesdienste ab. In Felslöchern und den Gewölben der Kirchen hatten die armen Landbewohner ihre dürftige Habe versteckt.[82]

Ob das auch für die Bewohner Hohenlimburgs und Elseys zutrifft, erfahren wir nicht.

Nimmt man die in anderem Zusammenhang zitierten Schilderungen über den Einzug des Erzbischofs zur Weihe des Prämonstratenserfrauenstifts Elsey oder über die Femgerichtssitzung von 1429 hinzu, so tritt in diesen phantasievoll ausgeschmückten Wortgemälden (auch die Andeutung des Verlustes von Schriftstücken und schriftlichen Nachrichten ist eine phantasievolle, die Spannung erhöhende Ausschmückung) das Prinzip der Anschaulichkeit (Anschauungsprinzip) hervor, was auch mit den didaktischen Erfordernissen des Heimatkundeunterrichts für acht- bis elfjährige Schüler zusammenhängen dürfte. Heimatgeschichtsschreibung war eben nicht nur *induktives Fortschreiten* von der Erkenntnis des lokalen Einzelfalls zum allgemeinen Phänomen, wie es der Heimatkunde als Propädeutik des Erdkunde-, Naturkunde- und Geschichtsunterrichts entsprach, sondern auch *Individualisierung des Allgemeinen*. Der Historiker Ernst Bernheim sprach 1900 von der „Verwendung allgemeiner Erscheinungen als Typen für die einzelne Erscheinung, den einzelnen Fall, wovon uns keine spezielle Kunde geblieben ist", und von der „Ergänzung des heimatkundlichen Stoffes aus durchschnittlichen, typischen Allgemeinvorgängen und -verhältnissen".[83] Er gab auch Beispiele: Man wolle in einer heimatgeschichtlichen Darstellung über eine am Ort einst vorhandene Gaugerichtsstätte berichten, ohne daß Quellen darüber vorhanden seien. Doch kenne man den Vorgang der mittelalterlichen Rechtspflege im allgemeinen. „Diesen stellt man in seinem typischen Verlauf als einen einmaligen Vorgang an diesem Orte möglichst lebendig dar."[84] Oder ein Turnier, von dem man

---

[82] Ebd., S. 224 ff.
[83] Ernst Bernheim, Lokalgeschichte und Heimatkunde in ihrer Bedeutung für Wissenschaft und Unterricht, in: Pommersche Jahrbücher 1 (1900), S. 15–32, Zitat S. 30 f.
[84] Ebd., S. 30.

nicht wisse, wie es sich an diesem Ort abgespielt habe. „Aber wir wissen, wie Turniere überhaupt damals vor sich gingen, und so schildern wir es hier individualisierend, als ob es bei der Gelegenheit so vorgegangen wäre."[85]

Bernheim trat dem naheliegenden Einwand mangelnder historischer Wahrheit entgegen: „Die Wahrheit wird in ihrem pädagogischen Effekt dadurch hergestellt, daß man nicht verfehlt zu bemerken ‚und so wurde damals allgemein in Deutschland Recht gesprochen, Turnier gehalten (…)'. Denn für den pädagogischen Effekt ist es ganz einerlei, ob ich den Vorgang in abstracto schildere und dann sage ‚so müßt Ihr es Euch auch hier, in diesem Falle denken' oder ob ich einen fingierten einzelnen Fall an bestimmtem Orte nach dem abstrakten Vorgang schildere und dann sage ‚so müßt Ihr es Euch überall im Allgemeinen denken'. Der bedeutende pädagogische Werth des letzteren Verfahrens liegt aber wohl auf der Hand: nicht nur, daß man auf diese Weise das Anschauungsprinzip äußerst fruchtbar machen kann, sondern es ist so auch möglich, eine nicht allzu lückenhafte, einigermaßen inhaltreiche Heimathkunde an solchen Orten zu geben, welche an politischen Ereignissen und Persönlichkeiten arm sind."[86]

h) Thematische Breite. Historische Heimatkunde als lokale Sozial-, Wirtschafts- und Kulturgeschichtsschreibung

Zu den Eigenarten der Heimatgeschichtsschreibung gehörte ihre viele Bereiche der lokalen Geschichte einbeziehende thematische Breite, die sie mit der Geschichtsschreibung Mösers oder Voltaires in Beziehung setzte und zur politikgeschichtlich orientierten „großen Geschichtswissenschaft" des 19. und 20. Jahrhunderts in Gegensatz brachte. Wenn Esser schrieb: „Welterschütternde Ereignisse erwarte man nicht; in der Abgeschiedenheit unseres Tales flutete das Leben seiner Bewohner ruhig dahin",[87] so drückte er damit das Fehlen politischer Ereignisgeschichte aus. Das galt um so mehr für Orte, die nicht Grafenresidenz und Mittelpunkt eines Kleinterritoriums und damit Schauplatz des Territorialisierungsprozesses des späten Mittelalters und der Frühen Neuzeit und kleinterritorial-gräflicher Politik gewesen waren. „Der rasche Schritt der Politik geht", so Bernheim, „ungleichmäßig durch die Lande", berührt also manche Orte nur wenig; „der ruhige Gang der Kultur berührt gleichmäßig Volk und Land; denkwürdige Begebenheiten sind nicht überall passirt, aber wissenswerthe Zustände hat es stets überall gegeben".[88]

---

[85] Ebd.
[86] Ebd., S. 30 f.
[87] Esser, Hohenlimburg und Elsey, S. 8.
[88] Bernheim, Lokalgeschichte und Heimatkunde, S. 21.

So waren die Heimathistoriker schon durch die Politikferne der Orte, deren Geschichte sie behandelten, auf Themata der Sozial-, Wirtschafts- und Kulturgeschichte angewiesen. Daher konnte Bernheim, bezogen auf die „lokale Kleinforschung" allgemein, davon sprechen, daß diese sich früher als die allgemeine historische Forschung Fragen der Kultur- und Wirtschaftsgeschichte, der archäologischen Ethnographie, der Volkskunde oder der Anthropogeographie zugewandt[89] und „neben dem Politischen auch Kulturgeschichtliches, Zuständliches berücksichtigt"[90] habe. Statt von *Zuständen* würde ein heutiger Historiker von *Strukturen* und statt von *Geschichte der Zustände* von *Strukturgeschichte* sprechen.

Diese Beschäftigung mit Zuständen oder Strukturen läßt die Heimatgeschichtsschreibung als ‚in Grenzen modern' erscheinen, besonders Werke aus der Zeit, in der auch in der „großen Geschichtswissenschaft" Ansätze zu einer stärkeren Berücksichtigung der Kultur-, Wirtschafts- und Sozialgeschichte und somit der Zustände Bedeutung erlangten. Solche Ansätze gingen vor allem von Karl Lamprecht[91] aus, der in seinem seit 1891 erschienenen Hauptwerk, der bis 1909 auf 16 Bände angewachsenen ›Deutschen Geschichte‹, den Versuch unternahm, nicht Staat und Politik und das Handeln einzelner herausragender Persönlichkeiten, sondern kulturelle, wirtschaftliche und soziale Zustände der Vergangenheit zum Hauptgegenstand einer historischen Darstellung zu machen. Doch löste bereits der erste Band heftige Attacken und ablehnende Rezensionen aus, wobei nahezu die gesamte etablierte Historikerschaft des damaligen Deutschland, die der Infragestellung des Primats des Politischen und Staatlichen in der Historie widersprach und das Abrücken vom historischen Individualitätsgedanken zugunsten kollektivistischer Vorstellungen fürchtete, gegen Lamprecht und sein teilweise oberflächlich ausgearbeitetes Werk Stellung bezog. Der Ausgang des Lamprecht-Streites[92] verstärkte daher die politikgeschichtliche Orientierung der „großen Geschichtswissenschaft". Nur in der landesgeschichtlichen Forschung, in den in

---

[89] Ebd., S. 20.

[90] Ebd., S. 27.

[91] Luise Schorn-Schütte, Karl Lamprecht zwischen Wissenschaft und Politik, Göttingen 1984; Hans-Josef Steinberg, Karl Lamprecht, in: Hans-Ulrich Wehler (Hrsg.), Deutsche Historiker, Bd. 1, Göttingen 1971, S. 58–68; Karl Czok, Karl Lamprechts Wirken an der Universität Leipzig (= Sitzungsberichte der Sächsischen Akademie der Wissenschaften zu Leipzig, Phil.-hist. Klasse, Bd. 124, Heft 6), Berlin 1984.

[92] Zum Lamprecht-Streit auch Gerhard Oestreich, Die Fachhistorie und die Anfänge der sozialgeschichtlichen Forschung in Deutschland, in: Ders., Strukturprobleme der frühen Neuzeit, Berlin 1980, S. 57–95 (zuerst in: Historische Zeitschrift 208 [1969], S. 320–363); Rüdiger vom Bruch, Wissenschaft, Politik und öffentliche Meinung. Gelehrtenpolitik im Wilhelminischen Deutschland (1890–1914), Husum 1980, S. 367 ff.

der Nationalökonomie und in der allmählich entstehenden Soziologie betriebenen wirtschafts- und sozialgeschichtlichen Forschungen sowie an den Rändern der akademischen Geschichtswissenschaft lebte danach die Geschichte der Zustände fort.[93] Die thematische Breite der Heimatgeschichtsschreibung dieser Zeit muß vor dem Hintergrund des Lamprecht-Streites gesehen werden, auch wenn die meisten Heimathistoriker von diesen Auseinandersetzungen wahrscheinlich kaum etwas mitbekommen haben dürften.

3. Heimatgeschichtsschreibung zwischen Antimodernismus und Bejahung der Industriegesellschaft

Die Historische Heimatkunde trug aber nicht nur ,in Grenzen moderne' Züge; mit der gesamten Heimatbewegung war sie antimodernistisch. Sie war Reflex auf Industrialisierung und Urbanisierung, Technisierung und Zentralisierung. Sie pflegte dörfliche und kleinstädtische Identitäten in einer Zeit des Vordringens der Großstadtkultur. Sie stellte der modernen Kunst und Kultur die Pflege des Bodenständigen und Volkstümlichen oder dessen, was man dafür hielt, entgegen, perhorreszierte Vermassung und Anonymität und lehnte die hochspezialisierte moderne Wissenschaft ab, wie ja auch Spranger in der Heimatkunde das „eindrucksvollste Beispiel einer Überwindung der abstrakten Fächertrennung"[94] sah und ihr mit Begriffen wie „Lebenszusammenhang", „Totalität" oder „Ganzheit" eine in den „Einzelwissenschaften" vermißte Anthropozentrik zuwies, insofern „als der Mittelpunkt, um den herum sie alle ihre Wissensstoffe lagert, der jeweils fragende Mensch selber in der Totalität seiner Natur- und Geistesbeziehungen"[95] sei.
Doch läßt sich die Heimatbewegung und mit ihr die Heimatgeschichtsschreibung auch nicht einseitig auf Antimodernismus festlegen, zumal es ja auch heute in der Ökologiebewegung und in verwandten Strömungen Tendenzen gibt, die sich gegen wissenschaftliche Spezialisierung, Großtechnik, Großindustrie und modernen Verkehr aussprechen und für die Pflege des Kleinen und Überschaubaren eintreten. Für manchen Betrachter sind diese Strömungen „progressiv", was aber nur die Problematik des Konservativ-progressiv-Rasters zeigt. Aber schon als eine breite Kreise ansprechende kulturelle Bewegung war die Heimatbewegung ein Element der Moderne. Sie ge-

---

[93] Zur Sozialgeschichte allgemein Jürgen Kocka, Sozialgeschichte. Begriff – Entwicklung – Probleme, 2. Aufl., Göttingen 1986; Jürgen Kocka (Hrsg.), Sozialgeschichte im internationalen Überblick. Ergebnisse und Tendenzen der Forschung, Darmstadt 1989.
[94] Spranger, Bildungswert der Heimatkunde, S. 26.
[95] Ebd., S. 26.

hörte – ohne damit identisch oder davon direkt beeinflußt zu sein – in einen Kulturzusammenhang mit den vielfältigen Erscheinungen der Lebensreformbewegung, des Wandervogels und der Jugendbewegung und anderen Erneuerungsbewegungen dieser Zeit, mit denen sie vieles, z. B. die Ablehnung von Großorganisationen und Zentralismus, gemeinsam hatte, aber auch die Ambivalenz einer rückwärtsgewandten Fortschrittlichkeit. Auffällig ist auch der Säkularisierungsgrad der Heimatbewegung, in der kirchlich-religiöse Momente zumeist keine oder nur eine geringe Rolle spielten, wenn nicht – charakteristisches Säkularisat – ‚Heimat‘ zum Religionsersatz werden konnte. Die Heimatbewegung war nicht (nur) kleinbürgerlich-volksschullehrerhafte Fortsetzung der Romantik, sondern eine von vielen Antworten der Moderne auf Gesellschafts- und Kulturerscheinungen des Industriezeitalters.

Die Heimatgeschichtsschreibung besaß auch einen – wie man heute sagen würde – emanzipatorischen oder demokratischen Zug, der gewiß nicht auf Antimodernismus hindeutet, wenngleich sich die Heimatgeschichtsschreibung auch damit von der modernen Geschichtswissenschaft entfernte. Die Geschichtswissenschaft habe sich seit Generationen, so Bernheim 1900, „um den historischen Unterricht der großen Menge des Volkes durchaus nicht gekümmert",[96] während die staatlichen Unterrichtspläne lange daran festhielten, einen auf nationale Großtaten, staatliche Politik und Herrscherhaus konzentrierten Geschichtsunterricht zu verordnen. Hingegen behandelte der seminaristisch gebildete Volksschullehrer, nicht oder nur selten der akademisch gebildete Bildungsbürger, als Heimathistoriker geschichtliche Themata aus dem lebensweltlichen Erfahrungsraum „der großen Menge des Volkes". Das ist in Essers ansonsten für die Gattung Heimatgeschichtsschreibung exemplarischem Werk weniger deutlich, weil die Geschichte des von ihm behandelten Ortes dynastiegeschichtlichen Themata relativ viel Gewicht gab. Doch gilt auch für Esser, daß Heimatgeschichtsschreibung nicht nur Pflege von spitzweghaftem Kleinstadt- oder Dorfidyll war. Es gab die Großstadt und das Großstadtquartier, die Industriestadt und das Industriegelände als Heimat und Heimatgeschichtsschreibung in der Industriestadt mit positiven Stellungnahmen zur Fabrik, zur Industrie, zum modernen Verkehr und zum Leben in der Industriegesellschaft.

Das zeigt sich auch bei Esser, der sein heimatgeschichtliches Werk von 1907 ja nicht mehr in der gräflichen Residenz vergangener Zeiten schrieb, sondern an einem hochindustrialisierten, wenn auch von der Bevölkerungszahl her kleinstädtischen Standort bedeutender Metallverarbeitungs- und Textilbetriebe. Zwar bemerkte Esser an der eingangs angeführten Stelle, daß die idyllische Ruhe früherer Tage dahin sei und das Bild durch Industrieanlagen und Fabrikschornsteine nicht an Schönheit gewonnen habe. Doch sucht man bei ihm

---

[96] Bernheim, Lokalgeschichte und Heimatkunde, S. 26.

die antiindustrielle Attitüde vergeblich, die sich ohnehin nur der saturierte und wirtschaftlich durch staatliche Alimentierung oder erfolgreiche freiberufliche Tätigkeit gesicherte Bildungsbürger leisten konnte. Der Sohn eines Landschulmeisters, der als Volksschullehrer die Kinder von Industriearbeitern unterrichtete, kannte die Probleme der Industriegesellschaft, wußte aber auch um den Gewinn, den die Masse der Bevölkerung gemessen an vorindustriellen Verhältnissen im Hinblick auf Arbeitsplätze und soziale Sicherheit der Industrialisierung verdankte. So stand Esser dem „Zeitalter des Dampfes und der Elektrizität", in dem sich „die Industrie zu nie geahnter Höhe emporgeschwungen" habe, positiv gegenüber und lobte die „großartigen Umwälzungen, Verbesserungen und Erfindungen, die dem 19. Jahrhundert vorbehalten waren".[97] Es ist eher das Gegenteil von Antimodernismus und auch hier wieder die für die Heimatgeschichtsschreibung charakteristische Fragestellung: „Wie sah es dann und dann an diesem Ort aus?" (Weniger) – jetzt auf den gegenwärtigen Zustand bezogen –, wenn Esser schreibt:

> Wer heute die Täler (…) durchschreitet, wird mit Erstaunen vor dem Bilde industriellen Lebens stehen, das sich ihm darbietet. Fabrik reiht sich an Fabrik; hoch ragen allerorts die mächtigen rauchgeschwärzten Schlote in die Luft.[98]

Über den Eisenbahnverkehr heißt es bei ihm:

> Die ‚gute alte Zeit', die, wie Friedrich Wilhelm III. dachte, – ‚die Ruhe und Gemütlichkeit leidet darunter; kann mir keine Seligkeit davon versprechen, ein paar Stunden früher in Berlin oder Potsdam zu sein' – sie würde staunend den Wechsel sehen: vom ‚bösen unfletigen Wegk', der eine halbe Tagesreise beanspruchte, bis zum schnaubenden Dampfroß und der Errungenschaft der Neuzeit, der elektrischen Bahn![99]

Essers Darstellung gilt zwar größtenteils dem Mittelalter und der Frühen Neuzeit, also der Zeit Hohenlimburgs als Dynastensitz und Grafenresidenz. Doch gibt er auch einen Überblick über die nachnapoleonische Zeit. Das Kapitel dazu beginnt:

> Keins der verflossenen Jahrhunderte ist für die Entwicklung Limburgs von solcher Bedeutung gewesen, als das letzte, das Jahrhundert der preußischen Herrschaft. Nach einer Zeit des Niedergangs begann ein Aufschwung sich auf allen Gebieten bemerkbar zu machen. Handel und Gewerbe blühten, und sicher und stetig fortschreitend entwickelte sich die Industrie zu einer Großmacht. Wohlstand und Bildung gingen damit Hand in Hand; öffentliche und private Bauten geben davon Zeugnis.[100]

Diese Haltung war aber nicht Gemeingut der heimatgeschichtlichen Literatur. Vor allem in Darstellungen aus dem ländlich-dörflichen Raum oder in

---

[97] Esser, Hohenlimburg und Elsey, S. 472.
[98] Ebd., S. 471 f.
[99] Ebd., S. 493.
[100] Ebd., S. 556.

Arbeiten über von der Industrialisierung kaum berührte Kleinstädte begegnen teilweise ganz andere Stimmen. Auch könnte hier ein Unterschied bestehen zwischen Werken aus der Zeit vor 1914 und solchen aus den kulturell
unter ganz anderen Vorzeichen stehenden Jahren nach dem Ersten Weltkrieg,
in denen Spranger seine Klage über „das Elend des Großstädters" vorbrachte,
der „nicht mehr tief einwurzeln kann in den Boden und die umfangenden,
seelisch schützenden Kräfte des Bodens" und „nicht mehr im belebenden
Kraftaustausch mit der Heimaterde und ihrer Individualität lebt".[101] So stellt
Johann Brunner 1922 in seinem Buch über die damals noch kaum industriali-
sierten Kleinstädte Cham und Furth im Walde in der bayerischen Oberpfalz
sein Mißbehagen über den „Fortschritt, der alles gleich machen will"[102]
heraus:

Er ist der gefährlichste Feind der Heimat, er geht ihr an die wilde Wurzel. Die alten
Volkslieder werden verdrängt durch abscheuliche Gassenhauer, weil die Rockenstube
nicht mehr besteht. Sagen und Märchen werden vergessen, weil die „Sitzweil" zwischen
Tag und Nacht am Abend die Leute zum Erzählen nicht mehr zusammenführt. Die
Alten, die noch etwas wußten, sterben aus; die Jungen sind schon voller besonderer
Ideen, die mit der Heimat meist wenig zu tun haben. Die alten Trachten sind ver-
schwunden, die alten Häuser kommen jetzt daran und die Volkssprache ist zum Teil
auch schon verfälscht.[103]

Über das Cham des 19. Jahrhunderts schreibt Brunner:

Es wurde und blieb ein Landstädtchen, das nur mehr für sich und seine nächste Umgebung lebte. (…) Kein Fabrikschornstein verdarb noch mit seinem Kohlenrauch die
Luft und es gab noch nicht so viele Menschen, daß nicht auch Hühner und Gänse,
Schweine und andere Tiere auf den Straßen Bewegungsfreiheit gehabt hätten. Ohne
Aufregung floß die Zeit dahin. (…) Der Pfiff der Lokomotive und das Rasseln des ersten Eisenbahnzuges am 7. Januar 1861 störte die beschauliche Ruhe der Chamer Bürger
und lockte unternehmende Fremde herbei zu gewinnreichem Holzhandel, zu loh-
nender Holzverarbeitung. So ist Cham einer der ersten Holzstapelplätze Bayerns geworden.[104]

Besonderes Interesse verdienen in diesem Zusammenhang heimatgeschichtliche Darstellungen über bedeutende Standorte der Schwerindustrie. Ein her-
vorragendes Beispiel bietet das 1928 erschienene ›Heimatbuch‹ über Hörde,
eine im selben Jahr von Dortmund eingemeindete Industriestadt im Ruhrgebiet. Der 1894 im westfälischen Dorsten geborene Volksschullehrer Brockpähler zeigte eine ähnliche Haltung zur industriellen Gegenwart seiner Zeit

---

[101] Spranger, Bildungswert der Heimatkunde, S. 21.
[102] Brunner, Heimatbuch Cham, S. III.
[103] Ebd.
[104] Ebd., S. 32.

wie rund zwei Jahrzehnte früher Hermann Esser an dem kleinstädtischen Industriestandort Hohenlimburg. Streckenweise nehmen seine Schilderungen,
die es verdienen, am Schluß dieses Beitrags in längeren Abschnitten zitiert zu
werden, Züge von „Industriepoesie" an, womit der Heimatforscher Brockpähler an den gleichaltrigen Lyriker Gerrit Engelke (*1890) erinnert:

> Durch den allgemeinen wirtschaftlichen Aufschwung, durch die Errungenschaften
> der Technik und den Bau von Eisenbahnen wurde die Nachfrage nach dem Hauptroh-
> stoff, dem Eisen, immer stärker. Reiche Eisenerze finden sich im südlichen Teile der
> Grafschaft Mark. (…) Die Hammerwerke in den Tälern der südlichen Mark waren gute
> Abnehmer der in unserer Gegend heimischen Steinkohle. Allmählich entstanden aber
> auch im nördlichen Teile der Grafschaft Mark, nahe an der Kohlenquelle, immer mehr
> Schmelzöfen, Hütten und Eisenwerke. Diese Entwicklung wurde vor allem gefördert,
> als die Dampfmaschine den Menschen von der Wasserkraft unabhängig machte, und als
> zu Anfang des Jahrhunderts ein Verfahren erfunden wurde, das Roheisen statt mit
> Holzkohle mit Hilfe von Steinkohlenkoks herzustellen. Ein Zusammenwirken gün-
> stiger Umstände führte im Jahre 1839 dazu, daß auch Hörde ein Eisenwerk erhielt.
> Damit war die Vorbedingung zu einem jähen Aufstieg gegeben. Das Jahr ist für unsere
> Stadt der Beginn der neuen Zeit. Fast mit einem Schlage wird aus dem Kleinstädtchen
> ein Industriezentrum.[105]

Wie Esser am Beginn seines ›Hohenlimburg und Elsey‹, so wählt auch Brockpähler einen hochgelegenen Aussichtspunkt, um seinem Leser dieses Indu-
striezentrum zu schildern:

> Hast Du schon einmal von der Kipsburg auf Deine Heimatstadt Hörde hinabge-
> schaut? – Ein Gewirr von Häusern liegt zu Deinen Füßen. Eng beieinander hockt Dach
> um Dach im weiten Emschertale. (…) Freundlich grüßen von der Höhe die Siedlungen
> mit leuchtenden Dächern, die der ätzende Qualm der Industrie noch nicht schwarz zu
> färben vermochte, und nur ungern kehrt der Blick ins graue Tal zurück. Da wehen
> schmutzige Rauchfahnen von himmelhohen Schornsteinen, legen sich als leichte
> Dunstschleier über das Häusermeer, aus dem Schlote und Kirchtürme, Hochöfen und
> Schlackenberge eng verschwistert zum Himmel ragen. Da pocht es und hämmert, rat-
> tert und dröhnt. Sirnen heulen, blaurote Giftflammen lodern zum Himmel – die feu-
> rigen Wagen des „Elias", die Schienenstränge der Anschlußbahnen und die stählernen
> Arme der Riesenkräne greifen hinüber und herüber und verbinden hundert Betriebe
> der Zechen, der Hochöfen und Eisenwerke zu einem lebendigen Körper. Harte, nim-
> mermüde Arbeit ist die Schönheit unserer Stadt. Und doch, wenn sich die Dämmerung
> auf die Häuser im Tale herabsenkt und die Nacht mit mitleidsvollem, weichem Dunkel
> alles Graue und Häßliche verhüllt, dann ist auch unsere Stadt schön, dann erwacht sie
> zu so strahlender Schönheit, wie sie die friedvollen einsamen Dörfchen draußen im
> Lande nicht kennen: Tausend blendende Lichter flammen auf, wirr durcheinander oder
> aufgereiht auf die langen Stahlketten der Bahnstränge. Die steilen, schwarzen Schlote
> strecken sich wie rauchende Fackeln zur Höhe. Blutrot glüht der Himmel im Wider-

---

[105] Wilhelm Brockpähler, Hörde. Ein Heimatbuch für die Stadt und ihre Umgebung, (Dortmund-)Hörde 1928, S. 229 f.

schein des Flammenmeeres, das aus gierig geöffneten Hochöfen züngelt. Die breiige Glut des ausfließenden Metalls und das Feuersprühen der Thomasbirne beleuchten phantastisch die schwarzen Eisengerüste und die gespenstigen Arme der Kräne. Taghell starren die glutgefüllten Stahlleiber der Schmelzöfen. Unter dem dämpfenden Schleier der Nacht verschwimmt alles Hämmern, Dröhnen und Zischen zu einem ewigen Rauschen – es ist das Rauschen des Blutstromes im lebendigen Körper der Industrie. Die aber, die diesem Körper Seele und Kraft geben, siehst Du nicht. Sie kriechen tief in den Schoß der Erde, um Kohlen zu bergen, sie keuchen in gifterfüllten Kokereien, um Koks und Gas zu gewinnen und klettern auf die schwindelhohe Gicht des Hochofens, um den nimmersatten Schlund mit Erz und Feuerung zu beschicken. Sie stehen in harter Arbeit vor den glühenden Schmelzöfen, an den Walzgängen und Drehbänken, lenken mit sicherer Hand Kräne und Maschinen. Sie sitzen in kirchenstillen Schreibräumen, zeichnen auf Papier millimetergenau, was draußen in der Werkstatt aus Stahl und Eisen entstehen soll, sinnen und versuchen, um immer neue Maschinen zu erfinden, die, auf einen Hebeldruck gehorchend, die Arbeit von 100 Menschen verrichten. (...) Wahrlich, wir haben eine Heimat, auf die wir trotz Ruß und Qualm stolz sein können![106]

4. Schluß

Neben anderen Formen der Lokalgeschichtsschreibung, etwa den großen mehrbändigen Darstellungen zur Geschichte einzelner Städte aus den letzten Jahren mit wissenschaftlichem Anspruch, erscheinen auch heute noch heimatgeschichtliche Werke. Doch haben sich die Eigenarten dieser Gattung seit den fünfziger Jahren verwässert. Das hat viele Gründe. Einer davon ist das Zurücktreten des ideologisch aufgeladenen Heimatbegriffs Eduard Sprangers und damit das Zurücktreten der von Karl-Hermann Beeck „Dröppelminnahistorie" genannten „sentimentalen Überhöhung des Lokalen",[107] ein anderer der heute geringere Stellenwert des Interesses an Geschichte. Die dazu häufig zu hörende gegenteilige Ansicht läuft allzuleicht Gefahr, sich von Erscheinungen blenden zu lassen, die doch nur Konsum von Geschichte als Freizeitvergnügen oder Kommerzialisierung der Nostalgie vom Antique-Shop bis zu Ritterspielen und Kostümdinners in Schloßhotels sind. Hinzu kommt ein geringerer Stellenwert des Lokalen im Zeichen von Mobilität, Massentourismus, Massenwohlstand, Fernsehen, erfolgreich vollzogener Flüchtlingsintegration und wachsender Ausländerwohnbevölkerung mit Zügen zur Multikulturalität. Doch steht das in einem eigenartigen Spannungsverhältnis zu neuen Zuwendungen zur lokalen und regionalen Kleinwelt von der Mundart-

---

[106] Ebd., S. 259f.
[107] Karl-Hermann Beeck, Die unterrichtlichen Mißverständnisse von Regionalgeschichte, in: Ders. (Hrsg.), Landesgeschichte im Unterricht, Ratingen 1973, S. 1–13, Zitat S. 2.

pflege bis zum Stadtteilfest. Ein weiterer Faktor ist seit den sechziger Jahren der Wegfall des traditionellen Heimatkundeunterrichts der Volks- bzw. Grundschulen, aber auch die Wandlungen und sozialen Veränderungen des Lehrerberufs im Zusammenhang mit der schon lange zurückliegenden Ersetzung des seminaristisch gebildeten Volksschullehrers durch den akademisch gebildeten Grund- und Hauptschullehrer oder den Primar- und Sekundarstufenlehrer, wie er seit den siebziger Jahren in einer Reihe von Bundesländern ausgebildet wird.

Auch die professionelle Geschichtswissenschaft hat sich mit der breiten Zuwendung zu Themata der Sozial- und Wirtschaftsgeschichte, der Kultur- und der Mentalitätsgeschichte gewandelt, während sich mit der Alltagsgeschichte und den *neben* der akademischen Geschichtswissenschaft stehenden „Geschichtswerkstätten" neue Formen einer Geschichtsschreibung „von unten" zeigen. Die Verfasser heimatgeschichtlicher Darstellungen sind heute – neben professionellen Archivaren und Historikern als Autoren der oft als Gemeinschaftswerk größerer Verfasserteams entstehenden Gesamtdarstellungen der Geschichte größerer und kleinerer Städte – häufig entweder voll ausgebildete Absolventen eines geschichtswissenschaftlichen Studiums oder reine, fachlich noch weniger als der seminaristisch gebildete Volksschullehrer vergangener Zeiten vorgebildete Laien aus den verschiedensten Berufen. Eine nicht unwichtige Rolle spielen auch arbeitslose Historiker, die auf ABM-Stellen (Arbeitsbeschaffungsmaßnahmen) mit der Ausarbeitung und Abfassung eines ortsgeschichtlichen Werkes beschäftigt sind. Schließlich trägt das zunehmende und mitunter groteske Züge annehmende Jubiläumswesen, das heimatgeschichtliche Darstellungen in Gestalt termingebundener Festschriften unterschiedlicher Qualität hervorbringt, zur Formverwandlung der Gattung bei.

Wenn wir bei der klassischen Heimatgeschichtsschreibung bleiben, so war diese

– Lokalgeschichtsschreibung im Zeichen des Heimatbegriffs und im Kontext der Heimatbewegung,

– Lokalgeschichtsschreibung nichtprofessioneller und zumeist nicht fachlich als solche ausgebildeter Historiker in einer Zeit, als die Geschichtswissenschaft bereits einen sehr hohen Professionalisierungsgrad erreicht hatte,

– Lokalgeschichtsschreibung in didaktischer Absicht und mit enger Bindung an den Heimatkundeunterricht der Volksschulen,

– Lokalgeschichtsschreibung ohne wissenschaftliches Erkenntnisziel als Textsammlung für den Heimatkundeunterricht, aber auch für heimatlich und geschichtlich interessierte Erwachsene,

– Lokalgeschichtsschreibung von Autoren, die überwiegend dem Sozial- und Bildungsmilieu der seminaristisch gebildeten Volksschullehrer angehörten und ihre Leserschaft nahezu ausschließlich am Ort selbst suchten und fanden, aber für mehrere Generationen erheblich zur Prägung des Geschichtsbildes und der historischen Vorstellungen beitrugen,

– Lokalgeschichtsschreibung auf der Suche nach der „Rückwärtigkeit des Örtlichen", die sich in der Frage: „Wie sah es einst an diesem Ort aus" ausdrückte,

– Lokalgeschichtsschreibung nach dem methodischen Prinzip der Individualisierung des Allgemeinen, wobei die historische Wahrheit im pädagogischen Effekt lag oder von ihm ersetzt wurde.

Ein letztes Wort ist zum Wert der Heimatgeschichtsschreibung und Historischen Heimatkunde für die Geschichtswissenschaft und insbesondere die wissenschaftliche Landesgeschichte zu sagen: Unbestreitbar ist, daß viele heimatgeschichtliche Werke ortsgeschichtlich wichtiges Material bieten und somit für die wissenschaftliche Landesgeschichte vor allem dann Bedeutung haben, wenn für die Geschichte des betreffenden Ortes keine wissenschaftlichen Arbeiten vorliegen. Wegen des häufig laienhaften und nicht einwandfrei nachprüfbaren Umgangs mit den Quellen, vor allem aber wegen der Perspektive der ,Rückwärtigkeit des Örtlichen' und des methodischen Prinzips der ,Individualisierung des Allgemeinen' ist der Wert zumindest eines großen Teils der heimatgeschichtlichen Literatur für die Geschichtswissenschaft negativ zu bewerten.

DER HEIMATKUNDEUNTERRICHT
IN DEN DEUTSCHEN SCHULEN

Von Klaus Goebel

Der Begriff „Heimatkunde" geht auf Christian Wilhelm Harnisch zurück. Die Forderung, die Schüler sollten sich mit ihrer heimatlichen Umgebung beschäftigen, ist jedoch schon in pädagogischen Entwürfen nachzuweisen, die sinnliche Anschauung als Methode betonen und den Unterricht der Realien fordern, also vor allem bei Johann Amos Comenius. Er beeinflußte Andreas Reyher in Gotha, dessen Bürgerkunde vom Heimatort und seiner nächsten Umgebung ausging, so daß Reyher „auch einer der Väter der Heimatkunde"[1] wurde. Jean-Jacques Rousseau setzte sich dafür ein, daß die Schüler ihre Umgebung erforschen sollten, um Lebenszusammenhänge zu begreifen. Johann Heinrich Pestalozzi griff die „nähesten Verhältnisse" als Miteinanderleben der Menschen auf, in das die Kinder hineinwachsen sollten. Auf dieser Basis faßte Harnisch, Lehrer am Seminar in Breslau, das Sachwissen in seiner 1816 erschienenen ›Weltkunde‹ mit dem Untertitel ›Kunde der Heimath‹ zusammen.[2] Der Verfasser stellte darin dem Unterricht als Aufgabe, die „Kenntnis unserer Umgebungen, die Kenntnis der Welt, insofern sie von Gott geschaffen ist und von den Menschen täglich verändert wird", zu vermitteln.[3] Stoffe, die später als „Realien" zum Teil selbständige Schulfächer bildeten, fanden hier ihre Zusammenschau als Heimat- und Weltkunde: „Erd-, Mineral-, Stoff-, Pflanzen-, Thier-, Menschen-, Staaten- und Geschichtskunde" – als „Heimatkunde", „Kunde des Vaterlandes" und „Kunde der ganzen Welt" aufgeteilt.[4]

Schon Christian Gotthilf Salzmann hatte als „Starengeschwätz" ironisiert, daß Kinder von China zu berichten wüßten, ehe sie Dorf und Stadt ihrer Heimat kennengelernt hätten.[5] Mit Friedrich August Finger trat in den 40er

---

[1] K. Schmidt, Andreas Reyher, in: G. Franz (Hrsg.), Thüringer Erzieher, Köln, Graz 1955, S. 53.

[2] W. Harnisch, Leitfaden beim Unterricht in der Weltkunde. Erster Teil. Kunde der Heimath, in: Der Schulrath an der Oder, 1816 (gekürzter Wiederabdruck in: J. Plath [Hrsg.], Der Schulrat an der Oder / Erziehungs- und Schulrat, Leipzig 1900).

[3] Zit. bei Plath, Schulrat, S. 279.

[4] So Untertitel und Einteilung in den zwischen 1817 und 1827 erschienenen Neuauflagen von Harnischs Leitfaden.

[5] Zit. nach E. Scholz, Heimatkunde, in: W. Rein (Hrsg.), Encyclopädisches Handbuch der Pädagogik, Bd. 4, Langensalza 1906, S. 170.

Jahren ein Lehrer auf den Plan, der den geographischen Unterrichtsstoff in den Mittelpunkt der Heimatkunde rückte, angereichert durch Realien aus Physik, Naturkunde, Astronomie und Geschichte.[6] Die heimatliche Anschauung sollte darüber hinaus bis zur letzten, zumindest aber bis zur vorletzten Klasse die Geographie ersetzen. Seit Finger betrachteten viele Lehrergenerationen die Heimatkunde vor allem als propädeutische Erdkunde. Finger selbst hatte für diese Sicht Anregungen von dem Pestalozzischüler Joh. Wilhelm Mathias Henning erhalten.[7] Indem er abstrakte Begriffe vermied und die Kinder mit der Wirklichkeit vertraut machte, hoffte Finger, bei ihnen ebenso Interesse an den Sachen wie Freude am Lernen zu wecken. Auch Lehrwanderungen sollten diesem Zweck dienen. Finger hielt den Lehrplan, den er für Weinheim in 160 Stundenbeschreibungen entwickelt hatte, auch auf andere Gegenden für übertragbar.

In seiner ›Beschreibung der Preußischen Rheinprovinzen‹ hatte sich Friedrich Adolph Diesterweg 1829, damals Seminardirektor in Moers, ebenfalls für einen Vorrang der Erdkunde ausgesprochen, wenn die Schüler in die engere Heimat und in die Heimatprovinz eingeführt wurden.[8] Die Betrachtung der natürlichen Verhältnisse der Erdoberfläche, die Kenntnis der von Menschen hervorgerufenen Siedlungen und der in Landwirtschaft und Gewerbe erfolgenden Arbeiten, das Kennenlernen sozialer Einrichtungen und schließlich der Bewohner selbst beschrieb Diesterweg als Unterrichtsgegenstände, die der Umgebung entnommen werden sollten. Aus geschichtlicher Sicht reichte es für den Lehrer, die Schüler mit der Vergangenheit des Wohnorts und mit bedeutenden Persönlichkeiten im Kreis bekanntzumachen, während die Geschichte der Provinz, in diesem Fall der Rheinprovinz, sowohl zu wenig einheitlich als auch von zu geringem Wert sei, um behandelt zu werden. Diesterweg räumte im Vorwort der Provinzbeschreibung allerdings ein, er habe es als eine zu schwierige Aufgabe empfunden, die außerordentlich uneinheitliche Geschichte der Rheinprovinz darzustellen.

Weder in den Stiehl-Raumerschen Regulativen von 1854 noch in den Schneider-Falkschen Allgemeinen Bestimmungen von 1872 ist von einem Fach Heimatkunde die Rede. 1872 heißt es lediglich bei Geographie: „Der

---

[6] F. A. Finger, Anweisung zum Unterricht in der Heimathkunde, gegeben an dem Beispiel der Gegend von Weinheim an der Bergstraße, Berlin 1844 (noch 1908 neu aufgelegt).

[7] J. W. M. Henning, Leitfaden beim methodischen Unterricht in der Geographie, Iferten 1912.

[8] F. A. W. Diesterweg, Beschreibung der Preußischen Rheinprovinzen. Zum Gebrauch in Schulen und zum Selbstunterricht abgefaßt, Krefeld 1829. Neuausgabe, hrsg. v. K. Goebel, unter dem Titel: Die preußischen Rheinprovinzen. Ein historisches Handbuch für Schule und Haus, Duisburg 1990.

geographische Unterricht beginnt mit der Heimathskunde"‚[9] womit ihre propädeutische Funktion für die Erdkunde amtlich festgeschrieben wurde. Im
gleichzeitig verfügten Lehrplan für die Mittelschule,[10] deren sechsklassiger
Normalkurs sich an die 4. Volksschulklasse anschließt, sind einheimische
Pflanzen und Tiere als Unterrichtsstoff in Naturkunde vorgesehen; die Geographie beginnt im 6. Schuljahr mit „Die Heimath". Der Lehrplan für die
Lehrerseminare sieht ebenfalls einheimische Fauna und Flora sowie in Geographie „Das Wichtigste aus der Heimathskunde" vor.[11]

Den behördlichen Festlegungen in dieser Zeit, dargestellt am Beispiel Preußens, standen weiterführende Aussagen aus der tonangebenden pädagogischen Schule Herbarts entgegen, so von Karl Volkmar Stoy in Jena und
Tuiskon Ziller in Leipzig, die die Vertiefung der Heimatkunde vor Ort nach
dem Beispiel Fingers in Weinheim anregten.[12] Doch galt für die Schulpraxis
eher die Kritik, Heimatkunde sei vielerorts „zur reinen Topographie geworden, in der den Straßen, Plätzen, Omnibuslinien und ähnlichen Dingen
eine so breite Behandlung zugewiesen wird, daß man sich unwillkürlich fragt,
ob denn die Jugend vorzugsweise zu Fremdenführern oder Droschkenkut-
schern ausgebildet werden solle"[13]. Die kulturgeschichtlichen Ansätze, die
hier in einem heimatkundlichen Grundriß für das 4. Schuljahr zum Ausdruck
kommen – das Buch wurde fast 50 Jahre später noch neu aufgelegt –,[14] hatten
bei Karl Biedermann schon 1860 zum Konzept eines neuen Geschichtsunterrichts geführt. Der Leipziger Historiker und Philosoph sah eine kulturgeschichtliche Heimat- und Vaterlandskunde für 11- bis 12jährige Schüler als
Vorstufe eines Geschichtsunterrichts auf kulturgeschichtlicher Grundlage
vor.[15] Bei einigen Herbartianern wurde Biedermann beachtet, ohne daß für
den heimatkundlichen Unterricht tiefgreifende Konsequenzen gezogen
worden wären. Bei den Vertretern des gymnasialen Geschichtsunterrichts, für
den das kulturgeschichtliche Konzept gedacht war, fand Biedermann zu seiner
Zeit kaum Zustimmung.[16] Eine methodische und inhaltliche Weiterführung
solcher heimatkundlichen und historisch-didaktischen Überlegungen er-

---

[9] Zentralblatt für die gesamte Unterrichtsverwaltung in Preußen 13 (1872).

[10] Ebd.

[11] Ebd.

[12] Siehe Scholz, Heimatkunde, S. 172 ff.

[13] W. Jütting/H. Weber, Anschauungsunterricht und Heimatkunde für das 1. bis
4. Schuljahr mehrklassiger Schulen, 4. Aufl., Leipzig 1889, S. 4.

[14] Ebd., S. 275 ff.

[15] K. Biedermann, Der Geschichtsunterricht in der Schule, seine Mängel und ein
Vorschlag zu seiner Reform, Braunschweig 1860.

[16] E. Erdmann, Karl Biedermann (1812–1901), in: S. Quandt (Hrsg.), Deutsche Ge-
schichtsdidaktiker des 19. und 20. Jahrhunderts, Paderborn, München, Wien, Zürich
1978 (Uni-Taschenbücher 833).

folgte durch Albert Richter.[17] Der Direktor einer höheren Mädchenschule in Leipzig empfahl für die Unterstufe der Volksschule einen geschichtlichen Vorkurs innerhalb der Heimatkunde. Er ging von kulturgeschichtlichen Materialien der näheren Heimat aus, worunter er Wohnung, Nahrung, Kleidung, Werkzeug, Verkehr, Schule, Dorf-, Stadt- und Landesgeschichte sowie Sagen verstand. Historische Sachverhalte sollten kind- und fachgerecht vermittelt werden. Richter erwartete dafür ausgerüstete Lehrer, die zusammen mit dem regionalen Geschichtsverein die Führung der Ortschronik zu übernehmen hätten. Die regionale Geschichte könne nicht auf die Volksschulunterstufe beschränkt bleiben; große Geschichte werde erst auf lokaler Ebene zur Lebensgeschichte der Menschen, andererseits die kritische Einschätzung der Regionalgeschichte erst durch ihre Aufnahme in größere Zusammenhänge ermöglicht.[18] Auch die Quelle habe in der Volksschule ihren Platz, z. B. das Tagebuch eines einfachen Handwerkers.

Richters Ansatz setzte sich nicht durch. Die Geschichte der kulturhistorischen Methode sollte sich als „Geschichte eines säkular verzögerten Erfolgs"[19] erweisen, da sie ebenso ein demokratisches Geschichtsverständnis wie die Einbeziehung einer sachkundlich zu verstehenden Sozialgeschichte voraussetzte. Die staatliche Schulpolitik förderte einen vaterländisch betonten Unterricht, der dem 1871 gegründeten Deutschen Reich angemessen schien und seinen Teil dazu beitragen sollte, die sozialistische Bewegung abzuwehren. So dürfte K. Rieckmanns Bericht über einen seiner (und seiner Lehrer und Schulräte) Meinung nach zeitgemäßen Heimatkundeunterricht um die Jahrhundertwende eher der Schulwirklichkeit entsprochen haben.[20] Der Verfasser forderte vom heimatkundlichen Unterricht die „Vermittlung einer genauen Kenntnis der Heimat" sowie die „Weckung und Stärkung der Heimat- und Vaterlandsliebe"; außerdem solle sie auf die Geographie vorbereiten. Der Unterricht müsse nationale Weihestunden enthalten. Sein höchstes Ziel sei erreicht, wenn aus ihm Jünglinge hervorgingen, die „freudig dem Ruf des Landesherrn folgen, wenn es gilt, Gut und Blut, Leben und Gesundheit für das geliebte Vaterland zu opfern". Die frühen Heimatkundekonzepte des 19. Jahrhunderts waren von einer engherzigen nationalistischen Betrachtung weit ent-

---

[17] H. Voit, Die Bedeutung der „kulturhistorischen Methode" für die Entwicklung der Geschichtsdidaktik. Untersuchungen zum Werk Albert Richters. Ein Beitrag zur Erforschung des geschichtsdidaktischen Denkens in der zweiten Hälfte des 19. Jahrhunderts, Bochum 1988 (Dortmunder Arbeiten zur Schulgeschichte und zur historischen Didaktik 15, 1. Teil).

[18] Ebd., S. 358 ff. (Der Vorkurs des Geschichtsunterrichts).

[19] Ebd., S. 417.

[20] K. Rieckmann, Wie ich die Aufgaben, welche an den Unterricht in der Heimatkunde zu stellen sind, zu lösen suche, in: Pädagogische Warte 6 (1899/1900), S. 612 ff.

fernt. Harnisch strebte ohnehin eine Weltkunde an. Finger empfahl für Kinder in Saarbrücken oder Kehl, einen Teil Frankreichs ins Auge zu fassen, „denn er fiele auch in den Kreis unserer Anschauung".[21] Diesterweg würdigte in seiner heimatkundlichen Darstellung Gelderns einen Sieg französischer über preußische Truppen im Siebenjährigen Krieg, denn „unsere Pflicht ist es, der Heldentat eines braven französischen Soldaten in Ehren zu gedenken."[22]

Um die Jahrhundertwende entwickelte auch August Tecklenburg, Rektor in Göttingen, eine geschichtsbetonte Heimatkunde, die nicht unbeachtet blieb. Darin kehrte der kulturhistorische Zugriff Biedermanns und Richters wieder. „Menschliche Kulturarbeit hat im Laufe der Jahrhunderte und Jahrtausende die Heimat erst zu dem gemacht, was sie heute ist."[23] In den Zeugnissen und Spuren der heimischen Volks- und Kulturgeschichte suchte Tecklenburg den Schlüssel „für das rechte Verständnis von Staats-, Vaterlands- und Menschheitsgeschichte".[24] Hier wurden Ansätze der im Entstehen begriffenen Reformpädagogik wie auch der neuen Heimat- und Naturschutzbewegung spürbar, beispielsweise bei Tecklenburgs Vorschlag, durch den Lehrer ein „Archiv für Heimatkunde" einzurichten. Es sollte über Naturverhältnisse und Menschenleben – Kultur- und Volkskunde, Orts- und Heimatkunde waren damit gemeint – Auskunft geben.[25] Quellen- und Lesebücher der Heimat sollten daraus ebenso wie Heimatmuseen erwachsen und der Lehrer sich zum Heimatforscher entwickeln. Karl-Ernst Jeismann sah darin „einen ersten Ansatz gesicherter Übernahme der wissenschaftlichen Orts- und Landesgeschichte in den Geschichtsunterricht".[26] In einem solchen Zusammenhang

---

[21] Finger, Anweisung zum Unterricht, § 3, S. 15.

[22] Diesterweg, Die preußischen Rheinprovinzen, Neuausgabe, S. 67.

[23] A. Tecklenburg, Schule und Heimat, I.: Die Heimat in der Grundschule, Hannover 1923, S. 21 (1. Aufl., Hannover 1898 unter dem Titel: Die organische Eingliederung der Heimat- und Stammesgeschichte in die Reichsgeschichte).

[24] A. Tecklenburg, Bildender Geschichtsunterricht, I.: Der Geschichtsunterricht in der Grundschule, 2. Aufl., Hannover 1921, S. 14. Vorläuferschrift des Verfassers war: Der erste selbständige Geschichtsunterricht auf heimatlicher Grundlage, Hannover, Berlin 1904.

[25] A. Tecklenburg, Schule und Heimat. Wegweiser zur Umgestaltung des Unterrichts von der Heimat aus, Hannover, Berlin 1909, S. 258 ff. Über den Lehrer als Heimatforscher auch: H. Stieglitz, Der Lehrer auf der Heimatscholle, München 1909; E. Heywang, Der Geschichtsunterricht in der wenig gegliederten Landschule, Osterwieck/Harz 1921; L. Scheller, Wege zur Heimatforschung in der Schule, Donauwörth 1966.

[26] K.-E. Jeismann, Landesgeschichte im Unterricht der Schule, Didaktik zwischen Politik und Wissenschaft, in: K.-H. Beeck, Landesgeschichte im Unterricht, Ratingen, Kastellaun, Düsseldorf 1973 (Schriftenreihe zur Geschichte und Politischen Bildung 11), S. 24.

werden A. Richters Überlegungen in Sachsen jedoch nicht unberücksichtigt bleiben können.

Naturkunde als integratives Element heimatkundlichen Unterrichts wählte Friedrich Junge, der die „Lebensgemeinschaft Dorfteich" dafür exemplarisch vorstellte.[27] Das Beispiel war eindrucksvoll gewählt und gewann einen gewissen Bekanntheitsgrad. Keine Stoffmasse „erdrückte" hier die Kinder. Der Dorfteich war ihnen zugänglich; hier ließen sich Erscheinungen und Gesetze des Lebens erkennen, von hier aus auf unbekannte Wesen und Lebensgemeinschaften und auf das Gesamtleben der Erde übertragen. Andere Lebensgemeinschaften waren für Friedrich Junge Garten, Wiese, Wald und Feld.

Schulreformerische Ansätze wie Reformpädagogik und Arbeitsschule machten sich bei weiteren heimatkundlichen Entwürfen ebenso bemerkbar wie politische Tendenzen, die nationales Gedankengut aufgriffen. Bei Heinrich Kerp kam beides zusammen,[28] doch betonte er 1914, inzwischen Kreisschulinspektor im westfälischen Attendorn, die „Heimat-, die nationale, die wahrhaft deutsche Schule, die deutsch ist in den Heimatwurzeln ihres Werkes"[29] und erwartete Lehrer, die darum „mit allen Mitteln den undeutschen Geist und die undeutsche Art"[30] bekämpften. Gustav Klemm richtete eine fächerintegrative Kulturkunde auf die Heimat aus und entwickelte aus ihr den Kern einer Arbeits- und Einheitsschule. Sein Plan erschien zuerst 1909.[31] Der Großstadt als entdeckenswerter Heimat wandten sich Pädagogen wie Heinrich Scharrelmann[32] in Bremen oder Albrecht Brinkmann in Dortmund[33] zu.

Die staatlich verordneten Pläne wurden durch die didaktischen Entwürfe dieser Jahrzehnte nur langsam verändert. Dies zeigte sich ebenso in den Lehrplänen für Präparandenanstalten und Seminare, die 1901 die entsprechenden Vorschriften von 1872 ablösten,[34] wie in den ›Methodischen Weisungen‹ von

---

[27] F. Junge, Naturgeschichte in der Volksschule, I.: Der Dorfteich als Lebensgemeinschaft, nebst einer Abhandlung über Ziel und Verfahren des naturgeschichtlichen Unterrichts, Kiel 1885.

[28] H. Kerp, Führer bei dem Unterricht in der Heimatkunde. Nach begründender Methode und mit vorwiegender Betrachtung des Kulturbildes der Heimat, Breslau 1910.

[29] H. Kerp, Die Lebensschule, 2. Heft: Heimatwurzeln, Trier 1914, S. 22.

[30] Ebd., S. 74.

[31] G. Klemm, Kulturkunde auf heimatlicher Grundlage, 4. Aufl., Dresden 1923.

[32] H. Scharrelmann, Goldene Heimat, Hamburg, Braunschweig 1907; ders., Aus meiner Werkstatt, Hamburg, Braunschweig 1909.

[33] A. Brinkmann, Heimatkunde und Erdkunde auf werktätiger Grundlage. Ein Beitrag zur Praxis des erdkundlichen Arbeitsunterrichts, praktisch dargestellt an der Heimatkunde von Dortmund und einigen Beispielen aus der weiteren Erdkunde, Leipzig 1913 (4. Aufl., Dortmund 1955).

[34] Zentralblatt für die gesamte Unterrichtsverwaltung in Preußen 42 (1901).

1908,[35] die geradezu als eine organische Fortbildung der Allgemeinen Bestimmungen bezeichnet werden können. Der Lehrplan für die Präparandenanstalten berührte Heimatgeschichte nicht, in der Naturkunde nur „heimatliche Samenpflanzen" und in der Erdkunde die „Heimatprovinz". Auch die Lehrpläne für Seminare blieben knapp. Die „besondere Geschichte der Heimatprovinz" sei „an der geeigneten Stelle" zu behandeln, in der Naturkunde einschließlich Physik wurden Beobachtungen in der Natur, in Werkstätten und Fabriken empfohlen, in Erdkunde fehlte eine Bezugnahme auf den heimatlichen Raum.

Die ›Methodischen Weisungen‹ von 1908 nahmen der Heimatkunde den einseitigen geographischen Anstrich, den die Allgemeinen Bestimmungen vermittelt hatten. Denn sie erweiterten ihren Inhalt auf die „heimatlichen Geschichten, heimatlichen Sagen, Denkmäler, Bauten" sowie Pflanzen, Tiere und Gesteine, deren Kenntnis die Schulkinder auf Spaziergängen erfahren hatten. Offensichtlich erwiesen sich diese Hinweise als noch zu dürr, denn die Verfasser der ›Methodischen Winke‹[36] sahen sich zu einem ausführlicheren Kommentar veranlaßt. Als Ziele der heimatkundlichen Unterweisung zitierten sie die 1910 erlassenen Bestimmungen für die Mittelschule: Heimischwerden des Kindes, Liebe zur Heimat und Vorbereitung auf die Realien. Der geschichtliche Anteil bestand nicht nur aus den erwähnten Denkmälern und Bauten, sondern bezog „Geburtstage des Herrscherpaares, patriotische Feiern" und bedeutende Gestalten ein. Als Beispiele wurden „Luther für Wittenberg, Nettelbeck für Kolberg, Krupp für Essen, Hindenburg für Ostpreußen" genannt. Auf diese Weise erfolgte neben einem auf den Kaiser bezogenen Personenkult eine lokale Adaption des Treitschkeschen „Männer machen Geschichte". Gegen diese vor allem im Gymnasialunterricht, aber auch in der Volksschule weit verbreitete und zeitweise dominierende Position waren schon Biedermann und Richter Sturm gelaufen.

In den ›Methodischen Weisungen‹ fand sich immerhin die grundsätzliche Forderung, die Heimatkunde sei überall sorgfältig zu pflegen. Es müsse „ständig zur Anknüpfung, Veranschaulichung herangezogen werden, was durch die Heimat irgendwie dargeboten wird". Dazu sollten Sprach- und Naturdenkmäler ebenso wie „Zeugen aus früherer Zeit, die uns in Pflanzen aller Art, Gesteinen, Bodenschätzen usw." begegnen, dienen. Ein Erfolg der jungen Naturschutzbewegung war es, daß aufgefordert wurde, zu ihrem Schutz anzuleiten.[37] Die ›Methodischen Winke‹ empfahlen im Oberstufen-

---

[35] Zentralblatt für die gesamte Unterrichtsverwaltung in Preußen 49 (1908).

[36] M. Ullmann/E. Fischer, Methodische Winke zur unterrichtlichen Durchführung der Allgemeinen Bestimmungen vom 15. Oktober 1872 und der ›Weisungen‹ vom 31. Januar 1908, 2. Aufl., Breslau 1918.

[37] Zentralblatt für die gesamte Unterrichtsverwaltung in Preußen 49 (1908).

fach Erdkunde der Volksschule einen heimatkundlichen Lehrgang, der die Kulturgeographie und ihre Einflüsse auf die Bewohner der Heimat besonders berücksichtigen sollte. In der Naturkunde sollten Spaziergänge Kenntnisse vermitteln.

Ausführlicher äußerten sich die preußischen Mittelschulbestimmungen von 1910 über das Ziel des heimatkundlichen Unterrichts. Es sei „das Heimischwerden des Kindes in dem Heimatort und in der umgebenden, die Eigenart des Ortes bedingenden Landschaft sowie die Liebe zur Heimat". Aber auch die Propädeutik wird betont, denn Heimatkunde „bildet gleichzeitig die Vorbereitung für den Unterricht in Erdkunde, Naturkunde und Geschichte".[38] Eine konkrete Anwendung für eine Stadtregion mit arbeitsschulpädagogischen Anregungen finden wir in Berlin 1913.[39]

In der Weimarer Republik

Die Staatsumwälzung nach dem 1. Weltkrieg führte in der jungen Republik zu umfassenden Erneuerungsversuchen des Schulwesens, die im Reichsgrundschulgesetz und in der Reichsschulkonferenz, beide 1920, ihren ersten Ausdruck fanden. Im März des darauffolgenden Jahres erließ der preußische Kultusminister ›Richtlinien zur Aufstellung von Lehrplänen für die Grundschule‹[40] und der Reichsinnenminister im Juli 1921 – wesentlich kürzere – ›Richtlinien über Zielbestimmung und innere Gestaltung der Grundschule‹.[41] In den letzteren ist von einem „heimatkundlichen Sachunterricht mit Ausdrucks- und Arbeitsübungen" die Rede. Die preußischen Richtlinien setzten die Allgemeinen Bestimmungen von 1872 außer Kraft und forderten die Erarbeitung von standort- und schulspezifischen Lehrplänen. Dem 1. und 2. Schuljahr wurde ein „heimatkundlicher Anschauungsunterricht" zugeordnet, der seine Stoffe aus der „näheren Erfahrungswelt des Kindes" beziehen sollte. Im 3. und 4. Schuljahr war das Fach Heimatkunde sodann „im eigentlichen Sinne als Vorbereitung für den späteren erdkundlichen, naturkundlichen und geschichtlichen Unterricht" gedacht. Für voll ausgebaute Schulen war für die zweite Hälfte des 4. Schuljahres „Landeskunde der Heimatprovinz" mit Sagen

---

[38] Zentralblatt für die gesamte Unterrichtsverwaltung in Preußen 51 (1910).

[39] Grundlehrplan für die Volksschulen in Groß-Berlin, Berlin 1913.

[40] Zentralblatt für die gesamte Unterrichtsverwaltung in Preußen 62 (1921).

[41] Abgedruckt in: Richtlinien des Preußischen Ministeriums für Wissenschaft, Kunst und Volksbildung für die Lehrpläne der Volksschulen, 7. Aufl., Breslau 1925, S. 15. Zur Entwicklung der deutschen Grundschule unter Berücksichtigung von Heimatkunde und Heimatunterricht siehe jetzt auch: Franz Rodehüser, Epochen der Grundschulgeschichte, 2. Aufl., Bochum 1989.

und bemerkenswerten geschichtlichen Vorgängen vorzusehen, während in
wenig gegliederten Schulen die geschichtliche Seite gegenüber der erdkundlichen zurücktreten konnte. Die Stundentafel sah in voll ausgebauten Schulen
im 1. Schuljahr Gesamtunterricht, für Heimatkunde bzw. heimatkundlichen
Anschauungsunterricht im 2. Schuljahr 9, im 3. Schuljahr 10 und im 4. Schuljahr 11 Stunden vor. Für Mädchen wurde in Klasse 4 Heimatkunde um eine
Stunde reduziert, um zwei Stunden für Nadelarbeit zu gewinnen. Die Richtlinien zur Aufstellung von Lehrplänen für die oberen Jahrgänge der preußischen Volksschule, die auf den Tag 50 Jahre nach den Allgemeinen Bestimmungen erlassen wurden,[42] empfahlen Unterrichtsgänge sowie Besuche
landwirtschaftlicher und gewerblicher Anlagen und bezogen sich auf reichs-
einheitliche Leitsätze, die im voraufgegangenen April beschlossen worden
waren.[43]

Diese Leitsätze des Reichsschulausschusses sollten sich als Durchbruch des
Heimatprinzips erweisen. Sie setzten den Unterricht „auf den heimatkundlichen Grundsatz" fest und proklamierten das „Bildungsideal der Heimatschule". Als „Heimatschultechnik" wurden Wanderungen, Besichtigungen,
Unterricht im Freien, Schulgartenarbeit und Landaufenthalte eingeführt. Die
Lehrer wurden in den Leitsätzen gewissermaßen zu Technikern der Heimat
gemacht, denen – gemeinsam mit den Schulverwaltungsbeamten – „Bodenständigkeit" verordnet wurde. Sie seien „mit der Heimaterkundung und Heimatforschung durch wissenschaftliche Einrichtungen" ebenso vertraut zu
machen wie durch heimatkundliche Arbeitsgemeinschaften. Literatur zur
Heimatkunde, Natur- und Heimatbestrebungen müßten gefördert und den
Landesregierungen zur Pflicht gemacht werden, die „Heimatschule in weite-
stem Sinne und größtem Maße zu verwirklichen". Ein „Reichsbund Heimatschule" verkündigte in seinen Satzungen sogar, die Heimat müsse Ausgangs-,
Mittel- und Endpunkt des Unterrichts sein; Heimatunterricht sei der „Kern,
in dem sich alle pädagogischen Strömungen der Gegenwart – Arbeitsunterricht, Kulturkunde, Gesamtunterricht, Tatschule – vereinen".[44]

Eine „Verheimatung" des gesamten Schulunterrichts war zwar mit solchen
eher feierlich klingenden Deklamationen noch nicht erfolgt, aber das grundsätzliche Bekenntnis zu einer „Heimatschule" – bald nach Konstituierung der
neuen Republik – beachtlich. Es schien, als sei nach dem verlorenen Krieg mit
seinen schweren Hypotheken eine Formel gefunden worden, auf die sich die

---

[42] Zentralblatt für die gesamte Unterrichtsverwaltung in Preußen 64 (1923).

[43] Leitsätze der 5. Tagung des Reichsschulausschusses vom 27. bis 29. 4. 1922, abgedruckt in: Richtlinien des Preußischen Ministeriums für Wissenschaft, Kunst und
Volksbildung für die Lehrpläne der Volksschulen, 7. Aufl., Breslau 1925.

[44] Zit. nach E. Weniger, Heimat und Geschichte (1926), wiederabgedruckt in: Ders.,
Neue Wege im Geschichtsunterricht, Frankfurt a. M. 1949, S. 60.

innenpolitisch zerstrittenen Gruppierungen einigen konnten. Doch sollte sich seit 1933 zeigen, in welcher Weise der „Heimatschulgedanke" ideologisch mißbraucht wurde.

Vorerst wurden die preußischen Richtlinien vom März 1921 und die Leitsätze vom April 1922 zum Ausgangspunkt vielfältiger Erörterung in Lehrerschaft und Literatur,[45] zur Grundlage von Lehrplänen in Reichsländern, Regionen und Städten.[46] Als Mittelpunkt der Grundschulerziehung beschrieb eine Vereinbarung der Länder vom 27.6.1923 die „Erfassung der räumlichen und geistigen Kinderheimat".[47] Sie sanktionierte damit Richtlinien des Reichsinnenministers, die am 28.4.1923 über Zielbestimmung und innere Gestaltung der Grundschule herausgebracht worden waren.[48] Daß sich das Heimatprinzip in der Sexta der höheren Schule, die sich an die Grundschule anschloß, fortsetzen sollte, zeigte am Beispiel des Religionsunterrichts für diese Klassenstufe Hans Richters Zielangabe: „In organischer Verbindung mit der heimatlichen Lehraufgabe der Klasse: Die Heimatkirche, ihre Gotteshäuser und Baudenkmäler, ihre Einrichtungen und Festsitten." Daraus seien kirchengeschichtliche Erzählungen der Heimat und Landschaft zu entwickeln.[49] Margarete Götz hat länderspezifische Unterschiede hinsichtlich Inhalt, Umfang und Dauer des Heimatkundeunterrichts im einzelnen nachgewiesen. So heben Sachsen, Bayern und Baden sozial- und wirtschaftskundliche Bezüge hervor. Die Grundstruktur sei jedoch von den reichseinheitlichen Leitsätzen und Richtlinien vorgezeichnet worden.[50]

Von der Volksschule, vor allem der wenig gegliederten auf dem Lande, wurde nun erwartet, daß sie sich zur Pflegestätte aller heimatlichen Belange und zum Mittelpunkt der Heimatforschung entwickelte. Entsprechend

[45] Als Beispiele seien herausgegriffen: A. Huth, Die Heimatschule als Erziehungsstätte, dargestellt in Lehre und Beispiel, München 1924; F. Vogt, Schöpferische Heimatkunde im Geiste der ›Richtlinien zur Aufstellung von Lehrplänen für die Grundschule‹ vom 16. März 1921, Osterwieck/Harz 1923 (Taterziehung und Arbeitsunterricht 7); F. Gansberg, Die Unterrichtsbücher, Bd. 1: Heimatkunde in Erzählungen für das 3. und 4. Schuljahr, Langensalza 1925.

[46] A. Menke, Werden und Wesen der Grundschule. Ein geschichtlicher und systematisch-pädagogischer Beitrag zur Klärung ihrer Theorie, Wiesbaden 1970 (Probleme der Erziehung 13).

[47] Reichsministerialblatt. Zentralblatt für das Deutsche Reich 51 (1923), S. 299.

[48] Ebd.

[49] Vorläufige Lehrpläne für die Sexta der grundständigen Deutschen Oberschule, für die Untertertia derselben Schule in Aufbauform und für die Untertertia der Aufbauschule, in: Zentralblatt für die gesamte Unterrichtsverwaltung in Preußen 63 (1924).

[50] M. Götz, Die Heimatkunde im Spiegel der Lehrpläne der Weimarer Republik, Frankfurt a. M., Bern, New York, Paris 1989 (Europäische Hochschulschriften XI, 396), S. 43 ff., 217 ff.

wurde auch die Kartenausrüstung in einem Lehrmittelerlaß von 1924 festgelegt. Danach sollten je eine Wandkarte des Heimatortes, seiner weiteren Umgebung (Kreis), der Heimatprovinz und Deutschlands vorhanden sein. Ferner
wurde eine – nicht näher erläuterte – „Sammlung zur Heimatkunde" angeregt.[51]

Mit dem theoretischen Unterbau solcher Bestrebungen beschäftigten sich
Wissenschaftler wie Aloys Fischer, der Münchner Pädagoge und Psychologe,[52] der im Heimatbegriff „nationale Identität", die so sehr gelitten hatte,
wiederherzustellen suchte,[53] und Eduard Spranger, Pädagoge, Psychologe
und Philosoph in Berlin. Sein Vortrag ›Der Bildungswert der Heimatkunde‹[54]
wurde zur Programmschrift der Heimaterziehung in der Schule und darüber
hinaus in der Öffentlichkeit. Als wissenschaftliche Heimatkunde bezeichnete
Spranger „das geordnete Wissen um das Verbundensein des Menschen in allen
seinen naturhaften und geistigen Lebensbeziehungen mit einem besonderen
Fleck Erde, der für ihn Geburtsort oder zumindest dauernder Wohnplatz" sei.
Diese Heimat erscheine als „erlebte und erlebbare Totalverbundenheit mit
dem Boden", als „geistiges Wurzelgefühl". Der Mensch bedürfe eines „Wur-
zelns in der Erde"; es mache das „Elend des Großstädters" aus, „daß er nicht
mehr tief einwurzeln kann in den Boden und die umfangenden, seelisch schützenden Kräfte des Bodens". Spranger sieht in der Heimatkunde ein „Erzie-
hungsmittel für tieferes und reicheres Heimaterleben" und zählt ihre fachlichen Elemente auf, die von den Denkmälern der Natur bis zu menschlichen
Siedlungsformen und Wirtschaftsweisen seit Jahrzehnten in der Literatur eine
Rolle spielen. Für ihn liefert die Heimatkunde „das reinste Beispiel einer tota-
lisierenden Wissenschaft", deren historische Entwicklung seit Harnisch er
skizziert.

Zwei zeitgenössische Äußerungen, die Gedanken Sprangers vorwegneh-
men – Zusammenhänge bedürften einer näheren Untersuchung –, sollen nicht
außer acht bleiben. 1920 schrieb der Didaktiker Emil Hauptmann eine ›Heimatkunde‹; Heimatgefühl und -liebe beruhten auf dem Bewußtsein der
Zusammengehörigkeit mit den Menschen der Heimat und des seelischen Eins-
seins mit ihnen. Sie seien Erbebewußtsein, Sohnesgefühl und Ahnenvereh-
rung, so daß Heimatkunde eigentlich „Heimatgemeinschaftskunde" heißen

---

[51] Zentralblatt für die gesamte Unterrichtsverwaltung in Preußen 65 (1924).

[52] A. Fischer, Psychologische Vorfragen der Heimaterziehung, in: W. Schoenichen
(Hrsg.), Handbuch für Heimaterziehung, Berlin 1924.

[53] U. Schubert, Das Schulfach Heimatkunde im Spiegel von Lehrerhandbüchern der
20er Jahre, Hildesheim, Zürich, New York 1987 (Documenta Paedagogica 7), S. 86.

[54] E. Spranger, Der Bildungswert der Heimatkunde. Rede zur Eröffnungssitzung
der Studiengesellschaft für wissenschaftliche Heimatkunde am 21. April 1923, Berlin
1923 (7. Aufl., Stuttgart 1967).

müsse. Kunde sei in diesem Begriff nicht mit Kennenlernen gleichzusetzen, sondern mit froher Botschaft.[55] Wilhelm Schremms stellte fest: „Für alles Menschenwachstum bleibt die Heimat der Wurzelboden." Sie sei die Hauptfrage der heutigen Schul- und Erziehungswissenschaft und müsse einen neuen Stellenwert in der Lehrervorbildung gewinnen.[56]

Wirkung ging jedoch hauptsächlich von Spranger aus. Seine geschichtliche Einordnung, psychologische Begründung und didaktische Gesamtschau mußten vor allem für die Volksschule seiner Zeit als konsequente Weiterführung, ja als Abschluß generationenlanger Bemühungen um dieses Fach erscheinen und sind entsprechend begrüßt worden. Als „sublimierte Wendung gegen das als Chaos verstandene moderne Wissen und Weltwesen und, wohl in kluger Offenheit, doch insgesamt ein Dokument der Abschließung"[57] sind sie erst verstanden worden, als vor den Trümmern der nationalsozialistischen Ideologie spürbar geworden war, wie ungeniert sich die Verkünder des Blut- und-Boden-Mythos Sprangerscher Begriffe bedient hatten. Sprangers Ausführungen suggerierten zudem eine „heile Welt auf dem Land", wenn sie vom entwurzelten Großstädter handeln, entsprachen aber damit „in einer weitgehend auf Mobilität angelegten Industriegesellschaft nicht der Realität".[58]

Erich Weniger, der die Heimatschulbewegung und Sprangers Rede positiv bewertete, kritisierte gleichwohl eine Überladung der Heimaterziehung. Am Beispiel des Verhältnisses von Heimat und Geschichte warnte er davor, den Begriff metaphysisch zu überhöhen. Der Heimatunterricht müsse vielmehr die „Beziehungen des Menschen zu dem umgebenden Lebensraum, zur Umwelt" dem Kinde vermitteln. Dazu zählte er die historischen Zustände, so daß eine geschichtliche Heimatkunde den eigentlichen Geschichtsunterricht vorbereitet. Damit erkannte Weniger die Berücksichtigung der Heimat zwar an, wandte sich jedoch gegen die Durchdringung der gesamten Geschichte durch ein „Heimatprinzip". Auch die geistige Heimat eines Volkes könne nicht einfach auf der räumlichen Heimat aufgebaut werden.[59]

Der weiteren Diskussion um das Fach Heimatkunde blieben nur noch wenige Jahre bis zum Beginn der nationalsozialistischen Diktatur. Ulrich Schubert hat ausgewählte Handbücher für den Heimatkundeunterricht analysiert,

---

[55] E. Hauptmann, Heimatkunde, Leipzig 1920.

[56] W. Schremms, Heimatbildung, in: Zentralblatt für die gesamte Unterrichtsverwaltung in Preußen (nicht amtlicher Teil), S. 292 f.

[57] K.-H. Beeck, Die unterrichtlichen Mißverständnisse von Regionalgeschichte, in: Ders., Landesgeschichte im Unterricht, Ratingen, Kastellaun, Düsseldorf 1973, S. 19 (zuerst in: Geschichte in Wissenschaft und Unterricht 1971).

[58] K. Lampe, Geschichte in der Grundschule, Kronberg/Taunus 1976 (Scriptor Taschenbücher 5, 111), S. 24.

[59] Weniger, Heimat und Geschichte, S. 61 ff.

die in den 20er Jahren erschienen und sowohl den Richtlinien wie der Heimatschulbewegung verpflichtet waren. Es zeigt sich, daß industrielle Strukturen
und daraus resultierende politische und soziale Veränderungen nicht reflektiert wurden, die Autoren vielmehr „agrarromantische Vorstellungen" wiedergaben. Demokratische Gesellschaftsforderungen der neuen Republik seien
negiert worden, während man patriarchalische Gesellschaftsstrukturen und
sogar die gesellschaftliche Ordnung des Kaiserreichs beschrieben habe.[60]

Während der nationalsozialistischen Diktatur

Nach Übernahme der Regierungsgewalt am 30. Januar 1933 verwirklichten
die Nationalsozialisten ihren umfassenden Machtanspruch auch in der Schule,
wo sie Lehrerschaft und Schulbehörden gleichschalteten. Die neuen Unterrichtsziele zeigten sich in regionalen, lokalen und fachbezogenen Stoffvorschlägen, die zunächst unterschiedlich aufgenommen wurden. Vielfach
führten Lehrerinnen und Lehrer den Unterricht wie bisher durch. Mit der
Formulierung neuer Lehrpläne, dem Druck von Unterrichtsmaterialien sowie
der wachsenden Kontrolle von Schulaufsicht, Nationalsozialistischem Lehrerbund (NSLB), Partei und Hitlerjugend sanken jedoch die Möglichkeiten
eines Unterrichts, der sich von Parteidoktrin freizuhalten wußte. Bestimmte
Tendenzen des bisherigen Heimatkundeunterrichts machten sich die neuen
Machthaber zunutze.[61] Zu den frühesten regionalen Vorläufern reichseinheitlicher NS-Lehrpläne gehörte der Volksschulerziehungs- und Unterrichtsplan
›Die deutsche Jungvolkschule‹ 1934.[62] Er wurde vom NSLB Gau Westfalen-
Süd herausgegeben und an verschiedenen „NS-Beispielschulen" ausprobiert.[63] Der Heimatkunde wurde darin die Aufgabe gestellt, ein „fälisches
Rassebewußtsein" zu begründen. Das 2. bis 4. Schuljahr diente der „Weckung
völkischer Kräfte". Als exemplarisch für die ideologischen Einbrüche vor Ort

---

[60] Schubert, Das Schulfach Heimatkunde, S. 173.

[61] Bekannter als der Mißbrauch, der mit grundlegenden Gedanken der neuen Heimatkunde getrieben wurde, ist die Ideologisierung der Heimatdichtung geworden.
„Der Erhöhung, die die deutsche Literatur wenigstens dem Scheine nach durch die
Neuromantik erfuhr, folgte hier ihre tiefste Erniedrigung" (E. Loewy, Literatur unter m
Hakenkreuz, Frankfurt a. M. 1966, S. 11). Diese Feststellung trifft nicht weniger auf den
heimatkundlichen Unterricht zu.

[62] Die deutsche Jungvolkschule. Nationalsozialistische deutsche Volksschule. Versuch ihrer Gestaltung unter Zugrundelegung des Erziehungs- und Unterrichtsplanes
des Nationalsozialistischen Lehrerbundes, Gau Westfalen-Süd, Dortmund o. J. (1934).

[63] G. E. Sollbach, Richtlinien, Lehrpläne und Prüfungsordnungen, in: Forschungsstelle Schulgeschichte (Hrsg.), Schule im Nationalsozialismus. Katalog zur Ausstellung
aus Anlaß der 50. Wiederkehr des 30. Januar 1933, Dortmund 1983, S. 16.

läßt sich auch der Lehrplan für die Wuppertaler Volksschulen von 1935 ansehen.[64] Schon im 1. Schuljahr sah er „völkisches Geschehen" als Unterrichts-
gegenstand vor, worunter man z. B. Hitlers Geburtstag verstand. Im Heimatkundeunterricht des 2. Schuljahrs diente das Kennenlernen der Familie der
Vorbereitung auf „Sippenkunde". Im 3. Schuljahr schloß sich „Die Ortsgruppe (NSDAP)" an, womit der Stadtbezirk gemeint war. Der Stoff des
4. Schuljahrs führte über die Heimatprovinz zum Thema „Germanen". Ein
aus der Parteipresse (›Rheinische Landeszeitung‹) abgedruckter Überblick
über die Wuppertaler Stadtgeschichte 1400–1935 mündete in die Propaganda-
parole: „Fassen wir alle mit an! Ein Wille beseelt. Vorwärts durch unsere
Kraft, wie die Väter vorankamen durch die ihre."

Die restlose Parteipolitisierung enthielt ein Heimatkundelehrbuch von
1936. Es empfahl sogar einen „Rundgang durch die Geschäftsstelle unserer
Ortsgruppe" und stellte schlicht fest: „Von der Jugendgemeinschaft: jeder
deutsche Junge (jedes deutsche Mädel) gehört in die Gefolgschaft des Führers."[65]

Die Aufwertung der Geschichte im Heimatkundeunterricht zeigt, daß den
nationalsozialistischen Pädagogen historisch-politische Argumente für die
Durchsetzung der Ideologie in der Schule besonders geeignet erschienen. Ein
in diesem Sinne von Dietrich Klagges geschriebenes grundlegendes Werk[66]
übte schon bald seinen Einfluß auch auf den Geschichtsunterricht aus. Darin
ächtete der Verfasser die „Heimatgeschichte als Ausgangspunkt und Basis des
deutschen Geschichtsunterrichts", denn sie sei ein „Kind des „überwundenen
liberalistischen Zeitalters" und das Heimatprinzip entspreche nicht der geschichtlichen Wahrheit. Denn die Geschichte des deutschen Volkes sei nicht
von Krähwinkel aus gemacht worden.

Klagges entwarf einen Unterricht, in dem Geschichten von kämpfenden
Menschen, streitenden Helden und ringenden Göttern im 2. und 3. Schuljahr
einen weltanschaulichen Vorkursus bildeten. Im 4. Schuljahr sollten 52 Gestalten aus Gegenwart und Geschichte, beginnend mit Hitler als „Führer und
Meister", vorgestellt werden. Heimatliches gehörte nur als Gegenwartser-
lebnis dazu, während der Vorgeschichte ein fester Platz eingeräumt wurde.

---

[64] Lehrplan für die Volksschulen im Kreis Wuppertal 1935; s. dazu K. Goebel, Ein
Volk, ein Reich, eine Schule. Die Volksschule in Wuppertal zwischen 1933 und 1945, in:
Ders. (Hrsg.), Über allem die Partei. Schule – Kunst – Musik in Wuppertal 1933–1945,
Oberhausen 1987, S. 26 ff.

[65] Ä. Bockhacker, Heimatkunde für das 2. und 3. Schuljahr. Ausgabe A für Stadt-
schulen, Dortmund 1936, S. 65.

[66] D. Klagges, Geschichte als nationalpolitische Erziehung, 5. Aufl., Frankfurt a. M.
1939 (zuerst erschienen 1936 unter dem Titel ›Geschichtsunterricht als nationalpolitische Erziehung‹).

Nicht früh genug könne die „nordische Menschenrasse" als „Schöpferin und
Trägerin der menschlichen Hochkultur" ins Auge gefaßt werden. Als Germa-
nenland und als nationalsozialistischer Erlebnisraum sei die Heimat „unser
Heiliges Land", hieß die politisch-religiöse Bekenntnisformel.[67]
Die Grundschulrichtlinien von 1937,[68] 1939 nahezu unverändert in die
Richtlinien für die gesamte Volksschule übernommen,[69] bestätigten diese
ideologischen Vorläufer. Das Fach Heimatkunde wurde nicht abgeschafft, da
Klaggessche Parteiideologie und herkömmliche Grundschuldidaktik zu
einem Kompromiß gelangten. So mischten die Richtlinien bisherige Unter-
richtsziele („die Heimat kennen, erleben und lieben") mit Volkstums- und
Volksgemeinschaftsparolen. Heimatgeschichtliche Erzählungen sollten sich
mit „Helden der Heimat, des Weltkrieges und der Bewegung" (womit der Nationalsozialismus gemeint war) verbinden; Heimatkunde hatte Stolz auf
„Heimat, Sippe, Stamm, Volk und Führer" zu wecken.
Diese Richtlinien gaben den Rahmen für regional und lokal akzentuierte
Lehr- und Stoffpläne ab. So realisierte, um ein Beispiel zu nennen, der von
Remscheider Lehrern der NSLB herausgebrachte ›Bergische Plan‹[70] die Hei-
matkunderichtlinien in der unzweideutigen Ideologie, die der Remscheider
Kreisschulrat Schwentker einleitend beschrieb: „Fest verwurzelt in seinem
heimatlichen Lebensraum muß der junge Mensch eine Haltungserziehung er-
fahren: Die völkisch-politische Ausrichtung des deutschen Menschen ist die
Aufgabe der deutschen Schule des Dritten Reiches", deren Jugend sich be-
wußt zu werden habe, „Wahrer und Mehrer zu sein des heiligen germanischen
Reiches aller Deutschen".
Auf dem mit solchem Pathos errichteten Fundament wurde im 2. Schuljahr
in die „Familiengemeinschaft" als Vorstufe zur Rassenkunde, im 3. in die
„Dorf- und Stadtgemeinschaft" eingeführt. Die Gestalt des Vaters mußte in

---

    [67] Ebd., S. 164 ff.
    [68] Deutsche Wissenschaft, Erziehung und Volksbildung. Amtsblatt des Reichskul-
tusministers für Wissenschaft, Erziehung und Volksbildung und der Unterrichtsverwaltungen der Länder 3 (1937); Sonder- und Abdrucke.
    [69] Deutsche Wissenschaft, Erziehung und Volksbildung. Amtsblatt des Reichs-
kultusministers für Wissenschaft, Erziehung und Volksbildung und der Unterrichtsverwaltungen der Länder 5 (1939); Sonder- und Abdrucke. Daß Heimatkunde und
Deutschunterricht zu einer „organischen Ganzheit" zusammenwachsen sollten,
zeigt folgendes für die Hand der Lehrer gedachte Werk: K. Leineweber/H. Breuer, Das
Reichslesebuch. 3. und 4. Jahrgang im Rahmen der Heimatkunde, 2. Aufl., Bochum
o. J. (ca. 1941).
    [70] Heimat und Volkstum. Haltungserziehung zum völkisch-politischen deutschen
Menschen aus den Grundkräften der Heimat und des Volkstums, 1. Teil: Bergische
Heimat/Grundschule. Gemeinschaftsarbeit bergischer Erzieher [Remscheid], Düssel-
dorf 1938.

Modellbeispielen für den Unterricht als SA-Mann, als Blockwalter und als Luftschutzhauswart herhalten. Die „Kreis- und Gaugemeinschaft", für das 4. Schuljahr vorgesehen, war mit der Parteiorganisation des „Gaues Düsseldorf" identisch und grenzte „Die Rheinprovinz als Westmark des Reiches" gegen den Erbfeind Frankreich ab. Dementsprechend war die „Völkische Lebenswirklichkeit" des Heimatunterrichts vom Leben der Partei („Die Ortsgruppen. Die Hoheitsträger" und „Der Kampf der NSDAP um Remscheid") sowie von ungeschminktem Nationalismus („Verachtet mir die Meister nicht und ehrt nur deutsche Kunst") bestimmt. Vor historischen Fälschungen schreckte ein in diesem Geist konzipierter Unterricht nicht zurück. So konnte man in einem Handbuch für Lehrer unter der Überschrift ›Die Straßen des Dritten Reiches‹ über die im Entstehen begriffenen Autobahnen lesen: „Dies herrliche Werk verdankt unser Vaterland dem Führer."[71] Die weitverbreitete Auffassung, die Autobahnen seien eine „Erfindung" Hitlers, war durch Parteipropaganda und Heimatkundeunterricht gleichermaßen verbreitet worden.

Im heimatlichen Unterricht erfolgte auch eine Einstimmung der Schüler auf die Notwendigkeit des Krieges und seine heldische Größe. Ein auf Gauebene herausgebrachter Plan erfuhr eine Fortschreibung im ersten Kriegsjahr,[72] wodurch Themenvorschläge erforderlich wurden, die sich auf das Kriegsgeschehen bezogen. Im 1. Schuljahr folgten schon in den ersten Schulwochen auf „Des Führers Geburtstag" – weil das Schuljahr im April begann – die Themen „Unsere Soldaten" und „Der Vater erhält eine Kriegsauszeichnung": Dem 2. Band des Lehrerhandbuchs wurde ein Anhang beigegeben, der vom „Krieg im Heimatunterricht" handelte.[73] Der „gegenwärtige Daseinskampf" sei vor allem Gegenstand nationalpolitischen Gelegenheitsunterrichts und daher auf aktuelle Ereignisse abgestellt. Darum gehöre der Wehrmachtsbericht ständig in den Unterricht. „Urlaub im Dorf", „Verdunklung", „Nächtlicher Luftalarm" oder die kriegsbedingten Einschränkungen im Alltag („Wie die Mutter den Krieg erlebt") zählten zu den weiteren Themen, durch die die Schüler in die Kriegspropaganda einbezogen wurden. Als „gläubige, opferwillige, für

---

[71] H. Stanglmaier/A. Schnitzer/F. Kopp, Volkhafter Heimatkundeunterricht. Ein Neubau der Heimatkunde, Teil I: Herbst und Winter, umgearbeitet und vermehrt unter Berücksichtigung der Reichsrichtlinien vom 15. 12. 1939 und des Herbstschulbeginns, 3. Aufl., Ansbach 1941 (F. Fikentscher, Der neue Weg. Praktische Handbücher für volkhaften Unterricht, Bd. 6, I [1. Aufl., Ansbach 1938]), S. 148.

[72] Lehrplan für die Volksschule auf ganzheitlicher Grundlage. Bearbeitet vom Nationalsozialistischen Deutschen Lehrerbund, Gau Düsseldorf, 3. Aufl., Dortmund, Breslau 1940 (1. Aufl., 1937). Exemplar dieser Richtlinien von der Lehrerin Grete Lang, geb. 1900, vom 5. 11. 1940, mit handschriftlichen Ergänzungen versehen, im Besitz des Verfassers.

[73] H. Stanglmaier u. a., Volkhafter Heimatkundeunterricht, Teil II: Frühling und Sommer, 3. Aufl., Ansbach 1942 (Der neue Weg, Bd. 6, II), S. 520 ff.

alles Heldische begeisterte" Kinder erlebten sie schließlich „mit glühenden Herzen die große Zeit", um keinen Augenblick am deutschen Sieg zu zweifeln.

Als Gemisch von Tatsachen und ideologischen Festlegungen erwies sich die „neuzubauende Heimatkunde" am Ende als Bestandteil nationalsozialistischer Politik. Sie führte in einen schrecklichen Krieg, zu dessen Opfern viele in diesem Geist unterrichteten Kinder zählten. „Sachnähe" und „Sachtreue" führten nur vordergründig auf einen sachbezogenen und sachlichen Unterricht. In Wirklichkeit stand hinter der „blutvollen völkischen Wirklichkeit, die sich eben in der Heimat offenbart" und in der Heimatkunde zum Ausdruck kommen sollte,[74] die ideologisch mystifizierte Propaganda einer menschenverachtenden Einheitspartei.

Von der Heimatkunde zum Sachunterricht

Die von den Folgen des Zweiten Weltkriegs gezeichnete Schule suchte im Fach Heimatkunde an Unterrichtsziele der Weimarer Zeit anzuknüpfen. Hochschulpädagogen, Unterrichtsverwaltungen und die Lehrerschaft sahen darin wegweisende demokratische Ansätze, die durch die nationalsozialistische Herrschaft gewaltsam beseitigt worden waren. Dieser Rückgriff fand jedoch schon früh auch Kritiker; die Emotionalisierung des Heimatgedankens könne – so Franz Werneke[75] – „zu kritiklosem Stolz auf die heimatlichen Werte und zur Geringschätzung der anderswo gewachsenen führen". Werneke wies empfehlend auf die britischen "local studies" hin und erwartete einen gegenwartsbezogenen, modifizierten Unterricht. Otto Seitzer kritisierte die Gefahren einer ländlich-romantischen „heimatlosen Heimatkunde".[76] Hermann Davidts zog die während der nationalsozialistischen Diktatur praktizierte Heimatkunde als warnendes Beispiel für „Selbstüberheblichkeit und Bodenvergötzung" heran. „In den zwölf Jahren des Ewigen Reiches haben wir es erlebt, wohin eine derartige Geisteshaltung führen kann. Heimatkunde, in diesem Gebiet betrieben", führe zu Eigenbrödelei, Partikularismus, Abschließung und Separatismus, Anmaßung und Überheblichkeit, nationalem Chauvinismus und Völkerhaß.[77] Ferdinand Kopp plädierte demgegenüber für eine Heimatschule, die von Mißbrauch „romantischer Träumerei", „spießerhafter Verschlossenheit" und eines „übersteigerten National-

---

[74] Ebd., Teil I, S. 14 f.
[75] F. Werneke, Probleme der Heimatpädagogik, in: Die Schule, 1949, S. 368.
[76] O. Seitzer, Heimatlose Heimatkunde, in: Die Schulwarte, 1951, S. 641 ff.
[77] H. Davidts, Heimat und Welt, in: Pädagogische Rundschau 1948, Sonderheft: Heimatkunde und Erziehung, S. 281.

sozialismus" befreit sein müßte.[78] Er billigte Sprangers „Bildungswerte der Heimatkunde" eine „unvergängliche Vertiefung des Heimatgedankens" zu[79] und hob in einem Stufenkonzept die Heimat als subjektiv erlebte räumliche, als mitmenschliche, als wirtschaftliche, als kulturelle, als geschichtliche und als seelische Umwelt hervor, letztere als „persönlich vollzogene, seelisch durchformte Einwurzelung in ein Lebensganzes und seine Ordnung, erlebt auf einem besonderen Fleck Erde".[80] Wie das kommentierte Schrifttumsverzeichnis zeigt, suchte Kopp eine breite Übereinstimmung mit der heimatkundlichen Literatur seit Finger.[81]

Die Richtlinien für die nordrhein-westfälischen Volksschulen verliehen einer solchen Auffassung 1955 Ausdruck und seien hier als Beispiel genannt. Die Volksschule sei als „Stätte der volkstümlichen Bildung" Heimatschule und helfe dem Kind, „sich vom Wurzelboden der Heimat die Welt zu erschließen". Die Heimatkunde sei auch Grundlage für die Bildungsarbeit der Oberstufe.[82] In den 60er Jahren vollzog sich jedoch ein Auffassungswandel, der sich in Fachliteratur und Lehrplänen niederschlug und allmählich auch den Unterricht veränderte. Mit den niedersächsischen Richtlinien nahm 1962 erstmals ein „Grundlegender Sachunterricht" die Stelle der Heimatkunde ein. Friedrich Gärtner distanzierte sich 1963 vom Sprangerschen Heimatbegriff, den er als „stark poetisierend und romantisierend, zum Teil mystisch" bezeichnete. Da er sich vom Heimaterleben des Volksschulunterstufenkindes merklich unterscheide, könne er nicht zur Grundlage des Anschauungs- und Heimatkundeunterrichts gemacht werden.[83] Der Didaktiker Rudolf Karnick setzte etwa zur gleichen Zeit die Heimatkunde mit Sachunterricht und -bildung gleich, die dem Schüler aus Verhältnissen und Beziehungen seines heimatlichen Raums Grunderfahrungen vermitteln.[84] Schon die Pädagogikprofessorin Ilse Lichtenstein-Rother hatte zehn Jahre vorher einen Sachunterricht im Rahmen des Grundschulunterrichts entwickelt.[85]

---

[78] F. Kopp, Methodik des Heimatkundeunterrichts, 2. Aufl., München 1959, S. 7. Ähnlich K. Sauter, Der Heimatkundeunterricht, 6. Aufl., Stuttgart 1954.

[79] Kopp, Methodik des Heimatkundeunterrichts, S. 151.

[80] Ebd., S. 8 ff.

[81] Ebd., S. 147 ff.

[82] Kultusministerium des Landes Nordrhein-Westfalen (Hrsg.), Die Volksschule in Nordrhein-Westfalen. Richtlinien – Leitsätze – Erlasse, Ratingen 1955.

[83] F. Gärtner, Neuzeitliche Heimatkunde. Der ungefächerte Sachunterricht der Volksschulunterstufe, München 1963, S. 12 f.

[84] R. Karnick, Mein Heimatort. Zur Theorie des Unterrichts im 3. und 4. Schuljahr, 1. Teilband, Weinheim 1964, S. 3 ff.

[85] I. Lichtenstein-Rother, Schulanfang, Frankfurt a. M. 1954; dazu auch: Dies., Sachunterricht und elementare Weltkunde, in: E. Schwartz, Von der Heimatkunde zum Sachunterricht, Braunschweig 1977.

Die Forderung nach einer Reform der Grundschule wurde unüberhörbar.
In der „Wissenschaftsorientierung" vor allem der „Realien" wurde einer der
entscheidenden Ansätze dafür gefunden. Die Gründung eines Arbeitskreises
Grundschule (1966), die organisatorische Verselbständigung der Grundschule
Ende der 60er Jahre, der Strukturplan des Deutschen Bildungsrates und die
Empfehlungen der Kultusministerkonferenz (beide 1970) waren die wichtigsten politischen Schritte auf dem Reformweg. Die zuletzt genannten Empfehlungen setzten einen vorfachlichen Sachunterricht an die Stelle der kritisch betrachteten Heimatkunde als „propädeutische Vorleistung" für die Fächer der
weiterführenden Schulen. Hartmut Mitzlaff sieht eine Phase der Sachunter-
richtsentwicklung 1966–1974, die von naturwissenschaftlich-technischen Inhalten und positivistisch-szientischen Denkmodellen bestimmt sei.[86] Sie
wurde von weiterer Kritik an der alten Heimatkunde und an Sprangers Vorstellungen begleitet[87] und mündete in der Fragestellung von Erwin Schwartz:
„In der Heimatkunde wurde die emotionale Erziehung überbetont. ‚Liebe zur
Heimat' kann in der Schule nicht bewirkt werden. Im Sachunterricht sind die
emotionalen und kognitiven Lernprozesse in ein ausgewogenes Verhältnis zu
bringen."[88] Margarete Götz hat eingewendet, die nach dem 1. Weltkrieg konzipierte Heimatkunde habe einer Fehleinschätzung unterlegen, weil sie vorzugsweise an Sprangers idealistischer Heimatinterpretation gemessen worden
sei.[89] Auch unter dem Vorzeichen einer Wissenschaftsorientierung ließe sich
nicht als reformbedürftig kennzeichnen, was im Geiste von Arbeitsschul- und
Reformpädagogik konzipiert gewesen sei. Der Sprangersche Bildungswert
der Heimatkunde habe in den amtlichen Lehrplänen nicht eingelöst werden
können, weil die Aneinanderreihung fachspezifischer Betrachtungsweisen in
einer Einheit, die vom geographischen Raum bestimmt sei, keine Synthese erfahren konnte.[90] In den Richtlinien der Länder sei „gefühlsgetränkte Gesin-
nungsbildung" keine prägende Richtgröße gewesen.[91]
Als Fachbezeichnung wurde Heimatkunde vom Sachunterricht abgelöst.

---

[86] H. Mitzlaff, Heimatkunde und Sachunterricht. Historische und systematische
Studien zur Entwicklung des Sachunterrichts – zugleich eine kritische Entwicklungsgeschichte des Heimatideals im deutschen Sprachraum, Dortmund: Diss. paed. 1985,
S. 1141 f.
[87] W. Grotelüschen, Eduard Spranger und die Heimatkunde, in: Westermanns Pädagogische Beiträge 5 (1968). Abgedruckt in: E. Schwartz (Hrsg.), Von der Heimatkunde
zum Sachunterricht, Braunschweig 1977. Zur Bewertung Sprangers auch: W. Eiser-
mann/H. J. Meyer/H. Röhrs (Hrsg.), Maßstäbe. Perspektiven des Denkens von Eduard
Spranger, Düsseldorf 1983.
[88] Schwartz, Von der Heimatkunde zum Sachunterricht, S. 199.
[89] Götz, Heimatkunde im Spiegel der Lehrpläne, S. 229 f.
[90] Ebd., S. 236.
[91] Ebd., S. 223.

Die vorfachliche Ausrichtung der Einzelbereiche drückte sich in unterschiedlichen Benennungen aus: Teilbereiche (Nordrhein-Westfalen 1969, später Hamburg und Schleswig-Holstein), Aspekte (Berlin 1972, später Hessen), fachliche Bereiche (Bayern 1971), Lernbereiche (Rheinland-Pfalz, Saarland 1971, später Nordrhein-Westfalen), Handlungs- und Erfahrungsbereiche (Baden-Württemberg 1975), Lernfelder (Niedersachsen 1975), Beobachtungs-, Handlungs- und Erfahrungsfelder (Bremen 1976) und Erfahrungsbereiche (Rheinland-Pfalz 1984). Den Heimatbegriff nahm Bayern 1981 mit der veränderten Fachbezeichnung „Heimat- und Sachkunde" wieder auf. Darin zeigte sich allerdings keine grundsätzliche Rückkehr zu den 50er Jahren. Denn auch der bayerische Didaktiker Kopp hatte den Weg zum Sachunterricht mitgemacht, weil die „irrationalen und emotionalen Faktoren" der Heimatkunde Widersprüche enthielten und Mißbräuchen ausgesetzt seien.[92]

Mitte der 70er Jahre trat in der theoretischen Diskussion die von Pädagogen und Psychologen kritisierte Wissenschaftsorientierung zugunsten von Zielen der „Emanzipation" und „Demokratisierung" zurück. Beispielsweise könne eine demokratische Heimatgeschichte, so Detlev Peukert, „der allgemeinen Historie Alltags- und Interessenssphären der Lernenden beigesellen und damit Universalgeschichte konkretisieren, andererseits auch Alltag und Umwelt als historisch geworden und damit veränderbar erkennen lassen".[93] Diese Umwelt fand als ökologischer Raum im Sachunterricht seit den 80er Jahren in dem Maße zunehmend Beachtung, in dem die Gefährdungen in den Blick kamen, der die Natur durch den Menschen ausgesetzt ist. Die Problematik hatte für das Ruhrgebiet 1950 schon Hermann Davidts angesprochen, als er feststellte, dort fehle es an vielem, was dazu berechtigt, der Region die Eignung zuzusprechen, Heimat zu sein. Daher müsse an einer Verbesserung der Verhältnisse mitgewirkt und zu diesem Zweck schon in der Schule eine „raumsoziale Haltung" gelernt werden. „In romantischer Schwarmgeisterei geschönte Idyllen der Heimattümer als Lebensideale herauszustellen, ist fehl am Platz in einem Raume, der von den harten Realitäten des Daseinskampfes beherrscht wird."[94] Positionen wie die von Davidts dürften in Zukunft auf allen Schulstufen an Bedeutung gewinnen.

---

[92] F. Kopp, Von der Heimatkunde zum Sachunterricht, Donauwörth 1972, S. 14.

[93] D. Peukert, Didaktik der Heimatgeschichte, in: K. Bergmann u. a. (Hrsg.), Handbuch der Geschichtsdidaktik, 3. Aufl., Düsseldorf 1985, S. 310.

[94] H. Davidts, Raumsoziale Haltung als Erziehungsziel der Heimatkunde, in: Geographische Rundschau 1950, zit. nach Mitzlaff, Heimatkunde und Sachunterricht, S. 1085 f.

Heimatkunde in der DDR

Das Schulwesen in der Sowjetischen Besatzungszone und späteren DDR wurde durch die Ausrichtung der Unterrichtsinhalte nach marxistisch-leninistischer Ideologie und die Durchführung des Unterrichts nach zentralen Anordnungen bestimmt. Dadurch ergaben sich Parallelen zum Schulunterricht der nationalsozialistischen Zeit, die nur auf den ersten Blick erstaunlich scheinen. Denn eine staatlich verordnete, einheitliche Weltanschauung mußte für die Pädagogik solche Folgen haben. Daß diese Entwicklung als demokratisch bezeichnet und auch so verstanden wurde, macht die Tragik des pädagogischen Weges in mehr als 40 Jahren aus.

Der Heimatkunde wurde eine wichtige Rolle zugedacht. Denn hier sollten Grundlagen für die politische Erziehung im Sinne des Marxismus-Leninismus gelegt werden. Welche Ziele diese Erziehung verfolgte, drückte ein Satz aus der Einleitung der ›Empfehlungen‹ des VI. Pädagogischen Kongresses unmißverständlich aus: „Die Kinder, die heute zur Schule kommen, werden den Beginn des dritten Jahrtausends mitgestalten und ihm die Merkmale des Kommunismus einprägen."[95] Zu den heimatkundlichen Themen im 4. Schuljahr gehörten daher schon in den 50er Jahren Unterrichtseinheiten wie „Zum Tag der Republik", „Die Große Sozialistische Oktoberrevolution", „Wir wollen gute Thälmann-Pioniere werden" oder „Unser Heimatbezirk, ein Teil unserer Republik".[96]

Der Grundschullehrplan von 1956 knüpfte einleitend an Unterrichtsziele an, die in der Weimarer Republik ihre Ausprägung erhielten und seit 1945 auch in den Ländern der späteren Bundesrepublik dominierten: „Die Erziehung der Kinder im Geiste des Sozialismus ist ohne tiefe Einwurzelung in die Heimat undenkbar. Deshalb ist die Heimatverbundenheit des gesamten Unterrichts ein bedeutsames Prinzip unserer demokratischen Schule." Heimatliebe zu wecken, Verbundenheit zum neuen gesellschaftlichen Leben zu schaffen und den späteren Fachunterricht vorzubereiten, seien die Absichten der Heimatkunde.[97] Der in dieser Weise ideologisch reglementierte und zentral gesteuerte Unterricht erfuhr bis zum Auflösungsprozeß der Einparteienherrschaft, der im Spätherbst 1989 einsetzte, keine entscheidenden Veränderungen.

---

[95] Zit. nach L. Froese, Mitteldeutsche Lehrpläne, Wiesbaden 1964, S. 3.
[96] Ebd., S. 5.
[97] Grundschule, Direktive (vorläufiger Lehrplan) für den Unterricht in der Unterstufe, Berlin 1956, S. 81.

Schlußbemerkung

Richtlinien, Lehrpläne und andere staatlich-behördliche Äußerungen lassen erkennen, daß die Heimatkunde vom Wandel politischer Verhältnisse betroffen war. Ebensowenig blieben ihre theoretischen Grundlagen von den gesellschaftlichen und geistigen bestimmten Prozessen, die auf die Pädagogik einwirkten, unberührt. Dies erweist vor allem die didaktische Literatur. Ein vollständiges Bild ließe sich jedoch nur zeichnen, wenn die Unterrichtswirklichkeit vor Ort und die tatsächlich erfolgende Lehreraus- und -weiterbildung mitberücksichtigt werden könnten. Denn für behördliche Vorschriften, pädagogische Konzepte und didaktisch-methodische Vorschläge gilt, was Hans Georg Kirchhoff über die Realisierung der Heimatgeschichte sagt: „Wer von der didaktischen Theorie auf die Wirklichkeit in unsern Schulen schlösse, unterläge einem bodenlosen Irrtum." Das heimatgeschichtliche Prinzip, obwohl seit zwei Generationen verkündet, sei lediglich sporadisch in die Schulen gedrungen.[98] So bleibt am Schluß die nur in Einzeluntersuchungen zu beantwortende Frage, ob der Unterricht in seinem tatsächlichen Ablauf immer dem Bild geglichen hat, das dieser Beitrag zu entwerfen versuchte.

[98] H. G. Kirchhoff, Weiterführender Geschichtsunterricht. Beiträge zu einer neuen Geschichtsdidaktik, Ratingen, Wuppertal, Kastellaun, Düsseldorf 1971 (Henns Pädagogische Taschenbücher 27), S. 93. Siehe von demselben Verfasser: Heimatkunde im Wandel des Verständnisses, in: Beiträge zur Heimatkunde der Stadt Schwelm und ihrer Umgebung 40 (1990), S. 84–94. Darin zieht Kirchhoff exemplarisch heran: Raimund Berndl, Die Heimat als Unterrichtsmittelpunkt, Linz 1917 u. ö.

„DAS VATERLAND ALS HORT VON HEIMAT"

Grundmuster konservativer Identitätsstiftung und Kulturpolitik in Deutschland

Von WERNER HARTUNG

1. Illusion Heimat: „Bollwerk im Strom der Zeit"

Heimat-Bewegung, Jugend-Bewegung – vertraute Komposita, die in einem romantisierenden, erinnernden Geschichtsbild Wandel und Dynamik, Aufbruch oder gar Rebellion suggerieren. Verklärende Übermalungen können nicht darüber hinwegtäuschen, daß beide großen Bewegungen im Kern nicht mehr und nicht weniger waren, als der zeitgleiche Aufbruch zweier bildungsbürgerlicher Generationen gegen den Wandel, gegen die angsteinflößende Dynamik der „Zivilisation". Das Schlagwort „Heimat-Schutz" läßt deutlicher werden, daß es um Abwehr, um Verteidigung von Bestehendem ging, weniger um authentische Entwürfe der Zukunft. Es faßte zusammen, was der Musikwissenschaftler Ernst Rudorff zwischen 1878 und 1897 in der zivilisationskritischen Tradition Wilhelm Heinrich Riehls als nationales Genesungsprogramm gegen eine übersteigerte Technisierung und Industrialisierung entworfen hatte.[1] Wer seit 1904 vom „Heimatschutz" sprach, meinte zugleich das reichsweit kurz nach 1900 entstandene bündische Organisationsgeflecht, das sich als kulturpolitische Sammlungsbewegung und Speerspitze des breiten Spektrums wilhelminischer Protest- und Reformbewegungen um 1900 verstand.

„Heimat" war Wert an sich und damit Programm, sollte dem Gefühl der Entfremdung trotzen, das seelische Gleichgewicht des Individuums in Einklang bringen mit den Veränderungen, die der Industrialisierungsprozeß in den städtischen und ländlichen Lebenswelten hinterließ. Mit dem Heimatbegriff verband der „Heimatschutz" sozial- und rechtspolitische Vorstellungen, die gedanklich dem in Auflösung begriffenen „Rechtsort" Heimat und seinem

---

[1] W. H. Riehl, Die Naturgeschichte des deutschen Volkes als Grundlage einer deutschen Sozialpolitik, 4 Bde., Stuttgart, Tübingen 1851–1869. Zur Wirkungsgeschichte Riehls vgl. Klaus Bergmann, Agrarromantik und Großstadtfeindschaft. Studien zur Großstadtfeindschaft und „Landflucht"-Bekämpfung in Deutschland seit Ende des 19. Jahrhunderts, Meisenheim 1970.

vorindustriellen Wertgefüge eng verhaftet blieben.[2] So entsprang die Suche nach Heimat zumeist dem Verlust von Heimat, idealisiert im Klischee bäuerlicher Urheimat. Kurzurlauber und Feiertagsausflügler drängten in Kompensationsheimaten wie die Heide, feilgeboten in den lyrischen und prosaischen Prachtblüten der Heimat-Kunst als Wunderdrogen zur Heilung von den Qualen städtischer Zivilisation:

> Blühende Heide beruhigt. Komme mit Nerven, zitternd wie zarte Halme im Winde, in das blühende Heidefeld, flüchte müde Ohren, abgehetzte Augen in den Frieden der Heideröte, trage dein zuckendes, gequältes Herz in der Heide blühende Unendlichkeit. Herz und Sinne, Fühlen und Denken werden gekühlt, erquickt, beruhigt.
> Blühende Heide macht jung. Wenn dein Zorn lodert von der Niedertracht und Gemeinheit, wenn dein Herz hart geworden ist im Lebenskampfe, wenn Falten des Menschenekels deine Lippen umkriechen ... flüchte zur Heide, sie lehrt dich vergessen niedere That und kleine Gesinnung, sie glättet deines Herzens harte Rinde und erlöst deinen Mund von dem bitteren Zuge.[3]

Hermann Löns, der dieses Rezept ausstellte, sah mit Argwohn, wie seine Heidelandschaft nicht nur Gegenstand großstädtischer Liebe, sondern auch Opfer privater und staatlicher Spekulation wurde. Schaudernd malte er seinen Lesern das warnende Beispiel des „deutschen Pennsilvanien", einer Ölbohrer-Siedlung bei Peine, die 1886 nach kurzem Boom wieder untergegangen war:

> Wo früher das liebliche Lied der Heidelerche und der Schmetterschlag des Baumpiepers allein über rosa Heidekraut und dunklen Wachholdern erklang, da zischten die Dampfkessel, donnerten die Rohrmeißel. Über tausend fremde Arbeiter vermengten ihre Dialekte mit dem schweren Platt der Heideleute, Hotels mit gepfefferten Preisen machten sich breit, und fremdes Volk, Börsenleute, Ingenieure, Spieler verliehen den Sitten der Gegend ein anderes, glänzenderes, aber nicht besseres Gepräge.[4]

Melancholie und Resignation standen bei Löns ebenso wie bei anderen Meinungsführern des Heimatschutzes im auffälligen Einklang mit der Bereitschaft, konkreten Herausforderungen aggressiv und fundamentalistisch zu begegnen, staatlichen Naturschutz als halbherzigen „Pritzelkram"[5], Naturforschung und Zoologie als „Nekrologie"[6] zu denunzieren. Forderungen, die

---

[2] Vgl. dazu den Beitrag ›Heimat – „Rechtsort" und Gemütswert‹ in diesem Band, S. 157–170.

[3] H. Löns, Blühende Heide, in: Niedersachsen, Halbmonatsschrift für Geschichte, Landes- und Volkskunde, Sprache und Literatur Niedersachsen 3/1 (1897), S. 6 f., hier S. 6.

[4] H. Löns, Im deutschen Erdöl-Gebiete, in: Niedersachsen 2/1 (1896), S. 13.

[5] So Hermann Löns in einem 1911 in Bremen gehaltenen Vortrag, zit. n. W. Schoenichen, Naturschutz, Heimatschutz. Ihre Begründung durch Ernst Rudorff, Hugo Conwentz und ihre Vorläufer, Stuttgart 1954 (Große Naturforscher 16), S. 279.

[6] H. Löns, Schutz der Tierwelt, in: G. F. Konrich (Hrsg.), Hannoverland. Ein Buch der Heimatpflege, Hannover 1910, S. 33–36, hier S. 35.

Natur ebenso lebendig zu erhalten wie die Erscheinungsweisen regionaler
„Volkskultur", wechselten sich ab mit der Forderung, das Museumswesen als
einzig wirksames „befestigtes Lager gegen die feindlichen Mächte der Vernichtung"[7] zu begreifen, geleitet von der Utopie, „daß die Herzen der Menschen die Museen"[8] würden. Diesem Entwurf eines „homo musealis" begegnete die wachsende Überzeugung, daß selbst die spektakulärsten Aktionen
aus dem Arsenal des Heimatschutzes wie Trachtenfeste und Heimatfeste in
den Zentren ländlicher Bezirke nichts anderes seien als „Zeichen verlö-
schender Eigenart". Damit begann sich in der Heimatbewegung ein kultur-
pessimistisches Endzeit-Bewußtsein durchzusetzen, dem als Charakteristikum der Epoche der Untergang „stammlicher" und „völkischer" Identität
und der Sieg des verhaßten demokratisch-zivilisatorischen Prinzips westlich-
kapitalistischer Provenienz galt:

> Unsere Kinder und Kindeskinder werden einer Zeit kalt gegenüberstehen, für die sie
> kein Verständnis mehr besitzen. Dann wird der demokratische Zug, der ohne Zweifel in
> dem gleichmachenden Wesen unserer Zeit liegt, die jetzt noch zum Teil bestehende
> Eigenart ausgelöscht und an ihre Stelle die Schablone gesetzt haben.[9]

Diese Verzweiflung war es, die „Heimat" schon weitaus früher als lange Zeit
in der Historiographie akzeptiert von den vergänglichen Requisiten regionaler Identität entkleidete und den unverrückbaren Wert des „Stammestums"
auf die germanische Reinheit der Rasse beschränkt sah. „Rassenschutz" sei
der „letzte und wichtigste Zweck des gesamten Heimatschutzes", verbreitete
sich Löns 1906 auf dem 5. Niedersachsentag und eröffnete mit dieser Feststellung eine hysterische Kampagne führender niedersächsischer Heimatverbände gegen die angebliche Überfremdung niedersächsischen Volkstums
durch slavische Saisonarbeiter und Einwanderer.[10]
Ungebrochen auf Erfolgskurs blieb das Heimat-Prinzip in der Heimat-
Kunde, unangefochten der Lehrer in seiner Eigenschaft als Vorkämpfer und
Bannerträger des Heimatschutzgedankens. Staatliches Wohlwollen beflügelte
das Sendungsbewußtsein insbesondere der Volksschullehrer, die als „Volks-
lehrer" ein missionarisches Monopol auf dem Felde „heimatlich-nationaler
Volksbildung" beanspruchten.[11] Ein anthropozentrischer Geschichts- und

---

[7] J. Reimers, Handbuch für die Denkmalpflege, hrsg. von der Provinzial-Kommis-
sion zur Erforschung und Erhaltung der Denkmäler in der Provinz Hannover, 2. Aufl.,
Hannover 1911, S. 21.
[8] Hauthal, Museen und Heimatschutz, in: Konrich, Hannoverland, S. 78 f., hier
S. 79.
[9] G. Hinsch, Verlöschende Eigenart, in: Niedersachsen 16/13 (1911), S. 280.
[10] Bericht von Georg Friedrich Konrich über den 5. Niedersachsentag in: Niedersachsen 12/3 (1906), S. 57 f., hier S. 57.
[11] Vgl. dazu A. Tecklenburg, Volks- und Mittelschule und Heimatschutz, in: Kon-

Naturbegriff, den die „Heimatkunde" auf die Erd- und Naturkunde aus-
dehnte, stärkte die Überzeugung, „daß der Mensch ein Produkt seiner Scholle
sei".[12] Geschichtsbewußtsein in Form von Heimatbewußtsein schuf beruhigende und identitätsstiftende Statik inmitten der beängstigenden Grausamkeit
des Wandels in der Geschichte der Menschheit und der Natur. Wer sich der
Heimat ergab, brauchte die Zukunft nicht zu fürchten, erlangte geschichtliche
Ewigkeit, Schutz vor Vergänglichkeit und kollektivem Vergessen. Heimatkunde und Heimatforschung dienten so der Bekämpfung der Zukunftsangst
und begründeten zugleich ein legitimistisches Selektionsprinzip konservativer
Pädagogik, das alles ablehnte, „was nie im Laufe der Zeiten wirksam geworden" und all das der Förderung anriet, „was zu besonders reicher Entfaltung gediehen" war und folglich der eigenen Art am besten liegen müsse.[13]

Zukunftsbewältigung reduzierte sich auf Vergangenheitsbewältigung, auf
den Schutz derjenigen Identifikationsmerkmale und Prinzipien, die sich historisch bewährt zu haben schienen, und den entschiedenen Kampf gegen alle
„materialistischen" Bestrebungen, dieses beruhigende Korsett zu lüften. Das
„Heimatprinzip" galt als konservative Immunisierungsspritze gegen den Umsturz, die dem Schüler nur frühzeitig verabreicht werden mußte, um nachhaltig zu wirken:

> (...); eine aus naturkundlich-biologischen und erdkundlichen Bestandteilen zusam-
> menwachsende Heimatkunde soll ihn Lebendes und Totes betrachten lehren inmitten
> aller Bedingungen, die es fördern oder hemmen, ihm die aufbauenden und zerstö-
> renden Naturkräfte verdeutlichen, dann wird von selbst der Widerwille sich regen
> gegen brutale Eingriffe in das Leben der Natur.[14]

„Heimat", verstanden als „Bollwerk im Strom der Zeit",[15] und Konservatismus sind Komplementärbegriffe der neueren Geschichte, in ihrem semanti-
schen Bezugsfeld bis in die Gegenwart unauflöslich miteinander verbunden.
Karl Mannheim beschrieb Konservatismus als eine „historisch und soziolo-
gisch erfaßbare Kontinuität",[16] deren wesentliche morphologische Eigen-

---

rich, Hannoverland, S. 65–70; ders., Schule und Heimat. Wegweiser zur Umgestaltung
des Unterrichts von der Heimat aus, Hannover 1909.

[12] Tecklenburg, Volks- und Mittelschule und Heimatschutz, S. 68.

[13] Schirmeyer, Höhere Schule und Heimatschutz, in: Konrich, Hannoverland,
S. 63–65, hier S. 64.

[14] Ebd.

[15] H. Rüther, Rückblick und Ausschau, in: Niederdeutsches Heimatblatt. Mitteilungsblatt der Männer vom Morgenstern, August 1932.

[16] K. Mannheim, Das konservative Denken. Soziologische Beiträge zum Werden des
politisch-historischen Denkens in Deutschland, in: H. G. Schumann (Hrsg.), Konservatismus, Köln 1974 (Neue Wissenschaftliche Bibliothek, Geschichte 68), S. 24–75,
hier S. 28.

schaften durch ein eingeschränktes Zeiterlebnis bestimmt würden. Während der Progressive die Gegenwart als Anfang der Zukunft begreife, erfasse der Konservative die Gegenwart als letzte Etappe der Vergangenheit. Zum „Substrat der Geschichte" erhebt er „die Zeit eigentlich durchbrechende, raumartige, körperhafte Einheiten" wie organische Kollektivverbände (Familie), Grund und Boden[17]:

> Konservativ (in originärer Weise) erleben, bedeutet also von jenen Erlebniszentren aus zu leben, deren Entstehungsursprung in vergangenen Konstellationen des historischen Geschehens verankert ist, von Erlebniszentren aus, die sich relativ unverändert bis in jene Zeit, in der der moderne Konservatismus sich konstituiert, deshalb halten konnten, weil sie in jenen Gebieten und Provinzen des sozialen Werdens ihre Träger hatten, die bis dahin von dem modernen Geschehen noch nicht mitgerissen worden sind. Aus diesen originären Lebenskeimen und Erlebnisformen erhält das konservative Denken seine Fülle und nicht bloß spekulativen Charakter.[18]

Das eingegrenzte Zeit-Bewußtsein des Konservatismus beschränkt sich für Wilhelm Ribhegge jedoch nicht auf den Mangel an Zukunftsprojektion. Konservativ-bürgerliches Denken zerlege Bewegung in Momentanquerschnitte, atomisiere zeitliche Kontinuität und richte den Blick auf den jeweils augenblicklichen Stand des Gesamtwillens, ohne Bezug auf Vergangenheit und Zukunft.[19] Der Konservatismus habe von daher, so Mannheim, in Reaktion auf die Aufklärung nicht die Geschichte entdeckt, „sondern einen spezifischen Sinn des Werdens, der Vergangenheit: den Sinn der Tradition und der Kontinuität in ihr".[20] Ribhegge spricht von einer „prinzipiellen Identität" von Gegenwart und Vergangenheit im Konservatismus, die ihn außerstande setze, qualitative Veränderungen in der Geschichte zu erfassen.[21] Konsequent führt Samuel Huntington diesen Gedanken weiter zur „situationsgebundenen Definition" des Konservatismus als Ideologie, „die aus einer bestimmten, aber wiederkehrenden geschichtlichen Situation entsteht, in der sich ein fundamentaler Angriff gegen die etablierten Institutionen richtet und in der die Träger dieser Institutionen die konservative Ideologie zu ihrem Schutz benutzen".[22] Konservative Ideologie wird damit „positional", der Konservatismus „statisch", da es sich bei seinen Erscheinungsformen um „parallele ideologische Reaktionen auf ähnliche soziale Situationen" handle. Paradox, aber folge-

---

[17] Ebd., S. 40.
[18] Ebd., S. 41.
[19] W. Ribhegge, Konservatismus. Versuch zu einer kritisch-historischen Theorie, in: Schumann, Konservatismus, S. 112–136, hier S. 127 f.
[20] Mannheim, Das konservative Denken, S. 53.
[21] Ribhegge, Konservatismus, S. 114.
[22] S. Huntington, Konservatismus als Ideologie, in: Schumann, Konservatismus, S. 89–111, hier S. 90.

richtig ist daher Huntingtons Feststellung, daß der Konservatismus, der sich als Verteidiger der Tradition darstelle, selbst traditionslos sei und keine Vergangenheit besitze.[23]

Auf die wilhelminische Epoche, in der die Heimatbewegung entstand, ist das „integrative gesellschaftliche Steuerungssystem"[24] des Konservatismus, wie es die hier zitierten Autoren beschreiben, wie zugeschnitten. Dadurch, daß sie Parteipolitik mehr als Produkt denn als Motor des historischen und sozialen Prozesses betrachten, entsteht ein von parteipolitischer Programmatik abgelöster struktureller Konservatismusbegriff, der es erlaubt, theoretische Scheinwidersprüche aufzulösen. So etwa die zunächst irritierende Tatsache, daß der moderne Konservatismus den technischen Fortschritt durchaus bejaht und erfolgreich vorantreibt, also progressiv wirkt. Dieser technische Fortschritt muß nun aber nicht zwingend den gesellschaftlich-politischen nach sich ziehen.[25] Aus dieser typischen Ungleichzeitigkeit erklärt sich für Ribhegge die sozialpolitische Ratlosigkeit des Konservatismus und sein Hang zum Kulturpessimismus,[26] eine Disposition, die ein ideologisches Nebeneinander von technischer Fortschrittsgläubigkeit und rückwärtsgewandter Zivilisationskritik nicht ausschließt. Bedeutsam für die Funktion einer regionalgebundenen, traditionsbetonten Heimatbewegung ist darüber hinaus Mannheims Hinweis, daß konstitutive „Erlebniszentren" konservativer Bewegungen oft in den originären Situationen der „Provinz" und ihrer wenigstens graduellen Rückständigkeit oder subjektiv empfundenen Andersartigkeit im Unterschied zum modernen Geschehen liegen können.[27] Die Realisierungschancen des Programmes „Heimat" sind deshalb an den räumlich-ideologischen Bezugsrahmen „Provinz" oder „Region" gebunden.

2. Zum regionalistischen Selbstverständnis des „Heimatschutzes"

Mit ihrem Programm der Regionalisierung des kulturellen Lebens wurde die „Heimatkunst"-Bewegung zur Wegbereiterin der „Stammespflege" und „tätigen Mithelferin im Dienste des Heimatschutzes".[28] In seinem Bestseller ›Rembrandt als Erzieher‹ vertrat Julius Langbehn 1890 die Überzeugung, den Deutschen sei das „edle Gefühl der Stammeseigenthümlichkeit" vielfach ab-

---

[23] Ebd., S. 103.
[24] Ribhegge, Konservatismus, S. 125.
[25] Ebd., S. 131 f.
[26] Ebd., S. 134.
[27] Mannheim, wie Anm. 16.
[28] R. Dohse, Die Literatur im Dienste des Heimatschutzes, in: Konrich, Hannoverland, S. 73–76, hier S. 73.

handen gekommen. Die verlorene Volksseele müsse vor allem auf künstleri-
schem Gebiet wiedererobert werden, „Lokalismus" sei das Gebot der Stunde:

> Eine gesunde und wirklich gedeihliche Entwicklung des deutschen Kunstlebens ist
> mithin nur dann zu erwarten, wenn sie sich in möglichst viele und in ihrer Einzelart
> möglichst scharf ausgeprägte, geographische, landschaftliche, lokale Kunstschulen
> scheidet und gliedert. Hier ist Dezentralisation, nicht Zentralisation notwendig.[29]

Solche Beschwörungen regionalen Selbstbewußtseins gegenüber Zentren
wie Berlin galt nicht allein den „Kunstlandschaften", sondern prägte auch das
bündische Selbstverständnis des Heimatschutzes. Den „Bund Heimatschutz", der am 30. März 1904 im Dresdener Belvedere ins Leben gerufen
wurde, dachten sich die Unterzeichner des Gründungsaufrufes als „einen sich
über ganz Deutschland erstreckenden Bund aller Gleichgesinnten", der deutsches Volkstum „ungeschädigt und unverdorben" und „die deutsche Heimat
mit ihren Denkmälern und der Poesie ihrer Natur vor weiterer Verunglimpfung" schützen sollte.[30] Ein Blick auf die „Gründerzeit" des Bundes Heimatschutz zeigt aber, daß die antizivilisatorische Grundüberzeugung nicht ausreichte, um der organisatorischen Klammer eines Reichsverbandes die erstrebte
Akzeptanz und damit dem Heimatschutz gesellschaftliche Macht zu sichern.[31] Die äußerst zäh verlaufene Eingliederung der zum Teil älteren regionalen Heimatschutz-Verbände in den Reichsverband ist Indiz dafür, daß sich
das Wirkungsfeld des Heimatschutzes weniger dem klischeehaften Idealtypus
einer „deutschen Heimat" als einer regionalspezifischen Identitätsstiftung
öffnete. Heimatschutz, schrieb 1910 der in der niedersächsischen Heimatbewegung aktive und dort wegen seiner welfischen Überzeugungen umstrittene
Publizist Georg Friedrich Konrich, sei nichts anderes

> als das Aufbäumen der Volksseele gegen das immer weitere Vorwärtsschreiten der
> Gleichmacherei, gegen die immer raschere Vernichtung bodenständiger Eigenart auf
> allen Gebieten, in Wald und Flur, in Tier- und Pflanzenwelt, in Brauch und Sitte.

Die vorübergehende Vernachlässigung der „Eigenheiten der Einzelstämme"
sei verständlich vor dem Hintergrund ihres gemeinsamen blutigen Ringens

---

[29] J. Langbehn, Rembrandt als Erzieher. Von einem Deutschen, Leipzig 1890, S. 15.
[30] Aufruf zur Gründung eines Bundes Heimatschutz, in: 50 Jahre Deutscher Heimatbund (Deutscher Bund Heimatschutz), hrsg. vom Deutschen Heimatbund, Neuss
1954, S. 62.
[31] Vgl. dazu W. Hartung, Konservative Zivilisationskritik und regionale Identität am
Beispiel der niedersächsischen Heimatbewegung 1895 bis 1919, Diss. phil. (Masch.)
Hannover 1990, S. 75–82 („Die Rezeption des Heimatschutzgedankens"). Erscheint
demnächst im Druck in: Veröffentlichungen der Historischen Kommission für Niedersachsen und Bremen, Reihe XXXV, Quellen und Untersuchungen zur allgemeinen Geschichte Niedersachsens in der Neuzeit, Bd. 10.

um die Einheit. Nun aber, da sie errungen und äußerlich gefestigt sei, dürfe die Heimat nicht länger vor dem großen Vaterlande zurücktreten, wolle man eine „unermeßliche Schädigung der deutschen Volksseele" verhindern.[32] Robert Mielke, von 1904 bis 1907 Geschäftsführer des „Bundes Heimatschutz", pflichtete diesem der Stammesideologie ergebenen regionalistischen Selbstverständnis des Heimatschutzes vorsichtig bei: Der Heimatschutz ziele immer mehr darauf ab, „wirkliche Kulturarbeit zu leisten, dadurch daß er auf allen Gebieten des geistigen Lebens die Beziehung zu einem nationalen, stammesartlich entwickelten Volkstum" zu stärken suche.[33] Auf dem Höhepunkt des Konfliktes zwischen zentralistischen und regionalistischen Kräften innerhalb des Heimatschutzes formulierte der Geograph Julius Iwan Kettler,[34] der Nestor der niedersächsischen Heimatbewegung, geradezu doktrinär das Primat des Stammesprinzips:

> Wenn es eine Reformbewegung giebt, für welche die landschaftliche Gliederung geradezu eine Notwendigkeit bedeutet, so ist das die junge, so erfreulich wachsende Bewegung für Heimatschutz, also für den Schutz der heimatlichen Natur, des heimatlichen Volkstums und der heimatlichen Geschichtsdenkmäler. Es kann naturgemäß nicht eine „deutsche" Heimatschutzbewegung geben, sondern nur eine schwäbische, eine thüringische, eine sächsische, eine niedersächsische usw. Was wir Deutschen als Deutsche gemeinsam besitzen, ist das Vaterland, nicht die Heimat. Die Heimat ist dagegen die Grundlage des Stammesbewußtseins und der Heimatliebe und nur auf diesen beiden räumlich enger begrenzten Grundlagen ist der eigentliche Heimatschutz möglich.[35]

Mit dieser Interpretation lieferte Kettler eine kulturpolitische Identitätsformel für das System des Kaiserreiches. Sie befreite den für ihn nur als Regionalbewegung denkbaren Heimatschutz von jedem Partikularismusverdacht, indem sie Heimatliebe und Stammesbewußtsein zu den konstitutiven Bausteinen der Vaterlandsliebe und somit des Reichsganzen erhob.

---

[32] G. F. Konrich, Heimat und Heimatschutz!, in: Hannoverland, Monatsschrift für Geschichte, Landes- und Volkskunde, Sprache, Kunst und Literatur unserer niedersächsischen Heimat, hrsg. von G. F. Konrich, Hannover (1907), Nr. 1, S. 2–4, hier S. 3.

[33] R. Mielke, Die Entwicklung des Heimatschutzgedankens in Deutschland, in: Konrich, Hannoverland, S. 6–8, hier S. 8.

[34] Zu Kettlers Rolle in der niedersächsischen Heimatbewegung siehe Hartung, Konservative Zivilisationskritik und regionale Identität, insbes. die biographische Skizze S. 123–125.

[35] J. I. Kettler, Die niedersächsische Heimatbewegung, in: Konrich, Hannoverland, S. 8–12, hier S. 9.

3. Integrationsklammern „Heimatschutz" und „Weltpolitik"

Am Ideologiegerüst regionaler Heimatschutzverbände läßt sich die Funktionalisierung von Regionalbewegungen durch einen zentralstaatlichen Nationalismus belegen. Für den niedersächsischen Raum führte Julius Iwan Kettler die Ursprünge des Heimatschutz-Gedankens nicht auf Ernst Rudorff, sondern auf die ebenfalls in gut zwei Jahrzehnten entwickelten Überlegungen der Geographischen Gesellschaft zu Hannover zurück. In ihren Vorträgen und Diskussionen der Jahre 1878/97, berichtete Kettler, habe sich die Notwendigkeit abgezeichnet, die „gesunde Eigenart unseres Landes und Volkes zu schützen, solange und soweit das möglich sei". Von führenden Geographen stamme der erste Plan zur Gründung einer „Gesellschaft für den Schutz der Eigenart unseres heimatlichen Landes und Volksstammes", die eng mit der Geographischen Gesellschaft verbunden sein und eine breitenwirksame Ergänzung darstellen sollte.[36]

Die Schlüsselrolle, die der Geographischen Gesellschaft zu Hannover bei der gedanklichen Vorbereitung eines regionalgebundenen, aber politisch integrativen Heimatschutzes zukam, wird im Zusammenhang mit ihrer „weltpolitischen" Zielsetzung erkennbar. Sie strebte nicht nur nach einer wissenschaftlichen „Heimatkunde", die dem Heimatschutz einen „sicheren Boden" bereitete, sondern richtete ihre Anstrengung zugleich darauf, im Volke „das Verständnis für die Notwendigkeit deutschen Kolonialbesitzes zu wecken".[37] Das logische Pendant zur Heimatkunde war damit die „Erdkunde" als „feste Grundlage jeder fachmännischen Kolonial- und Auswanderungspolitik". Die Kenntnis der Völkerkunde, hieß es, könne einer Kolonialmacht große Verluste, Enttäuschungen und unliebsame Überraschungen ersparen.[38]

Damit wird augenfällig, daß hinter der Parallelität der Begriffspaare Heimatkunde – Heimatschutz und Erdkunde – Kolonialpolitik ein einheitliches, politisch motiviertes Programm stand, das Anlaß genug gibt, den Heimatschutz als Bestandteil einer wissenschaftlich untermauerten konservativen Integrationsideologie zu verstehen. Dieses Programm sollte es ermöglichen, das nicht zu unterschätzende zivilisationskritische Potential zur Stabilisierung des sozialen und politischen Status quo im Kaiserreich zu kanalisieren. Eine Doppelstrategie, die im Kalkül der Meinungsmacher des Heimatschutzes nur Erfolg versprach, wo es gelänge, Partikularismus in Stammespflege umzuformen und damit eine regionale Identität zu ermöglichen, aus der sich eine affirmative Einstellung gegenüber dem Reich entwickelte. Der deutsche

---

[36] Ebd.
[37] J. I. Kettler, Heimatschutz in Niedersachsen, in: Hannoverland (1907), Nr. 5, S. 498 f.
[38] Ebd., S. 504.

„Griff nach der Weltmacht", das risikoreiche, späte wilhelminische Streben nach dem unter den Kolonialmächten umkämpften „Platz an der Sonne", würde sich dann breiter Zustimmung erfreuen. So gesehen, gerieten der mit militaristischem Vokabular verbrämte Kampf des Heimatschutzes gegen den „inneren Feind" in Gestalt der „Gleichmacherei" und die aggressiv verfolgte Kolonialpolitik zu einer aus konservativer Sicht existentiell höchst bedeutsamen Integrations- und Sammlungsideologie des Wilhelminismus. Flottenpolitik und Verteidigungsbereitschaft sowie der Kampf gegen die „Nivellierung" im Inneren, die Feinde der Heimat und des Vaterlands riefen an beiden Fronten zur Pflichterfüllung. So schrieb Konrich:

> Gleichwie wir ausziehen ins Feld, das bedrängte Vaterland zu schirmen, so müssen wir auch dem Feinde der Heimat kraftvoll entgegentreten.[39]

Die Dialektik der Heimat-, Stammes- und Vaterlandsliebe hob den Gegensatz zwischen Partikular- und Gesamtinteresse auf und wurde als eine Art Wehrertüchtigung für beide Fronten begriffen:

> So hat die Heimatbewegung ein Ziel, das weit über die engen Grenzen des eigenen Stammes hinausgeht: sie will dem großen Vaterlande wackere Männer heranziehen, die ihm in heiliger Liebe zugetan sind, Männer, auf die es sich in ernster Zeit verlassen kann. Denn wer für seine Heimat eintritt, der tritt auch vor, wenns das Ganze gilt![40]

Dieses Selbstverständnis erwarb leicht die Sympathie staatstragender Schichten des Adels und des Bürgertums und führte dazu, daß Verbandsgründungen in mehreren Fällen auf Initiative der regionalen Fürstenhäuser oder wenigstens unter deren Patronat erfolgten, beispielsweise 1908 in Braunschweig. Der dort seit 1904 als Regent eingesetzte Herzog Johann Albrecht von Mecklenburg wurde 1906 bei der Gründung des Mecklenburgischen Heimatbundes zu dessen Ehrenvorsitzenden ernannt, übernahm 1908 das Patronat über den auf seine Anregung gegründeten „Braunschweigischen Landesverein für Heimatschutz". In seiner Eigenschaft als Präsident der Deutschen Kolonialgesellschaft veranstaltete er 1907 in Braunschweig ein Volksfest zur Propagierung des Kolonialgedankens.[41]

Der Begriff des ‚Bundes' wirkte für den Heimatschutz anziehender als etwa der des Vereins, signalisierte eine umfassende, dauerhafte Bindung gedanklich miteinander Verschworener zu einem Zweck, der über den Trennungslinien politischer Gruppierungen und bestehender Verbände lag und deshalb eine besonders integrative Sogwirkung entfaltete.[42] In Anlehnung an das Muster

---

[39] Konrich, wie Anm. 32, S. 3.

[40] Ebd.

[41] Vgl. Hartung, Konservative Zivilisationskritik, S. 99–101 („Der Braunschweigische Landesverein für Heimatschutz").

[42] Kettler behauptete, das „so überaus bezeichnende Wort ‚Heimatbund' habe

der Bülowschen konservativ-liberalen „Sammlungspolitik" konnte ein erfolgreicher bündischer Heimatschutz sich zu einer politischen Vorfeldorganisa-
tion entwickeln, deren besonderes Charakteristikum die Zusammenführung
einander widerstrebender sozialer und politischer Kräfte auf dem Nenner der
Heimat- und Stammesliebe war. Da divergierende Standpunkte zur National-
staatlichkeit durch die Stammesideologie jeder Brisanz beraubt wurden, erlaubte sie beispielsweise in der Provinz Hannover nationalliberalen und wel-
fisch-konservativen Exponenten ein gemeinsames Bekenntnis nicht nur zur
„niedersächsischen" Heimat, sondern auch zum Reich.[43]

Auffallende Übereinstimmung mit dieser Funktionsbeschreibung regiona-
listisch argumentierender Heimatbewegungen zeigen Erklärungsmodelle der
Regionalismus-Debatte, die sich heute räumlich-politisch auf die europäische
Dimension bezieht. Jochen Blaschke definiert in seiner Einleitung zum
›Handbuch der westeuropäischen Regionalbewegungen‹[44] Regionalismen als
„soziale Bewegungen an den Peripherien der Industriestaaten", die infolge
eines „internen Kolonialismus" entstünden. Ihre „politische Artikulation und
Organisation territorial orientierter Interessen" wende sich gegen die „politischen Apparate der Zentren in den jeweiligen Nationalstaaten", gegen eine
nationalstaatliche „Identifikationsdurchsetzung" über die „kulturelle Dominanz der Zentren".[45] Ein auf „ethnischer Selbstzuweisung" beruhender Regionalismus gerate in diesem Prozeß keinesfalls ideologisch in Gegensatz zum
Nationalismus, da das Zentrum nicht nur zur Durchsetzung seiner Interessen
eine „Vetofunktion" besitze, sondern einer Krise seiner „Interventionskapazi-
täten" durch „politisch-räumliche Dezentralisierung der Herrschaftsappa-
rate" entgegensteuere. „Traditionelle Regionalismusforschung" erfreue sich
in derartigen Situationen zunehmender Unterstützung zentralstaatlicher
Instanzen.[46] Der Dezentralisierung von Herrschaftsapparaten entspreche
umgekehrt die Förderung regionaler Autonomie im modernen Sinne der
„Volksgruppenpflege", die Herstellung einer „klassenneutralen ethnischen

---

Großherzog Carl Alexander von Weimar Ende der 80er Jahre des 19. Jahrhunderts geprägt. In diesem Gespräch mit Kettler, der damals in Weimar tätig war, soll erstmals der
„Gedanke einer Heimatschutzbewegung" erörtert worden sein (vgl. dazu den Beitrag
zum 60. Geburtstag Kettlers in Niedersachsen 17/12 [1912], S. 555). Die Bezeichnung
„Heimatbund" wählten bereits im Jahre 1882 die „Männer vom Morgenstern", die sich
um den „Marschendichter" Hermann Allmers in Weddewarden nördlich von Bremen
zusammenfanden (vgl. Hartung, Konservative Zivilisationskritik, S. 97–99).

[43] Vgl. Hartung, Konservative Zivilisationskritik, S. 83–90 („Der ‚Heimatbund Niedersachsen' in Hannover").

[44] J. Blaschke (Hrsg.), Handbuch der westeuropäischen Regionalbewegungen,
Frankfurt a. M. 1980.

[45] Ebd., Einleitung Blaschkes, S. 7–30, hier S. 7.

[46] Ebd., S. 9–11.

Identifikation" zur Stillegung nicht mehr lösbarer sozialer Konflikte.[47] „Ethnizität" bedeutet aber – und das wird bei Blaschke nicht recht deutlich – keinesfalls regionale Identität schlechthin. Auch wenn er aus empirischer Erkenntnis dazu neigt, Ethnizität als Grundeigenschaft des Regionalismus zu werten, bleibt sie doch nur eine seiner möglichen Erscheinungsformen. „Ethnische Selbstzuweisung" entnimmt ihre Symbole einem „naiven Alltagsbewußtsein" und kann sich über sehr lange Zeiträume aufrechterhalten.

Die ideologischen Mechanismen der Ethnizität führen nach Blaschke dazu, daß „großstädtische Utopien von aufgehobener Entfremdung" von ihren „intellektuellen Artikulatoren" mit dem „Milieu der Provinz" gleichgesetzt würden. Sie verwechselten „die Arbeit auf eigenem Grund und Boden mit selbstbestimmter Produktion, die Personalisierung politischer Beziehungen mit der Abwesenheit sozialer Kontrolle; die Gemeinsamkeit kultureller Symbole mit der Gemeinsamkeit sozialer Interessen".[48] Die Funktion der Region – bei Blaschke der „Provinz" – als Freizeitgebiet für die Zentren und ihre Spiegelung in den Medien führte zur „Kommerzialisierung der peripheren Kultur", zur Folklore, damit aber durchaus auch zu einer neuen Reflexion ihrer Grundlagen, ohne daß dadurch der Unterschied zwischen „zentralistisch-großstädtischer" und „regional-provinzieller" Kultur aufgehoben werde.[49]

4. Das „neue Deutschland". Völkisch-konservative Utopien

Nationalstaatliche Integration durch einen der „Heimats- und Vaterlandsliebe" verpflichteten ethnischen Regionalismus zeigte Erfolge, solange das Gefühl regionaler Authentizität und kultureller Autonomie im nationalen Status quo aufrechtzuerhalten war. Durchbrochen wurde die begrenzte Autonomie des kulturpolitisch verstandenen Regionalismus zu dem Zeitpunkt, da die Musealisierung der Regionalkultur ihr die ersehnte identitätsstiftende Dynamik raubte und soziale Antagonismen an politischer Sprengkraft gewannen. In den Jahren von 1911 bis 1914 wurde deutlich, daß die „klassische" Heimatbewegung mit dem Versuch scheitern würde, die unterschiedlichen Exponenten des herrschenden bürgerlichen Establishments über Parteien und Partikularinteressen hinweg zusammenzuführen. Dies offenbarte sich vor

---

[47] Ebd., S. 14. Auch Greverus weist auf eine entsprechende Funktionalisierung von Heimat zu „verordneten oder genehmigten Rückzugsheimaten" im Bereich der Heimatpflege und Folklore, in Betrieben oder Vereinen hin, über die sich unbemerkt ein „zentralistischer Dirigismus" stülpen lasse. Siehe I.-M. Greverus, Auf der Suche nach Heimat, München 1979, S. 30.

[48] Blaschke, Handbuch, S. 25.

[49] Ebd., S. 21 f.

allem dort, wo es der Heimatbewegung vorübergehend gelungen war, regionalpolitische Konfliktherde einzudämmen. Der 1901 von allen politischen
Kräften des Bildungsbürgertums zum „gemeinsamen positiven Wirken auf
neutralem Gebiet"[50] in Hannover gegründete „Heimatbund Niedersachsen",
dessen Mitglieder sich ausschließlich „praktischer Bethätigung der Heimatliebe"[51] hingeben wollten, spaltete sich kurz vor Ausbruch des Ersten Weltkrieges aufgrund der überwunden geglaubten „Welfenfrage".[52] Den Hintergrund für die Repolitisierung des Verbandslebens bildete das bislang nur
unterschwellig empfundene, nun aber in der Publizistik der Heimatbewegung
immer offener zum Ausdruck gebrachte Gefühl, der Auflösung des bestehenden Sozialgefüges und dem Siegeszug der schon von Rudorff zur feindlichen Bewegung erklärten Sozialdemokratie weder durch herkömmlichen
Heimatschutz noch durch den gedanklich umfassenderen Ansatz der Sohn-
reyschen „Wohlfahrts- und Heimatpflege"[53] begegnen zu können. Die früher
krampfhaft beschworene Selbstgewißheit schwand, machte verhaltener
Selbstkritik und Selbstzweifeln Platz. Manche Wortführer verloren den
Glauben an den Heimatschutz, verbittert über die erdrückend empfundene
Macht nivellierender Zeittendenzen. Moderne Technik und Verkehr hätten
Menschen und Volksgruppen so nahe aneinandergedrückt, daß der Sinn des
Wortes ‚Grenze' zu einem „rein politischen Begriff" schrumpfe. Völkische
Eigenart, Sitten, Gebräuche und Bauweise müßten diesem Fortschritt weichen.
   Folge dieser Erkenntnis war ein oft nur schwer wahrnehmbarer Prozeß der
Durchmischung originär konservativer Standpunkte mit völkisch-rassisti-
schem Gedankengut. Im Unterschied zum reformerischen Ansatz Heinrich
Sohnreys geriet die konservative Reformvorstellung des Heimatschutzes mit
dem Siegeszug des völkischen Denkens zum Modell einer konservativen Revolution gegen das herrschende System, das in seiner Substanz allerdings einer
Restauration idealisierter vorindustrieller und „urgermanischer" Werte entsprach. Kennzeichnend vor allem für das historisch-politische Koordinatensy-
stem der germanisierenden Stammesideologie im „niedersächsischen" bzw.

---

[50] 1. Jahresbericht des Heimatbundes Niedersachsen für die Zeit bis 31. März 1903,
Hannover 1903, S. 21.
[51] Ebd., S. 12 f.
[52] Siehe Hartung, Konservative Zivilisationskritik, S. 181–196 („Die Spaltung der
niedersächsischen Heimatbewegung am Beispiel der ‚Welfenfrage' im ‚Heimatbund
Niedersachsen' ").
[53] Ebd., S. 162–166 („Heimatschutz und ‚ländliche Wohlfahrts- und Heimatpflege' "). Vgl. außerdem Bergmann, Agrarromantik und Großstadtfeindlichkeit, S. 89–
102 („Die ländliche Wohlfahrts- und Heimatpflege"). Eine Zusammenstellung der
Schriften von und über Sohnrey findet sich in E. Plümer, Heinrich Sohnrey 1859–1948,
in: O. H. May (Hrsg.), Niedersächsische Lebensbilder, Bd. 2, Hildesheim 1954, S. 351 f.

„niederdeutschen" Raum war der „römische Komplex",[54] die Überzeugung,
daß die zeitgenössische Krise des ländlichen Raumes im Ursprung bereits auf
der durch Karl den Großen vollzogenen Umwandlung der germanisch-sächsi-
schen Rechts- und Besitzverhältnisse in römische zurückgehe:

> Die Römischen Rechtsgrundsätze wurden zunächst dazu benutzt, für die gegrün-
> deten Klosterniederlassungen Grund und Boden, bestehend aus Acker, Weide und
> Wald festzulegen und von dem übrigen Grundbesitz, der den Gemeinden gehörte, in
> der Weise abzusondern, daß die Erträge und die Benutzung nur dem betreffenden Klo-
> ster bzw. der Kirche zustanden. Hierdurch wurden viele Gemeinden in ihrem Lebens-
> nerv getroffen.[55]

In Niedersachsen, wo hinsichtlich der Lebensbedürfnisse und der Aus-
übung der Lebensgewohnheiten „vieles gemeinsam und sozialistisch", wo in-
dividuelles Eigentum kaum bekannt gewesen sei,[56] dürfe die Rebellion gegen
das „minderwertige" römische Recht[57] kaum überraschen. Ihren deutlichsten
Ausdruck finde sie im Zulauf zur Sozialdemokratie, der sich eben aus dem
Wunsch bäuerlich geprägter und zum Teil proletarisierter Massen nach der
Rückkehr zu bewährten regionalen Rechts- und Sozialstrukturen erkläre.[58]
    In der simplifizierenden Dialektik völkisch-konservativen Denkens galt
„Sozialismus" als restaurative Bewegung im Sinne des Volks- und Stammcha-
rakters, wobei der rassenideologisch verbrämte Volksbegriff dazu verhalf, die
Ängste vor der Sozialdemokratie zu verdrängen. War sie nur der hilfeschrei-
ende Ausdruck entwurzelter Massen für ihre Sehnsucht nach neuer Geborgenheit in einem organischen, solidarischen Volksganzen, dann erschien sie
nicht länger als konspiratives internationalistisches Gespenst, das dem Bürgertum Angst und Schrecken einjagen mußte. Ein aus der Bahn geratener, an
sich besonders wertvoller Teil des Volkskörpers konnte dem anderen nicht als
antagonistischer politischer Spaltpilz gegenüberstehen, wenn man seine Sehn-
süchte zu befriedigen entschlossen war. Das Industrieproletariat war somit
eine Sondergruppe des „Nährstandes", des existentiell bedrohten bäuerlichen
Kleinbesitzes und der Landarbeiterschaft, der „sozial empfindende Männer
und Frauen aus allen Kreisen sowie gemeinnützige Vereine" die Hand reichen
sollten in der Hoffnung, daß die Besserung der Lebensverhältnisse ihre „ge-

---

[54] Vgl. H. Plessner, Die verspätete Nation. Über die politische Verführbarkeit bürgerlichen Geistes, Frankfurt a. M. 1974, S. 52–64 („Nicht Staat, sondern Volk. Der römische Komplex").

[55] Chr. Pape, Sozialismus in Niedersachsen, in: Niedersachsen 17/15 (1912), S. 404–
406, hier S. 404.

[56] Ebd., S. 404 f.

[57] W. Kropp, Wie das Volk über unsere heutige Rechtspflege denkt, in: Niedersachsen 17/10 (1911), S. 250–252, hier S. 252.

[58] Pape, wie Anm. 56.

staltende Macht" und „veredelnde Wirkung" auf die Kultur des vierten
Standes ausüben werde.[59] Gesellschaftlicher Wandel, wie ihn einflußreiche Meinungsmacher der Heimatbewegung in den Jahren vor dem Ersten Weltkrieg interpretierten, entbehrte jeglichen parteilichen Charakters. So richteten sich praktische Überlegungen nicht auf die Verwirklichung demokratischer Konfliktregelungen und Partizipationsrechte, sondern darauf, über gezielte Verbesserungen der sozialen Situation der Arbeiterschaft in Stadt und Land ein subjektives Gefühl der Wiedereingliederung in die Volksgemeinschaft zu wecken. Zur ideologischen Überwindung der von der sozialistischen Theorie herausgestellten Klassengegensätze bediente sich der Heimatschutz mit wachsender Überzeugung der von Löns und anderen propagierten Formel, Rassenschutz sei der Endzweck des Heimatschutzes.

Rassentheoretische Darlegungen und Vorschläge zu rassenbiologischen Untersuchungen konnten zu diesem Zeitpunkt bereits in der Forderung gipfeln, ein „Reichsamt für Rassenfragen" einzurichten, „das die Rassenverhältnisse unseres Vaterlandes dauernd zu beobachten und wissenschaftlich darzustellen hätte".[60] Beschwörend lebten 1913/14 in der Publizistik der Heimatbewegung die Warnungen vor rassischer Überfremdung wieder auf, nicht nur durch Polen und andere slavische Völker, sondern nun auch durch Juden und italienische Fremdarbeiter. Die Vermarktung und Veräußerung des Bodens, der Verlust der Bodenständigkeit, die ständige Zunahme der Mobilität und die Vernachlässigung ländlicher Wohlfahrtspflege bestärkten die Auffassung, daß sich eine „Entgermanisierung" und „Ent-Art-ung im ursprünglichen Sinne des Wortes" anbahne.[61]

Der Transfer konservativer Ideologie durch die Heimatbewegung war zu Beginn des Ersten Weltkrieges weitgehend mit völkischen Denkweisen verknüpft. Zugleich begann sich das Ideal des klassen- und konfliktfreien Staatsgefüges vom erstarrt scheinenden wilhelminischen Institutionengefüge zu lösen. Ein durch annexionistische Kriegszieldiskussionen[62] verstärktes Überlegenheits- und Sendungsbewußtsein erhob „Heimat" zum Kern präfaschistischer Visionen eines völkischen Zukunftsstaates. Beispielhaft für diesen Vorgang ist die Ablösung bildungspolitischer Vorstellungen vom humanistischen Ideal durch das innerhalb der niedersächsischen Heimatbewegung entwickelte Modell einer völkischen Volkshochschule. Im Unterschied zum bishe-

---

[59] G. Brandes, Die Wohnküche im Arbeiterhause, in: Niedersachsen 17/15 (1912), S. 406–408.
[60] R. Vonhoff, Rasse und Heimat, in: Niedersachsen 19/1 (1913), S. 1–4, hier S. 2.
[61] Ebd., S. 4.
[62] Siehe dazu Hartung, Konservative Zivilisationskritik, S. 305–312 („Feindbilder, Kriegszieldiskussion und Zukunftsvisionen").

rigen Schul- und Verbandswesen sollte diese neue „Heimatschule" alle „Zweige der Heimatpflege mit gleicher Liebe" fördern und mit allen „Heimatbestrebungen" unmittelbar Fühlung aufnehmen. Von den Lehrkräften wurde „Bodenständigkeit" verlangt, jede „heimatfremde" Ausrichtung war verpönt.[63] „Stolzes völkisches Selbstbewußtsein"[64] war Voraussetzung dieser „deutschen Willensschule", die in ihrer Ausformung zur Heimschule als „eine Art kleiner Idealstaat" galt. Die „Deutsch-Erziehung" der Erwachsenenschule sollte in die Hände einer „starken, reifen Persönlichkeit", einer „Zentralsonne", gelegt sein.[65]

Dieser Bildungsutopie entsprang zum Kriegsende das gegen dynastischunvölkischen Zentralismus gerichtete Leitbild des von „Heimatgeist" getragenen „Stammesstaates", das in den „Revolutionsjahren" 1918/19 seine historische Chance zu erhalten schien:

Die gewesenen deutschen Bundesstaaten waren durchweg Schöpfungen ihrer Herrscherhäuser, durch Verträge und Eroberungen nach dynastischen Belangen zusammengestückelt. Völkische Belange fielen dabei überhaupt nicht ins Gewicht. So hatten die Gebiete in ihrer bunten Zusammensetzung nur Begründung durch ihre Dynastien. Preußen war nicht organisch aufgebaut, sondern seine verschiedenartigen Gebilde waren durch die dynastische Hausmacht der Hohenzollern künstlich zusammengekittet. Bayern war nichts weiter als das von der Dynastie Wittelsbach beherrschte Gebiet. Haben in anderen Ländern die Dynastien (z. B. in Oesterreich-Ungarn) entnationalisiert, so haben sie im Deutschen Reiche ihre Gebietsgrenzen quer durch natürlich zusammenhängende Volkstumsgebiete gezogen. Das war der „fürstliche" Geist der Mißachtung der Stämme. Das Interesse der Dynastie galt mehr als die Belange der Volksstämme.[66]

Die geistige Emanzipation des völkischen Gedankens vom monarchischen Prinzip zum Stammesprinzip hatte sich schon im Verlauf des Weltkrieges angekündigt. Sie trug dazu bei, daß die „Revolution" von 1918/19 für die nun vielfach vom völkisch-konservativen Denken beherrschte Heimatbewegung noch weniger als Ausdruck eines unlösbaren politischen Antagonismus zwischen den sozialen Schichten gewertet wurde. Unter der revolutionären politischen Oberflächenstruktur wähnte man statt dessen das unbewußte Verlangen der Handelnden nach völkischer Einheit und freier Entfaltung aller

---

[63] Ebd., S. 313–319 („‚Niedersächsische' Volkshochschule und völkischer Zukunftsstaat").

[64] R. Vonhoff, Eine Deutsche Volkshochschule, in: Niedersachsen 23/7 (1918), S. 107–109, hier S. 108.

[65] E. Engelhardt, Grundsätzliches zur Volkshochschul-Frage, in: Niedersachsen 23/19 (1918), S. 304 f.

[66] F. Hagemeier, Niedersächsisches Recht für niedersächsisches Land, in: Niedersachsen 24/11 (1919), S. 129 f., hier S. 129.

Volkstumskräfte. In der Perspektive solcher Geschichtsdialektik förderte die Revolution dadurch, daß sie die egoistischen Herrschaftshäuser beseitigte, die völkische Sache.

Die Revolution bei Kriegsende schien dem völkischen Konservatismus unvermeidlich, aber auch überwindbar zugleich, sofern eine künftige Reichsgliederung die Integrationskraft des heimischen Volkstums nach dem Prinzip freier Stammesstaaten in neuer Weise freisetzte, ungehindert freilich durch dynastischen Egoismus und liberalistische Eingriffe der zentralen Staatsmacht. Der Sammelruf an die Volksgenossen im März 1919 galt der Vision eines völkischen Stammesstaates, der sich aller sozialen und politischen Spannungen durch den Bekenntniszwang zu Rasse und Volkstum zu entledigen trachtete. Der Gedanke an eine parlamentarisch-demokratische Republik, wie sie fünf Monate später durch die Weimarer Nationalversammlung begründet wurde, war kaum gemeint, wenn der völkische Konservatismus das Wort „Demokratie" in den Mund nahm. Wer die neue Ausgestaltung des sozialen Lebens unter der republikanischen Verfassung beschwor, tat es in der Überzeugung, daß das „neue Deutschland" nur in den vernachlässigten Kräften des „bodenständigen Volkstums" für alle lebendig werden und die Einheit des Volkes garantieren könne:

> Es gilt, für die Zukunft den Übelstand zu beseitigen, daß zahllose Volksgenossen unlustig und grollend abseits stehen, verbittert und verärgert über das mangelnde Verständnis, das man ihrer Not und Arbeit, aber auch ihren Interessen und Idealen entgegenbrachte. Das alte Deutschland hatte bei aller äußeren Machtentfaltung seine sogenannten Reichsfeinde und vaterlandslosen Gesellen, bis dann die Not der Zeit es offenbarte, daß sein ärmster Sohn auch sein getreuester war. Das neue Deutschland soll allen ohne Ausnahme zur rechten Heimat werden, ja mehr noch, es soll in allen nicht nur das rechte Heimatgefühl, sondern auch die rechte Heimatfreude wecken.[67]

5. Heimatbewegung, Bürokratischer Regionalismus und Reichsreform

Das völkische Staatsideal, das in weiten Kreisen der Heimatbewegung vorherrschte, verhinderte von Beginn an ihre Identifikation mit dem demokratischen Staatsgedanken. Je stärker er sich zu festigen schien, desto eindeutiger schwenkte die Heimatbewegung auf den dynamisch-aktivistischen Kurs der völkischen Richtung ein, der darauf aus war, das Gemeinschafts- und Bildungswesen in neue Institutionen zu kleiden. So stellte sich zu Beginn der zwanziger Jahre die „Heimatbundbewegung" als eigentlicher „Weg zur natio-

---

[67] Nebel, Der Freistaat Niedersachsen, in: Niedersachsen 24/7 (1919), S.78f., hier S.78.

nalen Gesundung" dar.[68] Ihre Forderungen – das zeigte sich auch in der stabilsten Phase der Demokratie von Weimar immer deutlicher – dienten nicht der Sicherung und Kräftigung dieses Staatswesens. Die Frage, ob „wesentliche Volksteile" zu einer „festen Staatsgesinnung" und damit innerhalb des Ganzen zum „ruhenden Pol" würden, galt als „geradezu das Experiment auf Berechtigung der republikanischen Staatsform in Deutschland" und blieb „über die Haltbarkeit der Republik hinaus Schicksalsfrage für das zukünftige Bestehen Deutschlands überhaupt". Den Deutschen fehle es an einer politisch hinreichend geschulten Führungsschicht, wie sie etwa England besitze. So lägen die Staatsgeschäfte in den Händen vieler politischer Parteien, die „Spielball von Interessengruppen" blieben:

> Es wird in Deutschland katholische und sozialdemokratische, pazifistische und demokratische, Industrie- und Handels-Politik getrieben, man macht Arbeitgeber- und Arbeitnehmerpolitik, und das Verheerende bei allem ist, daß die verschiedenen Lager nicht einmal über eine deutsche Staatspolitik einer Ansicht sind.[69]

Die Skepsis gegenüber dem Parlamentarismus und die traditionelle Verdrängung des Politisch-Parteiischen schlechthin waren die treibenden Gründe, die das Ideal vom deutschen Stammesstaat in die Reichsreform-Diskussion der Weimarer Republik einbrachten und sie schürten. In ihrem Zusammenhang bildet die gegenseitige Bedingtheit von Regionalbewußtsein und Regionalforschung ein Musterbeispiel für Identitätsstiftung und Herrschaftsbegründung im Beziehungsfeld zwischen Heimat und größeren territorial bestimmbaren Raumeinheiten. Nachvollziehbar wird dieser Prozeß im Kulminationspunkt wissenschaftlicher Übersetzung von Regionalbewußtsein in politisch-territoriale Umgliederungswünsche.

Am Beispiel der Kulturpolitik des Provinzialverbandes Westfalen hat Karl Ditt den Zusammenhang zwischen Heimatbewegung, regionaler Autonomie und politischem Verwaltungshandeln gegenüber einer Zentralgewalt offengelegt.[70] Seine Verbindung einer „Sozialgeschichte von Ideen mit einer Verwaltungsgeschichte"[71] zeigt, daß konservativ-neoromantisch geprägtes Kulturleben und regionalistische Kulturpolitik in der Weimarer Republik und im Nationalsozialismus auf die Begriffe „Raum" und „Volkstum" als „zentrale identitätsstiftende Elemente des Selbstbewußtseins und des Erneuerungswil-

---

[68] Kohnen, Die Heimatbundbewegung, ein Weg zur nationalen Gesundung, in: Niedersachsen 26/1 (1920), S.6f.

[69] [Anonym], Vom Bauern in Stand, Volk und Staat, in: Niedersachsen 30 (1925), S.405–407, hier S.407.

[70] K.Ditt, Raum und Volkstum. Die Kulturpolitik des Provinzialverbandes Westfalen 1923–1945, Münster 1988.

[71] Ebd., S.24.

lens"[72] zurückgriffen. „Westfalenbewußtsein" blieb zunächst beschränkt auf eine in den Heimatvereinen zusammengeschlossene Öffentlichkeit, gedieh aber nach dem Ersten Weltkrieg von einem „eher bürokratisch gestärkten Minderheitenphänomen"[73] durch wissenschaftliche Legitimationsbemühungen zu einem „bürokratisch geleiteten westfälischen Regionalismus", der sich weniger gegen den preußischen Zentralismus als gegen die gleichfalls regionalistischen Bestrebungen der Provinz Hannover richtete.[74] Im Ergebnis entwirft Ditt das Muster eines „bürokratischen Regionalismus", der systemunabhängig in Demokratie und Diktatur möglich sei.[75] In seiner ideologie- und systemkonformen Argumentation habe er im Nationalsozialismus allenfalls eine „systemkonforme Opposition" dargestellt, zumal die Kulturpolitik des „Dritten Reiches" zunächst auf die Integration unterschiedlicher zivilisationskritischer Kulturströmungen gerichtet gewesen sei.[76]

Der hannoversche Regionalismus, dem Ditt mit Recht expansive Absichten unterstellt, bestätigt diese These. Er griff auf ein „Niedersachsenbewußtsein" zurück, das ganz wesentlich vom Stammesklischee der dortigen Heimatbewegung geprägt war. Auf diese regionalistische Tradition berief sich Kurt Brüning bei seinen wissenschaftlichen Bemühungen, eine Region durch die vielfältigen Elemente regionaler Identität zum Zwecke politisch-territorialer Neugliederung innerhalb eines größeren Ganzen zu definieren. In der Schlußphase der Weimarer Republik, als die „Reichsreform"-Bestrebungen auf einen Höhepunkt zuzusteuern schienen, legte Kurt Brüning, damals Privatdozent an der Technischen Hochschule Hannover, eine zweibändige Denkschrift unter dem Titel ›Niedersachsen im Rahmen der Neugliederung des Reiches‹ vor.[77] Seine Analyse ging von der These der Zerrissenheit eines „niedersächsischen Wirtschaftsgebietes" aus und sollte die Frage beantworten, „welche wirtschaftlichen und verwaltungstechnischen Schwierigkeiten unter Berücksichtigung der besonderen örtlichen Verhältnisse" für diese gedachte Region „durch das Vorhandensein der Ländergrenzen bestehen".[78] Auch wenn „Niedersachsen" hinsichtlich der Intensität des wirtschaftlichen Prozesses nicht vergleichbar ist mit dem Ruhrgebiet, mit Sachsen oder Oberschlesien, ist er

[72] Ebd., S. 380.
[73] Ebd., S. 382.
[74] Ebd., S. 383.
[75] Ebd., S. 385.
[76] Ebd., S. 391.
[77] Niedersachsen im Rahmen der Neugliederung des Reiches, Denkschrift, dem 64. Hannoverschen Provinziallandtage vorgelegt vom Landesdirektorium der Provinz Hannover und im Zusammenwirken mit der Wirtschaftswissenschaftlichen Gesellschaft zum Studium Niedersachsens e. V., bearbeitet von Kurt Brüning, 2. Aufl., Hannover 1929.
[78] Ebd., S. 2.

auch hier das letztlich auslösende Moment der Kritik am Bestehenden. Brüning selbst stellte die Frage nach der „regionalen Verteilung" der einzelnen
Wirtschaftszweige zur Erkenntnis „typischer struktureller Eigenart".[79] Es ist
hier nicht der Ort, seine Analyse im einzelnen nachzuvollziehen. Wesentlich
ist der Hinweis darauf, daß er sich keinesfalls auf eine synchronische Bestands-
erhebung beschränkte, sondern Ursachen und Berechtigung vorhandener
politischer Zerrissenheit des niedersächsischen Raumes auch in Form einer
diachronischen Darstellung der „sozialen Struktur", von „Volkstum und
Kultur" und „Stammeszusammenhängen" darstellte. Brünings Nieder-
sachsen-Begriff berief sich zur Legitimation letztendlich auf die Heimatbewegung und die „volkskundlichen Wissenschaften". Das vom „gleichen niedersächsischen Volkstum erfüllte Gebiet Norddeutschlands" sei damit auch nicht
auf welfische Propaganda zurückzuführen.[80] Die Distanzierung von einem
politisch motivierten Regionalismus, der noch 1924 durch die sogenannte
„Vorabstimmung über die Lösung von Preußen"[81] von sich Reden machte,
hinderte Brüning nicht daran, mit dem regionalistischen Gedankengut der
Heimatbewegung ebenfalls antipreußisch zu argumentieren. Die „politische
Zerrissenheit Niedersachsens" hatte danach ihre Ursachen weder in den na-
türlich-geographischen Verhältnissen, den Bedürfnissen der Wirtschaft und
des Verkehrs noch in der „Gruppierung der Bevölkerung" und in Volkstum,
Kultur und Stammeszusammenhängen. Sie schien allein „Überbleibsel einer
durch viele Zufälligkeiten beeinflußten dynastisch-territorialen Entwicklungsgeschichte", einer Vergangenheit, aus der keinerlei Bedenken dagegen
abgeleitet werden könnten, „die geschichtliche Entwicklung, die zur Entstehung der Kleinstaaterei geführt hat, abbrechen zu lassen und an ihre Stelle Gebilde zu setzen, die den Bedürfnissen der Gegenwart entsprächen".[82] Diese
Argumentation Brünings lag auf der Linie jener völkisch-konservativen Uto-
pisten in der Heimatbewegung, die 1918/19 ein neues Deutschland auf der
Grundlage der Stammesgrenzen propagierten und einem „Freistaat Nieder-

[79] Ebd., S. 50.
[80] Ebd., S. 114.
[81] Siehe dazu H. Prilop, Die Vorabstimmung in Hannover. Untersuchungen zur
Vorgeschichte und Geschichte der Deutschhannoverschen Partei im preußisch-deut-
schen Kaiserreich und in der Weimarer Republik, Diss. (Masch.) Hamburg 1954.
Aufschlußreich für die Entwicklung der welfischen Bewegung im politischen Ge-
samtzusammenhang ist die jüngere Untersuchung von H.-G. Aschoff, Welfische Bewegung und politischer Katholizismus 1866–1918. Die Deutschhannoversche Partei
und das Zentrum in der Provinz Hannover während des Kaiserreiches, Düsseldorf 1987 (Beiträge zur Geschichte des Parlamentarismus und der politischen Parteien, 83).
[82] Brüning (Bearb.), Niedersachsen im Rahmen der Neugliederung des Reiches,
S. 114.

sachsen"[83] das Wort redeten. Eine diesem Grundsatz folgende Reichsreform blieb das Credo der Heimatbewegung bis ans Ende der Republik von Weimar und bis weit ins „Dritte Reich" hinein. 1931 hieß es in der Zeitschrift ›Niedersachsen‹, beim „folgerichtigen Durchdenken des Heimatgedankens" komme man zu dem Ergebnis, „das Mechanische, Bürokratische, aber auch Zentralisierende, Kommandomäßige abzulehnen und dafür das Organische, Kulturelle, Pädagogische und damit das Prinzip der Dezentralisation und des Aufbaues von unten" fordern zu müssen. „Grundsatz des Föderalismus" sei die Auffassung des Staates als „äußere Hülle des organischen Volkstums".[84] Wer Heimat wolle, müsse folglich auch den Föderalismus und das durch ihn bestimmte Verhältnis von Stamm und Volk bejahen, aber auch umgekehrt ihre Zusammenfassung zu „höheren Einheiten", welche die Weltgeschichte sich jetzt hervorzubringen anschicke.[85] Die Bejahung größerer Machtgebilde wurde mit diesem Föderalismusbegriff nicht ausgeschlossen. Dennoch blieb er in der Tradition der Heimatbewegung dem ethnischen Regionalismus verhaftet.

6. Die „zentralistische Selbstblockierung".
Heimatbewegung und Nationalsozialismus

Föderalistische Grundüberzeugung allein war nicht geeignet, den die Geschichte der Heimatbewegung durchziehenden Konflikt zwischen Traditionalismus und Modernität in eine weltanschauliche und handlungsorientierte Synthese zwischen Bewahren und Gestalten zu verwandeln. Die Aussöhnung des Heimatschützers mit dem Fortschritt war ein in hohem Maße individualpsychologisches Problem, das immer dringender nach einem ideologischen Ventil verlangte. In dieser Situation verschärfte sich um 1928 die Kritik des völkischen und zum Teil dem Nationalsozialismus gegenüber aufgeschlossenen Flügels der Heimatbewegung am „starren Konservatismus" in den eigenen Reihen. Wer das moderne Wirtschafts- und Verkehrsleben als feindlich empfinde, begebe sich in die Selbstisolierung. Diese bedingte Akzeptanz des Fortschritts war darauf aus, den „Kräften des Volkstums" in einer „sich wandelnden Umwelt" mehr Geduld zu verleihen, um so die Gesamtentwicklung in erwünschte Bahnen zu lenken.[86] Am härtesten urteilte Karl Wagenfeld vom

---

[83] Nebel, wie Anm. 67. Vgl. zum Gesamtkomplex Hartung, Konservative Zivilisationskritik, S. 320–328 („Mit ‚Heimatgeist' und ‚Stammesstaat' gegen Revolution und dynastisch-unvölkischen Zentralismus").

[84] J. Rüther, Heimat und Förderalismus, in: Niedersachsen 36 (1931), S. 121–124, hier S. 123.

[85] Ebd., S. 124.

[86] H. Meyer, Heimat, Volkstum und Reklame, in: Niedersachsen 33 (1928), S. 253–255, hier S. 255.

Westfälischen Heimatbund über acht verschiedene Typen von „Heimatfreunden".[87] Die „Romantiker" erlägen der Illusion, mit der „himmelblauen Romantik" die bedrohte Heimat retten zu können, und ergingen sich in „üppigst
aufgezogenen Heimatfesten". Wenn solche übertriebenen Heimatromantiker
ihr eigenes Leben dem anpassen sollten, was sie anderen schwärmerisch an-
priesen, dann gäbe es viele Versager. Verwandt mit den Romantikern seien die
„Nur-Konservativen", die ebensowenig Leben erzeugten, wie Einwecken
neue Fruchtbäume schaffe. Einem gesunden Fortschritt bereiteten sie unnötige Schwierigkeiten, weil sie die Heimatbewegung in den „Verruf der Altertümelei" brächten. Da Zeit und Leben den Nur-Konservativen trotz all ihrer
Beharrlichkeit entgingen, richteten sie glücklicherweise unmittelbar kein allzu
großes Unheil an. Gefährlicher als dieser Typus sei der „Restaurator", den nur
der gute Glaube vom Kunstfälscher unterscheide.

Verlegen sich diese Restauratoren auf Wiederbelebung gestorbenen Volkstums, so
vertun sie zwecklos Zeit und Kraft, weil die geistige und wirtschaftliche Umstellung der
Neuzeit dem Toten nicht mehr die notwendigen inneren und äußeren Lebensbedingungen bieten.

Geradezu „gemeingefährlich" sei der nicht nach wissenschaftlichen Grundsätzen verfahrende „Sammler", der kein Dorf ohne Heimatmuseum lassen
wolle, das zur „Rumpelkammer der Heimat" gerate.[88] Die „Repräsentanten"
schließlich, die nur die sogenannten Ehrenplätze einnähmen und nicht zugleich tatkräftige Förderer seien, hemmten die freie Fahrt einer „Volkssache"
wie der Heimatbewegung so erheblich wie die „Dilettanten", die sich beispielsweise hinter den Begriffen „Heimatdichtung" und „Heimatforschung"
verschanzten. Oft trete der Dilettant in Personalunion mit dem „Speku-
lanten" auf, der, wie nach dem Zusammenbruch 1918, im Heimatgedanken
Geschäftskonjunktur wittere und die „Inflation der Heimatbewegung" her-
aufbeschwöre. Schädlich seien nicht zuletzt die „Parteipolitiker", die nach
dem „Umsturz" den Versuch unternommen hätten, den Heimatgedanken für
„politisch-reaktionäre Zwecke" zu nutzen und die Heimatbewegung bei politisch anders Eingestellten in Mißkredit gebracht hätten. Die Parteipolitiker
hätten sich jedoch erfolglos zurückgezogen und erkannt, daß die Heimatbewegung politische, religiöse und soziale Unterschiede im Volke nicht betonen,
sondern im Gegenteil überbrücken wolle.[89]
All diese Gestalten, so schloß Wagenfeld seine Abrechnung mit der Heimat-

---

[87] K. Wagenfeld, Heimatfreunde, „solche und solche", in: Niedersachsen 33 (1928),
S. 45–47. Zum Wirken Wagenfelds im Westfälischen Heimatbund siehe W. Schulte, Der
Westfälische Heimatbund und seine Vorläufer, 2 Bde., Münster 1973, insbes. S. 45–47.
[88] Wagenfeld, Heimatfreunde, S. 58.
[89] Ebd., S. 59 f.

bewegung von gestern, seien zu „Hemmern" und „Schädigern" geworden, weil sie rückwärts statt vorwärts sähen. Deutsches Wesen sei „nicht etwas Gefrorenes, Starres, sondern Lebendiges". Das sei zu beherzigen, wolle man die Menschen wirklich zum Ziel des Heimatschutzes und damit „heimatbewußt", „heimatfroh" und „heimattreu" machen.[90] Eine Bewegung, die in ihrer Selbstkritik so weit ging, war der politischen Instrumentalisierung weitaus schutzloser ausgeliefert, als es sich Wagenfeld und andere eingestehen mochten. Wagenfelds Engagement in der nationalsozialistischen „Bewegung" macht deutlich, wie sehr die Völkischen über die beinahe wahnhafte Vorstellung eines organischen und unparteiisch gegliederten Volksgefüges jeden Realitätssinn für die politischen Abläufe in der Republik und für den eigenen weltanschaulichen Standort verloren, den sie weder konservativ oder reaktionär noch demokratisch empfanden, sondern schlicht richtig und unerschütterlich. Das steht nicht im Widerspruch zu den in vielen Schattierungen durchaus zutreffenden Charakteristiken der „Heimatfreunde" durch Wagenfeld.

Die Gegenüberstellung der völkischen Position der Heimatbewegung mit ihrem nationalsozialistischen „Gegenmodell" verdeutlicht bei allen Überschneidungen die innere Widersprüchlichkeit beider Ideologien, die in unterschiedlicher Konsequenz eine rassistisch begründete Identität zur Bewältigung des Fortschritt-Problems wählten. Die „reine kulturpolitische Lehre" über die Rolle der Heimatbewegung im Nationalsozialismus entwickelte im Jahre 1944 der erste Leiter des „Gauheimatwerkes Südhannover-Braunschweig", Karl Kieckbusch.[91] Das geschah erst zu einem Zeitpunkt, da das Herrschaftssystem auf einen Grad der Instrumentalisierung aus war, der von der „Gleichschaltung" heterogener, wenngleich systemkonformer Ideologien zur Gleichrichtung in Denken und Organisation Anlaß gab. Über die unmittelbaren Motive zur Auflösung bisheriger Heimatorganisationen schrieb Kieckbusch ungeschminkt, auch eine anfangs siegreiche Kriegspartei müsse eines Tages um ihr „Alles und ihr Letztes" kämpfen. Den „Impuls zur Hergabe aller Kraft" vermöge in jener Stunde aber nur die dem deutschen Volk innewohnende Liebe zur Heimat zu geben. Deshalb sei der Heimatgedanke im niedersächsischen Gau aus den „vereinstümlichen und verwaltungsmäßigen Beschränkungen" befreit und mit „politischer Initiative" auf eine neue Grundlage gestellt worden.[92] Heimat bedeute dem Nationalsozialismus

[90] Ebd., S. 60.

[91] K. Kieckbusch, Das Gauheimatwerk Südhannover-Braunschweig, in: Archiv für Landes- und Volkskunde für Niedersachsen, hrsg. von Kurt Brüning, Bd. 5, Oldenburg 1944, S. 559–583.

[92] Ebd., S. 559. Es nimmt nicht wunder, daß diese Grundpositionen nationalsozialistischer Kulturpolitik erst in der durch die Kriegsereignisse bedingten kritischen Situation des „Dritten Reiches" fixiert wurden und zugleich mit der Gründung der „Gauhei-

„Bluts- und Raumbewußtsein" und höre auf, ein „sittlich-ästhetischer Begriff" zu sein, zu dem sie von „theologisch-humanistischem Denken" einmal erhoben worden sei. Neben der „Familie" sei Heimat ein „organisch-gegebener Grundbegriff" weltanschaulichen Denkens und des darauf ausgerichteten „politischen Handelns" nationalsozialistischer „Volkskulturarbeit":

> Heimatliebe und Familiensinn sind die natürlichen Quellen des National- und Gemeinschaftsbewußtseins. Eine nationale Idee ohne Heimatliebe und eine sozialistische Idee ohne Familiensinn entbehren der von der Natur in unserem Volkstum ausgeprägten Gefühlswerte, ohne die sie nie den Charakter einer politischen Theorie übersteigen könnten! – Diese Gedankengänge weisen der Heimatarbeit ihre politische Stellung im Rahmen der nationalsozialistischen Revolution zu.[93]

Das eigentlich Revolutionäre an der nationalsozialistischen Revolution war gegenüber den völkischen Strömungen die Konsequenz, sich selbst einzugestehen, daß eine integrationalistische Sammlungsbewegung politischen Charakter habe. Nur und gerade deswegen war sie auf „Gleichschaltung" oder auf die Zerschlagung herkömmlicher Strukturen in Staat und Verbänden aus, weil die „Partei" der Volksgemeinschaft anders nicht ohne politische Konkurrenz hätte bleiben können. Zwischen den Eckpunkten „Heimat" und „Familie" verlor aber die Region an identifikatorischer Bedeutung, da der „Lokalismus" des Rembrandtdeutschen der Reduktion der Ethnizität auf die Rassenlehre des Nationalsozialismus nicht gerecht wurde. Der Aufbau eines Gauheimatwerkes war für Kieckbusch aus diesem Grunde Ausdruck eines „schöpferischen Willens zur Totalität",[94] getragen von der Erkenntnis, daß ein „Grundbegriff, wie der von ‚Blut und Boden'" bis zu jenem Zeitpunkt in Deutschland zu einem „stark abgenutzten Schlagwort" verkommen sei, was davon zeuge, daß die Partei „geistig und gefühlsmäßig das Raumbewußtsein noch nicht in seiner ganzen nationalsozialistischen Ernsthaftigkeit" entwickelt[95] und als „politische und biologisch notwendige Aufgabe" verdeutlicht habe.[96]

Der eingestandene politische Charakter des Nationalsozialismus schreckte führende Persönlichkeiten der Heimatbewegung wie Wagenfeld deshalb nicht

---

matwerke" eine Art zweiter „Gleichschaltung" erfolgte. Dieses Vorgehen löste die bis dahin geltende Kulturpolitik des langen Zügels ab, die laut Ditt bei allen Vorgaben und Kontrollen seit der Machtübernahme eine beachtliche Spannbreite von Kulturströmungen zu integrieren vermochte, die sich in der Weimarer Republik unversöhnlich gegenübergestanden hätten (Ditt, Raum und Volkstum, S. 391).

[93] Kieckbusch, Gauheimatwerk, S. 562.
[94] Ebd., S. 561.
[95] Ebd., S. 562.
[96] Ebd., S. 563.

ab, weil sie innerlich längst mit dem Konservatismus des „alten Reiches" vollständig abgerechnet und den Weg in das „kommende Reich" mit geebnet
hatten. Sie erlagen dabei nicht nur dem Reiz der politischen Durchsetzungs-
fähigkeit und Konsequenz der neuen Bewegung, sondern vor allem der Tatsache, daß sie den zwischen den Polen rückwärtsgewandter Zivilisationsfeind-
lichkeit und vorwärtsgerichteter gesellschaftlicher Dynamik Schwankenden
eine jeden Widerspruch glättende Zauberformel anzubieten schien. Die Attraktivität der rassentheoretischen Argumentation verdeutlicht Stieferle am
Beispiel Paul Schultze-Naumburgs, des langjährigen Vorsitzenden des Bundes
Heimatschutz, der in den zwanziger Jahren die Disproportioniertheit der
Umwelt als unmittelbar biologische Ursache zu sehen begonnen habe, die
einer Verschlechterung der Rasse entsprungen sei.[97] Wesentlich ist Sieferles
Hinweis darauf, daß der Rassengedanke vor allem die „unlösbare Verbin-
dung" aufgetrennt habe, die konservative Kritiker zwischen Technik, Kapita-
lismus und Umweltverschandelung sowie der „Erosion von traditionellen
Sitten und Werten" gesehen hätten:

> Technik und Industrie konnten jetzt in reiner Instrumentalität gesehen werden; sie
> besaßen keine prägende Wirkung auf die gesellschaftlichen und kulturellen Lebensver-
> hältnisse. (…) Damit war die Technik neutral und ihre Anwendung, ihre Modellierung
> der Landschaft, konnte prinzipiell von der jeweiligen Kultur gesteuert werden, denn
> Kultur war direkter Ausdruck von Rasse. War erst die Reinheit der Rasse erreicht, so
> bildete die Meisterung der Technik kein Problem mehr.[98]

Im Nationalsozialismus sieht Sieferle „eine technokratische Bewegung in
romantischem Gewand". Diese Auffassung begründet er damit, daß der
Nationalsozialismus nicht „totalitär" in dem Sinne gewesen sei, daß er organisatorisch und ideologisch ein geschlossenes System dargestellt habe. Ein
„wechselvolles Durcheinander von Wünschen, Ambitionen, Hoffnungen und
Interessen" habe es Schlüsselfiguren wie Adolf Hitler ermöglicht, divergierende
Kräfte im Gleichgewicht zu halten.[99] Die Geschlossenheit einer ideologischen Argumentation steht aber, wie die Reformbewegungen des Kaiserreiches bezeugen, nicht im Widerspruch zur konstatierbaren Vielfalt der Erscheinungen und Strömungen. Vielfalt ist hier Ausdruck einer breit angesetzten
Integrationsklammer und damit selbst ein Instrument der Herrschaftssicherung, das sie totalitäre Wirkung eines Systems eher erhöhen kann.

Die Grundlagen konservativer Zivilisationskritik haben sich auch im Nationalsozialismus nicht geändert. Charakteristisch für den Nationalsozialismus
war seine bemerkenswerte Modifikation der in Riehls Lehre gründenden

---

[97] R. P. Sieferle, Fortschrittsfeinde? Opposition gegen Technik und Industrie von
der Romantik bis zur Gegenwart, München 1984, S. 200.

[98] Ebd., S. 201 f.

[99] Ebd., S. 221.

Agrarromantik und Großstadtfeindlichkeit. Beide fügten sich mit der Einbindung der Rassentheorie gleich welcher Spielart in die „Instrumentalität", die Sieferle im Verhältnis zu Technik und Industrie feststellt. Kieckbusch schrieb 1944:

> Das Grundgesetz des deutschen Lebens ist das Bäuerliche. Die Kernzelle unserer Lebenskultur ist nicht der Markt, sondern der Hof. Die Krankheit unserer heutigen Lebenskultur ist die durch das Judentum und den Orient betriebene Vermarktung unseres Lebens und unserer Seele. Die Erneuerung der deutschen Lebenskultur hat in der Entmarktung, Entjudung, Entorientisierung und Wiederverbäuerlichung unseres Lebens zu bestehen.[100]

Dieses Programm war im eigentlichen Sinne restaurativ und reaktionär, da es die Wiederherstellung eines (fiktiven) gesellschaftlichen Status quo ante in Gegenwart und Zukunft ermöglichen sollte. Es leitete dazu den schon um 1906 in der niedersächsischen Heimatbewegung nachweisbaren ausländerfeindlichen „Rassenschutz" in einen militanten Antisemitismus über und gab vor, daß sich die Reinhaltung der eigenen Rasse und die Wiedergewinnung der ihr gemäßen Lebensform durch die Ausmerzung vermeintlich originär jüdisch-orientalischer Einflüsse auf das deutsche Volk bewerkstelligen ließen. Konsequenter Rassismus und Antisemitismus rückten das romantische Ideal der „Wiederverbäuerlichung" in greifbare Nähe und schienen auch das Problem der Verstädterung wie durch Zauberei zu lösen. Waren die jüdisch-zivilisatorischen Fremdeinflüsse erst ausgemerzt, dann bedeutete dies auch das Ende der „Vermarktung" der Stadt. In der einheitlichen, „gemeinsamen Volkskultur" wandelte sich die Stadt vom Zivilisationsgeschwür, von der „bodenfernen Menschenballung", zur „Führungsstätte und Werkstatt für das Land". Kompromißlose nationalsozialistische „Volkskulturarbeit" mußte deshalb nach Ansicht Kieckbuschs „revolutionäre Folgen" für das Volks- und Staatsleben mit sich bringen. Reichsverfassung, Erziehungswesen, Wirtschaftsleben, Städtebau, Raumordnung, Sozialpolitik, Kulturpolitik und politischem Organisationswesen maß er eine ganz neue Qualität bei.[101] Das Gauheimatwerk verstand sich als Fundament der „kulturpolitischen und gleichzeitig auch rassen- und bevölkerungspolitischen Arbeit" der NSDAP. Die alte Kulturarbeit „im Sinne einer Kulturpolizei" sollte durch „Menschenführung und politisch-weltanschauliche Erziehung" abgelöst werden.[102]

Die „enge Wechselbeziehung" zwischen den Begriffen „Heimat" und „Wirtschaft" stand für die nationalsozialistische Politik dabei von Beginn an höher im Kurs als die den Gauabgrenzungen der Partei ohnehin zuwiderlau-

---

[100] Kieckbusch, Gauheimatwerk, S. 565.
[101] Ebd.
[102] Ebd., S. 567.

fende Debatte um volkstumsbedingte Grenzziehungen. Landeshauptmann
Dr. Gessner hatte in seiner Eigenschaft als „Kurator" des Niedersächsischen
Heimatbundes dem 28. Niedersachsentag im Herbst 1938 in Wesermünde das
Thema „Heimat und Wirtschaft" verordnet. In seinem Grußwort sprach er
von zwei geschichtlichen Lagern, die „mangels eines autoritativen Eingreifens
von seiten der Regierungsstellen nicht zu einem Ausgleich ihrer Grundsätze
und Bestrebungen" hätten gebracht werden können.[103] Der Nationalsozialismus strebe die Überwindung dieser Spaltung an, weil es für ihn eine „Forderung der völkischen Selbsterhaltung" sei, eine „gesunde, d.h. eine tüchtige
und planvolle Wirtschaft" nur in einer „schon und planvoll geordneten
Heimat" entstehen zu lassen. Heimat und Wirtschaft seien nach nationalsozialistischer Auffassung also Bundesgenossen, zwischen denen ein Ausgleich
zu schaffen sei.[104] Dieses Ansinnen veranlaßte Brüning, auf dem 28. Niedersachsentag den „Wirtschaftsraum Niedersachsen als nordwestlichen Eck-
pfeiler des Reiches"[105] zu propagieren und damit an die „republikanische"
Argumentation anzuknüpfen.

Die Neugestaltung des Reiches im Sinne der Nationalsozialisten führte
somit zur politischen Instrumentalisierung des Heimatbegriffes für den ideologischen Ausgleich zwischen den Werten der Heimatbewegung und den Forderungen einer modernen, zentralistisch gesteuerten Volkswirtschaft. Der
Preis für die scheinbare Überwindung eines gesellschaftlichen Grundwider-
spruches war die konsequente Entpolitisierung der Heimat- und Regionalbewegung im Sinne einer politischen Mobilisierung für die Ziele der NSDAP.
Wie wenig die neuen Machteliten beispielsweise daran dachten, Gebiets-
reformen nach den Träumen einer „niedersächsischen Bewegung" vorzu-
nehmen, zeigt Eckhardts Darstellung der Entwicklung des Gaues Weser-Ems
als Machtfaktor, der die Bildung eines Landes Niedersachsen nach hannoverschen Vorstellungen unter dem Nationalsozialismus mit Sicherheit nicht nur
erschwert, sondern wohl eher auf Dauer verhindert hätte.[106] Daß das „Dritte
Reich" nicht ihrem Wunsch- und Traumreich entsprach, ging den völkisch-
konservativen Kräften innerhalb der niedersächsischen Heimatbewegung erst
dadurch auf, daß die neuen Machthaber sich in ihrer Entscheidungsfindung
weder um freiwillige Bekenntnisse noch um Auslegungen programmatischer
Schriften scherten. Die in mehreren Stufen erfolgende Umgliederung bzw.
Auflösung des traditionellen Verbandswesens und die Enttäuschung aller

---

[103] Gessner, Heimat und Wirtschaft, in: Niedersachsen 43 (1938), S. 297 f.

[104] Ebd., S. 298.

[105] K. Brüning, Der Wirtschaftsraum Niedersachsen, in: Niedersachsen, wie
Anm. 112, S. 298–307, hier S. 298.

[106] A. Eckhardt, Oldenburg und die Gründung des Landes Niedersachsen, in: Niedersächsisches Jahrbuch für Landesgeschichte 55 (1983), S. 15–70, hier S. 30.

Hoffnungen auf eine der „Stammeskultur" entsprechende territoriale Neugliederung im niedersächsischen Raum belehrten sie schmerzlich eines Besseren.

In der politischen Bewertung des Nationalsozialismus sah der mit der Heimatbewegung ideologisch eng verbundene welfische Konservatismus sein
föderalistisches Staatsideal durch die Weltkriegsniederlage bestätigt. Heinrich
Hellwege, von 1955 bis 1959 Ministerpräsident des Landes Niedersachsen,
brachte den Gegensatz auf die Formel, daß das „Einheitsreich" seit Bismarck
die Geschichte einer „galoppierenden deutschen Raumschrumpfung" gewesen sei, die Geschichte des „lockersten deutschen Staatsgefüges" unter den
Sachsenkaisern hingegen die eines „galoppierenden Raumwachstums".[107]
Der Nationalsozialismus stellte für Hellwege den Höhepunkt der „zentralistischen Selbstblockierung" des deutschen Volkes dar, die nun konsequent durch
das föderalistische Prinzip und die Wiederherstellung einer „niedersächsischen staatlichen Stammesfreiheit" abgelöst werden müsse.[108]

Der Schock, den die zentralistische Ordnungs- und Institutionenpolitik
der Nationalsozialisten in der „alten" Heimatbewegung ausgelöst hatte, bildete den Grund dafür, daß der Untergang des „Dritten Reiches" im Jahr 1945
ihr Selbstverständnis ebensowenig erschütterte wie das Ende des Kaiserreiches 1918/19. Die Restauration der niedersächsischen Heimatbewegung in
einer „veränderten, zerstörten und aus den Fugen geratenen Welt"[109] erfolgte
wiederum „nur aus der Heimat heraus".[110] Zerstörung und Vertreibung
hatten dem Wort Heimat „einen schmerzlich erlebten Sinn" verliehen, dem
die „gefühlvolle Romantik früherer Zeiten" nicht mehr gerecht werde.[111] Die
eben überwundene „diktatorische Gleichmacherei" der zwölfjährigen Herrschaft des Nationalsozialismus hatte jedoch den „tiefen Klang" des Begriffes
aber nicht zu zerstören vermocht. Trotz der Versicherung, die äußere und innere Welt neu gestalten zu wollen, überwog die „Ehrfurcht vor dem Alten" bei
weitem den beschworenen „Mut zum Neuen". Kulturarbeit blieb „Bodenver-
besserung", die Kunst stand weiterhin „in organischem Zusammenhang mit
den natürlichen Bedingungen der Menschen eines Lebensraumes". Sie konnte

[107] H. Hellwege, Niedersachsens deutsche Aufgabe, Hannover 1946, S. 24.
[108] Ebd., S. 22 f.
[109] A. Rogge, Was wir wollen. „Niedersachsen" zum Geleit, in: Niedersachsen
49 (1949), S. 1.
[110] D. Steilen, 50 Jahre Niedersächsischer Heimatbund e. V., Arbeitsgemeinschaft
und Spitzenvertretung der Heimatvereine und der an der Heimatpflege beteiligten Behörden und Körperschaften in Niedersachsen, angeschlossener Landesverband im
Deutschen Heimatbund, 1906–1956, Hannover 1956 (Schriften des Niedersächsischen
Heimatbundes e. V., 32), S. 107.
[111] Rogge, wie Anm. 109.

nicht „technisch-wirtschaftlich" oder „wurzellos" sein, sondern nur „gewachsen". Die Heimatpfleger der Gegenwart sollten „klare, unromantische"
Entscheidungen in „sachlicher und beseelter Grundhaltung" treffen. Noch
immer wähnte sich die Heimatbewegung inmitten einer „großen Zeiten-
wende", in einem „geistigen Entwicklungsprozeß", der vor einhundert Jahren
mit der Industrialisierung begonnen und aus „blühendem Ackerland" absto-
ßende „Großstadt-Wüsten" gemacht hatte, in denen die Menschen „im wört-
lichen biologischen Sinne entwurzelt" waren, in denen „Geldsack und Klas-
senhaß" herrschten. Warner der geistigen Gegenströmung, so der früh vom
Nationalsozialismus begeisterte Paul Schultze-Naumburg, blieben auch 1949
zitierfähige Exponenten „handwerksgerechter Gestaltung", während die
„Neue Sachlichkeit" der Architektur eines Walter Gropius weiterhin mit der
Bemerkung diffamiert wurde, ihre Wurzeln reichten „nicht bis ins Grund-
wasser".[112] Niedersächsisches Stammestum und niederdeutsche Sprache etwa
sahen sich, wie der Schriftsteller Moritz Jahn klagte, mit der Frage konfrontiert, ob diese Werte so besonders betont werden sollten zu einer Zeit, da einen
das Schicksal Deutschlands und Europas so vordringlich bewege. In einem
fiktiven Brief an einen „jungen Freund" antwortete Jahn:

> Es ist nun schon ein altes Lied: vor hundert Jahren wollte Ludwig Wienbarg unser
> Plattdeutsch zurückgedrängt und am liebsten tot wissen, damit das deutsche Volk end-
> lich sprachlich und kulturell zu einer wirklichen Einheit werden könnte. Als die nieder-
> sächsische Heimatbewegung sich in den achtziger Jahren des vorigen Jahrhunderts leise
> zu regen begann, geriet sie sofort in den Verdacht welfisch-partikularistischer Bestre-
> bungen. Der Nationalsozialismus, in seinen ersten Jahren der Pflege aller deutschen
> Mundarten grundsätzlich zugeneigt, suchte danach, nicht minder prinzipiell, alles
> Mundartliche abzuwürgen: Ein Volk, ein Reich, eine Sprache. – Heute ist offenbar die
> Stunde der „europäischen" Bedenken gekommen, und wir erwarten schon mit einiger
> Spannung die Parole: „Esperanto, nicht Mundart!"[113]

Der Nationalsozialismus wurde im nachhinein zum prinzipiellen Erzfeind
und Verräter an den Forderungen der Heimatbewegung erklärt, ideologisch
eingeordnet in das Lager jungdeutscher, preußisch-nationalliberaler Gegner
des Heimat- und Stammesprinzips. Die eigene Tradition war damit schnell
von jeder Anrüchigkeit befreit, die Heimatbewegung von ideologischer Mit-
schuld und Anfälligkeit freigesprochen und in scheinheiliger Unbefangenheit
in das Lager des geistigen Widerstandes gegen den Nationalsozialismus einge-
reiht. Der selbst erteilte Freispruch galt auch den völkischen Ideologen der

---

[112] W. Wickop, Ehrfurcht vor dem Alten – Mut zum Neuen, in: Niedersachsen
49 (1949), S. 2–4, hier S. 3 f.
[113] M. Jahn, Noch immer „niederdeutsch"? Ein Brief, in: Niedersachsen 49 (1949),
S. 15.

Heimatbewegung wie Paul de Lagarde und vor allem Julius Langbehn. Wenn man den „Rembrandtdeutschen" heute betrachte, sei man erstaunt über die „Sicherheit von Erkenntnissen", die sich inzwischen als richtig erwiesen hätten und zu „Selbstverständlichkeiten" geworden seien. In vielen „Reformbewegungen", in der Jugendbewegung und der Politik wirkten sie bis in die Gegenwart fort, auch wenn „Irrtümer und Unzulänglichkeiten" Langbehn als Reformator hätten scheitern lassen.[114]

7. „Heimat" – kulturpolitisches Integral der multikulturellen Gesellschaft?

Selbstreinigung in Form geschichtsklitternder Unschuldserklärungen schien zu genügen, um der antizivilisatorischen, noch immer dem Muster der Agrarromantik und der Großstadtfeindlichkeit ergebenen Grundüberzeugung der Heimatbewegung nach 1945 Demokratiefähigkeit zu verleihen. Was Moritz Jahn auf dem 36. Niedersachsentag 1955 in Oldenburg als „Erbe und Aufgabe" des Niederdeutschtums kennzeichnete, war Ausdruck ungebrochener geistiger Kontinuität und gestattete der Heimatbewegung wenig Freiraum, sich in der Toleranz eines pluralistischen demokratischen Systems zurechtzufinden. Ethnizität im Sinne der Stammeskultur schien Jahn so bedroht wie nie zuvor. Die „moderne Welt" vernichte auch die entlegensten der „bisher unberührtesten Kulturen"[115] und mache vergessen, daß alle künstlerische, schöpferische Kraft im Irrationalen gründe.[116] Die Bedrohung des „urtümlichen Lebens" durch die moderne Kulturentwicklung sei nicht mehr aufzuhalten, voran die Strukturveränderung, der die bäuerliche Kultur unterworfen sei, die bislang immer die „regenerativen Kräfte jedes Stammestums" in sich geschlossen habe. Den Unterschied zwischen Stadt und Land werde die Zukunft aufheben, das Individuum herabwürdigen zum Obnjekt eines „gestaltlosen Massenmenschentums",[117] das dem „Ansturm der Unkultur" nicht gewachsen sei.[118] Eine „von den natürlichen Wurzeln gelöste Existenz" führe im Endergebnis zu einer geistigen Landschaft, die „verzweifelte Ähnlichkeit" mit dem haben werde, was man in der „realen Landschaft von heute Kultursteppe" nenne.[119] Niederdeutsches Wesen wurde in dem Land Niedersachsen, das mit Hilfe der Besatzungsmacht nun gebildet worden war, in alter

---

[114] W. Heidrich, Vom Rembrandtdeutschen, in: Niedersachsen 51 (1951), S. 440 f.

[115] M. Jahn, Niederdeutschtum – Erbe und Aufgabe, in: Gesammelte Werke, Bd. 3, Göttingen 1964, S. 7–27, hier S. 9.

[116] Ebd., S. 13.

[117] Ebd., S. 25.

[118] Ebd., S. 26.

[119] Ebd., S. 27.

Manier beschworen, um der nivellierenden Wirkung der europäisch-atlanti-
schen Westintegration Rüstzeug aus einem fragwürdigen ideologischen Arsenal entgegenzustemmen. Dieser geistige Westwall richtete sich wie eh und je
vor allem gegen den Pluralismus im Inneren. Der „niederdeutsche" Autor
Moritz Jahn aber fühlte sich verfolgt und diffamiert von einer „einflußreichen
Clique von Kunstschreibern", die dem Publikum den Mut zum eigenen Urteil
zu nehmen trachteten. Die „Schwäche der Position" seiner Widersacher sah
Jahn denn auch durchaus folgerichtig darin, daß sie den Maßstab der Stammeskultur als „geistig und historisch zurückgeblieben" einstuften.[120]

Diese Äußerungen eines der Heimatbewegung verbundenen Schriftstellers,
der die Lektüre des „Rembrandtdeutschen" zum Schlüsselerlebnis seines
Schaffens erhob,[121] stehen beispielhaft für das Unvermögen und den vielfach
unmißverständlich artikulierten Widerwillen der Heimatbewegung, sich der
Chancengleichheit des geistigen Wettbewerbs einer demokratischen und libe-
ralen Gesellschaft zu stellen. Mehr noch als vom neutralen Charakter gesellschaftlicher Konfliktregelung in der importierten westlichen Demokratie war
konservatives Unwohlsein in der Nachkriegszeit vom kompensatorischen Siegeszug des Technik- und Fortschrittsglaubens der Wiederaufbau-Gesellschaft
gezeichnet.

Eine für die konservative Zivilisationskritik kaum noch erfaßbare Dimension stellte das mit den Bombenabwürfen über Hiroshima und Nagasaki ein-
geleitete Atomzeitalter dar. Die Vision der vom „Atomsturz menschenrein ge-
fegten Erde" traf in ihrer „Überschneidung von Phantasie und Wirklichkeit"
tief in das Bewußtsein derer, die weiterhin für den Ausgleich zwischen Natur
und Technik wirken wollten. So unfaßlich war der Gedanke an das „Golgatha
der Natur", daß das psychische Ventil der Verdrängung einer realen Angst als
einzig möglicher Ausweg propagiert wurde, Heimatpflege und Naturschutz
im Zeitalter der Atomenergie überhaupt noch einen politisch legitimen Anstrich zu verleihen:

Die Atomenergie verhüllt ihr Medusa-Gesicht, der Mensch fühlt sich im Innersten
beunruhigt. Aber diese Unruhe, die ihn erfaßt, wenn er nachts einen geheimnisvollen
Lichtschein am Himmel erblickt, der von einem verirrten V-2-Probegeschoß stammen
kann, oder wenn er das Geräusch eines Stratosphärenbombers hört, diese Unruhe hin-
dert ihn nicht, am Morgen seinem Tagewerk nachzugehen, als gäbe es keine Atomenergie und keine Atomentfesselung. Und dieses 'als ob', das sich in karnevalistischen
Taumel auslöst, in Alltagsarbeit versickert oder in yogi-hafter Abstinenz erstarrt, ist
vielleicht als Gesamtheit gesehen etwas so starkes, daß wir es nicht außer Acht lassen
dürfen. In seiner Tätigkeit, Skepsis und Abwendung verzögert es das sonst verhängnis-

---

[120] Ebd., S. 21.
[121] Siehe M. Jahn, Von Weg und Ziel, in: Gesammelte Werke, wie Anm. 115, S. 366–
370.

volle Fortschreiten und Rotieren des Atomzeitalters; ja ich glaube, daß sich die Menschen heute noch mehr als früher mit der Vergangenheit beschäftigen, schon um der Zukunftsschau zu entgehen, und jede Beschäftigung, ja jede Besinnung ist ja schon Handlung und Riegel.[122]

Der Blick in die Geschichte spendete dem Heimat- und Naturschützer, der seinen Blick in die Zukunft richten mußte, Trost, Hoffnung und Gewißheit darüber, daß er sich weder „vor dem Glashaus noch vor dem Sonnenmotor" zu fürchten brauche. Die gemeinsame Geschichte der Natur und des „landschaftlichen Umformungsprozesses" durch die Technik schien die Gewähr gegen Zerstörung zu bieten, auch dann, wenn ausschließlich „die Gestaltungsform an Stelle des Naturinhaltes" träte:

Die Autobahnen haben zum ersten Mal gezeigt, wie sich das moderne technische Werk in die Landschaft eingliedern läßt, und es führt zu ihnen und über sie hinaus eigentlich eine Linie, die sich von den ägyptischen Pyramiden und den römischen Aquädukten, den Benediktinerabteien und Lawinenverbauungen an verfolgen läßt und nur zeitweise im Zeichen der Landschaftsverschandelung unterbrochen war.[123]

Ethnische Selbstzuweisung und Ästhetizismus herkömmlicher Prägung halfen der Heimatbewegung, sogar den Gedanken an die Apokalypse zu bewältigen und aus dem „Nichts", vor dem, wie Heinrich Hellwege 1946 behauptete, jede Theorie versage,[124] einen Weg in die Zukunft zu weisen. Ihr Rezept bestand darin, den Fortschritt mit der untauglichen Fessel historisierender Ignoranz bändigen zu wollen.

Mit der Studentenbewegung der späten sechziger Jahre zerbrach der schon ins Wanken geratene optimistische Konsens der bundesrepublikanischen Wiederaufbau- und Wirtschaftswunderepoche. Traf der marxistisch begründete antikapitalistische Protest auf wenig Gegenliebe, so verbreitete sich wenige Jahre später durch die weltweite wirtschaftliche Depression, die spätestens mit der „Ölkrise" des Jahres 1973 in das Bewußtsein der Mitteleuropäer gedrungen war, Skepsis gegenüber der Industriegesellschaft. Kritiker, die sich nun Gehör verschafften, standen selten auf seiten der abstrakt-theoretisierenden „Neuen Linken". Gegenstand ihrer Kritik waren die Wachstumsideologie der Industriegesellschaft und ihre globalen Auswirkungen auf Natur und Umwelt. 1972 veröffentlichte Dennis Meadows den Report ›Grenzen des Wachstums‹,[125] und zwei Jahre später sorgte der zweite Bericht an den „Club

---

[122] Von Vietinghoff-Riesch, Naturschutz im Zeitalter der Atomenergie, in: Niedersachsen 50 (1950), S. 164–166.
[123] Ebd., S. 166.
[124] Hellwege, wie Anm. 107, S. 5.
[125] D. Meadows u. a., Die Grenzen des Wachstums, Stuttgart 1972.

of Rome" unter dem Titel ›Menschheit am Wendepunkt‹ für Aufsehen.[126]
Bestseller der neuen Heimatbewegung, die im wesentlichen eine „Umweltbe-
wegung" wurde, war seit 1975 das Buch ›Ein Planet wird geplündert‹ des damaligen CDU-Bundestagsabgeordneten Herbert Gruhl.[127] Diese und andere
Schriften beeinflußten entscheidend die „Ökologiebewegung", die sich mit
wenigen Ausnahmen außerhalb der bestehenden Heimatverbände im Widerstand gegen Planungen und Projekte etwa in Bürgerinitiativen auch institu-
tionell verfestigte. Namen wie Wyhl und Gorleben stehen für Proteste, die
wenigstens in ihren Anfängen politisch nicht einem bestimmten Lager zuzu-
ordnen sind. Die organisierte politische Kraft, die später aus diesen Gruppierungen hervorging, zeigte infolgedessen den Charakter einer „Bewegung", die
sehr unterschiedliche weltanschauliche Ansätze und praktische Interessen in
sich aufgenommen hatte.[128]
    Von der anhaltenden ökonomischen und ökologischen Krisenstimmung und
dem zunehmend als „bürgerfern" empfundenen Vorgehen von Verwaltung und
Politik profitierten auch die Heimatbünde. So entstanden durch die Verwal-
tungs- und Gebietsreform sowohl in den neuen Verwaltungseinheiten wie auch
in den ihrer Selbständigkeit beraubten Orts- und Gemeindeteilen zahlreiche
neue Heimatvereine und Vereinigungen, die auf dem Felde der „Heimatpflege"
Identität zu erhalten oder zu stiften bemüht sind. Denkmalpflege und Naturschutz erlebten im Bewußtsein von Bevölkerung, Verwaltung und Politik einen
erheblichen Aufschwung durch nationale und internationale Initiativen, wie das
„Europäische Jahr des Denkmalschutzes" 1975 oder das „Europäische Jahr der
Feuchtgebiete" 1976. Seitdem entwickelte sich im politischen Kräftefeld von Parlamenten und Verbänden ein erhebliches Protestpotential, das in seiner theoretischen und ideologischen Inhomogenität fundamentalistische industrie- und
zivilisationskritische Ansätze ebenso vertrat wie das Ziel eines „ökologischen
Umbaus" der bestehenden Industriegesellschaft.
    Das zeitliche Zusammentreffen wirtschaftlicher Rezession, politischer Zen-
tralisationsvorhaben und industrieller Großprojekte führte Mitte der siebziger Jahre zu einer Vielzahl lokaler und regionaler Protest- und Reformbestrebungen, begleitet von einer „Renaissance" von „Heimat" und einer ersten
gründlichen wissenschaftlichen Debatte über den Heimatbegriff. Während
sich die Funktionäre traditioneller Heimatverbände durch die Heimat-Re-

---

[126] M. Mesarovič u. E. Pestel, Menschheit am Wendepunkt. 2. Bericht an den Club
of Rome zur Weltlage, Stuttgart 1974.
[127] H. Gruhl, Ein Planet wird geplündert. Die Schreckensbilanz unserer Politik,
Frankfurt a. M. 1975.
[128] Vgl. dazu u. a. H. Bossel, Bürgerinitiativen entwerfen die Zukunft. Neue Leit-
bilder, neue Werte. 30 Szenarien. Ein Alternativ-Bericht des Öko-Instituts Freiburg/
Br., Frankfurt a. M. 1978.

naissance schlicht in der Auffassung bestätigt sahen, daß die Liebe zur Heimat immer einen festen Stellenwert behalte und weder als Mode abgetan noch mit „Tages- oder Parteipolitik" in Verbindung gebracht werden könne,[129] beklagte Ina-Maria Greverus diesen Neuaufguß eines „verdrängten Heimatbegriffes" durch heimatpflegerische Interessenvertreter, die nun als „verdrängte Heimat-experten" unter der Prämisse ihres angeblichen Wissensvorsprunges wieder parat stünden.[130] Heimat definierte sie als „Raum der Identität gegen Anony-mität und Fremdheit", aber auch Raum, „der aktiv, in wohnender und selbst-gestaltender Aneignung erworben wird".[131] So verstanden wurde Heimat von einer „politischen Vokabel" ausdrücklich zur „politischen Aufgabe" erhoben, die „kritische und tätig-helfende Einschaltung in die Planung zur Schaffung von Heimatbedingungen in den politischen Entscheidungsprozessen" verlangte.[132]

Der alten wie der neuen Heimatbewegung gemeinsam blieb der Bezug auf „Heimat". Die Unterschiede begannen mit den Bemühungen um die Defini-tion dieses Begriffes. Während die Heimatbünde wenig Anlaß sahen, über dieses Schlüsselwort ihrer jahrzehntealten Bestrebungen kritisch nachzu-denken, machten die anderen eine Neuentdeckung, die sie durch Verknüpfung von Erleben und individueller wie gruppenbezogener geistiger Auseinander-setzung für sich gewinnen wollten, nicht ohne die Renaissance des Heimatge-fühls im Rahmen einer „sympathischen Ideologiekritik" als Bündel „zwie-spältiger Zufluchten" auf Distanz zu halten.[133]

Die Lösung des Heimatbegriffes aus konservativer Umklammerung beruft sich auf Ernst Blochs Heimat-Utopie, die von der Vorstellung ausgeht, daß der Mensch noch „überall in der Vorgeschichte" lebe und die „wirkliche Ge-nesis" erst einsetze, „wenn Gesellschaft und Dasein radikal werden, das heißt sich an der Wurzel fassen". Diese Wurzel der Geschichte ist für Bloch der „arbeitende, schaffende, die Gegebenheiten umbildende und überholende Mensch":

Hat er sich erfaßt und das Seine ohne Entäußerung und Entfremdung in realer De-mokratie begründet, so entsteht in der Welt etwas, das allen in die Kindheit scheint und worin noch niemand war: Heimat.[134]

---

[129] Rote Mappe 1975 des Niedersächsischen Heimatbundes, vorgetragen durch den Vorsitzenden Herbert von Geldern beim 56. Niedersachsentag in Rotenburg (Wümme) in der Festversammlung am 4. Oktober 1975, S. 3.

[130] Greverus, Auf der Suche nach Heimat, S. 21.

[131] Ebd., S. 14.

[132] Ebd., S. 17.

[133] W. v. Bredow/H.-F. Foltin, Zwiespältige Zufluchten. Zur Renaissance des Hei-matgefühls, Berlin, Bonn, 1981. Hier insbes. das Kapitel: Zwiespältige Zufluchten, S. 19–21.

[134] E. Bloch, Das Prinzip Hoffnung, 3 Bde., 4. Aufl., Frankfurt a. M. 1977, hier Bd. 3, S. 1628.

„Heimat" gewinnt nach dieser Definition ebenso prozessualen Charakter
wie bei Norbert Elias der spiralförmig verlaufende, einer ständigen Figura-
tionsänderung gleichende Prozeß der Zivilisation.[135] Ebenso wie für Elias ver-
läuft der historische Prozeß für Bloch in einer Richtung. Unschärfer beschreibt Bloch hingegen das Verhältnis zwischen Individuum und Gesellschaft. Das „Prinzip Hoffnung" läßt als Motor des Prozesses nur menschliches Bewußtsein zu, wogegen sich bei Elias aus der Interaktion eigene, für den
Menschen nicht unbedingt durchschaubare oder steuerbare Bewegungsab-
läufe ergeben. Während der Zivilisationsprozeß dadurch eine objektive Richtung erfährt, die auf eine Zentralisation der Gewaltenmonopole zielt, umreißt
Bloch die utopische Zielvorgabe mit dem Wertekanon dessen, was er „reale
Demokratie" nennt. Eine Annäherung beider Interpretationen ermöglicht
Blochs Eingeständnis, daß den Handelnden das Ziel insgesamt über weite
Strecken „verdeckt" bleibe:

> Die Gesichter, die sich in die utopische Richtung wandten, waren zwar zu jeder
> Zeit verschieden, genauso wie das, was sie darin im Einzelnen, von Fall zu Fall, zu
> sehen meinten. Dagegen die Richtung ist hier überall verwandt, ja in ihrem noch ver-
> deckten Ziel die gleiche; sie erscheint als das einzig Unveränderliche in der Ge-
> schichte.[136]

Die von Elias dargestellten Eigenschaften des Zivilisationsprozesses legen
es in Verbindung mit der „realen" Utopie Blochs nahe, auch „Heimat" als
Prozeß aufzufassen, der sich im Unterschied zu dem komplexen und nicht
immer durchschaubaren Prozeß der Zivilisation auf die Umgrenzung eines
überschaubaren Raumes und ein nachvollziehbares menschliches Interak-
tionsfeld bezieht. Heimat verliert damit ihre Statik, wird zum gegenwärtigen
Feld bewußter Aneignung und Auseinandersetzung zwischen Vergangenheit
und Zukunft. Allerdings dient auch diese Auffassung von Heimat auf andere
Weise der Identitätsstiftung. „Heimatgeschichte" wird zur „Geschichte derjenigen sozial-räumlichen Einheit, die von einer Person oder einer bestimmten
Gruppe lebensgeschichtlich und sozialisationsbedingt als identitätsstiftend
erfahren wird".[137] Soll Heimat von „antizivilisatorischem" Ballast befreit
werden, erfordert das nicht nur den Verzicht auf die akademische Unterscheidung zwischen Geschichte und Politik im Sinne einer „aktiven Heimatgeschichte",[138] sondern auch ein ständiges Bemühen um das Bindungsgeflecht

---

[135] N. Elias, Über den Prozeß der Zivilisation. Sozialgenetische und psychogeneti-
sche Untersuchungen, 2 Bde., 7. Aufl., Frankfurt a. M. 1980.
[136] Bloch, Das Prinzip Hoffnung, S. 1627.
[137] C.-H. Hauptmeyer, Heimatgeschichte heute, in: Ders. (Hrsg.), Landesgeschichte heute, Göttingen 1987, S. 77–96, hier S. 77.
[138] Ebd., S. 85.

von Heimat. Zum Kanon „kritischer Loyalität"[139] moderner Heimatforschung gehört das Bewußtsein, daß „Nahwelten keine geschlossenen Horizonte" mehr haben. Eben diese Fähigkeit zur Distanzwahrung meinen Wilfried von Bredow und Hans-Friedrich Foltin, wenn sie den „sympathischen aber auch zwiespältigen Prozeß" der Annäherung an Heimat mit der mahnenden Formel beschreiben: „Wir lieben unsere Heimat. Wir leben in der Welt."[140]

Umstritten ist in der neueren Literatur zum Heimatbegriff das Gepräge der Identität, die „Heimat" stiften soll. Ina-Maria Greverus befreit zwar den Heimatbegriff von der Bindung an einen „fixen Raum", ist aber geneigt, „Heimat" durch die biologische Konstante „Territorialität" zu ersetzen, um ein „notwendiges Raumkorrelat menschlichen Verhaltens" zu bezeichnen.[141] Die Reduktion menschlicher Identität auf einen „territorialen Imperativ"[142] bleibt unscharf, zumal Greverus an anderer Stelle wieder von einer „emotionalen Bezogenheit der Subjekte auf einen soziokulturellen Raum" spricht, „in dem ihnen Identität, Sicherheit und aktive Lebensgestaltung" möglich erscheine. Die verkürzte Schlußfolgerung erklärt sich aus einer im Kern zutreffenden Kritik an „historischen Wissenschaften" sowohl bürgerlich-positivistischer als auch historisch-materialistischer Orientierung, die sich „stringent" von allen Anthropologien distanzierten.[143] Dem historischen Ansatz stellt Greverus ohne Bemühen um Vermittlung den „interkulturellen diachronen und synchronen Vergleich" der Sozial- und Kulturanthropologie gegenüber. Sein Erkenntnisziel richte sich nicht auf die geschichtliche Entwicklung eines „Produkts Heimat" im gesamtgesellschaftlichen oder regionalhistorischen Prozeß, sondern auf die Frage, inwieweit die Geschichtlichkeit des Menschen das „Verhalten Heimat" nur variiere und modifiziere oder in bestimmten Kulturen und Situationen auch manipuliere. So richtig in diesem Zusammenhang der Hinweis darauf ist, daß Geschichtlichkeit nicht das „einzige Kriterium menschlicher Bedürfnisse" darstellt, so unzutreffend ist die Unterstellung, „Heimatschaffen" sei ein Ereignis historisch abgrenzbarer Epochen.[144] Das Verdienst des Beitrages liegt zweifellos in dem Hinweis auf die biologisch-evolutionäre Disponibilität des Menschen und ihre Bedeutung für historische Entwicklungen. Nicht vertretbar ist hingegen eine Unterbewertung des histo-

---

[139] J. Kuropka, Eine Wiederentdeckung: Heimatgeschichte, in: Geschichte, Politik und ihre Didaktik 12 (1984), S. 49–57.

[140] Von Bredow/Foltin, Zwiespältige Zufluchten, S. 206.

[141] Greverus, Auf der Suche nach Heimat, S. 17.

[142] Ebd., S. 23f. Vgl. dazu auch I.-M. Greverus, Der territoriale Mensch. Ein literaturanthropologischer Versuch zum Heimatphänomen, Frankfurt a. M. 1972.

[143] Greverus, Auf der Suche nach Heimat, S. 13.

[144] Ebd., S. 27.

rischen Prozesses, die sich leicht aus der Überschätzung evolutionärer Redundanzfaktoren, aber auch aus der von Greverus dargestellten Konvergenz konservativer und materialistischer Heimatbegriffe erklärt.[145]

Für Hermann Bausinger ist Heimat auf den einzelnen bezogen der Zustand, „in dem er seiner selbst gewiß ist, in dem er gelebtes Leben – Vergangenheit – tätig an die Zukunft zu knüpfen vermag, in dem er von den andern, von der Bezugsgruppe oder den Bezugspersonen voll akzeptiert ist". Heimat werde damit nicht nur „Basis für Identität", sondern mache „gewissermaßen das Wesen der Identität" aus, ohne daß beide Begriffe für Bausinger wesensgleich wären: „Heimat zielt auf eine räumliche Relation; Heimat ist zwar nicht strikt begrenzbar, aber doch lokalisierbar im Raum. Identität dagegen ist eine Frage der inneren Struktur."[146]

Die hier beschriebene Beziehung zwischen Heimat und Identität beabsichtigt keine Übersetzung von „Heimat" durch „Identität", wie von Bredow und Foltin unterstellen. Ihnen ist aber darin zuzustimmen, daß sich Identität zwar hauptsächlich, nicht aber ausschließlich in der „Auseinandersetzung mit heimischer Umwelt" herausbilde.[147] Heimat ist also mit Identität nicht deckungsgleich, setzt man ein wie auch immer geartetes Raumkorrelat voraus. Identität verselbständigt sich damit zu einer überwiegend in sozialer Interaktion angelegten Geborgenheit, die die räumlich verstandene Einheit von Heimat durchbrechen kann. Aber auch diese Identität ist entweder aktiv angeeignet oder verordnet.

Der politisch verstandene Heimatbegriff sieht Heimat als „Medium und Ziel praktischer Auseinandersetzung". Er wird von daher auch als Plural denkbar, ohne deshalb – wie der Begriff Zivilisation – zwingend nach dem Plural zu verlangen. Heimaten bestehen, wie Zivilisationen, nicht nur im Nebeneinander räumlicher Trennung. Eine weitaus wichtigere Beziehung

---

[145] Vgl. dazu G. Lange, Heimat – Realität und Aufgabe. Zur marxistischen Auffassung des Heimatbegriffs, 2. Aufl., Berlin [Ost] 1975 (Akademie der Wissenschaften der DDR, Zentralinstitut für Geschichte, Veröffentlichungen zur Volkskunde und Kulturgeschichte, 56). In Langes Konzept der „Sozialistischen Heimat" sieht Greverus die Forderung nach einer emotionalen Beziehung zur Heimat auf Staatsebene, die in ihrem Wesen dem zuvor von Lange als idealistisch und revanchistisch kritisierten westdeutschen Positionen gleichkomme. Westdeutsche Analytiker des Heimatbegriffes meinten, wenn sie von emotionaler Beziehung zur Heimat sprächen, „nicht die geforderte affirmative Zuordnung zu einem politischen Raum" (Greverus, Auf der Suche nach Heimat, S. 13). Vgl. dazu auch das Kapitel ›Heimat und Heimatbegriff in der DDR‹ bei von Bredow/Foltin, S. 195–201. Sie messen der Propagierung einer „harmonischen sozialistischen Heimat" in der DDR eine „sozialhygienische Funktion" bei (S. 199).

[146] H. Bausinger, Heimat und Identität, in: E. Moosmann (Hrsg.), Heimat, Sehnsucht nach Identität, Berlin 1980, S. 13–29.

[147] Von Bredow/Foltin, Zwiespältige Zufluchten, S. 45 f.

von Heimaten beschreibt Bausinger mit Hilfe der glücklichen Anleihe des agrarhistorischen Begriffes der „Gemengelage" zur Charakteristik der „Ungleichzeitigkeiten" im Heimatbegriff, des „(gar nicht immer bemerkten) Zusammentreffens ganz verschiedener Vorstellungen". Den im Bewußtsein dieser „Gemengelage" aktiven, dabei aber keinesfalls nur auf die Gegenwart bezogenen Heimatbegriff hält Bausinger für „zeitgemäß". „Ungleichzeitigkeit" bedeutet aber auch, daß die „älteren Bedeutungen und Bedeutungsanklänge" fortleben.[148]

„Heimat" ist damit durch die jüngeren Heimattheoretiker als „Verhalten" aus der zwingenden Bindung an konservativ-statische Interaktionsprozesse gelöst worden. Heimat schafft identifikatorische Wahlmöglichkeiten, die eine Akzeptanz linear oder spiralförmig verlaufender, letztlich auch autonomer Prozesse voraussetzen. Die Begriffe Heimat und Identität sind somit nicht deckungsgleich, denn Heimat stellt lediglich eine Möglichkeit dar, Identität zu schaffen. Damit ist der Heimatbegriff trotz aller neueren theoretischen Rettungsbemühungen in logischer Hinsicht durchaus ersetzbar und überflüssig, nicht jedoch in seiner Eigenschaft als Programmbestandteil konservativer Identitätssuche und -stiftung. Identität greift über „Heimat" bei weitem hinaus, auch und gerade in konservativen Theorien, die ihre bestimmenden ideologischen Positionen überwiegend aus unterschiedlich umgrenzten Regionen gewinnen, um sich gegen den zentralistischen, großräumig wirksamen Zivilisationsprozeß zur Wehr zu setzen.

Wenn aber Heimat und Identität nicht deckungsgleich sind, dann stellt sich die Frage nach der Tauglichkeit der Identitätsstiftung „Heimat" für eine demokratisch-pluralistische Kulturpolitik schlechthin. Heimat erscheint historisch unablösbar von ethnischer Selbstzuweisung und damit festgelegt auf Formen konservativer Identität. Mehr als zweifelhaft ist, ob Blochs utopische Zielvorgabe einer „realen Demokratie" oder die parallel zum neuen Heimat-Boom Anfang der siebziger Jahre formulierte „Neue Kulturpolitik" oder „Soziokultur"[149] in ihrer Bejahung des Prozeßcharakters aller Entwicklung von einer Bindung an den Heimatbegriff profitieren.[150]

---

[148] H. Bausinger, Auf dem Wege zu einem neuen, aktiven Heimatverständnis. Begriffsgeschichte als Problemgeschichte, in: Heimat heute. Mit Beiträgen von H. Bausinger u. a., hrsg. v. d. Landeszentrale für politische Bildung Baden-Württemberg, Stuttgart, Berlin, Köln, Mainz 1984, S. 11–27, hier S. 24.

[149] Vgl. dazu die zusammenfassende Darstellung von N. Sievers, „Neue Kulturpolitik". Programmatik und Verbandseinfluß am Beispiel der Kulturpolitischen Gesellschaft, Hagen 1988 (Kulturpolitische Gesellschaft, Dokumentation 32), insbes. S. 21–85.

[150] Auch die „Neue Kulturpolitik" wandte sich nicht vom Heimatbegriff ab, distanzierte sich auf der Grundlage von Blochs Definition von der Provinz als „Wurzelboden

Eine gespaltene „Heimatbewegung" und ein gespaltener Konservatismus, wie sie seit Mitte der siebziger Jahre bestehen, sind mit herkömmlichen Begriffskategorien nur äußerst schwer zu ordnen. Die breite Renaissance von Heimat erklärt sich deshalb auch daraus, daß die Grenzen zwischen Konservatismus und Progressismus Theoretikern wie Analytikern moderner Protestbewegungen bis zur Unkenntlichkeit verwischt scheinen. Alexander Kluges Formulierung, man müsse konservativ sein, wenn man progressiv sei,[151] kennzeichnen von Bredow und Foltin als „Harmonisierungsversuch mittels Verwirrung".[152] Einen Ausweg aus dem Dilemma finden auch sie nicht. Ihre „sympathische Ideologiekritik" verzichtet ausdrücklich auf eine grundlegende Konservatismuskritik und erliegt dem Trugschluß, daß „Instrumentalisierungen von Heimatgefühlen" und die „ganze Palette teils liebenswerter, teils schon nahe an Fanatismus grenzender Selbsttäuschungen über Heimat"[153] ohne eine Durchleuchtung ihres Stellenwertes im Theoriegerüst des Konservatismus kritisch zu untersuchen seien.

Konservatismuskritik kann zudem schlecht betreiben, wer die Renaissance des Heimatgefühls auch und gerade bei der politischen Linken für einen genuin „konservativen Vorgang" hält, der „allein längst noch kein Grund zur Aufregung oder gar für Beschimpfung" sei. Während die „Konvergenz des Arguments" zwischen konservativer und progressiver Zivilisations- und Technikkritik für von Bredow und Foltin immerhin kein Zeichen dafür ist, daß Konservatismus und Progressivität zusammenfielen, sondern dafür, daß aus Progressiven eben Konservative geworden seien,[154] verliert diese klassische politische Unterscheidung für Sieferle mit der These vom Ende des Fortschritts jeden Sinn. Er wiegt sich in der Gewißheit, daß demokratische Werte und die „Aversionen gegen staatliche Zwangsmaßnahmen" in allen Flügeln der „Alternativbewegung" so tief verankert seien, daß der mögliche „bonapartistische Ausweg" in eine „Ökodiktatur" reine Spekulation bleibe. Auch „technokratischen Neokonservativen" traut er undemokratische Strategien nicht zu. Sieferles Darstellung der Geschichte der Zivilisationskritik erliegt bei der Analyse moderner Alternativbewegungen der dialektisch geschickten

---

weitflächiger Bösartigkeiten" (H. Glaser, Provinz. Braun – grün – rosa – schwarz, in: Region und Regionalismus. Dokumentation der Fachtagung der Kulturpolitischen Gesellschaft e. V. in Zusammenarbeit mit der Stadt Erlangen und dem Arbeitskreis für Kulturarbeit bayerischer Städte, vom 16.–16. September 1982, Erlangen, Hagen [1982] [Kulturpolitische Gesellschaft. Dokumentation, 18], S. 12).

[151] A. Kluge, Das Politische als Intensität alltäglicher Gefühle, in: Freibeuter 1 (1979), S. 61 f.

[152] Von Bredow/Foltin, Zwiespältige Zufluchten, S. 18.

[153] Ebd., S. 19.

[154] Ebd., S. 18.

Rehabilitation konservativer Ideologien nach 1945. Die Abkehr von einer „vulgären Totalitarismustheorie", die den Nationalsozialismus linear aus dem romantischen Antikapitalismus ableite, scheint ihm hinreichend, „ästhetisch-kulturelle Kritik" von jeder gefährlichen ideologischen Fracht reinzuwaschen. Damit wird auch die „perverse Attraktivität" neonazistischer Jugendbanden als politisch „bedeutungslos" in den „Bereich der Sozialpathologie" abgedrängt.[155] Nicht nur die Extremformen zeitgenössischer Zivilisations- und Gesellschaftskritik werden von Sieferle aus dem historisch-politischen Kontext gelöst. Der „Zusammenbruch des Fortschritts" stellt sich bei ihm uneingestanden als teleologisches Ziel der Geschichte dar, als Prozeß, der im Ergebnis den „Vektor der Geschichte" aufhebt und alle Kontrahenten in einem gegenwärtigen Streit um die „realen Alternativen des Industriesystems" eint. Die Anwendung historischer Bewertungsnormen scheint Sieferle unmöglich und nicht geheuer, die Ausweglosigkeit historiographischer und politischer Bewertung und Kritik so gravierend, daß sich ihm „jeder Versuch einer normativen Einbettung" selbst als „weiteres Moment ideologischer Autonomisierung" darstellt.[156] Dem Konservatismus billigt Sieferle historisch gesehen einen „Realitätssinn" zu, der keine „dogmatischen Fixierungen" habe aufkommen lassen. Seine „Sensibilität für neue Fragen" verdeutliche, daß es ihm nicht bloß um eine „sture Verteidigung überkommener Interessen" gegangen sei.[157]

Eine Konservatismustheorie, die den Konservatismus als „integratives politisches Steuersystem" begreift und beschreibt, wird ihm eine beschränkte Dynamik und Autonomie des Regelkreises nicht absprechen. Die Reaktionsweisen und -möglichkeiten des Konservatismus lassen dabei in der Tat einen beachtlichen Spielraum. Sie können, wie in der Heimatbewegung nachweisbar, durchaus in einer Gemengelage auftreten, die ungeachtet ihrer Fixierung auf politische Parteien das ganze Spektrum von „klassischen" Reaktionen bis hin zur Pervertierung in der „konservativen Revolution" aufweist. Allein dieses Nebeneinander ist es, das eine vulgäre Totalitarismustheorie widerlegt. Diese Erkenntnis muß den Blick schärfen für die Analyse politischer Prozesse, die von „Bewegungen" getragen werden, deren Selbstverständnis „unpolitisch", „unparteiisch" oder „überparteilich" ist und Konflikte in Abrede stellt. Die Untauglichkeit der Totalitarismustheorie ist außerdem noch lange kein Beweis dafür, daß die Entdeckung des „Umweltthemas" durch den Konservatismus[158] ihm historisch und politisch zugleich die größere oder gar die alleinige Kompetenz zur Problemlösung zuweist.

---

[155] Sieferle, Fortschrittsfeinde, S. 262 f.
[156] Ebd., S. 264.
[157] Ebd., S. 257.
[158] Ebd.

Den Zivilisationsprozeß engt Sieferle auf einen „Konflikt zwischen Universalismus und Relativismus" ein, in dem der Relativismus unterliegt und in einen Freiheitsspielraum wie Kleidung und Sprache abgedrängt wird. Seine Vision vom „Zusammenbruch des Fortschritts" läuft in perspektivischer Verengung des Fortschrittsproblems vielmehr selbst Gefahr, dem konservativen Grundmuster der Realitätsausblendung aus Zukunftsangst zu erliegen und Kulturpessimismus mit einer demokratieverträglichen Stärkung des „relativistischen Moments" zu verwechseln. Gerade die von Sieferle anerkannte Tatsache, daß die neuen sozialen Bewegungen „nicht einer programmatischen Vision entsprungen, sondern selbst Resultat einer sozialen und kulturellen Desintegration" seien, verweist auf eine Situationsgebundenheit, die die Herausbildung konservativer Reaktionsweisen begünstigt. Ihre „ideologische Zerrissenheit", der „Wunsch nach Dezentralität und Heterogenität" und die „Aversion gegen Bürokratie und Industriesystem" sind Sieferle unverdächtig und nicht kritikwürdig. Er erliegt damit dem integrativen Charme einer Bewegung, der es nicht in erster Linie auf Ideologien, sondern auf „Impetus" und „Gestus" ankommt.[159] Der Verzicht auf „Ideologie" und ihre Kritik entspringt selbst dem konservativen Wunsch nach Harmonie und Überwindung der Parteilichkeit.

Konservativ ist das Gerede vom „Verlust der Geschichte" ebenso wie die Kapitulation vor der Geschichte durch Historismus und Folklorismus oder gar ihre bewußte Entfernung aus der politischen Argumentation. Der Verlust politischen Bewußtseins, den dieser Vorgang impliziert, verdrängt das Bemühen um Objektivität im Sinne selbstkritischer Subjektivität zugunsten eines relativistischen „diffusen Selbstbewußtseins".[160] Es ist der politischen Instrumentalisierbarkeit durch einen intoleranten „Universalismus" wehrlos ausgeliefert, auch wenn es Anspruch auf einen sozialen, „humanitären Universalismus" erhebt.[161] Das zwischen Zivilisationskritik und regionaler Identität angesiedelte historisch-politische Problem erkennt Sieferle mit Recht darin, daß sich das „konservativ-relativistische" Moment und das „progressiv-universalistische" Moment als zwei denkbare „Extreme eines Kontinuums" niemals konsequent realisieren lassen und ihre Durchmischung auch in sozialen Bewegungen nachweisbar ist.[162]

Das eigentliche historisch-politische Kontinuum, das diesem Konflikt individueller und kollektiver Identitätssuche entspringt, besteht in der Verdrängung der Zeit, im Unvermögen, sich auf den historischen Prozeß einzulassen, Wandel zu akzeptieren und ihn durch politische Partizipation bewußt mitzu-

---

[159] Ebd., S. 261.
[160] Ebd.
[161] Ebd., S. 259.
[162] Ebd., S. 261.

gestalten. Identitätsstiftung nach dem konservativen Programm „Heimat" kommt mit der Forderung nach Kleinräumigkeit und Transparenz den Bedingungen der Demokratie- und Sozialverträglichkeit durchaus entgegen. Auffallend aber ist, daß sich Versuche „linker" und „alternativer" Heimattheoretiker, den auf Statik drängenden Heimatbegriff zur dialektischen Entzerrung der Widersprüche des Zivilisationsprozesses analytisch und politisch nutzbar zu machen, bislang vielfach in konservativen Argumentationsmustern verfingen. Dabei ist es gleichgültig, ob dies durch Verdrängung der Ursachen konservativen Verhaltens oder durch pervertierende Rebellion gegen sie geschieht. Die Flucht in die Geschichte und die Flucht aus der Geschichte sind zwei Erscheinungsformen ein und derselben Angst, sich einem beunruhigend wirkenden Prozeß des Geschehens auszuliefern, dessen Ziel für den Handelnden nach Bloch „verdeckt" bleibt.[163] „Heimat" gestattet Flucht in beide Dimensionen der Geschichte, in Raum und Zeit. Das Raum-Zeit-Kontinuum des Konservatismus suggeriert Sicherheit, Vertrautheit und Orientierung im Sinne mechanistischer Statik, indem es die Relativität menschlichen Daseins in Raum und Zeit aufzuheben trachtet. Untermauert und bestätigt wird dieses Bedürfnis nach Beständigkeit nur zu gern durch eine Anthropologie, die sich auf ethnisch-biologistische Dispositionen des Menschen zurückzieht. Auch der Heimat-Ersatz „Territorialität" kann sich diesem Verdacht nicht entziehen.

Zur demokratischen Identität gehören unteilbar die Gedanken der Toleranz und der Vielfalt, gehören „Heimaten", die den Plural nicht auf ein fiktives Nebeneinander geschlossener ethnischer Kulturkreise beziehen, sondern auf eine im Nahbereich bestehende und erfahrbare „Gemengelage" unterschiedlicher Auffassungen. Dieses Neben-, Mit- und Gegeneinander unterschiedlicher Identitäten entspricht Sieferles Postulat, das „relativistische Moment" zu stärken. Einen Irrtum begeht er damit, mit der Relativität zugleich die „Grundfragen" verdrängen zu wollen, die die Eigenart einer geschichtlichen und damit politischen Position ausmachen. Relativität bedeutet, wie Albert Einstein 1905 und 1913 mit der Relativitätstheorie darlegte, Gleichberechtigung der Bezugssysteme von Beobachtungs- und Bewertungsstandpunkten.[164] Der Versuch ihrer Harmonisierung ist ein universalistischer Akt nicht nur gegen die Gesetze der Natur, sondern auch gegen die Geschichte. Das Ende der Geschichte aber wäre in logischer Folge nicht das Ende des Fortschritts, sondern das Ende des Lebens und des Nachdenkens über das Leben.

Zu den „pathologischen Erscheinungen" des konservativen Steuerungssystems gehört somit nicht allein, wie Ribhegge annimmt, die soziale Angst. Sie verstärkt im sozialen Prozeß die individuelle Angst zwischen den existentiell

---

[163] Vgl. Anm. 136.
[164] A. Einstein/L. Infeld, Die Evolution der Physik, Wien, Hamburg o. J.

schwer faßbaren Polen der Endlichkeit und gleichzeitigen Unendlichkeit menschlicher Existenz in Raum und Zeit. „Heimat" stellt sich vor diesem Hintergrund als Versuch dar, dem Schrecken der Unendlichkeit durch die Festlegung positional-statischer Koordination zu entfliehen und durch suggerierte Beständigkeit zugleich die Schranken der Endlichkeit zu durchbrechen. Relativistische Auffassungen stören dieses normative Selbstschutz-Programm erheblich. Zum Wesen konservativer Denk- und Verhaltensweisen gehört insofern untrennbar die von Erich Fromm beschriebene „Furcht vor der Freiheit".[165] Sie ist ein wesentlicher Grund dafür, daß Beschreibung und Handhabung progressiver politischer Regelkreise oft genug an der Wahl individueller und kollektiver Identität scheitern.

Es gebe in Europa derzeit kein Land, in dem subjektive Ängste und objektive Lagen so weit auseinanderträten wie in der Bundesrepublik Deutschland, schreibt Rudolf von Thadden. Der Modernisierungsprozeß, der sich scheinbar unbeeinflußbar in unserer Mitte vollziehe, werde begleitet von Ängsten aus innerer Unsicherheit und einer damit zusammenhängenden Neigung zur Illiberalität. Die für die Zukunft entscheidende Frage besteht für von Thadden darin, ob es gelingt, den Modernisierungsprozeß in Einklang mit der politischen Kultur zu bringen.[166]

In dem Defizit an Liberalität, das die deutsche Geschichte des 19. und 20. Jahrhunderts kennzeichnet, liegt zugleich auch ein konservatives Kulturverständnis begründet, das Kulturwandel leugnet und multikulturellen Konfrontationen aus dem Wege geht. Was dieses deutsche Vaterland so „schwierig" macht, ist deshalb auch die Tatsache, daß noch im Zeitalter der europäischen Integration traditionalistische Modelle kultureller Identitätsstiftung mit betonter Wissenschaftlichkeit den Heimatbegriff als „soziologische und geopolitische Kategorie"[167] in den Mittelpunkt ihrer Überlegungen stellen. Autoren wie Wolfgang Thüne tun dies in der Überzeugung, daß „autonome Vernunft" und Freiheit vor der Entscheidung stünden, „sich in materialistischem Nihilismus, in ständigen Emanzipationen zu verbrauchen oder durch eine bewahrende Erinnerung an die vor allem geisteswissenschaftliche Kultur der Vergangenheit zu regenerieren".[168] In der Tradition der Heimatbewegung sieht Thüne die „‚Heimaten' als notwendige Bausteine zur Symbiose ‚Vaterland'" und diese wiederum als „Bausteine übergeordneter Staatenge-

---

[165] E. Fromm, Die Furcht vor der Freiheit, 10. Aufl., Frankfurt a. M. 1978.

[166] R. von Thadden, Das schwierige Vaterland. Geschichte und Geschichtsbewußtsein als Problem der Deutschen, in: Ders., Nicht Vaterland, nicht Fremde. Essays zu Geschichte und Gegenwart, München 1989, S. 110–128, hier S. 128.

[167] W. Thüne, Die Heimat als soziologische und geopolitische Kategorie, Würzburg 1989 (Neue Würzburger Studien zur Soziologie, 4).

[168] Ebd., S. 24 f.

meinschaften". Heimat sei das einzige „freiheitliche Strukturelement moderner zu progressiver Nivellierung, Bürokratisierung und Globalisierung tendierender Industriegesellschaften", das Vaterland folglich nur denkbar als „Hort von Heimat".[169] Der Anspruch, dem Individuum Geborgenheit im Prozeß der (technischen) Zivilisation zu erkämpfen, gerät bei Thüne unversehens zum basisdemokratischen Etikettenschwindel einer Heimat-Diktatur, deren politische Kultur sich unter dem Suggerat methodischer Ganzheitlichkeit diffamierend gegen die konstitutiven Grundlagen heutiger demokratischer Gesellschaften wendet:

> Liberalismus und Pluralismus haben sich aufgrund der Verwechslung der Freiheit als Chance zur freiwilligen Bindung mit „Freiheit von jeder Bindung" als ungeeignet erwiesen, eine Selbstverwirklichung durch Sinnverwirklichung herbeizuführen; sie haben identitätszerstörend gewirkt. Die „geistige Kernspaltung" ist dringend in eine „geistige Kernfusion" zu überführen. Die „Heimat" scheint der gesuchte Katalysator zu sein, Theologie und Philosophie, Anthropologie und Geographie, Soziologie und Psychologie, Geschichte, Naturwissenschaft und Technik zu „domestizieren" und damit die Industriegesellschaft mit der Schöpfung wieder versöhnend in Einklang zu bringen.[170]

Der Pluralismusbegriff Thünes ist „regionalistisch, provinzialistisch", sieht sich in einer Tradition eines europäischen Kleinraumdenkens „mit dem Ziel teilsouveräner Gemeinwesen auf lokal-regionaler Grundlage". „Heimat in der Region" ist Programm gegen „den Universalismus der abstrakten Welteinheitszivilisation", gegen die „alles einebnende Ideologie der 'One World' mit ihrem zivilisatorisch-bürokratischen Nivellement".[171] „Heimat" hingegen bleibt für Thüne „von Entstehung her statischer Natur", Ausdruck einer „am Besitz orientierten, stabilen und agrarisch abhängigen Welt" und dem Wesen nach „im-mobil",[172] Ernst Blochs prozessuale Definition von „Heimat" diffamiert er als „systemgebundenen, ideologisch fixierten" Versuch der „kritischen Theorie", einen von ihr lange tabuisierten und diffamierten Terminus zu besetzen und dem „Fortschritt" nutzbar zu machen.[173]
Das traditionalistische, neokonservative Gemisch freimütig eingestandener Emotionalität und kaleidoskophafter Zusammendrängung wissenschaftlicher Versatzstücke, mit dem Thüne sein Konkretisationsmodell von Freiheit in einem von Selbstverwaltung und -verantwortung geprägten föderativen Bundesstaat mit „dezentralisierten nationalstaatlichen Heimaträumen" begrün-

---

[169] Ebd., S. 326.
[170] Ebd., S. 26.
[171] Ebd., S. 319.
[172] Ebd., S. 51.
[173] Ebd., S. 91.

det,[174] zeugt von dem anhaltenden Unvermögen konservativer Ideologen, einen in seinem Grundverständnis konsensfähigen, demokratieverträglichen Heimatbegriff zu akzeptieren. Die verblüffende politische Lebensfähigkeit des konservativen „Programms Heimat" zeigt umgekehrt die Gefahren anhaltender „linker" oder „alternativer" Versuche, „Heimat" zu einem zeit- und demokratiegemäßen Integral der multikulturellen Gesellschaft umzuschleifen. Sein Zerrbild einer statischen, jeder Dynamik und jedes „Fremd"-Kontaktes entbehrender Kultur verkauft Thüne als „Teil einer Rückbesinnung der deutschen Soziologie auf ihre Ursprünge".[175] „Heimat" bleibt darin verbunden mit einem kulturpolitischen Grundverständnis, das Kultur zum Bündel steriler Legitimationsideale degradiert, den Prozeßcharakter von Kultur und Kunstwerk und damit ihren „sozialen Imperativ"[176] leugnet. Es steht im krassen Gegensatz zu einer „dynamischen Kultursoziologie",[177] die in dem Bewußtsein operiert, daß Kulturen nicht im Paradies angesiedelt sind, daß mithin ihre Verarbeitungs- und Wandlungsfähigkeit, etwa in einer dialektischen Verbindung zwischen Universalismus und Regionalismus, selbst ein wesentliches Kulturmerkmal bildet.[178] Das kulturpolitische Programm „Heimat" ist, wie es scheint, nicht abzulösen von einem Begriff der Kultur, dem „dichotomisch und exklusiv" Gegensatzbegriffe wie Natur oder Zivilisation traditionell gegenübergestellt werden.[179] Identität in einer demokratischen Gesellschaft verlangt aber nach einer demokratischen Kultur. Sie bedarf einer Kultursoziologie und einer Kulturpolitik, die Kultur als Entwicklungsprozeß in einem komplexen, stets in Bewegung befindlichen „Mehrebenensystem" akzeptieren. Kultur als „weltweite Kommunikations- und Diskursgemeinschaft"[180] verstanden, zwingt zum Abschied von der irrigen Vorstellung geschlossener Stammes- und Nationalkulturen, erlaubt es aber gleichwohl, in den Nationen und Regionen mögliche Bezugssysteme sozialer Integration und kultureller Identität zu sehen.

---

[174] Ebd., S. 326.
[175] Ebd., S. 17.
[176] Ebd., S. 63.
[177] W. L. Bühl, Kulturwandel. Für eine dynamische Kultursoziologie, Darmstadt 1987.
[178] Ebd., S. 2 f.
[179] Ebd., S. 5.
[180] Ebd., S. 11.

HEIMAT – „RECHTSORT" UND GEMÜTSWERT

Anmerkungen zu einer Wechselbeziehung

Von BARBARA UND WERNER HARTUNG

Beiträge zum Thema „Heimat", gleich ob wissenschaftlich gehalten oder nicht, erschöpfen sich mit dem Anspruch einer präzisen Gegenstandsbestimmung auffallend oft in verästelten etymologischen und lexikologischen Begriffsdefinitionen. Dieser Vorgehensweise bedienen sich keinesfalls nur traditionalistische Darstellungen, denen an der Legitimation statischer und geschlossener Auffassungen von „Heimat" gelegen ist.[1] Auch die „sympathische Ideologiekritik" von Bredows und Foltins wählt die diachronische Annäherung über die Sprachgeschichte und Belege literarischer Wortfelder des Heimatbegriffs und seiner Komposita.[2] Da wird vorgeführt, was deutsche Lexika pflichtgemäß verbreiten, daß nämlich „Heimat" von der „gemeingermanischen Wurzel *heima" angefangen bis ins 20. Jahrhundert hinein klein- und engräumige Wohn-, Besitz- und Lebensräume bezeichne und daß er im 18. Jahrhundert durch den Gegenbegriff der „Fremde" sowie durch das seit 1592 in der Schweiz nachweisbare Kompositum Heimweh eine aktuelle Umdeutung erfuhr, die sich an Verlusterfahrungen knüpfte.[3] Ihren Ausflug in die Wortgeschichte fassen von Bredow und Foltin zu dem Ergebnis zusammen, daß „Heimat" von Anfang an eine individuelle und eine kollektive Bedeutungskomponente aufweise, ihre räumliche Begrenzung lange unscharf gewesen und sie schließlich Ende des 18. Jahrhunderts durch Pietisten, Klassiker und Romantiker „im Sinne fehlender Geborgenheit" aktualisiert worden sei. Als Spezifika des 19. Jahrhunderts verzeichnen sie die landschaftliche Prägung des Begriffs, insbesondere durch die Heimatschriftsteller, den restaurativen Akzent des Strebens um Erhaltung und Wiederherstellung bedrohter oder verlorener Heimat, die Verlusterfahrung der Migranten sowie ganz allgemein die Stärkung des „emotionalen Gehalts" von „Heimat".[4]

---

[1] So beispielsweise W. Thüne, Die Heimat als soziologische und geopolitische Kategorie, Würzburg 1986 (Neue Würzburger Studien zur Soziologie 4).

[2] W. v. Bredow/H. F. Foltin, Zwiespältige Zufluchten. Zur Renaissance des Heimatgefühls, Berlin, Bonn 1981, S. 23 f.

[3] Zum Thema „Heimweh" vgl. I.-M. Greverus, Auf der Suche nach Heimat, München 1979, S. 106–148.

[4] Von Bredow/Foltin, Zwiespältige Zufluchten, S. 23.

Gerade mit Blick auf die in Deutschland im 19. Jahrhundert zunehmende
Mobilität und die Auswanderungswellen ist es unverständlich, weshalb Untersuchungen mit historischem Anspruch gar nicht oder nur der Vollständigkeit
halber auf das ebenso begriffliche wie tatsächliche Nebeneinander von
„Heimat" als Rechtsbegriff und Gemütswert[5] eingehen. Denn dadurch, daß
sie wenigstens assoziativ miteinander verknüpft blieben, steigerten die anhal-
tend synchron verwendeten Bedeutungsfelder die politische Verwendbarkeit
des Heimatbegriffs ganz erheblich.

Georg-Christoph von Unruh weist darauf hin, daß „Heimat" ursprünglich
ein „Rechtsort" gewesen sei, in der Reichsverfassung von 1871 vom Staat deutlich unterschieden und als „Inbegriff der kommunalen Verbände zu verstehen,
die als Selbstverwaltungskörperschaften dem Heimatrecht zu entsprechen
hatten".[6] Im engeren Sinne war Heimat ein armenrechtlicher Begriff.[7] Während die Armenpflege im Mittelalter eine kirchliche Angelegenheit war, über-
stieg diese Aufgabe im Zuge der Umwälzungen durch die Reformation, die
Bauernkriege und den 30jährigen Krieg die Möglichkeiten der Glaubensge-
meinschaften. An die Stelle der bislang von ihnen geleisteten umfassenden Armenpflege trat die Fürsorgepflicht der „Heimatgemeinde". Sie beinhaltete die
Unterstützung in der Not für die in einer Gemeinde beheimateten Menschen,
d.h. solche, die das „Heimatrecht" durch Geburt oder Heirat erworben
hatten.

Kennzeichnend für diese Periode waren zudem die Rechtsinstitute des gemeinen Rechts, die den Gemeingebrauch von Sachen sicherten, beispielsweise
die Allmende. Den bedeutsamen rechtlichen Vorteilen und Sicherheiten, die
das Heimatrecht verglichen mit dem vorherigen Zustand bot, standen auf
der anderen Seite erhebliche Beschränkungen für seinen Erwerb wie auch für
seinen Verlust gegenüber, denn es begründete eine dauerhafte Beziehung

---

[5] „Gemüt" wird hier aufgefaßt als emotionsträchtige Verknüpfung von Geist, Seele
und tiefer Empfindung.

[6] G.-C. v. Unruh, Heimat – ursprünglich ein Rechtsort, in: Schleswig-Holstein
2 (1985), S. 12f. Walter Jens zeigt, daß auch die Wortgeschichte zu dieser Erkenntnis
führen kann: „Heimat – das war bis zur Mitte des neunzehnten Jahrhunderts ein nüch-
ternes Wort: von Traulichkeit, Poesie und sentimentalem Glanz keine Rede. Das
Heimat hieß es ursprünglich – hämätli, ein Neutrum, ist im Alemannischen noch heute
gebräuchlich; aber auch das Femininum beließ, im Grimmschen Wörterbuch nachzu-
lesen, dem Begriff jahrhundertelang die sachliche, eher die Jurisprudenz und Geographie als der ‚Volkskunde' zugehörige Bedeutung" (W. Jens, Nachdenken über Heimat.
Fremde und Zuhause im Spiegel deutscher Poesie, in: Frankfurter Allgemeine Zeitung,
Nr. 134 v. 9. Juni 1984).

[7] Wörterbuch des Deutschen Verwaltungsrechts, hrsg. v. K. v. Stengel, Bd. I., Freiburg i. Br. 1890, S. 648; Handwörterbuch der Staatswissenschaft, hrsg. v. A. Elster/
A. Weber/F. Wiesner, 4. Aufl., Jena 1923, S. 214.

unter Umständen lebenslangen Charakters zwischen Person und Gemeinde. Folge des durch das Heimatrecht erschwerten Wegzuges und Zuzuges von Einwohnern war ein „Abkapseln" der Gemeinden, das dem Patrimonialstaat des 18. Jahrhunderts ein höchstes Maß an Unbeweglichkeit verlieh. Hinzu kam, daß das Heimatrecht nicht den davon zu unterscheidenden Erwerb des Bürgerrechts beinhaltete, also die Möglichkeit der politischen Teilhabe am Gemeinwesen.[8]

Durch die Aufklärung und die Französische Revolution verbreitete sich die Idee der Menschenrechte, zu denen die Freiheit gehörte, dorthin zu ziehen, wo man sich aus freier Entscheidung aufhalten wollte. Der Gedanke der Freizügigkeit stellte unter anderem auch den in die Formel „cuius regio, eius religio" gekleideten Grundsatz in Frage, nach dem, wer die *regio* nicht wechseln konnte, an die *religio* gebunden war.[9] Mit der Einführung der Freizügigkeit in der zweiten Hälfte des 19. Jahrhunderts erfuhr das Heimatrecht grundsätzliche Veränderungen, die sich ganz unmittelbar auf das Verhältnis des Individuums zur politischen Gemeinde und das soziale Geflecht auswirkten. Meyers Neues Konversations-Lexikon, das 1867 in zweiter Auflage erschien, verlor unter dem Stichwort „Heimat" kein Wort über Gefühl und Gemüt, sondern befaßte sich in allen Schattierungen mit einem rechtlichen „Angehörigkeitsverhältnis",[10] ausgehend von der Beschreibung des bis dahin herkömmlichen Heimatrechtes" im engeren Sinne:

> Man ist nämlich berechtigt, in der Gemeinde, in welcher man seine H.[eimat] hat, jederzeit seinen Aufenthalt zu nehmen, die für den öffentlichen Gebrauch bestimmten Anstalten, Wege, Brunnen, Schulen ec. zu nutzen und von ihr im Fall der Noth, nach dem fast durchweg geltenden Grundsatz der öffentlichen Armenpflege, Unterstützung zu fordern, während der Fremde, wenn er auch Inländer ist, solche nicht beanspruchen und, wenn er deren bedürftig wird oder ein Verbrechen begeht, zuweilen aber auch nach bloßer polizeilicher Willkür, ausgewiesen werden kann.[11]

Für den liberal denkenden Lexikon-Autor bedeuteten die bescheidenen Vorzüge des Heimatrechtes keinen Vorteil angesichts der restriktiven Einschränkung der Freizügigkeit der Person, wie sie die Bundesakte in Artikel 18 sowie ergänzende Beschlüsse des Deutschen Bundes vorgenommen hatten. Eine Lockerung sei geboten,

> damit der Deutsche fernerhin nicht leichter in einem anderen Welttheil eine zweite H[eimat] suche und finde, als in dem deutschen Nachbarlande.

---

[8] Meyers Neues Konversations-Lexikon, Bd. 8, 2. Aufl., Hildburghausen 1867, S. 214.

[9] Dürig (1964/1970), in: T. Maunz/G. Dürig/R. Herzog, Kommentar zum Grundgesetz, München (Stand 1989), zu Art. 11 Rn. 4.

[10] Meyers Neues Konversations-Lexikon, S. 759–761.

[11] Ebd., S. 760.

Freizügigkeit lasse sich nicht mit dem Argument verwehren, daß der Zuzug den Erwerb und „Nahrungsstand" der Einheimischen gefährde und „gegen den Grundsatz der Gleichheit" stehe:

> Die Freiheit der Wahl des Orts (...) ist nicht allein durch das Selbstbestimmungsrecht jedes Menschen gefordert, welches der Staat möglichst zur Geltung zu bringen hat, sondern auch durch die Rücksicht, daß sie allein es Jedem ermöglicht, da thätig zu werden, wo es am vortheilhaftesten ist, daß sie den Arbeitskräften gestattet, von da, wo sie entbehrlich, also unbeschäftigt und unbelohnt sind, dahin zu strömen, wo sie Verwendung und Belohnung finden, daß die Freiheit also den Einzelnen vor Nahrungslosigkeit, die Gemeinde vor der Armenlast sicherer schützt, als die Bevormundung, welche, indem sie das Zuströmen der Arbeiten dorthin, wo man ihrer bedarf, ängstlich hemmt, dieselben da fesselt, wo sie überflüssig sind, also der sicheren Verarmung preisgibt.[12]

An der Schwelle der Hochindustrialisierung in Deutschland wird hier ohne Umschweife die epochal bedeutende politische Aufgabe der Neuordnung des Verhältnisses von Individuum, „Nutzungsgemeinde" und politischer Gemeinde beschrieben, die den Käfig des herkömmlichen Heimat- und Fremdenrechts öffnen sollte. Das Auseinanderfallen von Heimat (Geburtsort, mit dem eo ipso bestimmte Rechte wie Fürsorge und z. T. politische Teilhabe verbunden waren) und Wohnsitz (für den oftmals wirtschaftliche Gründe – Arbeitsplatz – ausschlaggebend waren) kennzeichnet die Entwicklung ab Mitte des 19. Jahrhunderts. Beschleunigend wirkte in diesem Zusammenhang die 1834 erfolgte Gründung des Deutschen Zollvereins, dem sich zunächst nur die norddeutschen Länder anschlossen, erst später Bayern, Baden und Württemberg. Durch den Zollverein wurde eine wirtschaftspolitische Einigung und Stärkung herbeigeführt, die die nationale Einigung mit vorbereitete.[13] Mit fortschreitender Industrialisierung zeigte sich, daß der Bedarf an Arbeitskräften in den großen Städten und der umgekehrt durch den Wandel der Agrarstruktur beschleunigte Zug vom Land in die Stadt neue rechtliche Regelungen für die Niederlassung erforderten. Zum einen folgte eine Lockerung der Freizügigkeitsregelungen, zum anderen – korrespondierend damit – eine Umgestaltung der fürsorgerechtlichen Regelungen durch die „Heimatgesetze".

König Wilhelm I. von Preußen erließ am 1. November 1867 für das Gebiet des Norddeutschen Bundes ein ›Gesetz über die Freizügigkeit‹.[14] Es bestimmte, daß jeder Bundesangehörige innerhalb des Geltungsbereiches das

---

[12] Ebd., S. 761.

[13] E.-R. Huber, Deutsche Verfassungsgeschichte, Bd. II, 2. Aufl., Stuttgart 1969, S. 282.

[14] Gesetz über die Freizügigkeit vom 1. November 1867, zit. nach: Bundesgesetzblatt des Norddeutschen Bundes (1867), S. 55 ff.

Recht habe, sich aufzuhalten oder niederzulassen, „wo er eine eigene Wohnung oder ein Unterkommen sich zu verschaffen im Stande" sei, an jedem Ort Grundeigentum aller Art zu erwerben und am Ort der Niederlassung oder des Aufenthalts unter den für Einheimische geltenden Bestimmungen Gewerbe aller Art zu betreiben. In diesen Rechten dürfe er weder durch „die Obrigkeit seiner Heimath" noch die des Aufenthalts- oder Niederlassungsortes behindert werden.[15] Abweisen durften die Gemeinden nur Zuziehende, denen nachgewiesen werden konnte, daß sie und ihre arbeitsfähigen Angehörigen den nötigen Lebensunterhalt für die zu versorgenden Familienmitglieder nicht aus eigenem Vermögen hätten bestreiten können. Der Fall der Aufenthaltsverweigerung wurde nun so geregelt, daß die tatsächliche Ausweisung nicht erfolgen durfte, bevor die Annahmeerklärung einer anderen Gemeinde vorlag.[16] Noch vor der Reichsgründung folgte am 6. Juni 1870 das ›Gesetz über den Unterstützungswohnsitz‹. Dieser wurde fortan nicht nur durch Abstammung oder Verehelichung erworben, sondern auch dann, wenn man nach abgeschlossenem 24. Lebensjahr zwei Jahre lang ununterbrochen seinen gewöhnlichen Aufenthalt in einer Gemeinde gehabt hatte. Die Unterstützung „hülfsbedürftiger Norddeutscher" nahmen jetzt Ortsarmenverbände, die sich aus mehreren Gemeinden oder Gutsbezirken sowie Zusammenschlüssen beider bilden konnten, und Landesarmenverbände wahr.[17]

Aus beiden Gesetzen des Norddeutschen Bundes wurden die Begriffe Heimat und Heimatrecht keineswegs verdrängt, obwohl sie in ihrer rechtlichen Bedeutung faktisch ersetzt worden waren. Während die norddeutschen Länder die Unterstützungspflicht nunmehr an das (tatsächliche) Aufenthaltsrecht in einer Gemeinde knüpften, beharrten die süddeutschen Länder auf dem Ansatzpunkt der ursprünglich erworbenen Heimat.

Als oberste Instanz zur Klärung von Streitfällen sah das Gesetz vom Juni

---

[15] Ebd., S. 55 (§ 1).
[16] Ebd., S. 56 (§§ 4–7).
[17] Gesetz über den Unterstützungswohnsitz vom 6. Juni 1870, zit. nach: Bundesgesetzblatt des Norddeutschen Bundes 1870, S. 360–373. Hier S. 362 (§§ 9 und 10) sowie S. 360 f. (§§ 2–8). Zur Entwicklung des Heimat- und Bürgerrechts und der Freizügigkeit vgl. u. a. K. S. Bader, Dorfgenossenschaft und Dorfgemeinde, Weimar, Köln, Graz 1962; G. v. Bredow, Der Ursprung der deutschen Stadtverfassung, Düsseldorf 1892; Braun, Die Zugfreiheit im norddeutschen Bunde, in: Preußische Jahrbücher 20 (1867), S. 412 ff.; R. v. Gneist, Die Beschränkung der Freizügigkeit aus communalen und politischen Gesichtspunkten nach Preußischem Verwaltungsrecht, in: Archiv für öffentliches Recht, Bd. 1, Freiburg i. Br. 1886, S. 245 ff.; D. Merten, Der Inhalt des Freizügigkeitsrechts (Art. 11 des Grundgesetzes), Berlin 1970 (Schriften zum öffentlichen Recht 119); H.-W. Rockstroh, Die Entwicklung der Freizügigkeit in Deutschland, unter besonderer Würdigung der preußischen Verhältnisse, Diss. Jena 1910; H. J. Strauch, Die Freizügigkeit im Wandel der Zeiten, Diss. Heidelberg 1954.

1870 ein „Bundesamt für das Heimathwesen" in Berlin vor.[18] Die nun gesetzlich schrittweise zugestandene Freizügigkeit erfüllte zwar die wirtschaftsliberalen Forderungen durchaus, indem sie die erhoffte Mobilität auf dem Arbeitsmarkt schuf, fand aber nicht die angestrebte Ergänzung durch eine Erweiterung politischer Partizipationsrechte.

Der „Rechtsort Heimat" bestimmte auch nach Einführung der Freizügigkeit in Lexika und Fachliteratur die Heimat-Definitionen. 1890 heißt es in einem Artikel zum damals noch geltenden bayerischen Heimatrecht im Wörterbuch des Deutschen Verwaltungsrechts:

> Heimat ist das Verhältnis der Zugehörigkeit zu einer bestimmten Gemeinde.[19]

Und noch im Jahre 1902 resümiert der ›Brockhaus‹, ohne auf andere Bedeutungen von „Heimat" einzugehen:

> Während für den Gerichtsstand (…) und die privatrechtlichen Beziehungen das Domizil maßgebend wurde, hat für Gemeindebürgerrecht (s. Gemeinderecht), unentziehbares Wohnrecht in der Gemeinde und Armenunterstützung die H.[eimat] ihre alte Bedeutung bis in die neueste Zeit beibehalten (s. Heimatsrecht).[20]

Wenn 1923 in der 4. Auflage des Handwörterbuchs der Staatswissenschaft die „Vernichtung des Heimatbegriffes in Deutschland" beklagt wurde, dann meinten die Autoren das von ihnen auch nach der „Staatsumwälzung" von 1918/19 noch immer bevorzugte neuere Heimatrecht der ersten Hälfte des 19. Jahrhunderts und definierten deshalb Heimat als „armenrechtliche Zugehörigkeit zu einer Gemeinde".[21]

Die rechtliche Aufhebung der „Nutzungsgemeinde" und der dadurch beschleunigte Prozeß der Auflösung des vertrauten Sozialgefüges verliehen „Heimat" die zweite Bedeutungsebene des Gemütswertes. Er blieb dem „Rechtsort" in seiner räumlich-sozialen Identifikation allein deshalb nahe verhaftet, weil das Rechts- und Gesellschaftsgefüge von gestern durch die Verlusterfahrungen schon einer Generation harmonisiert und idealisiert wurde. Der Gedanke an Heimat, wie ihn der Schriftsteller Wilhelm Keetz 1903 in der Zeitschrift ›Niedersachsen‹ in „Lünborger Mundort" kleidete, schwelgte in elegischer Nostalgie und im Heimweh nach der dörflichen Welt der Kindheit:

> Heimat! – Wat is dat doch för en schönes Wort för den, der noch 'ne Heimat hett. – Awer ok, wenn wi in de Heimat nicks mehr to söken hebbt, wenn uns dorvon ken Fot-

---

[18] Ebd., S. 368 (§§ 41 und 42).
[19] Seydel, Heimatrecht, bayerisches, in: Wörterbuch des Deutschen Verwaltungsrechts, Bd. I, Freiburg i. Br. 1890, S. 648–651.
[20] Brockhaus Konversations-Lexikon, Bd. 8, 14. Aufl., Berlin, Wien 1902, S. 964.
[21] Rehm/Nawiasky, Heimatrecht, in: Handwörterbuch der Staatswissenschaft, S. 214–216.

breet Land mehr tohört un keen Fründ un Vetter uns dor mehr bewillkamt, – 't is un blifft doch uns' Heimat! De Kinnertiet, uns' glücklichste Lebenstiet mit all ehr unschölligen Freuden un lütten Leiden, dörchlewt wi as in'n Drom noch eenmal wedder, wenn en Klang von de Heimat dep in unsen Harten ansleiht. Wi sehn denn dat lütte Dörp an'n Dick un dat urolle Burhus mit de Peerdköpp an'n Gewel un den Bibelspruch äwer de Dör weddr vör uns.[22]

Der hier geschilderte bindungsintensive Kleinstraum Heimat war rechtlich wie emotional nicht gleichbedeutend mit dem Reich, dem Staat, stand aber auch, wie von Unruh richtig bemerkt, ebensowenig im Gegensatz zu ihm.[23] Die Auflösung gemeindlicher Geborgenheit schien aus der Sicht der bürgerlichen Kreise, die der Heimatbewegung der Jahrhundertwende zuströmten, jedoch am Fundament der Identität des staatlichen Gemeinwesens insgesamt zu rütteln. Heimatliebe und Heimweh nach der „alten Heimat" allein blieben, wie Georg Friedrich Konrich, Herausgeber der Verbandszeitschrift ›Hannoverland‹,[24] 1910 beklagte, keine Garanten eines gesunden Volkslebens:

Heimat! welcher Zauber liegt in diesem kurzen Wörtchen, das die Herzen höher schlagen macht, allüberall wo es erklingt! Heimat! –– Und doch, wieviele sind ihrer, denen es nichts mehr zu sagen hat, in deren Seele keine Saite anklingt, wenn es ans Ohr schlägt! – Wir Deutsche sind ein seltsames Volk geworden. Das allgemeine Hasten und Jagen unserer Tage, dem sich keiner ganz zu entziehen vermag, hat uns unendlich viel von unserer Gemütstiefe genommen, hat unserm ganzen Fühlen und Denken eine materielle Richtung gegeben. Es ist ein Drang nach dem Großen über uns gekommen, der sich auf allen Gebieten in dem Streben nach Zentralisation der Kräfte äußert. Der einzelne muß sich unterordnen, sich einreihen, sonst geht die Masse über ihn hinweg, ohne ihn eines Blickes zu würdigen. Viel Eigenart, viel Persönlichkeit fällt diesem Drang nach dem Großen zum Opfer – gewiß nicht immer zum Vorteil des Ganzen.[25]

Dem Bildungsbürger, der die rechtlichen und sozialen Zwänge des Landlebens nicht erfahren mußte, stellten sich die Massengesellschaft der kapitalistischen Produktionsweise und der staatliche Zentralismus, den die Freizügigkeit allein schon in der Neuregelung des Unterstützungswohnrechts mit sich

---

[22] W. Keetz, Heimat, in: Niedersachsen. Halbmonatsschrift für Geschichte, Landes- und Volkskunde, Sprache und Literatur Niedersachsen 8/17 (1903), S. 268.

[23] Von Unruh, Heimat, S. 12.

[24] Hannoverland. Monatsschrift für Geschichte, Landes- und Volkskunde, Sprache, Kunst und Literatur unserer niedersächsischen Heimat, hrsg. v. G. F. Konrich, Hannover 1–10 (1907–1916). Siehe hierzu auch W. Hartung, Konservative Zivilisationskritik und regionale Identität am Beispiel der niedersächsischen Heimatbewegung 1895 bis 1919, Diss. phil. (Masch.), Hannover 1990. Im Druck in: Veröffentlichungen der Historischen Kommission für Niedersachsen und Bremen, Reihe XXXV, Quellen und Untersuchungen zur allgemeinen Geschichte Niedersachsens in der Neuzeit, Bd. 10.

[25] G. F. Konrich, Heimat und Heimatschutz, in: Ders., Hannoverland. Ein Buch der Heimatpflege, Hannover 1910, S. 5 f.

brachte, einseitig als Greuel und Gefahr für den Volkskörper dar. Der „Feind der Heimatbewegung" hieß laut Konrich denn auch die „Gleichmacherei". Heimat*schutz* bedeutete deshalb für eine niedersächsische Heimatbewegung, die „kleinen Gegensätze" im Regionalen und Örtlichen hervorzuheben, anstatt sie zu verwischen und dem Ganzen zu opfern.[26]

Wie sehr die rechtlichen Bezüge von „Heimat" aber gerade in der konservativen Zivilisationskritik gegenwärtig blieben, zeigte die kritische Auseinandersetzung der Heimatbewegung mit den Rechtsreformen des Kaiserreiches, zum Beispiel mit dem 1875 beschlossenen Strafgesetzbuch und dem 1900 in Kraft getretenen Bürgerlichen Gesetzbuch.[27] So wurde insbesondere dem ersten Entwurf des BGB wegen seiner weitgehenden Rezeption des römischen Rechts der Vorwurf gemacht, er sei weder deutsch noch sozial, noch volkstümlich.[28] Die Individualisierung des Rechtswesens entsprach aber den Bedürfnissen der Industrialisierung: jeder einzelne mußte a priori „frei" über seine Arbeitskraft verfügen können, „frei" dorthin ziehen können, wohin er wollte, d. h. die Arbeit ihn zog.

Kritik des Heimatschutzes entzündete sich bei verschiedendsten Gesetzgebungsverfahren vor allem an Neuregelungen, die private Eigentumsrechte über Gemeinschaftsrechte stellen wollten. Der Urheber des Heimatschutzgedankens, Ernst Rudorff, wandte sich 1880 in dem Aufsatz ›Über das Verhältnis des modernen Lebens zur Natur‹ gegen eine Gesetzgebung, die im ländlichen Bereich die Gemeinheitsteilung zum Nachteil der Ärmeren vorantreibe.[29] So habe der Entwurf eines preußischen Feld- und Polizeigesetzes den Armen verbieten wollen, Beeren und Pilze im Walde zu sammeln, und das Betreten des Waldes habe man von der Erlaubnis des Besitzers abhängig machen wollen.[30] Es bedeute einen „Schnitt in das Herz des deutschen Volkes", wenn man den „idealen Mitbesitz an Gottes Erde", der in der Freiheit, den Wald zu betreten,

---

[26] Ebd.

[27] Zum Bürgerlichen Gesetzbuch s.: U. Eisenhardt, Deutsche Rechtsgeschichte, München 1984, Kap. 19, §68, S. 329–335; A. Laufs, Rechtsentwicklungen in Deutschland, 2. Aufl., Berlin, New York 1978, Kap. VIII, 2, S. 224–237; H. Mitteis, Deutsche Rechtsgeschichte. Ein Studienbuch, neubeab. v. H. Lieberich, 17. Aufl., München 1985, Kap. 47, S. 421 f.; H. Schlosser, Grundzüge der Neueren Privatrechtsgeschichte. Ein Studienbuch, 3. Aufl., Heidelberg, Karlsruhe 1979, S. 97–104, §5, III (Das Deutsche Bürgerliche Gesetzbuch); F. Wieacker, Der Kampf des 19. Jahrhunderts um die Nationalgesetzbücher, in: Ders., Industriegesellschaft und Privatrechtsordnung, Frankfurt a. M. 1974, S. 79–93.

[28] So Otto v. Gierke, zit. nach Huber, Deutsche Verfassungsgeschichte, Bd. IV, S. 274.

[29] E. Rudorff, Über das Verhältnis des modernen Lebens zur Natur, in: Preußische Jahrbücher 45 (1880), S. 274.

[30] Ebd.

seinen schönsten Ausdruck finde, durch Gesetzesparagraphen „stillschweigend streitig" machen wolle:

> (…) ich will das Recht haben, in der Welt und vor Allem in meiner Heimath da meinen Fuß hinzusetzen, da Lebens-Luft und -Lust zu athmen, wo mein Herz es begehrt, und ich meinem Nächsten weder schade, noch ihn im Genuß seiner Güter störe.[31]

Rudorff warnte, man könne „nichts Revolutionäres thun, als hier den Spaten einsetzen, hier die uralten Wurzeln des Rechtsgefühls" zu erschüttern und zu stören, das den Germanen „von jeher instinktmäßig" in dem Begriff der ‚freien Natur' eigen sei und einen Ausgleich für die Kluft zwischen Besitzenden und Nichtbesitzenden gewährleistet habe.[32] Mit „Heimat" verband der Begründer des „Heimatschutzes" nicht nur ästhetisch-landschaftliche Werte, sondern das Bekenntnis zu einem dem kapitalistischen Zeitalter nicht mehr gemäßen Rechtssystem, das eine andere Form von „Freizügigkeit" garantierte, ohne jedoch räumliche und soziale Mobilität einzuschließen. Dabei verkannte Rudorff aber, daß es erst ziemlich zuletzt um den „ideellen Mitbesitz" ging, vielmehr um ganz reale Nutzungsrechte: Die Erlaubnis, im Wald Beeren, Pilze und Holz zu sammeln war Teil der Fürsorge(pflicht) der Gemeinden für ihre Armen, die den Wald quasi als „öffentliche Anstalt" nutzen durften.

Wie dauerhaft sich diese früh geäußerte Skepsis gegen die Rechtsreformen hielt, zeigte sich, als zwischen 1912 und 1914 mit dem Anwachsen der Sozialdemokratie die politische Krise des Kaiserreiches ihrem Höhepunkt zusteuerte. In der preußischen Provinz Hannover beispielsweise schob der welfisch und völkisch ausgerichtete Konservatismus die Schuld an dieser Entwicklung dem Liberalismus und seiner Bevorzugung des römischen Rechts zu, dessen Fremdartigkeit die Auflösung vertrauter und stabilisierender Strukturen in der Heimat begünstigt habe. Der Blick richtete sich zurück auf ein Wertgefüge, das den aufgehobenen „Rechtsort" Heimat zum Maßstab volksgerechter Reformen erhoben hatte. Rechts-, wirtschafts- und sozialpolitische Vorstellungen konservativer Zivilisationskritik näherten sich dabei immer mehr der völkischen Interpretation niedersächsischen Stammestums und der vermeintlich daraus resultierenden Grundbedürfnisse der Menschen. Dazu zählte die Überzeugung, daß für die geistige Gesundheit eines Volkes der „Einklang zwischen dem geltenden Recht und der herrschenden Rechtspflege" derart wichtig sei, daß daneben alle Sorge um materielle Güter, ja sogar um die Erhaltung des „jedem Heimatfreund gewiß teuren" deutschen Waldes in den Hintergrund treten sollte. Nicht umsonst sei gerade in Nieder-

---

[31] Ebd., S. 275.
[32] Ebd.

sachsen der „Sehnsuchtsschrei" nach den alten Volksgerichten laut geworden, die durch die Einführung des „minderwertigen" römischen Rechts verdrängt worden seien.[33] Die Fühlung mit dem Volke und dem praktischen Leben sei den Juristen abhanden gekommen, da der Geist, dem man die Reichsgesetzgebung verdanke, auf diese Männer zurückgewirkt habe. Allein das „berüchtigte Juristendeutsch" beweise, wie fern die derzeitige Rechtspflege dem Volke stehe.[34] Aus der Perspektivenverengung des „römischen Komplexes"[35] erfolgte nicht nur eine Kritik an sich konservativer Staats- und Verwaltungsstrukturen, sondern in konsequenter Dialektik eine Definition des Sozialismus in Niedersachsen, die ihn als Ausdruck des Wunsches bäuerlich geprägter Massen nach der Rückkehr bewährter regionaler Rechts- und Gesellschaftsstrukturen umdeutete und so jeglicher politischer Originalität entkleidete.[36]

Unabhängig von den bis in die zwanziger Jahre dieses Jahrhunderts nachweisbaren Reminiszenzen an den aufgehobenen „Rechtsort Heimat" wirkte der „Gemütswert Heimat" mit der „Heimatschutzgesetzgebung", die zwischen 1902 und 1914 eine Art „Recht auf ästhetische Unversehrtheit der Heimat" kodifizierte, politisch auf das Rechtssystem zurück.[37] Gleichwohl gilt Werner Schmidts Feststellung, daß es nicht die Rechtssprache, sondern die „Schrift-, Schul- und Singsprache" des 19. Jahrhunderts gewesen sei, die den Heimatbegriff zum „Gemeingut der Deutschen" gemacht habe.[38] Zu Recht

---

[33] W. Kropp, Wie das Volk über unsere heutige Rechtspflege denkt, in: Niedersachsen 17/10 (1911), S. 252.

[34] Ebd., S. 250, 252.

[35] Vgl. H. Plessner, Die verspätete Nation. Über die politische Verführbarkeit bürgerlichen Geistes, Frankfurt a. M. 1974, S. 52–64 („Nicht Staat, sondern Volk. Der römische Komplex").

[36] C. Pape, Sozialismus in Niedersachsen, in: Niedersachsen 17/15 (1912), S. 404–406.

[37] Vgl. dazu F. W. Bredt, Die Heimatschutzgesetzgebung der deutschen Bundesstaaten. Erläuternde und vergleichende Darstellung der einzelnen Fassungen nach dem Alter ihres Erlasses, Düsseldorf 1912. Preußen erließ am 2. Juni 1902 ein erstes ›Gesetz gegen die Verunstaltung landschaftlich hervorragender Gegenden‹, am 15. Juli 1907 das ›Gesetz gegen die Verunstaltung von Ortschaften und landschaftlich hervorragenden Gegenden‹. Besondere Heimatschutzgesetze, Gesetze gegen Verunstaltung oder Baupflegegesetze verabschiedeten außerdem: Bremen, Sachsen, Coburg, Oldenburg, Elsaß-Lothringen, Schwarzburg-Rudolstadt, Braunschweig, Schaumburg-Lippe und Hamburg. Folgende Staaten nahmen Heimatschutzbestimmungen in allgemeine Gesetze über das Bau- und Polizeiwesen auf: Baden, Hessen, Bayern, Lübeck, Anhalt, Württemberg, Reuß j. L., Mecklenburg-Schwerin.

[38] W. Schmidt, Heimat und moderne Gesellschaft, in: Ders., Denkpausen, Kiel o. J., S. 107.

macht Christiansen aber darauf aufmerksam, daß es sich bei diesem Heimat-
bild ausschließlich um eine bildungsbürgerliche Produktion handele, die nur
bedingt an den Wandel sozioökonomischer Bedingungen anknüpfe. Die Aufhebung des Indigenatsrechts schließt für Christiansen einen seit der Bauern-
befreiung andauernden Prozeß der Trennung von der rechtlich-konkreten Erfahrung von „Heimat" ab, in dessen Verlauf die Wirkung des Heimatrechts
durch die Verarmung und den Verlust der für die Erlangung des Heimatrechts
erforderlichen längeren Dienstverhältnisse faktisch aufgehoben worden sei.[39]
Festgehalten werden muß, daß die Diskussion um den „Rechtsort" wie auch
den Gemütswert „Heimat" eine bürgerliche war und auffälligerweise der ein-
geschränkten Perspektive schichtspezifischer Verlusterfahrungen und sozialer
Ängste verhaftet geblieben ist. Das rechtliche und emotionale Erleben von
„Heimat" in der besitzlosen ländlichen Bevölkerung wird hingegen durch das
kompensatorische Klischeebild des mit Grundbesitz versehenen, bodenständigen „Landmanns" verdrängt.

Die „Heimatvertreibung" des Jahres 1945 führte zu einer nur vordergründig neuen und damit überaus problematischen Verknüpfung der emotionalen und der rechtlichen Bedeutungsebenen des Heimatbegriffes. Das zur
Begründung territorialer Rechtsansprüche der Heimatvertriebenen postu-
lierte „Recht auf Heimat" erfährt in der Literatur häufig eine assoziative Legitimation, indem es synonym mit dem alten „Heimatrecht" verwendet wird.[40]
„Recht auf (die) Heimat" meint hingegen nicht den individuellen fürsorgerechtlichen Anspruch, sich an einem beliebigen Ort niederlassen zu dürfen
und dort auch versorgt zu werden. Gegenstand dieses von seinen Protagonisten für die Aufnahme ins Völkerrecht ausersehenen Rechtsortes ist das vermeintliche Anrecht eines kollektiven Verbandes auf seine ursprüngliche territoriale „Heimat". Den Theoretikern und politischen Vertretern des „Rechtes
auf Heimat" geht es also nicht um fürsorgerechtliche Forderungen, denn auch
die Flüchtlinge und Vertriebenen wurden an ihrem konkreten Aufenthaltsort

---

[39] J. Christiansen, „Die Heimat". Analyse einer regionalen Zeitschrift und ihres
Umfeldes, Neumünster 1980, S. 69 f., S. 168 (Anm. 74). Christansen belegt dort an einem
Beispiel von 1832 aus dem Amte Eutin, daß sich eigentumslose und verarmte einheimische Landarbeiter durch das Heimatrecht benachteiligt fühlten, da durch seine Bestimmungen auch bevorzugte ausländische Arbeitskräfte nach sechsjährigem Dienstver-
hältnis „Heimath" gewinnen konnten.

[40] So bei O. Hennig, Das Recht auf Heimat als Menschen- und Bürgerrecht – Völkerrechtliche und rechtspolitische Überlegungen, in: K. Weigelt (Hrsg.), Heimat – Tradition – Geschichtsbewußtsein, Mainz 1986 (Studien zur politischen Bildung 11),
S. 124–133. Beispielhaft ist folgender Satz: „Mit der grundsätzlichen Bejahung des
Rechtes auf die Heimat stellt sich die Frage nach den Konsequenzen des Heimatrechtes,
dem Träger dieses Rechtes und den Möglichkeiten seiner Verwirklichung" (Hennig,
S. 129 f.).

versorgt, sondern um die völkerrechtliche Verankerung der „Territorialität"
und des territorialen Anspruches eines „Heimatverbandes".[41]

Das juristische Dilemma, individuelle Menschenrechte wie das Recht der
persönlichen Freiheit und die Freizügigkeit in ein „Recht auf die Heimat"
als „Menschen- und Bürgerrecht" umzumünzen, belegt beispielhaft Ottfried
Hennigs Versuch, dieses politische Ziel als „rechtsethisches Postulat"[42] zu un-
termauern. Hennig argumentiert, daß es einem Rechtsdenken, das von der
Gemeinschaftsbezogenheit des Menschen ausgehe, grundsätzlich möglich sei,
neben individuellen Rechten auch solche zu konzipieren, als deren Träger
nichtstaatliche menschliche Gruppen in Betracht kämen. Ein „Recht auf die
Heimat" könne so „als Gruppenrecht, als kollektives Menschenrecht" aufgefaßt werden. Im konkreten Fall wäre der „Heimatverband" Träger des Grup-
penrechts,

> d. h. eine unbestimmte Vielzahl von Personen, die an einem bestimmten Ort oder inner-
> halb eines bestimmten Gebiets ansässig sind und denen vielfach bestimmte gemeinsame
> Merkmale (Abstammung, Muttersprache, Glaubensbekenntnis, Geschichtsbewußt-
> sein, Kulturüberlieferung und dergleichen) eigen oder die während eines, in der Vergan-
> genheit liegenden Zeitraumes dort ansässig waren.[43]

Von Bredow und Foltin bezeichnen dieses Argumentationsmuster als
„Pseudo-Verrechtlichung der Politik", als Versuch, ein politisches Ziel wie die
Rückkehrforderung der Vertriebenen dadurch unangreifbar zu machen, daß
man es in eine Rechtsposition umdefiniert.[44] Deutlich wird dies durch eine
aufmerksame Betrachtung der Wandlung der emotionalen Bedeutungsebene
des Heimatbegriffes bei der Formulierung des „Rechtes auf Heimat".
„Heimat" erfährt hierbei eine scheinbare Kollektivierung, indem sie von der
persönlichen Identität des einzelnen Bürgers abgelöst und zum identitätsstif-
tenden Grundstein eines Kollektivverbandes bestimmt wird. In diesem Sinne
fordert Hennig „objektive und die vielen subjektiven Entscheidungen verob-
jektierende Kriterien" zur Bestimmung des Heimatbegriffs. Zum Beleg seiner
internationalen Verwendbarkeit ist er sogar bereit, die verbreitete deutsche

---

[41] Ebd., S. 131; vgl. dazu auch v. Bredow/Foltin, Zwiespältige Zufluchten, S. 186.

[42] Ebd., S. 125.

[43] Ebd., S. 131.

[44] Von Bredow/Foltin, Zwiespältige Zufluchten, S. 185 f.; vgl. hier die Kapitel 5–7,
S. 177–194. Nicht deutlich genug fällt v. Bredows und Foltins Hinweis auf die wider-
sprüchliche juristische Argumentation deutscher Politik in den Nachkriegsjahren aus,
die sich unter dem Hinweis auf individuelle Verantwortung gegen die Vorstellung einer
nationalen Kollektivschuld wandte, um daraus hinsichtlich der Heimatvertreibung die
Legitimation abzuleiten, einem durch zugefügtes Unrecht verursachten, erlittenen Unrecht mit kollektiven Rechts- und Revisionsansprüchen zu begegnen (vgl. v. Bredow/
Foltin, S. 178 f.).

Auffassung anzuzweifeln, das Wort „Heimat" habe keine Entsprechungen in anderen Sprachen. Zugeben muß Hennig schließlich, daß weder eine konsensfähige Definition des Heimatbegriffs möglich sei,[45] noch daß es bislang gelungen sei, eine exakte Definition des „Rechts auf Heimat" zu finden, die sich auf die allgemeine Zustimmung der Völkergemeinschaft stützen könne.[46] Den Schlüssel zur Klärung des pseudorechtlichen politischen Verwirrspiels liefert die bei Hennig verwendete traditionelle Formel vom „Recht auf *die* Heimat". Gemeint ist damit, wie von Bredow und Foltin folgern, nicht ein Recht, das dem Menschen alle diejenigen positiven Auswirkungen zubilligt, die in der politischen Umgangssprache mit „Heimat" verbunden werden,

ein Recht also darauf, innerhalb eines akzeptierten sozialen Gefüges zu leben, persönliche und familiäre Bindungen mit der Umwelt zu entwickeln und zu pflegen, die Landschaft zu lieben, am kulturellen Leben sich zu beteiligen usw.

Hier gehe es vielmehr eindeutig darum, einen verlorengegangenen Status quo ante wiederherzustellen.[47] Hinter Hennigs Begriff des „Heimatverbandes" steht nicht mehr und nicht weniger als die Erinnerung und emotionale Bezogenheit auf eine Heimat, deren reale Bedingungen in der Zeit liegen, deren Renaissance deshalb Gegenstand utopischer politischer Gemälde bleiben muß. Dieser erinnernde, romantisierende, harmonisierende und damit Homogenität in der Vergangenheit vorschützende Heimatbegriff kennzeichnet ein Muster politischer Identitätsstiftung, die ihre politische Utopie den verklärten Rechtsorten „Heimat" vergangener Epochen abgewinnen will. Eine Vorstellung von Heimaten in individueller und kollektiver „Gemengelage",[48] eine Akzeptanz multikultureller Gesellschaften unterschiedlichster Ausprägung ist solchem Denken in zwingender Logik fremd.

Vor dem Hintergrund aktueller Nationalitäten- und Volksgruppenkonflikte hat Ralf Dahrendorf den durch keinen juristischen Trick auflösbaren, weil politischen Widerspruch zwischen individuellen und kollektiven Rechtsansprüchen offengelegt, indem er das der spezifisch deutschen Version des „Rechts auf die Heimat" entsprechende „Selbstbestimmungsrecht der Völker" als „Instrument der Entzivilisierung und Barbarisierung", als „Zeugnis der

---

[45] Hennig, Das Recht auf Heimat, S. 125.

[46] Ebd., S. 124.

[47] Von Bredow/Foltin, Zwiespältige Zufluchten, S. 188 f.

[48] Mit dem agrarhistorischen Begriff der „Gemengelage" charakterisiert Hermann Bausinger die „Ungleichzeitigkeiten", die der moderne Heimatbegriff in einer multikulturellen Gesellschaft aufweist, „(gar nicht immer bemerktes) Zusammentreffen ganz verschiedener Vorstellungen"; vgl. H. Bausinger, Auf dem Wege zu einem neuen, aktiven Heimatverständnis. Begriffsgeschichte als Problemgeschichte, in: Heimat heute, hrsg. v. d. Landeszentrale für politische Bildung Baden-Württemberg, Stuttgart, Berlin, Köln, Mainz 1984, S. 24.

Unfähigkeit zur Freiheit in Vielfalt" brandmarke. Ein Selbstbestimmungsrecht, das sich nicht auf den einzelnen Menschen beziehe, müsse von je-
mandem bestimmt werden und werde damit zur Verlockung für Usurpatoren.
Es gerate zu einem Kampfbegriff nicht für die Interessen des schwachen einzelnen gegen die Mächtigen, sondern für die Etablierung von Macht. Kollektive Rechte dienten der Unterwerfung, nicht der Befreiung von Menschen und
seien damit einer der größten Irrtümer des 20. Jahrhunderts.[49]

Rechtliche und gesellschaftspolitische Vorstellungen geschlossener bürgerlicher Lebenswelten, wie sie die deutsche Heimatbewegung in Anlehnung an
das frühere Heimatrecht formulierte, sind ebensosehr Bestandteil dieses
epochalen Grundirrtums wie die dieser Tradition der Herrschaftssicherung
folgende Konstruktion des „Rechts auf die Heimat". Immerhin blieben einschlägige Bestimmungen sowohl der Weimarer Verfassung als auch des
Grundgesetzes der Bundesrepublik Deutschland von solchen Überlegungen
unbeeinträchtigt. So schrieb Artikel 113 der Weimarer Verfassung vor, daß
„fremdsprachige Volksteile" durch Gesetzgebung und Verwaltung nicht in
ihrer freien, „volkstümlichen" Entwicklung beeinträchtigt werden dürften,
insbesondere nicht im Gebrauch ihrer Muttersprache im Unterricht, bei der
inneren Verwaltung und Rechtspflege.[50] Das Grundgesetz bestimmt in Artikel 3
Absatz 3, daß niemand „wegen seines Geschlechtes, seiner Abstammung, seiner
Rasse, seiner Sprache, seiner Heimat und Herkunft, seines Glaubens, seiner religiösen oder politischen Anschauungen" benachteiligt oder bevorzugt werden
dürfe.[51] Der Hinweis auf Heimat und Herkunft in Gestalt eines Abwehrrechtes
wurde auf ausdrücklichen Wunsch der Vertriebenen aufgenommen,[52] ohne
damit vom Prinzip der Personengebundenheit der Grundrechte abzuweichen
oder weiterreichende kollektive Ansprüche daraus herzuleiten. Prägnant begründet und verteidigt Dahrendorf das Prinzip, dem die Weimarer Nationalversammlung und der Parlamentarische Rat hiermit gefolgt sind:

Es gibt kein Recht der Armenier, unter Armeniern zu leben. Es gibt aber ein Recht
für armenische Bürger ihres Gemeinwesens, Gleiche unter Gleichen zu sein, nicht benachteiligt zu werden, ja auch ihre eigene Sprache und Kultur zu pflegen. Das sind Bür-
gerrechte, Rechte der Einzelnen gegen jede Vormacht. Das sogenannte Selbstbestimmungsrecht hat unter anderem als Alibi für Homogenität gedient, und Homogenität
heißt immer die Ausweisung oder Unterdrückung von Minderheiten.[53]

---

[49] R. Dahrendorf, Nur Menschen haben Rechte. Das Selbstbestimmungsrecht der
Völker ist ein barbarisches Instrument, in: Die Zeit, Nr. 18 v. 21. April 1989, S. 43.

[50] R. Schuster/H.-U. Evers (Hrsg.), Alle deutschen Verfassungen, München 1985,
S. 119.

[51] Ebd., S. 138.

[52] Dürig (1973), in: Maunz/Dürig/Herzog, Kommentar zum Grundgesetz, zu
Art. 3 Abs. 3 Rn. 75.

[53] Dahrendorf, Nur Menschen haben Rechte, S. 43.

HEIMAT IM REVIER?

Die Diskussion über das Ruhrgebiet im Westfälischen Heimatbund während der Weimarer Republik

Von Doris Kaufmann

Der ehemalige Geschäftsführer des Westfälischen Heimatbundes (WHB) von 1930 bis 1956, Wilhelm Schulte, gestand in seiner Monographie über den WHB 1973[1] einen Mangel an „besonderer Aufmerksamkeit" seiner Organisation gegenüber den „heimatlos, bunt zusammengewürfelten Massen" des Ruhrgebietes ein. Es sei versäumt worden, „von vornherein ein besonderes Heimatgebiet für den kulturell und landschaftlich in stärkstem Wandel befindlichen (gefährdeten) Teil Westfalens" gebildet zu haben. Für diese Unterlassung, die „den Ausbau der Heimatpflege im Schatten der Schlote" beeinträchtigt habe – erst 1924 wurde ein besonderes Landschaftsgebiet „Industriegebiet" eingerichtet –, lieferte Schulte keine Erklärung, bemerkte aber, daß die „Grundgedanken" von Karl Wagenfeld, des Mitbegründers und der zentralen Leitfigur des WHB bis zu seinem freiwilligen Rückzug 1934,[2] in eine andere Richtung gewiesen hätten.

Wagenfeld hatte schon 1913 im Vorfeld der WHB-Gründung in einem Schreiben an den damaligen Vorsitzenden der Westfälischen Kommission für Heimatschutz, Engelbert Freiherr von Kerckerinck zur Borg,[3] die organisatorische Zusammenfassung der einzelnen an der „Heimatsache" arbeitenden

---

[1] W. Schulte, Der Westfälische Heimatbund und seine Vorläufer, 2 Bde., Münster 1973. Die folgenden Zitate ebd., Bd. 1, S. 162.

[2] Zur Person und zum Wirken Wagenfelds siehe K. Ditt, Raum und Volkstum, Die Kulturpolitik des Provinzialverbandes Westfalen 1923–1945, Münster 1988, S. 62 ff., 208 ff.; im zeitgenössischen Urteil: E. v. Kerckerinck zur Borg, Karl Wagenfelds Bedeutung für die westfälische Heimatbewegung, in: Volkstum und Heimat. Karl Wagenfeld zum 60. Geburtstag vom Westfälischen Heimatbund, Münster 1929; F. Castelle, „Der Scholle, nicht Steinen verbunden", in: Karl Wagenfeld. Eine Festgabe zur Vollendung seines 70. Lebensjahres, Münster o. J. (1939).

[3] Ditt, Raum und Volkstum, S. 62 ff.; Schulte, Heimatbund, Bd. 1, S. 25., 32 f.; zum politischen Wirken Kerckerincks in der Zentrumspartei und als Vorsitzender der Vereinigung der Deutschen Bauernvereine und Präsident des Westfälischen Bauernvereins während der Weimarer Republik siehe D. Kaufmann, Katholisches Milieu in Münster 1928–1933, Düsseldorf 1984, S. 49 f., 67 ff.

Vereine und Personen zu einem Westfälischen Heimatbund mit der Gefähr-
dung von westfälischer Heimat und „völkischer Art" durch die Industrie
begründet.

Wenn aber die Heimatsache – sei es Heimatschutz, Heimatpflege oder Volkskunde
und Volkssprache – nachhaltige Erfolge haben soll, so ist unbedingt nötig, daß die weitesten Volkskreise bedeutend mehr, als bislang geschehen ist, für die Heimatfrage inter-
essiert werden. Denn nur dadurch kann das Endziel aller Heimatbewegung erreicht
werden: das Volk zu bewußter Heimatliebe zu erziehen. Das aber ist gerade hier in
Westfalen um so dringender nötig, als für uns, die wir mit Eisen und Kohle dem Ansturm der Industrie ausgesetzt sind, die Heimatfrage letzten Endes nicht eine Frage des
Hausbaues, nicht eine Frage der Landschaft, der Sitte, der Sprache an sich ist, sondern
eine Rassenfrage, eine Stammesfrage. Das Slaventum und die Fremdlinge des Industrie-
bezirks bedeuten [einen] Anfang einer neuen Völkerwanderung, die uns überrennen,
unsere ganze völkische Art zugrunde richten wird, wenn nicht in jeden Volksgenossen
das Heimat- und Stammesgefühl hineingehämmert und lebendig gehalten wird.[4]

Was Wagenfeld hier als Ausgangs- und Ansatzpunkt der Heimatbundarbeit
angesprochen hatte, nämlich die sich in Westfalen vermeintlich verschär-
fenden Gegensätze zwischen Heimat und Industrie, zwischen „Volksgenossen" und „Fremdlingen des Ruhrgebiets" durch eine volksbildnerische,
heimatpädagogische Arbeit aufzuheben, bestimmte in den 1920er Jahren zunehmend die Diskussion im WHB. Vor allem der „Schock der Novemberrevo-
lution" 1918 förderte offensichtlich die Bereitschaft vieler Mitglieder, deren
Mehrzahl aus den städtischen Schichten des Bildungs- und Besitzbürgertums
stammten – darunter zahlreiche hohe Regierungsbeamte und Behördenver-
treter der Provinz[5] –, dem Wagenfeldschen Anstoß zu einer stärkeren Politisierung der Heimatpflegebestrebungen zu folgen. Die Anhänger der Heimatbewegung waren 1915 bei der WHB-Gründung zunächst angetreten, „die
Güter unserer Heimat schützen zu helfen und Sinn und Verständnis für die
Schönheiten unseres Landes zu wecken und zu stärken".[6] Sie waren einem

---

[4] Dieses Schreiben ist abgedruckt in Schulte, Heimatbund, Bd. 1, S. 296–98. Vgl.
auch Ditt, Raum und Volkstum, S. 63. Ditt gibt einen ausgezeichneten Überblick über
die Geschichte des WHB (S. 58–80, 207–240) im Rahmen der Kulturpolitik des Provinzialverbandes Westfalen 1923–1945; dazu siehe auch H. Gollwitzer, Der kulturgeschichtliche Ort der Heimatbewegung gestern und heute, in: Westfälische Forschungen
27 (1975), S. 12 ff. und aus der Sicht eines Beteiligten, des ersten Landesrates für Kulturpflege der Provinz Westfalen, die Darstellung von K. Zuhorn, 50 Jahre Deutscher Heimatschutz und Deutsche Heimatpflege, in: 50 Jahre Deutscher Heimatbund – Deutscher Bund Heimatschutz, hrsg. v. Deutschen Heimatbund, Neuss o. J. (1954), S. 14–58.
[5] Ditt, Raum und Volkstum, S. 70 ff.
[6] Entwurf zur Gründung eines Westfälischen Heimatbundes, in: Westfälischer Heimatbund. Seine Entwicklung, Aufgaben und Einrichtungen, hrsg. v. d. Geschäftsstelle,
Münster 1928, S. 29 ff. (Zitat S. 29).

ästhetisch motivierten, sich gegen die Zerstörung von Kulturdenkmalen im
Industrialisierungsprozeß richtenden Impetus gefolgt und hatten ihre Bewegung verstanden als „Reaktion gegen den materiellen Egoismus und die Unbil-
dung jener Vielzuvielen, die das Antlitz unserer Heimat seit Jahrzehnten
entstellt und mißhandelt haben".[7] In der Weimarer Republik erhielten die
„heimatfeindlichen Mächte" nun eine deutliche politische Kontur und er-
fuhren eine räumliche Verortung in Gestalt der „entwurzelten Arbeitermassen" und ihrer sozialen und politischen Interessenartikulation im Ruhrgebiet. Dort, wo der „Moloch Industrie"[8] seine „steinernen Riesenpranken in
die stille, weiche Verträumtheit des Münsterlandes geschlagen" hatte.[9]
    Diesem Feindbild entsprach zweifellos auch ein parteipolitischer Gegen-
satz zwischen den im Ruhrgebiet starken Arbeiterparteien SPD und KPD und
den überwiegend der Zentrumspartei und der Deutschnationalen Volkspartei
nahestehenden bürgerlichen Heimatbundmitgliedern. Doch wurde die Auseinandersetzung mit der Arbeiterbewegung im WHB nicht auf dieser Ebene
ausgetragen. Heimat- und Volkstumspflege sollten ja gerade angesicht der
politischen, sozialen und konfessionellen Spaltungen in Deutschland zur entscheidenden überparteilichen und integrativen Kraft werden, mit der eine in-
teressenharmonisierte Volksgemeinschaft – identisch mit Heimat – geschaffen
werden konnte.[10] Keineswegs waren also mangelnde Aufmerksamkeit oder

---

[7] Vortrag des Vorsitzenden der Westfälischen Kommission für Heimatschutz Engel-
bert Frhr. von Kerckerinck zur Borg, Heimatschutz in Westfalen am 5.1.1910, abgedruckt ebd., S. 4 ff. (Zitat S. 4). Zur Entstehung der Heimatbewegung allgemein siehe
U. Linse, Ökopax und Anarchie. Eine Geschichte der ökologischen Bewegung in
Deutschland, München 1986, S. 14 ff.; R. P. Sieferle, Fortschrittsfeinde? Opposition
gegen Technik und Industrie von der Romantik bis zur Gegenwart, München 1984,
S. 57 ff.; A. Andersen, Heimatschutz. Die bürgerliche Naturschutzbewegung, in: F.-J.
Brüggemeier, T. Rommelspacher (Hrsg.), Besiegte Natur. Geschichte der Umwelt im
19. und 20. Jahrhundert, München 1987, S. 143 ff.

[8] So überschreibt Wilhelm Winter sein Stimmungsbild über einen Recklinghausener
Arbeitslosen in: Vestischer Kalender 5 (1927), S. 27 ff.

[9] H. Gerold, Vestische Heimat, ebd., S. 1.

[10] Vgl. in diesem Zusammenhang die Ausführungen von H. Winkler, Der Nationalismus und seine Funktionen, in: Ders. (Hrsg.), Nationalismus, Königstein/Ts. 1978,
S. 5 ff., insbesondere zur sozialpsychologischen Dimension des Nationalismus, die
Dieter Fröhlich untersucht hat. „Der Nationalismus hat seiner Analyse zufolge vor
allem die Aufgabe, die verlorengegangene Einheit des Normen- und Wertsystems wiederherzustellen. Er ist die ‚Ersatzkonstruktion gesellschaftlicher Einheit' und kann als
solche beitragen zur Verminderung gesellschaftlicher Unsicherheit und emotionaler
Spannungen, wie sie dem Verlust traditionalen Gemeinschaftsgefühls entspringt"
(S. 26). Auf die vergleichbare Funktion, die der Heimatbegriff als Integrationsideologie
erfüllte, weist hin H. Bausinger, Heimat und Identität, in: Heimat. Sehnsucht nach

organisationspolitische Versäumnisse im Heimatbund, wie Schulte vermutete, die Ursachen für den mangelnden Erfolg der Heimatpflege des WHB im Revier bzw. für das Fehlschlagen des Ziels, eine soziale Integration der Arbeiterschaft über ein spezifisches bürgerliches Kulturkonzept, die Heimatpflege, zu erreichen.

Warum konnte die „Heimatsache" – im Verständnis des Heimatbundes – nicht zur „Volkssache" werden, wie es als dringendes Gebot der Stunde in den zwanziger Jahren vor allem von Wagenfeld immer wieder beschworen wurde? Im folgenden sollen die verschiedenen Wahrnehmungs- und Deutungsmuster des angeblich Heimat und Vaterland bedrohenden Gefahrenkomplexes Industriearbeiterschaft und Ruhrgebiet in den Kreisen des WHB sowie die Abwehrvorschläge analysiert werden. Als Quellen dienten die Zeitschriften des Heimatbundes, die Reden auf den jährlichen Westfalentagen, die Protokolle interner Vorstands- und Arbeitsausschußsitzungen und der Schriftverkehr der WHB-Geschäftsführung.

Die folgende Untersuchung soll einen Beitrag leisten zur Geschichte des Verhältnisses von Bürgertum zu Arbeiterschaft. Am Beispiel des Westfälischen Heimatbundes soll eine bestimmte Ausprägung bürgerlichen Krisenbewußtseins und bürgerlicher Angstabwehrstrategie in den 1920er Jahren nachgezeichnet werden, als weite Teile der Kulturreformbewegung des Bürgertums, das seit dem Ende des 19. Jahrhunderts und verstärkt in den 1920er Jahren um seine „Selbstbehauptung als Klasse"[11] kämpfte, der Abwehr bzw. Befriedung der Arbeiterbewegung einen wichtigen Platz in ihrem Wirken einräumten.

Die Notwendigkeit einer neuen Konzeption der Heimatbundarbeit nach Kriegsende wurde auf den beiden ersten Westfalentagen 1920 und 1921 in Paderborn und Altena von dem Vorsitzenden Kerckerinck zur Borg und dem Geschäftsführer Wagenfeld der Öffentlichkeit vorgestellt. In seiner Eröffnungsrede in Paderborn beschrieb Kerckerinck die bedeutende Aufgabe, wörtlich die „Mission", der Heimatbewegung für die „innere Gesundung" Deutschlands nach dem verlorenen Krieg.

Die Ketten des herzlosen Überwinders zu zerbrechen sind wir einstweilen zu schwach, aber schlimmer noch ist die Zwietracht der eigenen Söhne, die wie ein Geier am Leben der gefesselten Riesin frißt. (…) Ein großes Gemeinsames muß den Kämpfenden ins Bewußtsein gerückt werden, ein starker einigender Begriff, in dem die ge-

---

Identität, hrsg. v. E. Moosmann, Berlin 1980, S. 13 ff.; ders., Zwischen Grün und Braun. Volkstumsideologie und Heimatpflege nach dem Ersten Weltkrieg, in: Religions- und Geistesgeschichte der Weimarer Republik, hrsg. v. H. Cancik, Düsseldorf 1982, S. 215 ff.

[11] So H. Mommsen, Die Auflösung des Bürgertums seit dem späten 19. Jahrhundert, in: J. Kocka (Hrsg.), Bürger und Bürgerlichkeit im 19. Jahrhundert, Göttingen 1987, S. 308.

trennten Geister trotz wirtschaftlichen und politischen Haders sich wieder geschlossen zusammenfinden. Ein solcher Begriff ist das Wort Heimat.[12]

Die Heimatbewegung sollte das Erlebnis des allgemeinen „nationalen Aufbruchs" von 1914 bzw. des „Kriegserlebnisses" bewahren und für den nationalen Wiederaufbau fruchtbar machen.[13] Ein Jahr später in Altena sah Kerckerinck die angestrebte Volkseinheit in der Heimatbewegung ansatzweise realisiert. Er begrüßte die zusammengekommenen „Arbeiter, Bürger und Bauern" und beschwor die Gemeinsamkeit in einem Klangbild:

Heimatliche Wasser brausen unter unseren Fenstern ins Tal hinab, – übertönt von dem Lärm und den Signalen jener heimatlichen Arbeitsstätten, in denen tausend emsige Hände an den Rädern unseres Wirtschaftslebens sich mühen.[14]

Anders als der WHB-Vorsitzende stellte Karl Wagenfeld auf derselben Veranstaltung eine Kritik des bisherigen Wirkens der Heimatbewegung an den Anfang seines Vortrages über Ziele und Aufgaben der Heimatvereine.

Wir haben zuviel in die Vergangenheit und zu wenig in die Zukunft geschaut. Wir blieben zu sehr im Stofflichen und dann im Gefühlsmäßigen stecken und dachten zu wenig an die Notwendigkeit, auf dem alten Boden eine neue Heimatkultur aufzubauen.

Dies könne nun

nicht bloß Aufgabe eines Bruchteils der intellektuellen Oberschicht sein, sondern sie muß vom und am ganzen Volke in seinen breitesten Massen geleistet werden.[15]

Die nahezu existentielle nationale Bedeutung einer in diesem Sinne verstandenen Heimatbundarbeit erwies sich nach WHB-Einschätzung bei der französischen und belgischen Besetzung des Ruhrgebietes 1923.

Klarer als je tritt heute die Bedeutung der Heimatliebe hervor. Sie muß die feste Mauer sein, an der sich die Übermut der Fremden bricht. Denn nicht um die Kohlen, sondern um Land und Volkstum geht es. Heimatliebe ist Gemeinsinn und Vaterlands-

---

[12] Der Westfalentag in Paderborn, in: Heimatblätter der Roten Erde 2/4 (1921), S. 109.

[13] Zur Bezugnahme auf das Kriegserlebnis in der Weimarer Republik siehe K. Sontheimer, Antidemokratisches Denken in der Weimarer Republik. Die politischen Ideen des Deutschen Nationalismus zwischen 1918 und 1933, München 1978, S. 93 ff.; R. Rürup, Der „Geist von 1914" in Deutschland. Kriegsbegeisterung und Ideologisierung des Krieges im Ersten Weltkrieg, in: B. Hüppauf (Hrsg.), Ansichten vom Krieg. Vergleichende Studien zum Ersten Weltkrieg in Literatur und Gesellschaft, Königstein/Ts. 1984, S. 1 ff.; K. Vondung (Hrsg.), Kriegserlebnis. Der Erste Weltkrieg in der literarischen Gestaltung und symbolischen Deutung der Nation, Göttingen 1986.

[14] Zweiter Westfalentag in Altena, in: Heimatblätter der Roten Erde 2/14,15 (1921), S. 418.

[15] Ebd., S. 419.

liebe. Sie zu wecken und zu pflegen, ist eine der wichtigsten Forderungen des Tages, da sie uns Stütze und Stab sein muß in den schweren Tagen, die wir unter den Drangsalen der fremden Besatzung durchleben.[16]

Diese Beurteilung der Heimatbundarbeit anläßlich des „Ruhreinbruchs" fand sich nicht allein in WHB-Kreisen. Der preußische Minister für Wissenschaft, Kunst und Volksbildung würdigte in seiner Antwort auf die Einladung zum Soester Westfalentag im Juni 1923 „die Bedeutung der Bestrebungen des Bundes für die Stärkung des Heimatgefühls und der inneren Widerstandskraft in schwerer Zeit".[17] Der Westfalentag in Soest erlangte eine bis dahin ungewohnte große öffentliche Aufmerksamkeit und Teilnahme; deckten sich doch die Ziele der Heimatbundarbeit mit denen der staatlich legitimierten Politik des passiven Widerstands im Ruhrgebiet, die von allen Parteien und den Gewerkschaften unterstützt wurde. Doch waren bei der „machtvollen Kundgebung westfälischen Kulturwillens"[18] in Soest keineswegs alle Repräsentanten der rheinisch-westfälischen „Abwehrfront" gegen das „welsche Joch"[19] vertreten. Zwar beschwor Kerckerinck zur Borg erneut die „über alle Schranken der Parteien, der Stände, der Klassen" hinweghebende Kraft des Volkstums- und Heimatgedankens – beide Begriffe wurden synonym verwandt. Doch machten z. B. seine Erläuterungen zu den „ewigen Quellen unserer Kraft", der „heimischen Kultur", deutlich, wie der westfälische Adlige sich die allgemeine Partizipation an dieser Kultur als Modell der sozialen Versöhnung vorstellte.

Wer immer ein Werk echter Kultur oder Kunst, sei es aus alter oder neuer Zeit, verständnisvoll in sich aufgenommen hat und liebevoll im Herzen bewahrt, der hat eben dadurch in einem edleren und höheren Sinne auch Teil an dessen Besitz. Diese Form der Bereicherung steht allen offen, die guten Willens sind, und dieser Reichtum ist es, den der Westfälische Heimatbund in wahrhaft sozialer Arbeit dem ganzen Volke und allen seinen Gliedern ohne Ausnahme oder Vorbehalt vermitteln möchte.[20]

Solche „kulturellen" Lösungen sozialer Gegensätze wurden von der Linken scharf kritisiert. Kerckerinck wandte sich dann auch während seiner

[16] Heimat in Not!, in: Die Heimat 5/2 (1923), S. 1 (vereinigt mit den Heimatblättern der Roten Erde).

[17] Antwortbrief des Ministers Boelitz vom 26. 4. 1923 an Karl Wagenfeld, in: Archiv WHB, Ordner: Westfalentage. Ein Überblick über die Ereignisse der Ruhrbesetzung bei H. J. Behr, Die Provinz Westfalen und das Land Lippe 1813–1933, in: Westfälische Geschichte, Bd. 2: Das 19. und 20. Jahrhundert, hrsg. v. W. Kohl, Düsseldorf 1983, S. 138 f., dort auch weitere Literaturangaben.

[18] Vierter Westfalentag, in: Die Heimat 5/7 (1923), S. 138.

[19] So Reichskanzler Cuno, Unserer deutschen Ruhr!, in: W. Lindner (Hrsg.), Das Land an der Ruhr, Berlin 1923, S. 5.

[20] Begrüßungsansprache auf der Hauptversammlung, abgedruckt in: Die Heimat 5/7 (1923), S. 150.

Rede gegen den Vorwurf „gedankenloser Ignoranten", die Heimatbundmitglieder seien „Reaktionäre mit rückwärts gewandten Blicken". Dieses Urteil war von sozialdemokratischer Seite offenbar im Vorfeld des Westfalentages ausgesprochen worden. Wagenfeld klagte in seinem Einladungsbrief an den sozialdemokratischen Reichs- und Staatskommissar Mehlich in Dortmund:

> Leider werden unsere Bestrebungen von manchen Seiten trotz wiederholter Aufklärung noch immer als reaktionär betrachtet. (...) Es würde daher sehr zu begrüßen sein, wenn Sie an der Soester Tagung teilnehmen und vielleicht in der Hauptversammlung bei den Begrüßungsansprachen das Wort ergreifen könnten. Das würde vielleicht für manchen, der heute noch abwartend oder gar mißtrauisch abseits steht, ein Beweis sein, daß die Arbeit des WHB nicht im Dienste irgendeiner Partei, sondern des Volksganzen geleistet wird. So würden vielleicht Mitarbeiter aus weitesten Volkskreisen gewonnen werden für den Wiederaufbau unserer Heimat, unseres Vaterlandes.[21]

Mit diesem Argument hatte Wagenfeld kurz zuvor auch eine Einladung des Reichspräsidenten Friedrich Ebert (SPD) gegen die Bedenken Kerckerincks und des WHB-Protektors und ehemaligen westfälischen Oberpräsidenten Prinz von Ratibor und Corvey durchzusetzen gesucht.

> Ich denke bei der Einladung des Herrn Ebert (...) daran, daß durch die Einladung des Herrn Ebert vielleicht weite Teile unserer Arbeiterschaft auf die Tätigkeit und Ziele des Heimatbundes geradezu gestoßen würden. Wollen wir unser letztes Ziel, (den) Wiederaufbau unserer bodenständigen Kultur erreichen, so müssen wir gerade die Massen ohne Ar und Halm gewinnen. Dazu müßte man auch m. E. schon ein Mittel gebrauchen dürfen, das einem oder anderen nicht besonders sympathisch wäre.[22]

Die Einladung an Ebert kam ebensowenig zustande wie die Rede des sozialdemokratischen Dortmunder Reichskommissars. Die dem Zentrum und der DNVP angehörenden Vertreter der obersten Behörden des Landes, der Provinzialverwaltung und der beiden Kirchen blieben unter sich.[23] Doch wurden diese bestehenden Gräben auf der Veranstaltung in Soest nicht öffentlich sichtbar, fehlten angesichts der außenpolitischen Bedrohung die sonst üblichen Aufzählungen der Gefahren, die der westfälischen Heimat vermeintlich schon aus der Existenz des Ruhrgebietes selbst erwuchsen.

Die „um die deutsche Heimat" kämpfende „Volksgemeinschaft an der Ruhr" war auch das beherrschende Thema der meisten Beiträge in dem Sammelband, den die Dachorganisation der deutschen Heimatbewegung, der Deutsche Bund Heimatschutz (DBH), in Verbindung mit dem WHB und dem Rheinischen Verein für Denkmalpflege und Heimatschutz zur Ruhrbesetzung

---

[21] Brief Wagenfelds vom 25. 5. 1923, in: Archiv WHB, Ordner: Westfalentage.
[22] Brief Wagenfelds an Kerckerinck zur Borg vom 8. 5. 1923, in: Archiv WHB, Ordner: Briefwechsel.
[23] Siehe Anm. 20.

herausgab.[24] Hinter der durchgängigen Betonung der „goldechte(n) Deutsch-
heit dieses bedrohten Landes" und der Heimatliebe seiner Bewohner als
„Quelle der Widerstandskraft"[25] wurde jedoch der an sich entgegengesetzte
Erwartungshorizont der Autoren deutlich sichtbar. So schilderte z. B. der Regierungspräsident von Arnsberg den „heroischen Kampf" der „schwerge-
prüften Ruhrbevölkerung", um dann fortzufahren:

> Obwohl seit den 1890er Jahren Hunderttausende fremder und zum Teil auch auslän-
> discher Arbeiter von der ein ungeheures Menschenmaterial verschleißenden Großindu-
> strie ins Ruhrgebiet gezogen sind, gibt es daneben erfreulicherweise noch Hunderttau-
> sende von seßhaften Eingeborenen. (...) Die fremden zugezogenen Volksteile werden
> mit geringen Ausnahmen im ‚Kohlenpott' ansässig. Die Einheimischen übertragen ihre
> Heimatliebe und ihren Heimatsinn auf diese Schichten. Ist auch die Arbeit der Ruhr-
> bevölkerung rauh, hart und schwer, muß sie auch in tiefer Grube bei Lebensgefahr oder
> mit nacktem Körper vor glühenden Öfen oder an heißen Walzenstraßen geschehen,
> sind auch die Wohnungen in großer Zahl unzureichend, zeigen die Städte und Ort-
> schaften vielfach kein schönes Bild, fehlt es an Naturschönheiten und an Unterhal-
> tungs- und Bildungseinrichtungen aller Art, so möchten sich doch Alteingesessene und
> Neuzugewanderte weder von ihrer friedlichen Scholle, aus ihrem Heim, von ihrer
> geliebten Heimat verdrängen noch von fremden Völkern bedrücken lassen.[26]

Hier noch in die Idylle der „geliebten Heimat" einmündend, waren gleichwohl alle Problemkreise angesprochen, die die bürgerlichen Beobachter des
westfälischen Industriegebietes vor und nach dem Ende der Ruhrbesetzung
weiter beunruhigten, nämlich die Zuwandererfrage, die Arbeits- und Wohn-
bedingungen und der „Kulturmangel". Faktoren, die einer Heimatbildung und
-bindung im Verständnis der Heimatbewegung diametral entgegenstanden.

Beginnen wir mit dem ästhetischen und akustischen Schauder, der die Betrachter einer „anderen Welt" erfaßte, wo die „unerbittliche Industrie mit
ihren rußgeschwärzten Massen, mit ihren dröhnenden Hämmern und rau-
chenden Hallen" herrschte, wo „in den jagenden Jahren des ungeheuren technischen Aufschwunges die langgestreckten Straßen der Mietshäuser von Dorf
zu Dorf gezogen worden (sind) und das Alte, Bodenständige mit gieriger Hast
verschlungen (haben)".[27] Wer mit „warmem Herzen für die werktätige Bevölkerung und mit offenem Auge" die „kulturlosen Wohnviertel durchwan-
dert(e)",[28] registrierte das Fehlen von steinernen „Zeugnissen großer geschicht-

---

[24] W. Lindner (Hrsg.), Das Land an der Ruhr, Berlin 1923.

[25] Cuno, Unserer deutschen Ruhr!, S. 5,6.

[26] Regierungspräsident König, Heimatsinn – Heimatliebe, in: Lindner, Das Land an
der Ruhr, S. 14, 15.

[27] F. Castelle, Durchs Land der Roten Erde, in: Heimatblätter der Roten Erde 1/1
(1919), S. 5.

[28] Oberstudiendirektor Löscher, Naturschutz und Industrie, in: Die Heimat 9/9
(1927), S. 288.

licher Taten und Entwicklungen",[29] „dumpfe Häuser"[30] und Hauptgeschäfts-
straßen, die – wie beispielsweise in Gelsenkirchen – „ein Freilichtmuseum für
die Baugeschichte der letzten fünfzig Jahre, aber auch ein Sündenregister in
Beispielen von Geschmacklosigkeit und Gewinnsucht" abgaben.[31] Zudem
mußte ein Angriff auf Nerven, Ohren und Nase ertragen werden. Dem „Don-
nern und Dröhnen der Industrie", dem „Klingeln der Trambahnen und (...)
Pfeifen der Lokomotiven"[32] ebenso ausgesetzt wie „quirlenden Qualm-
massen" und einer „Atmosphäre, die schwermütig und schwül auf den Menschen lastet wie Alpdruck",[33] waren die Ruhrgebietsbeobachter auch noch
einem fremden Zeitrhythmus ausgeliefert. Im „ewigen Getriebe der Straßen"
und im „Rhythmus, den Kohlen und Eisen wild pulsen" galt es, im praktischen wie im übertragenen Sinne nicht unter die Räder zu kommen, wie
Wagenfeld auf dem Dortmunder Westfalentag 1928 mahnte.

Unsere Zeit aber rast, rast in Westfalen wohl in Dortmund, im Industriegebiet am
wildesten, und wer hier auf der Straße des Lebens stillsteht, kommt unter die Räder.[34]

Dieser „Weckruf" galt allen, „die von himmelblauer Romantik berauscht,
das Heil der Heimat in überlebten Formen und Formeln suchen". Vielmehr
– so Wagenfeld in Dortmund – müsse es angesichts der „stürmisch lebens-
starken Gegenwart", des „neuen Lebens, das ringt um seine Seele, ringt um die
gesunde Erhaltung seiner Form" in der Heimatbundarbeit nun darum gehen,
„daß diese neue Seele eine deutsche werde, daß die neuen Lebensformen Ausdruck deutschen Wesens werden, daß weiteste Massen, die heute im rastlosen
Kampfe um des Lebens Notdurft heimatlos sind, sich wieder heimatver-
bunden, sich wieder deutsch fühlen, das muß das letzte und höchste Ziel sein,
das uns bei unserer Heimatarbeit im Industriegebiet lockt (...)".[35]

In diesem Sinne waren einzelne Vertreter aus dem im WHB organisierten,
im Ruhrgebiet ansässigen Bürgertum auf „kulturkritischem" Gebiet bereits
tätig. Sie unterstützten Bemühungen um einen neuen Begriff von Ästhetik,
der den Formen und Auswirkungen der industriellen, technischen Entwick-

---

[29] Seminaroberleiter A. Weiß, Die Bedeutung der Geschichtsforschung im Industriegebiet für die Weckung und Pflege des Heimatgefühls, in: Heimatblätter der Roten
Erde 5/8 (1926), S. 339.

[30] Winter, Moloch Industrie, S. 27.

[31] W. Brepohl, Gelsenkirchen – die Stadt und ihre Lebensgesetze, in: Ders. (Hrsg.),
Gelsenkirchen, Berlin 1922, S. 14.

[32] Gerold, Vestische Heimat, S. 2.

[33] Brepohl, Gelsenkirchen, S. 12.

[34] K. Wagenfeld, Ein Weckruf des Westfälischen Heimatbundes. Rede auf dem Be-
grüßungsabend der Stadt Dortmund anläßlich des Westfalentages in Dortmund, in: Die
Heimat 10/7 (1928), S. 193.

[35] Ebd., S. 193, 194.

lung im Ruhrgebiet positiv gegenüberstand. Der neue Blick auf die Industrielandschaft, die Entdeckung seiner Schönheit für den „tiefer Sehenden"[36]
sollte die Heimatverbundenheit der Ruhrgebietsbevölkerung stärken und
richtete sich gegen die oben dargestellte gängige negative bürgerliche Rezeption der Außenansicht des Industriegebiets.

Für Hermann Gerold aus Recklinghausen beispielsweise verwandelte sich
seine Stadt nachts in ein geheimnisvolles Wunderland, in dem zugleich alle
Ängste vor der undurchschaubaren technischen Welt aufgehoben waren.

Und wenn dann über dem rätseldunklen Häusermeer, dem Glitzernetz der zahllosen
Lampen, dem matten Blinken der roten und grünen Signale und der wirr sich knäu-
lenden Schienenstreifen, den funkensprühenden Gluten der fernen Riesenöfen, wenn
dann über all dieser Symphonie von Licht und Klang und Arbeit Stern um Stern er-
glüht, wenn der stolze Reigen ferner Wunderwelten diesem Gemälde den einzig würdigen Rahmen gibt, dann will ich dich fragen, ob wir Vestaner keine Heimat haben, ob
es ein Land gibt, (…) das man mehr lieben muß als dieses, unser vestisches, unser Ruhr-
Emscherland![37]

Demgegenüber wies Wilhelm Brepohl, Redakteur der ›Gelsenkirchener
Allgemeinen Zeitung‹, auf die „eigene Schönheit der Industrie" in Verbindung
mit ihrer Funktion hin. Er machte z. B. aufmerksam auf die „wirkungsvollen,
in ihrer schlanken Starre die Schwere überwindenden Eisengerüste", die „ein
Kraftbewußtsein" und „eine Stoffbeherrschung" ausdrückten.[38] Mit deutlicher Spitze gegen die außerhalb des Ruhrgebiets lebenden WHB-Mitglieder
schrieb er:

Es haben eben alle, die von außen her einen Blick in unser Land werfen, fertige Vorstellungen vom Schönen, die sich naturgemäß (!) nicht mit Fabriken und Arbeiterhäu-
sern in Einklang bringen lassen. Jede Zeit und jede Lebensform bildet sich ihren Stil
selber, der sich zwingend als daseinsnotwendig ergibt. So hat auch der „Eisen-Beton-
stil" seine Berechtigung. Allein das an anderen Vorbildern entwickelte Schönheitsge-
fühl braucht Zeit, um sich ganz in die eigenartige Formenwelt der Technik einzuleben,
und selbst den Eingeborenen kommt das Verständnis für die Schönheit eines Förder-
rüstes ebenso langsam, wie die Schönheit des Dampfschiffes zu seiner Zeit erkannt
wurde.[39]

Brepohls Ansatz einer ästhetischen Vermittlung der Industrietechnik stand
im Einklang mit der positiven Einstellung der deutschen Heimatbewegung gegenüber der industriellen und wirtschaftlichen Entwicklung in den 1920er

---

[36] Gerold, Vestische Heimat, S. 2.
[37] Ebd.
[38] Brepohl, Gelsenkirchen, S. 21.
[39] Ders., Heimatgefühl und Heimatkunde im Industriegebiet, in: Heimatblätter.
Monatsschrift für das niederrheinisch-westfälische Land, besonders für das Ruhrgebiet
1/5 (1919), S. 107.

Jahren. Das Einklagen der heimat- und naturschützerischen Kosten der Industrialisierung, das zu Anfang des Jahrhunderts auch zur Bildung eines „fundamental industriekritischen Flügels"[40] in der Heimatbewegung geführt hatte – der im WHB allerdings nicht zum Tragen kam –, mündete in der Weimarer Republik in eine allgemeine Technikbejahung und Zusammenarbeit des Deutschen Bundes Heimatschutz mit der Industrie ein. Nicht zuletzt wollte man sich „einer im Interesse der Volkswirtschaft notwendigen Entwicklung nicht in den Weg (stellen), deren unnötige Erschwerung gerade in einem wirtschaftlich so schwer ringenden Lande wie dem Deutschland des Versailler Vertrages schlimme Folgen haben könne".[41] Die Kooperation, für die sich vor allem die wissenschaftlich-technische Intelligenz im DBH engagierte, betraf die Erhaltung von Industriedenkmälern und die Gestaltung von „Ingenieurbauten", die sich „organisch" in die deutsche Landschaft und Tradition einfügen sollten.[42]

Professor Schultze-Naumburg, erster Vorsitzender des DBH, ging über das Heimatschutz-Programm einer ästhetischen Deutung und Vermittlung der technischen „Sachzwänge" noch hinaus. Er löste die Frage von Schönheit und Häßlichkeit einer Landschaft von deren ökonomischer Nutzung. Die ästhetische Gestaltung der „Umgebung" war für ihn vielmehr ein Seismograph für die Verfassung der Gesellschaftsordnung.

Man darf aber nicht übersehen, daß die Gestaltungen um uns herum doch eben der Ausdruck nicht etwa einer Zeit (...), sondern des in der Zeit und in einem bestimmten Raum lebenden Menschen ist, der die Vorgänge der Zeit beherrscht. Diese Herrschaft kann sich gründen auf überragende geistige Leistungen einzelner, sie kann sich aber

---

[40] Begriff bei Andersen, Heimatschutz, S. 152.

[41] F. Haßler, Verein Deutscher Ingenieure, zit. nach Linse, Ökopax und Anarchie, S. 33. Für diese Argumentation siehe auch C. J. Fuchs, Heimatschutz und Volkswirtschaft, in: Der deutsche Heimatschutz. Ein Rückblick und ein Ausblick, hrsg. v. d. Gesellschaft der Freunde des deutschen Heimatschutzes, München 1930, S. 145 ff.; A. Pilgrim, Ruhrkohle und deutsche Volkswirtschaft, in: Die Heimat 4/7 (1922), S. 252 ff.; C. Matschoß, Aus der Geschichte unserer Schwerindustrie, ebd., S. 230 ff.

[42] Hier sind vor allem die Bemühungen des Geschäftsführers des Deutschen Bundes Heimatschutz, Werner Lindner, „gegenseitiges Verständnis zwischen Ingenieurkreisen einerseits und Hegern der Heimat und der Natur andererseits zu wecken", zu nennen. Dieses Ziel ist so formuliert auch seinem Buch: Ingenieurwerk und Naturschutz, Berlin 1926, S. VIII, vorangestellt. Zur Kooperation von Heimatschutz und Industrie siehe auch Linse, Ökopax und Anarchie, S. 26 ff.; Andersen, Heimatschutz, S. 152 ff. und zu deren Kontinuitätslinien, der Zusammenarbeit von Heimatschutz und Deutschem Werkbund, C. Hepp, Avantgarde. Moderne Kunst, Kulturkritik und Reformbewegungen nach der Jahrhundertwende, München 1987, S. 159 ff.; F. Stern, Kulturpessimismus als politische Gefahr. Eine Analyse nationaler Ideologie in Deutschland, München 1986, S. 214 f.

auch auf die „Überlegenheit" einer erdrückenden Masse stützen. Deren Gestaltungs-unfähigkeit und deren Gefühlsstumpfheit verdanken wir zu einem großen Teile die Stumpfheit und das Ungestaltete unserer Umgebung. (...) Die Technik unserer Zeit hat ja Schönes genug geschaffen, das auch uns heute seit langem erkennbar ist, und auch die Werkstätten der Technik, der Industrie zeigen durch ihre eigene Gestaltung, daß sie und ihr Betrieb nicht unbedingt mit Häßlichkeit verbunden sein müssen, daß diese vielmehr immer nur das unverkennbare Anzeichen entarteter Zustände ist.[43]

Ebensowenig wie sich der Blick auf das Ruhrgebiet bei den Mitgliedern des WHB, die außerhalb des Industriegebietes lebten, durch die Versuche einer äs-thetischen Vermittlung der Industrietechnik zum Positiven hin veränderte – was aufgrund der überwiegend geisteswissenschaftlichen Herkunft des Bil-dungsbürgertums im WHB nicht erstaunt –, war auch Schultze-Naumburgs „ästhetische Theorie" keineswegs Allgemeingut im Westfälischen Heimat-bund. Zwar wurde hier das antidemokratische Ressentiment gegen die „er-drückende Masse" und deren „Gestaltungsunfähigkeit" geteilt, anders als bei Schultze-Naumburg wurden die „Arbeitermassen" aber als Opfer und nicht als Herrscher der „Vorgänge der Zeit" gesehen. Als Verursacher der Arbeits-und insbesondere der Wohnverhältnisse im Revier, die zum Teil mit unverho-lenem Entsetzen beschrieben wurden, galt – entpersonalisiert – das Prinzip des Materialismus und Mammonismus, in dessen Kritik sich deutlich anti-(groß)industrielle Töne mischten.
Auf Schultze-Naumburgs Behauptung im Mitteilungsblatt des Deutschen Bundes Heimatschutz 1926, „daß es innerhalb unseres Landes sehr viele gibt, denen dieses echt deutsche Erbe (der natürlichen und geschichtlich gewor-denen Schönheiten unseres Vaterlandes) fremd, ja ein Dorn im Auge ist", ant-wortete Wagenfeld mit grundsätzlichen Reflektionen über die Gründe dafür.

Enterbte hat es immer gegeben, aber nie hat etwas so viele der Menschheit um so viel betrogen, als der Materialismus und Mammonismus der letzten Jahrzehnte. Naturhafte und geistige Werte sanken, sofern sie nicht nach Geld, Maß und Gewicht umgerechnet werden konnten, für weiteste Kreise unter Null. Menschenwürde wurde von vielen nach dem Steuerzettel gewertet.[44]

Der Altenaer Landrat Thomée, Gründungs- und Vorstandsmitglied des WHB, warnte vor den Folgen einer „auf die Spitze getriebenen Technik oder Organisation". Zwar könne nur „eine *vernünftige* Mechanisierung die Menschheit weiter bringen (...). Nur sie kann die Arbeitsteilung bewältigen, richtige Beherrschung der Massen gewährleisten und zweckmäßige Verteilung

---

[43] P. Schultze-Naumburg, Die Gestaltung der Landschaft, in: Der deutsche Heimat-schutz, S. 15.
[44] Wagenfeld, Heimatschutz Volkssache, in: Heimatblätter der Roten Erde 5/1 (1926), S. 2; das Zitat von Schultze-Naumburg ebd., S. 1.

der Güter und Kräfte sicherstellen. Nur wahre man die Grenzen! Zersetzendes Gift darf nicht wirksam werden, die Mechanisierung nicht den Geist überwältigen. Gott, Mensch und Natur dürfen nicht lediglich zum Zweck werden. Nicht nur der Besitz ist Freude!"[45] In diesem Sinne wandte sich Wagenfeld auf dem Westfalentag in Bochum 1927 auch an eine verantwortliche Personengruppe, denn

ganz in der Luft schwebt Wincklers schwere Anklage nicht, „daß unter den deutschen Großindustriellen nicht ein einziger Kulturschöpfer vorhanden ist, nur ödeste Geschäftsfanatiker, wie die Masse der Industriearbeiter eine blöde Helotenherde bisher blieb".[46]

Allerdings ortete Wagenfeld in allen Schichten der Bevölkerung eine Gesinnung, die durch „den Mammonismus untergraben" war, und sah „Maschinen statt Menschen". Insbesondere war der „Geist des Materialismus" jedoch „in der Steinwüste der modernen Großstadt" zu finden, „in der wilde Jagd nach gleißendem Gold, nach rauschender Freude und berauschendem Genuß auf der einen Seite, härtester Kampf ums nackte Dasein andererseits den Menschen den letzten Rest der Eigenart nahm, in der öde Mietskasernen, moderne Zuchthäuser, mit ihren nichtssagenden Besitzern und gefahrdrohenden Wohngelegenheiten keine Spur gesunden Volkstums tragen (…)".[47] Hier lag nach Wagenfeld auch der Grund für die „Kulturfeindlichkeit" der Arbeiter.

Vom Genusse deutscher Natur- und Kulturgüter ausgeschlossen, wurden sie Fremde in der Heimat. Wurden Ärgeres: wurden Hasser derer, die Nutznießer dieser Güter; wurden in wirrem Sinn und wirrer Zeit Feinde und Zerstörer dessen, was ihnen eine andere Zeit vorenthielt. Darum gerade die ob ihrer Schönheit hochgepriesenen Großstädte, darum gerade die ob ihrer technischen Errungenschaften berühmten Industriezentren Hochherde von Kommunisten und Spartakisten.[48]

Die Arbeiterbewegung, ohnehin von „volksfremden Verführern"[49], „Aposteln eines internationalen Radikalismus und Nihilismus",[50] beherrscht, hatte im Verständnis der Westfälischen Heimatbündler mit den Großindustriellen mindestens eines gemeinsam, nämlich die alleinige wirtschaftliche, d.h. materialistische Interessenausrichtung, die sich zudem auch noch – „heimatnivellierend" – auf internationale Bezüge richtete.[51]

---

[45] F. Thomée, Zwei Welten. Streiflichter in die Gedankenwelt von Henry Ford, in: Die Heimat 7/2 (1925), S. 34, 35.

[46] Wagenfeld, Industrie und Volkstum (2. Teil), in: Die Heimat 9/9 (1927), S. 265.

[47] Ders., Die Predigt der Heimat, in: Vestischer Kalender 4 (1926), S. 2.

[48] Ders., Heimatschutz Volkssache, S. 2.

[49] Ebd., S. 3.

[50] E. von Kerckerinck zur Borg in seiner Begrüßungsrede auf dem Westfalentag in Minden 1926, in: Heimatblätter der Roten Erde 5/8 (1926), S. 382.

[51] Für diesen Zusammenhang siehe auch die Ausführungen Wagenfelds in Reckling-

Doch schien es gerade angesichts dieser Lage für die Heimatbundmitglieder
nicht „angebracht", ins „Vergangene zurückzublicken". Denn, so wurde auf
einer Heimatpflegeveranstaltung in Bochum 1926 gemahnt, „dem rollenden
Rade der geschichtlichen Entwicklung, der Um- und Weiterbildung kann sich
niemand entgegenstemmen. So wird auch die Industrialisierung sich unab-
lässig weiter vollziehen in allen Ländern, die an der Weltwirtschaft Anteil
haben. (...) Das Industriegebiet wird in diesem Umbildungsprozeß schärfer
mitgenommen werden als andere Landschaften. (...) Aus Großstädten werden
Weltstädte, sei es schrittweise, sei es sprunghaft hervorwachsen. Die Bekämpfung der Weltstadtwerdung im Zeitalter des Weltverkehrs und der Weltwirtschaft würde ein Unding sein. Ein rücksichtsloser Materialismus, eine einseitige Vorherrschaft des Kapitalismus müßte die Menschen innerlich arm und
öde und die Weltstädte trotz aller äußeren Zivilisation kultur- und seelenlos
machen, wenn nicht die überlieferten sichtbaren und unsichtbaren Volksgüter
in die Zukunft der Landschaft hinübergerettet würden."[52] Dies sollte nun die
Aufgabe der Heimatbundarbeit sein und für die konkrete Ausgestaltung gab
es, wie Wilhelm Schulte auf einer Arbeitstagung des WHB 1932 ausführte, bereits ein Vorbild: die von Mussolini initiierte Volkstumsbewegung im faschistischen Italien. Schulte lobte die staatlich gelenkte „Wiederbelebung der italienischen Volksbräuche", die sich u. a. äußere im Feiern von Trachtenfesten, in
der Förderung der heimischen Hausindustrie, in der Pflege des Volksliedes
und -spiels, in der Gründung regionaler Museen und in der Indienstnahme
von Film und Radio. Über die „erzieherische Absicht" solcher Volkstumspflege schrieb der WHB-Geschäftsführer, die programmatischen Schriften
des Comitato Nazionale per le Arti Popolari rezipierend:

In dem Arbeiter werde der Sinn für die Tradition, der unerschöpfliche Quell volks-
bürgerlicher Erziehung geweckt, er werde vor dem nivellierenden Einfluß des Fort-

---

hausen (Siedlung, Heimat und Familie, in: Die Westfälische Heimat 13/7 [1931], S. 173):
„‚Wer sich am meisten von den Tischen des Lebens ausgeschlossen fühlt, der muß sich
auf die stützen, die am leidenschaftlichsten gleiches Recht für alle fordern'. Aber, und
das ist das Gefährliche: dieses Streben zu einer Gemeinschaft ist bei dem größten Teil
nur ein Zusammenballen des egoistischen Eigenwillens der vielen zu einer wiederum
egoistischen und individualistischen Massenfront. Zwischen dieser und der von Verant-
wortungsgefühl getragenen Volksgemeinschaft klafft aber ein böser Riß."
[52] Weiß, Bedeutung der Geschichtsforschung im Industriegebiet, S. 340 u. 341.
Zum Phänomen der Großstadtfeindschaft bei den bürgerlichen Reformbewegungen
K. Bergmann, Agrarromantik und Großstadtfeindschaft, Meisenheim 1970, bes. S. 85–
135; A. Lees, Cities Perceived. Urban Society in European and American Thought,
1820–1940, Columbia (University Press) 1985, unterstreicht die – auch die Ausführungen von Weiß prägende – Ambivalenz der Wahrnehmung und Beurteilung der
Großstadt in Deutschland "between tradition and modernity", S. 82 ff., 142 ff., 239 ff.

schritts bewahrt und lerne voll Stolz auf die alte Geschichte seiner Heimat und auf die Größe des italienischen Volkes blicken; es würden ihm Dinge geboten, die durch Reichtum nicht zu erwerben seien. Der einfache Mann, der an den Volksfesten teilnehme, sehe das Leben in einer neuen Rangordnung, für die eine größere oder geringere Geldmenge nicht mehr den einzigen Wertmaßstab bilde. Dadurch werde der soziale Ausgleich, Grundidee und Endziel der faschistischen Revolution, gefördert.[53]

Die Aktivitäten der faschistischen Volkstumsbewegung in Italien, deren Ziele man im WHB teilte, mußten nicht nur Schulte attraktiv erscheinen angesichts der Hilflosigkeit der Heimatschützer gegenüber dem beobachteten Verschwinden alter Gemeinschaftsformen – des Dorfes, der Nachbarschaften, der Familie – aus ländlich bestimmten Arbeits- und Lebenszusammenhängen zugunsten einer „kulturfeindlichen", d. h. antibürgerlichen „Massenfront" im Ruhrgebiet. Allerdings haftete dem Konzept der Klassenversöhnung und neuen Gemeinschaftsbildung durch eine „Wiederbelebung von Sitte und Brauch" im Urteil Karl Wagenfelds durchaus auch etwas „Theaterhaftes" an.

Mit rein äußerlichen Mitteln ist bei allem guten Willen nichts zu machen. Das würde zu oft nur auf Stimmungsmache hinauslaufen (...). Wirkliche Erfolge verspricht nur eine Erneuerung der Gemeinschaftsgesinnung des Volkes durch eine Erneuerung christlich-deutschen Wesens. Aus ihm heraus wird das Volk unter Leitung feinfühliger Führer dann selbst die Ausdrucksformen für sein Gemeinschaftsgefühl finden und gestalten. Was dann an alter Form in Sitte und Brauch nicht mehr Ausdruck des neuen deutschen Gemeinschaftssinnes sein kann, mag fallen, muß fallen trotz alles ehrlichen Bedauerns; denn die Hauptsache ist der Geist, nicht die Form.[54]

Mit dieser Kritik bekräftigte Wagenfeld den kulturellen Führungsanspruch des Bürgertums, wies aber zugleich darauf hin, daß sich ein neuer Gemeinschaftssinn „im Volk" bereits entwickelte. Diesen sah er nicht wirksam in den Formen und Inhalten der Arbeiterkultur des Ruhrgebietes,[55] die von bürgerlicher Seite überhaupt nicht wahrgenommen wurde. Wagenfeld beschwor vielmehr den einzelnen Arbeiterheros als Produkt, Opfer und Schöpfer der „Dämonie der Industrie" zugleich.

---

[53] Schulte, Volkstum und Staat. Der Sinn der Heimatbewegung, gesehen vom Politischen her, in: Die Westfälische Heimat 14 (1932), S. 150, 151.

[54] Wagenfeld, Zur Wiederbelebung von Sitte und Brauch, in: Die Heimat 9/4 (1927), S. 101.

[55] Beispiele in J. Reulecke/W. Weber (Hrsg.), Fabrik, Familie, Feierabend, Wuppertal 1978; G. Huck (Hrsg.), Sozialgeschichte der Freizeit, Wuppertal 1980; L. Niethammer u. a. (Hrsg.), „Die Menschen machen ihre Geschichte nicht aus freien Stücken, aber sie machen sie selbst". Einladung zu einer Geschichte des Volkes in NRW, Bonn 1984; allgemein: Wem gehört die Welt? Kunst und Gesellschaft in der Weimarer Republik, hrsg. v. d. Gesellschaft für Bildende Kunst, Berlin 1977; G. A. Ritter (Hrsg.), Arbeiterkultur, Königstein/Ts. 1979.

Ja, ein neuer Mensch wächst auf aus dem durchwühlten Boden, aus dem Rattern der Räder, aus Staub und Rauch. Ein Mensch, dessen Kraft und Sinne sich entwickelt und gestählt wie Stein und Eisen, an denen sie wachsen. Menschen voll Willen und Mut, ernst der Bergmann, helläugig, lebhaft der Maschinenmensch. Keine weichen, lässigen und bequemen Genießernaturen, Willensmenschen, Tatmenschen, die es sehnt, „in die Speichen des rollenden Wagens zu greifen". (Wohlgemuth) Sind ihre geschwärzten Gesichter auch ausgemergelt, sind ihre schwieligen Fäuste auch leer von irdischer Habe, in Herz und Kopf brennt ihnen „der Stolz und die glühende Leidenschaft, Schöpfer zu sein", erwuchs „ein Geist, der Menschen und die Welt in neue Bahnen weist".[56]

Dieser „neue Mensch", der sich aus der „seßhaften", „bodenständigen" Bevölkerung an der Ruhr rekrutierte, befand sich nach Wagenfeld allerdings in der Defensive, und zwar in mehrfacher Hinsicht.

Stammliche Verbundenheit als Quelle des Volkstums hat für das Industriegebiet ihre Bedeutung verloren. Die Bodenständigen sind in die Minderheit gedrängt. Eheschließungen mit ihren Blutmischungen verschiedener Stämme und Rassen beeinflussen fortdauernd und nicht immer günstig die stammlichen Erbmassen. Der größte Teil der Bevölkerung ist „heimatloses, fremdes Volk, von hierher und dorther, zum Teil mit fremder Sprache, mit fremden Sitten", mit verschiedenster kultureller und sozialer Einstellung, losgelöst vom alten, ohne festen, lebendigen Anschluß an einen neuen Kulturkreis. (…) Die Bodenverbundenheit mit der eigenen Scholle fehlt und mit ihr eine der Hauptgrundlagen für die Entwicklung wertvoller geistiger Eigenart. (…) Die Bindungslosigkeit mit Heimat und Welt und alter Weltanschauung mindert das Gefühl für Sittlichkeit, mindert die Gefühlstiefe, wirkt sich im Handeln aus, das auch ungebunden, impulsiv und rücksichtslos wird. So erwuchs und erwächst von Generation zu Generation rassig, kulturell und gesellschaftlich minderwertiger das Proletariat, kulturlose, unzufriedene Massen (…).[57]

Während Wagenfeld „rassisch an der Zusammensetzung der Bevölkerung und damit an ihrer kulturellen Einstellung etwas zu ändern" für nicht möglich hielt – „aus den wildesten Blutmischungen auf westfälischem Boden werden nie Menschen mit westfälischer Sonderart erwachsen" – und deshalb dazu aufrief, daran zu arbeiten, „daß sie (die Vaterlands- und Heimatlosen, D. K.) sich als Deutsche fühlt(t)en" und „zur Bejahung der Industrie" kämen,[58] fehlte anderen Beiträgen in der ›Westfälischen Heimat‹ Wagenfelds rassistische Beurteilung der Zuwandererfrage. Seminarlehrer Weiß beispielsweise versicherte, angesichts der Wagenfeldschen Diktion beinahe treuherzig:

[56] Wagenfeld, Industrie und Volkstum (2. Teil), S. 265.
[57] Ders., Industrie und Volkstum (1. Teil), in: Die Heimat 9/8 (1927), S. 233. Zur Verbreitung der sog. Rassenlehre in der deutschen Heimatbewegung Sieferle, Fortschrittsfeinde, S. 193 ff.; Bausinger, Zwischen Grün und Braun, S. 219 ff.; Ditt, Raum und Volkstum, S. 66 ff.
[58] Wagenfeld, Industrie und Volkstum (2. Teil), S. 265.

Wir sind fast alle zum wandernden Volk geworden, das nach dem sprachlichen Sinn der Altvordern im „Elend", im andern fremden Lande sein Berufsleben führen muß. Aber wie ein verpflanzter Baum sich dem neuen Erdreich anpassen kann, so ist es auch dem Menschen möglich, die anfänglich fremde Stätte der Berufsausübung zur Heimat zu machen. Er kann das, was Heimat dem Gemüts- und Kulturwert nach ist, gewinnen, wenn er sie sucht und beim Suchen Führer hat.[59]

Ebenso wie Wagenfeld beantwortete jedoch auch der Gelsenkirchener Schriftleiter und Ruhrgebietsforscher Wilhelm Brepohl die für ihn vordringlichste Frage, ob der „Zuwachs von fremdstämmigen Elementen das Volkstum (im Ruhrgebiet) verändert" habe, und zwar zum Negativen hin – „ist nicht zum Teil dieser Zuzug gefährlich geworden, haben wir nicht zum Teil gerade dadurch diese doch immerhin unglücklichen Verhältnisse im Ruhrgebiet" –, durchgehend bejahend.[60] Brepohl, Arbeitsausschußmitglied im WHB, publizierte seit Beginn der 1920er Jahre in den Zeitschriften des Heimatbundes über die Geschichte der Zuwanderung ins Ruhrgebiet unter dem Aspekt der „Rassenfrage".[61] Sein zu damaliger Zeit moderner ethnologisch-anthropologischer Ansatz – „man braucht nicht nach Amerika oder Südafrika zu gehen, wenn man die Entstehung eines neuen Volkes, eines neuen Volkstums aus bekannten alten Formen studieren will"[62] – war bestimmt von der rassistischen Annahme von Werthierarchien zwischen sogenannten nordischen und slavischen Völkern und zwischen den Angehörigen eines Volkes

---

[59] Weiß, Bedeutung der Geschichtsforschung im Industriegebiet, S. 338.

[60] Brepohl, Über das Volkstum im Ruhrgebiet, in: Die Heimat 8/9 (1926), S. 249.

[61] Eine Auswahl seiner Aufsätze: W. Brepohl, Die alte und die neue Zeit in der Kultur der Industrie, in: Heimatblätter 1/7 (1919), S. 155 ff.; ders., Heimatgefühl und Heimatkunde im Industriegebiet, in: Ebd., 1/5, S. 103 ff.; ders., Über Kultur und Volkstum in Gelsenkirchen, in: Die Heimat 4/6 (1922), S. 170 ff.; ders., Über das Volkstum im Ruhrgebiet, in: Die Heimat 8/9 (1926), S. 249 ff.; ders., Rassenforschung und Heimatkunde, in: Die Heimat 9/9 (1927), S. 261 ff.; ders., Das Ruhrgebiet und Westfalen, in: Die Heimat 10/7 (1928), S. 195 ff.; ders., Der Einzelne und seine Heimat, in: Die Heimat 11/7 (1929), S. 193 ff.; ders., Das niederdeutsche Volkstum und die Ruhrindustrie, in: Die Westfälische Heimat 14/7, 8 (1932), S. 101 ff. Für den späteren Zeitraum siehe die Ausführungen von Ditt, Raum und Volkstum, S. 262 ff., über die von Brepohl initiierte „Forschungsstelle für das Volkstum im Ruhrgebiet", die 1935 eingerichtet, von der Provinzialverwaltung finanziell unterstützt und ihrer volkskundlichen Kommission angegliedert wurde. Zu den ideologischen und politischen Prämissen der Arbeit in der Forschungsstelle siehe J. Weyer, Die Forschungsstelle für das Volkstum im Ruhrgebiet (1935–1941). Ein Beispiel für Soziologie im Faschismus, in: Soziale Welt 35/1,2 (1984), S. 124 ff.; G. Warsewa/M. Neumann, Zur Bedeutung der „Rassenfrage" in der NS-Industrieforschung, in: C. Klingemann (Hrsg.), Rassenmythos und Sozialwissenschaften in Deutschland, Opladen 1987, S. 345 ff. (über die Brepohlsche Forschungsstelle s. S. 355 ff.).

[62] Brepohl, Das Ruhrgebiet und Westfalen, S. 195.

selbst.[63] Der „Mischungsprozeß von Kulturen im Industriegebiet" führe – so Brepohl – schließlich zu einem „unklaren Kulturbrei", synonym mit seinem Begriff des Proletariats.

Das Proletariat ist geblieben und dieses durchzieht den Volksboden tiefer als die Bildungsschicht es kann. Aber es reiben sich hier nicht nur die geistig Verwandten untereinander: hinzu kommt noch, daß diese alle zusammen sich mit dem polnischen Element reiben. (...) Man ist sich draußen nicht klar über den Einfluß des slavischen Geistes auf die Kultur hierzulande.[64]

Brepohl beobachtete im Ruhrgebiet einen zweifachen „Überlebenskampf des Deutschtums": gegen die slavische „Überfremdung" oder „Blutmischung" und gegen die Dominanz des „kulturlosen" Proletariats.

Was sich in den einzelnen Familien durch Blutmischungen abspielt, hat sich im ganz Großen des Volkstums an der Ruhr überall abgespielt. (...) Der Pole ist in manchen Zügen schon Übergang zur osteuropäischen Steppe, und so kommen unbewußt andere Ideen auch in das Ruhrgebiet hinein. Dieser große Auseinandersetzungsprozeß ist noch nicht abgeschlossen. Noch heute ringen deutsche Ideen mit fremden Ideen, das Ganze ist zwar in der Hauptsache ein Auseinandersetzungskampf auf politischem Gebiete, der aber, aus der Stammesanlage entsprungen, in die Weltanschauung und auch in die Grundfragen der Existenzberechtigung des Ruhrgebietes hinüberwirkt. Das Ergebnis dieser Mischungen des Blutes und der Ideen der verschiedenen Volksarten, der schlechten Wohnweise, das üble Arbeiten an den Maschinen und die Folgen fehlender innerer Bildung, auch der Schulbildung, ist dann das, was wir als letzten Stand bezeichnen, das sogen. Proletariat.[65]

Diese bei Brepohl besonders ausgeprägt rassistisch begründete Gegnerschaft gegenüber Industriearbeiterschaft und Arbeiterbewegung im Ruhrgebiet erfuhr Ende der zwanziger Jahre in einem Aufsatz in der im Duncker Verlag in Weimar erscheinenden rassenhygienischen Zeitschrift ›Die Sonne – Monatsschrift für nordische Weltanschauung und Lebensgestaltung‹ noch eine Zuspitzung.[66] Nach der Erläuterung des allgemeinen Kontextes, nämlich einer Abgrenzung der völkischen Bewegung von der Heimatbewegung, behandelte Ernst Westphal unter dem Titel ›Heimat oder Rasse?‹ mit Berufung auf die „heutige, führende westfälische Heimatliteratur" namentlich auf Wagenfeld und Brepohl-Zitate die „völlige Überfremdung, ja Austilgung des

---

[63] Zur Geschichte der rassenhygienischen Bewegungen in den 1920er Jahren siehe G. Bock, Zwangssterilisation im Nationalsozialismus. Studien zur Rassenpolitik und Frauenpolitik, Opladen 1986, S. 23-76; P. Weingart/J. Kroll/K. Bayertz, Rasse, Blut und Gene. Geschichte der Eugenik und Rassenhygiene in Deutschland, Frankfurt a. M. 1988.
[64] Brepohl, Über Kultur und Volkstum in Gelsenkirchen, S. 171.
[65] Brepohl, Über das Volkstum im Ruhrgebiet, S. 252.
[66] Westphal, Heimat oder Rasse?, in: Die Sonne 7/4 (1930), S. 145 ff.

westfälischen Volkstums im Raume der Ruhrindustrie". Der Autor forderte schärfste Abgrenzung des „westfälischen Stammesvolkes vom Ruhrgebiet mit seiner Mischbevölkerung", die er als „ausgesprochenes Untermenschentum" charakterisierte. Die Führer der westfälischen Heimatbewegung hätten die Gefahren der „rassischen Abwärtsentwicklung" zwar erkannt, aber, so kritisierte Westphal:

> Es fehlt die klare Entscheidung, daß der Westfale wohl versuchen mag, im Ruhrgebiet tonangebend zu bleiben, daß er die Goldgrube, die ihm das Ruhrgebiet mehr oder weniger bietet, benutzen mag, daß aber seine Aufgabe darin liegt, das westfälisch gebliebene Westfalen in Bevölkerung und Kultur „westfälisch" zu erhalten und vor der Gefahr zu sichern, durch eine zu enge Verkoppelung mit dem Ruhrgebiet zu verflachen und herabzusinken. Die geforderte verwaltungsmäßige Abtrennung des Industriegebietes von Westfalen ist unter diesem Gesichtspunkt ernstlich zu erwägen.[67]

Dieser Aufsatz löste eine heftige und ablehnende Reaktion unter der Leserschaft des WHB-Organs ›Westfälische Heimat‹ aus. Nur ein „Vertreter der Jugend" bezog sich in seinem Leserbrief zustimmend auf Westphals Aufforderung an den Heimatbund, die Heimatarbeit vorrangig „auf den Stammes- und Rassegedanken" zu gründen. Er wies jedoch die Behauptung zurück, „daß der Westfale bisher im biologischen Wettbewerb – trotz allen Rückganges erbwertigen Zuwachses – bereits besiegt sei", und warnte davor, den „blutmäßig am stärksten durch soziale Verhältnisse bzw. unebenbürtiges Connubium bedrohten Arbeiterstand (…) als westfälisch aufzugeben und ihn durch gesellschaftliche Isolierung und Vernachlässigung in den Strudel rassischer Vermischung herabgleiten zu lassen".[68] Demgegenüber wies der WHB-Schriftführer Risse, der zwar „die starke fremdstämmige Überflutung und Rassenvermischung im Ruhrgebiet" nicht leugnen wollte, die „einseitige Blickrichtung" des völkischen Heimatbundkritikers zurück.

> Vorläufig aber wird man, sofern nicht gesicherte Ergebnisse der Rassenforschung den überragenden Einfluß des Blutes beweisen, Zweifel hegen dürfen, ob die Rasse als wesensbestimmend und unveränderliche Größe in dem Entwicklungsprozeß eines Volkes anzusehen ist, oder ob nicht auch Lebensraum und Geschichte entscheidend auf Volkstumbildung einwirken.[69]

In den anderen Leseräußerungen in der ›Westfälischen Heimat‹ wurde auf die rassenhygienische Argumentation Westphals kein direkter Bezug genommen, sondern allgemein der mangelhafte Gegenwartsbezug, der „tote Historismus" der WHB-Arbeit kritisiert. Zur Lösung der Ruhrgebietsprobleme

---

[67] Ebd., S. 152.
[68] Heimat und Rasse. Zwei Entgegnungen, in: Die Westfälische Heimat 12/7 (1930), S. 194.
[69] Ebd., S. 195, 196.

wurden die bekannten Forderungen gestellt wie die nach Einrichtung bzw. Pflege von grünen Erholungsgebieten für die Industriebevölkerung – auch gegen das „profitliche Eigeninteresse" von „Wirtschaft und Technik" –, nach geistiger Heimatpflegearbeit, neuer Siedlungsweise, Bodenreform und nach einem „Kampf gegen die Großverstädterung".[70]

Die Leserreaktion auf den Aufsatz in der ›Sonne‹ bündelt zu Beginn der dreißiger Jahre beispielhaft das Themenspektrum der Ruhrgebietsdiskussion im Westfälischen Heimatbund während der Weimarer Republik. Diese Diskussion zeigte einen hohen Grad an sozialer, politischer und kultureller Distanz und Fremdheit gegenüber der Arbeiterschaft und Arbeiterbewegung des Ruhrgebietes. Die Gegnerschaft drückte sich in einer elitären kulturellen Frontstellung zu den als feindlich empfundenen „Arbeitermassen" aus,[71] die gleichwohl in „Überschätzung der eigenen Ordnungskapazität"[72] über den Heimatgedanken in eine fiktionale Volksgemeinschaft integriert werden sollten.

[70] Gegenwarts- und Zukunftsaufgaben der Heimatbewegung, in: Die Westfälische Heimat 12/10 (1930), S. 294–298; abschließend äußerte sich Karl Wagenfeld zu den einzelnen Leserbriefen ebenfalls unter dem Titel: Gegenwarts- und Zukunftsaufgaben der Heimatbewegung, ebd., 12/12, S. 341–344.

[71] So charakterisiert H. Mommsen (Die Auflösung des Bürgertums seit dem späten 19. Jahrhundert, S. 293) die Richtung des „Rückzugs des Bürgertums" besonders nach dem Ersten Weltkrieg in Gestalt von „bürgerlich geprägten Interessenverbänden, geschlossenen Zirkeln im Sinne der Ring-Bewegung und neuartiger Massenorganisationen, deren Aufgabe primär in der Indoktrinierung und Mobilisierung der Volksmassen im außerparlarmentarischen Raum lag".

[72] H. Reif, Arbeiter und Unternehmer in Städten des westlichen Ruhrgebietes 1850–1930. Räumliche Aspekte einer Klassenbeziehung, in: J. Kocka (Hrsg.), Arbeiter und Bürger im 19. Jahrhundert, München 1986, S. 158, über die Bemühungen des Bürgertums im Ruhrgebiet, „die Arbeiterschaft schon durch ein Minimum an Teilhabe lenken, pazifizieren und integrieren zu können".

„MIT WESTFALENGRUSS UND HEIL HITLER"

Die westfälische Heimatbewegung 1918–1945

Von Karl Ditt

1. Ausgangssituation und Fragestellung

Die deutsche Heimatbewegung ist nach der Reichsgründung entstanden, d. h. in einer Zeit des wachsenden nationalen Selbstbewußtseins und der historischen Rückschau. Sie wandte sich anfangs der Erforschung der Vergangenheit sowie dem Schutz und der Verschönerung des lokalen und regionalen Umfeldes zu. Seit der Jahrhundertwende ordnete sie diese wissenschaftlich-ästhetische Zielsetzung einer neu entstehenden kulturkonservativen Ideologie ein. Danach sollten nicht nur das äußere Erscheinungsbild Deutschlands, sondern auch „die inneren Werte des deutschen Volkes" – dazu zählte man Innerlichkeit, Wahrhaftigkeit und Idealismus – gegen die „Tendenzen des Materialismus und der Zivilisation" verteidigt werden.[1]

Nach dem Weltkrieg gehörten die Heimatschützer nicht zu denjenigen Gruppen, die sich für die Werte der „westliche Zivilisation" öffneten; vielmehr überdauerte ihr Weltbild die deutsche Niederlage. Sie erschien vielen kulturell als Folge der Zivilisierung des deutschen Volkes, militärisch-politisch als Folge eines „Dolchstoßes" aus der „Heimatfront". Als Voraussetzung für eine „Wiedergeburt" forderten die Heimatschützer deshalb mehr denn je, sich auf die „deutsche Art", Geschichte und Kultur zurückzubesinnen sowie die räumlich-biologische Grundlagen des deutschen Volkes vor den Einflüssen der Zivilisation zu schützen und zu pflegen.[2]

---

[1] Vgl. E. Rudorff, Heimatschutz, Berlin o. J. [1904]; W. Schoenichen, Naturschutz, Heimatschutz. Ihre Begründung durch Ernst Rudorff, Hugo Conwentz und ihre Vorläufer, Stuttgart 1954.

[2] Vgl. generell W. Bußmann, Politische Ideologie zwischen Monarchie und Weimarer Republik, in: HZ 190 (1960), S. 55–77; H. Gerstenberger, Der revolutionäre Konservatismus. Ein Beitrag zur Analyse des Liberalismus, Berlin 1969; K. von Klemperer, Konservative Bewegungen zwischen Kaiserreich und Nationalsozialismus, München 1962; A. Mohler, Die Konservative Revolution in Deutschland 1918–1932. Ein Handbuch, 3. Aufl., Darmstadt 1989; K. Sontheimer, Antidemokratisches Denken in der Weimarer Republik. Die politischen Ideen des deutschen Nationalismus zwischen 1918 und 1933, 2. Aufl., München 1983.

Nicht nur diese, im konservativen Lager weithin geteilten Ziele, sondern auch der in der Weimarer Republik aufflammende Regionalismus brachten der Heimatbewegung politischen Rückenwind. Zutreffend diagnostizierte der Historiker Hermann Aubin: „Je mehr der Boden des Staates schwankte und je lockerer seine zentrale Gewalt wurde, desto fester erschien der Boden der Landschaft."[3] Gegen Ende der Weimarer Republik erhielten der Regionalismus und die regionalen Heimatbewegungen durch die Pläne zur Reichsreform neue Resonanz. Die Reichsreform sollte eine territoriale Neugliederung und die Neuverteilung der Kompetenzen zwischen Reich, Ländern, Provinzialverbänden und Kommunen herbeiführen, um eine Vereinfachung und Rationalisierung der Verwaltung zu ermöglichen. Darüber hinaus sollte sie den alten Dualismus zwischen Preußen und dem Reich auflösen und eine „Flurbereinigung" unter den Kleinstaaten bringen. Da jeder Reformvorschlag die territorialen Grenzen der Provinzen und Länder berühren mußte und Chancen zu einer erweiterten Selbstverwaltung eröffnete, kam es zu ausgedehnten Diskussionen, an denen sich die regionalen Heimatbewegungen kräftig beteiligten. Diese Diskussionen gingen unter dem Stichwort Selbstverwaltung im Dritten Reich weiter und erhielten aufgrund des rigide durchgesetzten Zentralismus neue Nahrung.[4] Die deutsche Heimatbewegung befand sich also während der Weimarer Republik und des Dritten Reiches in einem Spannungsfeld, das von der einen Seite durch das Streben nach kultureller Erneuerung und Mitarbeit an der „nationalen Wiedergeburt", von der anderen Seite durch den Wunsch nach Erweiterung der regionalen Kompetenzen und Eigenständigkeit bestimmt war.

Inwieweit die Heimatbewegung diese widersprüchlichen politischen Herausforderungen zwischen 1918 und 1945 bewältigte und ihren ursprünglichen, zivilisationskritischen Ansatz weiterverfolgte, soll im folgenden am Beispiel Westfalens dargestellt werden.

---

[3] WHB. Berichte über die Hauptversammlung des Bundes (9. Westfalentag, Dortmund, 31. Mai und 1. Juni 1928). Zugleich Jahresbericht, S. 11.

[4] Vgl. W. Vogel, Deutsche Reichsgliederung in Vergangenheit und Gegenwart, Leipzig 1932; G. Schulz, Zwischen Demokratie und Diktatur. Verfassungspolitik und Reichsreform in der Weimarer Republik, Bd. 1: Die Periode der Konsolidierung und Revision des Bismarckschen Reichsaufbaus 1919–1930, Berlin 1963; M. Broszat, Der Staat Hitlers. Grundlegung und Entwicklung seiner inneren Verfassung, 9. Aufl., München 1981, S. 157 f.; K. Neumann, Politischer Regionalismus und staatliche Neugliederung in den Anfangsjahren der Weimarer Republik in Nordwestdeutschland, Münster 1988.

2. 1918–1933

Der im Jahre 1915 gegründete „Westfälische Heimatbund"(WHB) verstand sich als eine Dachorganisation der westfälischen Heimatvereine. Finanziell lebte er teils von den Beiträgen der einzelnen Heimatvereine, teils von den Zuschüssen des Provinzialverbandes Westfalen, einer regionalen Selbstverwaltungsorganisation der Kreise und Kommunen.[5] Unter dem Vorsitz des Freiherrn Engelbert von Kerckerinck zur Borg konzentrierte sich der WHB vor allem auf das Ziel, die „Baugesinnung" zu beeinflussen, d.h. Bauinteressenten, Architekten und Handwerker auf ein heimatgerechtes Bauen hinzuweisen. Damit erschloß er sich ein eigenes Aufgabenfeld, das sich von der Arbeit der einzelnen Heimatvereine unterschied. Diese bestand traditionell in der historischen und volkskundlichen Forschung, dem Schutz von Kultur- und Naturdenkmälern sowie der Verschönerung der engeren Umgebung.[6]

Nachdem Anfang 1922 der Volksschullehrer, Vorsitzende des Plattdeutschen Vereins in Münster und Dichter Karl Wagenfeld die Geschäftsführung des WHB allein übernommen hatte, erweiterte und politisierte sich die Zielsetzung dieser Dachorganisation. Wagenfeld sah Deutschland zu Beginn der Weimarer Republik in einer vierfachen Krise: einer *sozialen* Krise, die in der Entwurzelung der Menschen aus ihrer Heimat und der Gemeinschaft bestehe, einer *politischen* Krise, die sich in der politischen Zerrissenheit der deutschen Gesellschaft, der Bekämpfung der Parteien untereinander und der Bedrohung Deutschlands durch das Ausland zeige, einer *kulturellen* Krise, die sich in der verstärkten Hinwendung des einzelnen zu den Reizen der Zivilisation äußere,

---

[5] Zu den Aufgaben der zehn, seit 1873/75 in den preußischen Provinzen eingerichteten Provinzialverbänden, die von sog. Landeshauptmännern an der Spitze und Landesräten in den einzelnen Verwaltungszweigen geleitet wurden, gehörte die Förderung der Wirtschaft, des Gesundheitswesens, der Fürsorge und des Kulturlebens. Vgl. H.-J. Behr, Die preußischen Provinzialverbände: Verfassung, Aufgaben, Leistung, in: K. Teppe (Hrsg.), Selbstverwaltungsprinzip und Herrschaftsordnung. Bilanz und Perspektiven landschaftlicher Selbstverwaltung in Westfalen, Münster 1987, S. 11–44; A. Hartlieb von Wallthor, Die landschaftliche Selbstverwaltung, in: W. Kohl (Hrsg.), Westfälische Geschichte, Bd. 2: Das 19. und 20. Jahrhundert. Politik und Kultur, Düsseldorf 1983, S. 165–209; K. Teppe, Kontinuität und Wandel. Zur Geschichte der landschaftlichen Selbstverwaltung Westfalens 1885–1945, in: A. Hartlieb von Wallthor (Hrsg.), Geschichte und Funktion regionaler Selbstverwaltung in Westfalen, Münster 1978, S. 9–35.

[6] Vgl. zur Vorgeschichte und zum Folgenden W. Schulte, Der Westfälische Heimatbund und seine Vorläufer, 2 Bde., Münster 1973; K. Ditt, Vom Heimatverein zur Heimatbewegung. Westfalen 1875–1915, in: WF 39 (1989), S. 232–255; ders., Raum und Volkstum. Die Kulturpolitik des Provinzialverbandes Westfalen 1923–1945, Münster 1988.

und einer *religiösen* Krise, die zu einem Rückgang der Bindung an Gott geführt habe.

Wagenfelds Rezept, um diese Krisen zu überwinden, bestand in der Aufforderung, zu den „Ursprüngen" zurückzukehren, d. h. die Bindungen des einzelnen an „Volkstum" und Vaterland, an Heimat, Familie und Gott wiederherzustellen. Die Bevölkerung sollte durch Forschung und Belehrung mit der heimatlichen Umgebung vertraut gemacht werden; aus dieser Kenntnis sollten Volkstumbewußtsein und Heimatliebe erwachsen. „Das Volkstum", „die Seele" oder „das Wesen" der Bevölkerung einer Region, sah Wagenfeld ganz im Sinne des neoromantischen, organologischen Denkens teils durch die „Landschaft", teils durch den „Stamm" und die „Rasse" bestimmt. Sein gesellschaftspolitisches Ideal war ein seßhaftes, bodenverbundenes Volk, ein „Volksorganismus", der sich aus zahlreichen „Volkstümern" zusammensetzen sollte.[7]

Diese Zielsetzung erklärt auch, warum Wagenfeld im Unterschied zur Heimatbewegung im Kaiserreich nicht nur die kleine Schicht der Bildungsbürger, sondern die ganze Bevölkerung ansprechen wollte. Gerade die „Heimatlosen", „Entwurzelten" und „Enterbten" sollten „zu den Quellen deutschen Wesens", d. h. an „Heimat", „Stamm", Geschichte und Landschaft herangeführt werden.[8] Dann würden „sie nicht mehr Fremde sein im eigenen Vaterlande. Alle deutschen Volksgenossen würden miteinander paktieren" können, da das Bekenntnis zur Heimat allen, gleich welcher Konfession und Partei, möglich sei.

Wagenfeld rechnete jedoch nicht jeden deutschen Staatsbürger zum deutschen Volk. Mit dem Vorsitzenden des Deutschen Bundes Heimatschutz (DBH), Paul Schultze-Naumburg, unterschied er „solche, denen unser echt deutsches Erbe fremd ist, und die, denen es ein Dorn im Auge ist ... Was die anbetrifft, denen deutsches Erbe ein Dorn im Auge ist, stimme ich Schultze-Naumburg rückhaltlos bei. Mit ihnen gibt es nur Kampf, Kampf bis zu einem sieghaften Ende, mögen sie außerhalb unserer Grenzen sitzen oder als Fremdrassige das deutsche Gastrecht mißbrauchen ... Die, denen das echte deutsche Erbe fremd ist, sind entweder Volksfremde oder Deutsche. Volksfremden, namentlich Fremdrassigen, wird es nur selten möglich sein, meistens aber auch am Willen fehlen, deutsches Wesen zu verstehen, zu schätzen und zu schützen, wenn auch die Geschichte zeigt, daß volksfremde Siedler in ihren Nachkommen gute Deutsche geworden sind. Bei Fremdrassigen ist diese Hoffnung

---

[7] Vgl. z. B. Wagenfelds Rede auf dem 10. Westfalentag in Arnsberg, in: WHB Ordner: Z 1, Westfalentage 1927/28; K. Wagenfeld, Siedlung, Heimat und Familie, in: Die Heimat 13 (1931), S. 169–176.

[8] Vgl. K. Wagenfeld, Heimatschutz – Volkssache, in: Heimatblätter der Roten Erde 5 (1926), S. 1–4.

meines Erachtens nicht zu hegen. Ein Paktieren mit solchen Fremden hat für den deutschen Heimatschutz keinen Sinn – zeigen sie sich als Schädlinge, dann: Kampf".[9]

Heimatbewußtsein und Heimatliebe erschienen Wagenfeld als Vorstufen oder regionale Komplementärerscheinungen zum Nationalgefühl. Sie waren offenbar für ihn geeignete Voraussetzungen, um die wirtschaftlichen, sozialen und politischen Probleme der Zeit zu lösen, weil sie interessenübergreifend und gemeinschaftsbildend wirkten.[10] Vom Nationalgefühl und der richtigen Rasse hing wiederum die Möglichkeit ab, der deutschen Volksgemeinschaft anzugehören. Die Heimatbewegung hatte nach Wagenfeld also weniger die Funktion, Verständigung zu suchen oder Fremde zu integrieren als vielmehr Identität zu stiften und abzugrenzen. Letztlich konzentrierte Wagenfeld damit die traditionelle Aufgabenstellung der Heimatbewegung aus dem Kaiserreich, Natur, Kultur und den Menschen vor den Einflüssen („Verschandelungen") der Zivilisation zu schützen, auf das Ziel, eine „arteigene", national- und heimatbewußte Volksgemeinschaft zu schaffen. Diese Zielsetzung entsprach der Programmatik der NSDAP. Wagenfeld wurde jedoch im Unterschied zu Schultze-Naumburg während der Weimarer Republik kein Nationalsozialist. Darin hinderten ihn sein katholischer Glaube, das Selbstverständnis, unpolitisch zu sein, und der Wunsch, die westfälische Heimatbewegung politikfrei zu halten.

Vor dem Hintergrund dieser Programmatik wirkte Wagenfeld als führender Kopf des WHB mit zahlreichen organisatorischen und sachlichen Vorschlägen auf die einzelnen Heimatvereine und die Bevölkerung ein. Mittel dazu waren die Zeitschrift ›Die Heimat‹, deren programmatische Artikel vielfach nachgedruckt wurden,[11] eigene Vorträge und vor allem die seit 1921 veranstalteten „Westfalentage". Hier trafen sich die Vertreter der Heimatvereine einmal jährlich zwei Tage lang und tauschten sich aus. Diese von der Provinz Hannover („Niedersachsentage") übernommenen Tagungen dienten dazu, politische Leitvorstellungen zu diskutieren, das Gemeinschaftsbewußtsein in der Provinz zu kräftigen und werbend zugunsten des Heimatgedankens zu wirken. Auf dem Westfalentag des Jahres 1922 wurde die Provinz Westfalen in neun

---

[9] Zitate aus: Wagenfeld, Heimatschutz, S. 1 ff.; K. Wagenfeld, Industrie und Volkstum, in: Die Heimat 8 (1926), S. 230–233, 265–268.

[10] Vgl. zu dieser Überlastung des Heimatbegriffs auch H. Bausinger, Zwischen Grün und Braun. Volkstumsideologie und Heimatpflege nach dem Ersten Weltkrieg, in: H. Cancik (Hrsg.), Religions- und Geistesgeschichte der Weimarer Republik, Düsseldorf 1982, S. 224.

[11] So z. B. in: Trutznachtigall. Zeitschrift des Sauerländer Heimatbundes für Heimatpflege e. V. Bigge 1 (1919 ff.), ab 10 (1928): Heimwacht. Heimatblätter für das kurkölnische Sauerland, hrsg. v. Sauerländer Heimatbund, Brilon.

„Landschaften" aufgeteilt und „Landschaftsführern" unterstellt, um die einzelnen Heimatvereine besser betreuen zu können. Darüber hinaus wurden
fünf Arbeitsausschüsse gegründet – später Hauptausschüsse, dann Fachstellen
genannt –, in denen sich ausgewählte Vertreter der westfälischen Heimatvereine zusammenfanden.[12] Die Zentralisierung und Durchorganisierung der
Heimatbewegung – vor dem Weltkrieg war sie nur in Ortsvereinen und Regio-
nalbünden organisiert – schuf die Voraussetzungen, gesamtwestfälische Auf-
gabenstellungen anzugehen und damit größere politische Wirksamkeit zu erzielen.

Die Zahl der Heimatvereine in Westfalen, die im späten Kaiserreich etwa 30
betragen hatte, stieg in der Weimarer Republik aufgrund der Popularisierung
des Heimatgedankens und der regen Werbetätigkeit des WHB bis auf etwa
150. Die Mitgliederzahl in den einzelnen Vereinen schwankte zwischen 50 und
300; insgesamt waren dem WHB im Jahre 1931 etwa 7500 Personen angeschlossen.[13] Der Zuwachs gegenüber der Zeit vor dem Weltkrieg, als die Heimatbewegung in Westfalen etwa 7000 Mitglieder zählte, war relativ gering; er
resultierte vorwiegend aus Vereinsneugründungen auf dem Lande.

Die Heimatbewegung blieb während der Weimarer Republik in Westfalen
wie in anderen Provinzen und Ländern eine Bewegung des (klein)städtischen
Bürgertums. Die Mitglieder setzten sich aus den Ober- und Mittelschichten,
weniger aus den Unterschichten zusammen. Kaum vertreten waren die unteren und mittleren Angestellten; als relativ junge gesellschaftliche Gruppe
wandten sie sich eher der modernen Massenkultur zu. Ebenso fehlten die

---

[12] Der Ausschuß für Geschichte unter Dr. Heinrich Glasmeier sollte die Ortsgeschichte und die Familienkunde bearbeiten, beim Provinzialschulkollegium und der
Regierung auf die größere Berücksichtigung der Heimatgeschichte in den Schulen hin-
wirken und Archivpflegekunde abhalten. Der Ausschuß für Literatur unter Dr. Wilhelm Schulte sollte die einheimischen Dichter fördern, Büchersammlungen anlegen,
die Heimatliteratur verbreiten und die Mundart pflegen. Der Ausschuß für Volkskunde
unter Dr. Heinrich Schauerte, dann Karl Wagenfeld, sollte volkskundliche Sitten und
Zeugnisse (Trachten, Lieder, Tänze, Sagen, Mundart, Flurnamen etc.) sammeln, erforschen und wiederbeleben. Außerdem sollte er sich an der Erstellung eines Westfälischen
Wörterbuches und einer Westfälischen Dialektkarte beteiligen. Der Ausschuß für Naturdenkmäler unter Dr. Hermann Reichling sollte die Erforschung und den Schutz der
heimischen Fauna und Flora übernehmen. Der Ausschuß für Kunst, Denkmalpflege
und Bauberatung unter Professor Dr. Alois Fuchs, gleichsam der Ursprungsbereich des
WHB, sollte für die Erhaltung der Natur- und Kulturdenkmäler sowie der Orts- und
Landschaftsbilder sorgen und Einfluß zugunsten eines heimatgerechten Bauens ausüben.
[13] Vgl. Wagenfeld auf der Sitzung des Deutschen Bundes Heimatschutz am 8.2.
1932, in: Verwaltungsarchiv des Landschaftsverbandes Westfalen-Lippe [VALWL],
CIII, Nr. 85.

Handwerksmeister und die Arbeiter. Das proletarische Heimatgefühl war weniger geographisch als sozial und politisch bestimmt; die Beschäftigung mit der Umgebung und die Entwicklung eines Gemeinschaftsgefühls erfolgten bei den Arbeitern allenfalls im Rahmen ihres eigenen, parteipolitisch geprägten Vereinsgeflechtes.

Vor allem die Volksschullehrer und Rektoren, aber auch die Gymnasiallehrer bildeten mit ihrer Aktivität in Westfalen wie in anderen Provinzen und Ländern gleichsam die Seele der Vereine.[14] Zum einen leistete der Staat diesem Engagement Vorschub, weil er „Heimat" und „Volkstum" seit dem späten Kaiserreich, vor allem aber in der Weimarer Republik zu Leitbegriffen der Volksschullehrerausbildung und Schulpädagogik machte.[15] Zudem subventionierten die Länderministerien die Heimatbewegung in hohem Maße; so stellte der preußische Staat zwischen einem Drittel und der Hälfte der Einnahmen des DBH.[16] Hinzu kam, daß die Lehrer ihre Heimatinteressen und -kenntnisse nicht nur im Unterricht verwerten, sondern auch in den Heimatvereinen erweitern und öffentlichkeitswirksam umsetzen, d. h. außerhalb der Schule Erfüllung wissenschaftlicher Interessen, berufliche Selbstbestätigung und soziale Anerkennung finden konnten. Zum anderen war das außerordentliche Bildungsinteresse ein typisches Kennzeichen der Mitglieder der Heimatvereine. Von dieser Nachfrage fühlten sich vor allem Lehrer angesprochen.

Die Landbevölkerung, die der Heimatbewegung als besonders schutzbedürftig galt, war dagegen in den Heimatvereinen weniger vertreten; ihre Interessen richteten sich nur begrenzt auf die Pflege des kulturellen Erbes, sondern waren mehr wirtschaftlich geprägt. Vielmehr bereiteten ihnen gerade der Naturschutz und die Baupflege Schwierigkeiten und Kosten. Letztlich blieb der WHB in der Weimarer Republik eine Organisation des kleinstädtischen, konservativen Mittelstandes sowie des Besitz- und Bildungsbürgertums.

Diese Gruppen verfolgten in den Heimatvereinen ihre geschichtlich-kulturellen Interessen, bildeten sich weiter und fanden hier eine kulturelle und politische Kommunikation unter Gleichgesinnten. Sie ließen sich über Fauna und Flora unterrichten und sorgten für den Naturschutz, vertieften sich in die Familien- und Ortsgeschichte und gaben Heimatbücher heraus, sammelten Lieder, Sprichwörter und Hausinschriften und sprachen plattdeutsch, ver-

---

[14] Vgl. für Schleswig-Holstein J. Christiansen, ›Die Heimat‹. Analyse einer regionalen Zeitschrift und ihres Umfeldes, Neumünster 1980, S. 25 ff.; für Nordfriesland T. Steensen, Die friesische Bewegung in Nordfriesland im 19. und 20. Jahrhundert (1879–1945), Neumünster 1986, S. 75 ff.
[15] Vgl. dazu die Empfehlungen der Reichsschulkonferenz des Jahres 1920 (Schulte, Heimatbund, S. 52) und die konkreten Aufforderungen des Provinzialschulkollegiums Münster, in: Staatsarchiv Münster [STAM], Provinzialschulkollegium, Nr. 6644.
[16] Vgl. Zentralstaatsarchiv Merseburg, Rep. 77, Titel 1215, Nr. 1 d.

suchten das Brauchtum durch die Organisierung von Volkstänzen und Oster-
feuern zu pflegen, gründeten Heimatmuseen[17] und setzten sich für die Erhaltung von Bau- und Kunstdenkmälern sowie alter Straßen- und Flurnamen ein.
Darüber hinaus hielten und hörten sie Vorträge und machten Ausflüge sowie
einen jährlichen Schnadgang, d. h. eine Begehung der Ortsgrenzen. Die Bekämpfung der „Zivilisationserscheinungen" fand mehr in den Heimatzeitschriften als in der Praxis statt. Die Verurteilung der Mode und des Kinos, der
Jazz-Musik und bestimmter Tänze, der Vermännlichung der Frau und bestimmter Sportarten hatte nur eine marginale Bedeutung; im Zentrum der Bekämpfung der „Zivilisationserscheinungen" standen vielmehr bestimmte
Bauformen und die Reklame. Hauptziel der Heimatvereine war letztlich,
ihren Mitgliedern die Möglichkeiten zur Bildung und zur kulturellen Betäti-
gung, zur Diskussion national- und regionalpolitischer sowie volkspädagogi-
scher Ziele, zur Gemeinschaft und Geborgenheit unter ihresgleichen, eine gei-
stig-emotionale Heimat in bürgerlich-konservativer Atmosphäre zu geben.
    Nach der organisatorischen Untergliederung und Festigung der Heimatbe-
wegung einerseits und der relativen Stabilisierung der Weimarer Republik andererseits geriet der WHB in eine Phase der Stagnation. Ende der 1920er Jahre
forderten daraufhin einige jüngere Mitglieder und der Kulturdezernent des
Provinzialverbandes Westfalen, Karl Zuhorn, der seit 1927 Mitglied des Vorstandes des WHB war, eine programmatische Reorganisation und neue Aktivität.[18] Auf einer Tagung der Vorsitzenden der Hauptausschüsse und der

---

[17] Vgl. die Aufstellung in: STAM, Regierung Münster, Nr. 8979.

[18] Einer der ersten, der eine geistige Neuorientierung forderte, war Wilhelm Brepohl. Vom organischen Denken ausgehend, wollte er Wissenschaft und Heimatbewegung stärker auf die Erforschung und Propagierung der Zusammenhänge zwischen
Natur, Volkstum und Kultur ausrichten: „man kann sich des Eindrucks nicht erwehren,
daß sie [die Heimatbewegung] im Zustand der Materialsammlung stehen geblieben ist:
man sieht das Konkrete, Einzelne, häuft Einzeltatsachen zu Einzeltatsachen, und das in
allen Disziplinen der Heimatkunde. Sie müßte aber notwendig weitergehen und [sich]
auch den Bewegungen, dem Gesetz unterworfenen Veränderlichen und sich Än-
dernden im Raum der Heimat zuwenden, müßte die Veränderungen in der Natur wie in
der Geschichte gerade als Veränderungen erkennen. Und auch dann wäre die Heimatkunde noch nicht am Ziel, auch dann verdiente diese Kunde noch nicht den Namen
einer Wissenschaft. Erst wenn sie zur Erkenntnis der Beziehungen zwischen den Tatsachen, den Taten und Sachen vordringt, wenn sie Gesetzmäßigkeiten in ihrer vielfältigen
Verstrebung erkennen will, beginnt die Wissenschaft.
    Der Grund für all diese Rückständigkeiten liegt darin, daß man unter Heimatkunde
heute noch Ausschnitte aus den verschiedenen Wissenschaften, aus Geschichte, Naturkunde, Geologie usw. zusammenfaßt mit der Maßgabe, daß sie sich auf den als Heimat
angenommenen Raum beziehen. Das gibt wohl eine Summe von Einzelwissen, aber
keine eigene Wissenschaft mit einem eigenen Prinzip. Dieses Prinzip kann aber nur

Landschaften am 19. Februar 1930 erklärte der Vorsitzende des Hauptausschusses Literatur, der Studienrat Dr. Wilhelm Schulte, der WHB solle die Organisation der Heimatbewegung straffen, eine größere geistige Führung und
Werbung ausüben und seine Arbeit mehr an der Gegenwart orientieren. Da
Wagenfeld inzwischen zum 2. Vorsitzenden des WHB aufgestiegen war,
wurde Schulte zum Geschäftsführer ernannt und in den Vorstand aufgenommen. Hinter dieser Maßnahme stand offenbar eine „Palastrevolution"
jüngerer Heimatschützer gegen die ältere Führungsgeneration. Sie traf zusammen – und war deshalb wohl auch erfolgreich – mit dem Wunsch des Provinzialverbandes Westfalen, den WHB angesichts der bevorstehenden Reichsreform
für die eigenen Interessen einzuspannen. Der WHB sollte als neutraler, in die
Öffentlichkeit wirkender Verein die Argumentation des Provinzialverbandes
Westfalen aufnehmen und weitergeben. Das hieß in der Situation des Jahres
1930, Stellung gegen die Ansprüche zu beziehen, die die Provinz Hannover
auf „westfälisches Territorium" erhob, und im Gegenzug für eine Erweiterung
der Provinzgrenzen Westfalens in die Provinz Hannover hinein einzutreten.[19]

darin bestehen, daß die Heimat als Grundproblem in die Mitte gestellt wird. Immer
und überall gilt es zu sehen, was die Heimat wirklich ist, wie sie sich in Lebensform, Lebensgefühl, Weltbild und Weltanschauung kundgibt. So lange man den bloß geographischen Raum als Heimat ansieht, kann man nicht weiterkommen. Erst wenn man erforscht, wie und in welcher Weise Merkmale und Eigenschaften dieses Raumes sich in
das Lebensgefühl und in das Weltbild umsetzen, findet man wissenschaftlich die
Heimat."
Vorbildlich für diesen geforderten Ansatz erschienen Brepohl die Forschungen von
Willi Hellpach, „der mit den verschiedensten Hilfsmitteln moderner Forschung den
Zusammenhängen zwischen Wetter, Klima und Boden einerseits und dem Menschen
andererseits nachgegangen ist" (Gelsenkirchener Zeitung 22.6.1929, in: VA LWL,
C III, Nr. 84. Zitat am Anfang umgestellt). Vgl. Schulte, Heimatbund, S. 47 ff.;
VA LWL, C III, Nr. 85. Zu den Hauptpersonen vgl. K. Teppe, Karl Zuhorn, in: W. Först
(Hrsg.), Land und Bund, Köln 1981, S. 147–168; K. Ditt, Wilhelm Schulte 1891–1986, in:
WF 36 (1986), S. 204–205.
    [19] In der angrenzenden Provinz Hannover hatten sich Mitte der 1920er Jahre ange-
sichts der bevorstehenden Reichsreform Kräfte formiert, die sich für die Bildung einer
weiträumigen, Teile Westfalens integrierenden Provinz Niedersachsen einsetzten. In
der Denkschrift ›Niedersachsen im Rahmen der Neugliederung des Reiches‹, die der
Privatdozent Dr. Kurt Brüning im Auftrag der hannoverschen Provinzialverwaltung
Anfang 1929 verfaßte, erhob er u.a. Ansprüche auf die in der Provinz Westfalen lie-
genden Kreise Tecklenburg, Minden, Lübbecke, Herford, Halle, Bielefeld, Wieden-
brück, Höxter und Lippstadt. Das vom Provinzialverband Westfalen daraufhin initiierte Werk ›Der Raum Westfalen‹ betonte demgegenüber, daß zu Westfalen nicht nur die
genannten Kreise, sondern auch das „altwestfälische" Gebiet, d.h. der Osnabrücker
Raum aus der Provinz Hannover, gehörten. Vgl. generell W. Kohte, Die Gedanken zur
Neugliederung des Reichs 1918–1945 in ihrer Bedeutung für Nordwestdeutschland, in:

Die Vorstandsumbildung und die programmatische Neuorientierung wurden vor allem dadurch möglich, daß der Provinzialverband, der seit Beginn der Weimarer Republik ein Drittel der Einnahmen des WHB stellte, seinen Zuschuß im Jahre 1930 auf mehr als 50 v. H. erhöhte. Außerdem zahlte er dem neuen Geschäftsführer W. Schulte eine beträchtliche Aufwandsentschädigung – im Unterschied zu Wagenfeld, der dies stets abgelehnt hatte – und erhöhte seine Subventionen für ›Die Heimat‹, die Zeitschrift des WHB, auf 3000 RM, d. h. auf mehr als ein Drittel der Gesamtkosten. Damit konnte eine Liquidierung dieser Zeitschrift, deren Abonnentenzahl von 3000 in den Jahren 1924/27 auf 1150 im Jahre 1931 zurückgegangen war, abgewandt werden.[20]

Das Ende 1930 verabschiedete Programm des WHB ließ die Handschriften Zuhorns und Schultes erkennen. Danach sollte die Arbeit des WHB „darin bestehen, neben der Sammel- und Erhaltungsarbeit des Alten ... für die brennenden Fragen der Gegenwart im Dienste am deutschen Menschen Lösungen anzubahnen. Die bisherige, in ihrer Bedeutung neuerdings oft verkannte konservierende Arbeit des Heimatschutzes war einer rein rational eingestellten, die Gemüts- und Kulturwerke der Heimat vernichtenden Zeit gegenüber gewiß und durchaus nötig. Unsere Gegenwart sieht aber nun eben den Menschen selber, die Familie, in Not; das Kulturbewußtsein schwindet merklich. Dazu kommt – nicht nur für Westfalen – die Problematik aller Heimatpflege durch die Industrialisierung, den Zuzug Fremdstämmiger usw. Auch ... die Frage nach dem, was als westfälisch anzusprechen sei, ob und inwiefern ihm innerhalb des Niederdeutschen ein eigener Wert zukomme, muß endlich aus dem Bereich des Gefühlsmäßigen einer greifbaren Lösung zugeführt werden. Ein westfälisches Bewußtsein ist zu wecken. Dies um so mehr, als die kommende *Reichsreform*, soll sie nicht rein verwaltungspolitisch verlaufen, ein sich seiner Art bewußtes Geschlecht voraussetzt".[21] Die Arbeit des WHB sollte sich also mehr auf gegenwartsorientierte Aufgaben konzentrieren und die raumpolitischen Interessen des Provinzialverbandes Westfalen unterstützen. Der von Wagenfeld und Kerckerinck zur Borg verfolgte Anspruch, kulturbildend und national erzieherisch zu wirken, wurde allmählich durch eine regionalpolitische Zielsetzung überlagert.

In der Tat entfaltete der WHB dank der außerordentlichen Arbeitskraft Schultes seit dem Jahre 1930 zahlreiche öffentlichkeitswirksame Aktivitäten.

WF 6 (1943–52), S. 182–196; W. Münchheimer, Die Versuchung zur Neugestaltung der deutschen Länder von 1919–1945. Eine Übersicht, in: Die Bundesländer. Beiträge zur Neugliederung der Bundesrepublik, Frankfurt a. M. 1950, S. 119–169; Neumann, S. 432 ff.

[20] Vgl. VA LWL, C III Nr. 84; Westfälisches Archivamt, Nachlaß Kerckerinck zur Borg, Kul Nr. 111, 107 und 104.

[21] Der Westfälische Heimatbund 1930, o. O. o. J., S. 5.

Er führte ein periodisches Rundschreiben ein, mit dem die Heimatvereine und die Presse über die kulturellen und politischen Vorstellungen des Vorstandes informiert wurden, organisierte Heimatkurse für Lehrer und Jugendpfleger und ließ Fachausschüsse für Geographie und für Eugenik gründen. Außerdem öffnete Schulte ›Die Heimat‹ für territorialpolitische Beiträge zugunsten des Provinzialverbandes.[22]

Mit diesen Aktivitäten wurde die sachliche Arbeit des WHB in Westfalen zweifellos modernisiert und im Sinne eines Regionalismus politisiert. Es gelang ihm jedoch nicht, eine Bewegung ins Leben zu rufen, die – wie etwa in Schleswig-Holstein oder den Ostprovinzen – die Bevölkerung zugunsten politischer Ziele mobilisieren konnte. Weder entsprach in Westfalen „die Bedrohung" durch die Provinz Hannover derjenigen in den Grenzprovinzen, noch konnte hier – wie etwa in den Ostprovinzen – der Regionalismus durch den Nationalismus verstärkt werden. Im Gegenteil, die Forderungen auf Ausdehnung der westfälischen Provinzgrenzen in das Gebiet Hannovers, die Betonung der westfälischen Eigenart und die Versuche, ein Westfalenbewußtsein zu fördern, wirkten aus der Perspektive des Reiches eher krisenerzeugend. Sie waren teils eine bildungsbürgerliche Liebhaberei, die nach politischer Resonanz drängte, teils Versuche, Interessen des Provinzialverbandes zu legitimieren und durchzusetzen. Die regionalistische Propaganda des WHB blieb jedoch sowohl in der Bevölkerung als auch unter den Parteien ohne größere Resonanz; nicht einmal die NSDAP griff diese Zielsetzung auf.

3. 1933–1945

Die Nationalsozialisten sympathisierten mit den Heimatschützern, lagen doch die ideologische Herkunft und die Wertvorstellungen beider Bewegungen nahe beieinander. Beide glaubten an die Existenz eines Volkstums, aus dem die Kultur erwachse, und an die Bedeutung der Zugehörigkeit zu einer spezifischen Heimat, die stärker als die Konfessions- und Klasseninteressen sei bzw. bewußtgemacht werden müsse. Beiden waren auch Heimat, Volkstum und Rasse nicht nur Begriffe der Integration und Identifikation, sondern auch der Exklusion.[23] Politisch waren die Heimatschützer meist konservativ,

---

[22] Vgl. Protokoll der Sitzung des Vorstandes und des Verwaltungsrates des WHB vom 29.5.1931 und 11.2.1933, in: VALWL, CIII, Nr.85; Münsterischer Anzeiger 7.7.1932; W.Feige, Die Fachstelle Geographische Landeskunde im Westfälischen Heimatbund, in: Erträge geographisch-landeskundlicher Forschung in Westfalen. Festschrift 50 Jahre Geographische Kommission für Westfalen, Geographische Kommission für Westfalen (Hrsg.), Münster 1986, S.19–34.

[23] Vgl. generell H.Vorländer, Heimat und Heimaterziehung im Nationalsozia-

deutschnational, ja – wie z. B. der Vorsitzende des DBH, Paul Schultze-
Naumburg – direkt nationalsozialistisch orientiert. Die Heimatbewegung war
den Nationalsozialisten also willkommen und versprach, auf dem Felde der
Kulturpolitik ein geeigneter Bündnispartner zu werden. Gerade zur westfälischen Heimatbewegung, die nicht nur die materielle Volkskultur, sondern
auch das „Volkstum" schützen wollte, schien die Distanz gering.

Die Übereinstimmung zwischen Heimatschutz und Nationalsozialismus
war jedoch nicht vollständig. Die Heimatschützer hatten ein geschlossenes
Programm, das sich gegen spezifische Erscheinungen der modernen Massenkultur (Kino, Sport, Mode, Musik, Tanz etc.), der Technik und des Kapitalismus wandte, weil diese als heimatbedrohend und volkstumszerstörend
empfunden wurden. Während einige Nationalsozialisten damit überein-
stimmten, begeisterten sich andere für die Technik und spezifische Erscheinungen der Moderne. Zwischen beiden Gruppen kam es zu Auseinandersetzungen; insgesamt zeigten die Nationalsozialisten jedoch gegenüber der
modernen Massenkultur eine pragmatischere Haltung als die Heimatschützer.[24]

Ein zweiter Unterschied in der Akzentsetzung zwischen Nationalsoziali-
sten und Heimatschützern lag darin, daß die Heimatbewegung mit ihrer Betonung der landschaftlich-stammhaften Eigenart, der Heimatliebe und des
Volkstumsstolzes vielfach die kulturelle Hilfstruppe regionalistischer Bewegungen stellten, während die Nationalsozialisten trotz aller Betonung der
Werte von Volkstum, Heimat und Selbstverwaltung einen zentralistischen
Kurs verfolgten. Die Übereinstimmung in wesentlichen Grundwerten und
Zielsetzungen ließ eine Förderung der Heimatbewegung durch die National-
sozialisten erwarten, der antizivilisatorische Eifer und die regionalistische
Orientierung der Heimatbewegung legten dagegen Kontrollmaßnahmen
nahe.

Dem Deutschen Bund Heimatschutz – seit 1937 Deutscher Heimatbund
(DHB) – und dem Westfälischen Heimatbund ging es nach der Machtübernahme der Nationalsozialisten vor allem um ihre Autonomie und die Kontinuität ihrer Arbeit; deshalb betonten sie mehr die Gemeinsamkeiten als die
Unterschiede der Interessen.[25] Der Geschäftsführer des WHB, Wilhelm

lismus, in: P. Koch, T. Leeb (Hrsg.), Heimat oder Region. Grundzüge der Didaktik
einer Regionalgeschichte, München 1984, S. 30–43.
   [24] Vgl. R. Merker, Die bildenden Künste im Nationalsozialismus. Kulturideologie –
Kulturpolitik – Kulturproduktion, Köln 1983.
   [25] Vgl. zur Geschichte des DBH K. Zuhorn, 50 Jahre Deutscher Heimatschutz und
Deutsche Heimatpflege – ein Rückblick und Ausblick, in: 50 Jahre Deutscher Heimatbund. Deutscher Bund Heimatschutz, Deutscher Heimatbund (Hrsg.), Neuss 1954,
S. 13–58; Der Deutsche Heimatschutz. Ein Rückblick und Ausblick, Gesellschaft der

Schulte, teilte den Mitgliedern in einem Rundschreiben vom 1. Mai 1933 die selbstbewußte Auffassung des Vorstandes zur Machtübernahme der National-sozialisten mit, die sinngemäß vom DBH übernommen wurde[26]: „Der West-fälische Heimatbund hat es nicht nötig ‚umzuschalten', weil seine Arbeit stets im Sinne des neuen Reiches gewesen ist. Wer daran zweifelt, hat sich um die deutscheste aller deutschen Angelegenheiten, die Heimatbewegung, nicht gekümmert."

Die Befürchtungen des WHB und Wagenfelds, der für den Anfang 1933 ver-storbenen Kerckerinck zur Borg zum ersten Vorsitzenden des WHB gewählt worden war,[27] richteten sich eher darauf, daß die Heimatbewegung die organi-satorische Autonomie verlieren würde.[28] In der Tat blieb der organisatorische und politische Zugriff auf die Heimatbewegung nicht aus. Er begann damit, daß die Gauleitung Westfalen-Nord und der Provinzialverband die Organisie-rung des kommenden Westfalentages an sich zogen. Sie verlegten ihn in die Provinzhauptstadt Münster und konzipierten ihn als eine großangelegte Pro-pagandaschau unter dem Thema „Heimat und Reich". Damit wollten sie sich die Mobilisierungsmöglichkeiten des WHB zunutze machen. Um einen mög-lichst starken Besuch zu erzielen – die bisherigen Westfalentage waren jeweils nur von wenigen hundert Teilnehmern besucht worden –, organisierten sie Sonderzüge und boten Fahrpreisermäßigungen in Höhe von 75 v. H. an. Außerdem rief die NSDAP zusammen mit dem WHB die westfälischen Städte und Heimatvereine auf, Delegationen nach Münster zu schicken. Der Plan, Hitler oder den Vizekanzler von Papen zu einem Auftritt zu bewegen, schlug fehl, jedoch konnten mit dem preußischen Justizminister Hans Kerrl sowie

Freunde des Heimatschutzes (Hrsg.), München 1930; W. Lindner, Der Heimatschutz im neuen Reich, Leipzig 1934.

[26] Vgl. Die Westfälische Heimat (1933), S. 53–55. Für den DBH erklärte der Ge-schäftsführer Werner Lindner in einer Rundmitteilung vom 19.5.1933: „Die Arbeit des Deutschen Bundes Heimatschutzes ist von Anbeginn an im Sinne der nationalen Erhe-bung geführt worden. Deshalb steht eine grundsätzliche Umschaltung der Bundesar-beit nicht in Frage. Aber keine Zeit hat wie die jetzige die Möglichkeit geboten, die Ge-danken des Heimatschutzes zu vertiefen und sie zur Volkssache zu machen." Vgl. auch das Schreiben Wagenfelds an Lindner vom 24.5.1933, in: Universitätsbibliothek Mün-ster [UBMS], Nachlaß Wagenfeld, Kapsel: WHB.

[27] Vgl. den Nachruf Wagenfelds auf Kerckerinck zur Borg, in: Die Westfälische Heimat (1933), S. 30–33.

[28] Auf diesen Hintergrund ist der Vorschlag Wagenfelds zu sehen, den Vorstand durch die Aufnahme des Vorsitzenden des Hauptausschusses für Geschichte im WHB, Dr. Heinrich Glasmeier, den ehemaligen Gaugeschäftsführer der NSDAP Westfalen-Nord, zu erweitern. Seine Berufung sollte vermutlich die Einsetzung eines „fach-fremden" Nationalsozialisten verhüten. Glasmeier verzog jedoch nach Köln, da er zum Intendanten des Westdeutschen Rundfunks ernannt wurde.

dem Reichsorganisationsleiter und Führer der Deutschen Arbeitsfront
(DAF), Robert Ley, hochrangige Staats- und Parteivertreter als Gäste verpflichtet werden. Der Westfalentag des Jahres 1933 wurden von etwa 150 000
Personen besucht; er wurde zu einer außerordentlichen Demonstration für
den Einklang zwischen Heimatbewegung und NSDAP.

Eine Resistenz des WHB, d. h. seines Vorstandes sowie der Vorsitzenden
der Heimatgebiete und der Fachausschüsse, gegenüber den Zugriffen der
Partei und des Provinzialverbandes wird in der Anfangsphase des Dritten Reiches nicht deutlich. Zu gering waren die ideologischen Differenzen, zu stark
die Hoffnung auf größere Resonanz. Dies kommt in Erklärungen Schultes
und Wagenfelds vor und während des Westfalentages zum Ausdruck. Schulte
erklärt vorweg: „Wir haben noch nie eine solche Möglichkeit gehabt, für die
Ideale unserer Arbeit die breiteste Öffentlichkeit zu gewinnen, als diesen
Westfalentag, der durch das Ausmaß seiner Veranstaltungen sowie durch den
Besuch höchster Regierungsstellen unsere Heimatarbeit aus der Aschen-
brödel-Stellung bringen wird, in der sie mancherorts auch heute noch bei
vielen steht."[29] Wagenfeld wiederholte auf dem Westfalentag öffentlich, daß
der WHB sich nicht gleichzuschalten brauche, da er schon immer für das eingetreten sei, was auch die Nationalsozialisten gewollt hätten.[30]

Das Bekenntnis des Deutschen Bundes Heimatschutz und des Westfälischen Heimatbundes zum Dritten Reich wurde meist wörtlich in die Erklärungen der westfälischen Heimatvereine übernommen.[31] Damit gaben sich
die Nationalsozialisten jedoch nicht zufrieden. Sie versuchten darüber hinaus,
die Heimatbewegung in eine nationalsozialistische Dachorganisation zu integrieren. Der am 27. Juli 1933 gegründete „Reichsbund Volkstum und Heimat"
(RVH), den Rudolf Heß als die einzige von der NSDAP legitimierte Organisation auf dem Gebiet der Volkstumsarbeit bezeichnete, gliederte sich am 5. Ok-

[29] WHB, Rundschreiben vom 1. Herbstmond 1933.

[30] „Was wir stets gewollt, wofür wir seit 18 Jahren gekämpft: deutsche Menschen aus
Blut und Boden der Heimat, deutsches Volkstum, gewachsen aus engster Volksgemeinschaft, deutsche Volkserziehung, deutsche Volksbildung und ein starkes neues Deutsches Reich – alles das ist heute nicht mehr Wollen, Arbeit und Kampf einzelner, sondern Gott sei's gedankt, *Volkssache*" (WHB, Rundschreiben Nr. 32, 1. Weinmond 1933;
Münsterischer Anzeiger 18. 9. 1933, in: VA LWL, C III, Nr. 89).

[31] Vgl. z. B. K.-L. Mengels, Vom Verschönerungsverein zum Heimatverein – die
100jährige Geschichte des Heimatvereins Rheine e. V. in Schlaglichtern 1877–1977, in:
Rheine. Gestern, heute, morgen 2.79, 3. Ausg., S. 16 f.; 26. Jahresbericht des Lippischen
Bundes für Heimatschutz und Heimatpflege für das Jahr 1933, o. O. o. J. [Detmold
1933]; R. D. Müller, Heimatverein Paderborn 1888–1988, Paderborn 1988, S. 32 ff.; Protokoll der Sitzung des DBH vom 5. 10. 1933, in: VA LWL, C 70, Nr. 202. Vgl. generell
zur Entwicklung des DBH von der Weimarer Republik zum Dritten Reich, VA Landschaftsverband Rheinland, Nr. 3787, 11125.

tober 1933 den DBH und damit auch dessen 14 Regionalorganisationen als „Reichsfachamt Heimatschutz" ein.[32]

Die Eingliederung der Heimatbewegung in eine nationalsozialistische Dachorganisation führte jedoch zu mehreren Problemen. Die Programmatik des RVH basierte auf der Überzeugung, daß im Mittelalter eine einheitliche Volkskultur (Volksmusik, Brauchtum, Feste, Spiele, Gemeinschaftsformen, Tanz, Handwerks- und Volkskunst, Trachten- und Heimatkultur) bestanden habe. Die Liberalismus habe sie zerstört, weil er nur diejenige Kultur als wertvoll anerkannt hätte, zu deren Verständnis Bildung erforderlich sei. Deshalb hätten das Volk die Verbindung zur Kultur und die Künstler die Verbindung zum Volk verloren. Der RVH wollte deshalb die alte gemeinschaftliche Volkskultur wiederbeleben; darüber hinaus wollte er die Bevölkerung weniger durch Bildung als durch die Stärkung und Wiederbelebung traditioneller und populärer Gemeinschaftsveranstaltungen zur Volksgemeinschaft erziehen.[33]

Die Programmatik der alten Heimatbewegung zielte zwar auch auf eine Stärkung von Volkstum und Volksgemeinschaft, war jedoch nicht zentralistisch, sondern landschaftlich und ortsbezogen. Außerdem war sie primär wissenschaftlich und belehrend und zielte weniger auf Unterhaltung, die Organisierung von Volksfesten und die Wiederbelebung des Brauchtums. Schließlich richtete der RVH, der seit Ende 1933 der DAF angeschlossen war, seine Arbeit vor allem auf die Jugend und die Arbeiterschaft aus, während die Heimatbewegung eher von Honoratioren der mittleren und höheren Altersgruppen getragen wurde, die sich an ihresgleichen wandten und denen eine Teilung ihres Führungsanspruches fremd war. Diese Unterschiede in der Programmatik, den Träger- und Zielgruppen sowie der praktischen Arbeit mußten zu Anpassungsprozessen oder zu Konflikten führen.

Letztlich dominierten die Konflikte. Sie erwuchsen vor allem aus der konkreten Arbeit und dem Führungsanspruch der Nationalsozialisten auf der

---

[32] Vgl. Volkstum und Heimat 1. Heft 1, April 1934, in: STAM, Oberpräsidium Münster [OPMS], Nr. 5583; Mitteilungsblatt für den Reichsbund Volkstum und Heimat, Nr. 1, Oktober 1933, in: VA LWL, C 70, Nr. 211; Schreiben des Stabsleiters Urban an Rosenberg vom 3. 11. 1933 und Rundschreiben Nr. 10 des Kampfbundes für deutsche Kultur vom 3. 10. 1933, in: Bundesarchiv Koblenz [BAK], NS 8, Nr. 126; R. Bollmus, Das Amt Rosenberg und seine Gegner. Zum Machtkampf im nationalsozialistischen Herrschaftssystem, Stuttgart 1970; U. Schmiedel, Kondensstreifen über Turbulenzen. Zeugnisse von Unbekannten 1930–1980, Lindhorst 1980, S. 38 ff.

[33] Vgl. das Mitteilungsblatt Nr. 2 des RVH vom Dezember 1933 und die Broschüre Volkstum und Heimat, o. O. o. J. [Berlin 1934], in: VA LWL, C 70, Nr. 211; H. Bausinger, Volkskunde und Volkstumsarbeit im Nationalsozialismus, in: H. Gerndt (Hrsg.), Volkskunde und Nationalsozialismus. Referate und Diskussionen einer Tagung, München 1987, S. 131–141.

einen Seite und dem Autonomiestreben der Heimatbewegung auf der anderen Seite. Mitte 1934 gelang es dem neuen, nationalsozialistischen Führer des Deutschen Bundes Heimatschutz, dem rheinischen Landeshauptmann Heinz Haake, zusammen mit den Vertretern des Provinzialverbandes Westfalen, dem Landeshauptmann Karl-Friedrich Kolbow und dessen Kulturdezernenten Ernst Kühl sowie mit Hilfe Rosenbergs und Goebbels', den RVH abzuschütteln und aufzulösen.[34] Statt dessen suchte der DHB unter der neuen „Schirmherrschaft" Alfred Rosenbergs die Zusammenarbeit mit der NS-Kulturgemeinde (NSKG). Danach sollte die Heimatbewegung die praktische Arbeit in der Volkstumspflege und dem Naturschutz übernehmen, die NSKG die Ergebnisse aufgreifen und weiter in die Bevölkerung tragen. Das 1935 geschlossene Abkommen sollte die Heimatbewegung politisch absichern und das Wirkungsfeld verbreitern.[35]

Zu einer Wiederherstellung der Selbständigkeit wie vor der Zeit der nationalsozialistischen Machtübernahme kam es jedoch nicht. Während die Führung der Heimatbewegung in einigen Regionen von der NSKG übernommen wurde, setzten sich in den meisten preußischen Provinzen Vertreter der Provinzialverbände an die Spitze der regionalen Heimatorganisationen.[36] In Westfalen trat der Vorsitzende der westfälischen Heimatbewegung Karl Wagenfeld – inzwischen Parteigenosse und Mitglied des Kampfbundes für deutsche Kultur – am 1.4.1934 wegen eines Nervenleidens zurück. An seine Stelle trat im Einvernehmen mit den westfälischen Gauleitern Meyer und Wagner der Landeshauptmann Karl-Friedrich Kolbow vom Provinzialverband Westfalen. Nach seinem Willen und den Vorstellungen seines „spiritus rector", des Kulturdezernenten Ernst Kühl, sollte der WHB weniger ein Instrument der nationalsozialistischen als der provinziellen Kulturpolitik werden.[37]

---

[34] Vgl. das Schreiben Rosenbergs an Ley vom 13.6.1934, in: BAK, NS 22, Nr.667; Bollmus, S.62f.; Protokoll einer Tagung des RVH im Februar 1934 und Schreiben Haakes an den RVH vom 26.10.1934, in: WHB, Ordner: Korrespondenz WHB – DHB 1929–36; Schreiben Haakes an Kolbow vom 4.9.1940, in: WHB, Ordner: DHB 1940–42; Schreiben Rosenbergs an Schwarz vom 12.9.1934, in: BAK, NS 8, Nr.203.

[35] Vgl. das Schreiben Schultes an Kolbow vom 17.9.1940, in: WHB, Ordner: DHB 1940–42; Schulte, Heimatbund, S.62; Die Kulturverwaltung 1 (1937), S.19; Rundschreiben der NS-Kulturgemeinde an ihre Dienststellen vom 29.März 1935, in: WHB, Ordner: Korrespondenz WHB – DHB; WHB, Rundschreiben Nr.66; Jahresbericht des WHB 1936, Münster 1937, S.88f. Vgl. generell K.-F. Kolbow, Die Kulturpflege der preußischen Provinzen, Stuttgart 1937, S.74ff.

[36] Vgl. für Nordfriesland Steensen, S.386ff.; für die Provinz Schleswig-Holstein Christiansen, S.24; für die Provinz Hannover D.Steilen, 50 Jahre Niedersächsischer Heimatbund e.V., Hannover 1956, S.104f.

[37] So erklärte Kolbow auf einer Sitzung des Provinzialrates vom 31.3.1936: „Für die Verwaltung sei der WHB ein Instrument, um unmittelbar an die Bevölkerung heranzu-

Die Führung und tägliche Arbeit des WHB erfolgten in enger Abstimmung mit der NSDAP. Kolbow berief die beiden Gaukulturwarte von Westfalen-Nord und -Süd in den Vorstand und die Fachstellen des WHB, führte die Zusammenarbeit mit den NS-Kulturgemeinden Westfalen-Nord und -Süd herbei, gestaltete die Westfalentage gemeinsam mit der Partei oder ihren Gliederungen und lud dazu prominente Nationalsozialisten ein, so die Gauleiter von Westfalen oder Alfred Rosenberg. Auch die Maßnahmen, die der strafferen Organisierung des WHB dienen sollten, bezogen Nationalsozialisten ein. Die Heimatgebiete wurden in Kreisgebiete untergliedert und Kreisgebietsleitern unterstellt. In den Kreisgebieten sollten wiederum Heimatvereine bzw. Amts- und Ortsheimatpfleger als Anreger und Ansprechpartner fungieren. Seit dem Jahre 1934 begann die Absetzung bzw. der „freiwillige" Rücktritt der alten Heimatgebietsleiter und ihre Ersetzung durch Parteigenossen, meist durch Landräte. Sie sollten ihre Autorität und ihren Apparat zugunsten des WHB einsetzen, d. h. neue Ortsvereine gründen lassen und die Richtlinien des WHB weitergeben. Da sie vor allem Lehrer als Amts- und Ortsheimatpfleger verpflichteten und diese Berufsgruppe das Gros der Ortsschulungsleiter der NSDAP stellte, kam es vielerorts zu fruchtbaren Kooperationen zwischen den Heimatvereinen und der NSDAP. Obwohl nach wie vor die zivilisationskritische Zielsetzung mit regionalem Akzent dominierte, wurde der WHB zunehmend durch nationalsozialistisches Gedankengut infiltriert. Den Nationalsozialisten, die auf den Westfalentagen sprachen, fiel es nicht schwer, immer wieder die Übereinstimmungen in den Grundwerten und Zielen zwischen Heimatschutz und Nationalsozialismus zu betonen.[38]

Die Übernahme des Vorsitzes durch den Landeshauptmann des Provinzialverbandes Westfalen gab dem WHB zum ersten Mal finanzielle Sicherheit. Der WHB erhielt mit 25 000–30 000 RM einen ähnlich hohen Jahresetat wie der DHB. Darüber hinaus versuchte Kolbow, die Gemeinden in Westfalen an der Finanzierung des WHB zu beteiligen und stärker für die Heimatbewegung zu interessieren. Er forderte sie im Jahre 1935 auf, pro Kopf ihrer Gemeinde ein Drittel Pfennig zu zahlen. Dank der finanziellen Sicherung konnten das Personal der Geschäftsstelle des WHB verstärkt und seine Arbeitsbereiche ausge-

kommen. Wenn es auf diesem kulturellen Gebiet gelinge, den Einzelnen zur Übernahme ehrenamtlicher Mitarbeit auf der weltanschaulichen Basis des Nationalsozialismus zu gewinnen, so sei damit wertvolle Arbeit an der Selbstverwaltung geleistet. In der Volkstumsarbeit sei es notwendig, das Gesicht Westfalens, das Jahrhunderte lang zu sehr zum Westen gewandt gewesen sei, wieder einer Schau nach dem Norden zuzuwenden und den Wert des Nordens in der westfälischen Landschaft zum Durchbruch zu bringen" (STAM, OP MS, Nr. 7066). Zu Kühl vgl. K. Ditt, Der Kulturdezernent Dr. Ernst Kühl 1888–1972, in: WF 38 (1988), S. 273–296.

[38] Vgl. z. B. Rundschreiben des WHB Nr. 38, 1. Ostermond 1934.

weitet werden.[39] So wurden zwischen 1934 und 1938 die Fachstellen „Heimat und Handwerk", „Bauerntum", „Westfalen in aller Welt", „Vorgeschichte" und „Baupflege" gegründet.[40] Aufgrund der Durchorganisierung, der Differenzierung der Fachstellenarbeit, der mit Hilfe provinzialpolitischer und parteiamtlicher Autoritäten betriebenen Werbetätigkeit und des politisch günstigen Klimas für die Heimatarbeit nahm die Mitgliederzahl des WHB im Verlauf des Dritten Reiches deutlich zu. Sie betrug im Jahre 1935 etwa 35 000; außerdem schlossen sich die 35 000 Mitglieder der Schützenvereine des Kurkölnischen Sauerlandes dem WHB korporativ an.[41] Der WHB war damit der größte, als vorbildlich angesehene Landesverein des DHB.[42] Dieser zählte im Jahre 1936 maximal 90 000–100 000 Mitglieder; davon stellte der Sächsische Heimatbund etwa 21 000 und der Niedersächsische Heimatbund 13 000–14 000 Mitglieder.[43]

Trotz der Zunahme der Aktivitäten und der Mitgliederzahl sowie der politischen Aufwertung des Heimatgedankens blieb die Resonanz der Heimat-

[39] Vgl. das Protokoll der Sitzung der Heimatgebietsführer und Fachausschußleiter vom 21. 4. 1934, in: VA LWL, C 70, Nr. 211; Schulte, Heimatbund, S. 62. Am 14. September 1939 konnte Kolbow erklären: „Es steht heute fest, daß in der Leitung der Heimatgebiete von Westfalen das erreicht ist, daß jedes einzelne Heimatgebiet von einem echten Nationalsozialisten geführt wird. Im Jahre 1936 muß diese Führung bis in die Ortsvereine garantiert sein" (Jahresbericht des WHB 1936, S. 6 f.; WHB, Ordner: Z 1: Westfalentage 1935). Vgl. als Beispiel für Enger und den Kreis Herford G. Kaldewei, Zur Heimatbewegung in Westfalen, in: Rheinisch-westfälische Zeitschrift für Volkskunde 32/33 (1987/88), S. 71–91; ders., 50 Jahre Heimatverein Enger 1937–1987, Enger 1987; für Hohenlimburg H. Zabel, Verschwiegen – vergessen – verdrängt. Altes und Neues vom Heimatverein. Zugleich ein Beitrag zum Problemkreis „Sprache im Nationalsozialismus", Frankfurt a. M. 1986.

[40] Vgl. W. Schulte, Die Fachstellenarbeit im Westfälischen Heimatbund, in: Die Kulturverwaltung 2 (1938), S. 311–316.

[41] Vgl. Der Westfälische Heimatbund 1935, Manuskript o. J., S. 5, in: WHB.

[42] Vgl. die Ausführungen des Ersten Schatzrates Dr. Rudolf Hartmann aus der Provinz Hannover und Vorsitzenden des Niedersächsischen Heimatbundes auf der Tagung des DHB vom 19. 3. 1939, „daß der westfälische Weg das Ideal sei" (WHB, Ordner: DHB 1939–40). Auch der Geschäftsführer des DHB, Hans Kornfeld, erklärte, „daß in organisatorischer Hinsicht Westfalen uns das Vorbild abgibt" (Protokoll der Tagung des DHB am 10. 4. 1937, in: WHB, Ordner: Korrespondenz WHB – DHB 1936–39).

[43] Die Mitgliederzahl der DHB ist nach den Angaben auf der Vertreterversammlung des DHB vom 5. 10. 1936 geschätzt. Westfalen ist hierbei ohne die korporative Mitgliedschaft der Schützenvereine berücksichtigt. Vgl. das Protokoll in: WHB, Ordner: Korrespondenz WHB – DHB 1929–36. Vgl. für Hannover den Bericht vom Niedersachsentag vom 11.–13. 10. 1934, in: VA LWL, C 70, Nr. 211; für Sachsen: Die Kultur-Organisation Landesverein Sächsischer Heimatschutz e. V. von der Gründung bis zur Gegenwart, o. O. o. J. [ca. 1934], S. 7.

bewegung begrenzt. Die Besucherzahlen der Westfalentage sanken nach 1933 auf das Niveau der Weimarer Zeit; auch scheint sich der soziale und generationenspezifische Einzugsbereich des WHB kaum verändert zu haben. Ursache für diese begrenzte Resonanz war vermutlich die Absicht, die Bevölkerung zur Liebe zu Volkstum und Heimat *erziehen* und dieses Ziel mit Hilfe von Bildungsmaßnahmen erreichen zu wollen. Die Absicht, die freie Zeit zu organisieren, konkurrierte zudem mit kulturellen Bestrebungen der NSDAP, vor allem der DAF und NSKG, und hatte sich dem wachsenden Angebot der kommerziellen Freizeiteinrichtungen zu stellen.[44]

Mit dem Beginn des Zweiten Weltkriegs stellten Kolbow und Schulte den WHB voll auf die neuen politischen Aufgaben ein. Kolbow wollte zum ersten die „Fortsetzung der bisher betriebenen Heimatforschung und Heimatpflege mit dem Ziel, dem westfälischen Menschen das Wesen, den Wert und die Schönheit seiner Heimat in stärkstem Maße bewußt und dadurch unerschöpfliche Kraftquellen reicher fließend zu machen", zum zweiten die Versorgung der Front mit Heimatliteratur, insbesondere Heimatkalendern und der Zeitschrift ›Heimat und Reich‹, und zum dritten die Mitwirkung des WHB an den neuen Aufgaben im Osten.[45]

Der erste Programmpunkt bedeutete die Fortsetzung der Fachstellen- und Heimatgebietsarbeit. Sie beschränkte sich jedoch im Verlauf des Weltkrieges aufgrund des Mitarbeitermangels auf die Abfassung von Ortschroniken sowie die Sammlung westfälischer Rechtsdenkmäler und Flurnamen. Gegen Ende des Krieges begann zudem eine breitangelegte Aufnahme alter Bauernhöfe. Die Arbeit in den Heimatvereinen verlagerte sich mehr vom Sammeln und Forschen auf die Darstellung. Auf Wunsch der Gauleitung Westfalen-Nord organisierte der WHB seit Januar 1942 jeden Winter Vorträge über die Krisenzeiten der westfälischen Geschichte. Hierfür ließ er Rahmenvorträge ausarbeiten, die die „Heimatfront" stärken sollten. Sie wurden, organisiert vom WHB und der NSDAP, den Gemeinden, Kriegervereinen oder Ortsbauernführern, bis Anfang 1945 auf Heimatabenden, in Lazaretten, am „Westwall", ja sogar im Sudetenland gehalten, wohin Frauen, Kinder und alte Männer aus den angriffsgefährdeten Gebieten Westfalens evakuiert worden waren; z.T. erschienen Tausende von Zuhörern.

Die zweite Aufgabe, die Front mit Heimatliteratur zu versorgen, erfüllten

---

[44] Das Problem der Konkurrenz durch die NSDAP trat gerade für die zentrale Trägergruppe der Heimatbewegung, die Lehrer, auf. Über den ausbleibenden Nachwuchs infolge der Beanspruchung durch den Nationalsozialistischen Lehrerbund klagte der Vorsitzende des Niedersächsischen Heimatbundes, Dr. Hartmann, auf einer Tagung des DHB am 19.3.1933. Vgl. WHB, Ordner: DHB – WHB 1939–40.

[45] Jahresbericht des WHB 1939, S. 40f.; W. Schulte, Heimatarbeit in Kriegszeiten, in: Die Kulturverwaltung 4 (1940), S. 4–7.

die Heimatvereine dadurch, daß sie den Soldaten ihres Organisationsgebietes „Heimatbriefe" schickten. Diese populäre Aufgabe zog jedoch seit Weihnachten 1939 die NSDAP an sich; die Heimatvereine mußten sie darin unterstützen. Außerdem gab die Geschäftsstelle des WHB Heimatkalender heraus. Ihre Auflage stieg von 20000 im Jahre 1937 auf 142500 im Jahre 1940; davon wurden 100000 an die Front geschickt.[46]

Die dritte Aufgabenstellung beteiligte den WHB direkter an der Eroberungspolitik des Dritten Reiches. Nach der Besetzung Polens hatte Hitler Heinrich Himmler zum „Reichskommissar für die Festigung deutschen Volkstums" ernannt. Himmler sollte für die „Rücksiedlung" der Reichs- und Volksdeutschen, die Ausrottung von „Volksfremden" und „Volksschädlingen" sowie für die Umsiedlung von Deutschen in den eroberten Osten sorgen, um dort die deutsche Herrschaft zu festigen.[47] Der WHB wollte diese Pläne dadurch unterstützen, daß er die Polenpolitik popularisierte sowie siedlungswillige und -fähige Bauern aus Westfalen für die Umsiedlung nach Polen benannte.

Zunächst beauftragte der WHB die Schriftstellerin Maria Kahle im Winter 1939/40, vor den westfälischen Heimatvereinen Vorträge über das Thema „Volksdeutsche Heimat ins Reich" zu halten. Sie hob darin hervor, daß „der Osten" alter germanischer „Volksboden" sei, der im Verlauf der Jahrhunderte in mehreren Wellen von deutschen Siedlern beackert worden wäre. Erst das Dritte Reich habe die nötige Macht entfaltet, um das „deutsche Volkstum" im Osten zu befreien.[48] Parallel zu den volkstümlichen, am kaiserzeitlichen

---

[46] Vgl. Jahresbericht des WHB 1940/41, S. 26.

[47] Vgl. generell M. Kater, Das „Ahnenerbe" der SS 1935–1945. Ein Beitrag zur Kulturpolitik des Dritten Reiches, Stuttgart 1974, S. 150 f.; W. Wippermann, Der „deutsche Drang nach Osten". Ideologie und Wirklichkeit eines politischen Schlagwortes, Darmstadt 1981; M. Broszat, Nationalsozialistische Polenpolitik 1939–1945, Stuttgart 1961, S. 19 ff., J. Ackermann, Heinrich Himmler als Ideologe, Göttingen 1970, S. 204 ff.

[48] „Unsere Kriegsziele gehen nicht auf die Vernichtung anderer Völker, auf Plünderung und Verderben; wir wollen vor allem einen Raum für unsere Kinder, Lebensraum für die Zukunft unseres Volkes, und in diesem Raum wollen wir dann schaffen, aufbauen, eine Welt gestalten, eine neue gerechte Ordnung gründen für uns und für unseren Nachbarn – Leben wollen wir schöpferisch fruchtbar machen! Endlich einmal soll unser Volk den Platz haben in der Welt, den es beanspruchen kann, den es beanspruchen muß, wenn es nicht verkümmern will. Nicht mehr soll die beste Kraft unserer Söhne und Töchter, getrieben von ihrem Schaffensdrang, in die Ferne wandern, und dort schließlich nur als Kulturdünger anderer Nationen dienen; auf des Reiches Erde sollen sie Heimat haben und hier ihrem eigenen Volk ihre Arbeit und ihre Träume schenken. Um dieses Zieles willen sind wir bereit, das Schwere und Schwerste des Krieges zu tragen. Einmal noch müssen wir das alles bestehen, einmal noch müssen wir durch das Dunkel gehen; aber jenseits beginnt dann der deutsche Tag in der Welt" (Jah-

Kolonialismus orientierten, nichtsdestoweniger aggressiven Propagandareden Kahles hielten andere Mitarbeiter des WHB (Wilhelm Brockpähler, Franz Rohlmann) Vorträge über das Thema „Westfalen und der Osten", in denen sie die geschichtliche Leistung und Bedeutung Westfalens für den Osten sowie den „westfälischen Blutsanteil" hervorhoben.

Auch der Bundesführer des WHB leistete seinen Beitrag zu nationalsozialistischen Eroberungspolitik. Kolbow setzte sich Ende 1939 mit dem Reichsführer-SS Himmler in Verbindung und erhielt von ihm die Zustimmung, daß die West-Ost-Siedlung nicht frei, sondern in landsmannschaftlich geschlossenen Verbänden erfolgen solle. Andernfalls drohe die „stammliche Eigenart" der Westfalen verlorenzugehen. Die Organisierung der neuen „Ostwanderung" sah Kolbow als seine „persönliche Hauptaufgabe" an; in der Planung sei Westfalen den anderen Provinzen „um mehrere Pferdelängen voraus". Für die Erfassung der in Frage kommenden Gebiete und Personen in Westfalen wurde der WHB eingesetzt. Darüber hinaus bereiste Maria Kahle fünf Wochen lang den Warthegau und ermittelte die Adressen von etwa 500–600 westfälischen Siedlerfamilien. Diese Angaben wurden dem Planungsamt der SS übermittelt.[49]

Trotz der reduzierten Arbeitsmöglichkeiten der Heimatbewegung und ihrer zunehmenden Ausrichtung auf die politischen Ziele der NSDAP erfolgte während des Weltkrieges ein erneuter direkter Zugriff der Partei. Ende 1941 wurde der SS-Oberführer Karl Cerff zum Leiter des Hauptkulturamtes in der Reichspropagandaleitung der NSDAP bestellt und erhielt „die Federführung der Kulturarbeit in der NSDAP". Nach einer Absprache zwischen Goebbels,

resbericht des WHB 1939, S. 17 f.). Vgl. auch M. Kahle, Westfälische Bauern im Ostland, Berlin 1940.

[49] Vgl. den Vortrag Kolbows auf der zweiten Kreisarbeitstagung ... des WHB vom 4./5. 5. 1940, in: VA LWL, C 70, Nr. 213; Jahresbericht des WHB 1939, S. 45; Schreiben Kolbows an Kühl vom 9. 3. 1940, in: VA LWL, Nachlaß Kolbow, Nr. 10; Vermerk Kolbows über eine Besprechung vom 3. 7. 1940 im Planungsamt des RFSS, in: VALWL, Nachlaß Kolbow, Nr. 2. Vgl. generell R. Mattausch, Siedlungsbau und Stadtneugründung im deutschen Faschismus. Dargestellt anhand exemplarischer Beispiele, Frankfurt 1981, S. 223 ff.

Der WHB beteiligte sich nicht nur an Maßnahmen, um die deutsche Herrschaft im Osten zu stabilisieren, sondern leistete auch seinen Beitrag zur nationalsozialistischen Beutepolitik auf kulturellem Gebiet. So organisierte der Geschäftsführer W. Schulte die Beantwortung der 1940 vom Reichspropagandaministerium gestellten Frage nach dem Verbleib deutschen Kulturgutes, das im Verlauf der vergangenen Jahrhunderte an die Kriegsgegner gelangt sei und das zurückgeschafft werden sollte. Vgl. die Akte Rundfrage 1940, in: Nachlaß Wilhelm Schulte, in: WHB. Vgl. zum Hintergrund H. Brenner, Die Kunstpolitik des Nationalsozialismus, Reinbek 1963, S. 142 ff.; Ditt, Raum, S. 311 ff.

Bormann und Ley vom 7. Mai 1942 gründete Cerff innerhalb des Hauptkulturamtes ein „NS-Volkskulturwerk", dessen Arbeit sich auf den ländlichen Raum konzentrieren sollte. Zudem wollte Cerff – wie schon vor ihm der
RVH – die Arbeit der volkskulturellen Organisationen vereinheitlichen.[50] Es
gelang ihm, den Deutschen Heimatbund in das NS-Volkskulturwerk zu integrieren. Damit erhielt er das Recht der politischen Aufsicht und Aufgabener-
teilung gegenüber der Heimatbewegung, d. h., er brach in die kulturpolitischen Kompetenzen der Provinzialverbände ein.

Parallel zu dieser Initiative auf nationaler Ebene versuchten seit dem Jahre
1941 die Gauleiter von Köln-Aachen, Moselland, Danzig-Westpreußen, War-
theland, Südhannover-Braunschweig und Westfalen-Süd durch die Gründung
von „Gaukulturverbänden" oder „Gauheimatwerken" mit der Kulturarbeit
der Provinzialverbände zu konkurrieren bzw. ihnen Kompetenzen abzu-
nehmen.[51] Obwohl in einer Besprechung zwischen dem Innen-, Wissen-
schafts- und Propagandaministerium, dem Deutschen Gemeindetag und der
Parteikanzlei am 5. Mai 1942 ausdrücklich festgestellt wurde, daß die landschaftliche Kulturarbeit in Preußen Sache der Provinzen sei und daß die
NSDAP keine eigenen Kultureinrichtungen gründen, sondern nur „die Kulturarbeit als Motor" betreuen solle,[52] wurden die parteieigenen Kulturaktivi-
täten fortgesetzt. Nicht nur von der Parteizentrale, sondern auch von der
Gauebene her erfolgten also während des Weltkrieges neue Zugriffe auf die
Heimatbewegung. Letztlich schien es nur noch eine Frage der Zeit, bis die
Heimatbewegung eine Kulturorganisation der NSDAP werden würde.

4. Zusammenfassung

Am Ende des Dritten Reiches hatte die Heimatbewegung ihr ursprüngli-
ches Eigengewicht verloren. Angetreten im Kaiserreich mit einer teils ästhe-
tisch-emotionalen, teils kulturkritischen und wissenschaftlichen Zielsetzung,

---

[50] Vgl. Nachrichtendienst des DGT vom 5. 12. 1941, in: BAK, R 36, Nr. 2365;
Schulte, Heimatbund, S. 69 ff.

[51] Vgl. z. B. Zentralstaatsarchiv Potsdam, 15.01., Nr. 4419; O. Willke, 50 Jahre
Braunschweigischer Landesverein für Heimatschutz 1908–1958, in: Beiträge zur
Braunschweigischen Heimatpflege und Heimatforschung. Festschrift zum 50jährigen
des Braunschweigischen Landesvereins für Heimatschutz e. V., hrsg. vom Braun-
schweigischen Landesverein für Heimatschutz e. V., Braunschweig 1958, S. 2–22;
Steilen, S. 106.

[52] Vgl. das Schreiben, die Protokolle und den Vermerk des Beigeordneten Bennecke
vom Deutschen Gemeindetag vom 24.4., 30.4., 5.5. und 8.5.1942, in: BAK, R 36,
Nr. 2449. Vgl. ferner das Schreiben des Staatssekretärs Stuckart an Heinrich Himmler
vom 1.10.1943, in: BAK, R 18, Nr. 3371.

hatte sie zu Beginn der Weimarer Republik versucht, Heimat als einen unpolitischen, letztlich aber konservativ gedeuteten Begriff der Integration und Erneuerung in die politische Diskussion einzubringen und national erzieherisch zu wirken.

Mit der Erweiterung ihrer Zielsetzung gewann sie an öffentlicher Resonanz und trieb ihre Politisierung, die um die Jahrhundertwende begonnen hatte, voran. Gerade die durch Wagenfeld initiierte Verlagerung der Arbeit von der Pflege der materiellen Kultur und des Naturschutzes auf das Volkstum unterschied die Heimatbewegung in Westfalen von derjenigen in anderen Provinzen und der Politik des DBH. Diese Neuakzentuierung, die Differenzierung der fachlichen und räumlichen Organisation sowie das seit 1930 zu beobachtende Eingehen auf Gegenwartsfragen und die Interessen des Provinzialverbandes machten sie in Westfalen zu einer modernen, außerparlamentarischen Kulturbewegung mit mehr regionalistischen als nationalen Zielen.

Die Verflechtung mit dem Provinzialverband hatte für die westfälische Heimatbewegung Vor- und Nachteile. Auf der einen Seite stabilisierten die finanziellen Subventionen der Provinzialverwaltung des WHB, ließen ihn aus seiner Schattenexistenz heraustreten und werteten ihn politisch auf. Zugleich trugen sie über das „natürliche", unbeeinflußte Maß zur Verbreitung des Heimatgedankens und des Westfalenbewußtseins bei und funktionierten den WHB von einer kulturphilosophischen Vereinsbewegung mit nationalerzieherischem Anspruch zu einer kulturpolitischen Hilfstruppe des Provinzialverbandes um.

Die Machtübernahme der NSDAP führte zu einer teils taktisch motivierten, teils geradezu freudigen Selbstergebung des WHB und vieler Heimatvereine gegenüber den Nationalsozialisten. Sie sahen in ihnen Bundesgenossen und verbanden mit ihnen die Hoffnung auf größere Resonanz. In einzelnen Ländern, so in Baden,[53] versuchte sich die Heimatbewegung dem Staat, d. h. dem Kultusministerium, zu unterstellen, um einer Eingliederung in die NSDAP zu entgehen; in den preußischen Provinzen, so auch in Westfalen, versuchten sie sich an die „Schutzmacht" Provinzialverband anzuschließen. Mit dieser „Schutzmacht" im Rücken konnte zu Beginn des Dritten Reiches die Eingliederung in eine nationalsozialistische Dachorganisation rückgängig gemacht werden. Die Vertreter des RVH waren für die Heimatschützer zu populistisch und gegenwartsorientiert, hatten zu wenig die regionalen Besonderheiten berücksichtigt und zu viele Fehler bei der organisatorischen Übernahme der Heimatbewegung gemacht.

In Westfalen erhielt damit jedoch die Heimatbewegung nicht ihre alte Selb-

---

[53] Vgl. die Schreiben des Vorsitzenden der Badischen Heimat, Hermann Eris Busse, an Karl Wagenfeld vom 16.12.1933 und an Ernst Kühl vom 3.1.1934, in: VA LWL, Nachlaß Kühl.

ständigkeit zurück, vielmehr geriet sie jetzt endgültig unter die Führung des
Provinzialverbandes. Hintergrund dieser Übernahme war teils das Bedürfnis
der Heimatschützer nach einer Schutzmacht und einem sicheren Finanzier,
teils der Wunsch des Landeshauptmanns und des Kulturdezernenten, die Heimatbewegung für provinzialpolitische Interessen einzusetzen. Kolbow suchte
wiederum die Kooperation mit der NSDAP, um durch Entgegenkommen
einen erneuten Zugriff der Partei zu vermeiden. Die daraus resultierende
personell-organisatorische Verschränkung und Zusammenarbeit mit der
NSDAP, das kaum noch unterscheidbare Begriffsverständnis von Volk, Volkstum, Stammes- und Volksgemeinschaft – nur der aggressive Antisemitismus
fehlte beim WHB –, die starke Gegenwartsorientierung sowie die im Verlauf
des Zweiten Weltkrieges vorgenommene Ausrichtung auf die Ziele der Kriegs-
führung nahmen der Heimatbewegung das eigene Profil. Die Provinzialverwaltung machte sie zu einem anpassungsfähigen Instrument, das sowohl den
parteipolitischen als auch den provinziellen Interessen diente.[54]
   Der kulturelle und politische Regionalismus sowie der antizivilisatorische
Eifer der Heimatbewegung konnten sich im Dritten Reich nicht mehr entfalten und wurden auf Randbereiche, z.B. auf die Bekämpfung der Reklame,
abgedrängt. Damit entfielen wesentliche Aufgaben und Konflikte. Widerstand
der Heimatschützer gegen diese Beschränkungen und gegen die zunehmende
Instrumentalisierung für politische Ziele oder eine wachsende Distanzierung werden in Westfalen nur in der Anfangsphase des Dritten Reiches teilweise deutlich. Dies erklärt sich nicht nur aus der weitgehenden Übereinstimmung in der ideologischen Herkunft und Zielsetzung zwischen Heimatbewegung und Nationalsozialismus oder aus der Hoffnung auf größere
Resonanz, sondern vielleicht auch daraus, daß in Westfalen die Kontinuität
der traditionellen Arbeit aufgrund der Verflechtung mit dem Provinzialverband stärker war als in Regionen, wo Parteigliederungen wie die NSKG die
Führung übernahmen.
   Der von Wagenfeld erhobene Anspruch der Heimatbewegung, „Volkssache"
zu werden, blieb trotz des Einschwenkens auf die Linie der provinziellen

---

[54] Vgl. auch für Schleswig-Holstein Christiansen, S.24; für Nordfriesland Steensen,
S.368ff.
   In den Rückblicken auf die Geschichte der einzelnen Heimatvereine, die von älteren
Heimatvereinsmitgliedern verfaßt worden sind und die die Zeit des Dritten Reiches
überhaupt berücksichtigen bzw. die sich nicht auf die Deskription beschränken,
herrscht meist eine andere Sicht vor. Vgl. z.B. das bis zur Verharmlosung reichende Verständnis vom H. von Voort, Der Heimatverein der Grafschaft Bentheim in der NS-Zeit,
in: Bentheimer Jahrbuch 109 (1986), S.63–90 oder die Verdrehungen von R. Althaus,
Werden und Wachsen des Hagener Heimatbundes, in: Festschrift zum 50jährigen Bestehen des Hagener Heimatbundes, o.O. o.J. [1975], S.126.

Kulturpolitik und der weitgehenden Anpassung an die NSDAP unerfüllt. Der Nutzen der Anpassung war damit im Dritten Reich letztlich geringer als der Identitätsverlust. Die seit den späten 1950er Jahren einsetzende Diskreditierung der Heimatbewegung zeigt, daß sie weniger als Opfer denn als Mittäter betrachtet wurde.

ARCHITEKTUR UND STÄDTEBAU
UNTER DEM EINFLUSS DER HEIMATSCHUTZBEWEGUNG

Von Birgitta Ringbeck

In seinem den Begriff prägenden Artikel ›Heimatschutz‹, der 1897 in der kulturpolitischen Zeitschrift ›Die Grenzboten‹[1] erschien, verlangte der Musikprofessor Ernst Rudorff neben Maßnahmen zum Schutz von Natur und Landschaft, zur Pflege des Brauchtums sowie zur Erhaltung der Baudenkmäler auch „die Neubelebung und Förderung volkstümlicher Bauweisen"[2], um der Bedrohung historisch gewachsener Stadt- und Dorfstrukturen entgegenzuwirken,[3] die insbesondere „durch reißend schnelle und maßlose Entwicklung der Großindustrie"[4] entstanden sei. Ähnliche Ziele verfolgten Ferdinand Avenarius, der 1887 den ›Kunstwart‹ mit der Absicht gegründet hatte, einer „bodenständigen Ausdruckskultur den Weg zu ebnen"[5], sowie der in diesem Blatt publizierende Architekt Paul Schultze-Naumburg mit seiner Kritik an der historistischen Architektur und seinem Postulat, sich auf „die guten Arbeiten bis zur Mitte des 19. Jahrhunderts"[6] zu besinnen, in denen man die zeitlosen Forderungen nach Schönheit, Maßstäblichkeit, Einfachheit

[1] 56/2 (1897), S. 401–414, 455–468; außerdem erschien der Artikel: Abermals zum Heimatschutz, in: Die Grenzboten 56/4 (1897), S. 11–116.

[2] Dieses und die folgenden Zitate Rudorffs sind entnommen E. Rudorff, Heimatschutz. Im Auftrag des Deutschen Bundes Heimatschutz neu bearbeitet von Prof. Dr. Paul Schultze-Naumburg, Berlin o. J., S. 80 (Naturschutz-Bücherei, hrsg. von W. Schoenichen, Bd. 4); diese Neubearbeitung von Schultze-Naumburg wurde stellenweise gekürzt bzw. um handschriftliche Manuskriptanmerkungen Rudorffs ergänzt (s. Vorwort, S. 3 u. 4).

[3] Zu Industrialisierungs- und Urbanisierungsprozeß und den damit zusammenhängenden Veränderungen s. H. J. Teuteberg (Hrsg.), Urbanisierung im 19. und 20. Jahrhundert. Historische und geographische Aspekte, Köln, Wien 1983; ders., Homo Habitans. Zur Sozialgeschichte des ländlichen und städtischen Wohnens in der Neuzeit, Münster 1985; J. Reulecke, Geschichte der Urbanisierung in Deutschland, Frankfurt a. M. 1985; H. J. Teuteberg u. C. Wischermann (Hrsg.), Wohnalltag in Deutschland 1850–1914, Bilder – Daten – Dokumente, Münster 1985.

[4] Rudorff, Heimatschutz, S. 43.

[5] K. Zuhorn, 50 Jahre Deutscher Heimatbund. Deutscher Bund Heimatschutz, Neuß 1954, S. 23.

[6] Kulturarbeiten, Bd. 1: Hausbau, München o. J., Vorwort.

und Zweckmäßigkeit verwirklicht sah. In dem 1903 veröffentlichten Aufruf zur Gründung eines Bundes Heimatschutz,[7] den neben den drei Genannten u. a. auch die überregional arbeitenden Architekten Theodor Fischer, Hermann Muthesius und Richard Riemerschmid sowie als Kunst- bzw. Bauhistoriker Justus Brinckmann, Paul Clemen, Alfred Lichtwark und Cornelius Gurlitt unterzeichnet hatten, wurden dementsprechend als Aufgaben von zwei der sechs einzurichtenden Arbeitsgruppen die Denkmalpflege und die „Pflege der überlieferten ländlichen und bürgerlichen Bauweise" genannt. Das Engagement und die Mitwirkung von zahlreichen Architekten, Kunsthistorikern und Denkmalpflegern beim Aufbau und der Organisation des Bundes führten dazu, daß die von Rudorff als gleichrangig erachteten Arbeitsfelder Naturschutz und Brauchtumspflege in den Hintergrund traten und architektonische Themen primäres Anliegen wurden.[8] Den nachhaltigsten Einfluß unter den genannten Protagonisten des Heimatschutzes hatte in den Gründungsjahren der am 30. 4. 1904 zum ersten Vorsitzenden gewählte Maler, Schriftsteller und Architekt Paul Schultze-Naumburg, der durch seine im ›Kunstwart‹ unter dem Titel ›Kulturarbeiten‹ erschienene Aufsatzfolge populär geworden war. Sein darauf basierendes gleichnamiges Werk, das ab 1904 in neun Bänden die Themen Hausbau, Gärten, Dörfer und Kolonien, Städtebau, Kleinbürgerhäuser, Schloßarchitektur und Landschaftsgestaltung behandelte und in suggestiver Weise gute architektonische Lösungen mit mißlungenen Beispielen verglich, wurde Ausgangspunkt und Leitfaden der Bewegung auf architektonischem Gebiet. Eine ähnlich programmatische Wirkung erzielte auch Paul Mebes mit seinem 1908 erschienenen Buch ›Um 1800‹.[9] Auch er richtete sich gegen „eine bis in unsere Zeit während, höchst unerquickliche Jagd nach allen möglichen der Vergangenheit angehörenden Baustilen".[10] Ausschließlicher als Schultze-Naumburg, der vereinzelt auch ältere Beispiele heranzog, beschränkte sich Mebes auf Vorbilder aus Architektur und Handwerk der Goethezeit, weil sie – im Gegensatz zu Werken aus weit zurückliegenden Jahrhunderten – „einen Geist [atmen], der unseren heutigen Anschau-

---

[7] Zuhorn, 50 Jahre Deutscher Heimatbund, S. 59–69.

[8] F. Koch, Kurzer Überblick über den Stand der Heimatschutzbewegung, in: Heimatschutz 8 (1912), S. 71, und in diesem Band die Beiträge von A. Knaut (Ernst Rudorff und die Anfänge der deutschen Heimatbewegung) und W. Hartung („Das Vaterland als Hort von Heimat". Grundmuster konservativer Identitätsstiftung und Kulturpolitik in Deutschland).

[9] Das mit dem Untertitel ›Architektur und Handwerk im letzten Jahrhundert ihrer traditionellen Entwicklung‹ 1908 erstmals in München erschienene Buch wurde 1918 und 1920 in der zweiten und dritten Ausgabe neu herausgegeben; hier wurde die dritte Auflage, die wie die zweite Auflage von W. C. Behrendt bearbeitet wurde, benutzt.

[10] Ebd., Einleitung.

ungen und Ansprüchen mit unwesentlichen Einschränkungen noch vollauf entspricht".[11] Mit Schultze-Naumburg war er sich in der pädagogischen Zielsetzung einig, „durch die Erschließung jener Werke vor allem ein grundlegendes Studienmaterial für das in der Ausbildung stehende junge Geschlecht"[12] bereitzustellen.

Maßgeblich bestimmt war die Denkweise Rudorffs, Schultze-Naumburgs und Mebes' von den Schriften Wilhelm Heinrich Riehls, insbesondere seiner ›Naturgeschichte des Volkes als Grundlage einer Social-Politik‹,[13] in denen er den Bedeutungszusammenhang von Landschaft und kulturellem Umfeld für die soziokulturelle Identität des Menschen herausgestellt hatte. Die darauf basierende Forderung nach Denkmalschutz als eine wesentliche Grundlage für die Erneuerung des künstlerischen und handwerklichen Schaffens war folgerichtig nur durch „Dezentralisation, nicht Zentralisation"[14] zu verwirklichen. „Eine gesunde und wirklich gedeihliche Entwicklung des deutschen Kunstlebens", stellte Julius Langbehn in seinem vielbeachteten Buch ›Rembrandt als Erzieher‹ fest, „ist mithin nur dann zu erwarten, wenn sie sich in möglichst viele und in ihrer Einzelart möglichst scharf ausgeprägte, geographische, landschaftliche, lokale Kunstschulen scheidet und gliedert."[15] Diese im Bildungsbürgertum weit verbreitete Erkenntnis führte zwangsläufig dazu, daß der ursprüngliche Anspruch des 1904 gegründeten Bundes Heimatschutz, nicht organisatorischer, sondern geistiger Mittelpunkt der Bewegung zu sein, scheitern mußte, weil er im Widerspruch zu der auf regionaler Identität begründeten Arbeit der Basis stand. Erst als man sich aufgrund einer Satzungsänderung im September 1908 auf die Funktionen eines Dachverbandes beschränkte, stellte sich die angestrebte Breitenwirkung ein.[16]

Die auf diesem Hintergrund entstandene Baukunst, die im Schatten der Avantgarde stand und erst in den siebziger Jahren, insbesondere durch die Arbeiten von Petsch,[17] in das Blickfeld der Forschung rückte, orientierte sich

[11] Ebd.
[12] Ebd.
[13] 4 Bde., Stuttgart, Tübingen 1851–1869; zu Riehl s. K. Bergmann, Agrarromantik und Großstadtfeindschaft. Studien zur Großstadtfeindschaft und „Landflucht"-Bekämpfung, Meisenheim 1970.
[14] J. Langbehn, Rembrandt als Erzieher. Von einem Deutschen, Leipzig 1890, S. 15.
[15] Ebd.
[16] F. Koch, Geschäftsbericht am 20. 9. 1907 in Mannheim, in: Heimatschutz 4 (1907), S. 40–44; W. Hartung, Denkmalpflege und Heimatschutz im wilhelminischen Deutschland 1900 bis 1913, in: Österreichische Zeitschrift für Kunst und Denkmalpflege XLIII/3, 4 (1989), S. 173–181; A. Knaut, Ernst Rudorff und die Anfänge der deutschen Heimatbewegung (Beitrag in diesem Band, S. 20–49).
[17] Architektur und Gesellschaft. Zur Geschichte der deutschen Architektur im 19. und 20. Jahrhundert, Köln 1973; ders., Baukunst und Stadtplanung im Dritten Reich.

am Vorbild eines Paul Schultze-Naumburg; da sie aber erst durch die lokalen Bedingungen ihre eigentliche Prägung erhielt, ist sie zunächst in den einzelnen Regionen zu untersuchen, bevor sie als eine Form der variantenreichen „Heimatschutzarchitektur" definiert bzw. mit dem Begriff „Heimatschutzstil" belegt werden kann.[18] Dazu werden überregionale Aspekte, verdeutlicht an Beispielen aus Westfalen, im folgenden vorgestellt.

Gesetzliche Grundlagen und organisatorische Umsetzung

Zu der Aufmerksamkeit, die der Bund Heimatschutz bei seiner Gründung erhielt, hatte entscheidend beigetragen, daß der Boden für das Verständnis um die Belange des Denkmalschutzes und die Kritik an der historistischen Architektur durch die nach der Reichsgründung 1871 auf lokaler Ebene zahlreich entstandenen Geschichts-, Altertumskunde- und Verschönerungsvereine bereitet worden war.[19] Ihr Dachverband, der Gesamtverein für Geschichts- und Altertumskunde,[20] forderte ebenso wie Rudorff und Schultze-Naumburg gesetzliche Maßnahmen, mit denen nicht allein das Eigentum des einzelnen, sondern auch das ideelle Eigentum des ganzen Volkes zu schützen sei. Seit dem Mittelalter bestehende Bauvorschriften, die nachbarrechtliche, feuerpolizeiliche und ästhetische Bestimmungen enthalten konnten und in absolutistischer Zeit zunehmend auch die Stadtgestalt regelten, waren durch die liberale

Herleitung/Bestandsaufnahme/Entwicklung/Nachfolge, München, Wien 1976; ders., Heimatkunst – Heimatschutz. Zur Geschichte der europäischen Heimatschutzbewegung bis 1945, in: werk-archithese 27–28 (1979), S. 49–52. Zur Heimatschutzarchitektur s. u. a.: C. F. Otto, Modern Environment and Historical Continuity: The Heimatschutz Discourse in Germany, in: Art Journal 43 (1983), S. 148–157; G.-G. Andresen, Heimatschutzarchitektur in Lübeck – ein vergessener Versuch des angemessenen Umgangs mit einem Stadtdenkmal, in: M. Brix (Hrsg.), Lübeck. Die Altstadt als Denkmal, München 1975, S. 47–65; ders., Bauen in Backstein. Schleswig-holsteinische Heimatschutz-Architektur, Heide in Holstein 1989.

[18] Zur Begriffsdiskussion „Heimatschutzarchitektur – Heimatstil" s. F. Achleitner, Gibt es einen mitteleuropäischen Heimatstil? (oder: Entwurf einer peripheren Architekturlandschaft), in: Österreichische Zeitschrift für Kunst- und Denkmalpflege XLIII/3, 4 (1989), S. 165–169; G. Hajós, Heimatstil – Heimatschutzstil, in: Ebd., S. 156–159; A. Lehne, Heimatstil – Zum Problem der Terminologie, in: Ebd., S. 159–164.

[19] K. Ditt, Vom Heimatverein zur Heimatbewegung. Westfalen 1875–1915, in: Westfälische Forschungen 9 (1989), S. 232–255.

[20] Hartung, Denkmalpflege und Heimatschutz im wilhelminischen Deutschland 1900 bis 1913, S. 176.

Aufklärungsgesetzgebung weitgehend zurückgenommen worden. Abgesehen von einigen Ausnahmen, die beispielsweise die Schutzwürdigkeit von herausragenden Einzeldenkmälern betrafen, galt aufgrund des Preußischen Allgemeinen Landrechts seit 1794 die grundsätzliche Baufreiheit. Gleichzeitig und anschließend durchgeführte gesetzgeberische Maßnahmen beschränkten sich auf die reine Gefahrenabwehr und führten lediglich zur Festlegung von Straßenverläufen, den sogenannten Fluchtlinien; als Instrument einer effektiven Stadterweiterungsplanung und -gestaltung waren sie nicht geeignet. Diese unzureichende, durch Unsicherheiten in bezug auf die Zuständigkeitsbereiche gekennzeichnete Rechtslage führte in Verbindung mit einer auf rein wirtschaftliche Interessen ausgerichteten privaten Bauwirtschaft zu der von der kultur- und lebensreformerischen Bewegung geäußerten Kritik, auf die die preußische Regierung mit den Verunstaltungsgesetzen vom 2. Juni 1902 und 15. Juli 1907 reagierte. Zahlreiche Länder im Deutschen Reich schlossen sich mit einer ähnlichen Gesetzgebung an.[21]

Während das erste Gesetz lediglich Grundlage für ein Verbot von Reklameschildern in landschaftlich hervorragenden Gegenden war, hatte letzteres entschieden weitreichendere Konsequenzen. Es bestimmte, daß die Genehmigung von Bauten und baulichen Veränderungen zu versagen sei, wenn durch sie Straßen, Plätze oder Ortsbilder gröblich verunstaltet werden und ermöglichte den Erlaß von Ortssatzungen für bestimmte Ortsteile; außerdem sah es vor, die Anbringung von Außenreklame genehmigungspflichtig zu machen und für bestimmte Ortsteile außergewöhnliche Anforderungen an die Bebauung zu stellen; ferner gab es dem Regierungspräsidenten die Ermächtigung, Vorschriften gegen die bauliche gröbliche Verunstaltung hervorragender Gegenden zu erlassen. Bedeutender jedoch als das Gesetz selbst, bei dessen begeisterter Aufnahme in der Fachpresse immer auch auf den nicht zu unterschätzenden Anteil Paul Schultze-Naumburgs hingewiesen wurde,[22] waren die im Anschluß erlassenen Ministerialerlasse. Der erste Erlaß der Minister der öffentlichen Arbeiten und des Innern vom 10. Januar 1908, der „Maßnahmen gegen bauliche Verunstaltung in Stadt und Land"[23] betraf, hielt „als unentbehrliche Ergänzung eine freiwillige Mitarbeit möglichst weiter Kreise an der Erfüllung dieser wichtigen Kulturaufgabe" für erforderlich. Es wurde dazu aufgerufen, „wieder anzuknüpfen an die gesunde Überlieferung früherer Zeiten mit dem Ziel, den Bauten in mittleren und kleinen Städten ein

---

[21] F. W. Bredt, Die Heimatschutzgesetzgebung der deutschen Bundesstaaten, Düsseldorf 1912; B. Kalusche, Baurecht und Bauästhetik seit dem 15. Jahrhundert unter besonderer Berücksichtigung süddeutscher Städte, Diss. Heidelberg 1976.

[22] Deutsche Bauzeitung 41 (1907), S. 617.

[23] Gedruckt in: B. Burger/N. Gutschow/K.-J. Krause, Bebauungspläne und Ortssatzungen, Berlin 1978, S. 279.

schlicht bürgerliches Gepräge zu geben und auf den Dörfern so zu bauen, wie es das bäuerliche Selbstbewußtsein vereint mit weiser Sparsamkeit unter Benutzung heimischer Bauweise und in Anpassung an die Landschaft [...] früher verstanden hat". Der Erlaß empfahl, den Organen der Staats-, Provinzial- und Ortsbehörden nahezulegen, „die bauliche Entwicklung der unter ihrer Verwaltung stehenden Ortschaften mit besonderer Aufmerksamkeit zu verfolgen, und neben den durch das Gesetz vom 15. Juli vorigen Jahres gegebenen Maßnahmen eine aufklärende, belehrende Wirkung zu entfalten". Als geeignetes Mittel wurden neben allgemeinverständlichen Vorträgen die Ausschreibung von Wettbewerben zur Erlangung mustergültiger Entwürfe und die „Bildung von Ortsausschüssen, etwa in Anschluß an schon bestehende Vereine" empfohlen. Mit Erlaß vom selben Tage wurden außerdem die Oberpräsidenten ersucht, eine tatkräftige Mitarbeit bereitwilliger sachverständiger Kreise in den Städten und auf dem Lande in ihren Provinzen ins Leben zu rufen und die Unterstützung aller Bestrebungen zur Erreichung der verfolgten Ziele wie ein persönliches Anliegen zu fördern. In einem weiteren Erlaß vom 19. Januar wurden zudem die Regierungspräsidenten beauftragt, die Staatsbaubeamten ihrer Bezirke anzuweisen, auf die Förderung einer gesunden heimatlichen Bauweise nicht nur in ihrer amtlichen Stellung bedacht zu sein, sondern sich auch außeramtlich an allen Bestrebungen in diesem Sinne anregend zu beteiligen.[24]

Dieser massive, von Schultze-Naumburg als „eine unserer stärksten Hilfen und Stützen"[25] bezeichnete staatliche Eingriff, verhalf dem Bund Heimatschutz in Verbindung mit der im September 1908 vollzogenen Satzungsänderung zu der angestrebten reichsweiten Wirkung. Zahlreiche Landesverbände, die sich in ihrem regionalen Selbstverständnis durch den zentralistischen Anspruch des Bundes anfangs widersprochen fühlten und deren Stellung im Organisationsgefüge aufgrund der unterschiedlichen Mitgliederstruktur zunächst nicht definiert war, traten nun bei; in anderen Gebieten wurde erst jetzt mit dem Aufbau einer regionalen Heimatschutzarbeit begonnen.[26]

Bezeichnend für den nach 1908 einsetzenden Aufschwung war die Entwicklung in der Provinz Westfalen. Hier bestand seit 1872 der „Westfälische Provinzialverein für Wissenschaft und Kunst" als Dachverband aller Verschönerungs-, Heimat- und Geschichtsvereine. Um die Durchführung der im Januar 1908 ergangenen Ministerialerlasse für Maßnahmen gegen bauliche Verunstal-

---

[24] Vgl. Zentralstelle für Volkswohlfahrt, Die Organisation und Tätigkeit der Bauberatungsstellen. Vorbericht und Verhandlungen der Konferenz am 6. Dezember 1910 im Landeshause der Provinz Brandenburg, Berlin 1911, S. 2 u. 3.
[25] Entwicklung und Ziele des Heimatschutzes, in: Baurundschau (1912), S. 199.
[26] Knaut, Ernst Rudorff und die Anfänge der deutschen Heimatbewegung (Beitrag in diesem Band, S. 20–49).

tung in Stadt und Land sowie zur Förderung einer heimatlichen Bauweise zu gewährleisten, setzte der Vorstand des Provinzialvereins auf Anregung des Oberbürgermeisters von Münster, Dr. Jungeblodt, im Oktober 1908 die Kommission für Heimatschutz ein. Sie machte sich zur Aufgabe, „die zur Ausführung des Heimatschutzes geeigneten Maßnahmen zu treffen, insbesondere der Stadt Münster und anderen bereiten Gemeinden mit Rat und Tat zur Seite zu stehen, auch als Sachverständigen-Vorbereitung und bei der Durchführung des Ortsstatus auf Grund des Gesetzes vom 15. Juli 1907 zu dienen". In ihrer ersten Sitzung am 23. März 1909 wurde festgelegt, „neben der Erhaltung der Kunstdenkmäler des Münsterlandes und der angrenzenden Bezirke insbesondere für die Bewahrung der Sonderart und Schönheit unseres Landes durch Erhaltung eigenartiger Orts- und Straßenbilder zu sorgen und demgemäß die neuere Bautätigkeit in geeigneter Weise zu beeinflussen sowie bei der Förderung sonstiger Kunstbestrebungen die heimische Art zu pflegen". Um auf eigenverantwortlicher Basis unabhängiger arbeiten zu können, trennte sich der Ausschuß bereits wenige Monate später vom Provinzialverein und konstituierte sich am 23. Juli 1909 als selbständige Organisation mit Engelbert Freiherr von Kerckerinck zur Borg als 1. Vorsitzenden.[27]

In seinem am 10. Januar 1910 gehaltenen Grundsatzreferat[28] hob Kerckerinck zur Borg hervor, daß es nicht nur die Meisterwerke der vergangenen Kulturepochen, sondern auch die Bauern- und Bürgerhäuser, Arbeitersiedlungen und Villen seien, die „fortwährend vergehen und neu entstehen" und „in ihrer Masse dem Charakter der Landschaft das Gepräge geben". Den seines Erachtens in allen Bereichen der Baukunst zu konstatierenden Verfall begründete er mit dem Verzicht auf die in der Vergangenheit für alle architektonischen Aufgaben entwickelten Typen, denen er eine „innige Wechselbeziehung (…) zwischen dem wahrhaft Praktischen und dem wahrhaft Schönen" zusprach. Neben der Mehrfamilien- und Schulhausarchitektur, die durch Einfallslosigkeit und die Verwendung nicht traditioneller Bauverfahren sowie für die Region nicht typischer Baustoffe gekennzeichnet sei, beklagte er namentlich die mit verschiedenen Stilzitaten bedachte Villenarchitektur, die auf „Landschaft und Nachbarhaus" keine Rücksicht nehme. Abgesehen von der Gewerbefreiheit führte er als eine der weiteren Ursachen für all diese Mißstände den Verlust der Werkstatttradition an, die auch einfache Bauhandwerker durch die Einbindung in ein festes Gefüge von Überlieferungen zu bedeutsamen Leistungen befähige. Über die Schriften von Rudorff, Schultze-Naumburg,

---

[27] Zitate s. Der Westfälische Heimatbund. Seine Entwicklung, Aufgaben und Einrichtungen, hrsg. v. der Geschäftsstelle, Münster 1928, S. 314; W. Schulte, Der Westfälische Heimatbund und seine Vorläufer, 2 Bde., Münster 1973, Bd. I, S. 23–31.

[28] Heimatschutz in Westfalen, in: Schulte, Der Westfälische Heimatbund und seine Vorläufer, Bd. 1, S. 280–295.

Mebes und Muthesius griff er damit auf Gedanken von John Ruskin, William Morris und des "Arts and Crafts"-Movement in England zurück, dessen angestrebte gildensozialistische Lebens- und Gesellschaftsreform ansatzweise vom Bund Heimatschutz und dem 1907 gegründeten Werkbund aufgenommen wurde.[29]

Im Vorstand der Westfälischen Kommission für Heimatschutz war die öffentliche Bauverwaltung durch die Besetzung der Position des Beisitzers bzw. des Schriftführers mit den Regierungsbaumeistern Werner Hellweg und Alfred Hensen sowie dem Geh. Baurat Biermann entsprechend den Wünschen der Berliner Ministerien besetzt. Mit Kerckerinck zur Borg selbst stand der Kommission eine der Persönlichkeiten „von geschichtlichem Verständnis und tiefer Geschmacksbildung"[30] vor, die sich Rudorff und Schultze-Naumburg[31] als Träger des Heimatschutzgedankens wünschten.[32] Gesellschaftspolitisch stark engagiert und privilegiert durch ausreichende berufliche Unabhängigkeit, war der gelernte Jurist ein typischer Vertreter der aus der Schicht der beamteten und freiberuflichen Akademiker stammenden Begründern der lebens- und kulturreformerischen Bewegungen. Neben seinen vielfältigen öffentlichen Verpflichtungen, u. a. als Reichstagsabgeordneter und Präsident des Westfälischen Bauernverbandes, fand er auch noch die Zeit, seinen musischen Neigungen sowie kunstgeschichtlichen Studien nachzugehen und als humanistisch gebildeter Dilettant zahlreiche architektonische Entwürfe anzufertigen. Sein vehementer Einsatz, seine Überzeugungskraft und Integrationsfähigkeit trugen maßgeblich zum Erfolg der Kommission in Westfalen bei und hinterließen darüber hinaus auch Wirkung beim Bund Heimatschutz, dessen Vorsitz ihm im Jahre 1914 angetragen wurde.[33]

Durch die mehr oder weniger erzwungene Einbindung von Honoratioren, Politikern und Regierungsbaumeistern in Belange des Bauwesens wollte man staatlicherseits die Schwäche des Verunstaltungsgesetzes von 1907, die „in der

[29] S. Muthesius, Das englische Vorbild. Eine Studie zu den deutschen Reformbewegungen in Architektur, Wohnbau und Kunstgewerbe im späten 19. Jahrhundert, München 1974.

[30] E. Rudorff, Heimatschutz, S. 85.

[31] Entwicklung und Ziele des Heimatschutzes in Deutschland, in: Baurundschau (1912), S. 193.

[32] Vgl. dazu auch die Schilderung der Persönlichkeit von Paul von Hedemann-Hespens, des 1. Vorsitzenden des Schleswig-Holsteinischen Landesvereins für Heimatschutz bei Andresen, Bauen in Backstein, S. 72/73.

[33] Westfälisches Archivamt Münster, Nachlaß Kerckerinck zur Borg, Kul 113 und Kul 94, Schreiben Werner Lindners vom 5. 1. 1914 bzw. Emil Höggs vom 8. 1. 1914. Zu Kerckerinck zur Borg als Katholik und Politiker s. D. Kaufmann, Katholisches Milieu in Münster 1928–1933, Düsseldorf 1984 (Düsseldorfer Schriften zur Neueren Landesgeschichte und zur Geschichte Nordrhein-Westfalens).

Unsicherheit der Beurteilung, dem Fehlen wirksamer Verfahren"[34] lag, nivellieren. Obwohl den kommunalen Behörden durch die Möglichkeit, Ortsstatute zu erlassen, ein Instrument an die Hand gegeben war, um durch differenzierte Bestimmungen den lokalen Bedingungen Rechnung zu tragen, nutzten die wenigsten Städte dieses Mittel. Zwar konnten „nach Lage der Bedürfnisse Höhenmaße, Umrißlinien, Dachkonstruktionen, Brandmauern, Aufbauten, Grundzüge der Außenarchitektur, Baumaterialien, Anstrich usw. für die unter Schutz gestellten Straßen und Plätze (…) vorgeschrieben werden"[35]; die Mehrzahl der in der Folgezeit erlassenen Ortstatute wiederholten jedoch lediglich die vagen Formulierungen und unpräzisen Forderungen des Gesetzgebers.[36] Architektonische Fragen blieben dem subjektiven Empfinden einer kleinen Gruppe überlassen, Streitfälle wurden von Fall zu Fall entschieden.[37]

Denkmalschutz und moderne Bauformen

Obwohl die Denkmalpflege in der 2. Hälfte des 19. Jahrhunderts bereits als staatliche Aufgabe definiert war und in die Kulturhoheit der Länder fiel,[38] betrachtet auch die Heimatschutzbewegung die Erhaltung der Baudenkmale als eines ihrer vordringlichsten Arbeitsfelder. Rudorff reklamierte, „daß die unersetzlichen vaterländischen Besitztümer bis zum heutigen Tage schutzlos sind, daß es noch nicht in allen deutschen Staaten für alle Fälle genügend Gesetze gibt, die jedes wertvolle Vermächtnis der Vorzeit, auch wenn es sich in Privatbesitz befindet, vor leichtfertiger Vernichtung oder Entstellung sichern"[39]; und vor dem Hintergrund einer auf herausragende Einzelobjekte ausgerichteten staatlichen Denkmalpflege wurde kritisch angemerkt, daß „man unbekümmert um natürliche Verhältnisse oder um malerische Wirkungen Bauwerke frei[legt], die doch erst als Glieder eines architektonischen und geschichtli-

---

[34] B. Burger/N. Gutschow/K.-J. Krause, Bebauungspläne und Ortssatzungen, Berlin 1978, S. 111.

[35] Ebd., S. 280.

[36] Ausnahmen bilden die Städte Hildesheim, Siegen und Gummersbach, in deren Ortsstatuten neben der Abwehr von Verunstaltungen auch ein positiver Gestaltungswille zum Ausdruck kommt. Gleiches gilt für das Hamburger Baupflegegesetz von 1912 (vgl.: Burger/Gutschow/Krause, Bebauungspläne und Ortssatzungen, S. 112 u. 113).

[37] Erst 1939 einigte man sich in Westfalen auf eine Mustersatzung, s. T. Rensing, Rechtsfragen der Baupflege, in: Westfalen 24 (1939), S. 243–249.

[38] F. Jerrentrup, Das Recht der Kulturdenkmalpflege in NRW, in: Mitteilungen zur Baupflege in Westfalen 16 (1967), S. 28.

[39] Heimatschutz, S. 33.

chen Zusammenhanges in ihrer vollen Bedeutung erscheinen".[40] Das konservatorische Engagement resultierte einerseits aus der Interpretation der Baudenkmale als „ein teures Erbe, an dem sich das Verständnis für die Geschichte
unseres Volkes bilden, an dem sich die Heimat- und Vaterlandsliebe kräftigen
kann und soll",[41] und andererseits aus der Einsicht, „daß für die Neubelebung
und Förderung volkstümlicher Bauweisen die Erhaltung des noch vorhandenen Bestandes an alten Bauten Vorbedingung ist",[42] denn „wo Erhaltung
oder Wiederherstellung des Alten tatsächlich unmöglich geworden ist",
müsse man sich bemühen, „von den gedankenreichen, gemütvollen, wahrhaft
schöpferischen Werken unserer Vorfahren zu lernen, so daß auch in ihrer
Nähe nichts anderes kommt, als was ohne Stilnachbetung ihrem Geist und
Sinn gemäß ist".[43] Um überhaupt auszuschließen, „anders als in dem überkommenen, der Landschaft eigentümlichen Stile neu zu bauen oder Vorhandenes umzugestalten", hielt es Rudorff für notwendig, daß „in allen deutschen
Gegenden die bedeutendsten alten Bauten, Wohnhäuser, Wirtschaftsgebäude
usw. genau aufgenommen werden".[44]

Durch die um 1900 verstärkt von den Landeskonservatoren in Angriff ge-
nommene Inventarisation der öffentlichen Bau- und Kunstdenkmäler sowie
durch die Verunstaltungsgesetze, die zwar erstmals Maßnahmen zur Unter-
schutzstellung von privaten Baudenkmälern und Ensembles ermöglichten,
aber nicht vorschrieben, wurde das konservatorische Anliegen der Heimatschutzbewegung nur unzureichend unterstützt. Aufgabe der bereits bestehenden bzw. neu zu gründenden Vereine und Kommissionen war es, die Sensibilität für die Belange der Denkmalpflege auf breiter Ebene zu wecken, um
gemeinsam mit den staatlichen Maßnahmen die gewünschten Ziele im Sinne
des Heimatschutzes zu erreichen. Kerckerinck zur Borg formulierte dementsprechend als Absicht seiner Kommission „erstens die Achtung vor den Leistungen der Vergangenheit und ihr Verständnis [zu] wecken und [zu] beleben"
und „zweitens dahin [zu] wirken, daß die neuentstehenden Bauwerke auf der
Basis eines gesunden und geklärten Formenempfindens und ehrlicher Baugesinnung unter gleicher Berücksichtigung der praktischen wie der ästhetischen
Notwendigkeit geplant und verwirklicht werden".[45] Wie zahlreiche Veröffent-

---

[40] Aufruf zur Gründung eines Bundes Heimatschutz, in: Deutscher Heimatbund
(Hrsg.), 50 Jahre Deutscher Heimatbund. Deutscher Bund Heimatschutz, Neuss 1954,
S. 60.
[41] Rudorff, Heimatschutz, S. 33.
[42] Ebd., S. 80.
[43] Ebd., S. 26/27.
[44] Ebd., S. 81.
[45] Heimatschutz in Westfalen, in: Schulte, Der Westfälische Heimatbund, Bd. 1,
S. 289.

lichungen über heimische Kunst und Bauweisen in anderen Provinzen,[46] so
diente dieser Zielsetzung auch in Westfalen die Herausgabe grundlegender
Werke architektur- und kunsthistorischen Inhalts, die nicht als Inventarver-
zeichnisse angelegt, sondern als auf die Region bezogene kulturgeschichtliche
Abhandlungen konzipiert waren. Als erster Band in dieser Reihe erschien im
Jahre 1912 ›Alt-Westfalen‹, in dem Kerckerinck zur Borg und Klapheck ›Die
Bauentwicklung Westfalens seit der Renaissance‹ im Überblick darstellten.
Die beiden folgenden, von Klapheck allein verfaßten Bände behandeln ›Die
Meister von Schloß Horst‹ und die von dieser niederrheinisch-flandrischen
Schule geprägten Stilmerkmale der sogenannten Lipperenaissance an den
westfälischen Schlössern Assen, Hovestadt, Overhagen und Crassenstein
sowie ›Die Schloßbauten zu Raesfeld und Honstorf‹ im Zusammenhang mit
dem niederländischen Klassizismus des 17. Jahrhunderts. Als vierte Veröffentlichung der inzwischen in den Westfälischen Heimatbund umgewandelten
Kommission erschien 1918 ›Die Weserrenaissance‹ von Max Sonnen, in der er
nicht nur im Sinne des Heimatschutzes auf mißlungene Eingriffe in den Denk-
mälerbestand hinwies und einen behutsamen Umgang mit historischer Bau-
substanz forderte, sondern erstmals die Baukunst zwischen 1550 und 1620 an
der oberen und mittleren Weser sowie im östlichen Westfalen mit den Zentren
Lemgo, Hameln und Paderborn in ihrer regionalen Eigenart und Geschlossenheit vorstellte und damit den bereits von Kerckerinck und Klapheck[47] verwandten Begriffe endgültig in die Kunstgeschichte einführte. Der Erfolg des
Werkes – 1923 kam bereits die dritte Auflage heraus – veranlaßte Sonnen und
den Heimatbund zwei weitere Teilbände zu planen. 1926 erschien die Folge
›Holzbauten östlich der Weser‹, die laut Untertitel ›Die Entwicklung der
Holzbauten um die Wende des 16. und 17. Jahrhunderts in den Landesteilen
zwischen Weser und Elbe‹ beinhaltet. Das von Sonnen kurz vor seinem Tod im
Jahre 1939 abgeschlossene Manuskript für den dritten Band ›Steinbauten östlich der Weser‹ wurde nicht mehr gedruckt.[48]
  Wissenschaftsgeschichtlich fügt sich die Konzeption der Reihe in das Programm der Kulturraumforschung ein. Diese interdisziplinär angewandte For-
schungsmethode, die von dem Anthropogeographen und Gründungsmitglied
des Bundes Heimatschutz Friedrich Ratzel (1814–1904) maßgeblich bestimmt
wurde, umschrieb anhand der räumlichen Verbreitung kultureller Phänomene

---

[46] E. Sauermann, Alt-Schleswig-Holstein und die Freie und Hansestadt Lübeck.
Heimische Bau- und Raumkunst aus fünf Jahrhunderten, Berlin 1912; W. Peßler, Alt-
Hannover als schöne deutsche Stadt, Hannover 1926.
[47] Alt-Westfalen, S. 17.
[48] Fortgesetzt wurde die Reihe in der Zwischenzeit mit Lindners Werk ›Schöne
deutsche Brunnen‹; als sechste und letzte Veröffentlichung erschien Klaphecks Monographie: Theodor Mintrop. Das Wunderkind der Romantik, Dortmund 1923.

sogenannte Kulturkreise.[49] Die auf diesem kunstgeschichtlichen Hintergrund durchgeführten Studien rechtfertigten – der grundsätzlichen Kritik der Heimatschutzbewegung an der historistischen Architektur zum Trotz – den Rückgriff auf historische Formen, die zwar auch noch als zeittypische, durch die regionale Ausprägung jedoch primär als landestypische Merkmale interpretiert wurden. Für das Bild der westfälischen Landschaft war Kerckerinck zufolge die barocke Backsteinarchitektur prägend[50]; im Weser- und Lipperaum dagegen waren die spezifischen Formen der Renaissance charakteristisch. Diese Stilmerkmale, „die, ihre Herkunft bald vergessend, echt westfälisch wurden",[51] im Sinne der landschaftsgebundenen Architektur namentlich für die auf der Werteskala oben angesiedelten Aufgaben, beispielsweise Villen-, Sakral- und Schloßbauten sowie öffentliche Gebäude, zu verwerten, setzte sich die Kommission für Heimatschutz und ihre Nachfolgeorganisation, der Westfälische Heimatbund, zum Ziel. Nicht das „Abschreiben historischer Stilformen" wollte man fördern, sondern „den Geist der Zeit, soweit er Kultur in sich birgt, in der Entwicklung des Werdenden zur Geltung bringen".[52]

Entsprechend der verhaltenen Adaption historischer Stile in landestypischer Ausprägung für repräsentative Bauten erlangte als Vorbild für die ländliche Bauweise und für den Kleinwohnhausbau das Bauernhaus zunehmend Aufmerksamkeit. Die traditionelle bäuerliche Architektur, die bereits 1892 mit der Projektierung des Sammelwerks ›Das Bauernhaus im Deutschen Reich und seinen Grenzgebieten‹ vom Verband deutscher Architekten- und Ingenieurvereine aufgegriffen worden war, wurde in zahlreichen Ausstellungen und Publikationen behandelt. Um „ein wahrhaft ernstes Streben [zu] wecken, die Bedeutung der überkommenen Bauart zu erkennen, um nicht nur ihre veralteten Einzelzüge nicht zu verwerfen, sondern vielmehr sie für moderne Anschauungen im Geiste zu verarbeiten",[53] ließ auch Kerckerinck zur Borg in der von ihm im Jahre 1912 herausgegebenen ›Geschichte des westfälischen Bauernstandes‹ einen Beitrag von Werner Lindner über ›Die bäuerliche

---

[49] Zur Bedeutung der Kulturraumforschung in Westfalen s. K. Ditt, Der Kulturdezernent Dr. Ernst Kühl 1888–1972, in: Westfälische Forschungen 38 (1988), S. 273–296.

[50] Siehe seinen Aufsatz: Barockbauten in westfälischer Landschaft, in: Heimatblätter der Roten Erde 2 (1920/21), S. 346–348.

[51] R. Klapheck, Die Meister von Schloß Horst, Berlin 1915, S. 14.

[52] Kerckerinck zur Borg, Heimatschutz in Westfalen, in: Schulte, Der Westfälische Heimatbund, Bd. I, S. 289.

[53] W. Lindner, Die bäuerliche Wohnkultur in der Provinz Westfalen und ihren nördlichen Grenzgebieten, in: E. v. Kerckerinck zur Borg (Hrsg.), Beiträge zur Geschichte des Westfälischen Bauernstandes, Berlin 1912, S. 637.

Wohnkultur in der Provinz Westfalen und ihren nördlichen Grenzgebieten‹ verfassen; mit der ›Weiterbildung des niedersächsischen Bauernhauses‹[54] beschäftigte sich darüber hinaus der Leiter der Westfälischen Bauberatungsstelle, Diplomingenieur Max Sonnen. Ebenso wie Paul Schultze-Naumburg,[55] Karl Ernst Osthaus[56] und Hermann Muthesius[57] interpretierten die westfälischen Heimatschützer die Anlage insbesondere des niedersächsischen Bauernhauses als eine unter bestimmten äußeren Bedingungen entstandene, auf wirtschaftliche und soziale Bedürfnisse zugeschnittene Grundform, die als Leitmotiv bei der Gestaltung des Arbeiterwohnhauses zu verwenden sei. Allein Muthesius reflektierte dabei selbstkritisch, daß die Bewunderung der Bauernkunst eine Sache der Gebildeten sei und von den unteren Ständen keineswegs geteilt werde. Bei der Diskussion um die Verwendung des Bauernhauses als Typ für den Arbeiterwohnungsbau gab er zu bedenken, daß die Baukunst des Arbeiterstandes noch nicht geboren sei und in diesem Bereich ein Stand für den anderen baue.[58]

Derartige lokal begrenzte Untersuchungen zu bestimmten Hausformen sowie zu kunstgeschichtlichen Epochen und Entwicklungslinien waren nicht Ausdruck einer zweckfreien Forschung. Einerseits sollte mit ihnen „vor allem ein grundlegendes Studienmaterial (...) für das in der Ausbildung stehende Geschlecht"[59] bereitgestellt werden, denn die nicht der Tradition der Werkstätten verpflichteten Baugewerkeschulen vermittelten, wie Kerckerinck es im Sinne vieler formulierte, „vielleicht viele Stile, aber keinen Stil"[60]; andererseits wurden die Abhandlungen als Mittel zu einer regionalen, kulturellen und auch sozialen Identifikation eingesetzt; denn die Schichtung der neuen Stände sei noch keineswegs endgültig geklärt und „vor allem haben die neuen Stände, obzwar sie sich als Masse bereits deutlich abheben, noch keine eigenen Kultur-

---

[54] Titel eines Beitrages in der Baurundschau 12 (1914), Beilage: Baupflege und Wohnungsreform, S. 9–15.

[55] Das Bauernhaus in seiner vorbildlichen Bedeutung für das Arbeiterwohnhaus, in: Die künstlerische Gestaltung des Arbeiter-Wohnhauses. Schriften der Centralstelle für Arbeiter-Wohlfahrtseinrichtungen Nr. 29, Berlin 1906, S. 29–47.

[56] Der Wert des Hauses, in: Die künstlerische Gestaltung des Arbeiterwohnhauses. Schriften der Centralstelle für Arbeiter-Wohlfahrtseinrichtungen Nr. 29, Berlin 1906, S. 1–6.

[57] Die Entwicklung des künstlerischen Gedankens im Hausbau, in: Die künstlerische Gestaltung des Arbeiter-Wohnhauses. Schriften der Centralstelle für Arbeiter-Wohlfahrtseinrichtungen Nr. 29, Berlin 1906, S. 7–15.

[58] Ebd., S. 14.

[59] Um 1800, S. 4.

[60] Heimatschutz in Westfalen, in: Schulte, Der Westfälische Heimatbund, Bd. I, S. 285; ähnlich auch Muthesius (Die Entwicklung des künstlerischen Gedankens im Hausbau, S. 9).

äußerungen".[61] Diese Ansicht von Muthesius teilte auch Schultze-Naumburg, der der Auffassung war, daß „genauso wie die einzelnen Individuen sich zu Berufen, Ständen oder Steuerklassen zusammenschließen und Repräsentanten größerer Gruppen werden, genauso werden die Wohnhäuser bei näherer Betrachtung sich in bestimmte Klassen und Unterklassen zerlegen lassen, die für sich feste Typen bilden".[62]

Städtebauliche Absichten

Die Hinwendung der kultur- und lebensreformerischen Bewegungen zur Natur und zur Landschaft, zum Dorf und zur Kleinstadt resultierte aus einer in der Mittelschicht ausgeprägten Kritik an der Großstadt, die generalisierend als Ursache für die verschiedensten gesellschaftlichen Mißstände angeführt wurde. Im 19. Jahrhundert hatten Wachstum und Industrialisierung in den größeren Städten zu einem tiefgreifenden Strukturwandel geführt, der um 1900 auch die noch weitgehend intakte Einheit von Arbeit und Wohnen in den Klein- und Mittelstädten bedrohte. Ernst Rudorff und fast gleichzeitig mit ihm der Wiener Camillo Sitte, der durch sein Buch ›Der Städtebau nach seinen künstlerischen Gesichtspunkten‹[63] zu einem der bekanntesten Stadtplaner der Zeit wurde, beklagten „vor allem die vollkommene Geradlinigkeit der Straßen"[64] und die „Motivenarmut und Nüchternheit moderner Stadtanlagen".[65] Im Gegensatz dazu wurden anhand von Schilderungen und Darstellungen historische Orts- und Stadtstrukturen mit gewundenen Straßenzügen, harmonischen Platzanlagen und raumbildenden Häusergruppen idealisiert. Dabei waren sich jedoch Sitte und der sich mehrfach ausdrücklich auf ihn beziehende Schultze-Naumburg bewußt, daß „sowohl das moderne Leben als auch die moderne Technik (…) eine getreue Nachahmung alter Stadtanlagen nicht mehr zu[lassen], eine Erkenntnis, der wir uns nicht verschließen können, ohne in unfruchtbare Phantasterei zu verfallen. Die herrlichen Musterleistungen der alten Meister müssen bei uns in anderer Weise lebendig

[61] Muthesius, Die Entwicklung des künstlerischen Gedankens im Hausbau, S. 9.

[62] Der Bau des Wohnhauses, Bd. 1, München 1917, S. 103.

[63] Wien 1889. Sittes Buch war bereits nach wenigen Wochen vergriffen. Hier wurde die 3. Auflage benutzt: C. Sitte, Der Städtebau nach seinen künstlerischen Gesichtspunkten. Nachdruck der 3. Auflage, Wien 1901 und des Originalmanuskriptes aus dem Jahre 1889, Wien 1972 (Schriftenreihe des Instituts für Städtebau, Raumplanung und Raumordnung – Technische Hochschule Wien, Bd. 19).

[64] Rudorff, Heimatschutz, S. 36.

[65] Sitte, Der Städtebau nach seinen künstlerischen Gesichtspunkten, S. 88 (Titel des 8. Kapitels).

bleiben als durch gedankenloses Copieren; nur wenn wir prüfen, worin das Wesentliche dieser Leistungen besteht, und wenn es uns gelingt, das bedeutungsvoll auch auf moderne Verhältnisse anzuwenden, kann es gelingen, dem scheinbar unfruchtbar gewordenen Boden eine neue blühende Saat abzugewinnen".[66]

Ein Beispiel für die sich mit den wirtschaftlichen und sozialen Änderungen ergebenden städtebaulichen Probleme in verkehrstechnischer und wohnungsbaupolitischer Hinsicht war die Stadt Soest, die – wie viele andere Kommunen auch – bis ins 20. Jahrhundert hinein von einem mittelalterlichen Grundriß mit Befestigungsring geprägt war. Nachdem ursprüngliche Pläne, die Wallanlage entweder ganz niederzulegen oder aber zahlreiche Durchbrüche zu schaffen, vom Regierungspräsidenten aus denkmalpflegerischen Gesichtspunkten abgelehnt worden waren, entschloß sich 1915 der Magistrat der Stadt in enger Verbindung mit dem Provinzialkonservator und der Kommission für Heimatschutz einen Wettbewerb zur Stadterweiterung auszuschreiben, der von Landwehr ausführlich dokumentiert worden ist.[67] Verlangt wurde die Planung und Gestaltung eines eintausend Meter breiten Gebietes um die alte Stadtbefestigung und dessen Anbindung durch tunnelartig ausgebildete Walldurchbrüche mit dem Altstadtkern.

Mit dem ersten Preis des auf außerordentlich große Resonanz stoßenden Wettbewerbs wurde die Arbeit des Berliner Architektenteams Paul Schmitthenner und Gustav Langen ausgezeichnet (Abb. 1). Wie aus ihren Erläuterungen zum Wettbewerbsentwurf[68] hervorgeht, war das bestimmende Motiv ihrer Stadterweiterungsplanung, die dominierende mittelalterliche Stadtansicht zu erhalten, zu betonen und in das Konzept einzubeziehen. Bereits kranzförmig um die Altstadt bestehende private Gärten sollten durch ein öffentliches, radial angelegtes Grünflächensystem ergänzt werden. In diesem Bereich wollte man Baugenehmigungen für eine aufgelockerte, eingeschossige Bauweise nur dort erteilen, wo bereits Ansätze vorhanden waren; besonders schöne Ausblicke auf die Altstadt mit ihren charakteristischen Kirchtürmen wollte man durch ein Bauverbot bewahren. Jenseits des Grüngürtels waren im Osten und Westen des historischen Zentrums Gartenvorstädte als in sich abgeschlossene Siedlungseinheiten mit platzartigen Mittelpunkten in immissionsgeschützter Lage projektiert, die durch Schutzanpflanzungen vom Industriegebiet und den Bahnlinien zu trennen waren (Abb. 2). Bei ihrer Anlage

---

[66] Ebd., S. 119.

[67] F. W. Landwehr, Der Wettbewerb für die Stadterweiterung von Soest, in: G. Köhn (Hrsg.), Soest. Stadt – Territorium – Reich. Festschrift zum 100jährigen Bestehen des Vereins für Geschichte und Heimatpflege Soest, Soest 1981, S. 685–730 (zugleich Heft 92/93 [1980/81] der Soester Zeitschrift und Band 41 der Soester Beiträge).

[68] Stadtarchiv Soest Sk 17/1, Sk 17/(S. Landwehr).

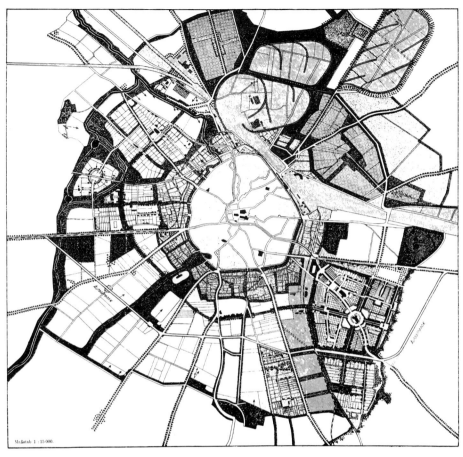

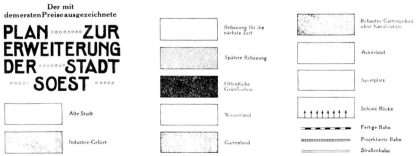

Abb. 1: G. Langen / P. Schmitthenner: Plan zur Erweiterung der Stadt Soest.

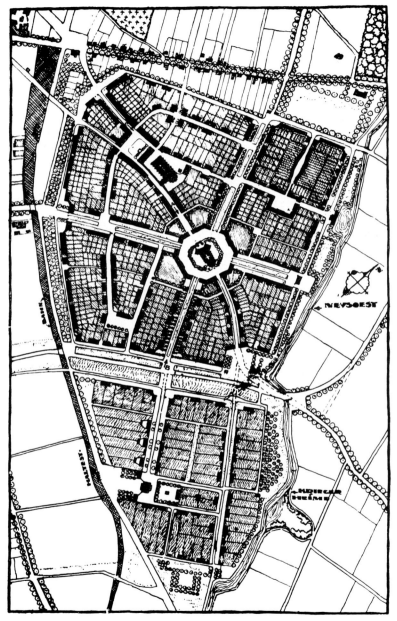

Abb. 2: G. Langen / P. Schmitthenner: Gartenvorstadt Soest – Süd-Ost.

Abb. 3: G. Langen / P. Schmitthenner: Walldurchbruch zwischen Thomätor und Osthofentor.

orientierte man sich an den gewachsenen Strukturen, legte vorhandene Feldwege der Straßenführung zugrunde und bezog auch den Baumbestand in die Planung ein. Entsprechend der sozialen Segregation war die östliche Siedlung für die Arbeiterklasse und den Mittelstand vorgesehen; der Oberschicht war das durch geringere Baudichte, größere Grundstücke und aufwendigere Straßen ausgezeichnete westliche Wohngebiete vorbehalten. Weitere Wohn- und Industriegebiete für einen sich eventuell später einstellenden Bedarf waren ausgewiesen.

Die Erweiterungskonzeption von Schmitthenner und Langen erforderte neben mehreren Fußgängertunneln lediglich einen größeren Walldurchbruch für den Fahrzeugverkehr im Bereich des Thomätores, um das östliche Neubaugebiet an den Altstadtkern anzubinden (Abb. 3). In Anlehnung an traditionelle städtische Raummuster wollte man die Verbindungsstraße vor der Befestigungsanlage in einen rechteckigen Platz einmünden lassen, von dem aus die Gräfte durch zwei seitliche Tore erreichbar sein sollte. Der noch erhaltene

Turmrest war als schmale Durchfahrt mit flankierenden Arkadengängen geplant. Dahinter sollte sich der Verkehrsraum in der Art eines mittelalterlichen
Markt- und Wagenabstellplatzes wieder weiten. Zur Entlastung der Altstadt
vom Durchgangsverkehr war eine im Süden halbkreisförmig um die Stadt geführte Umgehungsstraße vorgesehen.

Der Entwurf von Schmitthenner und Langen, dessen vorgesehene Umsetzung durch Schmitthenners Assistent Gustav Wolf zwischen 1920 und 1922 in
Angriff genommen, aber bis auf zwei Walldurchbrüche für Fußgänger nicht
verwirklicht wurde, zeichnete sich, wie das Preisgericht in seinem Protokoll
vom 11. 9. 1916 hervorhob, dadurch aus, daß von einer ringförmigen Erweiterung der Stadt abgesehen wurde; durch die Konzentration auf Wohn- bzw. In-
dustriebereiche im Norden, Osten und Westen wäre „namentlich von Süden
her das gesamte Stadtbild" erhalten geblieben. Aufgrund einer mehrfachen
Untertunnelung der Wallanlage für Fußgänger (Abb. 4) war nur eine größere
Baumaßnahme im Bereich der alten Befestigungsanlage notwendig, die
zudem so projektiert war, daß sie die Einheit von Wall und Stadtmauer nicht
zerstörte. Damit waren wesentliche Belange in denkmalpflegerischer Hinsicht
berücksichtigt worden. Ebenso im Sinne des Heimatschutzes schien die Wohnungsfrage durch die Übernahme von Gartenstadtideen geklärt zu sein.
Einerseits trugen die Siedlungsprojekte, deren Struktur aufgrund topographischer Gegebenheiten entwickelt worden war, dem landschaftsbezogenen
Aspekt Rechnung, andererseits erfüllten sie die Forderung nach ländlicher Le-
bens- und Bauweise durch die eineinhalbgeschossige Kleinhaus- bzw. Klein-
wohnungsarchitektur mit angegliederten Gärten.

Der Schmitthenner/Langensche Entwurf widerlegt die vielfach geäußerte
zeitgenössische Kritik an unregelmäßigen, vom Heimatschutz befürworteten
Stadterweiterungsplänen, die als malerisch-romantische, mittelalterliche
Strukturen schematisch reproduzierende und daher den modernen Bedürfnissen nicht gerecht werdende Konzepte abqualifiziert wurden.[69] Im Bewußtsein um die Bedeutung der Altstadt als eigenständige städtebauliche
Größe hatten sie erkannt, daß nicht eine ringförmige, schwer strukturierbare
Erweiterung, sondern ein polyzentrisches Konzept angemessene Lösungs-
möglichkeiten versprach. Die neuen Wohn- und Industriegebiete sollten nicht
gleichmäßig um die Stadt verteilt werden, wobei das gewachsene Gefüge des
ursprünglichen städtebaulichen Umfeldes nivelliert worden wäre, sondern
durch ihre konzentrierte, punktuelle Anordnung als gleichwertige Einheiten

---

[69] Siehe A. E. Brinckmann, Platz und Monument. Untersuchungen zur Geschichte
und Ästhetik der Stadtbaukunst in neuerer Zeit, Berlin 1908; F. Ostendorf, Sechs Bücher vom Bauen, Berlin 1913–1920; differenzierter H. Muthesius, Städtebau, in: Kunst
und Künstler 8 (1910), S. 531–535, und ders., Kleinhaus und Kleinsiedlung, München
1918.

Abb. 4: G. Langen / P. Schmitthenner: Walldurchbruch für Fußgänger.

mit dem historischen Zentrum korrespondieren; den für das alte Stadtbild bedeutsamen, radial angelegten Grün- und Freiflächen wäre dabei eine Mittler-
funktion zugekommen. Darüber hinaus wäre mit der Wiederaufnahme von
Motiven der alten Stadtstruktur in den Neubaugebieten, beispielsweise be-
lebte Straßenräume, kleine Plätze, Sackgassen und Wohnhöfe, eine über die
sinnliche Wahrnehmung entstandene Verbindung bewirkt worden. Die Wah-
rung des Funktionszusammenhanges von Wohnen und Arbeiten in sinnvoll
aufeinander bezogenen, aber klar gegeneinander abgesetzten Bereichen und
die damit einhergehende behutsame Verkehrsplanung mit getrennten Wohn-
und Durchgangsstraßen sind weitere bemerkenswerte Planungsdetails dieses
weit über seine Zeit hinausweisenden Stadterweiterungskonzeptes.

Abb. 5: A. Hensen: Münster, Stadthauptkasse.

Barock- und Klassizismusrezeption

Als geeignetes Mittel „zur Verhütung der Verunstaltung des alten Straßen-
bildes durch umpassende Neu- und Umbauten"[70] waren auf dem dritten Tag
für Denkmalpflege, der 1902 in Düsseldorf unter dem Thema „Die Aufgabe
der Communalverwaltungen auf dem Gebiete der Denkmalpflege" abge-
halten wurde, Fassadenwettbewerbe empfohlen worden. Eine derartige, zur
Erlangung von Musterblättern dienende Konkurrenz hatte bereits 1898 Hildesheim ausgeschrieben; andere Städte, beispielsweise Bremen und Lübeck,
folgten zu Beginn des 20. Jahrhunderts diesem Beispiel.[71] In Münster wollte

[70] Der dritte Tag für Denkmalpflege, in: Die Denkmalpflege (1902), S. 101 f.
[71] M. Brix, Fassadenwettbewerbe. Ein Programm der Stadtbildpflege um 1900, in:
C. Meckseper/H. Siebenmorgen, Die alte Stadt: Denkmal oder Lebensraum?, Göttingen 1985, S. 67–89.

Abb. 6: A. Hensen: Münster, Lambertikirchplatz 1–5.

man durch die Vorbildfunktion des Stadthausneubaus eine ähnliche Wirkung erzielen. Die Leitung des eigens für die Errichtung dieses städtischen Verwaltungsgebäudes eingerichteten Stadtbauamtes war Alfred Hensen[72] übertragen worden, der als Schüler Carl Schäfers über „ein beträchtliches Rüstzeug für die restaurative Seite architektonischen Schaffens"[73] verfügte. Durch die Auflage, die beiden Renaissancegiebel des Stadtkellers und der Stadtlegge, die im Zuge der Baumaßnahme niedergelegt wurden, genau in den alten Maßen und Formen wiederaufzubauen, waren die gestalterischen Elemente und das historische Erscheinungsbild vorgegeben. Auch beim Bau der Stadthauptkasse (Abb. 5), der Bogenhausreihe Lambertikirchplatz 1–5 (Abb. 6) und der Stadtschenke nebst Nachbarhaus verwandte Hensen in der Folgezeit bei der Fassadengestaltung „Formen der zarten niederdeutschen speziell münsterischen Frührenaissance" und der Spätgotik, die er „neu belebt dem neuen Zwecke

[72] Zu Hensen s. O. Sarrazin, Regierungsbaumeister Alfred Hensen (1869–1931), in: Westfalen 56 (1978), S. 189–192; K. Mummenhoff, Bemerkungen zu Alfred Hensens Bauten in Münster, in: Westfalen 56 (1978), S. 193–212; D. Kluge, Schloßkapelle in Hessen, in: Westfalenspiegel 32/2 (1983), S. 24/25.
[73] Mummenhoff, Alfred Hensens Bauten in Münster, S. 200.

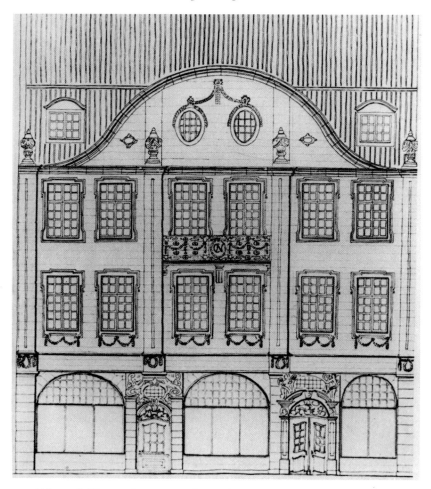

Abb. 7: A. Hensen: Münster, Wohn- und Geschäftshaus Niemer (Entwurf).

dienstbar" machen wollte. Dabei war er sich bewußt, daß dieser Weg in einer
„Zeit des Ringens nach selbständiger Kunstbestätigung in neuzeitlichen
Formen ein nicht von allen Baukünstlern gebilligtes Vorgehen" war. „Doch
wenn es sich im Herzen eines so konform erhaltenen Stadtbildes wie hier um
Neuschöpfungen handelt", argumentierte er weiter, „so ist doch wohl die
erste Rücksicht diejenige, das Bild, die Stimmung nicht zu stören."[74]

[74] Dieses als auch die drei vorhergehenden Zitate stammen aus der Rede Hensens

Unter dem Einfluß Kerckerinck zur Borgs nahm Hensen, der 1908/9 Mitbegründer der Kommission für Heimatschutz war, barocke Tendenzen bei seinen architektonischen Arbeiten auf. In dem zur Ausführung bestimten Entwurf (Abb. 7) für das Geschäftshaus Niemer in der Salzstraße gliederten vier Lisenen die Sandsteinfassade über dem ebenerdigen Ladengeschoß, das mit drei großen Rundbogenfenstern und mit zwei durch Bildhauerarbeiten aufwendig verzierten Türen ausgestattet war, in drei Fensterachsenpaare. Der ursprünglich projektierte, aber baupolizeilich nicht genehmigte segmentbogenförmige Giebelschild vor dem traufenständigen Mansarddach wurde bei der Umsetzung des Planes durch ein Zwerchhaus ersetzt (Abb. 8). Es betont das durch einen Balkon hervorgehobene mittlere Baukompartiment, das sich von dem eingereichten Entwurf dadurch unterscheidet, daß es breiter als vorgesehen und mit konvexer Wölbung ausgeführt worden ist; zudem setzen die flankierenden Lisenen erst auf dem Balkon an.[75]

Auch beim Bau der Sparkasse des Landkreises Münster in den Jahren 1910/1911 bediente sich Hensen der barocken Formensprache (Abb. 9). Das dreigeschossige Gebäude paßte sich mit seiner konkav einschwingenden, auf den Straßenverlauf Bezug nehmenden Front, dem hohen Sockelgeschoß, dem mächtigen Hauptportal und dem hohen Mansarddach über kräftigem Kranzgesims der exklusiven Nachbarschaft an, die aus spätbarocken, von Lipper, Boner und Vagedes entworfenen Adelshöfen bestand. Entscheidende Faktoren für die gelungene Eingliederung waren jedoch nicht allein die barocken Gestaltungselemente, sondern auch die Materialkombination Backstein und Werkstein, die Kerckerinck zur Borg als charakteristische Merkmale der Baukunst des 17. und 18. Jahrhunderts im Münsterland herausgestellt hatte.[76]

Wie zahlreiche qualitätvolle, teils aquarellierte Zeichnungen aus seiner Hand beweisen, befaßte Kerckerinck selbst sich in der Zeit vor und nach dem Ersten Weltkrieg mit Erweiterungs- und Renovierungsarbeiten für seinen Familiensitz Haus Borg in Drensteinfurt-Rinkerode. Die verschiedenen, zwischen dem 15. und 18. Jahrhundert errichteten Backstein- und Bruchsteinbauten gruppieren sich auf einer Zweiinselanlage um Vor- und Haupthof. In Anlehnung an um 1717 entstandene, auf Gottfried Laurenz Pictorius zurückgehende Pläne, aufgrund derer nur der östliche Seitenflügel im Jahre 1719 aus-

anläßlich der Übergabe des Stadthauses im Jahre 1905, auszugsweise abgedruckt in den Westfälischen Nachrichten, Nr. 259 v. 8. 11. 1969.
[75] Vgl. Mummenhoff, Alfred Hensens Bauten in Münster, S. 200. Das Erdgeschoß ist heute durch mehrfachen Umbau völlig verändert; für die Bildhauerarbeiten war Anton Rüller, für die schmiedeeisernen Balkongitter Anton Kirschbaum zuständig. Die heute nur noch fragmentarisch erhaltene Innenausstattung der Geschäftsräume und der Weinhandlung hat ebenfalls Hensen entworfen.
[76] Kerckerinck zur Borg, Klapheck, Alt-Westfalen, S. XXVI f.

Abb. 8: A. Hensen: Münster, Geschäftshaus Niemer.

Abb. 9: A. Hensen: Münster, Sparkasse des Landkreises Münster.

geführt wurde, wollte Kerckerinck – wie eine nach seinen Vorstellungen von dem Architekten Wartenberg angefertigte Vogelperspektive zeigt (Abb. 10) – die Wasserburg zu einer klassisch-symmetrischen Anlage barocker Prägung ausbauen. Unter Einbeziehung des bereits bestehenden Pictorius-Baus, dessen Formen, Proportionen und Materialien man zum Vorbild nahm, sollten die Gebäude auf der nördlichen Hälfte der Hauptinsel zu einem zweigeschossigen Dreiflügelbau mit hohen Mansarddächern umgestaltet werden. Wie bei den Bauten Hensens hätte neben den regelmäßigen Fensterachsen auch hier die Kombination von rotem Backstein und hellem Sandstein sowohl die Fassaden der Seitenflügel als auch die des Haupttraktes geprägt, dessen dreiachsiger Mittelrisalit durch Pilaster gegliedert sowie durch eine Freitreppe und eine Aedikula akzentuiert worden wäre. Gegenüber dem Hauptportal war eine Zugbrücke mit schmiedeeisernem Tor geplant, das zwischen zwei eingeschossigen Nebengebäuden seinen Platz gefunden hätte; diese beiden über rechtwinkligem Grundriß errichteten Bauten sollten die Schloßinsel nach Süden abschließen. Über eine weitere Brücke im Osten war der Haupthof mit der Vorburg verbunden. Von Hensen in technischer Hinsicht unterstützt,[77] konnte Kerckerinck hier seine Planungen realisieren. Das mit der Jahreszahl 1664 bezeichnete Torhaus an der Nordseite der Insel wurde ebenso renoviert wie der aus dem Jahre 1618 stammende nordöstliche Eckturm, der ein Pedant auf der südöstlichen Ecke erhielt; beide Türme grenzen an das in barocken Formen entlang der Ost- und Südseite neu errichtete Ökonomiegebäude an, das hofseitig durch große rundbogige Tore mit Sandsteineinfassungen gekennzeichnet ist.

Mit seinen Entwürfen für diese herrschaftliche Bauaufgabe war Kerckerinck auf einem architektonischen Arbeitsfeld tätig geworden, auf dem sich auch das Vorbild aller Heimatschützer, Paul Schultze-Naumburg, vorwiegend bewegte. Obwohl Schultze-Naumburg in seinen Schriften die Bedeutung der Alltagsarchitektur immer wieder herausstellte und Sensibilität im Umgang mit ihr forderte sowie das Bauernhaus als Prototyp für Kleinwohnhäuser propagierte, beschränkte er selbst sich bei der Annahme von Aufträgen im wesentlichen auf repräsentative Objekte. Bezeichnendes Beispiel aus der Reihe seiner zahlreichen Landvillen und Schlösser war das Gutshaus Elverlingsen bei Werdohl (Abb. 11), das vor einigen Jahren abgerissen wurde. An der Stelle eines aus der 1. Hälfte des 19. Jahrhunderts stammenden Herrenhauses wurde es 1912 als Hauptgebäude einer dreiteiligen, symmetrischen Gutsanlage mit Wirtschaftsgebäuden aus dem Jahre 1842 errichtet. Der zweigeschossige, schlicht verputzte Bau über querrechteckigem Grundriß hatte ein Krüppelwalmdach, das mit Schiefer gedeckt war. Die Front war durch neun Fenster-

---

[77] Er machte allerdings einen gravierenden Fehler beim Nivellieren des Geländes; die Kellerfenster liegen daher unterhalb des Hofniveaus, nur die Stürze sind zu sehen.

Abb. 10: Kerckerinck / Wartenberg: Rinkerode, Haus Borg (Idealentwurf).

Abb. 11: P. Schultze-Naumburg: Werdohl, Haus Elverlingsen.

bzw. Türachsen gegliedert, von denen die fünf mittleren mit einem Dreieck-
giebel hervorgehoben waren. In der Breite von drei Achsen war diesem Baukompartiment ein über seitliche Rampen bzw. eine Treppe zu erreichendes
querrechteckiges Podest vorgelegt, dessen als Balkon konzipiertes Flachdach
von kannelierten Säulen getragen wurde. Auch die Gartenseite war neun-
achsig gegliedert; allerdings erhielten hier nur die drei Mittelachsen durch
die Giebelbekrönung die Bedeutung eines Risalits. Analog zur Hauptfassade
war dem mittleren Baukompartiment eine querrechteckige, von einer Balu-
strade umgebene Terrasse vorgelagert, deren Futtermauer aus Werkstein sich
als schmales Band vor dem Sockel der gesamten Gartenseite fortsetzte.[78]
Neben den harmonischen Proportionen machte Schultze-Naumburg bei der
Gestaltung des auf einen schlichten Kubus reduzierten Baukörpers seine Verbindung zur Tradition durch den Gebäudetyp an sich deutlich, der in Form
und Volumina auf die landschaftlichen Gegebenheiten Rücksicht nahm; der

---

[78] R. Pfister, Bauten Schultze-Naumburgs, Weimar o. J. (1940), S. XVI, Abb. 77;
U. Barth/E. Hartmann/A. Kracht, Kunst- und Geschichtsdenkmäler im Märkischen
Kreis, Balve 1983, S. 708–710.

Abb. 12: A. Hensen: Ochtrup-Welbergen, Haus Rothenberge.

Forderung nach ortsüblichen Materialien und Baudetails trug er nur in
zweiter Linie durch den Gebrauch von Schiefer und Werkstein, Krüppelwalm
und Flügelfenstern Rechnung. Dadurch entziehen sich sowohl Haus Elverlingsen als auch zahlreiche ähnlich gestaltete Bauten Schultze-Naumburgs
einer eindeutigen regionalspezifischen Einordnung.

Die Auffassung, daß für jede Bauaufgabe „die Vergangenheit Typen geschaffen [hat], denen neben der höchsten Zweckmäßigkeit eine Formenschön-
heit innewohnt“,[79] erklärt auch, daß Hensen mit seinen Heimatschutzidealen
verbinden konnte, im westlichen Münsterland nahe Welbergen einen Landsitz
nach französischem Muster zu entwerfen. Im Auftrag von Bertha Jordaan van
Heek entstand zwischen 1921–23 das reizvoll auf einer Anhöhe gelegene Haus
Rothenberge im Stil einer spätbarocken «Maison de Plaisance» als verputzter,
zweigeschossiger Kubus mit einstöckigen Anbauten, konkav einschwin-
gender Eingangsfront, pavillonartig ausschwingender Gartenseite und abge-
flachten Walmdach, das mit zahlreichen Occulifenstern und einem Belvedere
versehen ist (Abb. 12).

[79] Kerckerinck zur Borg, Heimatschutz in Westfalen, S. 281.

Abb. 13: D. u. K. Schultze: Cappenberg, Landhaus Bolle.

Generell jedoch ist mit den Entwürfen für die Herrenhäuser Borg und Elverlingsen der gestalterische Rahmen abgesteckt, in dem etwa zwischen 1905
und 1930 die sich auf den Heimatschutz beziehende großbürgerliche, repräsentative Baukunst bewegte. Bevorzugt wurden schlicht verputzte oder ver-
klinkerte blockhafte Gebäude mit hohen schiefer- oder pfannengedeckten
Mansard- und Walmdächern, die nicht durch ihre Fassaden allein, sondern
auch durch ihre Körperlichkeit wirken sollten. Typisches Beispiel ist das
Landhaus Bolte (Abb. 13), das das Dortmunder Architekturbüro D. u. K.
Schultze zwischen 1911 und 1913 in Cappenberg errichtete.[80] Die siebenach-
sige Front ist durch ein Mittelrisalit mit vorgelagertem Portikus und breitem
Tympanon über dem Traufgesims als axialsymmetrisch angelegte Schauseite
ausgebildet. Die horizontalen Gestaltungselemente beschränken sich auf ein
schmales, umlaufendes Traufgesims, über dem die verhältnismäßig hohen
Mansard- und Walmdachflächen ansetzen. Mit vergleichbaren Mitteln, allerdings in Backstein und mit einem Zwerchhaus anstelle eines Giebelschildes,
arbeitete auch der unbekannte Architekt der 1924 in Münster errichteten Villa
ten Hompel (Abb. 14, 15), die mit ihrer axialsymmetrischen Gartenanlage wie

    [80] K. Hartmann/B. Heine-Hippler/D. u. K. Schultze 1901–1929, Ausstellungska-
talog Dortmund 1989 (Dortmunder Architekten Bd. 1), S. 61–63.

Abb. 14: Unbekannter Architekt: Münster, Villa ten Hompel.

die Abbreviatur eines münsterschen Adelshofes des 17. oder 18. Jahrhunderts anmutet. Zu der noblen Wirkung des ebenfalls in gleichartigen Formen 1927 errichteten Hauses Rohe in Sundern (Abb. 16), das seinen prägenden Akzent durch einen halbrunden, mit kannelierten Sandsteinsäulen gegliederten Vorbau im Erdgeschoß erhält, trägt entscheidend die vorgelagerte, nach barocken Vorbildern zweiläufig im Halbkreis aufsteigende Treppenanlage bei.

Die beschriebenen wuchtigen, blockhaften Formen mit barocken und klassizistischen Gestaltungselementen finden sich jedoch nicht nur im Villenbau jener Zeit, sondern auch in der repräsentativen öffentlichen Baukunst, bei Rat- und Amtshäusern, Bahnhöfen und Schulen. Insbesondere durch zwei- und dreiflügelige Anlagen mit barocken Grundrißdispositionen ließ sich oftmals auf originelle Weise ein Bezug zu den gewachsenen Strukturen der Umgebung herstellen. So korrespondieren beispielsweise die beiden stumpfwinklig aufeinanderstoßenden Flügel der ehemaligen Gewerblichen Fortbildungsschule in Münster mit dem Verlauf der an dieser Stelle abknickenden Promenade, die den ehemaligen Befestigungsring um die Altstadt markiert (Abb. 17).[81]

[81] Stadtbaurat Schirmeyer und Stadtbaumeister Sittel errichteten diese Schule zwischen 1914 und 1916 an der Stelle der 1723 bis 1734 von J. C. Schlaun erbauten und kurz zuvor abgerissenen Fürstlich Münsterschen Zucht- und Besserungsanstalt.

Abb. 15: Unbekannter Architekt: Münster, Villa ten Hompel.

In der gleichen Weise nutzte der Architekt der Sparkasse Lünen die Grund-
stückssituation im Schnittpunkt zweier Straßen für die Errichtung des städtebaulich markanten Bankgebäudes, das mit seiner ehrenhofartigen Eingangs-
situation an die Gestaltung des von Schlaun konzipierten Erbdrostenhofes in
Münster erinnert (Abb. 18).[82]
    Eine über ästhetische Gesichtspunkte hinausgehende Bedeutung hatte
die Aufnahme barocker Formen im katholischen Sakralbau. So verzichtete bezeichnenderweise der Architekt Karl Freckmann, Mitglied der
Fachstelle „Heimatschutz und Baupflege" des Westfälischen Heimatbundes, beim Bau der Kirche St. Maria Magdalena in Arnsberg-Bruchhausen auf ortstypische Merkmale und griff auf das Formenrepertoire des
süddeutschen Barock zurück (Abb. 19).[83] Auch die drei Jahre später, im
Jahre 1929, entstandene Kapelle St. Michael in Balve-Volkringhausen weist,
insbesondere im Chorbereich, der durch die Verzahnung von längs- und quer-
ovalen Räumen gekennzeichnet ist, mainfränkische Bezüge auf (Abb. 20, 21,

    [82] Hartmann/Heine-Hippler/D. u. K. Schulze, S. 88.
    [83] N. Aleweld, Der Sakralbau im Kreis Iserlohn vom Klassizismus bis zum Ende des
Historismus, Altena 1989 (Altenaer Beiträge Bd. 18), S. 29, 287.

Abb. 16: Berting & Maßmann: Sundern, Villa Rohe.

22).[84] In einer Zeit, als der Barock kunsthistorisch als „Kunst der Gegenreformation" gedeutet wurde,[85] hatte diese Bauweise sicherlich auch eine politische Dimension; sie wurde in einer Region, die unter den absolutistischen Kirchenfürsten zu den geistig-kulturellen Zentren gehörte und die nach der Säkularisation unter der preußisch-protestantischen Vorherrschaft an Einfluß verlor, zum sichtbaren Zeichen für das Wiedererstarken des Katholizismus.

Bauberatung und Wohnungsreform

Neben Fassadenwettbewerben, Musterblättern und architekturgeschichtlichen Abhandlungen bot die Gründung von Bauberatungsstellen die praxisnahste Möglichkeit, Einfluß auf das Baugeschehen zu gewinnen.[86] Die ersten

[84] Ebd., S. 37, 234 f., 320 f., Abb. 245–248.
[85] W. Weisbach, Der Barock als Kunst der Gegenreformation, Berlin 1921.
[86] Einen Überblick über die Arbeitsgebiete und -weisen der zahlreichen Bauberatungsstellen gibt J. Altenrath (Hrsg.), Neuzeitliche Baupflege. Ein Handbuch für die Bauberatung und die öffentliche Förderung der Bauweise, Berlin 1914.

Abb. 17: Schirmeyer/Sittel: Münster, Gewerbliche Fortbildungsschule.

Bemühungen zur künstlerischen Beeinflussung insbesondere der privaten Bautätigkeit gingen vom im Jahre 1897 gegründeten Verein für sächsische Volkskunde, der 1903 gemeinsam mit dem sächsischen Ingenieur- und Architektenverein einen Ausschuß zur Pflege heimatlicher Kunst- und Bauweise in Sachsen und Thüringen gebildet hatte, und von dem 1904 gegründeten Verein für das niedersächsische Volkstum in Bremen aus. Es folgten u. a. im November des Jahres 1905 die Königliche Beratungsstelle für das Baugewerbe des Königreichs Württemberg in Stuttgart sowie im Frühjahr 1906 in Düsseldorf die Errichtung der Bauberatungsstelle des rheinischen und 1908 in Münster die des westfälischen Vereins für das Kleinwohnungswesen. Abgesehen von den beiden zuletzt genannten Einrichtungen, deren Beratertätigkeit durch die Anbindung an die technischen Dezernate der Landesversicherungsanstalten in geschickter Weise mit deren Darlehensvergabe verbunden war, beruhte die Inanspruchnahme der anderen Bauberatungsstellen auf freiwilliger Basis; dies galt auch für die Bauberatungsstelle der Westfälischen Kommission für Heimatschutz, die ebenfalls im Jahre 1908 in der westfälischen Metropole ihre Tätigkeit aufnahm.[87] Die Existenz von zwei oder mehreren Bauberatungsstellen

[87] Zur Geschichte der Bauberatungsstellen s. das Referat von Regierungsbaumeister

Abb. 18: D. u. K. Schultze: Lünen, Sparkasse.

in einer Stadt war symptomatisch für die Gründungswelle, die als Folge des Verunstaltungsgesetzes von 1907 und der Ministerialerlasse von 1908 einsetzte. Bauberatungsstellen entstanden als besondere Abteilungen gemeinnütziger Vereine, als Initiative freier Architekten oder waren öffentlichen Behörden oder Körperschaften angegliedert; so gab es beispielsweise in der Provinz Westfalen bereits im Januar 1911 mehr als dreißig[88] und in der Rheinprovinz über sechzig[89] bauberatende Einrichtungen.

Aufgrund einer Anregung des Deutschen Werkbundes im Jahre 1909 nahm sich die Berliner Zentralstelle für Volkswohlfahrt der Frage der Bauberatungs-

a. D. Elkart (Bochum) über ›Städtische Bauberatung‹, gehalten auf der Bauberatungstagung am 14. 11. 1913 in Münster (WAA, Nachlaß Kerckerinck zur Borg, Nr. 453).

[88] Bericht über die 10. Mitgliederversammlung des Westfälischen Vereins zur Förderung des Kleinwohnungswesens am 21. 10. 1911 in Witten (Ruhr) und über den 9. Verbandstag des Verbandes Westfälischer Baugenossenschaften am 22. 10. 1911 in Witten (Ruhr). 9. Jahresbericht des Westfälischen Vereins zur Förderung des Kleinwohnungswesens, Münster 1912, S. 42–46.

[89] E. zur Nedden (Hrsg.), Bericht über die Versammlung der Rheinischen Bauberatungsstellen am 26. Juni 1912, Düsseldorf 1912, S. 42–46.

Abb. 19: K. Freckmann: Arnsberg-Bruchhausen, St. Maria Magdalena.

stellen an. Auf den von ihr einberufenen Konferenzen, die in den Jahren 1910 bis 1912 jeweils im Dezember in Berlin stattfanden, wurden die Frage der Notwendigkeit und Organisation der Bauberatungsstellen und ihre Wirkungsmöglichkeiten erörtert. Als Voraussetzung für das Ziel, im Interesse insbesondere der weniger gut situierten Bevölkerungskreise befriedigende Bauweisen und -formen zu propagieren, strebte man die Errichtung von zentralen Bauberatungsstellen für größere Bezirke an. Zur Mitwirkung an der Organisation und am Aufbau einer reichsweiten Bauberatung rief man vornehmlich die städtischen Baupolizei- und Hochbauämter, die Kreisbauämter, Landwirtschaftskammern, die Architekten- und Heimatschutzvereine sowie die Baugenossenschaftsverbände, die Technischen Hochschulen und Baugewerkeschulen auf.[90]

Einrichtung und Werdegang einer provinziellen Hauptstelle sei exemplarisch an der entsprechenden Einrichtung in Westfalen verfolgt. Während bei der ersten Berliner Tagung die Provinz Westfalen nur durch den Hagener Karl

[90] Zentralstelle für Volkswohlfahrt. Die Organisation und Tätigkeit der Bauberatungsstellen. Vorbericht und Verhandlungen der Konferenz am 6. Dezember 1910 im Landeshause der Provinz Brandenburg, Berlin 1911.

Abb. 20: K. Freckmann: Balve-Volkringhausen, St. Michael.

Ernst Osthaus vertreten war, nahmen 1911 Landesrat Dr. Hermann Althoff als Vertreter der Landesversicherungsanstalt und Heinrich Vormbrock als Sekretär des Vereins zur Förderung des Kleinwohnungswesens teil; 1912 kam noch Max Sonnen in seiner Funktion als Leiter der seit 1908 bestehenden, von Kleinwohnungsverein und Landesversicherungsanstalt gemeinsam unterhaltenen Bauberatungsstelle hinzu. Die bei der ersten Konferenz im Jahre 1910 erhobene Forderung nach provinziellen Zentralstellen verwirklichten die Münsteraner knapp drei Jahre später: Im Juni 1913 wurde die Kommission für Heimatschutz dritter Träger des von Kleinwohnungsverein und Landesversicherungsanstalt eingerichteten Büros, das nun den Namen „Westfälische Bauberatungsstelle" erhielt.[91] Bereits vor diesem Zusammenschluß bestand eine sehr enge personelle Verbindung, denn zwei Gründungsmitglieder der Kommission für Heimatschutz, Dr. Hermann Althoff von der Landesversicherungsanstalt und Landeshauptmann Hammerschmidt, waren Vorstandsmitglieder des Westfälischen Vereins zur Förderung des Kleinwohnungswesens; darüber hinaus waren die Leiter der ersten Münsteraner Bauberatungsstelle, zunächst Regierungsbaumeister

---

[91] Westfälisches Wohnungsblatt 3 (1913), S. 70/71.

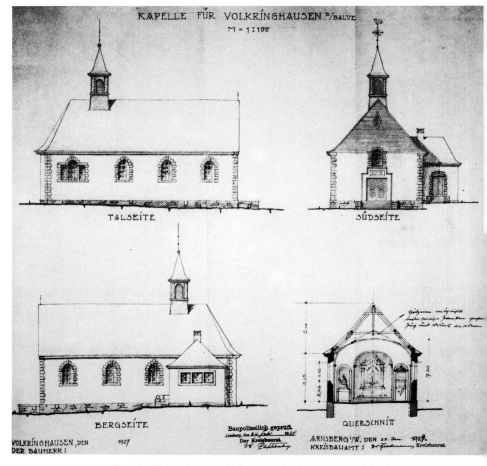

Abb. 21: K. Freckmann: Balve-Volkringhausen, St. Michael
(Aufrisse und Querschnitte).

Werner Hellweg, ab März 1912 Dipl.-Ing. Max Sonnen, auch jeweils Schriftführer der Kommission für Heimatschutz und wirkten in dieser Organisation
ehrenamtlich bauberatend.

Gemäß den von der Zentralstelle für Volkswohlfahrt veröffentlichten Leitsätzen legte die Provinzialhauptstelle in ihrem Gründungsprotokoll fest, die
Einrichtung weiterer örtlicher Bauberatungsstellen anzuregen und vorzubereiten sowie Einfluß auf die Ausgestaltung von Bauordnungen und Bebau-
ungsplänen zu nehmen. Mit Vorträgen, in denen nach dem Prinzip Schultze-

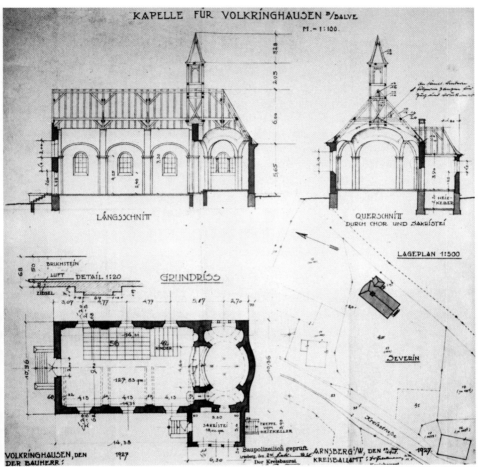

Abb. 22: K. Freckmann: Balve-Volkringhausen, St. Michael
(Grundriß, Schnittzeichnungen und Lageplan).

Naumburgs gute mit schlechten architektonischen Entwürfen verglichen
werden sollten, wollte man auch in der breiten Öffentlichkeit Sinn und Verständnis für eine gesunde, sittlich, wirtschaftlich und ästhetisch einwandfreie
Bauweise wecken. Für Bauberater und Bauhandwerker plante man Einfüh-
rungs- und Fortbildungskurse. Außerdem setzte man sich eine Fotosammlung
vorbildlicher Bauten aus Vergangenheit und Gegenwart, Ausstellungen und
einen engen Zusammenarbeit mit den Heimatschutzbestrebungen zum

Ziel.[92] Die Vorreiterrolle, die die Provinz Westfalen damit im Bereich der Baupflege und Bauberatung übernahm, honorierte die Berliner Zentralstelle für Volkswohlfahrt, indem sie ihren ersten außerhalb Berlins stattfindenden Kursus für Wohnungs- und Baupflege vom 13. bis zum 19. Oktober 1913 in Münster abhielt. Während auf dieser Veranstaltung rechtliche Grundlagen der Wohnungsaufsicht und -pflege, Stadterweiterungspläne und kommunale Bodenpolitik sowie finanzielle und technische Fragen erörtert wurden und somit die gesamte Bandbreite der wohnungsreformerischen Themen behandelt wurde,[93] war die Organisation der Bauberatung, die Teile der Architektenschaft als Konkurrenz empfanden und deren teilweise Anbindung an die Baupolizei umstritten war, einziges Thema der Bauberatungsstelle, zu der die Münsteraner auf provinzieller Ebene freiberufliche Baumeister und leitende Baubeamte im folgenden Monat in die westfälische Provinzhauptstadt einluden.[94]

Die in der Gründung der Westfälischen Bauberatungsstelle sich manifestierende Koalition zwischen staatlicher Sozialversicherung, Heimatschutz- und Wohnungsreformbewegung basierte auf der gemeinsamen Ablehnung der Mietskaserne mit ihren zahlreichen, oftmals nicht fest abgeschlossenen Wohnungen, die als eine der Ursachen für gesundheitliche Mißstände und asoziale Verhältnisse gebrandmarkt wurde. Von der Bindung an die „Scholle" durch ein langfristig gepachtetes oder eigenes Kleinwohnhaus mit Garten erhoffte man sich neben wirtschaftlichen Vorteilen die Stärkung der familiären Bindungen und von der mit diesem Rückzug in die Idylle verbundenen Isolierung die Entpolitisierung und Entproletarisierung der Arbeiter.

Noch in ihrem Gründungsjahr legte der Leiter der Westfälischen Bauberatungsstelle, Diplomingenieur Max Sonnen, der 1912 Nachfolger Werner Hellwegs[95] in der bautechnischen Abteilung der Landesversicherungsanstalt und des Kleinwohnungsvereins geworden war und als Schriftführer und Mitglied der Kommission für Heimatschutz auch ehrenamtlich bauberatend wirkte, den mit 38 Tafeln ausgestatteten Band ›Entwürfe zu Kleinwohnhäusern‹ vor. Die Vorschläge sollten nicht als „Bauvorlage" dienen, sondern „nur zeigen,

---

[92] Westfälisches Wohnungsblatt 3 (1913), S. 190/191.

[93] Zusammenfassung der Vorträge in: Westfälisches Wohnungsblatt 3 (1913), S. 248–259.

[94] WAA, Münster, Nachlaß E. Kerckerinck zur Borg, Nr. 453: Verhandlungsniederschrift über die Bauberatungstagung am 14. November 1913 im Saale des Landesmuseums. Parallel zu dieser Tagung wurde eine Ausstellung zum Wohnungs- und Siedlungswesen gezeigt.

[95] Hellweg wurde auf Vorschlag Fritz Schuhmachers Leiter des Hamburger Baupflegeamtes, s. K. Rauschnabel, Stadtgestalt durch Staatsgewalt? Das Hamburger Baupflegegesetz von 1912, Hamburg 1984 (Arbeitshefte zur Denkmalpflege in Hamburg Nr. 6).

wie eine wirtschaftlich und ästhetisch befriedigende Gestaltung des Kleinwohnhauses unter Berücksichtigung der hier zu Lande üblichen Ansprüche
und Bedürfnisse möglich ist".[96] Bei den Entwürfen (Abb. 23–26) handelt es
sich größtenteils um Abänderungsvorschläge zu beanstandeten Planungen,
die in den vorhergehenden Jahren der bautechnischen Abteilung bzw. der
Heimatschutzkommission zur Begutachtung vorgelegt worden waren. Entsprechend den Anforderungen der Landesversicherungsanstalt waren bei der
Grundrißgestaltung der Kleinwohnungen für jede Wohnung eine eigene Toilette, bei Zweifamilienhäusern der Abschluß einer jeden Wohnung durch
einen Flur und bei Stallanbauten die Trennung vom Wohnbereich durch einen
belüfteten Raum vorgesehen. Als Baukosten für ein- bis eineinhalbgeschossige Einfamilienhäuser mit 60–80 qm Grundfläche auf 250 qm großen Grundstücken waren 6000,– RM angegeben; die Berechnungen für zweigeschossige
Zweifamilienhäuser bzw. ein- bis eineinhalbgeschossige Doppelhäuser beliefen sich bei doppelter Grundstücksgröße auf 10000,– RM. Nicht berücksichtigt waren die Kosten für Ställe, die häufig als rechteckige Anbauten mit
niedrigem Satteldach konzipiert oder – falls aufgrund topographischer Gegebenheiten aus konstruktiven Gründen vorhanden – in den Keller- bzw. Souterrainräumen untergebracht waren. Die aus Kostengründen annähernd quadratisch gehaltenen Grundrisse folgten nicht durchgängig einem bestimmten
Schema, wurden aber zumeist in Anlehnung an die gebräuchlichste Form im
Kleinwohnungsbau gestaltet: Hinter dem Eingangsflur mit Treppenaufgang
und Toilette befand sich die Wohnküche, daneben waren zwei Wohnräume angeordnet. Bei mehr als drei Wohnräumen im Erdgeschoß gruppierten sich
diese in der Regel um den in der Mitte gelegenen Flur. War ein Sockel vorhanden, so war dieser rustiziert; die Wände waren verputzt bzw. bestanden
aus Fachwerk oder Ziegelstein als landesüblichen Werkstoffen. Krüppelwalm,
Mansard- oder Satteldach, in ortstypischer Weise mit Pfannen oder Schiefer
gedeckt, waren als Dachformen vorgesehen. Dachausbauten, Sprossenfenster
mit Blendläden, Erker, Veranden und überbaute Eingangsbereiche suggerierten neben den verschiedenen Grund- und Aufrissen Individualität und behagliche Kleinbürgerlichkeit. Darüber hinaus machen sie deutlich, daß man
sich bei der tatsächlichen Gestaltung des Kleinwohnhauses nicht an dem als
Vorbild propagierten Bauernhaus orientierte, von dem nur noch die Stallanbauten als Reminiszenz geblieben waren, sondern an bürgerlichen Hausformen insbesondere Englands, wobei der „Typ des kleinen Hauses, des *cottage,* im ganzen von dorther importiert wurde".[97] Mit seiner Beispielreihe
stand Sonnen in einer Reihe mit zahlreichen Kollegen[98] – neben Paul Schultze-

---

[96] M. Sonnen, Entwürfe zu Kleinwohnhäusern, Münster 1913, S. 2.
[97] S. Muthesius, Das englische Vorbild, München 1974, S. 94.
[98] Siehe beispielsweise H. Albrecht, Das Arbeiterwohnhaus. Gesammelte Pläne von

Naumburg[99] seien Richard Riemerschmid[100] und Heinrich Tessenow[101] namentlich genannt –, die den bislang von der Architektenschaft vernachlässigten Siedlungs- und Kleinwohnungsbau seit der Jahrhundertwende in den Mittelpunkt ihres Interesses stellten. Entwürfe beispielhafter, der regionalen Tradition verpflichteter Arbeiterwohnhäuser wurden anläßlich der 14. Konferenz der Centralstelle für Arbeiter-Wohlfahrtseinrichtungen, die 1905 unter dem Thema „Die künstlerische Gestaltung des Arbeiterwohnhauses" in Hagen stattfand, gezeigt. Im Sinne des Heimatschutzes konzipierte Pläne für Kleinwohnhäuser präsentierte man im folgenden Jahr auch auf der dritten deutschen Kunstgewerbeausstellung in Dresden und 1908 auf der hessischen Landesausstellung für freie und angewandte Kunst in Darmstadt.[102] In enger Verbindung zur Wohnungsreformbewegung, zu der die Bodenreform- und Baugenossenschaftsbewegung ebenso gehörte wie die Gartenstadtbewegung, suchte man nach praktikablen Lösungen, um die nicht zuletzt aufgrund der brisanten Wohnungsnot gefährdete soziale Harmonie im Gleichgewicht zu halten. Neben Sonnens kleinstädtisch-beschaulichen Entwürfen, die insbesondere mit Arbeiten Tessenows zu vergleichen sind, zeugen seine Planungen für geschlossene Wohnanlagen von den Gemeinsamkeiten mit der deutschen Gartenstadtbewegung,[103] die der zunehmenden Verstädterung mit halbländlichen Vorstadtsiedlungen begegnete; diese waren – im Gegensatz zu den von Ebenezer Howard definierten englischen Vorbildern – nicht als wirtschaftlich und kulturell, von der Gemeinschaft getragene autonome Einheiten konzipiert, sondern wurden von den „Reformbürokraten, meist bürgerlichen Libe-

Arbeiterwohnhäusern und Ratschläge zum Entwerfen von solchen aufgrund praktischer Erfahrungen. Mit Entwürfen von A. Messel, Berlin 1896; K. Weißbach u. W. Mackowsky, Das Arbeiterwohnhaus. Anlage, innere Einrichtung und künstlerische Ausgestaltung. Arbeiterkolonien und Gartenstädte, 2. Aufl., Berlin 1910; W. Kossmann, Arbeiterwohnhaustypen (Einfamilienhäuser). Ein Beitrag zum Arbeiterwohnungswesen, Dresden 1912.

[99] Kulturarbeiten, Bd. 5: Das Kleinbürgerhaus, München 1907; Das Bauernhaus in seiner vorbildlichen Bedeutung für den Arbeiterwohnhausbau, in: Die künstlerische Gestaltung des Arbeiter-Wohnhauses, Berlin 1906 (Schriften der Centralstelle für Arbeiter-Wohlfahrtseinrichtungen Nr. 29), S. 29–47.

[100] Grundriß und Außenbau, Innenausbau und Einrichtung, in: Die künstlerische Gestaltung des Arbeiter-Wohnhauses, S. 79 ff.

[101] Der Wohnhausbau, o. O. 1909.

[102] Vgl. R. Kastorff-Viehmann, Wohnung, Wohnhaus und Siedlung für die Arbeiterbevölkerung im Ruhrgebiet von der Mitte des 19. Jahrhunderts bis zum Beginn des 1. Weltkriegs, Diss. Aachen 1980; spätes Beispiel zu diesem Ausstellungsthema ist das ›Das neue niederrheinische Dorf‹ auf der Werkbundausstellung 1915 in Köln.

[103] K. Hartmann, Deutsche Gartenstadtbewegung. Kulturpolitik und Gesellschaftsreform, München 1976.

ralen und Konservativen" als „Instrumentarien einer neuen ländlichen Sozialpolitik" betrachtet und „in den Dienst der Hygiene, der Volksgesundheit, der
Bindung einer fluiden Bevölkerung an die Scholle" gestellt.[104] Einmal als
Politikum erkannt, erfreute sich der Kleinwohnungsbau einer bescheidenen
staatlichen Unterstützung. Entscheidende Faktoren dafür waren das 1889
erlassene Genossenschaftsgesetz, das die Gründung von Wohnungsbaugenos-
senschaften mit beschränkter Haftung ermöglichte, sowie die mit der Bismarckschen Sozialversicherungsgesetzgebung aufkommende Praxis der Inva-
liden- und Altersversicherungsanstalten, die aus der Rentenversicherung
gewonnenen Kapitalerträge zinsgünstig dem gemeinnützigen Siedlungs- und
Kleinwohnungsbau zur Verfügung zu stellen.[105] Außerdem trug zur Arbeits-
grundlage der Baugenossenschaften und -vereine auch noch bei, daß fortschrittliche Städte und Gemeinden zunehmend selbstschuldnerische Bürgschaften
für sie übernahmen; dadurch wurde den Landesversicherungsanstalten die gesetzlich vorgeschriebene Mündelsicherheit der angelegten Gelder garantiert.
Im Hinblick auf ihre Stadterweiterungspläne versuchten die Kommunen darüber hinaus, durch den frühzeitigen Ankauf größerer Flächen der Bodenspe-
kulation Einhalt zu gebieten und Bauland gemeinnützigen Zwecken vorzube-
halten.[106]
Bezeichnendes Beispiel für die praktische Zusammenarbeit zwischen Kommune, Landesversicherungsanstalt, Bauwilligen und Heimatschutz war die
von Petersen untersuchte Gartenstadt Crengeldanz GmbH, die am 14.5.1913
von der Stadt Witten und der Westfälischen Straßenbahngesellschaft mit der
Absicht gegründet worden war, eine Werkssiedlung zu errichten (Abb. 27–
30).[107] Die Leitung des Projekts übertrug der Magistrat der Stadt Witten dem

[104] L. Niethammer, Am Ursprung des Wasserlosen Tales – Grenzen des Mäzenaten-
tums beim Bau einer Gartenstadt, in: Der Westdeutsche Impuls. Kunst und Umgestaltung im Industriegebiet, Ausstellungskatalog Hagen 1984, S. 196.

[105] Ebd., S. 211.

[106] Zur Genossenschaftsbewegung s. u. a. K. D. Sievers, Anfänge der Baugenossenschaftsbewegung in Norddeutschland zur Zeit des zweiten deutschen Kaiserreichs, in:
H. J. Teuteberg (Hrsg.), Homo Habitans. Zur Sozialgeschichte des ländlichen und städtischen Wohnens in der Neuzeit, Münster 1985, S. 339–355; H. Stöcker, Die Entwick-
lungsphasen in der gemeinnützigen Wohnungswirtschaft unter dem Einfluß der Unter-
nehmungsformen, Bonn 1976; F. Schmoll, Wohnungsnot und Wohnungsreform in
Deutschland. Das Beispiel der gemeinnützigen Wohnungsunternehmen vor 1870,
Stuttgart 1981; K. Novy (Hrsg.), Wohnreform in Köln. Geschichte der Baugenossenschaften, Köln 1986.

[107] Grundlegend die Arbeit von P. Petersen, Gartenstadt Crengeldanz, Unveröffent-
lichte Diplomarbeit TU Berlin 1985/86; ders., Eine Werksiedlung für Straßenbahner.
Witten: Arbeiterwohnungsbau zwischen Gartenstadtbewegung und Heimatstil, in:
Technische Kulturdenkmale 17 (1988), S. 32–37.

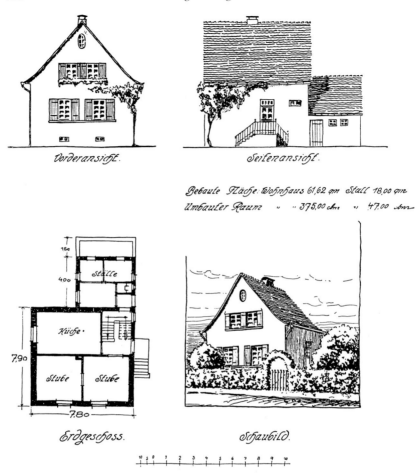

Abb. 23: M. Sonnen, Einfamilienhausentwurf.

Angestellten Banz aus der städtischen Hochbauabteilung. Mit der Finanzierung über ein Darlehen von der Landesversicherungsanstalt war die Berücksichtigung von Vorgaben und Wünschen der Westfälischen Bauberatungsstelle
gesichert. Entsprechend den bereits genannten Anforderungen war die Höhe
der Baukosten sowie die Grund- und Aufrißgestaltung der Häuser mit abgeschlossenen 3-Raum-Wohnungen einschließlich Wohnküche, separatem
Abort, Stallungen für die Kleintierhaltung und Garten prinzipiell vorgegeben.
Die 75 Wohneinheiten wurden auf vier Dreifachhäuser, elf Doppelwohn-

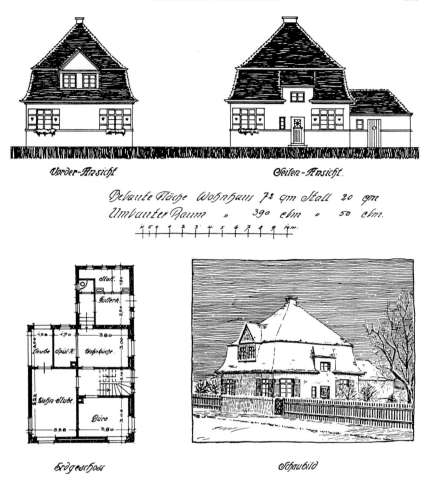

Vorder-Ansicht. *Seiten-Ansicht.*

Bebaute Fläche Wohnhaus 72 qm Stall 20 qm
Umbauter Raum „ 390 cbm „ 50 cbm.

Erdgeschoß *Schaubild*

Abb. 24: M. Sonnen: Einfamilienhausentwurf.

häuser und vier Einzelgebäude verteilt. Im Sinne der Heimatschutz- und Gartenstadtbewegung orientierte man sich bei der Anlage der Siedlung an der
Topographie des leicht ansteigenden Geländes; entlang einer bogenförmig verlaufenden Straße, die in der Mitte durch die hofförmig angelegte Bebauung
mit 6 Häusern eine platzartige Erweiterung im Sinne eines Zentrums erfuhr,
und einer Tangente im unteren Drittel wurden die Bauten locker gestaffelt,
wodurch ein differenziertes, durch unterschiedliche Raumeindrücke geprägtes Ortsbild entstand. Zu dem geschlossenen, homogenen Eindruck der

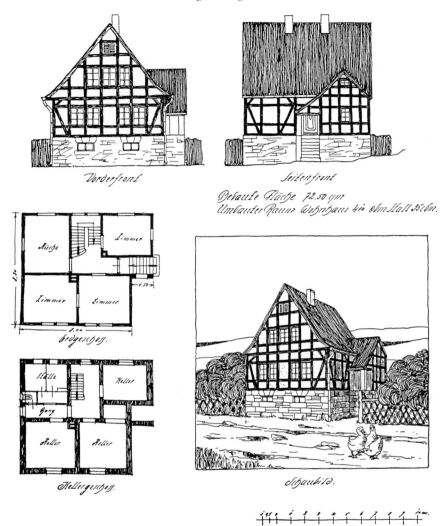

Abb. 25: M. Sonnen: Einfamilienhausentwurf.

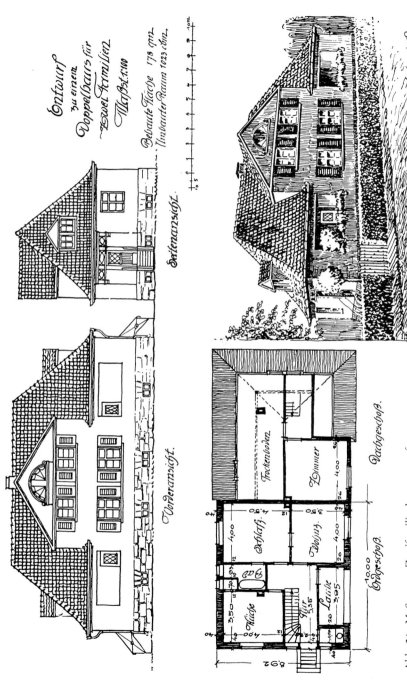

Abb. 26: M. Sonnen: Zweifamilienhausentwurf.

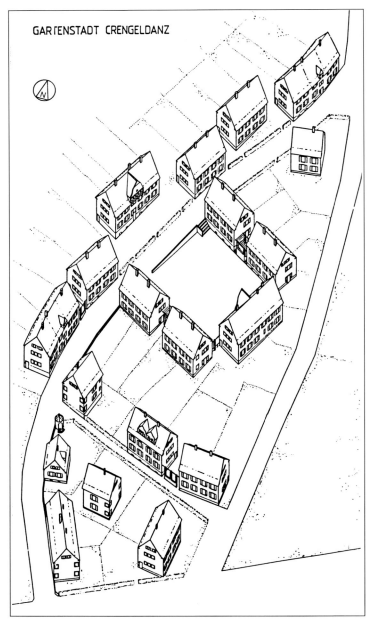

Abb. 27: Witten, Gartenstadt Crengeldanz.

Abb. 28: Witten: Gartenstadt Crengeldanz.

Siedlung trugen entscheidend die in Form und Volumina aufeinander abgestimmten Haustypen, die einheitliche Behandlung der Dachlandschaft sowie immer wiederkehrende Elemente bei der Fassaden-, Fenster- und Türgestaltung bei. Seinen ortstypischen Charakter erhielt die Anlage durch die für das angrenzende Bergische Land traditionelle Fachwerkbauweise mit Schieferverkleidung und Bruchsteinsockel sowie den in Weiß und Grün gehaltenen Anstrich der Türen und kleinteiligen Sprossenfenster mit Blendläden. Die angestrebte Symmetrie in der Aufrißgliederung, die besonders im Eingangsbereich mit den von zwei Fenstern flankierten Türen deutlich wird, sowie markante Baudetails, beispielsweise volutenartig anschwingende Giebel und Zwerchhäuser, lassen das äußere Erscheinungsbild des barocken bergischen Bürgerhauses als Vorbild erkennen. Den Boden bereitet für diese Form des angewandten Heimatschutzes hatte auch hier eine Veröffentlichung über die historische Entwicklung und die charakteristischen Merkmale der bergischen Bauweise[108] und ein 1910 ausgeschriebener Fassadenwettbewerb des „Aus-

[108] C. H. de v. Jonghe/F. W. Bredt, Bergische Bauweise, Berlin 1908; s. ferner die neuere Publikation von H. Ossenberg, Das Bürgerhaus im Bergischen Land, Tübingen 1963.

Abb. 29: Witten: Gartenstadt Crengeldanz.

schusses zur Förderung bergischer Bauweise", mit dem man „in voller Würdigung der anders gearteten Bedürfnisse der Gegenwart ein Anschluß an die heimische Bauweise"[109] suchen wollte.

Die Tätigkeit der Westfälischen Bauberatungsstelle, die aufgrund der Finanzierung durch die Landesversicherungsanstalt mit der Betreuung und Begutachtung zahlreicher gleichgearteter Projekte betraut war, kam während des Weltkrieges und auch in den ersten Nachkriegsjahren infolge der materiellen Not, personeller und organisatorischer Schwierigkeiten fast vollständig zum Erliegen.[110] Erst 1922, nachdem die 1918 als Kopfgesellschaft der örtlichen Bauvereine gegründete Westfälische Heimstätte vierter Träger der Baubera-

[109] Ausschuß zur Förderung bergischer Bauweise (Hrsg.), Städtische und ländliche Bauten in bergischer Bauweise, Leipzig o.J., S.3.

[110] Die praktische Arbeit wurde während dieser Zeit von Fragen der Friedhofs- und Denkmalgestaltung bestimmt, da als Abteilung der Bauberatungsstelle die Westfälische Beratungsstelle für Kriegerehrungen eingerichtet worden war. Unmittelbar nach dem Ersten Weltkrieg beschäftigte man sich in Westfalen außerdem – in erster Linie allerdings auf theoretischer Ebene – mit Normierung, Ersatzbauweisen und billigen Materialien, vgl. hierzu die Artikel, insbesondere über den Lehmbau, in: Westfälisches Wohnungsblatt 11 (1921).

Abb. 30: Witten, Gartenstadt Crengeldanz.

tungsstelle wurde und mit ihrem Direktor Gustav Wolf den neuen Leiter
stellte, bekamen Heimatschutz und Wohnungsreform neue Impulse. Als
Schüler Theodor Fischers und Assistent Schmitthenners beim Bau der Gartenvorstädte Carlowitz (Breslau) und Staaken (Spandau) war er mit der Entwicklung des Siedlungs- und Kleinwohnungsbaus und seiner Ableitung von
historischen Vorbildern eng vertraut. Darüber hinaus hatte er als für den Wiederaufbau der Kreise Rössel, Sensburg und Heilsberg zuständiger Bezirks-
architekt im kriegszerstörten Ostpreußen, als Kreisbaumeister in Merseburg
und als Stadtarchitekt von Soest Erfahrungen im Bereich der Stadtplanung
und -erweiterung, Bauberatung und Wohnungsfürsorge sammeln können.[111]
Die äußeren Bedingungen wurden zudem dadurch entschieden verbessert,
daß durch die im Februar 1924 erlassene Hauszinssteuer von etwa 15 Prozent
auf die Mieten bereits bestehender Wohnungen große Mittel für Neubauten
freigesetzt wurden.
    Während zum Aufgabengebiet der Bauberatungsstelle weiterhin die Erstel-
lung von Gutachten und Verbesserungsvorschlägen gehörte, knüpfte Wolf in

---

[111] Zu Wolf s. M. Neitzke, Gustav Wolf. Soziale Aspekte traditioneller Raummuster
im Wohnungsbau der Weimarer Republik, Diss. Aachen 1987.

seiner Funktion als Baudirektor der Westfälischen Heimstätte an die von
Sonnen in der Vorkriegszeit geleistete Arbeit an und entwickelte mustergül-
tige Grund- und Aufrisse für den Kleinwohnungsbau. Diese wurden jedoch
nicht theoretisch als gelungene Beispiele für problematische Einzelfälle vorgestellt, sondern sie waren als in einem großen Verbreitungsgebiet beliebig
reproduzierbare Typen mit normierten Bauteilen konzipiert. Vom „Wohnungsbau in Einheitsformen"[112] versprach sich Wolf eine Verringerung der
Baukosten, einen Beitrag zur Lösung der Wohnungsfrage und eine Verbesserung der Gestaltung auf breiter Ebene. Unterstützt von den vier prominenten,
sich auf Tradition und Heimatschutz berufenden Architekten Theodor
Fischer,[113] Fritz Schuhmacher,[114] Paul Schultze-Naumburg[115] und Paul
Schmitthenner[116] rechtfertigte Wolf die „straffe Anwendung von Kleinhaus-
Typen-Entwürfen, in denen sich provinzielle Erfahrungen verdichten",[117]
gegen aufkommende Kritik seitens der Handwerker- und privaten Architektenschaft[118] mit dem Hinweis auf die Geschichte. Im Dienste des Heimatschutzes mußte „der Typus [...] das ersetzen, was früher die Überlieferung leistete".[119] Für eine alltägliche Aufgabe wie den Kleinwohnungsbau wollte man
Grundformen gestalten, in ihrer Wirkung – nicht in ihren Strukturen – vergleichbar mit dem niedersächsischen Bauernhaus, das über Jahrhunderte
hinweg seine Vorbildfunktion für einfache Bauhandwerker bewahrt hatte.[120]
Wolf war der Auffassung, daß das Handwerk zur Typenbildung neige, die
Kunst dagegen dränge zum Stil und die Industrie zur Normierung.[121] Die Anwendung von Typen und ein vernünftiger Gebrauch festgesetzter Normen sei
nicht Aufgabe künstlerischer Erfindung, sondern gutgeschulter Nutzanwen-
dung, die für den größten Teil der Baubeflissenen genüge.[122] Im Gegensatz

---

[112] Titel eines Artikels von Wolf, in: Westfälisches Wohnungsblatt 14 (1924), S. 121–
122.
[113] Typenbau, in: Westfälisches Wohnungsblatt 14 (1924), S. 122.
[114] Typenbau und Reihenhäuser, in: Westfälisches Wohnungsblatt 14 (1924), S. 137–
139.
[115] Typenbau und Reihenhäuser, in: Westfälisches Wohnungsblatt 15 (1925), S. 238.
[116] Ebd., S. 38 u. 39.
[117] Westfälisches Wohnungsblatt 14 (1924), S. 137.
[118] Siehe Heimstätten-Arbeit in Westfalen. Aus der praktischen Tätigkeit der provinziellen Wohnungsfürsorgegesellschaft Westfälische Heimstätte Münster i. W., Münster o. J., S. 10–12.
[119] Schuhmacher, Typenbau und Reihenhäuser, S. 139; ähnlich G. Wolf, Wohnungsbau und Typisierung, in: Westfälisches Wohnungsblatt 15 (1925), S. 283.
[120] G. Wolf, Vom Weg der Bautypen, in: Westfälisches Wohnungsblatt 16 (1926),
S. 296–302.
[121] Ebd., S. 298.
[122] Ebd., S. 301.

zur Vorkriegszeit, wo es so ausgesehen habe, „als wäre es die höchste Aufgabe, dem reichsten Mann auf individuelle Art das geschmackvollste Haus zu bauen", wollten er und die Westfälische Heimstätte versuchen, „für jedermann das beste Wohnen, das Wohnen im Gipfel-Typ von Haus und Siedlung zu ermöglichen".[123]

Als Baudirektor der Westfälischen Heimstätte entwarf Wolf Typenpläne für eingeschossige Einfamilienhäuser mit angebauten Stallungen in Doppel- bzw. Einzelhausform, zweigeschossige Einfamilienhäuser ohne bzw. mit separaten Ställen in Gruppen-, Reihen- oder Doppelhausform sowie für Mietwohnungen im Geschoßwohnungsbau. Bei seinen von der Grundrißdisposition ausgehenden Plänen knüpfte er an den bereits im Zusammenhang mit Sonnens Entwürfen beschriebenen Standard des wilhelminischen Reformwohnungsbaus an, der sich durch einen seperaten Toilettenraum, eine Trennung von Stall und Wohnbereich sowie einen internen Flur als Erschließungsraum der einzelnen Wohneinheiten im Mietwohnungsbau auszeichnete.[124]

Grundlegend für eine bodenständige Bauweise war Wolf zufolge die Gebäudeform, die sich dadurch ergebe, daß ein Haus, je kleiner es sei, desto breiter auf dem Boden zu stehen habe.[125] Diese die gute deutsche Bausitte allgemein kennzeichnende Prinzip wurde seines Erachtens durch die Verwendung ortstypischer Werkstoffe zur „heimatlichen Bauweise". Bei seiner unvollständigen Aufzählung der für die einzelnen Landstriche Westfalens charakteristischen Bauweisen bzw. -materialien nannte er den Fachwerkbau mit Schieferverkleidung und weißgestrichenen Türen und Fenstern sowie teilweise auch die Verwendung von Grauwacke mit weißgestrichenen Fugen bezeichnend für das Sauer- und Siegerland sowie das Bergische Land; für das Münsterland sei der unverkleidete Fachwerkbau und der Ziegelstein mit Sandsteineinfassungen typisch; der Hellwegraum um Soest und Lippstadt zeichne sich durch die Verwendung von grünem Sandstein und der Weserraum durch Fachwerk mit Sandsteinsockel und Sollingschiefer als Dachdeckung aus.[126]

Wolfs symmetrisch und klar gegliederte Bauten, die sich durch ihre Proportionierung als „bodenständig" zu erkennen gaben, aber schlicht verputzt und weitgehend nicht durch einheimische Materialien geprägt waren, sind seiner eigenen Definition entsprechend als „überlandschaftlich gut"[127] zu bezeich-

---

[123] Ebd., S. 302.
[124] Seine in den zwanziger Jahren entwickelten Grundformen und -überzeugungen publizierte er teilweise erst in den dreißiger Jahren bzw. nach dem Zweiten Weltkrieg, s. u. a.: Erreichbare Wohnformen. Ratschläge des Verbandes Westfälischer Wohnungsunternehmen, Münster o.J.; Vom guten Bauen, Münster 1937.
[125] Vom guten Bauen, S. 27.
[126] Ebd., S. 10–25.
[127] Ebd., S. 6.

nen. Diese Baukörper, die Schuhmacher in seinem Gutachten zu den Typen der Westfälischen Heimstätte als Beispiele „rassiger Schlichtheit", die „durch die Harmonie folgerichtig entwickelter Verhältnisse einen Reiz ausüben"[128] anführte, waren für Wolf Bausteine des Städtebauers,[129] die nicht als Einzelobjekte, sondern im Zusammenhang Wirkung erzielen. Die künstlerische Aufgabe liege darin, dieses Gruppengebilde als künstlerische Einheit erscheinen zu lassen. Das sei meistens nur möglich, wenn der Architekt Einheiten zur Verfügung habe, die in ihrer kubischen Grundform gleichartig seien. Dadurch sei erst die Möglichkeit gegeben, die Wirkung räumlicher Abschlüsse oder einheitlicher Straßenbilder zu erzielen.[130] In diesem Sinne sollten die Typen der Westfälischen Heimstätte die allgemeingültigen, vom Handwerk entwickelten Gebrauchsformen vorindustrieller Zeit ersetzen, die als Grundlage für die bewunderte, ganzheitliche Erscheinungsweise der Baukunst sowie der Stadt- und Dorfstrukturen angesehen wurde. Einen adäquaten Rahmen für die Bedürfnisse des Kleinwohnungsbaus in städtebaulicher Hinsicht sah man in Konzeptionen der Gartenstadtbewegung, die auf große Achsen bei der Gestaltung ihrer weiträumigen und aufgelockerten Anlagen verzichtete und auf die allseitige Besonnung der Wohnungen, klare Raumgebilde sowie einen guten Zuschnitt der Gärten achtete.

Von den mustergültigen Siedlungen, die unter Verwendung der von Wolf geplanten Typenhäuser entstanden,[131] sei die Gartenvorstadt Habichtshöhe/ Grüner Grund kurz vorgestellt, die unter Wolfs Leitung ab 1924 im Süden der Stadt Münster in siebenjähriger Bauzeit auf der Grundlage eines aus dem Jahre 1920 stammenden Bebauungsplanes entstand (Abb. 31–35). Kernstück der trapezförmigen Siedlung ist der weiträumige, von Bäumen umstandene Rasenplatz „Grüner Grund" im Zentrum der Anlage. Ausgehend von einer schmalen, städtebaulich markanten Torsituation an der Nordseite erweitert sich der vierhundert Meter lange Rasenplatz stufenförmig bis auf eine Breite von einhundert Meter nach Süden. In der Mitte wird er von einer Querstraße durchschnitten, die die Habichtshöhe und Althoffstraße verbindet und den in diesem Teil der Grünfläche angeordneten Spielplatz mit dem Habichtsbrunnen erschließt. Die Platzrandbebauung besteht aus Reihenhäusern, Althoffstraße und Habichtshöhe sind mit Einfamilien-Doppelhäusern bebaut; am „Inselbogen", der die Siedlung nach Süden abschließt, finden sich Mietshausgruppen in Zeilenbauweise.[132]

---

[128] Typenbau und Reihenhäuser, S. 138.

[129] Vom Weg der Bautypen, S. 301.

[130] Schuhmacher, Typenbau und Reihenhäuser, S. 138.

[131] E. Lauffer, Westfalen und die Gartenstadtbewegung, in: Westfälisches Wohnungsblatt 17 (1927), S. 353–360.

[132] Neitzke, Gustav Wolf; N. Gutschow/G. Pick, Bauen in Münster. Ein Architekturführer, Münster 1983, S. 48 f.

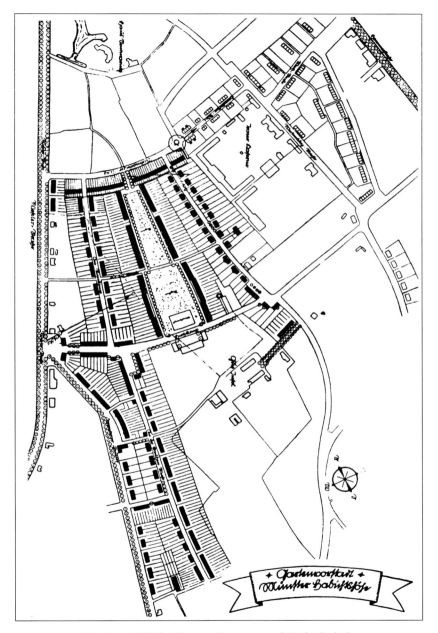

Abb. 31: G. Wolf: Münster, Gartenvorstadt Habichtshöhe.

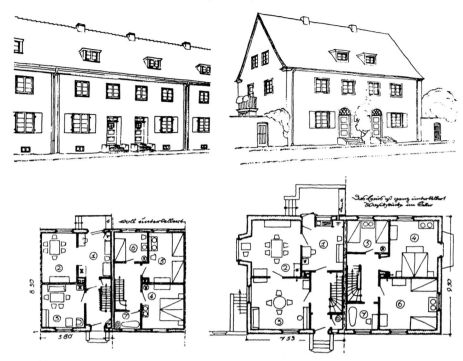

Abb. 32: G. Wolf: Münster, Gartenvorstadt Habichtshöhe, Entwürfe für Reihenhäuser am Grünen Grund und Doppelhäuser an der Habichtshöhe.

Mit der Propagierung derartiger Typenhäuser wandelte sich die Interpretation des Begriffs der landschaftsgebundenen Bauweise, unter der man nun
nicht mehr die Verwendung von aus der Hauslandschaft abzuleitenden
Formen verstand, sondern die Anpassung an topographische Gegebenheiten.
Damit hoffte man, den Anforderungen des modernen Städtebaus gerecht zu
werden, der nicht mehr an den Gemeindegrenzen haltmache und überörtliche
Strategien erfordere.[133]

[133] E. Lauffer, Die technische Arbeit der Westfälischen Heimstätte im Rahmen der
Entwicklung des westfälischen Kleinwohnungswesens, in: H. Vormbrock, Heimstättenarbeit in Westfalen 1918–1928, S. 134.

Abb. 33: G. Wolf: Münster, Gartenvorstadt Habichtshöhe,
Torsituation am Grünen Grund.

Von der Gartengestaltung zur Landesplanung

Ebenso wie den Verfall der Baukunst beklagte man auch den der Gartenkunst. „Statt der Mauer", so faßt Kerckerinck zur Borg[134] die Feststellungen
von Schultze-Naumburg und Muthesius zusammen, „statt der raumbildenden Hecke, wie die Kulturzeit sie verwendete, sehen wir ein hungriges Eisen-
gitter, oder häufiger noch das verzinkte und verbogene Drahtgeflecht mit
einem Stacheldraht darüber als Abschluß. Für den Bewohner geht in solchen
durchsichtigen Gärten jedes Raumgefühl verloren, und für den Außenste-
henden ist der ungehinderte Einblick meist ein zweifelhafter Gewinn [...] Da
erscheinen die Wege in Schlangenlinien gewunden, da erscheinen die ‚Felspar-
tien' zu scheußlichen Klumpen geballt, da erscheint der ‚See' in Taschen-
format, mit Zementufern, Buchten und Inseln, da erscheinen die überra-
schendsten Sorten von Tännchen und Schilfbüscheln und dazwischen als
gesinnungsverwandte Staffage der galvanoplastische Hirsch, der bemalte
Zwerg aus Kunststein und die Aloe aus Zinkblech." Mit Lichtwark und
Muthesius verwies er auf die auch von Schultze-Naumburg als vorbildhaft anerkannte zeitgenössische englische Gartengestaltung, die sich – in bewußter
Abgrenzung zum englischen Landschaftspark des 18. Jahrhunderts – an den
strengen, von Italien, Holland und Frankreich beeinflußten Formen der Ba-

---

[134] Heimatschutz in Westfalen, in: Schulte, Der Westfälische Heimatbund, Bd. I,
S. 82.

Abb. 34: G. Wolf: Münster, Gartenvorstadt Habichtshöhe, Straßenverlauf.

rockzeit orientierte. Kennzeichnende Elemente waren Terrassenbildung, regelmäßige Wege- und Beeteinteilungen, streng geometrische Rasenplätze, beschnittene Hecken und Bäume.[135]

Im Sinne von William Morris begriffen Muthesius und Schultze-Naumburg die Gestaltung des Gartens ebenso wie die des Hauses als architektonische Aufgabe, bei der anstelle von totem lebendes Material als Mittel der räumlichen Gliederung einzusetzen war.[136] Gartengestaltung war für sie ein Eingriff des Menschen in die Natur, der als solcher erkennbar bleiben müsse.[137] Eine gelungene, auf den Gegebenheiten des Terrains entwickelte Anlage zeichnete sich dementsprechend durch Überschaubarkeit aus.

Seine Vorstellung von einem idealen Garten konnte Schultze-Naumburg bei der Gestaltung der Außenanlagen des 1907 von dem Architekten Bollmann errichteten Sanatoriums Grotenburg in Detmold-Hiddessen verwirkli-

---

[135] H. Muthesius, Das englische Haus, Bd. II, 2. Aufl., Berlin 1910, S. 96–103.
[136] H. Muthesius, Das englische Haus, Bd. I, 2. Aufl., Berlin 1908, S. 211 f.
[137] Ebd.

Abb. 35: G. Wolf: Münster, Gartenvorstadt Habichtshöhe,
Reihenhäuser am Grünen Grund.

Abb. 36: P. Schultze-Naumburg: Detmold-Hiddessen, Sanatorium Grotenburg.

chen (Abb. 36, 37).[138] Bauherr war der Arzt Dr. Manfred Fuhrmann, Gründungsmitglied und Vorsitzender des Lippischen Heimatbundes. Auf dem trapezförmigen, stark abfallenden Grundstück legte er in vier Terrassen einen
axial auf das Hauptgebäude ausgerichteten Garten an. Die oberste, von einer
Werksteinmauer unterfangene Plattform, auf der das einer barocken Dreiflü-
gelanlage nachempfundene Sanatorium stand, war von einem weißen, durch
Pfeiler unterbrochenen Lattenzaun umgeben; über den beiden Ecken zur
Gartenseite hin erhoben sich Pavillons. Eine doppelläufige Freitreppe, deren
Rampen unter dem untersten Treppenabsatz eine in die Stirnseite der Futter-
mauer eingelassene Nische mit einer auf einem Fabeltier reitenden Brunnen-

---

[138] Erwähnt in dem Prospekt ›Saalecker Werkstätten‹ (S. 16); Ursula Volbert, Münster, danke ich für diesen Hinweis.

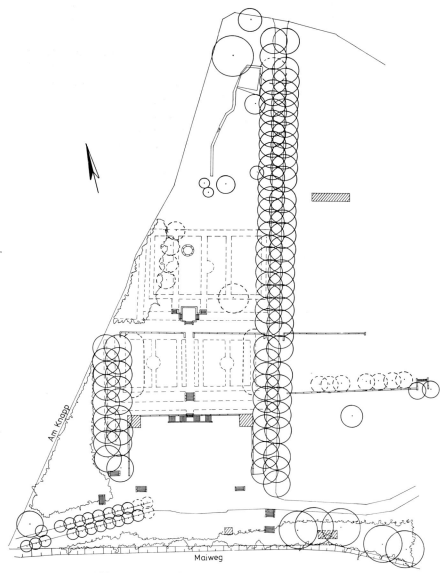

Abb. 37: Detmold-Hiddessen, Sanatorium Grotenburg
(Rekonstruktionszeichnung des Gartens).

figur flankierten, führte zum tiefer gelegenen zweiten Planum herab. Dieses wies zwei annähernd quadratische, von Hecken umgebene Flächen mit je einem Rondell in der Mitte und einem Mittelweg auf. Über eine weitere doppelläufige Treppenanlage gelangte man auf die nächste Terrasse des Gartens, die durch eine regelmäßige Wege- und Beeteinteilung in vier längsrechteckige Felder mit einem quadratischen Wasserbecken strukturiert war. Eine Böschung bildete die Trennung zur untersten Ebene des Gartens, die als Übergang zur offenen Landschaft nur sparsam mit einzelnen Bäumen und Strauchgruppen sowie einem leicht gewundenen Weg gegliedert war. Während eine Kastanienallee den Sanatoriumsgarten fast an seiner gesamten Ostseite begrenzte, war die Westseite nur im Bereich der beiden oberen Terrassen mit einer derartigen Baumreihe gesäumt; ihr schloß sich eine Kulisse aus Nadelgehölzen und Symphoricabüschen an.[139]

Ähnliche herrschaftliche Gartenanlagen plante Kerckerinck zur Borg, der Vorsitzende des Westfälischen Heimatbundes, auch für sein Herrenhaus Borg in Rinkerode bei Drensteinfurt (Abb. 10) sowie für die Gestaltung des Schloßplatzes in Münster. Interessant im Vergleich dazu sind die Vorstellungen des Landschaftsplaners und Gartenarchitekten Leberecht Migge, der auf dem Hintergrund seiner mit den Heimatschützern gemeinsamen Kritik am kapitalistischen Profitstreben, an Industrialisierung und Verstädterung, innerhalb der kultur- und lebensreformerischen Bewegung zur Leitfigur insbesondere der Siedlungsinitiativen nach dem Ersten Weltkrieg wurde. Auch seinen Konzeptionen lag eine architektonische Raumvorstellung mit einer regelmäßigen Plandisposition und einer in bezug auf die Gliederung formal begründeten Pflanzenauswahl zugrunde, da es „keine Form des sogenannten natürlichen Gartens [gibt], auf die Begriffe wie Einfachheit, Brauchbarkeit und Wirtschaftlichkeit erschöpfend angewandt werden könnten".[140] Doch während die axialsymmetrischen, hierarchisch aufgebauten Ordnungsprinzipien Schultze-Naumburgs sich an Vorbildern aus der Barockzeit orientierten und der Inszenierung der Architektur dienten, resultierten Migges geometrischräumliche Strukturen aus seinem Verständnis des Gartens als Wirtschafts- und Lebensraum. Ein signifikantes Beispiel aus Migges früher Schaffensphase, als er sich noch vorrangig mit Planungen in Zusammenhang mit dem privaten Villenbau beschäftigte, sind die Außenanlagen des Hauses Wegmann in Rhede (Abb. 38, 39). Der von Hermann Muthesius auf einem knapp 120 m langen und etwa 35 m breiten Grundstück erbauten Villa legte Migge eine von einer Mauer umgebene Rasenfläche vor. Während das Haus an seiner Nordseite von

---

[139] Ich danke Herrn Dr. U.-D. Korn, Westfälisches Amt für Denkmalpflege, Münster, der mir die unveröffentlichten Unterlagen mit der Rekonstruktionszeichnung von Dipl.-Ing. U. Müller zur Verfügung stellte.
[140] L. Migge, Die Gartenkultur des 20. Jahrhunderts, Jena 1913, S. 65.

Abb. 38: H. Muthesius: Rhede, Haus Wegmann.

einem Rosengarten flankiert war, schlossen sich seiner Südwestecke Terrasse und Hof an, die über eine parallel zu Grundstücksgrenze verlaufenden Birkenallee zu erreichen waren. Hinter dem Gebäude, an der Westseite, war das Terrain durch einen in die Tiefe des Gartens führenden Weg zweigeteilt. Dem Bleichplatz linker Hand schlossen sich Küchenkräuter- und Kleingemüsebeete, Obst- und Sommerblumenrabatten, eine Obstbaumwiese sowie ein Spielplatz an. Die längsrechteckigen Beete für Gemüse und Obst in der rechten Gartenhälfte wurden zum Hauptweg durch mehrere Reihen mit Beerensträuchern und Obstbäumen begrenzt; in ihrer Mitte befand sich eine oktogonale Laube aus Stabgitterwerk.

Migges Erfahrungen am Anfang seiner Laufbahn als Architekt von bürgerlichen Villengärten, bei deren Gestaltung er auf tradierte Formen zurückgriff und Nutz- und Ziergarten verband, wurden prägend für seine Siedler- und Kleingärten, denen seit einer Reise in die englischen Gartenstädte im Jahre 1910 zunehmend sein Interesse galt.[141] In seiner 1913 veröffentlichten ›Garten-

141 J. v. Reuß, Leberecht Migge – Spartakus in Grün, in: Leberecht Migge – Gartenkultur des 20. Jahrhunderts, Ausstellungskatalog Kassel 1981, S. 11; ders., Gartenkultur statt Gartenkunst, in: Ebd., S. 60.

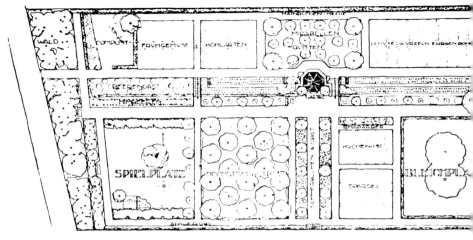

Abb. 39: L. Migge: Rhede, Garten des Hauses Wegmann.

kultur des 20. Jahrhunderts‹ betonte er ausdrücklich, daß seine konzeptionellen Vorstellungen für eine Erneuerung der Gartenkultur nicht aus großbürgerlichen, sondern aus kleinbürgerlichen Gartenformen resultierten. Nach dem Ersten Weltkrieg unterstrich er in mehreren Schriften die Bedeutung des Selbstversorgerprinzips als Grundlage für neue Siedlungskonzepte, die durch die individuelle Versorgung mit Lebensmitteln zur Überwindung der wirtschaftlich schwierigen Nachkriegsphase beitragen sollten.[142] Seine Siedlerschule bot Kurse an, um den Architekten dabei zu helfen, „Haus und Garten zu Form-, Wohn- und Wirtschaftseinheit zu bringen".[143] Migge zufolge war es von grundlegender Bedeutung „hohe Erträge aus dem Garten zu holen, [...] um das Haus zu verzinsen, oder die Versorgung zu entlasten, oder Einnahmen zu verschaffen".[144] Während er seine Konzeptionen für Kleinhausgärten anfangs aus den vertrauten Formen des bürgerlichen Villengartens entwickelte, berief er sich später „auf den Bauerngarten mit seiner Tradition des Nutzgartens".[145] Migges Ansichten und Vorstellungen von der Bedeutung

[142] Jedermann Selbstversorger, Jena 1918; Die produktive Siedlungsloge, in: Die Tat 12 (1920/21), S. 425 ff.
[143] Anzeigentexte der Siedlerschule Worpswede in der ›Siedlungswirtschaft‹ 1923 (abgedruckt in: Leberecht Migge 1881–1935. Gartenkultur des 20. Jahrhunderts, Ausstellungskatalog Kassel 1981, S. 17).
[144] Ebd.; s. außerdem Jedermann Selbstversorger, S. 1.
[145] Reuß, Gartenkultur statt Gartenkunst, S. 62.

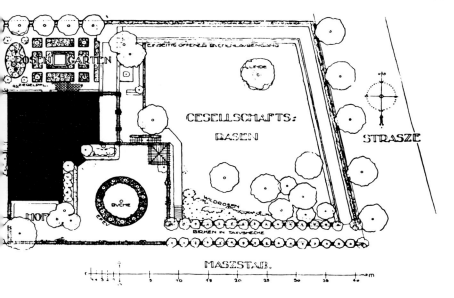

und Gestaltung des Gartens in wirtschaftlicher und gestalterischer Hinsicht wurden von der Heimatschutzbewegung übernommen. So hob beispielsweise Gustav Wolf in dem von ihm aufgestellten Merkblatt,[146] das der Westfälische Heimatbund und die Westfälische Heimstätte gemeinsam herausgegeben haben, den Garten des Kleinhauses als wirtschaftliche Stütze des Eigenheimes hervor. Bei seiner Anlage sollte man auf „gekünstelte Wegeführung, eine Menge von kleinlichen Flächen und eine Häufung von Pflanzen ohne Rücksicht auf ihre Größe, Form und Farbe"[147] verzichten und sich auf „wenige, übersichtliche Wege und klar begrenzte Flächen"[148] beschränken. Historisches Vorbild war der niedersächsische Bauerngarten, dessen Formen „auf die neuen Erfordernisse des Kleingartens der Vorstadt in sinngemäßer Angleichung übertragen"[149] werden sollten. Ähnlich der Gartengestaltung Migges für Haus Wegmann in Rhede wurde als Ideallösung ein umfriedeter Garten vorgeschlagen, der an der südlichen Eingangsseite mit Apfelpyramiden und an Ost- bzw. Westseite mit Beerensträuchern bepflanzt werden sollte. An der Nordseite war der Standplatz für die mit Feuerbohnen und winterharten

[146] Vom Garten des Kleinhauses. Ratschläge der Westfälischen Heimstätte und des Westfälischen Heimatbundes, in: Westfälisches Wohnungsblatt 15 (1925), S. 1.
[147] Ebd.
[148] Ebd.
[149] Siehe u. a. J. Schräpel, Gärten der Heimat. Vom Bauernhausgarten zum Kleinhausgarten der Vorstadt, in: Westfälisches Wohnungsblatt 17 (1927), S. 89–91.

Stauden berankte, von Kirschbäumen beschattete und von Himbeersträuchern flankierte Laube vorgesehen. Die Gemüsebeete seitlich des den Garten in zwei gleich große Flächen trennenden Hauptweges sollten durch Längsrabatten mit Blumen und Beeren zur Mitte hin begrenzt werden.[150] Wolfs Merkblatt wurde ergänzt durch die von Migge selbst ausgearbeiteten Leitsätze für eine „Wirtschaftliche Gartengestaltung",[151] die Ratschläge für die Bodenbearbeitung, Bepflanzung, Wärme-, Wasser- und Dungwirtschaft sowie zur baulichen Einrichtung und zur Organisation gaben. Aufgrund der ökonomischen Bedeutung des Gartens forderte Migge im Anschluß an seine Prämissen „wie für die Wohnungsfürsorge also auch für die Gartenfürsorge öffentliche Kredite, Finanzierung und Abrechnung der Siedlung als Ganzes".[152]

Migges Forderung resultierte aus der in der Not des Krieges und der unmittelbaren Nachkriegszeit gewonnenen Erkenntnis, daß eine ausreichende Versorgung mit Nahrungsmitteln nur durch eine wirtschaftliche Nutzung auch kleinster Flächen zu erreichen sei. Gemeinsam mit zahlreichen Anhängern der Siedlungsbewegung nahm er daher den Gedanken der friederizianischen Innenkolonisation wieder auf. Durch die Anlage von Nutzgärten und eine intensive Kleinlandwirtschaft sollte die Grundversorgung sichergestellt werden; zudem hoffte man, auf diese Weise die Volkswirtschaft auf niedrigem Niveau stabilisieren zu können. Die Westfälische Heimstätte teilte die darauf aufbauende Idee Migges vom erweiterungsfähigen Kleinwohnhaus mit Garten als Existenzgrundlage der ständig von Wohnungsnot und Arbeitslosigkeit bedrohten unteren Bevölkerungsschichten. Bei der praktischen Umsetzung orientierte man sich auch hier an der Gartenstadtidee, die man als angemessene Lösung insbesondere für die spezifisch westfälische Städtebauentwicklung erachtete, weil sie die auch nahe des Industriegebietes immer noch agrarisch geprägten Strukturen wiederaufnahm und weiterentwickelte. Zur Auflockerung der Städte strebte man Gartenvorstädte an, als Beitrag zur Innenkolonisation wollte man autonome Gartenvorstädte realisieren. Die sich aufgrund dieser Dezentralisierungsbestrebungen innerhalb und außerhalb der Zentren ergebenden Freiflächen, die Migge durch Kleingartenanlagen und Erholungsparks intensiv nutzen wollte, erforderten eine institutionalisierte Landesplanung. Der Leiter der Westfälischen Heimstätte, Heinrich Vormbrock, trug dieser Erkenntnis Rechnung, indem er 1927/28 gemeinsam mit dem Staatswissenschaftler Bruck an der Universität Münster die Forschungsstelle für Wohnungs- und Siedlungswesen einrichtete, die sich in progressiver Weise mit der anstehenden Problematik auseinandersetzte. Die

---

[150] M. Papen, Die zweckmäßige Anlage und Anwendung eines Kleingartens, in: Westfälisches Wohnungsblatt 17 (1927), S. 77–79.
[151] Westfälisches Wohnungsblatt 16 (1926), S. 15 u. 16.
[152] Ebd., S. 16.

Bereitschaft, „nicht nur die Beseitigung der Wohnungsnot, sondern auch die allmähliche Auflockerung unserer Städte, die Bekämpfung der Landflucht, und die Umsiedlung großer Menschenmassen in neue Arbeitsgebiete, die sich durch die industrielle Umschichtung jetzt schon ankündigt",[153] zu übernehmen, verdeutlicht die Abkehr von ursprünglichen Heimatschutzgedanken. Man versucht nicht mehr, die Industrialisierung abzuwenden, sondern stellt sich der damit zusammenhängenden Problematik.

Zusammenfassung und Ausblick

Trotz eines gefühlsüberladenen Heimatbegriffs[154] und oft nur schlagwortartiger Argumente hatte sich innerhalb der Heimatschutzbewegung ein überraschend umfassendes, differenziertes Verständnis von Problemen und ihren Ursachen herausgebildet. Den Beginn der Einflußnahme auf die Architektur markiert die massive Kritik an der historischen Weise der Traditionsaneignung, die mit der wahllosen Kompilation von Stilzitaten die Aushöhlung der Tradition enthüllt hatte. Sie wurde zum augenfälligen Sinnbild des vom Zusammenbruch bedrohten Wertegefüges der wilhelminischen Gesellschaft. Vor diesem Hintergrund stellte sich für die den Verlust der soziokulturellen Identität fürchtenden Mittelschicht die Frage nach Kontinuität und Tradition. In städtebaulicher und architektonischer Hinsicht bedeutete dies die Besinnung auf ländliche und kleinstädtische Lebensweisen und Bauformen, die sich aufgrund regionaler Besonderheiten entwickelt hatten. Diese wollte man strukturell erhalten und lediglich formal weiterentwickeln, um die überkommene Gesellschaftsordnung durch die Verbesserung der Lebensverhältnisse in den unteren Schichten zu erhalten. Praxisbezogen hatte dies als Folge, daß vor dem Ersten Weltkrieg die noch akademisch geschulten Architekten unter dem Einfluß der Heimatschutzbewegung sich bei der Wahl ihrer stilistischen Mittel für großbürgerliche Wohnbauten und repräsentative öffentliche Bauten an herkömmlichen Strukturen in der unmittelbaren Nachbarschaft orientierten und historische Formen zunehmend abstrahierten und verhaltener anwandten. Für den von Gärten umgebenen Kleinhausbau wurden offiziell bäuerliche Wohnformen reklamiert, im Detail jedoch orientierte man sich an bürgerlichen Merkmalen, die in Verbindung mit ortsüblichen Materialien den Schein biedermeierlicher Beschaulichkeit hervorriefen. In der Nachkriegszeit wurde der zuvor in begrenztem Maße als Mittel zur Bewahrung des sozialen Friedens eingesetzte Kleinwohnungs- und Kleinhausbau eine Frage der Siche-

---

[153] Vormbrock, Heimstättenarbeit in Westfalen, S. 138.
[154] Zur Diskussion des Begriffs „Heimat" s. H. Bausinger, Heimat und Identität, in: E. Moosmann (Hrsg.), Heimat – Sehnsucht nach Identität, Berlin 1980, S. 13–29.

rung des Existenzminimums für die minderbemittelte Bevölkerung. Unterstützt durch eine entsprechende Gesetzgebung in der jungen Demokratie wurde der Massenwohnungsbau Hauptaufgabe im Bauwesen der Weimarer Republik, mit der sich auch die Avantgarde der Architektenschaft zunehmend befaßte. Die Suche nach billigen Baumaterialien und die Verwendung vorgefertigter Teile im Wohnungsbau waren von allgemeinem Interesse; mit Hilfe von Typisierung und Normierung wollte man Einsparungen erzielen. Trotz ihrer Kritik an der Massenproduktion und ihrer Forderung nach handwerklicher Arbeit widersetzte sich die vielfach eng mit den Zielen der Wohnungsreform verflochtene Heimatschutzbewegung diesen ökonomischen Notwendigkeiten nicht, Typenbau galt fortan als moderne Fortsetzung der standardisierten Gebrauchsformen vorindustrieller Zeit. Entscheidender Unterschied zum funktionalistischen Massenwohnungsbau war die Verwendung typisierter Hausformen in begrenzter Auswahl, die durch ihre Gruppierung um einen Platz oder Dorfanger immer einen kleinstädtischen Charakter aufwiesen. Zu einem traditionellen Eindruck trugen darüber hinaus u. a. steile Ziegeldächer sowie Flügelfenster mit Klappläden bei. Diese Merkmale übertrug man auch auf den Geschoßwohnungsbau. Flachdächer wurden aus technischen und konstruktiven Gründen abgelehnt, weil man von ihrer Haltbarkeit und Dichtigkeit nicht überzeugt war.[155] Zur Gesinnungsfrage wurde die Dachform erst um 1926, als Paul Schultze-Naumburg und der Dresdner Architekturprofessor Emil Högg ihre Angriffe auf das moderne Bauen starteten und die Überzeugung äußerten, das Architektur rassische Eigenschaften widerspiegele[156] Diese Vorstellung war in weiten Kreisen der Heimatschutzbewegung bereits vor dem Krieg latent vorhanden. Doch während man damit zunächst den Rückzug in die bürgerliche Idylle und die Nivellierung der drängenden sozialen Probleme, die mit den negativen Erscheinungen der Großstadt gleichgesetzt wurden, verband, diente die völkische Interpretation der Kunst und des Bauens den sich formierenden Faschisten als Mittel zur Polarisierung der Massen. Der sensible Bereich der gestalteten Umwelt bot dazu genügend Propagandamaterial. Die belebende inhaltliche Auseinandersetzung mit der Vielzahl sich widersprechender Ideen, für die in der Weimarer Republik insbesondere die mit der Heimatschutzbewegung oftmals eng verbundenen Heimstätten standen, wurde unter den Nationalsozialisten abgebrochen. Nach der Machtergreifung wurde das gesamte Verwaltungspersonal aller preußischen Wohnungsbaugesellschaften entlassen, nur der Partei genehme Angestellte wurden übernom-

---

[155] Bezeichnend die Äußerungen von K. Freckmann, Heimatschutz und Bauberatung. Flugschrift Nr. 2 des Westfälischen Heimatbundes, Bestwig 1929, S. 13.
[156] B. Miller-Lane, Architektur und Politik in Deutschland 1918–1945, Braunschweig, Wiesbaden 1986, S. 134.

men.[157] Auch in Westfalen fielen dieser Säuberungsaktion die innovativsten Köpfe zum Opfer.[158] Heinrich Vormbrock, Leiter der inzwischen nach Dortmund übergesiedelten Westfälischen Heimstätte und Mitglied des Westfälischen Heimatbundes, wurde abgelöst; in die politische Emigration gingen der Architekt Karl Freckmann und der Staatswissenschaftler Prof. Dr. Werner Friedrich Bruck, der gemeinsam mit Vormbrock 1927/28 an der Universität Münster die Forschungsstelle für Siedlungs- und Wohnungswesen gegründet hatte. Gustav Wolf, seit 1927 Direktor der Breslauer Kunstgewerbeschule, wurde an die Staatsbauschule Berlin-Neucölln versetzt, weil er einigen Hitlerjungen unter seinen Schülern Anfang 1933 das Hissen der Hakenkreuzfahne untersagt hatte. Anschließend jedoch verhielt er sich opportun, bezeichnete Bausünden als „Rassenschande"[159] und gab im Auftrag der Fachgruppe Bauwesen im NS-Bund Deutscher Technik das Buch ›Haus und Hof deutscher Bauern‹ heraus. Gleich vielen Architekten seiner Generation ging er den Weg des geringsten Widerstandes, zumal er sich formal nicht anzupassen brauchte. Die unter heimatschützerischen Idealen im Kleinwohnungsbau entwickelte Bauweise, die sich durch eine weitgehende Formenreduktion, den fast ausschließlichen Verzicht auf Erker und Balkone und eine betonte Wandflächigkeit der Fassaden sowie ein Satteldach auszeichnete, wurde Vorbild nicht nur für die nationalsozialistische Siedlungsarchitektur, sondern auch für freistehende Wohnhäuser und öffentliche Gebäude, beispielsweise Kasernen, Krankenhäuser und Autobahnraststätten. Daraus zu folgern, die unter dem Einfluß des Heimatschutzes entstandene Architektur sei generell präfaschistisch,[160] bedeutet, die Vielschichtigkeit und differenzierenden Ideen der Bewegung zu verkennen. Insbesondere in städtebaulicher Hinsicht standen die für Klein- und Mittelstädte zahlreich projektierten Aufmarschplätze mit breiten Straßenachsen und eklektizistischen Monumentalbauten, die nicht aus einer ortsbildprägenden Stilepoche abstrahiert waren, den urbanen und dörflichen, aus gewachsenen Strukturen entwickelten Planzielen des Heimatschutzes diametral entgegen.

---

[157] Ebd., S. 164 f.
[158] Siehe die Lebensläufe in: Vormbrock, Heimat und Heimstätten.
[159] Vom guten Bauen, S. 10.
[160] Siehe S. Müller, Industrialisierung und angewandte Kunst, Diss. Bochum 1969; J. Frecot/J. F. Geist/D. Krebs, Findus 1868–1948. Zur ästhetischen Praxis bürgerlicher Fluchtbewegungen, München 1972.

Abbildungsnachweis

Abb. 1: G. Langen / P. Schmitthenner: Plan zur Erweiterung der Stadt Soest. Aus: F. W. Landwehr, Der Wettbewerb für die Stadterweiterung von Soest, in: G. Köhn (Hrsg.), Soest. Stadt – Territorium – Reich. Festschrift zum 100jährigen Bestehen des Vereins für Geschichte und Heimatpflege Soest, Soest 1981, S. 709.

Abb. 2: G. Langen / P. Schmitthenner: Gartenvorstadt Soest – Süd-Ost. Aus: F. W. Landwehr, Der Wettbewerb für die Stadtentwicklung von Soest, in: G. Köhn (Hrsg.), Soest. Stadt – Territorium – Reich. Festschrift zum 100jährigen Bestehen des Vereins für Geschichte und Heimatpflege Soest, Soest 1981, S. 715.

Abb. 3: G. Langen / P. Schmitthenner: Walldurchbruch zwischen Thomätor und Osthofentor. Aus: F. W. Landwehr, Der Wettbewerb für die Stadtentwicklung von Soest, in: G. Köhn (Hrsg.), Soest. Stadt – Territorium – Reich. Festschrift zum 100jährigen Bestehen des Vereins für Geschichte und Heimatpflege Soest, Soest 1981, S. 709.

Abb. 4: G. Langen / P. Schmitthenner: Walldurchbruch für Fußgänger. Aus: F. W. Landwehr, Der Wettbewerb für die Stadtentwicklung von Soest, in: G. Köhn (Hrsg.), Soest. Stadt – Territorium – Reich. Festschrift zum 100jährigen Bestehen des Vereins für Geschichte und Heimatpflege Soest, Soest 1981, S. 710.

Abb. 5: A. Hensen: Münster, Stadthauptkasse. Westfälisches Amt für Denkmalpflege.

Abb. 6: A. Hensen: Münster, Lambertikirchplatz 1–5. Verfasserin.

Abb. 7: A. Hensen: Münster, Wohn- und Geschäftshaus Niemer (Entwurf). Aus: Westfalen 56 (1978), Abb. 175, S. 199.

Abb. 8: A. Hensen: Münster, Geschäftshaus Niemer. Aus: Westfalen 56 (1978), Abb. 176, S. 199.

Abb. 9: A. Hensen: Münster, Sparkasse des Landkreises Münster. Verfasserin.

Abb. 10: Kerckerinck / Wartenberg: Rinkerode, Haus Borg (Idealentwurf). Westfälisches Amt für Denkmalpflege.

Abb. 11: P. Schultze-Naumburg: Werdohl, Haus Elverlingsen. Aus: U. Barth / E. Hartmann / A. Kracht, Kunst- und Geschichtsdenkmäler im Märkischen Kreis, Balve 1983, S. 708.

Abb. 12: A. Hensen: Ochtrup-Welbergen, Haus Rothenberge. Verfasserin.

Abb. 13: D. u. K. Schultze: Cappenberg, Landhaus Bolle. Verfasserin.

Abb. 14: Unbekannter Architekt: Münster, Villa ten Hompel. Stadt Münster, Bauamt.

Abb. 15: Unbekannter Architekt: Münster, Villa ten Hompel. Stadt Münster, Bauamt.

Abb. 16: Berting & Maßmann: Sundern, Villa Rohe. Foto: Friedhelm Ackermann.

Abb. 17: Schirmeyer / Sittel: Münster, Gewerbliche Fortbildungsschule. Verfasserin.

Abb. 18: D. u. K. Schulze: Lünen, Sparkasse. Verfasserin.

Abb. 19: K. Freckmann: Arnsberg-Bruchhausen, St. Maria Magdalena. Verfasserin.

Abb. 20: K. Freckmann: Balve-Volkringhausen, St. Michael. Verfasserin.

Abb. 21: K. Freckmann: Balve-Volkringhausen, St. Michael (Aufrisse und Querschnitte). Stadt Balve, Bauamt.

Abb. 22: K. Freckmann: Balve-Volkringhausen, St. Michael (Grundriß, Schnittzeichnungen und Lageplan). Stadt Balve, Bauamt.

Abb. 23: M. Sonnen, Einfamilienhausentwurf. Aus: M. Sonnen, Entwürfe zu Kleinwohnhäusern, Münster 1913, Tafel 2.

Abb. 24: M. Sonnen: Einfamilienhausentwurf. Aus: M. Sonnen, Entwürfe zu Kleinwohnhäusern, Münster 1913, Tafel 7.

Abb. 25: M. Sonnen: Einfamilienhausentwurf. Aus: M. Sonnen, Entwürfe zu Kleinwohnhäusern, Münster 1913, Tafel 8.

Abb. 26: M. Sonnen: Zweifamilienhausentwurf. Aus: M. Sonnen, Entwürfe zu Kleinwohnhäusern, Münster 1913, Tafel 18.

Abb. 27: Witten, Gartenstadt Crengeldanz. Aus: P. Petersen, Gartenstadt Crengeldanz, unveröffentlichte Diplomarbeit TU Berlin 1985/86.

Abb. 28: Witten: Gartenstadt Crengeldanz. Aus: F. Blome, Witten und seine Umgebung, Düsseldorf 1926, S. 32.

Abb. 29: Witten: Gartenstadt Crengeldanz. Aus: 10 Jahre Westfälische Straßenbahn (Festschrift), Bochum 1922.

Abb. 30: Witten, Gartenstadt Crengeldanz. Aus: 10 Jahre Westfälische Straßenbahn (Festschrift), Bochum 1922.

Abb. 31: G. Wolf: Münster, Gartenvorstadt Habichtshöhe. Aus: Baugilde 34 (1937).

Abb. 32: G. Wolf: Münster, Gartenvorstadt Habichtshöhe, Entwürfe für Reihenhäuser am Grünen Grund und Doppelhäuser an der Habichtshöhe. Aus: Baugilde 34 (1937).

Abb. 33: G. Wolf: Münster, Gartenvorstadt Habichtshöhe, Torsituation am Grünen Grund. Stadt Münster, Bauamt.

Abb. 34: G. Wolf: Münster, Gartenvorstadt Habichtshöhe, Straßenverlauf. Westfälisches Amt für Denkmalpflege.

Abb. 35: G. Wolf: Münster, Gartenvorstadt Habichtshöhe, Reihenhäuser am Grünen Grund. Stadt Münster, Bauamt.

Abb. 36: P. Schultze-Naumburg: Detmold-Hiddessen, Sanatorium Grotenburg. Westfälisches Amt für Denkmalpflege.

Abb. 37: Detmold-Hiddessen, Sanatorium Grotenburg (Rekonstruktionszeichnung des Gartens). Westfälisches Amt für Denkmalpflege.

Abb. 38: H. Muthesius: Rhede, Haus Wegmann. Aus: H. Muthesius, Landhäuser, München 1912, S. 5.

Abb. 39: L. Migge: Rhede, Garten des Hauses Wegmann. Aus: H. Muthesius, Landhäuser, München 1912, S. 2.

DORFSAMMLUNG – HAUS DER HEIMAT – HEIMATMUSEUM

Aspekte zur Geschichte einer Institution seit der Jahrhundertwende

Von Birgitta Ringbeck

Bereits vor der Konstituierung des Bundes Heimatschutz hatten zwei seiner Initiatoren, Heinrich Sohnrey[1] und Robert Mielke[2], die Einrichtung von Heimat- und Dorfmuseen verlangt, um „die Liebe zur Heimat zu vergrößern und den Sinn für die Kulturentwicklung des engeren Vaterlandes in weiteren Kreisen zu wecken"[3] sowie die „mit der Entvölkerung des platten Landes"[4] einhergehende „Verödung und Verarmung der Dörfer in Sachen alter Werkstücke"[5] zu stoppen. Wie bei der Vorbildsuche für Architektur und Handwerk verwiesen die Heimatschützer auch im Museumswesen auf die Zeit um 1800 und Goethe, der gleichfalls von der Einrichtung volks- und naturkundlicher Sammlungen die Förderung des Heimatsinns und der allgemeinen Kultur erwartet habe und deshalb „Beispiel auf Beispiel [häufte], um für die Gründung von Heimatmuseen Propaganda zu machen".[6] Verlangt wurde „für jedes Dorf die Anlage eines Dorfmuseums",[7] da Heimatbildung die Grundlage der rechten Volkswohlfahrtspflege sei. Heimatmuseen sollten „eine Quelle echter sittlicher Bildung werden",[8] in denen Leben und Werke der Vorfahren in naturgetreuen Bildern zur Darstellung zu bringen seien; denn „wer diese Bilder anschaut, dem werden sich von selbst die sittlichen Eigenschaften unserer Väter einprägen. Er wird ihre Genügsamkeit, die ernste und strenge Zucht des

---

[1] Wegweiser für ländliche Wohlfahrts- und Heimatpflege, Berlin 1900, S. 319–322.

[2] Museen und Sammlungen. Ein Beitrag zu ihrer weiteren Entwicklung, Berlin 1903.

[3] Ebd., S. 36.

[4] Sohnrey, Wegweiser, 3. Aufl., 1908, S. 429.

[5] Ebd.

[6] T. Volbehr, Die Zukunft der deutschen Museen, Stuttgart 1909, S. 37.

[7] Sohnrey, Wegweiser, 1. Aufl., 1900, S. 320; s. auch H. Eidmann, Heimatmuseen, Schule und Volksbildung, Leipzig 1909, S. 18: „Jedes Dorf, das eine eigene Schule hat, soll auch sein Heimatmuseum haben."

[8] W. Bomann, Die Bedeutung der Heimatmuseen für die Volksbildung, in: Cellesche Zeitung vom 6. 10. 1913 (zitiert nach C. E. Döring, Das kulturgeschichtliche Museum. Geschichte einer Institution und Möglichkeiten des Selbstverständnisses, dargestellt am Beispiel Heimatmuseum, Diss. Frankfurt a. M. 1977, S. 66).

Hauses, den festen und beharrlichen Sinn in der Pflichterfüllung und Arbeit, ihre Anspruchslosigkeit, ihre Gemütstiefe kennen und bewundern lernen".[9] Dabei sei die Erweiterung der allgemeinen Bildung weniger wichtig, so wertvoll sie auch sein möge.[10] In dieser Zielsetzung wird der Unterschied zu der von Bürgern initiierten und für die unteren Schichten gedachten Volksbildungsbewegung des 19. Jahrhunderts deutlich; sie versprach sich von der pädagogischen Arbeit im Museum die Überwindung von feudalen und klerikalen Strukturen und wertete sie als Beitrag zur Emanzipation der Arbeiterschaft.[11] Vertreter des Heimatschutzes dagegen sahen in der Museumsarbeit eine Möglichkeit, „die verschiedenen Bevölkerungsklassen auf dem Boden gemeinsamer und gemeinnütziger Arbeit einander menschlich näher[zu]bringen, die schroffen Klassengegensätze zu mildern und zwischen Herrschaft und Arbeitern ein auf gegenseitige Wertschätzung gegründetes harmonisches Verhältnis herbei[zu]führen".[12] Die in Dorfsammlung und Heimatmuseum dargebotene Geschichte sollte bei dem aus den unteren Schichten stammenden Besucher nicht zu einem Erkenntnisprozeß und einer möglicherweise daraus resultierenden Forderung nach Gleichberechtigung und Beseitigung sozialer Unterschiede führen, sondern zur Bewahrung überkommener gesellschaftlicher Strukturen beitragen. Politisches Engagement sollte allein dem „Vaterland, das wir in seiner ursprünglichen Kraft und Herrlichkeit erhalten wollen",[13] gelten.

Die gängigen Konzeptionsvorschläge[14] für Heimatmuseen gingen von einer Unterteilung der Sammlung in eine kulturhistorische und eine naturkundliche Abteilung aus; im Bereich der Geschichte sollte die Ortsgeschichte anhand von Urkunden, Plänen, Bilddokumenten und Münzen dargelegt werden; Trachten, typische Haushalts- und Einrichtungsgegenstände sowie bäuerliche Arbeitsgeräte, Werkzeuge und Erzeugnisse aus dem alten ländlichen Handwerk und Gewerbe dienten zur Erläuterung von volkskundlichen Aspekten. Für die zweite, der Naturkunde und Naturwissenschaft gewidmeten Abteilung waren Profile, Reliefs und Karten zur Erklärung der geologischen Verhältnisse, Mineralien, prähistorische und paläontologische Funde als Ausstellungsobjekte vorgesehen; außerdem waren diesem Bereich Exponate zur heimischen Tier- und Pflanzenwelt zugeordnet. Abgesehen von der Einrichtung, Pflege und Ergänzung der ständigen Ausstellung stellte man sich als

---

[9] Ebd.

[10] Sohnrey, Wegweiser, 3. Aufl., 1908, S. 429.

[11] A. Kuntz, Das Museum als Volksbildungsstätte. Museumskonzeptionen in der Volksbildungsbewegung in Deutschland zwischen 1871 und 1918, Marburg 1976 (Marburger Studien zur vergleichenden Ethnosoziologie, Bd. 7).

[12] Sohnrey, Wegweiser, 3. Aufl., 1908, S. 16.

[13] Ebd., S. 14.

[14] Vgl. beispielsweise Eidmann, Heimatmuseum, Schule und Volksbildung, S. 28–31.

weitere Aufgabe des Heimatmuseums die Dokumentation von Sitten und Bräuchen, mundartlichen Besonderheiten, Sagen, Märchen und Volksliedern vor. Als Unterbringungsmöglichkeiten für heimatkundliche Sammlungen wurden Räume in Schulen und Rathäusern genannt; den Idealfall bildete jedoch ein eigenes Haus, das auch noch Platz bot für Theaterveranstaltungen, eine Bibliothek, einen Versammlungsraum und einen Schulungsraum für Hauswirtschaft. Ein derartiges, um die heimatkundliche Sammlung als Ausgangspunkt gebildetes Heimathaus sollte kultureller Mittelpunkt des dörflichen bzw. kleinstädtischen Lebens werden.

Typisches Beispiel für die Entstehungsgeschichte und inhaltliche Konzeption eines Heimatmuseums sowie des damit verbundenen Anspruchs vor dem Ersten Weltkrieg war das Museum der Stadt Menden. Alarmiert durch den Aufkauf alter Möbelstücke und Gebrauchsgegenstände aus bäuerlichen, handwerklichen und bürgerlichen Haushalten durch fahrende Händler, vor denen Sohnrey[15] schon gewarnt hatte, sprach sich der pensionierte Lehrer Friedrich Glunz öffentlich für ein städtisches Museum aus als „ein augenfälliges Bindeglied zwischen Vergangenheit und Gegenwart, und daneben bei dem großen Interesse, das die Gegenwart für die Naturwissenschaft bekundet, eine besondere Pflegestätte für die Liebe zur Natur".[16] Unterstützt wurde er von Bürgermeister Dr. Ernst Overhues, der mit folgendem Aufruf an die Öffentlichkeit ging: „Wir bitten um (...) Zusendung von Altertümern auf dem Gebiete der Kunst und des Kunstgewerbes (Skulpturen, Gemälden, Kupferstichen, Gemmen, Gobelins, Arbeiten in Metall, Ton, Glas, Porzellan, Mosaiken, Waffen, Schmucksachen, Uhren, Goldwaren, Truhen, kunstvollen oder durch ihre Eigenart interessanten Möbeln, Leuchtern, Münzen usw.) soweit diese Stücke auf unsere Stadt und ihre nächste Umgebung Bezug haben."[17] Im November desselben Jahrens konstituierte sich der Museumsverein, der mit Unterstützung der Stadt als Träger des Museums fungierte und „die vom Museumsverein erworbenen Stücke als Dauerleihgabe der Stadt Menden für das Städtische Museum zur Verfügung"[18] stellte. Zwei von der Stadt angebotene Räume im neuen Rathaus dienten ab Mai 1913 zunächst als Ausstellungsfläche. Im folgenden Jahr schenkte der Magistrat dem Museum ein 1730 erbautes Patrizierhaus, in dem die erweiterte und neu aufgestellte Sammlung Weihnachten 1914 eröffnet wurde.

Im Erdgeschoß des Gebäudes waren neben „der Waffen- und Münzsamm-

---

[15] Wegweiser, 1. Aufl., 1900, S. 320.
[16] Stadtarchiv Menden, A1M, 29.6.1912.
[17] Gedruckt in: F. Rips, Zur Geschichte des Museumsvereins Menden/Sauerland. 1912–1987, Menden 1987 (15. Beitrag zur Landeskunde), S. 10.
[18] Vgl. ebd., S. 13.

Abb. 1: Heimatmuseum Menden: Kulturgeschichtliche Abteilung
(Zustand ca. 1922–1962).

lung kulturhistorische und kunstgewerbliche Gegenstände aus Eisen, Kupfer, Messing und Zinn"[19] (Abb. 1) untergebracht, während im Obergeschoß „alte Zimmereinrichtungen, Trachten, weibliche Handarbeiten und Kunsterzeugnisse von Mendener Meistern"[20] gezeigt wurden. Im ehemaligen Haussaal fand die überregional bedeutsame naturhistorische Sammlung Platz, die sich aus teilweise einzigartigen mineralogischen und paläontologischen Funden aus der erdgeschichtlich äußerst interessanten Umgebung Mendens, dem Hönnetal, zusammensetzte (Abb. 2, 3); dazu gehörten auch die präparierten

---

[19] L. Schröder, Das Mendener Heimatmuseum, in: Heimatblätter der Roten Erde 4 (1922), S. 64.
[20] Ebd.

Abb. 2: Heimatmuseum Menden: Naturhistorische Abteilung
(Zustand ca. 1922–1962).

Abb. 3: Heimatmuseum Menden: Naturkundliche Abteilung
(Zustand ca. 1922–1962).

Skelette zweier Höhlenbären, die allerdings aus räumlichen Gründen im Erd-
geschoß standen. In das Dachgeschoß des Hauses war ein Bauernhaus mit
Deele, Stallungen, Küche, Wohn- und Schlafraum eingebaut, in dem die zur
bäuerlichen Lebens- und Arbeitswelt gehörenden volkskundlichen Geräte
ausgestellt waren (Abb. 4, 5). Darüber hinaus wurden im Museum „Sagen der
Heimat, Nachrichten von Sitten und Gebräuchen, volkstümliche Spiele,
Sprichwörter, volkstümliche Redensarten und alte Volkslieder"[21] gesammelt.
Bei der Einrichtung und Konzeption des Museums hatte man den Direktor
des Münsteraner Provinzialmuseums, Prof. Dr. Max Geisberg, zu Rate gezogen[22]; außerdem ließ man sich von Gustav Brandts[23] Grundsätzen für die

[21] Ebd.
[22] Stadtarchiv Menden, A1A, 1913; vgl. auch Rips, Zur Geschichte des Museumsvereins Menden, S. 36.
[23] Über Kreis- und Ortsmuseen, in: Museumskunde IX (1913), S. 133–138.

Abb. 4: Heimatmuseum Menden: Bauernhaus im Obergeschoß,
eingebaut in den 20er Jahren.

Ausgestaltung kleinerer Sammlungen leiten; er forderte ein festumrissenes,
materiell und personell abgesichertes Konzept, denn „je klarer die Heimatmuseen ihr Programm auf ein enges, heimatliches Gebiet und das tägliche Leben
seiner Bewohner beschränken, um so mehr können sie mit geringen Mitteln
ihre Aufgabe erfüllen, um so eindringlicher und verständlicher werden sie auf
den Kreis ihrer Besucher wirken".[24]

Durch seine vielfältigen Sammlungsbereiche und Aktivitäten war das Mendener Museum im Sinne Mielkes eine von jenen Einrichtungen, um die sich an
einzelnen Orten das wissenschaftliche Leben kristallisierte und die die Typen
der hauptstädtischen Sammlungen vereinigten.[25] Der entscheidende Unterschied zu den überregionalen Museen bestand Mielke zufolge darin, daß jene
sich lediglich um eine wissenschaftliche Einordnung der Gegenstände be-

[24] Ebd.
[25] Mielke, Museen und Sammlungen, S. 24.

Abb. 5: Heimatmuseum Menden: Bauernhaus im Obergeschoß,
eingebaut in den 20er Jahren.

mühten; in den kleineren orts- und heimatgeschichtlichen Sammlungen dagegen habe man versucht, „das volkliche Heimatgefühl und den Sinn für heimatliche Kunstüberlieferung zu stärken",[26] wodurch eine Bewegung von rein
ethischer Bedeutung entstanden sei, die ihrerseits wieder befruchtend auf die
Kunst zurückstrahlen werde. Darüber hinaus waren die Heimatschützer der
Ansicht, daß „durch zielbewußte Leitung der Ortsmuseen ... die Arbeit derselben in Kreise getragen [wird], bis zu denen die Wirksamkeit der Landes-
museen selten dringt".[27]
Trotz einzelner, wissenschaftlich anerkannter Heimatmuseen wurde die
von der Heimatschutzbewegung ausgehende Initiative, in jedem Schuldorf ein
Museum einzurichten, von den Leitern und wissenschaftlichen Mitarbeitern
der auf provinzieller Ebene angesiedelten Institutionen mit Argwohn be-

---

[26] Ebd., S. 22.
[27] Brandt, Kreis- und Ortsmuseen, S. 135 (s. Anm. 23).

trachtet.[28] Sie fürchteten nicht allein Konkurrenz beim Erwerb von Museums-
stücken und in der Gunst des Publikums, sondern sprachen den Laien vor Ort
auch vielfach die Befähigung zur wissenschaftlichen Dokumentation, zur
kontinuierlichen, systematischen Sammeltätigkeit sowie zu einer sachge-
rechten Aufbewahrung und Behandlung der Objekte ab. Da diese Einwände,
denen auch Mielke[29] eine gewisse Berechtigung nicht absprach, die Welle der
Neugründungen von Dorf- und Heimatmuseen jedoch nicht verhindern
konnte, erkannte man bald, daß nur durch eine umfassende Hilfestellung seitens der wissenschaftlich geleiteten Museen größerer Schaden zu verhindern
sei.[30] Bereits vor dem Ersten Weltkrieg setzten daher Bemühungen zur Gründung von regionalen Museumsverbänden ein; so schlossen sich beispielsweise
in der Mark Brandenburg im Jahre 1913 von 38, zumeist ehrenamtlich geleiteten Heimatmuseen 30 zu einer derartigen Vereinigung zusammen.[31] Fast
gleichzeitig wurde auch in Münster über die Möglichkeit eines Zusammen-
schlusses der westfälischen Heimatmuseen gesprochen[32]; wie andernorts
auch, verhinderte allerdings zunächst der Ausbruch des Krieges derartige
Pläne. Aufgenommen wurden diese Bestrebungen in der Weimarer Republik
vom Minister für Wissenschaft, Kunst und Volksbildung, der 1920 den Zusammenschluß der Museen einer Provinz zu einer Museumsvereinigung
empfahl.[33] Daraufhin wurde im September 1920 in Leipzig die Vereinigung
mitteldeutscher Ortsmuseen gegründet.[34] Unter den fünf weiteren Museumsverbänden, die sich bis Mitte der zwanziger Jahre in Deutschland konstituierten,[35] war auch die bereits vor dem Krieg geplante „Vereinigung westfälischer Museen", deren Werdegang hier exemplarisch vorgestellt sei.
    Die Resolution[36] zur Gründung der „Vereinigung westfälischer Museen"
wurde bei einer Zusammenkunft der westfälischen Museumsleiter im Sep-

---

[28] Ebd., S. 133–138.

[29] Museen und Sammlungen, S. 22.

[30] Vgl. E. Kasarek, Die volkskundlich-kulturhistorischen Museen in Deutschland.
Zur Rolle der Volkskunde in der bürgerlich-imperialistischen Gesellschaft, Berlin 1984
(Studien zur Geschichte des Museumswesens und der Museologie 2), S. 41.

[31] R. Schmidt, Die märkischen Heimatmuseen, in: Museumskunde 9 (1913), S. 211–
213.

[32] Heimatblätter der Roten Erde 4 (1925), S. 50.

[33] J. Körner, Heimatmuseen, in: Die Heimat 6 (1924), S. 50.

[34] W. Peßler, Das Heimatmuseum im deutschen Sprachgebiet als Spiegel deutscher
Kultur, München 1927, S. 123.

[35] Ebd., S. 123, 124.

[36] Stadtmuseum Menden, Ordner Vereinigung westfälischer Museen: Zusammenkunft der Leiter westfälischer Heimatmuseen, 7. u. 8. September 1925, Resolution. (Für
die Möglichkeit, die Sitzungsprotokolle der Vereinigung westfälischer Museen einsehen zu können, danke ich Herrn H. Hoffmann, Menden. Das Archiv der Vereinigung

tember 1925 in Münster verfaßt; die Tagung selbst war in einer Sitzung des Ausschusses für Kunst- und Denkmalpflege auf dem Westfalentag in Soest angeregt sowie von zwei Gründungsmitgliedern des Westfälischen Heimatbundes, dem Landeshauptmann Dr. Wilhelm Hammerschmidt und dem Leiter des Provinzialmuseums, Dr. Max Geisberg, realisiert worden.[37] Aufgrund der namentlich von Denkmalpflegern geäußerten Kritik, denen laut Ministerialerlaß vom 31. Oktober 1891 die Aufsicht über die Sammlungen ihres Bezirkes übertragen worden war,[38] wies man mittlerweile auch innerhalb der Heimatschutzbewegung auf die notwendige „Fürsorge für die allerorts entstehenden Heimatmuseen"[39] und die Gefahren hin, „die in der Begründung solcher Museen liegen können, wenn sie in der Auswahl der aufzunehmenden Sachen nicht streng genug prüften und in der Haltung nicht sachverständig genug seien".[40] Neben „einer klaren, übersichtlichen, wissenschaftlichen Anordnung"[41] und einer „für die Volksbildung nützliche[n], fachmännisch bearbeitete[n] Bezeichnung der Gegenstände und ihre Katalogisierung in einem kurz gefaßten erklärenden Führer"[42] empfahl man insbesondere, „die Museen unter die Obhut einer Kommune, des Kreises oder der Stadt zu stellen",[43] da die Sammlungen oftmals dem Untergang geweiht seien, wenn die Persönlichkeit, die mit Liebe und Begeisterung zu ihrer Gründung und Erhaltung beigetragen habe, ausscheide. In die Vereinigung westfälischer Museen, die sich „die Bildung einer Arbeitsgemeinschaft der Mitglieder zu gegenseitiger Beratung in den Angelegenheiten der Heimatmuseen, zur Fühlungnahme ihrer Leiter, zur Auswertung der Bestände der Museen und zur Abgrenzung der Sammlungsaufgaben"[44] zum Ziel setzte, wollte man daher nur diejenigen Museen der Provinz als ordentliche Mitglieder aufnehmen, deren Konzeption an-

war mir leider nicht zugänglich, da eine Publikation über ihre Geschichte in Vorbereitung sein soll.)

[37] Archiv Westfälischer Heimatbund, Ordner F 6 (Baupflege 1915–1925): Sitzung des Ausschusses für Kunst- und Denkmalpflege, Soest, 17. 10. 1923; Westfälisches Landesmuseum für Archäologie, Hefter: Vereinigung westfälischer Museen; Verwaltungsarchiv Landschaftsverband Westfalen-Lippe, C III, Nr. 87. Vgl. auch K. Ditt, Raum und Volkstum. Die Kulturpolitik des Provinzialverbandes Westfalen. 1923–1945, Münster 1989, S. 115–120.

[38] Vgl. Körner, Heimatmuseum, S. 50.

[39] Archiv Westfälischer Heimatbund, Ordner Z 1, 1924, Westfalentag in Siegen: Protokoll des Ausschusses für Kunst, Denkmalpflege und Bauberatung am 5. 9. 1924.

[40] Ebd.

[41] Körner, Heimatmuseum, S. 51.

[42] Ebd.

[43] Ebd.

[44] Stadtmuseum Menden, Ordner Vereinigung westfälischer Museen: Vorschläge für den Zusammenschluß der westfälischen Heimatmuseen.

erkannt und deren wirtschaftliche Grundlagen gesichert waren; die Museen, welche diese Bedingungen nicht erfüllten, wurden nur als außerordentliche Mitglieder zugelassen.[45] Wie sich bereits auf der ersten Tagung in Münster abzeichnete und wie es auch das Programm der Vereinigung vorsah, wollte man „in Anlehnung an das Landesmuseum der Provinz Westfalen" arbeiten, dessen Direktor mit seinen beiden Assistenten als geschäftsführender Vorstand fungierte.[46] Auf den in der Folgezeit zweimal jährlich veranstalteten Tagungen, die an wechselnden Orten stattfanden und stets mit Besichtigungen verbunden waren, gaben die Mitarbeiter des Landesmuseums Anleitungen zum Umgang mit und der Präsentation von Sammlungsgut, informierten über rechtliche Bestimmungen und über Neuerwerbungen. Darüber hinaus wurden den Museumsleitern auf Wunsch in Einzelgesprächen vor Ort Verbesserungsvorschläge unterbreitet. Zudem bot das Landesmuseum die Übernahme von Wechselausstellungen an, um die Attraktivität der Sammlungen in kleinen Orten zu erhalten und zu steigern. Der auf dieser Ebene erfolgende Austausch von Problemen und Erfahrungen wirkte sich auf die inhaltliche Arbeit in den kleinen orts- und heimatkundlichen Sammlungen positiv aus.[47] Das größte Problem aus der Sicht der Heimatmuseen, die Beschaffung geeigneter Räume, blieb jedoch bestehen. Wie eine Umfrage des Regierungspräsidenten von Münster im Dezember 1928 ergab, litten zahlreiche Museen an akutem Platzmangel. Dadurch wurde der Ausbau bestehender und die Einrichtung neuer Heimatmuseen vielfach erschwert; einige kleinere Sammlungen waren sogar aufgrund der räumlichen Verhältnisse von der Auflösung bedroht.[48]

Zahlreiche Museumsverbände, die sich in den zwanziger Jahren in den preußischen Provinzen konstituierten, waren ebenso eng wie die „Vereinigung westfälischer Museen" mit dem Landesmuseum bzw. der Provinzialverwaltung verbunden und arbeiteten in vergleichbarer Weise.[49] Im Bewußtsein um die stetig wachsende Bedeutung der Heimatmuseen wurde auf einer Tagung des Deutschen Museumsbundes im Oktober 1929 in Hannover eine Kommission zur Gründung einer Spitzenorganisation der Heimatmuseen eingesetzt; der daraus hervorgehende „Ring der Verbände deut-

---

[45] Ebd.
[46] Ebd.
[47] Ditt, Raum und Volkstum, S. 117/118.
[48] Staatsarchiv Münster, Regierung Münster, Nr. 8979, Schreiben vom 6. Mai 1929. H. Brambrink, Die Heimatmuseen im Regierungsbezirk Münster, in: Westfälische Jugend. Monatsblätter für Jugend-, Heimat- und Wohlfahrtspflege 6/1, 2 (1929), S. 33–39.
[49] K. F. Kolbow, Die Kulturpflege der preußischen Provinzen, Stuttgart, Berlin 1937, S. 41–45.

scher Heimatmuseen" wurde 1934 eine Unterabteilung des Deutschen Museumsbundes.[50]

Durch die Arbeitsgemeinschaften der Heimatmuseen, deren Leitung zumeist in den Händen von Provinzialbeamten lag, war in der Weimarer Republik die bereits von Mielke[51] gewünschte staatliche Anteilnahme und Anerkennung in gewissem Sinne erreicht; und auch die Wissenschaftler der größeren Museen konnten zufrieden sein, da sie die Möglichkeit hatten, die Sammlungsaktivitäten auf dem Lande behutsam zu kontrollieren und zu steuern. Nach der nationalsozialistischen Machtergreifung war dieses Organisationsgefüge ein willkommenes Instrument, um im Zuge der Gleichschaltung den Zugriff auf die „ideologisch wertvollen" Heimatmuseen zu sichern und auszubauen. Hatte sich der Staat im Bemühen um regionale Sammlungen bislang mit unverbindlichen Empfehlungen und Hilfsangeboten begnügt, so reglementierten und strukturierten nun ministerielle Anordnungen das Museumswesen, dessen Einrichtungen und Institutionen zentral erfaßt wurden.[52] Ein erster Erlaß vom 29. Januar 1935 befaßte sich mit der Gründungswelle im Heimatmuseumsbereich. „So erfreulich es ist", stellte der Reichs- und Preußische Minister für Wissenschaft, Erziehung und Volksbildung fest, „daß der Gedanke, die heimatgebundenen Werte unseres Volkstums zu pflegen und zu erhalten, zunehmend an Boden gewinnt, so notwendig ist es zu vermeiden, daß durch Fehlgründungen das Interesse der Bevölkerung erlahmt und eine Zersplitterung der Kräfte und Bestrebungen eintritt, die, sachkundig eingesetzt, eine der wesentlichsten und schönsten Aufgaben unserer Zeit zu erfüllen berufen sind. Es erscheint häufig wichtiger, vorhandene Museen lebendig zu gestalten, als neue zu gründen, und es kommt mehr darauf an, daß ein bestimmter Landschafts- und Volkstumsbezirk in einem lebensfähigen und lebensvermittelnden heimatlichen Institut seinen Niederschlag findet, als daß jede kleine Gemeinde ein eigenes Museum besitzt, dessen erzieherischer Wirkungskreis naturgemäß ein nur sehr begrenzter sein kann (...). Ich ersuche daher, dafür Sorge zu tragen, daß eine Erweiterung des vorhandenen Bestandes an Heimatmuseen zunächst nur in den Fällen vorgenommen wird, in denen sowohl die Bedeutung des Materials als auch das Bedürfnis zu dessen Sammlung und Aufstellung die Einrichtung als zweckmäßig und notwendig erscheinen lassen."[53] Ein weiterer Erlaß vom 10. März 1936 bestellte zum 1. Januar 1937 staatliche Pfleger für die Heimatmuseen.[54] Laut Dienst-

---

50 Ebd.
51 Museen und Sammlungen, S. 33.
52 Vgl. die ministerielle Aufforderung und die Verfassungsbögen in: Staatsarchiv Münster, Regierung Münster Nr. 8979.
53 Staatsarchiv Münster, Regierung Münster Nr. 8979.
54 Ebd. und Reichsministerialblatt für die Deutsche Wissenschaft, S. 145.

anweisung[55] war der Museumspfleger „a) der Gutachter und Berater des Reichs-
erziehungsministeriums, der Unterrichtsverwaltungen der Länder, der Oberpräsidenten in Preußen sowie der in Frage kommenden Mittelbehörden,
b) der Sachverwalter und Treuhänder der Heimatmuseen in den ihm anver-
trauten Bezirk, c) der Garant der Erziehung und Ausbildung der amtierenden
und künftigen Leitern von Heimatmuseen". Er übernahm so praktisch die
Aufgaben der Museumsvereinigungen, hatte mit diesen zusammenzuarbeiten,
Konzepte in Hinsicht auf die Regionen zu entwickeln und den Nachwuchs zu
schulen. Die anfangs auf freiwilliger Basis im Interesse der Sache betriebene
Zusammenarbeit der Heimatmuseen in Vereinigungen, die schon durch den
Aufbau einer straffen, zentralistischen Verbandsstruktur immer stärker politisiert worden war, wurde somit endgültig der staatlichen Kontrolle unterstellt.[56] „Die Einordnung selbst des kleinsten Heimatmuseums in die großen
Aufgaben des deutschen Erziehungswerkes"[57] war nunmehr vollends abgesi-
chert. Diese Entwicklung wurde nur von wenigen Initiatoren und Mitarbeitern in den kleinen Sammlungen als massiver Eingriff in die ehrenamtliche Tätigkeit und in individuelle Freiräume empfunden. Genugtuung machte sich
breit, denn obwohl die Zahl der Neugründungen beschränkt werden sollte, erhielten die bestehenden Heimatmuseen scheinbar offiziell die lang ersehnte
Anerkennung und Aufmerksamkeit.

Mit der Aufgabe, sich in den Dienst der „Erziehung zur rassischen Gesinnung"[58] zu stellen, konnte man sich in konservativen, deutschnationalen
Kreisen, von denen die Initiativen zur Gründung von Heimatmuseen vielfach ausgingen, problemlos identifizieren. In den Schriften über den volkskundlich-kulturhistorischen Museumsbereich hatte schon früh präfaschi-
stisches Gedankengut Eingang gefunden. Bereits 1914 sah ein Konzept
Wilhelm Peßlers[59] für ein Volkstums-Museum auch eine rassenkundliche Abteilung vor, und 1918 forderte Otto Lehmann[60] „ein Museum für deutsche
Stammes- und Rassenkunde", in dem „die Tatsachen der Vererbung und die

---

[55] Staatsarchiv Münster, Regierung Münster Nr. 8979; Kolbow, Kulturpflege, S. 45;
die Namen der zum 1.1.1937 bestellten Museumspfleger veröffentlicht in: R. Min.
Amtsbl. Dtsch. Wiss. 1936, S. 542.

[56] Vgl. Kasarek, Die volkskundlich-kulturhistorischen Museen in Deutschland,
S. 88.

[57] K. H. Jacob-Friesen, Die staatliche Betreuung der Heimatmuseen, in: Museumskunde N.F. X (1938), S. 151.

[58] H. Preuss, Das Heimatmuseum im Dritten Reich. Vortrag, gekürzt auf dem „Niedersachsentag" 1933 in Stade gehalten, in: Museumskunde N.F. V (1933), S. 154.

[59] Die wissenschaftlichen Grundlagen für ein deutsches Volkstumsmuseum, in: Museumskunde X (1914), S. 181 ff.

[60] Ein Museum für deutsche Stammes- und Rassenkunde, in: Deutschlands Erneuerung 2/7 (1918), S. 501 ff.

tiefe Bedeutung der Rassenhygiene für die Gesundung des Volkes selbst" dargestellt werden sollten. Diese Auffassung wurde nach 1933 bestimmend für
konzeptionelle Vorstellungen im Bereich der Museen, denen die Aufgabe zu-
fiel, „der Volkwerdung zu dienen, das Bewußtsein der rassischen, volklichen,
geistigen und seelischen Schicksalsverbundenheit der deutschen Volksgenossen zu stärken"[61] und „in heimatbetonter Form (...) die natürlichen und
geschichtlichen Grundlagen unseres völkischen Daseins zur Darstellung [zu]
bringen".[62]

Bezeichnend für die Konzeption eines Heimatmuseums auf der Basis dieser
faschistischen Prämissen war das „Haus der Heimat" in Iserlohn, das zum
700jährigen Stadtjubiläum im Jahre 1937 eingerichtet wurde. Für die Zwecke
eines Heimatmuseums wurde ein spätbarockes Wohn- und Handelshaus umgebaut, das im 19. Jahrhundert als Zeughaus und zuletzt als Sparkassen- und
Verwaltungsgebäude gedient hatte.[63] Im Erdgeschoß erhielt die querrechteckige Eingangshalle vor dem Treppenaufgang, der in der Mitte des ursprünglich axialsymmetrischen Gebäudes lag, einen neuen Bodenbelag aus quadratischen weißen und schwarzen Platten (Abb. 6). Die Wangen der ins Obergeschoß führenden neuen Eichentreppe wurden mit dem Stadtwappen ge-
schmückt; auf dem Treppenabsatz stellte man die eigens von dem Mülheimer
Künstler Heinrich Lickfeld geschaffene überlebensgroße Holzplastik „Mutter und Kind" auf (Abb. 7). Neben Archiv und Bücherei befanden sich im Erdgeschoß das Zimmer des Museumsleiters sowie Magazinräume für Aquarelle
und Zeichnungen.

Das Obergeschoß war als Ausstellungsfläche vorgesehen. Zuständig für
Aufbau und Einrichtung war der Lehrer Gustav Pfingsten, der als ehrenamtlicher Museumsleiter den Weisungen des von den Nationalsozialisten einge-
setzten Oberbürgermeisters Dr. Hans Damrau zu folgen hatte. Auf einen über
Jahrzehnte zusammengetragenen Sammlungsbestand konnte Pfingsten nicht
zurückgreifen; offiziell wurde dieser Mangel mit dem Hinweis kaschiert, daß
„der Aufbau unter dem Gesichtspunkt einer sparsamen Auswahl und einer
wirkungsvollen Darbietung des Wesentlichen"[64] stehe. Auf die Darstellung
der bürgerlichen Wohnkultur verzichtete man ganz, da sie in den Nachbar-
städten hinreichend dokumentiert sei. Ein Rundgang durch die Dauerausstel-

[61] O. Klein, Das deutsche Volksmuseum, in: J. Wulf, Die bildenden Künste im
Dritten Reich. Eine Dokumentation, Frankfurt a. M. 1983, S. 55.

[62] J. Rohe, Heimatmuseum und Sippenkunde, in: Der Sauerländer (1941), S. 88.

[63] F. Kühn, 1763–1963, Haus der Heimat. 200 Jahre Iserlohner Stadtgeschichte, Iserlohn o. J. (1963). Architekt des Umbaus war Justus Hellmuth, Plansammlung im Iserlohner Stadtmuseum.

[64] G. Pfingsten, Das Haus der Heimat. Plan und Gestaltung, in: 700 Jahre Stadt Iserlohn, Iserlohn o. J. (1937), S. 65.

Abb. 6: Iserlohn, Haus der Heimat: Foyer und Treppenaufgang (1937).

lung führte zunächst in die geologische Abteilung, in der auf die Bedeutung
der technisch nutzbaren Gesteine, Erze und Bodentypen für die Besiedlung,
die Industrieentwicklung und das Wirtschaftsleben eingegangen wurde. Da
entsprechende Exponate weitgehend fehlten, wurde dieser Bereich als auch
die im folgenden Raum behandelte Vor- und Frühgeschichte weitgehend
durch einheimische Künstler dargestellt. Der anschließende, durch Größe
und Lage ausgezeichnete Saal war der Stadtgeschichte vorbehalten (Abb. 8);
diese thematisierte man anhand eines Teppichs, den ca. 300 Frauen nach einem
Entwurf des Iserlohner Malers und Bildhauers Karl Tüttelmann[65] in der ersten Hälfte des Jahres 1937 fertigten. In der Konzeption des Hauses der
Heimat hatte der Wandteppich, der als Gemeinschaftsarbeit der NS-Frauen-
schaft der Stadt Iserlohn zum Jubiläum überreicht wurde, eine außerordentliche Bedeutung. Thema der Darstellung war die Sage vom Bürgermeister

---

[65] M. Pfeiffer/B. Ringbeck, Karl Tüttelmann (1911–1988), Leben und Werk, Retro-
spektive I, Ausstellungskatalog Iserlohn 1989.

Abb. 7: Iserlohn, Haus der Heimat: Treppenabsatz mit Holzplastik
(H. Lickfeld, 1937).

Abb. 8: Iserlohn, Haus der Heimat: Duesberg-Saal (1937).

Duesberg, der während des 30jährigen Krieges beim Versuch, die zwischen die Fronten geratene Stadt Iserlohn vor Plünderung zu retten, ermordet wurde. Die in das Jahr 1633 datierten, mündlich überlieferten Ereignisse wurden 1912 von Hué-Gerlingsen in der Form eines Romans schriftlich festgehalten; diese literarische Vorlage legte man der bildnerischen Gestaltung des Wandteppichs zugrunde, der technisch und farblich die aus dem 14. Jahrhundert stammenden Tristanteppiche des ehemaligen Zisterzienserklosters Wienhausen bei Celle zum Vorbild hatte. Obwohl auf eindeutige nationalsozialistische Symbolik verzichtet wurde, gelang es dem Museumsleiter Pfingsten, der vermutlich starken Einfluß auf den jungen, 26jährigen Künstler ausübte, den Teppich durch seine begleitenden Schriften und Kommentare in den Dienst der NS-Propaganda zu stellen. Seiner Interpretation zufolge hat „im Mittelbild (...) der Künstler (...) den einmaligen zeitlichen Vorgang ins Zeitlose, Allgemeingültige erhoben: Diese kämpferischen Gestalten mit den kühn geschnittenen Gesichtern weisen über die kleine Welt der Heimat hinaus, es sind Deutschlands ewige Kämpfer für Heimat und Reich".[66] Die Bevölkerung ideologisch auf den Krieg vorbereitend und ihre Opferbereitschaft anmahnend, deutete Pfingsten im Jahre 1938 „die markanten Gestalten" des Duesberg-Teppichs nicht allein als „ewige Kämpfer", sondern mit Hinweis auf die zeitgeschichtliche Situation als „Ostmarckkämpfer, Sudetendeutsche, (...) SA-Männer [und] Langemarckhelden (...), die bereit sind, ihr Leben für die Heimat dahinzugeben".[67] „Den würdigen Rahmen für den elf Meter langen und drei Meter hohen Wandbehang", bildeten Pfingsten zufolge, „die Fensternischen, das Eichengebälk der Decke und der Vorhalle, die Holzvertäfelung des Bodens und die einfachen schmiedeeisernen Wandleuchter in Form von überdimensionalen Wandfackeln".[68]

Hinter dem Duesberg-Saal lag der Ehrenraum; anhand von Holzplastiken sollten hier „aus der Dämmerung der Geschichte (...) die Männer wieder aufsteigen, Form und Gestalt gewinnen, die den Namen unserer Vaterstadt in der Welt bekannt und geachtet gemacht haben".[69] Beendet wurde der Rundgang im Sippenraum; in diesem Zimmer, das ursprünglich für die Industriegeschichte vorgesehen war, sollte der Besucher „der Stimme der Tradition und des Blutes lauschen, die vornehmlich zu uns spricht aus den alten Iserlohner Familien, ihren Sitten und Bräuchen".[70] Die Konzeption des Hauses der

---

[66] G. Pfingsten, Der Duesberg-Teppich im Iserlohner Haus der Heimat, Stadtarchiv Iserlohn, ZGS-NG 3 (1937).

[67] G. Pfingsten im Iserlohner Kreisanzeiger, Nr. 280 v. 30. 9. 1938.

[68] Der Duesberg-Teppich im Haus der Heimat (Manuskript), Stadtarchiv Iserlohn, ZGS-NG 3 (1937).

[69] Pfingsten, Das Haus der Heimat, S. 65.

[70] Ebd.

Heimat und die Beschränkung auf wenig Abteilungen entsprach dem Anspruch, den das faschistische Regime an die Heimatmuseen stellte. Vor- und
Frühgeschichte, Volkskunde, Heimat- und Stadtgeschichte wurde auf die po-
litisch-propagandistisch verwertbaren Aspekte reduziert. Außer der Raum-
abfolge, die in Hinsicht auf die „Rassenhygiene" verdeutlichen sollte, daß
„aus vorgeschichtlichen Tagen (…) ein ununterbrochener Blutstrom aus unge-
zählten Herzen, verästelt in unendlichen Blutbahnen, ein Erbgut zu uns
[führt], das wir erkennen und pflegen wollen",[71] hatten die Holzplastik mit
dem Titel „Mutter und Kind" und der Duesberg-Teppich in der Konzeption
des Hauses der Heimat zentrale Bedeutung, denn neben rassenpolitischen Gesichtspunkten galt es, die geschlechtsspezifischen Rollen im Zuge der anlau-
fenden Kriegsvorbereitungen herauszustellen.

Der Begriff „Haus der Heimat" für die Iserlohner Einrichtung war bewußt
gewählt. Im Gegensatz zum Heimatmuseum, in dem „Zeugen des kulturgeschichtlichen Werdens" zu sammeln waren und der „Heimatschau", die auch
ohne Sammlungsgut dem „Laien [ein] leicht begreifbares Abbild des Heimat-
raumes und seines Lebensinhaltes" geben sollte, zeichnete sich nach einer
Definition Kelletats[72] ein „Haus der Heimat" nicht durch den „Rauminhalt",
sondern den „Raum selbst" aus, der als Versammlungsort und Bildungsein-
richtung „Pflegestätte des Heimatlichen" sein sollte.

Während in Iserlohn die Konzeption des Hauses der Heimat allein auf die
politische Erziehung im Sinne des Nationalsozialismus ausgerichtet war,
orientierte man sich bei der ab 1934 erfolgten Einrichtung des „Heimathauses
Münsterland" in Telgte an unverfänglicheren Ideen der Heimatbewegung.[73]
Grundstock des Museums war der Rest einer volkskundlichen Sammlung aus
Privatbesitz, für die man eine alte Pastoratsscheune in unmittelbarer Nähe zur
Telgter Wallfahrtskirche herrichtete. Aufgabe des Museums sollte jedoch nicht
die Komplettierung und Erweiterung dieses Bestandes und seine museale Präsentation sein, sondern man wollte versuchen, „möglichst viele Volksgenossen, besonders aus der ländlichen Bevölkerung, im Sinne einer bodenständigen Volkstumspflege geistig zu beeinflussen, zu bilden und zu erziehen".[74]
Darüber hinaus sollte sich die Museumsarbeit „planmäßig mit den Zeitpro-
blemen des Aufbaus einer neuen ländlichen Heimatkultur auseinandersetzen

---

[71] J. Rohe, Heimatmuseum und Sippenkunde, in: Der Sauerländer (1941), S. 98.

[72] H. Kelletat, Heimatmuseum – Heimatschauen – Häuser der Heimat im märkischen Sauerland, in: Der Sauerländer (1939), S. 74–76.

[73] P. Engelmeier, Das Heimathaus Münsterland – Telgte. Ein neuer bäuerlicher Mu-
seumstyp für Westfalen, in: Heimatbuch Telgte, hrsg. im Stadtjubiläumsjahr 1938 von
der Stadt Telgte, bearb. und zusammengestellt von P. Engelmeier, S. 207–214; ders., Das
Heimatmuseum Münsterland, in: Die Kulturverwaltung 3 (1939), S. 196–201.

[74] Engelmeier, Das Heimatmuseum Münsterland – Telgte, S. 209.

und hierbei jeweils durch lebendige Anschauung die Verbindungslinie von der Vergangenheit zur Gegenwart aufzeigen. Die Pflege einer neuzeitlichen Handwerkskultur, die Wiederbelebung bodenständiger Volkskunst und die Förderung einer gesunden bäuerlichen Wohnkultur wurden hierbei als die wichtigsten Voraussetzungen für eine erfolgreiche Kulturarbeit im fest umgrenzten Landschaftsgebiet Münsterland herausgestellt".[75] Im Mittelpunkt der Museumsarbeit standen Wechselausstellungen, die insbesondere das traditionelle Handwerk und das Brauchtum zum Thema hatten.[76] Die intensive Ausstellungtätigkeit machte 1937 einen Erweiterungsbau notwendig; in dem von Dominikus Böhm entworfenen Anbau wurden eine Spinn- und Webstube (Abb. 9), eine Blaudruckerwerkstatt, eine Töpferwerkstatt (Abb. 10), eine Holzschuhmacherwerkstatt und eine Strumpfwirkerstube eingerichtet, die von Handwerkern selbständig geleitet wurden. Außerdem stellte man Musterzimmer für Siedlungshäuser aus (Abb. 11, 12, 13). Durch die Präsentation von Museumsgut in Verbindung mit der Vorführung handwerklicher Arbeit erhoffte man sich den „Aufbau einer neuen bäuerlichen Handwerkskultur als Grundlage für die Erneuerung einer Münsterländer Heimatpflege".[77] Auch eine sogenannte Ehrenhalle wurde eingerichtet (Abb. 14); anders jedoch als in Iserlohn, wo in diesem Raum die Größen der Stadt gefeiert wurden, diente der Saal in Telgte wechselnden Ausstellungen sowie der zeitweisen Unterbringung der bedeutenden museumseigenen Stücke.[78]

In dem mit öffentlichen Mitteln geförderten Neubau befand sich im Keller ein Luftschutzraum für 100 Personen und ein weiterer gesicherter Raum für die Unterbringung der wertvollen Museumsgüter bei drohender Gefahr.[79] Diese, im fünften Jahr der nationalsozialistischen Herrschaft beim Museumsneubau getroffenen Maßnahmen waren nicht absichtslos durchgeführt worden. In einem den Museumspflegern als geheim zugegangenen Erlaß vom 8. Dezember 1939 ordnete der Reichsminister für Wissenschaft, Erziehung und Volksbildung an, daß besonders wertvolle Museumsgüter gegen jede feindliche Einwirkung zu schützen seien und auf ihre Unterbringung in geeigneten, trockenen und ausreichend lüftbaren Räumen zu achten sei. Trotzdem dürfe und solle sich die Tätigkeit des deutschen Museumswesens nicht allein auf Bergungs- und Vorbeugungsmaßnahmen beschränken.[80] Weiter hieß es in

---

[75] Ebd.

[76] Ebd., S. 209, 210: Liste der Ausstellungen 1934–1937.

[77] Ebd.

[78] Das Heimathaus Münsterland, S. 198.

[79] Ebd.

[80] Stadtmuseum Menden, Ordner Vereinigung westfälischer Museen, Rundschreiben des Geschäftsführers der Vereinigung vom 18. 1. 1940 an die Museen Westfalens.

Abb. 9: Telgte, Heimathaus Münsterland: Spinn- und Webstube (1937).

Abb. 10: Telgte, Heimathaus Münsterland: Töpferwerkstatt (1937).

Abb. 11: Telgte, Heimathaus Münsterland:
Musterschlafzimmer für eine Siedlerheimstätte (1939).

dem Erlaß, daß die Museen, die Werke der Kunst und Wissenschaft von über-regionaler Bedeutung nicht enthalten, also viele Heimatmuseen, naturkund-liche, wirtschaftliche und technische Sammlungen, öffentlich zugänglich zu machen seien; denn „jedes, sei es auch behelfsmäßig und anspruchslos, geöff-nete Museum gibt zahlreichen Volksgenossen Anregung und Freude und stärkt sie in ihrem Vertrauen".[81] In Hinsicht „auf die in Kriegszeiten beson-ders notwendige geistige Substanzerhaltung der Volksgemeinschaft"[82] sollten „aus den Beständen der Sammlungen Themen bestritten werden, die in Bezie-hung stehen zum großen Geschehen unserer Zeit".[83] Als Arbeitstitel für Wechselausstellungen wurden genannt: ›Unsere Heimat im Wechsel der Kriegsgeschichte‹, ›Garnisonen der Heimat seit Friedrich dem Großen‹, ›Die Heimatpresse als Spiegel des Zeitgeschehens‹ (1813–1815, 1864, 1870, 1914–

[81] Ebd.
[82] O. Karpa, Die Heimatmuseen im Kriege, in: Die Kulturverwaltung 4 (1940), S. 83.
[83] Ebd.

Abb. 12: Telgte, Heimathaus Münsterland: Musterküche für eine Siedlerheimstätte (ca. 1937).

1918, 1919–1933), ›Die Selbstversorgung der Heimat einst und jetzt‹, ›Die Familie als Keimzelle des Staates‹, ›Das germanische Erbe‹.[84] Darüber hinaus galt es, zeitgeschichtliche Dokumente, beispielsweise Presseartikel, Aufrufe, Erlasse, Bildnisse von Gefallenen, zu sammeln.[85]

Den wohlmeinenden Ratschlägen und Hinweisen, den Museums- und Ausstellungsbetrieb aufrechtzuerhalten, standen jedoch administrative Maßnahmen gegenüber; behördlich war nämlich angeordnet worden, die Sammlungsbestände aus Metall nach den Kriterien „erhaltenswert" und „ablieferungswürdig" aufzulisten. Dazu hieß es in einer Verfügung des Reichsministers für Wissenschaft, Erziehung und Volksbildung vom 23. März 1940: „Da Heimatmuseen vielfach als Erinnerungen aus dem Weltkriege Bruchstücke von Ge-

[84] Ebd.
[85] Ebd.

Abb. 13: Telgte, Heimathaus Münsterland:
Musterkinderzimmer für eine Siedlerheimstätte (ca. 1937).

schossen, Kartuschen, Patronenhülsen, Stahlhelmen aus Eisen, Kupfer, Messing u. dgl. aufbewahren, die heimatgeschichtlich keinen Wert haben und lediglich einen überflüssigen Ballast darstellen, empfiehlt es sich, die Träger der Heimatmuseen zu veranlassen, diese Gegenstände für die Metallspende zum Geburtstag des Führers zur Verfügung zu stellen. Ob hierbei das eine oder andere Stück von der Bereitstellung auszunehmen ist, wird in einzelnen Zweifelsfällen zweckmässig der Entscheidung des zuständigen Museumspflegers zu unterbreiten sein."[86] Diese Anordnung wurde in den folgenden Jahren auch auf „Münzen und Medaillen, Geschützrohre und Böller, Waffen, Waffen- und Uniformteile, Technisches und Hausgerät, Gewichte und Ge-

---

[86] Stadtmuseum Menden, Ordner der Vereinigung westfälischer Museen, zit. aus dem Rundschreiben des Geschäftsführers der Vereinigung vom 31. 4. 1940 an die Museen Westfalens.

wichtsätze, Musikinstrumente, Beleuchtungsgegenstände, Kirchliche Geräte (auch Glocken), Siegel ohne zeitgeschichtliche Bedeutung nach 1860, Skulpturen und Reliefs geringen Wertes, besonders des 19. und 20. Jahrhunderts, moderne ostasiatische Bronzen, indische und orientalische Metallarbeiten ohne Kunstwert, (...) Trophäen, Preise und Tafelaufsätze, Nippessachen usw." ausgeweitet.[87] Neben den unmittelbaren Kriegseinwirkungen, wie Fliegerangriffe und Transportprobleme, verhinderte diese Aufgabe größtenteils eine nach außen wirkende Museumsarbeit. Im Gegensatz zur Zeit zwischen 1914 und 1918, als eine aktive Sammlungs- und Ausstellungstätigkeit zum Thema „Krieg" betrieben wurde,[88] beschränkte man sich zwischen 1939 und 1945 im wesentlichen auf die Abhaltung von Vortragsreihen.[89]

Aufgrund der nationalsozialistischen Politik und der Kriegsfolgen war die Heimatmuseumsarbeit nach 1945 fast vollständig lahmgelegt. Von den 58 Mitgliedsmuseen der Westfälischen Vereinigung waren beispielsweise 27 erheblich und 5 total zerstört. Von den unbeschädigten Museen war die Hälfte ganz oder teilweise von deutschen oder britischen Stellen für Wohnzwecke beschlagnahmt.[90] Die Sammlungsbestände selbst waren durch die Auslagerungen und Buntmetallsammlungen auseinandergerissen, die in den Häusern verbliebenen Objekte durch die Einquartierungen bedroht und diebstahlgefährdet. Die fehlenden Mittel infolge der Währungsreform machten es an manchen Orten kaum möglich, den Wiederaufbau zu fördern.[91] Heimatmuseen wurden in kulturpolitischer Hinsicht bedeutungslos. Diese Gleichgültigkeit hielt bis weit in die fünfziger Jahre hinein an. Die dadurch entstehende Auffassung vom „Heimatmuseum als liebenswürdige, aber nicht unbedingt ernst zunehmende Einrichtung"[92] hatte neben dem Ausbleiben größerer Mittelzuweisungen allerdings auch zur Folge, daß es sich seiner eigenen Geschichte nicht stellen mußte und daß nach der Rolle der Museumsleiter während des Dritten Reiches nicht gefragt wurde. Bezeichnenderweise wurde in Iserlohn, nachdem die Briten das seit Kriegsende besetzte „Haus der Heimat" im Februar 1949 geräumt hatten, der Duesberg-Teppich wieder aufgehängt; und in einer 1963 erschienenen Festschrift zum 200jährigen Bestehens des barocken Ge-

---

[87] Ebd., Rundschreiben des Geschäftsführers vom 1.9.1942 und 5.10.1942.

[88] W. Peßler, Das historische Museum und der Weltkrieg, in: Museumskunde XI (1915), S. 68–75, 143–155; XII (1916), S. 91–104, 199–203; XIII (1917), S. 52–82.

[89] Ditt, Raum und Volkstum, S. 316; s. außerdem M. Roth, Heimatmuseum und nationalpolitische Erziehung, in: H. Gerndt (Hrsg.), Volkskunde und Nationalsozialismus. Referate und Diskussion einer Tagung, München 1987, S. 185–199.

[90] Stadtmuseum Menden, Ordner Vereinigung westfälischer Museen, Rundschreiben des Geschäftsführers vom 15.10.1946.

[91] Ebd., Protokoll der Tagung der Vereinigung westfälischer Museen am 9. und 10. Juni 1949 in Münster.

[92] Doering, Das kulturgeschichtliche Museum, S. 75.

Abb. 14: Telgte, Heimathaus Münsterland: Ehrenhalle (1938).

bäudes wurde der immer noch amtierende Museumsleiter folgendermaßen gewürdigt: „Jede Ausstellung, die Gustav Pfingsten im Haus der Heimat geboten hat, bezeugt sein klares, tiefes Wissen um die Dinge, seinen in der Gestaltung künstlerischen Sinn und seine hingebende Liebe in dem Mühen, den Menschen Augen und Herzen zu öffnen für die echten Werte der Heimat (…) Oftmals – wir denken zum Beispiel an den Dezember 1938 – gab er den Iserlohner Künstlern die Gelegenheit, ihre Bilder, Zeichnungen und Plastiken auszustellen."[93]

Aufmerksamkeit als Stätten „nationaler Besinnung" erhielten die Heimatmuseen in der Bundesrepublik durch §96 des Bundesvertriebenengesetzes vom 19. Mai 1953 bzw. 14. August 1957, das Bund und Ländern die Aufgabe übertrug, ostdeutsche Häuser, Heimatstuben und Heimatarchive bzw. -museen zu schaffen und das Sammlungsgut auszuwerten und zu sichern.[94] Be-

[93] Kühn, 1763–1963, Haus der Heimat, S. 17/18.
[94] A. Perlick, Die ostdeutschen Heimatstuben und Heimatsammlungen in Nordrhein-Westfalen, Troisdorf 1964 (Schriftenreihe für die Ost-West-Bewegung 48), S. 7.

reits 1952 hatte der Westfälische Heimatbund in Zusammenarbeit mit Vertretern der Vertriebenenverbände und des nordrhein-westfälischen Sozialministeriums auf einer Arbeitstagung eine derartige Anregung den Leitern der westfälischen Museen gegeben.[95] In Abwandlung der Worte Sohnreys wurde nun gefordert, daß in „(…) in jedem Stadt- und Landkreis mindestens eine Patenschaft und eine Heimatstube"[96] zu verwirklichen seien. Zweckmäßigerweise sollten diese Einrichtungen bestehenden Museen und öffentlichen Institutionen angeschlossen werden. Die Sammeltätigkeit der in der Folgezeit zahlreich entstehenden ostdeutschen Heimatmuseen, -archive und -stuben, die in ihrem Aufgabegebiet nicht klar voneinander abgegrenzt waren, bezog sich entweder auf den gesamten ostdeutschen Raum oder aufgrund einer Patenschaftsbindung auf eine bestimmte Stadt oder Region. An den von den Vertriebenenverbänden organisierten Heimattagen waren die Museen mit ostdeutschen Stuben vielfach Ort bzw. Ausgangspunkt der Veranstaltung.[97] Die Verbindung von örtlicher Sammlung und ostdeutscher Heimatstube festigte das Bild vom Heimatmuseum als Pflegestätte konservativer, nationalistischer und revanchistischer Gedanken.

Erst seit Mitte der sechziger Jahre wurden Heimatmuseen wieder verstärkt als Teil der örtlichen bzw. regionalen Kulturarbeit verstanden. Zahlreiche, bislang von Vereinen getragenen Institutionen wurden von Kreisen und Kommunen übernommen; bescheidene Verbesserungen in personeller und ausstellungstechnischer Hinsicht traten ein.[98] Inhaltlich beschränkte man sich jedoch vorerst auch weiterhin „auf die Erhaltung und Behütung von Objekten oder Materialien (…), die einzig bäuerlichen und bürgerlichen Wohlstand und das daraus erwachsene Glück verkörpern".[99] Im Laufe der siebziger Jahre wurde die Wirtschafts- und Sozialgeschichte bevorzugtes Arbeitsfeld in den kleineren Museen, Sammlungsschwerpunkte im Zusammenhang mit örtlichen Leitthemen wurden entwickelt.[100] Darauf aufbauend erhielten in den

[95] O. Heike, Ostdeutsche Patenschaften, Heimatstuben, Heimatarchive und Heimatmuseen, in: A. Perlick, Die ostdeutschen Heimatstuben und Heimatsammlungen in Nordrhein-Westfalen, Troisdorf 1964, S. 22.

[96] Ebd., S. 15.

[97] Vgl. beispielsweise Kühn, 1763–1963, Haus der Heimat, S. 122–114.

[98] Vgl. S. Kessemeier, Heimatmuseen heute. Wandlungen und Entwicklungen in Westfalen, in: Rundschreiben des Westfälischen Heimatbundes 11/12 (1984), S. 1–3.

[99] K. Freckmann, Der Anspruch des Museums auf ganzheitliche Dokumentation, in: Museen in der Provinz. Strukturen, Probleme, Tendenzen, Chancen. Referate und Diskussionen der 5. Arbeitstagung der „Arbeitsgruppe: Kulturgeschichtliche Museen" in der Deutschen Gesellschaft für Volkskunde e. V. vom 5. bis 7. Juni 1980 in Biberach an der Riß, hrsg. von M. Scharfe, Tübingen 1982 (Untersuchungen des Ludwig-Uhland-Instituts der Universität Tübingen 54), S. 107.

[100] Kessemeier, Heimatmuseen heute, S. 2.

Abb. 15: Iserlohn, Stadtmuseum: Neueinrichtung 1987.

achtziger Jahren zahlreiche ehemalige Heimatmuseen eine neue Konzeption und Einrichtung.

In Iserlohn etwa wurde das Gebäude nochmals umgebaut und renoviert, die Ausstellungsfläche durch die Einbeziehung des Keller- und Erdgeschosses verdreifacht (Abb. 15, 16). Aufgrund der Neukonzeption der Sammlung sind in der nun „Stadtmuseum" genannten Einrichtung die geologischen Aspekte des Iserlohner Raumes zusammen mit der Vor- und Frühgeschichte und dem Bergbau im Kellergeschoß ausgestellt. An den Eisenabbau schließt im Erdgeschoß thematisch die Darstellung des seit Jahrhunderten in Iserlohn ansässigen Drahtziehergewerbes an, dessen historische Entwicklung in technischer und sozialer Hinsicht bis in die Gegenwart nachvollzogen wird. Anschließend werden im Obergeschoß bestimmende politische Ereignisse und Konstellationen, ausgehend von der 1848er Revolution über die Weimarer Republik und den Nationalsozialismus bis zur Entstehung der Bundesrepublik, in ihrer Wechselwirkung zwischen regionaler und überregionaler Geschichte präsentiert.[101]

Mit der neuen öffentlichen Geltung und Anerkennung stiegen auch die finanziellen und fachlichen Hilfen. In Westfalen beispielsweise gewährt der Landschaftsverband Westfalen-Lippe seit 1953 Mittel zu Einrichtung und Ausstattung kleiner Museen; 1972 bestellte er einen offiziellen Museumspfleger und 1978 richtete er ein Museumsamt ein, das regionale und lokale Einrichtungen fachlich und finanziell bei der Inventarisation, Dokumentation, Konservierung und Restaurierung, bei der wissenschaftlichen Erschließung und pädagogisch-didaktischen Aufbereitung der Sammlung sowie bei Baumaßnahmen unterstützt. Gewährt wird diese Hilfestellung allerdings nur Museen in kommunaler Trägerschaft bzw. Mitträgerschaft.[102] Ausgeschlossen von diesem etablierten Kreis aber stehen zahlreiche Heimatstuben, -häuser und -museen, die nicht von Fachleuten konzipiert worden sind und sich nicht einer kontinuierlichen Betreuung erfreuen, sondern ehrenamtlich geführt werden. Sie stoßen bei den zuständigen Behörden und vielen Museumsfachleuten auf die gleiche Ablehnung wie in den zwanziger und dreißiger Jahren ihre inzwischen als Stadt- und Kreismuseen anerkannten Verwandten, die vielfach mit dem Anspruch antreten, „Geschichte von unten" zu praktizieren.[103]

---

[101] G. Schäfer, Das Stadtmuseum Iserlohn, in: Aus westfälischen Museen 3/2 (1987), S. 6–22.

[102] Kessemeier, Heimatmuseen heute, S. 2; K.-H. Plittek, 10 Jahre Westfälisches Museumsamt. 1978–1988, in: Aus westfälischen Museen 4/2 (1988), S. 18–25.

[103] Vgl. dazu die Beiträge von Ute Bertrang (Heimatmuseum – aus der Sicht der Heimatpflege), Helmut Knirim (Heimatmuseum – aus der Sicht der Museumspflege) und Siegfried Kessemeier (Heimatmuseen – aus der Sicht der Museumspraxis), in: Heimatpflege in Westfalen. Rundschreiben des Westfälischen Heimatbundes 2/1 (1989), S. 1–7. Siehe außerdem: O. Bätz/U. Gößwald (Hrsg.), Experiment Heimatmuseum. Zur Theorie und Praxis regionaler Museumsarbeit, Marburg 1988.

Abb. 16: Iserlohn, Stadtmuseum: Neueinrichtung 1987.

Abbildungsnachweis

Abb. 1: Heimatmuseum Menden: Kulturgeschichtliche Abteilung (Zustand ca. 1922–1962). Menden, Stadtmuseum.

Abb. 2: Heimatmuseum Menden: Naturhistorische Abteilung (Zustand ca. 1922–1962). Menden, Stadtmuseum.

Abb. 3: Heimatmuseum Menden: Naturkundliche Abteilung (Zustand ca. 1922–1962). Menden, Stadtmuseum.

Abb. 4: Heimatmuseum Menden: Bauernhaus im Obergeschoß, eingebaut in den 20er Jahren. Menden, Stadtmuseum.

Abb. 5: Heimatmuseum Menden: Bauernhaus im Obergeschoß, eingebaut in den 20er Jahren. Menden, Stadtmuseum.

Abb. 6: Iserlohn, Haus der Heimat: Foyer und Treppenaufgang (1937). Iserlohn, Stadtmuseum.

Abb. 7: Iserlohn, Haus der Heimat: Treppenabsatz mit Holzplastik (H. Lickfeld, 1937). Iserlohn, Stadtmuseum.

Abb. 8: Iserlohn, Haus der Heimat: Duesberg-Saal (1937). Iserlohn, Stadtmuseum.

Abb. 9: Telgte, Heimathaus Münsterland: Spinn- und Webstube (1937). Telgte, Heimathaus Münsterland.

Abb. 10: Telgte, Heimathaus Münsterland: Töpferwerkstatt (1937). Telgte, Heimathaus Münsterland.

Abb. 11: Telgte, Heimathaus Münsterland: Musterschlafzimmer für eine Siedlerheimstätte (1939). Telgte, Heimathaus Münsterland.

Abb. 12: Telgte, Heimathaus Münsterland: Musterküche für eine Siedlerheimstätte (ca. 1937). Telgte, Heimathaus Münsterland.

Abb. 13: Telgte, Heimathaus Münsterland: Musterkinderzimmer für eine Siedlerheimstätte (ca. 1937). Telgte, Heimathaus Münsterland.

Abb. 14: Telgte, Heimathaus Münsterland: Ehrenhalle (1938). Telgte, Heimathaus Münsterland.

Abb. 15: Iserlohn, Stadtmuseum: Neueinrichtung 1987. Westfälisches Museumsamt.

Abb. 16: Iserlohn, Stadtmuseum: Neueinrichtung 1987. Westfälisches Museumsamt.

HEIMATGEDANKE UND HEIMATGESCHICHTE IN DER DDR

Von Dieter Riesenberger

Am 27. Juni 1945 richtete J. R. Becher im Auftrag eines Komitees an den Militärkommandanten der Stadt Berlin den Antrag, die Gründung eines „Kulturbundes zur demokratischen Erneuerung Deutschlands" zu genehmigen. Der Kulturbund als „mobilisierende und zugleich kontrollierende" Institution im Rahmen der antifaschistisch-demokratischen Übergangsphase[1] setzte sich u. a. das Ziel, die faschistische Ideologie „auszurotten", Geschichtsfälschungen und Tatsachen aufzudecken, die Deutschland zum Militarismus und Faschismus geführt hatten, und die von der nazistischen „Wissenschaft" verwirrten Begriffe und Wertungen zu klären.[2] Der Heimatbegriff gehörte durch den Mißbrauch in den Jahren der nationalsozialistischen Gewaltherrschaft zweifellos zu jenen Begriffen, die besonders belastet und auch fragwürdig geworden waren; andererseits konnte man aber nicht ignorieren, daß der Begriff „Heimat" im deutschen Denken und Fühlen der Vergangenheit und auch noch nach 1945 einen hohen Stellenwert einnahm. Daraus ergab sich für die Kulturpolitik in der SBZ die schwierige Aufgabe, einerseits die mißbräuchliche Verwendung und Verwertung des Heimatbegriffs durch den Nationalsozialismus aufzudecken und zu analysieren, andererseits zu einem „gereinigten" und positiven Heimatbegriff zu finden, der historisch begründbar und politisch brauchbar war. Diese doppelte Zielsetzung der Kulturpolitik in den ersten Nachkriegsjahren wurde programmatisch formuliert in den Leitsätzen des Kulturbundes vom 3. Juli 1945, die aufriefen zur „Vernichtung der Naziideologie auf allen Lebens- und Wissensgebieten", aber auch zur „Wiederentdeckung und Förderung der freiheitlichen humanistischen, wahrhaft nationalen Traditionen unseres Volkes".[3]

Da der Nationalsozialismus fast ausnahmslos „die bürgerlichen Heimatvereine und ihre Wortführer" in seine Dienste stellen konnte,[4] wurden im Jahre

---

[1] A. Fischer, Der Weg zur Gleichschaltung der Geschichtswissenschaft in der SBZ 1945–1949, in: Geschichtswissenschaft in der DDR, Bd. 1, hrsg. v. A. Fischer/G. Heydemann, Berlin 1988, S. 50.

[2] Der Antrag J. R. Bechers ist abgedruckt in: Um die Erneuerung der deutschen Kultur, Dokumente 1945–1949, zusammengestellt und eingeleitet von G. Dietrich, Berlin 1983, S. 64.

[3] Leitsätze des Kulturbundes in: Um die Erneuerung der deutschen Kultur, S. 69.

[4] Gedanken über Heimat und Vaterland, in: Natur und Heimat (1958), S. 161.

1945 die örtlichen Geschichtsvereine aufgelöst; da der Unterricht in Heimatkunde und auf heimatkundlicher Grundlage eine „Vorschule für den Nationalismus, für völkische Überheblichkeit und militaristischen Ungeist" war,[5]
wurde auch das Fach Heimatkunde in der Grundschule verboten. Diese Maßnahmen, die angesichts des Mißbrauchs des Heimatgedankens durch den Nationalsozialismus berechtigt waren, führten zu einer lange anhaltenden Zurückhaltung, sich mit dem Heimatproblem zu befassen. Es gibt jedoch schon
für die unmittelbare Nachkriegszeit Hinweise dafür, daß heimatgeschichtliche Aktivitäten nicht gänzlich unterbunden wurden. Bemerkenswert ist der
Befehl Nr. 85 der Sowjetischen Militäradministration vom 2. Oktober 1945; er
gestattet „im Interesse der Wiederherstellung der Museen und der Nutzung
der Kulturgüter für die Bildungsarbeit unter Berücksichtigung der völligen
Beseitigung faschistischer und militaristischer Lehren in der Museumsarbeit"
die Weiterführung folgender Einrichtungen[6]:

a) örtliche Heimatkundemuseen der Provinzen, die die Natur, die Tätigkeit
   und die Lebensweise der örtlichen Bevölkerung zeigen;
b) naturwissenschaftliche und kunsthistorische Museen;
c) Gedenkstätten, die großen Humanisten des deutschen Volkes gewidmet
   sind.

Nur auf den ersten Blick wirkt es erstaunlich, daß die Geschichtswissenschaft in der SBZ bzw. in der DDR sich mit der Heimatgeschichte zunächst
nicht beschäftigte. Nach 1945 gab es auf dem Gebiet der DDR nur wenige Historiker, die sich dem Marxismus-Leninismus verpflichtet fühlten, so daß der
Aufbau einer marxistisch-leninistischen Geschichtswissenschaft ebenso vordringlich wie schwierig war.[7] In den ersten Jahren bemühte man sich deshalb
um die „Klärung der Grundfragen der Nationalgeschichte, ausgehend von
den Lebensfragen unseres Volkes in der jüngsten Vergangenheit und in der Gegenwart. Die Behandlung von Fragen der Landes- und Heimatgeschichte
hätte nur abgelenkt und die Kräfte, die keineswegs sehr zahlreich zur Verfügung standen, zersplittert".[8] Hinzu kam, daß erst seit Beginn der sechziger
Jahre die Voraussetzungen für die Herausbildung einer „spezifisch marxistischen Historik" geschaffen wurden, in der „Ort, Funktion und innere
Struktur einer fachspezifischen Geschichtstheorie und Methodologie der

---

[5] E. Karsten, Schule und Heimat, in: Natur und Heimat (1955), S. 263.

[6] Befehl Nr. 85 über: Erfassung und Schutz der Museumswerte und Wiedereröff-
nung und Tätigkeit der Museen, in: Um die Erneuerung der deutschen Kultur, S. 91. –
Auch die kommunalpolitischen Richtlinien der SED vom 17. Juli 1946 fordern „Pflege
der örtlichen Eigenschaften der Kultur und Kunst", in: Ebd., S. 171.

[7] Vgl. D. Riesenberger, Geschichte und Geschichtsunterricht in der DDR, Göttingen 1973, S. 12 f.

[8] M. Steinmetz, Die Aufgabe der Regionalgeschichtsforschung in der DDR bei der
Ausarbeitung eines nationalen Geschichtsbildes, in: ZfG 9 (1961), S. 1742.

historischen Erkenntnis" bestimmt werden konnten.[9] Der geschichtswissenschaftlichen Auseinandersetzung um Heimatgeschichte und Heimatge-
schichtsforschung ging jedoch eine breite Diskussion um einen „sozialistischen" Heimatbegriff voraus, die um die Mitte der fünfziger Jahre einsetzte
und vor allem in der Zeitschrift ›Natur und Heimat‹, dem im Jahre 1952
gegründeten Organ der Natur- und Heimatfreunde, geführt wurde.

Im Rahmen des Zweijahresplanes für 1949/50, der die Führungsrolle der
SED bei der Realisierung der wirtschaftlichen und gesellschaftlichen Aufbau-
pläne herausstellte, wurden die bestehenden Gruppen und Vereine in die Massenorganisationen (Freier Deutscher Gewerkschaftsbund, Kulturbund zur
demokratischen Erneuerung Deutschlands, Freie Deutsche Jugend u. a.) ein-
gegliedert, um „die materielle und kulturelle Lebensgrundlage unseres Volkes
zu heben. Der Zweijahresplan ist der erste deutsche Plan der Zusammenarbeit
zwischen den Werktätigen und den Kunstschaffenden".[10] Tatsächlich handelte es sich um die organisatorische und ideologische Einbindung bisher selbständiger Gruppierungen, die der direkten bzw. indirekten Kontrolle der SED
unterworfen wurden. Dem Kulturbund wurden u. a. die Goethe-Gesellschaft,
die Literatur-, Kunst- und Philosophiegesellschaften und auch die Natur- und
Heimatschutzgruppen angeschlossen.

Die „neuen Bedingungen des Klassenkampfes", die sich um 1948/49 ab-
zeichneten – darunter die Gründung der zwei deutschen Teilstaaten –, führten
auch zu einer Verschiebung der Aufgaben des Kulturbundes. Da der Kampf
gegen die nazistische Ideologie „nicht mehr so stark im Mittelpunkt des geistigen Kampfes wie 1945" stehe, sei der Kampf gegen die „ideologische
Kriegsvorbereitung und gegen alle antihumanistischen und neofaschistischen
Anschauungen und Theorien" in den Vordergrund zu stellen. Der Kulturbund
wurde ferner dazu verpflichtet, die „bürgerlichen Traditionen" in der Gestaltung seiner Programme zu überwinden und den bürgerlichen Vereinscha-
rakter zahlreicher kleiner „Wirkungsgruppen" und die „reaktionären Kräfte"
durch eine „Verbesserung der ideologischen Kontrolle und durch eine systematische Schulungsarbeit für die Funktionäre zu bekämpfen".[11] Dem Kulturbund wurde die Aufgabe übertragen, den Heimathistorikern, die in der
überwiegenden Mehrzahl ehrenamtlich tätige Freizeithistoriker waren, die
„Erkenntnisse des historischen Materialismus" zu vermitteln.[12]

[9] J. Rüsen/Z. Vasicek, Geschichtswissenschaft in der DDR, Bd. 1, S. 315.
[10] Der Zweijahresplan und die Kulturschaffenden, in: Um die Erneuerung der deutschen Kultur, S. 330.
[11] Zur Arbeit der Genossen im Kulturbund: Aus den Richtlinien der Abteilung
Kultur und Erziehung beim Zentralsekretariat der SED vom 19. April 1949.
[12] W. Gutsche, Zur Entwicklung und Rolle der regionalgeschichtlichen Forschung
und Propaganda in der DDR und ihrem Anteil an der Durchsetzung des Marxismus-

Die erste Tagung der Natur- und Heimatfreunde im November 1950 zeigte bereits deutliche Ansätze zu einer „sozialistischen Orientierung" der Heimatgeschichte. Allgemein wurde die Bedeutung des Klassenkampfes für die Durchsetzung des historischen Fortschritts hervorgehoben. Aber auch konkrete Forderungen wurden vorgebracht. Ausgehend von den „revolutionären Entwicklungen" der Gegenwart sollte die lokale Geschichte erforscht werden; stärker als in der „bürgerlichen" Heimatgeschichte sollten die agrar-, wirtschafts- und sozialgeschichtlichen Aspekte betont werden, und durch die Führung von Ortschroniken sollte eine wichtige Voraussetzung für eine gegenwartsnahe Heimatgeschichte geschaffen werden – eine Forderung, die erst im Jahre 1955 von der politischen Führung der DDR aufgegriffen wurde. Entscheidende Impulse für eine Förderung der Heimatgeschichte gingen aber vom sog. ›Zwickauer Plan‹ aus, der von der II. Parteikonferenz der SED verabschiedet wurde. Man wollte nicht mehr „achtlos an den Schätzen unserer Vergangenheit" vorübergehen, sondern „in der Bevölkerung des Kreises die Liebe zur Heimatgeschichte" wecken und ein Museum zur Geschichte des Kreises Zwickau „nach den Grundsätzen der marxistisch-leninistischen Geschichtsforschung" aufbauen. Der Beschluß des Politbüros vom 29. Juli 1952 forderte dazu auf, die Schüler zu Patrioten zu erziehen, und verpflichtete den Geschichtsunterricht dazu, den „Besuch nationaler Gedenkstätten und das Studium der Heimatgeschichte zu unterstützen".[13] Die Einführung der nationalen Betrachtungsweise in das Geschichtsbild der DDR, deren Bedeutung zu Recht hervorgehoben wird,[14] war demnach begleitet und wurde gestützt von einer Aufwertung der Heimatgeschichte; die Hervorhebung der „großen nationalen Traditionen" fand ihre Entsprechung in der Aufforderung, auch die heimatlichen Quellen zu erschließen. Verbindlich war die Zielvorgabe, die „jungen Erbauer des Sozialismus zu gesunden, lebensfrohen und gestählten Menschen [zu] erziehen, die zu großen Leistungen in der Produktion und bei der Verteidigung ihrer Heimat bereit sind".[15]

Die offizielle Anerkennung und Förderung der Heimatgeschichte durch Partei und Staat setzte ein breites Interesse an heimatgeschichtlicher Literatur

---

Leninismus, in: Entwicklungsprobleme der marxistisch-leninistischen Geschichtswissenschaft in der UdSSR und in der DDR. Wissenschaftliche Beiträge der Martin-Luther-Universität, Halle–Wittenberg 1983, S. 322 f.

[13] Der Zwickauer Plan und der Beschluß des ZK der SED vom 29. Juli 1952 sind zitiert nach: Die Heimat im Geschichtsunterricht. Materialien zur Verwirklichung des heimatkundlichen Prinzips im Geschichtsunterricht, Berlin 1957, S. 134–136.

[14] So A. Neuhäuser-Wespy, Erbe und Tradition in der DDR. Zum gewandelten Geschichtsbild der SED, in: Geschichtswissenschaft in der DDR, Bd. 1, S. 133 ff.

[15] Beschluß des Politbüros des ZK der SED vom 29. Juli 1952, in: Die Heimat im Geschichtsunterricht, S. 135.

frei. Offensichtlich bestand dafür ein großes, bisher weitgehend ungestilltes Bedürfnis in der Bevölkerung, das die Führung der DDR jetzt für ihre Politik des sozialistischen Aufbaus und der nationalen Konzeption zu nutzen trachtete. Neue Heimatzeitschriften entstanden, so ›Thüringer Heimat‹ (1956–1960), ›Mitteldeutsches Land‹ (nur 1957), ›Aus der Vergangenheit der Stadt Erfurt‹ (1955 ff.), ›Unser Ostseebezirk‹ (1966 ff.) oder ›Berliner Heimat‹; zahlreiche Reihen wurden herausgegeben, so die Reihe ›Städte und Landschaften‹ (VEB Bibliographisches Institut, Leipzig) oder die ›Kleine Städtereihe‹ (Sachsenverlag, Dresden).[16] Besonders erfolgreich war ›Werte unserer Heimat‹, die zwischen 1957 und 1980 in Gemeinschaftarbeit von Wissenschaftlern und Amateurforschern über 30 Bände vorstellte; diese Bände sind „der Versuch einer auf Schwerpunkte orientierten Inventarisation von Objekten der Natur, Wirtschaft und Kultur, um die natürlichen Gegebenheiten eines Raumes und die von den Menschen im Laufe der Jahrhunderte vorgenommenen Veränderungen im weitesten Sinn zu erfassen".[17] Die Vielfalt der heimatgeschichtlichen und heimatkundlichen Literatur drohte bald unübersichtlich zu werden, und vor allem in weniger beachteten Gebieten trieb die Heimatliebe „bisweilen seltsame publizistische Blüten"; unliebsame „bürgerliche" und „kleinbürgerliche" Vorstellungen und Ansichten konnten sich artikulieren. Deshalb vereinbarten die Leiter des Sachsenverlages (Dresden), des Bibliographischen Institutes (Leipzig), des Thüringer Volksverlages (Weimar), des Urania-Verlages (Jena/Leipzig) und anderer Verlage mit Vertretern des Ministeriums für Kultur, der Fachstelle für Heimatmuseen und der Natur- und Heimatfreunde die Gründung einer „Arbeits- und Planungsgemeinschaft für Heimatliteratur". Weniger produktionstechnische oder verlegerische Gründe als vielmehr politisch-ideologische Überlegungen hatten zu diesem Schritt geführt. Die Vereinbarung ging davon aus, daß „die Liebe zur Heimat in unserem Staat nicht nur die Liebe zu Wald und Feld, zu Bergen und Seen ist – das ist sie natürlich auch –, sondern daß in ihr zugleich die unverbrüchliche Verbundenheit mit unserem Arbeiter- und Bauern-Staat ihre Wurzeln hat".[18]

Die Natur- und Heimatfreunde hatten seit 1950 am Aufbau und an der Gestaltung der Heimatmuseen mitgearbeitet, Natur- und Kulturlehrpfade

---

[16] Vgl. die zahlreichen Angaben bei M. Steinmetz, Die Aufgabe der Geschichtsforschung, S. 1761 f. – Von den Zeitschriften aus den fünfziger Jahren wurden viele – wohl wegen ideologischer Mängel – bald wieder eingestellt.

[17] K. Czok, Über Forschungen zur Regionalgeschichte 1970 bis 1980, in: Jb. f. Regionalgeschichte (1981), S. 212. – Eine kürzere Fassung ist abgedruckt in: Historische Forschungen in der DDR 1970–1980. Analysen und Berichte. Sonderband der ZfG, Berlin 1980.

[18] H. Becker, Arbeits- und Planungsgemeinschaft für Heimatliteratur, in: Natur und Heimat (1958), S. 29.

angelegt, heimatkundliche Bildserien zusammengestellt und bei der Denkmalpflege und der Landschaftsgestaltung mitgearbeitet. Durch die enge Zusammenarbeit von Wissenschaftlern, Laienforschern und interessierten
„Werktätigen" erhielten die Mitglieder die nötige fachliche Anleitung, erhielten die Wissenschaftler Material für ihr eigenes Forschungsgebiet; nicht
zuletzt wurden der Wissenschaft auch neue Mitarbeiter zugeführt.[19] Als Anerkennung für ihre Verdienste beschloß deshalb der Kulturbund, den Natur-
und Heimatfreunden größere Selbständigkeit zu gestatten, behielt sich jedoch
das Recht vor, Beschlüsse aufzuheben, wenn diese „den Grundaufgaben und
Satzungen des Kulturbundes entgegenstehen". In der Begründung für diese
Entscheidung heißt es[20]: „Die Liebe zu Heimat und zur Natur erhielt durch
die Natur- und Heimatfreunde einen neuen demokratischen Sinn. Die Entwicklungsgesetze in Natur und Gesellschaft wurden durch ihre vielfältige Tätigkeit großen Teilen unserer werktätigen Bevölkerung verständlich gemacht.
Die Natur- und Heimatfreunde fassen alle Bestrebungen zusammen, die
Heimat- und Naturkunde in eine von breiten Schichten des Volkes getragene
wissenschaftlich-gesellschaftliche Bewegung zu lenken. Dadurch helfen sie
das demokratische Staatsbewußtsein zu festigen und einen neuen demokratischen Patriotismus zu entwickeln, und leisten einen Beitrag im Kampf für ein
einiges, demokratisches und unabhängiges Vaterland." Anschließend formulierte die erste zentrale Delegiertenkonferenz der Natur- und Heimatfreunde
in Weimar (3./4. Juli 1954) vierzehn Leitsätze für die künftige Tätigkeit, die mit
der Vierzehn-Punkte-Erklärung von Quedlinburg (1951) zu den Grundlagen
des Selbstverständnisses und der Arbeit der Natur- und Heimatfreunde in den
fünfziger Jahren gehörten. Die Weimarer Leitsätze beginnen mit einem Bekenntnis zur Politik der DDR, zur Stärkung des Patriotismus und zum Kampf
für ein „einiges demokratisches Deutschland ... Die Bemühungen in Zusammenarbeit mit den Heimat- und Naturkundevereinen in Westdeutschland und
Westberlin sind zu verstärken" (Punkt 1).[21] In Formulierungen wie: es gelte,
„falsche Romantik und Naturschwärmerei" zu überwinden und „menschenfeindliche und mystische Anschauungen und Vorurteile" zu beseitigen und
„die Entwicklungsgesetze in Natur und Gesellschaft" zu studieren (Punkt 2
und 3), wird erkennbar, in welcher Richtung die Erarbeitung eines „sozialistischen" Heimatbegrifes erfolgen sollte. Als Arbeitsgebiete der Natur- und
Heimatfreunde werden genannt: Heimatgeschichte und Ortschroniken,

---

[19] L. Noack, Für das Glück der Heimat. Über die Arbeit der Natur- und Heimatfreunde, in: Natur und Heimat (1954), S. 194.

[20] Größere Selbständigkeit für die Natur- und Heimatfreunde, in: Natur und
Heimat (1954), S. 276.

[21] Die erste zentrale Delegiertenkonferenz und Leitsätze der Natur- und Heimatfreunde, in: Natur und Heimat (1954), S. 276.

Ur- und Frühgeschichte, Denkmalpflege, Volkskunde, Museen und Ausstellungen, Fotografie, Landschaftsgestaltung und Naturschutz, Botanik und Dendrologie, Geographie und Geologie, Aquarien- und Terrarienkunde, Ornithologie und Vogelschutz, Entomologie und Astronomie (Punkt 10). Besondere Aufmerksamkeit galt dem Neuaufbau von Museen – in jedem Kreis sollte mindestens ein gutes Heimatmuseum eingerichtet werden –, der kritischen Prüfung alter und der Abfassung neuer Ortschroniken über „die Etappen des Aufbaus der Arbeiter- und Bauern-Macht in unseren Gemeinden seit 1945" (Punkt 4 und 5).

Es läßt sich naturgemäß nur schwer feststellen, ob und in welchem Ausmaß kulturpolitische Maßnahmen oder Entscheidungen der Regierung zur Förderung der Heimatpflege auf Initiativen der Natur- und Heimatfreunde zurückgehen; festhalten kann man aber, daß die Natur- und Heimatfreunde maßgeblich an ihrer Ausarbeitung und Durchführung mitgewirkt haben. So beriefen die Natur- und Heimatfreunde gemeinsam mit der Fachstelle für Heimatmuseen beim Ministerium für Kultur im November 1954 in Stralsund die erste zentrale Tagung für Heimatmuseen ein, auf der u. a. über die Verbindung von Heimatgeschichte und Nationalgeschichte diskutiert wurde.[22] Am 16. März 1955 erließ das Ministerium des Innern eine Anordnung über die Führung von Ortschroniken – von den Natur- und Heimatfreunden bereits 1950 vorgeschlagen –, deren Präambel erklärte: „Im Gebiet der Deutschen Demokratischen Republik sind seit 1945 große politische, wirtschaftliche und kulturelle Veränderungen vor sich gegangen. Es ist notwendig, diese äußerst wichtige Entwicklungsetappe im Leben des deutschen Volkes auch im örtlichen Maßstab für die Geschichtsschreibung festzuhalten." Die Realisierung dieser Verordnung stieß aber auf Schwierigkeiten, da „sich unsere Historiker, Wissenschaftler und Laienforscher mit Vorliebe im Mittelalter eingruben … Je näher wir aber an die Herrschaft der Hitleristen …, an den Zweiten Weltkrieg und den Sieg der Sowjetarmee über die faschistischen Barbaren herankommen, um so schütterer werden die historischen Aufzeichnungen. Und was in den letzten zehn Jahren nach der faschistischen Gewaltherrschaft geschehen ist, erscheint vielen Historikern überhaupt nicht als Geschichte, denn das ist in ihren Augen lebende Gegenwart, noch im Fluß und darum nicht würdig, aufgeschrieben zu werden".[23] Klagen über mangelnde Aufgeschlossenheit gegenüber der jüngsten Vergangenheit waren noch lange zu hören; die Zurückhaltung gegenüber der Zeitgeschichte in der DDR ist charakteristisch für die Geschichtswissenschaft in den ersten beiden Jahrzehnten der Nachkriegszeit; auch die Museologen standen der Forderung, die Entwicklung nach 1945 in

---

[22] Erste zentrale Tagung für Heimatmuseen in Stralsund, in: Natur und Heimat (1955), S. 30.
[23] Heimatgeschichte für uns, in: Natur und Heimat (1955), S. 161.

ihre Tätigkeit einzubeziehen, sehr distanziert gegenüber.[24] Diese Zurückhaltung beruhte jedoch nicht lediglich auf der Vorliebe zu einer „zusammenhängenden, frommen und historischen Vergangenheit" (Th. Mann), sondern auch auf dem verständlichen Mißtrauen gegenüber politischen und ideologischen Vorgaben, denen die Zeitgeschichte in der DDR in besonderem Maß ausgesetzt ist.[25]

Maßgeblich beteiligt waren die Natur- und Heimatfreunde an der „Mitarbeit und Durchführung des heimatkundlichen Unterrichts",[26] dessen Einführung der Minister für Kultur, Fritz Lange, am 26. Mai 1955 ankündigte[27]: „Ein wesentliches Merkmal der patriotischen Erziehung besteht darin, im Kinde die Liebe zur Heimat zu wecken. Dazu ist es aber nötig, daß die Kinder ihre Heimat und besonders den Heimatort wirklich kennenlernen. Das heimatkundliche Prinzip ist aber in den bisherigen Lehrplänen und im Unterricht zu wenig oder gar nicht berücksichtigt worden. Aufgabe ist es jetzt, die heimatkundlichen Prinzipien in allen Stufen und Fächern zu verwirklichen. In der Unterstufe muß das Fach Heimatkunde wieder eingeführt werden … Unter Hinzuziehung erfahrener Lehrer und der Sektion Heimat- und Naturfreunde des Kulturbundes sollte es die Aufgabe von Arbeitsgemeinschaften in den Pädagogischen Kabinetten der Kreise sein, heimatkundliches Material als Hilfe für den Lehrer zu erarbeiten." Während der Heimatkunde in den kapitalistischen Ländern pauschal ein „chauvinistisches Erziehungsziel" unterstellt wurde, nahm die Heimatkunde in der DDR für ihre Ziele und Inhalte einen „neuen, fortschrittlichen Charakter" in Anspruch, der in einem sozialistischen Heimatbegriff begründet liege: gekennzeichnet „durch die veränderten gesellschaftlichen Verhältnisse, durch die Herrschaft der Arbeiter und Bauern in unserem Staate und ihre sichtbaren Zeugen … Im Mittelpunkt der Heimatkunde steht der Mensch, der durch seine Arbeit ständig neue Werte schafft, der die Natur verändert, der durch seine Arbeit die Heimat, die in der Deutschen Demokratischen Republik zur wirklichen Heimat der Werktätigen geworden ist, ständig schöner gestaltet. Die Jugend wird zu wahrer Heimatliebe erzogen, die ihren höchsten Ausdruck in der Bereitschaft findet, die Deutsche Demokratische Republik zu verteidigen".[28] Differenzierter als in dieser ›Anweisung zur Einführung des Faches Heimatkunde‹ lesen sich die Erläute-

[24] Vgl. D. Riesenberger, Entwicklung und Bedeutung der Geschichtsmuseen in der DDR, in: Geschichtswissenschaft in der DDR, Bd. 1, S. 491 f.

[25] Dazu allgemein ders., Zeitgeschichte in der DDR, in: GWU 28 (1977), S. 578–598.

[26] H. Knorr, Über die nächsten Aufgaben der Natur und Heimatfreunde, in: Natur und Heimat (1956), S. 225.

[27] F. Lange, Die deutsche demokratische Schule und ihre neuen Aufgaben, in: Neues Deutschland vom 26. Mai 1955.

[28] Anweisung zur Einführung des Faches Heimatgeschichte vom 30. Juni 1955, zitiert nach: Die Heimat im Geschichtsunterricht, S. 137.

rungen im ›Rahmenplan für das Fach Heimatkunde‹ zum Begriff „Heimat‹. Hier wird von Heimat als dem „Stückchen Erde" gesprochen, dem die Schüler „durch ihre Geburt und ihre Entwicklung aufs engste verbunden sind", das ihren Stolz weckt „über die Erfolge des Arbeitsfleißes der Generationen, die das Antlitz ihrer Heimat gestalteten und noch gestalten", und in ihnen „Abscheu und Haß" gegenüber solchen Menschen weckt, die „den Frieden und das Glück ihrer Heimat gefährden". Den Schülern solle vermittelt werden, daß ihre „engere Heimat ein Teil unseres großen Vaterlandes ist".[29] Problematisch war jedoch die Verbindung „Geburt" und „Heimat", die auch bald aufgegeben wurde. Die Direktive vom 21. Juni 1956 wiederum geht auf die Differenzierung von „engerer" und „weiterer" Heimat nicht ein, sondern bestimmt[30]: „... unsere Heimat ist die Deutsche Demokratische Republik." Bereits diese wenigen Hinweise belegen, daß die Postulierung eines „neuen" Heimatbegriffs allein nicht ausreichte, daß vielmehr grundsätzliche Überlegungen über Inhalt und Bedeutung des Begriffes „Heimat" notwendig waren. Bis zu diesem Zeitpunkt war man sich lediglich darin einig, daß ein „sozialistischer" Heimatbegriff sich von bürgerlich-romantischen Klischees absetzen müsse, daß er auf dem marxistisch-leninistischen Geschichtsverständnis aufbauen müsse und daß er den sozialistischen Aufbau und die nationale Konzeption der Politik der DDR zu unterstützen habe. Doch trotz dieser „Eckwerte" dauerte es mehr als zehn Jahre, bis sich in teilweise kontroversen Diskussionen die Grundlinien eines „sozialistischen" Heimatbegriffes herausschälten.

Die ersten Ergebnisse dieser Diskussion faßte K. Czok im Jahre 1962 zusammen. An erster Stelle nennt er die Übereinstimmung darüber, daß der Heimatbegriff ein klassengebundener Begriff sei; er diene „jeweils den Interessen der herrschenden Klasse, im Kapitalismus der Bourgeoisie, bei uns der Arbeiterklasse und den mit ihr verbundenen Bevölkerungsschichten". Heimatliebe und Heimatbewußtsein blieben so lange „widerspruchsvoll und eingeschränkt", wie der Reichtum der Heimat (Boden, Rohrstoffe, Fabriken) in Privateigentum verbleibe, und folgert daraus: „Erst der Sozialismus in der DDR bringt ein neues, schöpferisches und wahrhaft menschliches Heimatbewußtsein hervor." Als Komponenten eines sozialistischen Heimatbegriffes führt er an:

– Heimat wird nicht als der natürliche, sondern vor allem als der soziale Lebensbereich verstanden; sie muß nicht identisch mit dem Geburtsort sein;
– Heimat ist nicht statisch und unveränderlich, da der Mensch sie durch seine Arbeit und gesellschaftliche Tätigkeit ständig verändert; aber „nur im Sozialismus kann der Mensch seine Heimat wirklich humanistisch und schön gestalten";

---

[29] Rahmenplan für das Fach Heimatkunde, zitiert nach: Ebd., S. 137.
[30] Ebd., S. 143.

– Heimatliebe ist nicht passiv, sondern aktiv; sie äußert sich „in der Mitarbeit beim Aufbau des Sozialismus der Deutschen Demokratischen Republik und in der Bereitschaft, unseren Arbeiter- und Bauern-Staat zu verteidigen".

Erstmals legte K. Czok eine Definition des sozialistischen Heimatbegriffes vor[31]: „Die sozialistische Heimat ist somit der natürliche und soziale Lebensbereich der Menschen, mit dem sie politisch, ökonomisch, kulturell, verstandes- und gefühlsmäßig eng verbunden sind und für deren Erhaltung und Veränderung sie sich aktiv im Sinne des Sozialismus einsetzen."

Mit der Betonung der Klassengebundenheit, mit der Hervorhebung der für den Marxismus-Leninismus zentralen Kategorie „Arbeit" und der vorsichtigen Bewertung des Geburtsortes als Kriterien für einen sozialistischen Heimatbegriff war zweifellos ein gewisser Fortschritt erreicht. Die Kriterien sind jedoch eher additiv aneinandergereiht als ideologisch-theoretisch begründet und aufeinander bezogen. Auch sind die Begriffe „Heimat", „Heimatliebe" und „Heimatbewußtsein" fast beliebig und austauschbar eingesetzt. Eindeutig ist dagegen die Funktionalisierung der Heimatverbundenheit: Heimatverbundenheit wird zur Mobilisierung der Arbeitskraft und des Arbeitswillens und zur Motivierung für die Wehr- und Verteidigungsbereitschaft eingesetzt. Tätige Heimatliebe besteht „vor allem in der Erfüllung der ökonomischen Aufgaben … Die staatlichen Aufgaben zu erfüllen, erfordert, alle Kräfte für die weitere Leistungssteigerung zu mobilisieren, für die kontinuierliche Erfüllung und gezielte Übererfüllung des Planes, für die Einhaltung strenger Staats- und Plandisziplin".[32] Die besondere Bedeutung der Heimatliebe für eine „sozialistische" Wehrerziehung wird darin gesehen, daß sich in der Heimat „die eigenen Erfahrungswerte am unmittelbarsten mit dem allgemeinen Strom der Geschichte verbinden".[33]

In den siebziger Jahren gab es verstärkte Anstrengungen, die marxistisch-leninistische Ideologie fundierter auszubauen und auch eine systematische und stringente Geschichtstheorie zu begründen;[34] entsprechend versuchte man, eine umfassender angelegte Explikation des sozialistischen Heimatbegriffs zu erarbeiten. Ausgehend von der materialistischen Theorie und von der Widerspiegelungstheorie – sie galten als Axiome der marxistisch-leninistischen Ideologie – wird Heimat als eine „objektiv-reale gesellschaftliche

---

[31] K. Czok, Die Bedeutung der Regionalgeschichte in Deutschland und ihre Erforschung in der Deutschen Demokratischen Republik, in: Sächsische Heimatblätter (1962), S. 179 f.

[32] M. Benjamin, Der Bürger und seine Heimatstadt im sozialistischen Vaterland, in: Der Bürger und seine Heimatstadt, Berlin 1979, S. 17.

[33] H.-G. Stoga, Traditionsbewußtsein und Wehrerziehung, in: Ebd., S. 96.

[34] Vgl. A. Sywottek, „Marxistische Historik": Probleme und Scheinprobleme, in: Geschichtswissenschaft in der DDR, Bd. 1, S. 255 f.

Erscheinung" verstanden, deren Wesensmerkmale „im Heimatbegriff zu bezeichnen sind".[35] Ein wesentliches Merkmal besteht darin, daß Heimat als
Beziehung ganz bestimmter sozialer Gruppen zu ihrer engeren und konkreten Umwelt real-objektiv existiert, d.h. unabhängig vom Bewußtsein.
Wenn auch das Verhältnis zur Heimat emotional erlebt werde und Heimat
ohne ein „bestimmtes psychisches Verhältnis" undenkbar sei, so wäre es dennoch falsch, das „individuelle" Heimatgefühl in die Bestimmung des Gegenstandes einzubeziehen. Das persönliche Bekenntnis zur Heimat gilt als subjektive Äußerung, die einen objektiven Tatbestand reflektiert; entscheidend
sei aber die materialistische Grundlage. Mit diesen Überlegungen – sie dürften
vor allem deshalb angreifbar sein, weil sie das Problem, wie Umwelt zu
„Heimat" wird, zu einseitig behandeln, indem sie diesen Vorgang fast ausschließlich auf soziale Gruppen beziehen – glaubte man eine Basis gewonnen
zu haben, von der aus man sowohl die subjektiv-individualistische als auch die
räumlich-deterministische Richtung der konservativen bzw. bürgerlichen
Heimatideologie widerlegen könne.[36]
    Eine große Bedeutung wird der Arbeit bei der Herausbildung objektiver
und subjektiv-psychischer Beziehungen zur konkreten, unmittelbaren Umwelt zugesprochen. Die materialistische Auffassung versteht Umwelt zunächst als Gegenstand, den die Menschen zum Objekt ihrer produktiven
Tätigkeit machen, womit sie die Voraussetzung „für die Erkenntnis und emotionale Verbindung des Menschen mit dieser Umwelt" schaffen. Heimat ist
demnach das „Objekt der konkreten Arbeit, die sich in ihrer Art und Kombination von der in anderen Regionen erheblich unterscheidet … Der durch die
Arbeit vieler Generationen geschaffene Reichtum des Landes, der sich in der
äußeren Natur vergegenständlicht hat, erlangt so eine sehr mannigfaltige
Form".[37] Die Arbeit ist aber nicht nur ein konstitutives Element des sozialistischen Heimatbegriffes;[38] ihr kommt auch in der generellen Systemauseinan-
dersetzung zwischen Sozialismus und Kapitalismus eine grundlegende Bedeutung zu, die sich in der oft synonymen Verwendung der Begriffe „Heimat"
und „Vaterland" widerspiegelt. Als berechtigt gilt dieser synonyme Gebrauch
deshalb, weil die DDR „die Heimat ihrer Bürger, ihr Vaterland" ist[39]:

    [35] G. Lange, Heimat – Realität und Aufgabe. Zur marxistischen Auffassung des
Heimatbegriffes, 2. Aufl., Berlin 1975.
    [36] Ebd., S. 15.
    [37] Ebd., S. 85–88.
    [38] Zur Bedeutung der Arbeit für ein sozialistisches Heimatbewußtsein vgl.
H. P. Franke, Heimat und Heimatbewußtsein, ihre Verfälschung und ihr Mißbrauch
durch Ideologen des Westdeutschen Imperialismus, Diss. Leipzig 1972, S. 22–30
(unveröffentl. Manuskript).
    [39] W. Wimmer, Sozialistische Heimat – Errungenschaft und Aufgabe, in: Einheit
12 (1978), S. 1232.

„ein sozialistischer Staat, in dem die politische Macht in den Händen der Arbeiterklasse und der anderen Werktätigen liegt, in dem die Produktionsmittel sozialistisches Eigentum sind … In diesem Sinn bilden die Städte und Dörfer unseres Landes, die Werke und Fabriken wie die landwirtschaftlichen Betriebe und wissenschaftlichen Einrichtungen, die Wohnviertel und die Erholungsgebiete das gute Zuhause der Bürger der DDR." In der sozialistischen Gesellschaft verliere die Arbeit ihren entfremdeten Charakter, so daß die Behauptung aufgestellt werden könne, Heimat erhalte durch den Sozialismus und im Sozialismus „eine völlig neue Qualität".[40] Die Spezifik der „engeren" Heimat besteht demnach darin, daß sie sich „als Region des größeren Vaterlandes entwickelt, daß in ihr die im Lande gegebenen gesellschaftlichen Verhältnisse und natürlichen Bedingungen eine spezifische Form annehmen, daß die tätigen und psychischen Beziehungen der Menschen zu ihrer Umwelt besonders intensiv und kontinuierlich sind".[41]

Der heimatkundliche Unterricht habe die Wirklichkeit widerzuspiegeln, in der „das Kind lebt und aufwächst; die Kinder würden die Welt der „befreiten Werktätigen sehen, durchforschen, in ihrem wahren Wesen erkennen und lieben lernen" und dadurch zu „echten, überzeugten, einsatzbereiten Patrioten erzogen werden … ". Schwerpunkt des Unterrichts müsse die Vermittlung „fester Grundkenntnisse" sein[42]: „Jeder der verschiedenen Sachstoffe, die diesem Unterricht zugrunde gelegt werden, einerlei ob er erdkundlicher, geschichtlicher oder naturkundlicher Art ist, muß gründlich und verantwortungsbewußt erarbeitet werden …" Diese faktologische Ausrichtung des heimatkundlichen Unterrichts ist charakteristisch für den Geschichtsunterricht der fünfziger Jahre in der DDR.[43] Sie geht von der später korrigierten Vorstellung aus, daß über Fakten und durch Fakten bereits ein sozialistisches Bewußtsein induziert werden könne; daß also aus der spontan sich einstellenden Heimatliebe über die Vermittlung von Fakten sich ein bewußtes Heimatbewußtsein bilden werde. Bald aber wurde deutlich, daß das Wesen der Heimat nicht mit einer nur „empirischen Betrachtung ihrer Elemente" zu erkennen sei, sondern daß „sozialistisches Heimatbewußtsein und -gefühl … durch Bildung und Erziehung vermittelt werden. Wissenschaftliche Erkenntnis kann sich niemals spontan einstellen, und die sozialen Gefühle, die der sozialistischen Wirklichkeit entsprechen, sind nur im Ergebnis einer langwierigen Erziehung und Auseinandersetzung zu gewinnen. Das unmittelbare, spontane Erkennen und Erleben muß also mit der tiefen theoretischen Erkenntnis zu

---

[40] Ebd., S. 1231.
[41] Lange, Heimat – Realität und Aufgabe, S. 136.
[42] Karsten, Schule und Heimat, S. 263f.
[43] Vgl. Riesenberger, Geschichte und Geschichtsunterricht in der DDR, S. 40.

einer Einheit verschmolzen werden ... ".[44] Die Förderung dieses Prozesses
gilt als wichtige politisch-ideologische Aufgabe und wird immer wieder wort-
reich beschworen. Das Heimatbewußtsein gewinnt innerhalb des sozialistischen Geschichtsbewußtseins ständig an Bedeutung; von der Heimatgeschichte als „Quelle des Stolzes" auf die DDR erwartet man, daß sie „in noch
höherem Maß als bisher die persönlichen Interessen ... mit den gesellschaftlichen Interessen in Übereinstimmung zu bringen vermag".[45]

Die Geschichtswissenschaft der DDR befaßte sich erst seit Mitte der fünfziger Jahre mit Fragen der Heimatgeschichte und Heimatgeschichtsschreibung. Der Erklärung des IV. Parteitages der SED im Jahre 1954, in der die Bedeutung der Geschichtswissenschaft für die Lösung der „Lebensfragen der
deutschen Nation" hervorgehoben wurde, folgte ein Beschluß des ZK der
SED über ›Die Verbesserung der Forschung und Lehre in der Geschichtswissenschaft der Deutschen Demokratischen Republik‹, der eine Förderung der
Heimatgeschichte anregte[46]: „Um die Liebe zur Heimat zu stärken und die
Werktätigen an die Frage der Geschichte heranzuführen, muß der Erforschung und Popularisierung der geschichtlichen Entwicklung in den einzelnen Städten und Kreisen der Republik große Aufmerksamkeit geschenkt
werden." Die Folgen dieses Beschlusses prägen bis in die Gegenwart die
Struktur der heimat- und regionalgeschichtlichen Forschung in der DDR,
wenn auch wichtige organisatorische, konzeptionelle und methodologische
Wandlungen – wie nicht anders zu erwarten – seither eingetreten sind. Charakteristisch für die Struktur sind
(1) die Einrichtung von Kommissionen zur Erforschung der Geschichte der
    örtlichen Arbeiterbewegung bei den Bezirks- und Kreisleitungen und
(2) die Etablierung der Heimat- und Regionalgeschichtsforschung.

(1) Die bei den Bezirks- und Kreisleitungen eingerichteten Kommissionen
sind Gremien, deren Mitglieder in der Regel ehrenamtlich arbeiten. Sie
wurden innerhalb eines Jahrzehnts die „Hauptträger regionalgeschichtlicher
Forschung zur Geschichte der Arbeiterbewegung und vereinen Hunderte von
Genossinnen und Genossen".[47] Bereits im Jahre 1958 erschien der erste Band
der Zeitschrift ›Beiträge zur Geschichte der [deutschen] Arbeiterbewegung‹,

---

[44] Lange, Heimat – Realität und Aufgabe, S. 17 f.; vgl. auch Franke, Heimat und Heimatbewußtsein, S. 11, der von einer Herausbildung „elementarer Heimatgefühle"
spontanen Charakters zu einem „wahren Heimatbewußtsein" spricht.

[45] W. Gutsche, Heimatgeschichte in der politisch-ideologischen Arbeit, in: Der
Bürger und seine Heimatstadt, S. 93.

[46] Abdruck des Beschlusses in: ZfG 3 (1955), S. 525.

[47] H.-J. Krusch, Für einen weiteren Aufschwung der Arbeit der Geschichtskommissionen der SED, in: Beiträge zur Geschichte der Arbeiterbewegung (BzG) 16 (1974),
S. 126.

in der regelmäßig Berichte über die Arbeit der Kommissionen erscheinen. Ihre erste umfangreiche Aufgabe erhielten die Kommissionen, als die SED im Jahre 1962 die Historiker beauftragte, eine mehrbändige ›Geschichte der deutschen Arbeiterbewegung‹ zu schreiben, deren Ausarbeitung sich an dem vorgegebenen ›Grundriß der Geschichte der Arbeiterbewegung‹ zu orientieren hatte. Zunächst wurden Kommissionsmitgliedern auf einem mehrtägigen Lehrgang im Juli 1962 – getragen vom Institut für Marxismus-Leninismus beim ZK der SED und der Abteilung Propaganda des ZK – der ›Grundriß‹ vorgestellt und Aufgaben zugeteilt: a) Unterstützung des Autorenkollektivs für die Erarbeitung durch Einzeluntersuchungen, Analysen und Materialsammlungen und b) Popularisierung des ›Grundrisses‹ anhand der örtlichen Geschichtserfahrungen. Dieser allgemeinen Einweisung folgte ein zweiter Lehrgang, auf dem Arbeits- und Forschungsschwerpunkte für die einzelnen Bezirkskommissionen festgelegt wurden; überwiegend wurden Aufträge zur Erforschung der Zeit nach 1945 vergeben, entsprechend den ›Richtlinien zur Tätigkeit der Kommissionen zur Erforschung der Geschichte der örtlichen Arbeiterbewegung‹ vom Jahre 1962. Die Propagierung und Popularisierung des ›Grundrisses‹ sollte u. a. auch die Deutschlandpolitik der SED unterstützen, um die im sog. nationalen Dokument ›Die geschichtliche Aufgabe der DDR und die Zukunft Deutschlands‹ getroffenen „Verallgemeinerungen mit dem Leben der Werktätigen zu verbinden".[48] Weitere Schulungslehrgänge organisierten anschließend die Bezirkskommissionen für Mitglieder der Stadt- und Kreiskommissionen. Patenschaftsverträge mit Oberschulen und Jugendorganisationen, mit Einheiten der Volksarmee und mit Arbeitskollektiven dienten der massenpolitischen Propaganda; allein die Stadtkommission Leipzig führte im Jahre 1961 etwa 670 Veranstaltungen mit über 45 000 Teilnehmern durch.[49] Trotz dieser massiven Unterstützung der Kommissionen stellten sich Schwierigkeiten ein. Es fehlten erfahrene Geschichtsforscher und Geschichtspropagandisten, um einen festen Kern innerhalb der Kommissionen bilden zu können. Historiker und Gesellschaftswissenschaftler der Universitäten, Hochschulen und Fachschulen hielten sich offensichtlich zurück; Bezirks- und Kreisleitungen verweigerten ihre Unterstützung, da sie die Tätigkeit der Kommissionen als „Steckenpferd einzelner Genossen" beurteilten.[50] Charakteristisch für die Kommissionen ist die von Anfang an systematisch betriebene Einheit von praktischer Tätigkeit und ideologischer Ausrichtung, von Geschichtsfor-

---

[48] W. Kießling/H. Mauer, Die 16. Tagung des Zentralkomitees der SED und die nächsten Aufgaben der Kommissionen zur Erforschung der Geschichte der örtlichen Arbeiterbewegung, in: BzG 4 (1962), S. 971 ff.; Zitat: S. 973.
[49] Vgl. H. Maur/H. Beutel, Informationen über Lehrgänge der Bezirkskommissionen Frankfurt (Oder) und Leipzig, ebd., S. 975 f.
[50] Kießling/Maur, Die 16. Tagung des Zentralkomitees, S. 974.

schung und Geschichtspropaganda. Daraus ergibt sich auch heute noch die
führende Rolle, die diese Einrichtung – als eigenständige Schöpfung der DDR
ohne Vorläufer und damit auch ohne „Belastungen" – für die Erforschung der
Arbeiterbewegung im lokalen und regionalen Bereich, vor allem für die Entwicklung nach 1945 einnimmt. Die Kommissionen konzentrieren sich auf die
Erfassung und Aufbereitung von Materialien zu Jahrestagen, etwa zum
25. Jahrestag der Kampfgruppen oder zum 30. Jahrestag der DDR. Wie schon
aus dem Terminus „Bilanzmaterialien" hervorgeht, handelt es sich fast ausschließlich um unkritische Chroniken oder Materialsammlungen; die Vor-
gabe, insgesamt „positive" Bilanzen vorweisen zu müssen, macht es offenbar
schwer, Arbeiten mit darstellerischen Qualitäten vorzulegen.[51] Die Schwä-
chen und Mängel werden zwar durchaus erkannt und auch kritisiert, bisher
aber ohne erkennbare Folgen. Zugleich sind die Anforderungen und Erwartungen so hoch angesetzt, daß sie wohl zwangsläufig enttäuschende Ergebnisse nach sich ziehen.[52] Lenins Warnung läßt sich auf die Problematik solcher
„Bilanzmaterialien" durchaus übertragen[53]: „Tatsachen sind, nimmt man sie
in ihrer Gesamtheit, in ihrem Zusammenhang, nicht nur hartnäckig, sondern
auch unbedingt beweiskräftige Dinge. Nimmt man aber einzelne Tatsachen,
losgelöst vom Ganzen, losgelöst aus ihrem Zusammenhang, dann ist das eben
nur ein Jonglieren mit Daten oder etwas noch Schlimmeres."
    Der VIII. Parteitag der SED (15.–19. Juni 1971), der nur wenige Wochen
nach der Ablösung Ulbrichts durch Honecker stattfand, brachte auch für die
Kommissionen zur Erforschung der örtlichen Arbeiterbewegung eine neue
„Orientierung".[54] Am 19. Juni 1973 erließ das Sekretariat des ZK neue Richtlinien über die Arbeit der Kommissionen. Sie wurden angewiesen, noch stärker
als bisher die ideologische Arbeit der Partei zu unterstützen: „Die Bezirks-
und Kreisleitungen sichern, daß die Geschichtskommissionen einen größeren
Beitrag zur Entwicklung des sozialistischen Bewußtseins und zur Auseinandersetzung mit der reaktionären bürgerlichen Ideologie leisten." Die

---

[51] Für die austauschbaren Bilanzmaterialien vgl. Titel zum 30. Jahrestag der DDR:
30 Jahre erfolgreiche Bilanz im Kreis Großenhaus; 30 Jahre DDR – aus der erfolgrei-
chen Bilanz des Kreises Hohenmölsen; Der Kreis Pirna – eine erfolgreiche Bilanz in
Zahlen und Fakten; Bilanz unseres Kreises. 30 Jahre erfolgreicher gesellschaftlicher
Entwicklung im Kreis Perleberg usw.; s. die umfangreichen Angaben bei H. Freundlich, Literaturbericht über Publikationen zur Geschichte der örtlichen Arbeiterbewegung 1976–1980, in: BzG 4 (1982), Anm. 21–30, S. 751–755.
[52] A. Golub/H. Moritz, Methodologische Probleme und Aufgaben regionaler Geschichte, in: BzG 23 (1981), S. 600; vgl. auch P. Sonnet, Heimat und Sozialismus. Zur
Regionalgeschichtsschreibung in der DDR, in: HZ 235 (1982), S. 132.
[53] Zitiert nach: Golub/Moritz, Methodologische Probleme, S. 599.
[54] Vgl. U. Neuhäuser-Wespy, Umorientierung in der Geschichtswissenschaft der
DDR von 1971/72, in: Geschichtswissenschaft in der DDR, Bd. 1, S. 78 ff.

Vorgaben der Richtlinien entsprechen z.T. wörtlich den Beschlüssen des
VIII. Parteitages, wenn sie die Kommissionen auf folgende Arbeitsschwerpunkte hinweisen[55]:

– auf die wachsende Rolle der Arbeiterklasse und ihrer marxistisch-leninistischen Partei;
– auf die Grundfragen des revolutionären Weltprozesses seit der Großen Sozialistischen Oktoberrevolution und die geschichtlichen Erfahrungen der
  KPdSU und der Sowjetunion;
– auf die Rolle der SED und der DDR als untrennbares Bestandteil des revolutionären Weltprozesses, als Erbe aller revolutionären, fortschrittlichen
  und humanistischen Traditionen des deutschen Volkes und vor allem der
  deutschen Arbeiterbewegung.

Eine Aufwertung der Kommissionen bedeutete die Tatsache, daß ihre Forschungstätigkeiten thematisch ausgeweitet wurden durch Aufträge zur Geschichte der Gewerkschaften und Massenorganisationen, der Kultur-, Sport-
und Wehrverbände, der Arbeiterjugend und der Frauenbewegung.[56] Die
Erforschung der Arbeiterbewegung, zumal der SED, auf Bezirksebene behielt
aber weiterhin Priorität. Zur Verbesserung der theoretischen und methodolo-
gischen Grundlage der z.T. ohne geschichtswissenschaftliche Ausbildung
tätigen Mitarbeiter sollten „wissenschaftliche Orientierungen und Standpunkte" angeboten werden.[57] Gerade die regionale Parteigeschichtsschrei-
bung biete „Möglichkeiten, herauszuarbeiten, welche Methoden der Parteiar-
beit erfolgreich und welche es nicht waren, um so unter Umständen bestimmte
Schlußfolgerungen für die heutigen Führungsprozesse der Partei zu ziehen,
unter anderem für die ideologische Arbeit".[58] Die Geschichtskommissionen
haben in den letzten Jahren erstmals zusammenhängende Darstellungen über
Bezirksparteiorganisationen vorgelegt. Der zentrale Forschungsplan von
1986 bis 1990 sieht vor, Arbeiten zur Geschichte der Parteiorganisation in
allen Bezirken durchzuführen.[59]

Die Gründung einer eigenen Abteilung für „Geschichte der örtlichen Arbeiterbewegung und Betriebsgeschichte" am Institut für Marxismus-Leninismus unterstrich die Bedeutung der Kommissionen; Aufgabe der neuen Abteilung ist die zentrale Koordination und Leitung von historischen Arbeiten

---

[55] H.-J. Krusch, Arbeit der Geschichtskommissionen, S.128f.

[56] Czok, Über Forschungen zur Regionalgeschichte 1970 bis 1980, S.195.

[57] P. Köppen, Zur Erforschung, Darstellung und Propagierung der Regionalgeschichte der neuesten Zeit in der DDR, Diss. Rostock 1984, S.179 (unveröffentl. Manuskript).

[58] Ebd., S.115.

[59] H.-J. Krusch/W. Wimmer, Zum Gegenstand parteihistorischer Forschung in den
Bezirken, in: BzG 29 (1987), S.110.

auf diesen Gebieten.[60] Neu ist die organisatorische Zusammenführung der Forschungstätigkeiten über örtliche Arbeiterbewegung und Betriebsgeschichte. Der Ausbau der 1961 gegründeten Konsultationsstellen für Betriebsgeschichte zu Kommissionen für Betriebsgeschichte und die 1977 vom Sekretariat des ZK erlassenen ›Richtlinien zur Erforschung und Propagierung der Betriebsgeschichte‹ zeigen, daß sich auch die Betriebsgeschichte größerer Beachtung erfreut;[61] schwerwiegende Mängel im theoretischen und im ideologischen Bereich gaben dazu auch Anlaß.[62]

(2) Die Etablierung der Heimat- und Regionalgeschichte begann – als logische Konsequenz der Einführung des Faches Heimatkunde im Jahre 1955 – mit der obligatorischen Ausbildung in Heimatgeschichte für Geschichtsstudenten an Universitäten im Jahre 1956. Diese Maßnahme führte jedoch – wie noch im Jahre 1965 kritisch festgestellt wurde – nur langsam dazu, daß sich Geschichtslehrer für Heimatgeschichte interessierten. Dieses Desinteresse dürfte mehrere Gründe gehabt haben, etwa die Schwierigkeit, die Prinzipien des Marxismus-Leninismus auf die Heimatgeschichte zu übertragen, aber auch die unzulängliche Ausbildung der Geschichtslehrer in den fünfziger Jahren allgemein.[63] Der von H. Mohr und E. Hühns herausgegebene Sammelband ›Einführung in die Heimatgeschichte‹ (1959) wollte diese Defizite ausgleichen. In Anlehnung an den sozialistischen Heimatbegriff wurden Siedlungs- und Ortsgeschichte in den Mittelpunkt der Heimatgeschichte gestellt,[64] da zwischen Siedlungsform, Wirtschaftsweise und Sozialstruktur enge Wechselbeziehungen bestünden und damit ein direkter Zusammenhang mit der „sozialistischen Dorf- und Stadtplanung" gegeben sei, der „ohne die Berücksichtigung der historisch gewachsenen Siedlungskomplexe gar nicht möglich ist".[65] Die traditionelle Landesgeschichte wurde dagegen abgelehnt;

---

[60] Sonnet, Heimat und Sozialismus, S. 131 f.

[61] Zu den Anfängen der Betriebsgeschichte in der DDR vgl. das temperamentvolle und noch heute lesenswerte Einführungsreferat von J. Kuczynski zur zweiten Konferenz ›zur Geschichte der sozialistischen Produktionsbetriebe‹ im Jahre 1964, in: Jahrbuch für Wirtschaftsgeschichte (1964), Teil 1, S. 13–26; vgl. auch R. Schröder, Zur Arbeit der Konsultationsstellen für Betriebsgeschichte, in: Ebd., S. 27–40. Auf die weitere Entwicklung der Betriebsgeschichte kann aus Platzgründen ebensowenig eingegangen werden wie auf die interessante Entwicklung der Volkskunde im Rahmen der Heimatgeschichte.

[62] Vgl. Köppen, Erforschung, Darstellung und Propagierung der Regionalgeschichte, S. 121 und die Kritik bei W. Dick, Zur historischen Zäsur in der Betriebsgeschichte, in: BzG 25 (1982), S. 97–110.

[63] K. Czok, Zu den Entwicklungsetappen der marxistischen Regionalgeschichtsforschung in der DDR, in: Jb. f. Regionalgeschichte (1965), S. 15.

[64] H. Mohr/E. Hühns, Einführung in die Heimatgeschichte, Berlin 1959, S. 9.

[65] Czok, Zu den Entwicklungsetappen der marxistischen Regionalgeschichtsforschung in der DDR, S. 18.

sie sei überflüssig, da im Jahre 1952 die „Länder" aufgelöst wurden und die Bezirkseinteilung der DDR eingeführt wurde; sie sei zudem als „bürgerliche" Wissenschaft mit den Positionen des historischen Materialismus nicht vereinbar.[66] Gegen diese pauschale Verurteilung der Landesgeschichte wandte sich K. Czok, wenn er auch einräumte, daß bisher alle Gelegenheiten versäumt worden seien, eine „marxistische Konzeption deutscher Landesgeschichte vorzutragen".[67] Wissenschaftlich begründete K. Czok die Berechtigung der Landesgeschichtsforschung mit dem engen Verhältnis von deutscher Geschichte und Landesgeschichte. Als Aufgabe einer marxistischen Landesgeschichtsschreibung bezeichnete er die „Erhellung eines zentralen Problems der deutschen Geschichte: des Kampfes zwischen der Zentralgewalt und den partikularen Gewalten, des Gegensatzes von nationaler und antinationaler Entwicklung" mit der Zielsetzung, den „historischen Wachstumsprozeß der deutschen Nation" darzustellen.[68] Der historische Materialismus als Grundlage einer marxistischen Landesgeschichte wurde damit zwar postuliert, aber nicht realisiert. Politisch begründete K. Czok die Notwendigkeit der Landesgeschichtsforschung mit der Berufung auf die nationale Konzeption der DDR, die für „die Wiedervereinigung Deutschlands und für die Erhaltung des Weltfriedens" kämpft.[69] Daß es K. Czok nicht gelang, eine marxistische Konzeption von Landesgeschichte zu entwickeln, ist symptomatisch für die widerspruchsvolle Situation dieser Jahre. Wohl existierte ein breites Interesse an Heimatkunde und Heimatgeschichte, das von der Führung der DDR erkannt und wegen seiner gesellschaftlichen Relevanz gefördert wurde, das aber noch einer gezielten politisch-ideologischen Ausrichtung bedurfte. Die Heimat- und Landesgeschichtsforschung stand aber selbst vor dem Problem, daß „ihre Grundfragen noch nicht genügend diskutiert sind und wir dadurch von einer marxistischen Durchdringung und Bewältigung dieses wichtigen Komplexes zum Teil noch recht weit entfernt sind ... Aber wir glauben, daß der Zeitpunkt gekommen ist, wo sich endlich die Fachhistoriker und Fachinstitute in breiter Front in die Diskussion und erst recht in die weitere Arbeit einschalten müssen".[70]

Damit begründete M. Steinmetz, Leiter der Abteilung für Deutsche Landesgeschichte am Institut für Deutsche Geschichte (Leipzig), die Einrichtung einer Arbeitsgemeinschaft „Heimat- und Landesgeschichte" der Deutschen Historiker-Gesellschaft auf ihrer Gründungstagung am 6. Juni 1961 in Görlitz.

[66] Mohr/Hühns, Einführung in die Heimatgeschichte, S. 8 ff.
[67] K. Czok, Zu Problemen der deutschen Landesgeschichte, in: Wiss. Zschr. der Karl-Marx-Universität Leipzig 10 (1961). Gesellschafts- und Sprachwissenschaftliche Reihe, H. 4, S. 514.
[68] Ebd., S. 524.
[69] Ebd.
[70] Steinmetz, Die Aufgabe der Regionalgeschichtsforschung, S. 1736.

Die Arbeitsgemeinschaft sollte auch die Lokal-, Heimat- und Familienforscher aktivieren und ihnen die „richtige Anleitung" geben, denn: „Gerade in den Kreisen dieser Laienforscher und Heimatfreunde trifft man auf so viele flei-ßige Hingabe, Liebe zur Kleinarbeit und Interesse an der Forschung, die, richtig auf eine große gemeinsame Aufgabe orientiert, in der Lage wären, wesentlich mehr zu leisten, als das im gegenwärtigen Zustand der Fall ist." Durch den „Strom der Kleinarbeit" könne die Geschichtswissenschaft „von unten her" gespeist werden und Material erhalten, um „rasch und wirksam in die ideologischen und politischen Auseinandersetzungen einzugreifen".[71] Auf den Begriff „Heimatgeschichte" wollte M. Steinmetz nicht verzichten, während er den Begrif „marxistische geschichtliche Landeskunde" für unglücklich hielt und deshalb die Bezeichnung „Regionalgeschichte" vorzog, unter der er Orts- und Lokalgeschichte, Heimat- und Landesgeschichte subsumierte. Gegenstand der Regionalgeschichte sei die „Besonderheit innerhalb der Nationalgeschichte" und die Erforschung dieser Besonderheiten „im Rahmen der allgemeinen Gesetzmäßigkeiten"; sie untersuche „die Einheit in der Vielfalt".[72] Die Bezeichnung „Regionalgeschichte" hat für M. Steinmetz zudem den Vorteil, daß sich die Bezirksgliederung der DDR in ihren Rahmen eingliedern läßt. Zwar ist es auch M. Steinmetz nicht gelungen, eine marxistische Methodologie von Heimat- und Regionalgeschichte zu entwickeln, aber er präzisierte Aufgaben einer am historischen Materialismus orientierten Heimat- und Regionalgeschichtsforschung, die für die weitere Entfaltung dieses Fachgebietes wichtig wurden;[73] auch setzte sich der Terminus „Regionalgeschichte" durch. Der Arbeitsgemeinschaft „Heimat- und Landesgeschichte" in der Deutschen Historiker-Gesellschaft blieb der Erfolg allerdings versagt, weil eine Abgrenzung der Aufgabenbereiche mit den Natur- und Heimatfreunden und mit den Kommissionen für die Erforschung der örtlichen Arbeiterbewegung nicht erreicht werden konnte.[74] Probleme der Regionalgeschichte wurden aber in den folgenden Jahren innerhalb der Deutschen Historiker-Gesellschaft weiterhin diskutiert; in diesen Diskussionen spielt vor allem das Verhältnis von regionaler und nationaler Geschichte eine Rolle.[75] Auf einer internationalen Konferenz zur Regionalgeschichte in der ČSSR im November 1963 wurde kritisiert, daß durch den Personenkult regionale und

[71] Ebd., S. 1745.

[72] Ebd., S. 1765.

[73] So wurden z. B. die bei M. Steinmetz formulierten Aufgaben übernommen von H. Walther, Aktuelle Aufgaben der siedlungsgeschichtlichen Forschung im Rahmen der Regionalgeschichte, in: Jb. f. Regionalgeschichte (1965), S. 25.

[74] A. Timm, Das Fach Geschichte in Forschung und Lehre in der Sowjetischen Besatzungszone Deutschlands seit 1945, Bonn, Berlin 1966, S. 96.

[75] Vgl. die Beiträge von E. Engelberg, M. Steinmetz, H. Maur und K. Czok in den Mitteilungen der DHG 1963/II und 1964/I.

lokale Besonderheiten „nicht oder nur ungenügend" beachtet wurden. Regionale Geschichte dürfe nicht nur zur Illustration der Nationalgeschichte dienen, da „örtliche und regionale Entwicklungen auch relative Kontinuität und Eigenständigkeiten aufweisen".[76] Der organisatorischen Festigung und Konzentration regionalgeschichtlicher Bemühungen diente die – von M. Steinmetz schon 1961 vorgeschlagene – Gründung eines ›Jahrbuches für Regionalgeschichte‹ (1965) und die Berufung einer Kommission für Regionalgeschichte beim Präsidium der Deutschen Historiker-Gesellschaft (1966); in ihr waren die Historischen Institute, das Institut für Marxismus-Leninismus beim ZK der SED, die Kommissionen zur Erforschung der Geschichte der örtlichen Arbeiterbewegung, Archive, Bibliotheken, Redaktionen regionalgeschichtlicher Zeitschriften und der Deutsche Kulturbund vertreten. Die Schwerpunkte der Kommissionsarbeit sollten sein[77]:

- die Bedeutung der Regionalgeschichte für die Formung eines wissenschaftlich begründeten Geschichtsbildes breiter Kreise der Bevölkerung der DDR und die Auseinandersetzung mit der bürgerlichen Geschichtsschreibung;
- Analyse des gegenwärtigen Zustandes der regionalgeschichtlichen Forschung in der DDR;
- die Einflüsse westdeutscher „revanchistischer" und anderer bürgerlicher Geschichtsorgane in der DDR;
- die Verbreitung regionalgeschichtlicher Publikationsorgane der DDR in der Bundesrepublik und im Ausland.

Bis weit in die siebziger Jahre hinein konzentrierte sich die methodologische Diskussion auf das Verhältnis von Allgemeinem und Besonderem. Zunächst sah man die Aufgabe der Heimat- und Regionalgeschichte darin, für die Erarbeitung und Ausgestaltung der Nationalgeschichte und für die Wirkungsweise allgemeiner Gesetzmäßigkeiten Anschauungsmaterial zu erschließen, das gleichsam zur Illustration eingesetzt wurde. An dieser Auffassung hielt auch noch M. Steinmetz fest; er betonte aber bereits, daß „ohne ein richtiges Verständnis der regionalen Geschichte, ohne die Erforschung der lokalen und territorialen Vorgänge und Ereignisse, Zustände und Prozesse" wichtige Fragen der nationalen Geschichte ungelöst bleiben würden. Damit aber wurde der regionalen Geschichte ein gewisses Eigengewicht zugestanden, wurde ihr eine konstituierende Bedeutung für die allgemeine Geschichte zuerkannt. Der regionalgeschichtlichen Forschung wurde zugestanden, daß sie ein „tieferes Eindringen in die historischen Gesetzmäßigkeiten" ermög-

---

[76] K. Czok, Internationale Konferenz zur Regionalgeschichte, in: Jb. f. Regionalgeschichte (1965), S. 185.

[77] H. Zwahr, Berufung einer Kommission für Regionalgeschichte beim Präsidium der Deutschen Historiker-Gesellschaft, in: Jb. f. Regionalgeschichte (1967), S. 187.

licht.[78] Immer noch aber galt die zentrale Fragestellung nicht den regionalen Besonderheiten selbst, sondern – wenn auch unter Zuerkennung eines größeren Eigengewichts – ihrer Bedeutung und ihres Erkenntniswertes für die Erforschung allgemeiner Gesetzmäßigkeiten im Rahmen der nationalen Geschichte. Seit Mitte der siebziger Jahre wurde aber die Region selbst und als solche immer mehr zum Gegenstand der Regionalgeschichtsforschung; es begann eine „neue Etappe" der marxistischen Regionalgeschichtsforschung in der DDR. Diese Etappe erwuchs „gleichermaßen aus … dem Entwicklungsweg regionalgeschichtlicher Forschung, aus dem theoretisch-methodologischen Selbstverständigungsprozeß und aus dem neuen gesellschaftlichen Bedürfnis nach einer komplexen und differenzierten Aneignung des regionalen Erbes und der regionalen Traditionen".[79] Diese Aufwertung regionalgeschichtlicher Forschung verlangte wiederum eine inhaltliche Füllung des Begriffes „Region". Schon Mitte der sechziger Jahre wurde darauf hingewiesen, daß der Begriff „Region" nicht nur von der politisch-verfassungsmäßigen Gliederung her definiert werden dürfe, sondern daß auch „wirtschaftliche und kulturelle, ja sogar geographische Kriterien zur Bestimmung einer Region, zur Abgrenzung eines zu untersuchenden Gebietes" herangezogen werden müßten.[80] Eine umfassende Definition legte der ungarische Historiker J. Bartos vor[81]: „Die historische Region ist eine territorial-gesellschaftliche Struktur in wissenschaftlicher, sozialer, politischer und psychischer Hinsicht, die zumeist durch administrative Grenzen umschlossen wird und eine relativ von anderen Regionen abweichende historische Entwicklung hat, einschließlich eines eigenen Bewußtseins." Diese globale Struktur eines überschaubaren Raumes hat den Vorteil, daß sie Möglichkeiten zu einer marxistischen Gesellschaftsgeschichte eröffnet, und die Regionalgeschichtsforschung der DDR zeigt sich in den letzten Jahren durchaus aufgeschlossen auch gegenüber den von der «Annales»-Schule entwickelten Methoden.[82] Der Besonder-

[78] Steinmetz, Die Aufgaben der Regionalgeschichtsforschung, S. 1765.

[79] H. Schultz, Zum Inhalt und Begriff marxistischer Regionalgeschichtsforschung, in: ZfG 33 (1985), S. 877.

[80] W. Mägdefrau, Grundlagen regionalgeschichtlicher Arbeit, in: ZfG 14 (1966), S. 245 f.

[81] J. Bartons, Methodologische und methodische Probleme der Regionalgeschichte, in: Jb. f. Regionalgeschichte (1981), S. 14. – Die Nähe dieser Definition zum Heimatbegriff ist nicht zu übersehen.

[82] H. Schultz, Zum Inhalt und Begriff marxistischer Regionalgeschichtsforschung. – Die positive Beurteilung der deutschen Landesgeschichte, wie sie von W. Lamprecht vertreten wurde, erfolgte bereits durch M. Steinmetz, Die Aufgaben der Regionalgeschichtsschreibung, und vor allem bei K. Czok, Der Methodenstreit und die Gründung des Seminars für Landesgeschichte und Siedlungskunde 1906 an der Universität Leipzig, in: Jb. f. Regionalgeschichte (1967). Damit sollten die z. T. unqualifizierten An-

heit des Gegenstandes „Regionalgeschichte" entsprechend, wird auch eine „gewisse Spezifik" der Methoden betont. Vier methodische Prinzipien werden genannt: die interdisziplinäre Arbeit, die Zusammenarbeit von Berufs- und Freizeithistorikern, die Auswertung von Massenquellen und die historisch-vergleichende Methode.[83]

Die in den siebziger Jahren einsetzenden Bemühungen um eine Erschließung des historischen Erbes – sie stehen in Zusammenhang mit der Theorie der Herausbildung einer „sozialistischen deutschen Nation" – führten auch dazu, die Geschichte „historisch gewachsener Territorien in ihrer Einheit" zu behandeln, d.h. die Geschichte von „Territorien mit stabiler Eigenstaatlichkeit" zu erforschen und dadurch neue Erkenntnisse über Erbe und Tradition zu gewinnen.[84] Die vielbeachtete neue Bewertung der preußischen Geschichte durch die Geschichtswissenschaft der DDR ist auch aus diesem Wechsel der Perspektive erklärbar – insofern nämlich, als die preußische Geschichte nicht mehr wie in den fünfziger und sechziger Jahren unter nationalgeschichtlichem Gesichtspunkt betrachtet, sondern als „besonderes Territorium" mit eigenem Gewicht und Gesicht untersucht wird. Ausdrücklich wird seit kurzem gefordert, die Auseinandersetzung mit dem territorialstaatlichen Erbe der DDR nicht auf Preußen zu beschränken, sondern auch „historisch-materialistische Landesgeschichten Sachsens, Thüringens und Mecklenburgs" folgen zu lassen.[85] Die Bemühungen um eine Erschließung des regionalen historischen Erbes und seine Einordnung in die nationalgeschichtliche Entwicklung führten zur Gründung der Forschungsstelle für Regionalgeschichte am Zentralinstitut für Geschichte; sie beschäftigt sich mit der Geschichte der Territorien und den wechselseitigen Beziehungen zwischen regionalen, nationalen und internationalen gesellschaftlichen Entwicklungsprozessen.[86] Auch wenn hervorgehoben wird, daß es sich dabei nicht um einen „bloßen Rückgriff auf traditionelle Landesgeschichten" handle (W. Schmidt), auch wenn man offensichtlich die Bezeichnung „Ländergeschichtsschreibung" bevorzugt, so ist doch unverkennbar, daß die Landes- und Territorialgeschichte innerhalb der Regionalgeschichtsforschung einen

---

griffe auf die Landesgeschichte bei Mohr/Hühns, Einführung in die Heimatgeschichte, abgewehrt werden.

[83] Schultz, Zum Inhalt und Begriff marxistischer Regionalgeschichtsforschung, S. 884.

[84] W. Küttler/G. Seeber, Historischer Charakter und regionalgeschichtliche Anwendung des regionalgeschichtlichen Erbeverständnisses, in: ZfG 29 (1981), S. 732f.

[85] W. Schmidt, Nationalgeschichte der DDR und das territorialgeschichtliche historische Erbe, in: ZfG 29 (1981), S. 404.

[86] H. Bartel/W. Schmidt, Historisches Erbe und Traditionen – Bilanz, Probleme, Konsequenzen, in: ZfG 30 (1982), S. 818.

neuen Stellenwert hat.[87] Diese Veränderung vollzog sich allerdings nicht aus „wissenschaftsimmanenten Gründen, sondern entspringt gesellschaftlichen Bedürfnissen".[88]

Auch die Gründung der „Gesellschaft für Heimatgeschichte" im Kulturbund erfolgte im Zusammenhang mit der Politik der Erbe-Rezeption; sie ist aber auch als Anerkennung für die erfolgreiche Tätigkeit der Natur- und Heimatfreunde zu verstehen. Der neuen Gesellschaft, am 17. Januar 1979 als Nachfolgeorganisation der Natur- und Heimatfreunde gegründet, gehörten in ihrem Gründungsjahr über 25 000 Mitglieder an, die in über 1000 Arbeitsgemeinschaften und Fachgruppen tätig waren – ein Hinweis auf das relativ breite Interesse in der Bevölkerung an heimatgeschichtlicher Arbeit. Die neue Organisationsform, die eine größere Selbständigkeit mit sich brachte, soll die Zusammenarbeit mit verwandten Organisationen innerhalb des Kulturbundes, mit der Gesellschaft für Denkmalpflege, dem Bereich Kunst und Literatur und dem Verband für Philatelisten, effektiver gestalten. Bewußt nannte sich die Organisation „Gesellschaft für Heimatgeschichte" und nicht „Gesellschaft für Regionalgeschichte", um über die rationalen und emotionalen Potenzen, die mit dem (sozialistischen) Heimatbegriff verbunden sind, einen „ganz wesentlichen Beitrag zur weiteren Entfaltung unseres geistig-kulturellen Lebens, zur Entwicklung der sozialistischen Lebensweise, zur Stärkung unseres Staates" zu leisten.[89] Die Heimatgeschichte soll konkret die vielen, bisher noch unbekannten „progressive(n) Leistungen der Volksmassen gerade im regionalen Bereich" entdecken und aufarbeiten.[90] Die bewußt eingesetzte Verwendung der Begriffe „sozialistische Heimat" und „Heimatgeschichte" läßt sich auch in den Beiträgen zur Gestaltung des Geschichtsunterrichts nachweisen.[91] Seit 1983 finden die ›Neubrandenburger Kolloquien‹ zum Thema ›Heimatgeschichte und Geschichtsunterricht‹ statt, die sich mit der Bedeutung der Heimatkunde für eine „erziehungswirksame marxistisch-leninistische Geschichtsvermittlung" befassen.[92]

---

[87] Diesen Begriff verwendet H. Schultz in ihrem Aufsatz: Zu Problemen der Ländergeschichtsschreibung in der DDR, in: ZfG 36 (1988), S. 675.

[88] Schmidt, Nationalgeschichte der DDR, S. 403.

[89] W. Gutsche, Sinn und Zweck der Gesellschaft für Heimatgeschichte im Kulturbund, in: Sächsische Heimatblätter (1979), S. 67.

[90] Ebd., S. 64.

[91] Auch B. Makowitz, Die Potenzen der Heimatgeschichte für eine höhere Effektivität der Gestaltung des Geschichtsunterrichts nutzen, in: Gesch/Stabü 28 (1986), S. 475 spricht bewußt von „Heimatstimmen" und lehnt den „in den bisher gültigen Lehrplänen" gebrauchten Begriff „Regionalgeschichte" ab.

[92] H. Klemp/K. Radtke/M. Richter, Zweites Neubrandenburger Kolloquium zum Thema ›Heimatgeschichte und Geschichtsunterricht‹, in: Gesch/Stabü 28 (1986), S. 201.

Die Entwicklung des Heimatgedankens und der Heimatgeschichte verlief parallel mit den allgemeinen gesellschaftlichen und politischen Phasen der DDR-Geschichte. Deutlicher aber als bei Untersuchungen über Kontinuität und Wandel der „großen" Geschichtswissenschaft läßt sich aus dem Verlauf über den Weg der Heimatgeschichte in der DDR vor allem zwischen 1945 und 1955 und in den Jahren nach 1970/71 aufzeigen, daß die politische Führung der DDR tatsächliche Bedürfnisse und Interessen der Bürger durchaus erkannte und auch aufgriff; daß aber durch die gleichzeitig einsetzenden Mechanismen der Steuerung, Instrumentalisierung und ideologischen Umformung die Realität dieser Bedürfnisse und Interessen verfehlt wurde. Wissenschaftsgeschichtlich interessant ist der Funktionswandel der Heimat- und Regionalgeschichtsforschung, der weitgehend den Charakter eines „Emanzipationsprozesses" aufweist, wenn auch innerhalb der Systemgrenzen. Aufschlußreich wäre eine genauere Untersuchung über die Dialektik außerwissenschaftlicher und wissenschaftsimmanenter Antriebskräfte, die zu diesem Prozeß geführt haben. Beklemmend ist jedoch, daß es mehr als dreißig Jahre dauerte, bis eine wissenschaftlich anerkannte Disziplin wie die Landesgeschichte – in welcher Form auch immer – in der DDR wieder akzeptiert wurde.[93]

---

[93] Ich bin mir dessen bewußt, daß die Entwicklung des Heimatgedankens und der Heimatgeschichte in der DDR unlösbar mit der Auseinandersetzung mit der Politik und Historiographie in der Bundesrepublik verbunden ist. Aus methodischen und praktischen Gründen habe ich darauf verzichtet, diese Komponente der Diskussion in der DDR zu berücksichtigen; sie wäre eine eigene Untersuchung wert.

VOLKSKUNDE UND HEIMATPFLEGE

Geschichte und Problematik eines distanzierten Verhältnisses

Von STEFAN MAIER

Keine Wissenschaft kann sich den Fragen nach ihrer praktischen Anwendung verschließen. Dieser Allgemeinplatz gilt besonders für die Volkskunde, die lange Zeit „konservative Heilslehre" und „Registrierstelle des gesellschaftlich Überholten" war.[1] Ihre Legitimation bezog sie dabei zum Teil aus der ‚Anwendung' der Forschungen für die gesellschaftliche Praxis. Zwischen „bildungsbürgerlichem Vorurteil und völkischem Irrationalismus" blieb die Volkskunde, ähnlich wie die „Volksgemeinschaftsideologie" des Nationalsozialismus,[2] einer „rückwärtsgewandten Utopie des bäuerlichen Lebens" verpflichtet.[3] Die „weitreichenden inneren Affinitäten zwischen der älteren Volkstumsideologie und der völkischen Propaganda des Nationalsozialismus" machten die Volkskunde im Dritten Reich zur Legitimationswissenschaft deutscher Volkstums- und Eroberungspolitik auf rassischer Grundlage,[4] so daß nach 1945 eine Neuorientierung des Faches notwendig erschien. Diese vollzog sich erst seit den 60er Jahren und führte u. a. zu einer Abkehr von der angewandten Volkskunde.

Mit angewandter Volkskunde bezeichnet man im wesentlichen die Tätigkeit der Heimatpflege, die seit Beginn dieses Jahrhunderts Anerkennung als öffentliche Aufgabe erfährt. Die meist ehrenamtliche Arbeit der einzelnen Vereine, die auf regionaler Ebene in Dachverbänden zusammengeschlossen sind, ist mittlerweile zu einem Teil der öffentlichen Verwaltung geworden, ohne daß von „einer flächendeckenden systematisierten Aufgabenerfüllung"

---

[1] H. Bausinger, Einleitung: Volkskunde im Wandel, in: Ders. u. a., Grundzüge der Volkskunde, Darmstadt 1978, S. 1–15, hier S. 10.

[2] Bezogen auf die Volkskunde vgl. H. Bausinger, Volksideologie und Volksforschung. Zur nationalsozialistischen Volkskunde, in: Zeitschrift für Volkskunde 61 (1965), S. 177–204.

[3] N. Schindler, Spuren in der Geschichte der ‚anderen' Zivilisation. Probleme und Perspektiven einer historischen Volkskulturforschung, in: R. v. Dülmen/N. Schindler (Hrsg.), Volkskultur. Zur Wiederentdeckung des vergessenen Alltags (16.–20. Jahrhundert), Frankfurt a. M. 1984, S. 13–77, hier S. 34.

[4] Ebd., S. 34 f.

die Rede sein kann.[5] Die selbstgestellten Aufgaben der Dachverbände, die auf nationaler Ebene im 1904 gegründeten „Deutschen Heimatbund" zusammengeschlossen sind, reichen „von der Sicherung der überlieferten Kulturgüter bis hin zur Neubelebung des Brauchtums, von der Erforschung der Vergangenheit bis zur Mitarbeit bei der Planung des künftigen Baugesichts unserer Landschaft".[6] Diese Inhalte, die mitsamt ihrer Fixierung auf die ländlich-bäuerliche Welt lange auch die Inhalte der Volkskunde waren, weichen bis heute nur in geringem Maße von den Aufgaben der Heimatschutzbewegung der Jahrhundertwende ab. Die an den Universitäten betriebene Volkskunde versteht sich dagegen mittlerweile als empirische Kulturwissenschaft.[7] Als solche beschäftigt sie sich mit der Gesamtheit der Kultur unter Berücksichtigung historischer, wirtschaftlicher, sozialer und regionaler Aspekte. Sie behandelt dabei alle Teilkulturen der Gesellschaft und fragt auch nach der eigenen Funktion im Kulturprozeß.

Das gegenwärtig distanzierte Verhältnis von Volkskunde und Heimatpflege, welches teilweise auf die Orientierung der universitären Volkskunde an den Sozialwissenschaften zurückzuführen ist, zeigt sich deutlich am Beispiel der jüngst erschienenen Einführungen in die Volkskunde.[8] Während bis zum Beginn der 1960er Jahre Heimatpflege als angewandte Volkskunde zu den wenig hinterfragten Selbstverständlichkeiten des Faches gehörte, behandelt kaum einer der heutigen Fachvertreter eingehend diesen Tätigkeitsbereich.[9] Die Volkskunde sollte sich jedoch mit der angewandten Volkskunde auseinan-

---

[5] Zur Organisation der Heimatpflege in der Bundesrepublik vgl. H. R. Hartung, Heimatpflege und landeskundliche Aufgaben, in: Deutsche Verwaltungsgeschichte, Bd. 5: Bundesrepublik Deutschland, hrsg. v. K. G. A. Jeserich u. a., Stuttgart 1987, S. 705–713.

[6] H. Roth, Heimatpflege in Bayern, in: Bayerische Heimatkunde. Ein Wegweiser, hrsg. v. H. Roth, H. W. Schleich, München 1974, S. 21–37, hier S. 21.

[7] Hierzu vgl. Bausinger u. a., Grundzüge der Volkskunde.

[8] Während A. Bach (1960), der „angewandten Volkskunde" das Schlußkapitel widmet – vgl. A. Bach, Deutsche Volkskunde, 3. Aufl., Heidelberg 1960 –, wird dieser ehedem selbstverständliche Tätigkeitsbereich gegenwärtig nur unter dem Stichwort Folklorismus behandelt. Vgl. I. Weber-Kellermann/A. C. Bimmer, Einführung in die Volkskunde/Europäische Ethnologie. Eine Wissenschaftsgeschichte, 2., erw. Aufl., Stuttgart 1985; E. Harvolik (Hrsg.), Wege der Volkskunde in Bayern. Ein Handbuch, München, Würzburg 1987; R. W. Brednich (Hrsg.), Grundriß der Volkskunde. Einführung in die Forschungsfelder der Europäischen Ethnologie, Berlin 1988.

[9] Nur einer der Autoren behandelt die „Pflege" ausführlicher, vgl. A. C. Bimmer, Brauchforschung, in: Brednich, Grundriß der Volkskunde, S. 323 f. – Die volkskundliche Laienforschung und ihre Bedeutung für die Institutionalisierung der Volkskunde berücksichtigt besonders W. Jacobeit, Bäuerliche Arbeit und Wirtschaft. Ein Beitrag zur Wissenschaftsgeschichte der deutschen Volkskunde, Berlin 1965.

dersetzen, da ansonsten die traditionellen Formen lokaler und regionaler Kultur den politischen und kulturpolitischen „Machern" freiwillig überlassen werden.[10]

Aufgrund der Entwicklung in den letzten Jahren entsteht der Eindruck, daß die Neuorientierung in der Volkskunde zu einem Beharren auf seiten der institutionalisierten Heimatpflege geführt hat. So orientiert sich die Heimatpflege verstärkt am ländlichen Raum und einer meist „stammlich", historisch und kulturell definierten Region.[11] Dabei widmet sie sich besonders den als regionaltypisch erachteten Versatzstücken der bäuerlich-vorindustriellen Volkskultur.[12] Am deutlichsten ließe sich dies am Beispiel der Baudenkmalpflege und der regionalen Fest- und Feierkultur aufzeigen.[13] Der Hinweis der Volkskunde auf die kompensatorischen Gehalte und therapeutischen Effekte der Pflege,[14] welche parallel zur hochtechnologischen Umrüstung der Arbeitswelt verlaufe, wird von Heimatpflegern, Politikern und lokalen Veranstaltern meist beiseite geschoben, da sie das neue Interesse an der regionalen Kultur als Ausdruck eines neuen Heimat- und Geschichtsbewußtseins interpretieren. Tatsächlich muß jedoch die Hinwendung zur vermeintlich heilen Welt der ländlich-bäuerlichen Vergangenheit als gesellschaftlich gewünschter und staatlich geförderter Ausgleich zu den wachsenden Zentralisierungsprozessen verstanden werden.[15]

Trotz dieser unterschiedlichen Bewertung des derzeitigen Interesses an der regionalen Kultur, das durch die vorbereitenden Maßnahmen zum europäischen Binnenmarkt 1992 zusätzlich gefördert wird,[16] gab und gibt es zwischen der Volkskunde und der Heimatpflege – beide verstanden als Institutionen der Geschichtsforschung und Geschichtsvermittlung – eine Vielzahl

[10] Hierzu vgl. die Beiträge in: Ländliche Kultur. Internat. Symposium am Inst. für Europ. Ethnologie u. Kulturforschung, Marburg, zu Ehren von Ingeborg Weber-Kellermann. Hrsg. von Siegfried Becker und Andreas C. Bimmer. Göttingen 1989, ebd. bes. M. Scharfe, Ländliche Kultur, Provinzkultur, S. 8–23 und H. Bausinger, Kulturen auf dem Lande, S. 78–88.

[11] Vgl. H. Bausinger, Volkskunde. Von der Altertumskunde zur Kulturanalyse, Darmstadt 1971, S. 105–123.

[12] Zum Begriff „Volkskultur" vgl. K. Köstlin, Volkskultur, in: Kulturpolitisches Wörterbuch Bundesrepublik Deutschland, Deutsche Demokratische Republik im Vergleich, hrsg. v. W. R. Langenbucher, Stuttgart 1983, S. 724–728.

[13] Vgl. E. Speckmaier, Jubiläumsrausch im Hinterland, in: Die Zeit, Nr. 33 v. 11. 8. 1989, S. 34.

[14] Vgl. K. Köstlin, Folklorismus als Therapie? Volkskultur als Therapie?, in: E. Hörander/H. Lunzer (Hrsg.), Folklorismus, Neusiedl/See 1982, S. 129–147.

[15] Beiträge zur Folklorisierung der Regionalkultur vgl. K. Köstlin/H. Bausinger (Hrsg.), Heimat und Identität. Probleme regionaler Kultur, Neumünster 1980.

[16] Hierzu vgl. Plädoyer für ein Leben auf dem Lande. Europäische Kampagne für den ländlichen Raum 1987–1988, hrsg. v. Deutschen Heimatbund, Bonn 1987.

von Berührungspunkten. Auf einige dieser Punkte soll im weiteren eingegangen werden.

1. Im Blick auf ihre Geschichte sieht sich die Volkskunde beständig konfrontiert „mit dem Problem der *angewandten Volkskunde,* d. h. mit der Verwertung volkskundlicher Forschungsergebnisse für die Praxis *volkstümlicher Kulturgestaltung* im weitesten Sinne".[17] Bereits am Ende des 18. Jahrhunderts, als sich die Volkskunde am Übergang von der feudalen zur bürgerlichen Gesellschaft herausbildete, war die auf die Praxis zielende Pflege wesentlicher Teil des Interesses am Volk. Die Volkskunde der Aufklärung, die im Umkreis der statistisch-topographischen Landesbeschreibungen entstand, war „nie nur wissenschaftliche Kunde über ein Volk, sondern gleichzeitig ein Medium der Volksaufklärung, ein Mittel, die volkstümliche Kultur nach ihren Trägern zu erhellen und sie so zu reinigen und zu verbessern".[18] Aus ganz pragmatischen Überlegungen heraus also trug die Volkskunde die Anwendung, die Pflege, in sich. Dies wird deutlich am Beispiel ihrer Aufgeschlossenheit für soziale Fakten, für geographische, ökonomische und geschichtliche Bedingungen.

Ebenso zielte die Volkskunde der deutschen Romantik[19] von Beginn an auf die praktische Anwendung. Mit ihrer Suche nach den geistigen Manifestationen des „geschichtslosen Volkes" wollten die Vertreter der Romantik einen deutschen Nationalstaat begründen und rechtfertigen. Aus den verschiedenen Zielsetzungen der aufklärerischen und der romantischen Volkskunde resultieren bis heute die unterschiedlichen Bemühungen um eine angewandte Volkskunde. Während die Volkskunde der Aufklärung zum Wohle des Staates den Alltag der Menschen verbessern wollte, schuf sich das entstehende Bürgertum – getragen von der romantischen Vorstellung eines ewig waltenden, über den Klassen und Schichten stehenden Volksgeistes – durch Selektion und Neuproduktion von Traditionen ein Volk nach seinen eigenen Vorstellungen. Bereits in der Grimmschen Konzeption des Volksgeistes fanden sich die Grundlagen einer auf die Kulturnation gerichteten Volkstumsideologie, die sich nach 1848 „zu einer der realen gesellschaftlichen Entwicklung kontrastierenden Weltanschauung entwickelte"[20] und später Teil der NS-Ideologie wurde.[21] Volk wurde zum Volkstum, dessen Manifestationen das Bürgertum

---

[17] G. Heilfurth, Volkskunde, in: Handbuch der empirischen Sozialforschung, Bd. 4, Stuttgart 1974, S. 162–225, hier S. 203 (Hervorhebung i. O.).

[18] H. Bausinger/D. Narr, Aus den Anfängen der Volkskunde als Wissenschaft, in: Zeitschrift für Volkskunde 69 (1964), S. 233–241, hier S. 241.

[19] Zur Entwicklung der Volkskunde im 19. Jahrhundert vgl. K. D. Sievers, Fragestellungen der Volkskunde im 19. Jahrhundert, in: Brednich, Grundriß der Volkskunde, S. 31–50.

[20] Schindler, Spuren in der Geschichte, S. 28.

[21] Hierzu vgl. W. Emmerich, Zur Kritik der Volkstumsideologie, Frankfurt a. M. 1971.

einer zweckfreien Ästhetik unterwarf. Die alltagspraktischen Verwendungs-
zusammenhänge wurden ausgeblendet und aufgelöst. „Was sich als Wiederan-
eignung der Vergangenheit ausgab, war in Wirklichkeit die klassenstrukturell
bedingte Neukonstruktion einer nationalen Tradition, die die waghalsigsten
Brückenschläge, ja selbst die Geschichtsklitterung nicht scheute."[22] Zunehmend fragte die Volkskunde nach den Ursprüngen der deutschen Nation,
ohne die gesellschaftliche Wirklichkeit zu sehen. Deutlich wurde dies am Umgang mit den Gegenständen der bäuerlichen Besitzschichten. Man betrachtete
diese Objekte als Zeugnisse eines auf die Ursprünge der Nation hinweisenden
Volkes. Seit der zweiten Hälfte des 19. Jahrhunderts wurden diese Objekte,
losgelöst von ihren funktionalen, sozialen und wirtschaftlichen Bedeutungen,
unter ästhetischen Gesichtspunkten als sogenannte Volkskunst entdeckt und
gesammelt. Diese Volkskunst bildete den Gegenpol zur industriellen Massen-
ware und sollte ab dem letzten Drittel des Jahrhunderts Ausgangspunkt für
die Kunstgewerbereform und eine Erneuerung der nationalen Kunst werden.
Parallel dazu entstanden Heimatmuseen, aber auch der 1907 gegründete
„Deutsche Werkbund", der sich die einfachen Formen der „Volkskunst" zum
Vorbild nahm.
   Die seit 1870 wachsende Begeisterung für eine als ursprünglich verstandene
Volkskunst war aber auch Ausdruck der Hinwendung zur Heimat.[23] Heimat,
ehedem ein an den Besitz gebundener Rechtsbegriff, wurde nun zum Gegenstand privater und sentimentaler Auseinandersetzung.[24] Vor allem das
Bildungsbürgertum wandte sich der regionalen, vorindustriellen und ländlich-bäuerlichen Volkskultur zu und suchte in der Beschäftigung mit den kulturellen Versatzstücken der Heimat Halt zu finden inmitten der sozialen und
wirtschaftlichen Veränderungen im Zuge der Industrialisierung. Das gesellschaftliche Leitbild des Bürgertums orientierte sich dabei an der sozial-kon-
servativen Gesellschaftslehre Wilhelm Heinrich Riehls, die vom „wunder-
baren Organismus" einer ständisch gebundenen Volkspersönlichkeit ausging
und Heimat als ein Element der Dauer betrachtete.[25]
   2. Entscheidend für die Institutionalisierung von Volkskunde und Heimatpflege war die Zeit um 1900. Neben den zahlreichen Institutionen der Kul-

---

[22] Schindler, Spuren in der Geschichte, S. 28.

[23] Zum Begriff „Heimat" vgl. I.-M. Greverus, Heimat, in: Kulturpolitisches Wörterbuch (s. o. Anm. 12), S. 255–258.

[24] Zum Wandel des Begriffs „Heimat" in den Geschichtswissenschaften seit dem
19. Jahrhundert vgl. H. Schmidt, Heimat und Geschichte. Zum Verhältnis von Heimatbewußtsein und Geschichtsforschung, in: Niedersächsisches Jahrbuch für Landesgeschichte 39 (1967), S. 1–44.

[25] Zu Wilhelm Heinrich Riehl vgl. Bausinger, Volkskunde, S. 52–61; Weber-Keller-
mann/Bimmer, Einführung in die Volkskunde, S. 42–54, ebd. auch eine Zusammenfassung der Riehl-Diskussion nach 1945.

turpflege, wie Museen, Geschichts-, Altertums-, aber auch Ortsverschöne-
rungsvereinen, etablierten sich Volkskunde und Heimatpflege nunmehr als
eigenständige Arbeitsbereiche. Sie waren Teile der Heimatschutzbewegung,
die sich ab 1880 formierte.[26] Neben dem 1896 gegründeten „Ausschuß für
Wohlfahrtspflege auf dem Lande", der „Heimatkunstbewegung", der „Gartenstadtbewegung", der „Lebensreformbewegung" und der „Jugendbewegung" gehörte die „Heimatschutzbewegung" zu der Vielzahl neuromanti-
scher Erneuerungsbewegungen, die sich gegen die Industrialisierung
wandten. Ziel ihrer ideellen und praktischen Arbeit war die Rettung, Bewahrung und Erhaltung der heimatlichen Kultur und Natur – einschließlich des
Bauernstandes – und letztlich der Schutz der deutschen Nation vor internationalen Einflüssen. Dabei fühlte man sich einerseits einer rückwärtsgewandten
Staats- und Familienideologie verpflichtet, andererseits mischten sich in diese
Erneuerungsbewegungen, die „eine Überwindung der Gegenwart nur durch
den Rückgriff auf alte, bekannte und scheinbar bewährte Verhältnisse" für
möglich hielten, zahlreiche reformerische und emanzipatorische Ansätze.[27]
Die Anhänger der Heimatschutzbewegung entstammten dem großstädtischen Bürgertum. Hier wurde der Begriff Heimat zunehmend zu einer Kategorie gesellschaftlichen Denkens, in dem Agrarromantik, politisches und
vaterländisch-konservatives Kalkül zusammentrafen. Heimat wurde zum Gegenentwurf der Großstadt, die man als ‚alles verzehrenden Moloch internatio-
nalistischer Zivilisation' beschrieb. Heimat, Heimatkunst und Heimatschutz
bezogen sich dagegen allein auf den ländlich-bäuerlichen Raum, wo die Heimatschutzbewegung und die Volkskunde das deutsche Volkstum zu finden
hofften, das man als die „im heimatlichen, d.h. ländlichen Boden wurzelnde
Gesamtheit von ländlichen Kulturträgern" verstand.[28]
     Wie eng Volkskunde und Heimatschutzbewegung einander verbunden
waren, verdeutlicht die Rückschau auf das Jahr 1904. In diesem Jahr erhielt der
1896 gegründete „Ausschuß für Wohlfahrtspflege auf dem Lande", der mit so-
zial- und kulturpolitischen Maßnahmen der Landflucht entgegenarbeitete,
den Namen „Deutscher Verein für ländliche Wohlfahrts- und Heimatpflege".
Gründer dieses Vereins war Heinrich Sohnrey. Daneben initiierte Sohnrey die
„Dorfkirchenbewegung" und stand der „Wandervogelbewegung" Pate. Außerdem gehörte er neben Ernst Rudorff und Paul Schultze-Naumburg 1904 zu

---

[26] Einzelaspekte behandeln G. Kratzsch, Kunstwart und Dürerbund. Ein Beitrag
zur Geschichte der Gebildeten im Zeitalter des Imperialismus, Göttingen 1969;
K. Bergmann, Agrarromantik und Großstadtfeindschaft, Meisenheim 1970; K. Rossbacher, Heimatkunstbewegung und Heimatroman. Zu einer Literatursoziologie der Jahrhundertwende, Stuttgart 1975.
[27] Bergmann, Agrarromantik und Großstadtfeindschaft, S. 86.
[28] Ebd., S. 88.

dem Kreis, der federführend an der Gründung des „Deutschen Bundes Heimatschutz" in Dresden beteiligt war.

In diesem Jahr, 1904, schloß sich auch der „Verband der Vereine für Volkskunde" als nationaler Dachverband der Volkskunde zusammen.[29] Der Germanist Karl Weinhold hatte in Berlin bereits 1890 den ersten Verein für Volkskunde gegründet. Damit gab er den Anstoß für eine Vielzahl weiterer Gründungen. Weinholds Bedeutung für die Volkskunde liegt jedoch nicht in dieser Initialzündung, sondern darin, daß er der Volkskunde ein klar umrissenes Aufgabengebiet zu geben versuchte.[30] In der Absage an eine Betrachtungsweise, die allein „der Wiederentdeckung eines in versunkenen Vorzeiten beheimateten nationalen Volksgeistes" diente, erklärte Weinhold die „physische Erscheinung des Volkes", die „äußeren" und „inneren Zustände", sichtbar in den Wirtschafts-, Wohn-, Lebens- und Verhaltensweisen wie deren historischer Entwicklung, zu den zentralen Fragen der Volkskunde. Dieses Programm fand jedoch nicht die Anerkennung der „akademischen" Volkskunde. Aus heutiger Sicht müßte man von einer von Akademikern betriebenen „Laienvolkskunde" sprechen, da eine eigenständige Disziplin Volkskunde nicht existierte, sondern nur als Teilgebiet der Germanistik bzw. der deutschen Altertumskunde Bestand hatte.[31] Als derartige Rumpfwissenschaft suchte sie weiter nach einer deutschen Volksseele und bewegte sich dabei zwischen „pseudohistorischer Ursprungssucherei und Kontinuitätsbastelei".[32] Mit ihren inhaltlichen Vorgaben wirkte die Volkskunde einerseits auf die Heimatschutzbewegung zurück, begründete andererseits aber, trotz heutiger Vorbehalte, eine Aufgeschlossenheit gegenüber dem Gegenstand Volk, „in dem verstiegene Fehlinterpretationen und solide empirische Kenntnisse frappierend nah beieinanderlagen, in dem private Neigungen noch ungeniert in die wissenschaftliche Tätigkeit Eingang finden konnten und in dem die von methodischen Konventionen noch weitgehend ungebremste Sammelleidenschaft der einzelnen Forscher keineswegs nur Irrwege pflastern half, sondern jenseits

---

[29] 1963 neu gegründet als „Deutsche Gesellschaft für Volkskunde", besteht der „Verband der Vereine für Volkskunde" als wissenschaftlicher Dachverband der Volkskunde bis heute. Der Neugründung von 1963 kommt besondere Bedeutung zu, da seither Einzelpersonen Mitglied werden können. Hierdurch verloren die Verbände und Vereine der Heimatpflege ihre ehemals wichtige Stellung innerhalb dieses Dachverbandes.

[30] H. Weinhold, Was soll die Volkskunde leisten?, in: Zeitschrift für Völkerpsychologie und Sprachwissenschaft 20 (1890), S. 1–5, nachgedruckt bei G. Lutz, Volkskunde. Ein Handbuch zur Geschichte ihrer Probleme, Berlin 1958, S. 38–41. – Zu Weinhold vgl. Jacobeit, Bäuerliche Arbeit und Wirtschaft, S. 78–88.

[31] Zur Organisation der Volkskunde um 1900 vgl. Weber-Kellermann/Bimmer, Einführung in die Volkskunde, S. 66–76.

[32] Schindler, Spuren in der Geschichte, S. 28.

der großen Entwürfe die differenzierte Kenntnis der Gruppen- und Regionalkultur ungemein bereicherte".[33]

Hier müssen besonders die zahlreichen heimatkundlich und landesgeschichtlich interessierten Laienforscher genannt werden. Den größten Teil stellten dabei die Volksschullehrer, da seit dem 19. Jahrhundert die Region – sprich Heimat – als Heimatkunde verstärkt in den Schulunterricht einbezogen wurde.[34] Die Hinwendung der Volksschullehrer zur Heimatkunde kann aber auch damit erklärt werden, daß diese Beschäftigung ihnen die Möglichkeit zur Eigenprofilierung gab und Ersatz für das verweigerte Universitätsstudium bot.[35] Vor allem nach 1890 erschien eine Reihe sachlich gehaltener Veröffentlichungen zur Heimatkunde, auf die der Vorwurf der Geschichtsklitterung und Vergangenheitsverklärung nur bedingt zutrifft. Vielmehr schützte die regionale Bezogenheit und die Kenntnis der Lebensbedingungen vor einem Abgleiten in romantische Schwärmerei; doch auch hier wurde meist nur das bereits vergehende ländlich-bäuerliche Leben und nicht die bestehende gesellschaftliche Realität behandelt. Daher sind diese Heimat- und Ortsbeschreibungen auch Zeichen für die nach 1900 einsetzende „Riehl-Renaissance", die den Riehlschen Familien- und Gesellschaftsidealen zu einer weiten Popularisierung verhalfen.[36]

Die Vielzahl der um 1900 einsetzenden Bemühungen zum Schutz der Heimat schlug sich in zahlreichen Vereinsgründungen auf lokaler und regionaler Ebene nieder. Volkskunde und Heimatschutzbewegung arbeiteten dabei Hand in Hand. Karl-S. Kramer hat hierauf anhand des Vergleichs von Titelvignetten der zahlreich erschienenen volkskundlichen und heimatpflegerischen Zeitschriften hingewiesen. Meist wurden Motive dargestellt, welche den ländlich-bäuerlichen Lebensbereich symbolisierten und damit den Geist veranschaulichten, in dem Volkskunde und die gesamte Heimatbewegung standen: „einseitig eingeengt auf das Bäuerliche, Beharrende und Bewahrende"[37].

[33] Schindler, Spuren in der Geschichte, S. 35.
[34] Zur „Heimatkunde" als Produkt des 19. Jahrhunderts vgl. P. Hugger, Volkskundliche Gemeinde- und Stadtteilforschung, in: Brednich, Grundriß der Volkskunde, S. 215–234, bes. S. 217 f.
[35] Diesen Aspekt behandeln u. a. Kratzsch, Kunstwart und Dürerbund; J. Christiansen, ›Die Heimat‹. Analyse einer regionalen Zeitschrift und ihres Umfeldes, Neumünster 1980.
[36] Vgl. K. Köstlin, Anmerkungen zu Riehl, in: Jahrbuch für Volkskunde 7 (1984), S. 81–95.
[37] K.-S. Kramer, Zur Vorstellung von dem, was Volkskunde ist, in: Kieler Blätter für Volkskunde 3 (1971), S. 151–161, hier S. 156. – Hierzu vgl. auch das Umschlagbild bei E. Harvolk, Wege der Volkskunde in Bayern. Ein Handbuch, München, Würzburg 1987. Gezeigt wird eine Dorfkirche, auf die der Weg durch wogende Kornfelder hin-

3. Umfassende Forschungsansätze zur Volkskunde, wie die von Karl Weinhold oder Eduard Hoffmann-Krayer, blieben weitgehend unverstanden.[38] In
der Folgezeit banden sich Volkskunde und Heimatpflege noch enger anein-
ander. So rief der spätere „Bayerische Landesverein für Heimatpflege e. V.",
der 1902 von Künstlern, Beamten und Honoratioren als „Verein für Volkskunst und Volkskunde" in München gegründet worden war, 1906 einen „Ausschuß für Volkskunde" ins Leben.[39] Diesen Ausschuß leitete der Germanist
Friedrich von der Leyen, der ab 1908 durch Adolf Spamer Unterstützung fand.
Aus diesem Ausschuß entstand 1938 die „Landesstelle für bayerische Volkskunde", die bis 1962 Teil des Landesvereins blieb.

Das enge Verhältnis von Volkskunde und Heimatpflege auf inhaltlicher
Ebene fand somit seine Entsprechung auf der institutionellen Ebene, zumal
das Fach Volkskunde vorwiegend erst nach 1933 Lehrstühle an den deutschen
Universitäten erhielt.[40] Diese enge Verbindung entbehrte nicht einer inneren
Logik. So war die Volkskunde auf Stoff- und Materialsammlungen angewiesen. Diese konnten nur durch die sammelnde und forschende Mitarbeit
der regionalen Heimatschutzvereine und ihrer Mitglieder zusammengestellt
werden. Bereits Karl Weinhold hatte 1890 auf die notwendige Mitarbeit der
Laienforscher hingewiesen. Diese Mitarbeit erfuhr durch John Meier, den
langjährigen Vorsitzenden des „Verbandes der Vereine für Volkskunde", 1928,
anläßlich des 25jährigen Bestehens des Verbandes, die entsprechende Würdigung: „Die vielgeschmähte Sammelarbeit der Dilettanten, ohne deren eifrige
und entsagungsvolle Hilfe die notwendige Stoffsammlung nicht zustande
kommen kann, vermag nicht hoch genug gewürdigt werden, wenn sie zuver-
lässig geübt wird und sich der Grenze zwischen den Tätigkeiten des Sammelns
und Forschens, deren letzte nur dem Fachmann zu überlassen ist, bewußt
bleibt."[41] John Meier, und mit ihm weitere Fachvertreter, übersah aber, daß

führt. Das Motiv stammt von Rudolf Schiestl und diente von 1903 bis 1936 als Titelbild
der Zeitschrift des „Bayerischen Landesvereins für Volkskunde".

[38] Hoffmann-Krayer hatte 1902 die Einflüsse der „individualisierenden Zivilisation" auf die Volkskultur aufgezeigt und damit die erste Theoriedebatte der Volkskunde
ausgelöst. Hierzu vgl. U. Jeggle, Volkskunde im 20. Jahrhundert, in: Brednich, Grundriß der Volkskunde, S. 51–71, bes. S. 52–58.

[39] Hierzu und im weiteren vgl. H. Moser, Bayerische Volkskunde um die Jahrhundertwende, in: Bayerisches Jahrbuch für Volkskunde 1962, S. 25–49. – Kurze Geschichte der Entwicklung der Volkskunde in Bayern bei E. Wimmer, Organisations-
formen volkskundlicher Sammlung und Forschung und volkskundliche Institutionen
in Bayern, in: Verhandlungen des Historischen Vereins für Oberpfalz und Regensburg
127 (1987), S. 121–138.

[40] Vgl. Weber-Kellermann/Bimmer, Einführung in die Volkskunde, S. 103–114.

[41] J. Meier, Wege und Ziele der deutschen Volkskundeforschung, in: Deutsche Forschung. Aus der Arbeit der Notgemeinschaft der Deutschen Wissenschaft, H. 6: Deut-

Sammler wie Forscher aufgrund ihrer eingeengten Vorstellungen vom Volk nur das Volk im Sinne der Volkskunde suchten bzw. fanden.

Aufgrund dieser Voraussetzungen lagen Sammlung, Forschung und pflegerisches Eingreifen, lagen Volkskunde und Heimatschutz nahe beieinander. Das enge Verhältnis zeigt die 1904 gegebene Definition von Volkskunde im ›Brockhaus‹[42]: „Die Volkskunde hat die Aufgabe, den Lebensäußerungen des gemeinen Mannes und damit der Volksseele nachzugehen, wie sich diese in der Anlage von Haus und Hof, in der Kleidung, in der Sitte und Brauch, in Glaube und Recht, in der Sprache, in der Dichtung äußert. Aber sie hat aus dieser wissenschaftlichen Aufgabe auch praktische Folgen für das Leben und die Entwicklung des Volkes zu ziehen. Sie muß dem Volke das zu erhalten suchen, was gesund und lebensfähig ist, sie muß die durch höhere Kultur dem Volke Entfremdeten zu diesem zurückführen und so auf Grund nationaler Lebensauffassung die Vermittlerin socialer Gegensätze werden."

Deutlich wird diese Aufgabenzuweisung am Beispiel der von Eduard Kück und Heinrich Sohnrey im Auftrag des „Deutschen Vereins für ländliche Wohlfahrts- und Heimatpflege" 1909 herausgegebenen Schrift ›Feste und Spiele des deutschen Landvolkes‹. Anliegen dieser Zusammenstellung war es, „auf die Verwahrlosung der althergebrachten Feste und Spiele unseres Landvolkes aufmerksam zu machen und zur Sammlung der Überreste aufzufordern".[43] Dabei wandten sich die Herausgeber vor allem an Geistliche, Landräte und Lehrervereine, um diese als Mitarbeiter zu gewinnen: „Möge das Werk, das für uns Herausgeber selbst eine festliche Erhebung ist, auf seinem Gang durch das deutsche Volk kräftig dazu beitragen, daß die vielfach ganz vertretenen Auen unseres Volkstums in unseren Dörfern wieder grünen und das Alltagsleben auf dem Lande immerdar abwechselt mit jauchzender Fröhlichkeit!"[44]

Im gleichen Sinne war auch Karl Reuschels Bemerkung von 1920 zur „angewandten Volkskunde" zu verstehen: „Angewandte Volkskunde nenne ich nicht die Benutzung volkskundlichen Stoffes oder volkskundlicher Betrachtungsweise für andere Wissenschaften, sondern ich verstehe darunter die Anwendung der Ergebnisse für das Leben im Sinne der griechischen τέχνη (Kunstfertigkeit; der Verf.), wie man von angewandter Mathematik oder angewandter Physik im Gegensatz zum theoretischen Betriebe redet."[45] Die Notwendigkeit einer wissenschaftlichen Volkskunde glaubte Reuschel daher in

sche Volkskunde, Berlin 1928, S. 15–43. hier S. 40, teilweise nachgedruckt bei Lutz, Volkskunde, S. 180–185.

[42] „Volkskunde", in: Brockhaus' Konversations-Lexikon, Bd. 17, 14. Aufl., Leipzig, Berlin, Wien 1904, S. 998–1003, hier S. 998.

[43] E. Kück/H. Sohnrey, Feste und Spiele des deutschen Landvolkes, Berlin 1909, S. 3.

[44] Ebd., S. 6.

[45] K. Reuschel, Deutsche Volkskunde, Bd. 1, Leipzig, Berlin 1920, S. 19 f.

ihrem „sozialen und vaterländischen Wert" zu erkennen: „Nicht der geringste Vorteil wirklichen Verständnisses für die Äußerungen der Volksseele besteht zweifellos in der Ausgleichung gesellschaftlicher Gegensätze, in der Belebung des Empfindens für Leid und Freude des Mitmenschen."[46]

4. Kritiker dieser engen Bindung von Volkskunde und Heimatpflege fanden nur bedingt Gehör oder mußten ihre Kritik vorsichtig formulieren. So schwächte Karl Spieß 1911 seine Kritik an der „Wiederbelebung" der „deutschen Volkstrachten" durch Trachtenvereine ab, indem er betonte, die „Volkstracht" sei „ein gutes Mittel zur Stärkung des Heimatgefühls und volkstümlicher Eigenart" und diene dem Abbau sozialer Gegensätze.[47] Oskar Brenner, Professor für deutsche Philologie an der Universität Würzburg, trat der ausschließlich angewandten Volkskunde entschiedener entgegen.[48] 1894 gründete Brenner in Würzburg den „Verein für bayerische Volkskunde und Mundartforschung" und erweiterte das Forschungsprogramm im Sinne Weinholds. Auch weil Brenner stets die rein wissenschaftlichen Ziele seines Vereins betonte, wandte er sich 1904 mit dem Artikel ›Reine und angewandte Volkskunde‹ gegen eine Volkskunde, die allein praktischen Zwecken dienen sollte. Für letztere sah er die Gefahr des unhistorischen Abgleitens in die Idylle; angewandte Volkskunde werde sich zunehmend ästhetischen Gesichtspunkten verschreiben und damit falschen Vorstellungen Vorschub leisten. Dagegen wüßte, so Brenner, reine Volkskunde „Kunst und Schönheit" wohl zu würdigen, jedoch noch „manches andere daneben; so die Herd- und Heizungsanlage, Spuren alter Beleuchtungsweise, ältere Lebensformen überhaupt, auch die Spuren, die in den altertümlichen Bezeichnungen liegen".[49]

Um diese Kritik an der angewandten Volkskunde verständlich zu machen, muß kurz auf das damalige Verhältnis von Volkskunde und Heimatschutz in Bayern eingegangen werden. Brenners Kritik galt besonders dem bereits erwähnten „Verein für Volkskunst und Volkskunde" in München. Dieser Verein war eng der Volkskunstbewegung verbunden und diente anfänglich ganz den „praktischen Seiten" der Volkskunde: Der Verein richtete anläßlich von Volksfesten Verkaufsstände ein, organisierte Gewerbeschauen und unterhielt ab 1905 in München eine Verkaufsstelle für Erzeugnisse der Volkskunst und der Hausindustrie.[50] Aufgrund der zahlreichen und publikumswirksamen Ak-

---

[46] Ebd., S. 24 f.

[47] K. Spieß, Die deutschen Volkstrachten, Leipzig 1911, S. 61 f.

[48] Vgl. Jacobeit, Bäuerliche Arbeit und Wirtschaft, S. 84 ff. – Zu Brenner und seinem Verein vgl. u. a. Moser, Bayerische Volkskunde.

[49] O. Brenner, Reine und angewandte Volkskunde, in: Mittheilungen und Umfragen zur Bayerischen Volkskunde 10/2 (1904), S. 1–4, hier S. 1.

[50] Vgl. H. Roth, Aus den Anfängen des Bayerischen Landesvereins für Heimatpflege, in: Schönere Heimat 61 (1972), S. 235–242. – H.-M. Körner, 1902: Bayerische Zeitläufe im Gründungsjahr des Bayerischen Landesvereins für Heimatpflege, in:

tionen erfuhr der Verein bald rege Förderung durch staatliche Stellen. Von großer Bedeutung war dabei der Verwaltungsjurist Gustav von Kahr, der 1923 als Ministerpräsident Bayerns im Vorfeld und während des sogenannten „Hitler-Putsches" eine unrühmliche Rolle spielte.[51] Kahr war Gründungsmitglied des „Vereins für Volkskunst und Volkskunde" und lange Jahre Schriftleiter der Vereinszeitschrift, parallel dazu unterstand ihm im Innenministerium der Aufgabenbereich der Heimatpflege. Dieser personalen Verbindung war es zu verdanken, daß der Münchner Verein bereits 1904 als Berater in regionalen Baufragen staatlich anerkannt wurde. Noch im gleichen Jahr, zwei Jahre nach seiner Gründung, trug der Verein der gestiegenen Mitgliederzahl Rechnung und gab sich den Namen „Bayerischer Verein für Volkskunst und Volkskunde". Entscheidend für die rasche staatliche Anerkennung dieses Vereins, die dem Verein von Oskar Brenner versagt blieb, war sein Praxisbezug. Mit Aktivitäten zum Schutz des Landschaftsbildes, der regionalen Bauweisen, der historischen Bau- und Naturdenkmäler, der Sitten und Bräuche, der Mundart und Trachten wie auch der Volkskunst kam der Verein den Wünschen des Bürgertums nach Schutz und Pflege der heimatlichen Natur und Kultur entgegen. Man gewann die Aufmerksamkeit des städtischen Bildungsbürgertums, welches bald den Großteil der Vereinsmitglieder stellte. Für diese Schicht war nicht, wie für Brenner, die ganze Breite der Geschichte von Bedeutung, sondern die Idylle einer heil geglaubten Welt.

Letztlich war die Heimatbewegung der Jahrhundertwende, und mit ihr Volkskunde und Heimatschutz, eine „Reaktion auf die sozialen und kulturellen Krisenerfahrungen der umfassenden Industrialisierungs- und Urbanisierungswelle".[52] Unter Berufung auf die nationale „Tradition" griff das Bürgertum weit in die Vergangenheit zurück und schuf aus historisch, wirtschaftlich, sozial und funktional Bedingtem zeitlos Dauerndes: „Was in Wirklichkeit geschichtlich und gesellschaftlich geprägt war, erscheint dann als das dauernd Gültige, als Natur."[53] Die Rückbindung an die Zeit vor 1800 war „nur der kontrastierende Hintergrund, mit dem sich die poetische Volkstumsbegeisterung nicht auseinandersetzte, von dem sie sich vielmehr löste in den Be-

Schönere Heimat 71 (1982), S. 245–254; ders., Aus der Gründungszeit des Bayerischen Landesvereins für Heimatpflege, in: Schönere Heimat 71 (1982), S. 516–520.

[51] Während Kahrs Tätigkeit für die Heimatpflege Bayerns stets Würdigung fand und findet, wurde seine Rolle als Wegbereiter des Nationalsozialismus von der Heimatpflege bislang nicht gesehen.

[52] K. W. Brand/D. Büsser/D. Rucht, Aufbruch in eine andere Gesellschaft. Neue soziale Bewegungen in der Bundesrepublik. Aktualisierte Neufassung, Frankfurt a. M., New York 1986, S. 272.

[53] H. Bausinger, Volkskultur in der technischen Welt, Frankfurt a. M., New York 1986, S. 109 (erstmals 1961 erschienen).

reich reiner Innerlichkeit".[54] Daß die Heimatbewegung dennoch nicht völlig zu „einem reaktionären Klub von Sektierern" wurde, verdankte sie der Tatsache, daß sie den ausgesprochen nationalkonservativen Forderungen ihres Begründers, Ernst Rudorff, nicht immer folgte.[55] Vielmehr wurde durch ihr „Bemühen, die Hochkultur aus der Volkskultur zu erneuern, ... ein demokratisierender Effekt ausgelöst", der „auf breiter Front eine Disposition der Aufgeschlossenheit für die ökologischen und denkmalpflegerischen Probleme unserer Welt und unserer Gesellschaft kreiert" hat.[56] So verabschiedeten unmittelbar nach 1900 einige Teilstaaten des Deutschen Reiches eine Reihe von Gesetzen zum Schutz von historisch, künstlerisch und regional wichtigen Bau- und Naturdenkmälern.

5. Für die weitere Entwicklung von Volkskunde und Heimatpflege waren der Erste Weltkrieg und seine politischen Auswirkungen für Deutschland von entscheidender Bedeutung. Während Volkskunde und Heimatpflege vor 1914 weitgehend frei von nationalistisch-völkischen Verzerrungen blieben,[57] führten die Kriegsereignisse zur Behauptung von der Höherwertigkeit deutscher Kultur. Volkskunde und Heimatpflege wurden nun zum Dienst am Vaterland. In diesem Zusammenhang ist auch die Gründung des „Westfälischen Heimatbundes" 1915 zu sehen. So erläuterte dessen Vorsitzender am Tag der Gründung: „Am großen Deutschen Reich gemessen, ist Westfalen nur ein kleiner, bescheidener Landstrich. Aber seine Eigenart und seine uralte Kultur erheben dieses kleine Land über viele Gebiete, die an Flächeninhalt, Wohlstand und Bevölkerung größer sind. So dürfen wir hoffen, durch die Pflege westfälischen Stammesbewußtseins nicht nur unserer engeren Heimat, sondern dem gesamten deutschen Vaterlande zu dienen."[58]

Dieser Aspekt wurde ab 1918, nach dem Scheitern des Wilhelminischen Imperialismus, für die Volkskunde und die Heimatpflege wichtig. Folge der außenpolitischen Bedeutungslosigkeit Deutschlands war der bewußte Rückzug auf die Heimat. Eine gesetzliche Grundlage bot zudem die Verfassung der Weimarer Republik von 1919, da in Art. 150 Heimatschutz und Denkmalpflege als Aufgaben des Staates angesprochen wurden. Zudem wurde in die Präambel der Verfassung aus historischen Rücksichten der „politisch

---

[54] Bausinger, Volkskunde, S. 52.

[55] Hierzu vgl. Bergmann, Agrarromantik und Großstadtfeindschaft, S. 129 ff.

[56] H. Gollwitzer, Der kulturgeschichtliche Ort der Heimatbewegung gestern und heute, in: Westfälische Forschungen 27 (1975), S. 12–21, hier S. 19 f.

[57] So Jeggle, Volkskunde im 20. Jahrhundert, S. 52 f.

[58] Zit. nach G. Kaldewei, Zur Heimatbewegung in Westfalen, in: Rheinisch-Westfälische Zeitschrift für Volkskunde 32/33 (1987/88), S. 71–91, hier S. 73. – Zur Entwicklung der volkskundlichen Forschung in Westfalen s. D. Sauermann, Volkskundliche Forschung in Westfalen 1770–1979, 2 Bde., Münster 1986.

längst nicht mehr konkrete Stammesbegriff" eingefügt.[59] Alles zusammen förderte die Beschäftigung mit der Landes- und Heimatgeschichte. In der Folgezeit kam es zu einer Nationalisierung von Natur, Heimat und Kultur.[60] Volkskunde und Heimatpflege förderten diese Entwicklung, obwohl Karl Reuschel noch 1920 glaubte, daß Volkskunde und Heimatpflege „vor Überschätzen des Eigenen und Unterschätzen des Fremden" bewahren würden.[61]

Die nationale Überhöhung von Heimat und Region trat besonders in den Bemühungen um die pädagogische Neubestimmung der Heimatkunde als Schulfach zutage.[62] In dem bis heute zitierten Aufsatz über den ›Bildungswert der Heimatkunde‹ von 1923 maß Eduard Spranger, ausgehend von der militärischen Niederlage von 1918, dem Heimatkundeunterricht als „Bildungsprogramm" größte Bedeutung zu[63]: „Aus den Nöten der Zeit geboren, möchte es einen Weg zeigen, der zur Einheit des Volkes und zur geistigen Einheit in uns selbst, also in doppeltem Sinne zu unserer eigentlichen Heimat, zurückführt."[64] Die Volkskunde sollte den Stoff für die Heimatkunde aufbereiten, um die Lehrkräfte zu befähigen, die Schüler mittels der Heimatkunde an die Heimat zu binden. Mit den Forderungen, die Volkskunde als Grundwissenschaft in den Schulunterricht und die Berufsausbildung einzubinden, ergaben sich Forderungen nach der Institutionalisierung des Faches an den Hochschulen.[65]

Die wachsende Bedeutung von Volkskunde und Heimatpflege läßt sich am Beispiel von Viktor von Geramb aufzeigen.[66] Geramb, der sich selbst als einen

[59] H. Gollwitzer, Die politische Landschaft in der deutschen Geschichte des 19./20. Jahrhunderts. Eine Skizze zum deutschen Regionalismus, in: Zeitschrift für bayerische Landesgeschichte 27 (1964), S. 523–552, hier S. 523.

[60] Vgl. H. Bausinger, Zwischen Grün und Braun. Volkstumsideologie und Heimatpflege nach dem Ersten Weltkrieg, in: Religions- und Geistesgeschichte in der Weimarer Republik, hrsg. v. H. Cancik, Düsseldorf 1982, hier S. 217.

[61] Reuschel, Deutsche Volkskunde, S. 25.

[62] Zum Komplex „Volkskunde und Schule" vgl. besonders E. Roth, Volkskunde und Schule, in: Harvolk, Wege der Volkskunde, S. 515–547. Ebd. auch der Hinweis auf die Bedeutung Sprangers.

[63] E. Spranger, Der Bildungswert der Heimatkunde, Berlin 1923. – Zu Spranger vgl. W. v. Bredow/H.-F. Foltin, Zwiespältige Zufluchten. Zur Renaissance des Heimatgefühls, Berlin, Bonn 1981, S. 164–171.

[64] Spranger, Bildungswert, hier zit. nach v. Bredow/Foltin, Zwiespältige Zufluchten, S. 164.

[65] Hierzu vgl. Roth, Volkskunde und Schule, S. 515 ff.; F. Boehm, Zur Pflege der Volkskunde im Universitätsunterricht, in: Zeitschrift für Volkskunde 35 (1925), S. 144 ff.

[66] Ausführliche Hinweise hierzu bei H. Eberhart, Die Entwicklung des Faches Volkskunde an der Karl-Franzens-Universität Graz, in: Volkskunde als akademische Disziplin. Studien zur Institutionenausbildung, hrsg. v. W. Brückner und K. Beitl, Wien 1983, S. 35–50.

der ersten reinen Fachvolkskundler bezeichnete, stieß in den 1920er Jahren mit seinen Schriften zur Volkstumspflege in Deutschland auf reges Interesse. Gerade aufgrund dieser Schriften erhielt Geramb 1924 die „venia legendi" für das Fach „Deutsche Volkskunde" an der Universität Graz. Gerambs Karriere macht deutlich, von welcher Wichtigkeit die angewandte Volkskunde für die akademische Etablierung des Faches Volkskunde war.

Ausdruck der weiteren Institutionalisierung von Volkskunde und Heimatpflege im Laufe der 1920er Jahre waren auch die zahlreich erschienenen, oftmals in Zusammenarbeit mit Laien entstandenen Schriften zu regionalen und allgemeinen Fragen der Volkskunde. Dabei traten Begriffe wie Sitte, Stamm und Gemeinschaft zunehmend in den Vordergrund und prägten auch die intensivierten Bemühungen zur Pflege der öffentlich dargestellten Volkskultur. Während Ernst Rudorff in seiner 1899 erschienenen Schrift ›Heimatschutz‹ nur den Schutz von Denkmälern, Landschaften und überkommener Volkskultur forderte, erschien dieser Aufgabenbereich Hermann Bartmann als zu gering. In der Schrift ›Heimatpflege (Denkmalpflege und Heimatschutz)‹, die er 1920 veröffentlichte, stellte Bartmann die Bedeutung der Pflege in den Vordergrund.[67] Nur durch die bewußte Auseinandersetzung und Pflege könnten, so Bartmann, die Sitten, Gebräuche, Mundarten und Trachten erhalten und für die Zukunft bewahrt werden. Indem die Heimatpflege diese Aufgaben übernehme, trage sie, so Bartmann, zur Festigung der Volkspersönlichkeit und der deutschen Nation bei.[68] Mit dieser inhaltlichen Zielsetzung wies Bartmann indirekt bereits der völkisch-nationalistischen Heimatpflege den Weg.

6. In den Jahren der Weimarer Republik standen der angewandten Volkskunde zahlreiche Ansätze zu einer wissenschaftlichen, an den Universitäten gelehrten Volkskunde gegenüber. Von großer Bedeutung war 1922 das Erscheinen von Hans Naumanns Buch ›Grundzüge der deutschen Volkskunde‹, da es eine Diskussion über Inhalt, Methoden und Ziele der Volkskunde auslöste.[69] Im Rahmen dieser Diskussion nahm 1924 Adolf Spamer, der wichtigste Theoretiker einer psychologischen Volkskunde, Abstand von der angewandten Volkskunde: „... mag man auch das Wissen um die seelischen Anlagen und Formen unseres Volkes nur als Mittel zu jenseits und über aller Wissenschaft stehenden Zwecken schätzen, so sollte man ebensowenig vergessen, daß jede *Wissenschaft* als solche nur *Diagnose,* nie Therapie oder Pro-

---

[67] E. Rudorff, Heimatschutz, 3. Aufl., München 1904 (erstmals 1899); H. Bartmann, Heimatpflege (Denkmalpflege und Heimatschutz). Ihre Aufgaben, Organisation und Gesetzgebung, Leipzig, Berlin 1920.

[68] Bartmann, Heimatpflege, S. 9 ff.

[69] H. Naumann, Grundzüge der deutschen Volkskunde, Leipzig 1922. – Zu Naumann vgl. Weber-Kellermann/Bimmer, Einführung in die Volkskunde, S. 77–85.

phylaxe sein kann, daß sie die Auswertung ihrer Erkenntnisse anderen überlassen muß. *Angewandte Volkskunde* kann in ihrem tiefsten Sinne bitterste
Notwendigkeit sein, niemals aber eine Wissenschaft, mag sie sich auch mit
ernsteren Dingen als Märchenabenden und Ringeltänzen halbwüchsiger
Jugend beschäftigen."[70]

Mit seiner Absage an die angewandte Volkskunde proklamierte Spamer eine
,reine' Volkskunde. Die Folge dieser Haltung war, daß sich diese reine Volkskunde der Verantwortung für die Wirkung der eigenen Forschungen entzog
und deren Verwertung durch gesellschaftliche Institutionen, wie Vereine, Verbände oder politische Parteien, nicht weiter berücksichtigte. Doch auch mit
ihrem nicht hinterfragten Forschungsgegenstand Volk gab sich die Volkskunde eine Sprache, die sie – auch dort, wo sie nicht mit der nationalsozialistischen Ideologie übereinstimmte – zitierbar im Sinne des Nationalsozialismus
machte.[71] Die Indienstnahme von Volkskunde und Heimatpflege durch die
Nationalsozialisten gründete auf dem Gegenstandsbereich des Faches und auf
der Fachgeschichte: Ein Großteil der volkskundlichen Gedankenwelt war
dem 19. Jahrhundert verpflichtet und gleichzeitig Teil der organischen Gesellschaftslehre der Nationalsozialisten. Die inhaltliche und sprachliche Nähe ermöglichten so nach 1933 die bruchlose Eingliederung von Volkskunde und
Heimatpflege in den Wissenschaftsbetrieb des Dritten Reiches: „Wenn irgendwo in einer Wissenschaft der Nationalsozialismus nicht als Einbruch von
außen, sondern als innere Konsequenz verstanden werden muß, dann in der
Volkskunde."[72]

7. Nach 1933 diente die Volkskunde, nun mit einer Reihe von Lehrstühlen
an deutschen Universitäten ausgestattet, dem Nachweis der Höherwertigkeit
nordisch-germanischer Kultur.[73] Daneben arbeitete sie einer Volkstumspflege
auf rassisch-ideologischer Grundlage zu: „Sinn deutscher Volkstumsarbeit
kann es niemals sein, dieses Brauchtum durch einen nüchtern zerpflückenden
Intellekt zerstören zu lassen. Ziel ist und bleibt, wieder artgemäße und unver-
fälschte Gestaltung. Voraussetzung zu solcher Gestaltung aber ist die blutsbe-
dingte Weltanschauung und der rechte Glaube, die Scheidung des Artechten
vom Artfremden, die Wiedereinsetzung des ,Verdrängten' in sein altes Recht
und die Wiederbefreiung des ,Umgetauften' von fremden Zusätzen. An der

---

[70] A. Spamer, Um die Prinzipien der Volkskunde, in: Hessische Blätter für Volkskunde 23 (1924), S.67–108, nachgedruckt bei Lutz, Volkskunde, S.126–142 (Hervorhebung i. O.).
[71] Vgl. Bausinger, Zwischen Grün und Braun, S.222. – Zu Einzelaspekten vgl.
Volkskunde und Nationalsozialismus. Referate und Diskussionen einer Tagung, hrsg.
v. H. Gerndt, München 1987 (Münchener Beiträge zur Volkskunde 7).
[72] Bausinger, Volkskunde, S.63.
[73] Jeggle, Volkskunde im 20. Jahrhundert, S.59–65.

Schaffung dieser Voraussetzungen mitzuhelfen, ist eine wesentliche Aufgabe unserer Volkskundewissenschaft."[74]

In der Folgezeit war die Volkskunde bestrebt, aus „einer sogenannten ‚objektiven' und lebensfernen ‚Wissenschaft', die lediglich Feststellungen trifft", „eine volkstümliche, politische Wissenschaft aufzubauen, die auch Kraft und Mut zur Wertung hat".[75] Wesentliches Ziel volkskundlicher Arbeit war die Bereitstellung von Materialien für die Arbeit der Volkstumspflege im Rahmen der NS-Kulturpolitik: „Die Wissenschaft, die die Aufgabe übernimmt, im Gegenwartsvolkstum die seelische Erbmasse ... zu untersuchen, die mit solchen Untersuchungen durch das geschichtliche Bild durchstoßen will bis zu der durch Bluterbe gegebenen volksgemeinen geistig-seelischen Anlage, ist die Volkskunde; ihr Ziel ist es ... den Kulturprozeß als erbbedingt zu begreifen. Volkskunde führt so zur *Volkstumspflege,* da es deutsche Aufgabe ist, das Leben möglichst artgemäß zu gestalten."[76] Wieweit der NS-Staat Volkskunde und Heimatpflege reglementierte und wieweit beide dies dem Staat nahelegten, haben einige Arbeiten zur damaligen Praxis dargelegt.[77] Selbst die Personen, die nach 1945 als Beispiel für die Integrität von Volkskunde und Heimatpflege während des Dritten Reiches dienten, blieben von Verführung durch und von Anbiederung an den NS-Staat nicht verschont. Zu nahe standen sich die Worthülsen Volk, Gemeinschaft, Volksgemeinschaft, so daß der Gleichklang den Blick auf die gesellschaftliche und politische Realität verstellte.

8. Nach dem militärischen Zusammenbruch von 1945 hätte ein Überdenken der Positionen von Volkskunde und Heimatpflege folgen müssen. Dabei wäre auch die Frage nach der eigenen Verantwortung im Dritten Reich zu stellen gewesen. Als einer von wenigen unterzog der Soziologe Heinz Maus Volkskunde und Heimatpflege einer allgemeinen Kritik. So forderte Maus 1946 die Auflösung der Volkskunde, da „die tradierten Vorstellungen der Volkskunde über ihr wissenschaftliches Ziel ... angesichts der bedrängenden

---

[74] H. Strobel, Weihnachtsbrauchtum, in: Nationalsozialistische Monatshefte 7 (1936), S. 1078–1088, hier zit. nach Bausinger, Volksideologie und Volksforschung, S. 196 (Hervorhebung i. O.).

[75] H. Strobel, Bauernbrauch im Jahreslauf, Leipzig 1936, zit. nach Bausinger, Volkskunde, S. 64.

[76] J. Klapper, Volkstum der Gegenwart, in: W. Peßler (Hrsg.), Handbuch der deutschen Volkskunde, Bd. 1, Leipzig 1935, S. 98–103, hier S. 99f. (Hervorhebung i. O.).

[77] Vgl. Kaldewei, Zur Heimatbewegung in Westfalen, S. 71–91; M. Bruckbauer, Verordnete Kultur – Überlegungen zur Volksmusik in Bayern während der NS-Zeit, in: Bayerisches Jahrbuch für Volkskunde 1989, S. 82–91; E. Harvolk, „Volkserziehung" durch „Volkerkenntnis". Zur „angewandten Volkskunde" der Jahre 1934–1938, in: Forschungen zur historischen Volkskultur. Festschrift für Torsten Gebhardt zum 80. Geburtstag, hrsg. v. I. Bauer, E. Harvolk, W. A. Mayer, München 1989, S. 339–354.

Probleme einer hochindustrialisierten Gesellschaft bereits schief" gewesen seien. Zugleich wandte sich Maus gegen die angewandte Volkskunde: „Es ist philiströs, um ein mildes Wort zu gebrauchen, anzunehmen, daß mit Volks-tänzen oder einer Rückkehr zur Volkskunst das Volk erneuert werden könnte. Mit solcher Anwendung volkskundlicher Bemühung ist endlich Schluß zu machen."[78] Diese Kritik blieb folgenlos, abgesehen von Will-Erich Peuckerts differenzierender Entgegnung.[79] Grund hierfür war die 1946 erschienene ›Volkskunde der Schweiz‹ von Richard Weiss: „Sie stellte von neutralem Boden einen Unbedenklichkeitsbescheid aus, der zudem auf hohem Niveau gedacht und geschrieben war."[80] Zudem sprach Weiss der „angewandten Volkskunde" die Daseinsberechtigung nicht ab, wenngleich er betonte, daß es sich dabei um einen „aktiven Eingriff in den Kulturprozeß aufgrund von wer-tender Stellungnahme zum ‚Eigenen‘, ‚Echten‘, ‚Guten‘ und ‚Schönen‘" han-dele.[81] Soweit wollte Leopold Schmidt 1947 nicht gehen. Nach Schmidt hatte die Volkskunde dem Leben in überlieferten, unbewußten Ordnungen nachzu-gehen. Die Pflege im Sinne der angewandten Volkskunde beruhte dagegen seiner Meinung nach auf bewußter Anwendung. Hieraus folgerte Schmidt: „Die Volkskunde als Wissenschaft könnte derartige Dinge eigentlich nur als ihr Objekt aufgreifen, nicht sich jedoch als handelndes Subjekt beteiligen."[82]
In der Folgezeit distanzierten sich einige Volkskundler – meist unter Hin-weis auf die Ereignisse während der NS-Zeit – von der angewandten Volks-kunde. Ihren Äußerungen stand jedoch die Meinung der Mehrzahl der Fach-vertreter gegenüber, die für eine angewandte Volkskunde eintraten.[83] Einen

---

[78] H. Maus, Zur Situation der deutschen Volkskunde, in: Die Umschau 1 (1946), S. 349–359, nachgedruckt bei H. Gerndt (Hrsg.), Fach und Begriff „Volkskunde" in der Diskussion, Darmstadt 1988, S. 25–40, hier S. 35–39. – Zu Maus vgl. Bausinger, Volks-kultur in der technischen Welt, S. 11.

[79] Vgl. W.-E. Peuckert, Zur Situation der Volkskunde, in: Die Nachbarn. Jahrbuch für vergleichende Volkskunde 1 (1948), S. 130–135, nachgedruckt bei Gerndt, Fach und Begriff „Volkskunde", S. 41–52.

[80] Vgl. Jeggle, Volkskunde im 20. Jahrhundert, S. 65.

[81] Bezeichnenderweise befinden sich die Bemerkungen zur „angewandten Volks-kunde" im Vorwort, vgl. R. Weiss, Volkskunde der Schweiz, Erlenbach-Zürich 1946, S. VIII f. (Hervorhebungen i. O.).

[82] L. Schmidt, Die Volkskunde als Geisteswissenschaft, in: Mitteilungen der Öster-reichischen Gesellschaft für Anthropologie, Ethnologie und Prähistorie 73/77 (1947), S. 115–137, nachgedruckt bei Gerndt, Fach und Begriff „Volkskunde", S. 74. – Zu Schmidt vgl. Bausinger, Volkskultur in der technischen Welt, S. 11. – Parallel und gleichsam als Gegenpart zu Schmidt versuchte F. C. Lipp 1949 eine „angewandte Volks-kunde" als Wissenschaft zu begründen. Hierzu vgl. H. Freudenthal, Die Wissenschafts-theorie der deutschen Volkskunde, Hannover 1955, S. 168 f.

[83] Vgl. u. a. A. Bach, Deutsche Volkskunde, 3. Aufl., Heidelberg 1960, S. 664–667.

Querschnitt dieser Meinungen vermittelt Herbert Freudenthals ›Wissenschaftstheorie der deutschen Volkskunde‹, die 1955 in der Schriftenreihe des „Niedersächsischen Heimatbundes" erschien.[84] Bei der Erörterung der verschiedenen, der NS-Ideologie oft deutlich verpflichteten Standpunkte vernachlässigte Freudenthal die politischen und gesellschaftshistorischen Aspekte. Die Volkskunde besaß für ihn vielmehr einen kulturpolitischen Auftrag, der sich aus dem Untersuchungsgegenstand Volk ergab. Dieser Auftrag mache, so Freudenthal, die „Volkskunde zu einer dienstbereiten und dienstverpflichteten Wissenschaft vom ständig werdenden Volk. Als solche ist sie in allen Schichten des öffentlichen Lebens grundwissenschaftlich anzusetzen" und in die Gesellschaft einzubringen.[85]

Erst die Arbeiten der Münchner Schule,[86] deren Hauptvertreter Hans Moser und Karl-S. Kramer die historische Erforschung des Alltags schon früh vornahmen, ließen Volkskunde und Heimatpflege in einem anderen Licht erscheinen. Vor allem Moser, der seit 1938 an der dem „Bayerischen Landesverein für Heimatpflege e. V." angegliederten „Landesstelle für Volkskunde" in München tätig war, lenkte durch seine Arbeiten zur historischen Volkskultur die Aufmerksamkeit auf die Auswirkungen von Volkskunde und Heimatpflege auf den vermeintlich unhistorisch „wesenden" Forschungsgegenstand Volk. Ausgangspunkt waren quellenkritische, auf Archivalien beruhende Untersuchungen, die „mit dem mythischen Kram" und „den Ursprünglichkeits- und Ewigkeitsvorstellungen der traditionellen Volkskunde" aufräumten.[87] Vielmehr wurde nun das Volksleben eines begrenzten Raumes in seiner zeitlichen Gebundenheit und in Abhängigkeit von den wirtschaftlichen und rechtlichen Gegebenheiten untersucht. Basierend auf solchen Untersuchungen führte Moser 1962 den Begriff ‚Folklorismus' in die Volkskunde ein und wies nach,[88] daß weite Teile der als ursprünglich verstandenen, öffentlich dargestellten Volkskultur „entgegen der Behauptung der Organisatoren und … des Chronisten … erst kurz zuvor ‚wiederbelebt' und mit neuen Elementen und Requisiten versehen worden" waren.[89] Neben dem Hinweis auf die kommerziellen Absichten dieser Vorführungen betonte Moser, daß die

---

[84] Besonders Freudenthal, Wissenschaftstheorie der deutschen Volkskunde, S. 165 ff.

[85] Ebd., S. 202.

[86] Hierzu vgl. Schindler, Spuren in die Geschichte, S. 37–42. – R. W. Brednich, Quellen und Methoden, in: Ders., Grundriß der Volkskunde, S. 80 f. – Zur „Münchener Schule" vgl. H. Moser, Volksbräuche im geschichtlichen Wandel. Ergebnisse aus fünfzig Jahren volkskundlicher Quellenforschung, München 1885.

[87] Jeggle, Volkskunde im 20. Jahrhundert, S. 66.

[88] Vgl. allgemein H. Moser, Vom Folklorismus in unserer Zeit, in: Zeitschrift für Volkskunde 68 (1962), S. 177–209.

[89] Bimmer, Brauchforschung, S. 321.

jeweiligen Handlungen aus ihrem funktionalen und sozialen Zusammenhang herausgelöst und einem neuen, als originär und echt vorgestellten Zusammenhang unterstellt wurden. Dieses Phänomen nannte er Folklorismus und definierte es als „Vermittlung und Vorführung von Volkskultur aus zweiter Hand". Entscheidende Bedeutung für das Entstehen dieses Phänomens in der Gegenwart maß Moser den mehr oder minder populär vermittelten Ergebnissen der Volkskunde zu. Diese wirkten im Rücklauf auf den Forschungsgegenstand ein,[90] veränderten diesen und evozierten neue Handlungen im alten Kleid. Auf den veränderten Umgang der modernen Industriegesellschaft mit der traditionellen Volkskultur hatte, gleichsam als Vorgriff auf Mosers Folklorismus-Begriff, Hermann Bausinger bereits 1961 aufmerksam gemacht. Bausinger kam zu dem Schluß, daß nach dem Zerfall der einstigen Horizonte Raum, Zeit und soziale Bindung im technischen Zeitalter „Erneuerung und Pflege … bis zu einem gewissen Grad zu volkstümlichen Einstellungen geworden" waren. *Angewandte Volkskunde* im weiteren Sinne hat längst und in vieler Hinsicht", so Bausinger weiter, „die Haltung des Volkes selbst zur Tradition und den überlieferten Kulturgütern charakteristisch verändert."[91]

9. Während die bis heute geführte Folklorismus-Debatte[92] das Fach Volkskunde aus der „Verquickung in kulturpolitische Zusammenhänge" löste und eine theoretische Diskussion ermöglichte,[93] bot der Begriff Folklorismus der Heimatpflege Entlastung und Bestätigung. Der Begriff erfuhr von dieser Seite vor allem deshalb breite Zustimmung, da die Umschreibung ‚Volkskultur aus zweiter Hand' eine ‚echte' Volkskultur voraussetzte, die zu bewahren, zu erhalten und zu pflegen die Vertreter der Heimatpflege als ihre Aufgabe ansahen. Darüber vergaß die Heimatpflege, die eigene Rolle als Mittlerin im Tradierungsprozeß zu reflektieren. Folklorismus wurde von der Heimatpflege allein abwertend verwendet, gleichsam als „Kampfbegriff" gegen die Loslösung von überkommenen Traditions- und Verhaltensmustern. Während man die Künstlichkeit kulturindustrieller Verwertung kritisierte, schützte man um so mehr die angebliche Echtheit der Volkskultur. In den Augen der Heimatpflege kam der Volkskunde dabei vornehmlich die Aufgabe zu, die Heimatpflege ideell zu unterstützen, zu legitimieren und Forschungsergebnisse bereitzustellen. Da die Münchner Schule die „exakte Geschichtsschreibung der Volkskultur" forderte, kam besonders ihren Arbeiten zur Brauchforschung und Genese an-

---

[90] Besonders H. Moser, Folklorismus als Forschungsprobleme der Volkskunde, in: Hessische Blätter für Volkskunde 55 (1964), S. 9–58.

[91] Bausinger, Volkskultur in der technischen Welt, S. 114.

[92] Einen guten Überblick zur „Folklorismus-Debatte" vermittelt U. Bodemann, Folklorismus – Ein Modellentwurf, in: Rheinisch-Westfälische Zeitschrift für Volkskunde 28 (1983), S. 101–110.

[93] Jeggle, Volkskunde im 20. Jahrhundert, S. 66 f.

derer Erscheinungsformen der Volkskultur eine große Bedeutung als Materialreservoir für die heimatpflegerische Arbeit zu. In ihrer Fixierung auf Authentizität und Echtheit der Formen übersah die Heimatpflege jedoch die funktionalen, sozialen und historischen Aspekte und leistete damit der weiteren Enthistorisierung der Volkskultur Vorschub.[94] Der Heimatpflege, und damit auch den sie unterstützenden staatlichen und kulturellen Einrichtungen,[95] brachte dies den Vorwurf der Volkskunde ein, sie diene einer zunehmend politisierten, verrechtlichten und staatlich verordneten Regionalkultur: Unter Ausblendung der Gegenwart komme die Heimatpflege, so etwa Greverus,[96] den Wünschen nach einem ganzheitlichen Leben in überlieferten Ordnungen entgegen und suggeriere im Rückgriff auf die traditionelle Volkskultur die Selbstbestimmbarkeit der Regionen.

10. Während die Folklorisierung der Volkskultur die Heimatpflege in ihrer nostalgisch-retrospektiven Bezugsrichtung unterstützte,[97] öffnete sich zum gleichen Zeitpunkt die Volkskunde der Gegenwart. Diese Öffnung, eingeleitet durch Bausingers 1961 erschienenes Werk ›Volkskultur in der technischen Welt‹, bildete die Voraussetzung, um am Ende der 1960er Jahre, unter dem Einfluß der Studentenbewegung, „ideologische Behauptungen und gesellschaftliche Verschönerungspraxis von sozialer Realität zu unterscheiden" und die Funktion des Faches erstmals kritisch zu hinterfragen.[98] Seit dem ›Abschied vom Volksleben‹ 1970[99] hat sich die Volkskunde neue Arbeitsgebiete erschlossen; sie hat traditionelle Forschungsgegenstände einer neuen Sichtweise unterzogen und darüber hinaus die eigenen Grundbegriffe, die teilweise noch ganz dem unreflektierten Begriff Volk unterstellt waren, hinterfragt.[100]

Die Bemühungen der Volkskunde, sich als empirische, am Alltag orientierte Kulturwissenschaft zu begründen, fanden ihren Niederschlag in der ›Falken-

---

[94] Hierzu vgl. H. Bausinger, Organisierte Volkskultur als Objekt volkskundlicher Forschung, in: Rheinische Heimatpflege N.F. IV (1968), S. 311–322.

[95] Als Beispiel sei auf die Trachtenpflege verwiesen, hierzu vgl. H. Schmitt, Volkstracht in Baden. Ihre Rolle in Kunst, Staat, Wirtschaft und Gesellschaft seit zwei Jahrhunderten, Karlsruhe 1988; S. Hirsch, Dem Freistaat ist die Tracht teuer. Trachtenförderung zu Zeiten der Wittelsbacher und heute, in: Schönere Heimat 72 (1983), S. 161–166.

[96] Hierzu vgl. I.-M. Greverus, Auf der Suche nach Heimat, München 1979, S. 7–18. – Einzelbeiträge zu diesem Thema in Köstlin/Bausinger, Heimat und Identität.

[97] Vgl. I.-M. Greverus, Zu einer nostalgisch-retrospektiven Bezugsrichtung der Volkskunde, in: Zeitschrift für Volkskunde 60 (1969), S. 11–28.

[98] Jeggle, Volkskunde im 20. Jahrhundert, S. 67.

[99] Vgl. Abschied vom Volksleben, red. v. K. Geiger, U. Jeggle, G. Korff, Tübingen 1970. – Zu neuen Forschungsfeldern der Volkskunde vgl. Brednich, Grundriß der Volkskunde.

[100] Bausinger, Volkskunde, S. 74 ff.

steiner Resolution‹ von 1970: „Sie [‚Volkskunde‘] analysiert die Vermittlung (die sie bedingenden Ursachen und die sie begleitenden Prozesse) von kulturalen Werten in Objektivationen und Subjektivationen. Ziel ist es, an der Lösung soziokulturaler Probleme mitzuwirken."[101] Diese Formulierung lenkte die Aufmerksamkeit einerseits auf den prozessualen und vermittelten Charakter von Kultur, betonte andererseits die Forderung nach einer bis heute inhaltlich nicht geklärten vernünftigen, theoretisch begründeten Praxis. Den Ausgangspunkt hierfür bildete die Kritik der bisherigen Praxis und die Erkenntnis über den „Rücklauf" der eigenen Forschungen. Auf diesem Weg hoffte man gegen die unfreimachende Praxis der „Vereinsmeierei der Brauchtumspfleger" Stellung nehmen zu können: „Die Volkskunde sieht nicht den Zusammenhang zwischen ihrer Zentrierung auf Tradition und dem Brauchtumsenthusiasmus, der um sich greift; sie sieht nicht, daß ihr steter Ruf nach dem Alten und Echten das Unechte, das echt sein will, und das Neue, das sich alt geriert, gebiert. Sie sieht nicht oder nur selten, daß sie ‘unwanted consequences’ hat, ... ; sie übersieht fast immer, daß jeder Akt des wissenschaftlichen Erkennens ein Eingriff in den sozialen Raum ist, selbst wenn man das nicht will, daß über den Wertcharakter einer Aussage letztlich der Rezipient bestimmt, dessen Bewußtsein dadurch beeinflußt wird."[102] Die auf die Praxis zielende Volkskunde hatte dies zu bedenken, um die von der Öffentlichkeit an sie herangetragenen Erwartungen zu unterlaufen[103]: Indem die Volkskunde den Alltag der Menschen in die Praxis hereinhole und sich von der Fixierung auf die materiellen Überlieferungen des schönen Scheins löse, arbeite sie, so Jeggle, der bisherigen Harmonisierung des Alltags entgegen.[104] Ausgangspunkt und Ziel der Praxis sollte der Mensch als historisch gewordenes und kulturschöpferisches Subjekt sein, der, unter Einbeziehung seiner Kultur- und Alltagswelt, zur aktiven Umweltaneignung aufgerufen werden sollte.[105]

In der Folgezeit bestimmte, ausgelöst durch die kulturpolitische Aufbruchseuphorie der frühen 1970er Jahre, die Frage des Praxisbezugs zunehmend die

[101] Falkensteiner Resolution, in: Falkensteiner Protokolle, hrsg. v. W. Brückner, Frankfurt a. M. 1971, S. 303 (Hervorhebung i. O.).

[102] U. Jeggle, Wertbedingungen der Volkskunde, in: Abschied vom Volksleben, S. 28 f.

[103] Eine Begründung vor allem bei C. Hezinger/U. Jeggle/M. Scharfe, Volkskunde und Öffentlichkeit. Einige Thesen und Fragen für Falkenstein, in: Falkensteiner Protokolle, S. 108–112.

[104] Hierzu vgl. U. Jeggle, Wandervorschläge in Richtung Heimat, in: attempto 49/50 (1974), S. 68–72.

[105] Hierzu vgl. Greverus, Heimat; H. Bausinger, Auf dem Wege zu einem neuen, aktiven Heimatverständnis, in: Heimat heute. Red. v. H.-G. Wehling, Stuttgart 1984, S. 11–27.

volkskundliche Diskussion. Im Rahmen dieser Erörterungen wurde die Heimatpflege – verstanden als Teil der regionalen Kulturarbeit – als mögliches Be-
rufsfeld für Volkskundler diskutiert. Die Chancen zur Umsetzung dieser
Überlegungen in die Praxis behandelten Fachvertreter und Vertreter aus Kul-
turverwaltungen 1977 in Münster im Rahmen der von der „Deutschen Gesellschaft für Volkskunde" ausgerichteten Tagung ›Kulturanalyse und Berufspraxis‹; jedoch ergaben sich hier keine konkreten Lösungen.[106] Auch fand im
Nachfeld keine eingehende Diskussion zwischen der auf die Praxis zielenden
Volkskunde und der institutionalisierten Heimatpflege statt. Von seiten der
Heimatpflege kam vielmehr der Vorwurf, die Volkskunde theoretisiere zunehmend und vergesse darüber die Erarbeitung von Materialien für die Arbeit der
Heimatpflege.[107]

11. Während diese Diskussionen zwischen Volkskunde und Heimatpflege
fachintern ausgetragen wurden, zeigte sich auch in anderen Bereichen gegen
Ende der 1970er Jahre ein neues, bis heute anhaltendes Interesse an der
eigenen Geschichte.[108] Eingeleitet durch die Klage über die Unwirtlichkeit
unserer Städte und beschleunigt durch die Ölkrise zu Beginn der 1970er Jahre,
ging diese Hinwendung zur Geschichte einher mit der Absage an den Fort-
schrittsglauben der Nachkriegszeit. Beispiele hierfür sind die damals verabschiedeten Denkmalschutzgesetze, die Großausstellungen zur Herrschaftsge-
schichte – Staufer, Wittelsbacher, Preußen – und eine massenmedial aufbereitete
Nostalgiewelle. Daneben zeichnete sich in der Bundesrepublik Deutschland,
parallel zu den regionalistischen Strömungen in Europa, eine Hinwendung
zum kleinen Raum, zu Heimat und Region, zu deren Geschichte und Kultur
ab. Hiervon blieben die Geistes- und Gesellschaftswissenschaften nicht unberührt. Sie entdeckten die Volkskultur als Korrektiv zu den Welterklärungsver-
suchen der Herrschafts- und Strukturgeschichte. Die Geschichte der Herrscher wurde nun durch die Geschichte des leidenden, widerständigen und vergessenen Volkes ergänzt. Neue Methoden erschlossen neue Quellen und neue
Leser, zumal die Geschichte des Volkes von unten und das Volk selbst als handelndes Subjekt der Geschichte betrachtet wurde.[109] Im Zuge dieser Wieder-

---

[106] Vgl. Kulturanalyse und Berufspraxis, Arbeitstagung der Deutschen Gesellschaft
für Volkskunde in Münster vom 21.3.–23.3.1977, hrsg. v. D. Sauermann, G. Wiegelmann, Münster 1978.

[107] Vgl. R. Worschech, Heimatpflege und Volkskundepraxis, in: Bayerische Blätter
für Volkskunde 2 (1975), S. 85–87.

[108] Eingehend behandelt bei v. Bredow/Foltin, Zwiespältige Zufluchten.

[109] Zu Ansätzen „alternativer" und „freier" Geschichtsarbeit vgl. G.-A. Frei, Regionalgeschichte. Neue Chancen für Gesellschaftsanalyse, in: Das Argument 131 (1982),
S. 55–67; H. Heer/V. Ullrich (Hrsg.), Geschichte entdecken. Erfahrungen und Projekte
der neuen Geschichtsbewegung, Reinbek b. Hamburg 1985.

entdeckung der Volkskultur rückten vergessene Orientierungs- und Verhaltensmuster, vergessene soziale und kulturelle Milieus in den Vordergrund des historischen und gesellschaftlichen Interesses.

Die Wegbereiter dieser neuerlichen Auseinandersetzung mit der Volkskultur fanden sich besonders im akademischen Umfeld der Studentenbewegung. Ein Großteil von ihnen kam aus dem Umkreis der „neuen sozialen Bewegungen", die „den von der 68er Bewegung verfochtenen Emanzipations- und Demokratisierungspostulaten" verpflichtet waren und mit ihrer „Kritik systemischer Modernisierungsprozesse" auf den ökonomischen Entwicklungsschub der 50er Jahre reagierten. Als freie Bürgerinitiativen wandten sie sich gegen überregionale Planungen, wie etwa Atomkraftwerke, und benutzten dabei oftmals vergessene Protestformen. Die „neuen sozialen Bewegungen" sind in der Tradition der bürgerlichen Heimat- und Lebensreformbewegung der Jahrhundertwende zu sehen, da sich in ihrer Kritik auch „lokale und regionale Konflikte, ... traditionalistische Elemente" mischten.[110] Im Gegensatz zur bürgerlichen Heimatbewegung zielte ihre Kritik von Beginn an auf ein gesellschaftliches Umdenken im Umgang mit der eigenen Geschichte, Kultur und Umwelt. Daher plädierten sie für veränderte politische Rahmenbedingungen, wie dies im Rahmen der Debatte über die Regionalisierung bzw. Dezentralisierung von Politik und Kultur deutlich wurde.

Im Rückgriff auf die Volkskunde und deren emanzipatorische Bestrebungen zu Beginn der 70er Jahre entwickelte sich im Zusammenspiel mit den neuen sozialen Bewegungen ein neues Heimatverständnis. Das wesentlich Neue war hierbei, daß Heimat und regionale Kultur nicht mehr als politikfreier, an der Vergangenheit ausgerichteter Raum angesehen wurden. Die Einbringung des Alltags und der Politik, damit auch der sozialen und wirtschaftlichen Rahmenbedingungen, äußerte sich in der Aufgeschlossenheit weiter Bevölkerungskreise gegenüber kultur- und sozialgeschichtlichen Themenstellungen ebenso wie in einem neuen Umweltbewußtsein. Daß dieses neue Denken vielfach Eingang in eher traditionelle Formen der kulturhistorisch-volkskundlichen Vermittlung gefunden hat, zeigt die rasch angewachsene Zahl von Heimat-, Regional-, Bezirks- und Freilichtmuseen. Wenn dabei auch die inhaltliche Qualität oft zugunsten der Quantität in den Hintergrund tritt, läßt sich im Museumsbereich aber doch ein neues Interesse an Kultur- und Alltagswelt der Menschen feststellen.[111]

Parallel zu diesen Entwicklungen ist, wie steigende Mitgliedszahlen der Vereine zeigen, das Interesse an der institutionalisierten Heimatpflege gestiegen. Inhaltlich beschränkte sich die Heimatpflege seit den 70er Jahren – bestärkt

---

[110] Brand/Büsser/Rucht, Aufbruch in eine andere Gesellschaft, S. 271.
[111] Allgemein hierzu vgl. Museen in der Provinz. Strukturen, Probleme, Tendenzen, Chancen, hrsg. v. M. Scharfe, Tübingen 1982.

durch das Europäische Denkmalschutzjahr 1975 und die neuen gesetzlichen Regelungen – auf den Bereich der Denkmalpflege. Dieses Engagement nahm zu, je mehr die regionalen Baudenkmäler gefährdet schienen. Weitere Arbeitsschwerpunkte bildeten die Trachten- und Volksmusikpflege. Allgemein bleibt festzuhalten, daß das Interesse der institutionalisierten Heimatpflege, wiewohl sie sich den gewandelten Rahmenbedingungen seit 1945 anzupassen wußte, nach wie vor den regionaltypischen und im Verschwinden begriffenen Besonderheiten einer Region gilt. Die Volkskunde versucht dagegen im großen und ganzen seit den 1970er Jahren Heimat als einen Lebensraum zu beschreiben, „in dem die Bedürfnisse nach Identität, Sicherheit, Aktivität und Stimulation erfüllt werden", also als einen Raum, „den sich die Menschen aktiv aneignen und gestalten, den sie zur Heimat machen und in dem sie sich ausrichten können".[112]

12. Gegenwärtig steht die Volkskunde als Wissenschaft verschiedenen Varianten der Heimatpflege gegenüber. Neben der traditionellen, weitgehend institutionalisierten Heimatpflege, die der Heimatbewegung der Jahrhundertwende entsprungen und im Deutschen Heimatbund zusammengeschlossen ist, besteht ein Interesse an den Erscheinungsformen der Volkskultur, welches sich vornehmlich aus kommerziellen Motiven erklären läßt. Daneben hat sich seit den 70er Jahren eine neue Heimatbewegung entwickelt. Letztere ist den neuen sozialen Bewegungen verpflichtet und wünscht den Aufbruch in eine neue Gesellschaft: „Ihre Themen reichen vom Umwelt- und Denkmalschutz über Regionalismus- und Ethnizitätsbewegungen gegen Zentralismus und Minderheitenunterdrückung bis zu einem neuen Geschichtsbewußtsein."[113] Sie wendet sich gegen die Illusion einer heilen Vergangenheit und stellt die aktive Aneignung und Gestaltung von Heimat vor eine emotional begründete Gefühlsbindung.[114]

Zwischen diesen einzelnen Spielarten der Heimatpflege bestehen zahlreiche Berührungspunkte. Vor allem im Umfeld problemzentrierter, über die Gruppierungen hinausgreifender Sachfragen ist eine Annäherung festzustellen, die Chancen eröffnet, die wechselseitig bestehenden Vorurteile abzubauen. Als Ansatzpunkte für eine Entwicklung in diese Richtung wären Materialzusammenstellungen und Befragungen im Rahmen der Dorferneuerung oder der Alltagsforschung zu nennen. Die verschiedenen institutionalisierten und informellen Gruppen sollten dabei sowohl die selbst aufgebauten als auch die bestehenden Infrastrukturen der Kommunalpolitik und der Vereine nutzen, um ihre Anliegen einem erweiterten Interessentenkreis nahezubringen. In Zusammenarbeit mit Personen aus dem kulturellen, sozialen,

---

[112] Greverus, Heimat, S. 257.
[113] Ebd., S. 256.
[114] Vgl. Greverus, Auf der Suche nach Heimat, S. 7–34.

wirtschaftlichen, planerischen, aber auch aus dem kommunalpolitischen Bereich könnte, in bezug auf die übergeordneten kulturhistorischen und politischen Entwicklungslinien der lokalen und regionalen Geschichte und Kultur, zur aktiven Gestaltung der Heimat angeregt werden.[115] Dabei muß der Dynamik des Heimatbegriffs ebenso Rechnung getragen werden wie der unterschiedlichen „Suche nach Heimat" in der jeweiligen Region. Heimatpflege oder regionale Kultur- und Geschichtsarbeit hat sich also mit den vergangenen wie auch den heute bestehenden Möglichkeiten der Lebensgestaltung innerhalb einer Region zu beschäftigen. Die Zusammenarbeit mit jungen und alten Menschen, Frauen, Ausländern wie mit traditionellen Heimat- und Kulturvereinen kann die Heimatpflege in ihren Bemühungen um den ländlichen Raum nur stärken, zumal dieser Raum aufgrund der allgemeinen Strukturveränderungen nicht mehr als Gegenpol zur Stadt anzusehen ist.

Das gewachsene Interesse am ländlichen Raum sowie die neue Bedeutung der Kulturpolitik eröffnen neue Tätigkeitsfelder für Kultur- und Sozialwissenschaftler. Letzteren ist heute wieder klarer geworden, daß es ihre Aufgabe ist, „bestimmte Sachverhalte und Probleme für die Bevölkerung zu erschließen".[116] Dies kann allein durch Kooperation und Auseinandersetzung mit der Bevölkerung, den Einrichtungen auf Vereinsebene, den informellen Gruppierungen „von unten" sowie auch den kommunalen und staatlichen Einrichtungen gelingen. Voraussetzung dafür sind jedoch dezentrale, miteinander verbundene Einrichtungen institutioneller oder informeller Art, für deren Schaffung bzw. Erhaltung die kommunalen Gebietskörperschaften und staatlichen Stellen in die Pflicht genommen werden müssen, die ihrem Kulturauftrag bislang nicht gerecht wurden.[117] Inhaltliche Grundlage sollte dabei ein erweiterter Heimat- und Kulturbegriff sein, der Heimat und regionale Kultur nicht als abgehobenen Bereich begreift – „statisch und positiv im Sinne einer ‚Summe guter Tradition'"[118] –, sondern der der Realität des Lebens im

---

[115] Beispiele bei Greverus, Auf der Suche nach Heimat, S. 182 ff.; E. Ballhaus, Dorfentwicklung im Spiegel der Fotografie und im Bewußtsein der Bewohner am Beispiel von Echte, Wiesbaden 1985; E. Ballhaus/C. Tollmien, Acta betreffend Volkmarshausen die Erhebung aller Materialien so zu einer Geschichte heute bekannt sind sowie Gedanken dazu wie das schöne Dorf erhalten und verbessert werden könnte. Bestandsaufnahme und Arbeitsbericht der Ortsheimatpflege Volkmarshausen, Volkmarshausen/ Hann. Münden 1985.

[116] H. Bausinger, Vorbemerkung, in: Nehren. Eine Dorfchronik der Spätaufklärung von F. A. Köhler, hrsg. v. W. Kaschuba, C. Lipp, E. Frahm, Tübingen 1981, S. VI–VII, hier S. VI.

[117] Vgl. U. Steiner, Kulturauftrag im staatlichen Gemeinwesen, in: Veröffentlichungen der Vereinigung der Deutschen Staatsrechtslehrer 42 (1984), S. 8–45.

[118] Bimmer, Brauchforschung, S. 324. – Zum erweiterten Heimatbegriff vgl. Bausinger, Auf dem Weg zu einem neuen, aktiven Heimatverständnis.

ländlichen Raum verbunden ist.[119] Bislang zielen die landes- und kommunalpolitischen Bemühungen auf dem Gebiet der regionalen Kulturarbeit meist
nur auf die Versatzstücke der vorgeblich regionaltypischen Volkskultur ab.
Nachdem in den letzten vierzig Jahren parallel zur zentralisierenden Ver-
waltungs- und Gebietsreform zahlreiche überörtliche Einrichtungen der sozialen und kulturellen Infrastruktur geschaffen und damit überkommene regionale Lebensformen, Anschauungen und Verhaltensmuster eingeebnet
wurden, versucht man derzeit, mittels Volkskultur ein nach außen gerichtetes
Eigenprofil der einzelnen Regionen zu entwickeln, um so Vorteile im Wettbewerb um Arbeitsplätze und Steuergelder zu gewinnen.[120] Volkskultur wird
damit zunehmend zum Medium der regionalen Selbstdarstellung und gewinnt als Standortfaktor der postmodernen Wirtschafts- und Freizeitgestal-
tung an Bedeutung.[121] Gleichzeitig werden, besonders in wirtschaftlich
schwachen Regionen, nur Teilbereiche der vorhandenen Bedürfnisse auf dem
kulturellen und sozialen Sektor befriedigt. Die zunehmend beschränkten
Möglichkeiten der kommunalen Selbstverwaltung legen es daher nahe, die verschiedenen Bemühungen im Bereich der regionalen Kulturarbeit zusammenzuführen, da regionale Kultur die Gesamtheit aller Kulturen einer Gesellschaft beinhaltet. Die öffentlich und staatlich anerkannte und geförderte
Heimatpflege sollte sich als Institution der regionalen Kulturarbeit nicht auf
eine leicht in Ideologie umschlagende Heimat- und Traditionstümelei zurück-
ziehen, sondern, im produktiven Streit mit der neuen Heimatbewegung, der
Bevölkerung und einer am Alltag orientierten empirischen Kulturwissenschaft, auf die Verbesserung der kulturellen Belange und des Selbstbewußtseins der jeweiligen Region hinarbeiten.

[119] Zur Notwendigkeit regionaler Kulturarbeit vgl. S. Künsting, Der Ernst und
die Stille der Eifel. Über die Abhängigkeit einer Regionalkultur von der Entwicklung
extremer Schauplätze, in: Zeitschrift für Volkskunde 84 (1988), S. 206–223. – Pra-
xismodelle, besonders Initiativen „von unten", vgl. C. Köhle-Hezinger/J. Aicher/
A. Dornheim/J. Schlör, Kultur im ländlichen Raum, Tübingen 1989 (Tübinger Vereinigung für Volkskunde. Studien und Materialien Bd. 1).
[120] Zur derzeitigen Kulturpolitik auf regionaler und kommunaler Ebene, unter Einbeziehung der Finanzierungsfrage, vgl. u. a. W. Pohl, Gemeindefinanzen. Den letzten
beißen die Hunde, in: Kultur macht Politik: Wie mit Kultur Stadt/Staat zu machen ist,
hrsg. v. d. Agentur für Recherche und Texte, Köln 1988, S. 58–67; B. Wagner, Vom
Aschenputtel zum Hätschelkind? Tendenzen kommunaler Kulturpolitik, in: Kultur
macht Politik, S. 68–94.
[121] Vgl. Deutschen Landkreistag (Hrsg.), Der Landkreis 8/9 (1984): Kultur im ländlichen Raum oder die Kunst des Möglichen. – W. Heinrichs, Kommunale Kulturarbeit
im ländlichen Raum. Ein Handbuch für die Praxis, Stuttgart 1988.

MITARBEITER AN DIESEM BAND

Ditt, Karl (*1950), Dr. phil. habil., Wissenschaftlicher Referent im Provinzialinstitut für Westfälische Landes- und Volksforschung sowie Privatdozent an der Fakultät für Geschichtswissenschaft und Philosophie der Universität Bielefeld. Studium der Germanistik, Geschichte und Philosophie in Münster und Göttingen. Wichtigste Veröffentlichungen: „Industrialisierung, Arbeiterschaft und Arbeiterbewegung in Bielefeld 1850–1914" (1982); „Sozialdemokraten im Widerstand. Hamburg in der Anfangsphase des Dritten Reiches" (1984); „Raum und Volkstum. Die Kulturpolitik des Provinzialverbandes Westfalen 1923–1945" (1988); (Hrsg. zusammen mit Dagmar Kift) „1889. Bergarbeiterstreik und Wilhelminische Gesellschaft" (1989).

Goebel, Klaus (*1934), Dr. phil. habil., Professor für Neuere Geschichte und ihre Didaktik am Historischen Institut der Universität Dortmund, Direktor des Instituts seit 1990. Studium an der Pädagogischen Akademie Wuppertal, anschließend Volks- und Realschullehrer; studierte daneben an der Universität Bonn, Promotion 1965 (Hauptfach: Verfassungs-, Sozial- und Wirtschaftsgeschichte). 1970 Assistent, dann Akademischer Rat und Oberrat Pädagogische Hochschule Ruhr, Habilitation, apl. Professor. Seit 1980 Prof. Universität Dortmund. Gründete mit H. G. Kirchhoff die Forschungsstelle Schulgeschichte. Steeger-Stipendium des Landschaftsverbandes Rheinland, Bundesverdienstkreuz, Crecelius-Medaille. Arbeiten für Presse und Rundfunk; Mithrsg. der „Dortmunder Arbeiten zur Schulgeschichte und zur historischen Didaktik" und der Zeitschrift „Romerike Berge". Zahlreiche Veröffentlichungen, darunter Gesamtausgabe der Briefe Friedrich Wilhelm Dörpfelds (1976); „Aufstand der Bürger" (3. Aufl. 1977); „Schule im Schatten" (1978); „Das arme, mühselige Leben des jungen Hermann Enters" (4. Aufl. 1983); „Luther in der Schule" (1985); „Historische Schauplätze in Wuppertal, Solingen und Remscheid" (1990); drei Bände über den Nationalsozialismus in Wuppertal (1984, 1987, 1989).

Hartung, Barbara (*1955), Dr. jur., Referentin im Niedersächsischen Innenministerium, nebenamtliche Prüferin beim Landesjustizprüfungsamt, studierte Rechtswissenschaften in Bonn, Freiburg und Göttingen, ist seit 1982 im niedersächsischen Landesdienst. Wichtigste Veröffentlichungen: „Spezialpräventive Effektivitätsmessung. Vergleichende Darstellung und Analyse der Untersuchungen von 1945–1979 in der Bundesrepublik Deutschland." Diss. jur. (1981); „Niedersächsisches Statistikgesetz, Kommentar" (1988).

Hartung, Werner (*1954), Dr. phil., studierte Geschichte, Germanistik und Philosophie an der Georg-August-Universität Göttingen, war von 1980 bis September 1990 Geschäftsführer des Niedersächsischen Heimatbundes, von Oktober bis Dezember 1990 Berater für kulturelle Angelegenheiten beim Bundesland Sachsen-Anhalt, arbeitet seit Januar 1991 als freier Kulturberater und Kulturentwicklungsplaner.

Wichtigste Veröffentlichungen: „Konservative Zivilisationskritik und regionale Identität am Beispiel der niedersächsischen Heimatbewegung 1895 bis 1919." Diss. phil. (1990); „Denkmalpflege und Heimatschutz im wilhelminischen Deutschland 1900 bis 1913", in: Österreichische Zeitschrift für Kunst und Denkmalpflege (1989).

Kaufmann, Doris (*1953), Dr. phil., wissenschaftliche Mitarbeiterin im DFG-Projekt „Die ‚Irrenfrage‘ im Entstehungsprozeß der bürgerlichen Gesellschaft in Deutschland, 1770–1840" am Institut für Geschichtswissenschaft der TU Berlin, studierte Geschichte und Politikwissenschaft in Münster und Berlin, von 1983 bis 1986 wissenschaftliche Mitarbeiterin im interdisziplinären Forschungsprojekt „Frauen und Christentum" am Institut für ökumenische Forschung der Universität Tübingen, arbeitet an einer Habilitationsschrift über „Die ‚Irrenfrage‘ im Entstehungsprozeß der bürgerlichen Gesellschaft".
Wichtigste Veröffentlichungen: „Vom Vaterland zum Mutterland. Frauen im katholischen Milieu der Weimarer Republik", in: K. Hausen (Hrsg.), Frauen suchen ihre Geschichte (1983/²1987); „Katholisches Milieu in Münster 1928–1933" (1984); „Die Ehre des Vaterlandes und die Ehre der Frauen. Der Deutsch-Evangelische Frauenbund im Übergang vom Kaiserreich zur Weimarer Republik", in: Ev. Theologie 46 (1986); „Frauen zwischen Aufbruch und Reaktion. Protestantische Frauenbewegung in der ersten Hälfte des 20. Jahrhunderts" (1988); „Irre und Wahnsinnige. Zum Problem der sozialen Ausgrenzung von Geisteskranken in der ländlichen Gesellschaft des frühen 19. Jahrhunderts", in: R. van Dülmen (Hrsg.), Verbrechen, Strafen und soziale Kontrolle (1990).

Klueting, Edeltraud (*1951), Dr. phil., M. A., Hauptgeschäftsführerin des Westfälischen Heimatbundes, studierte Geschichte, Germanistik und Philosophie an der Ruhr-Universität Bochum. Seit 1974 in der Kulturpflegeabteilung des Landschaftsverbandes Westfalen-Lippe tätig, seit 1986 Hauptgeschäftsführerin des Westfälischen Heimatbundes und daneben Lehrbeauftragte für Mittelalterliche Geschichte an der Universität Münster; Mitarbeiterin im Projekt „Germania Sacra" des Max-Planck-Instituts für Geschichte, Göttingen.
Wichtigste Veröffentlichungen: „Das (freiweltliche) adelige Damenstift Elsey. Geschichte, Verfassung und Grundherrschaft in Spätmittelalter und Frühneuzeit" (1980); „Das Kanonissenstift und Benediktinerinnenkloster Herzebrock" (= Germania Sacra N. F. 21) (1986); Hrsg.: „Der Wiederaufbau nach dem 2. Weltkrieg und die Probleme des Denkmalschutzes" (1990).

Klueting, Harm (*1949), Dr. phil. habil., M. A., Professor der Neueren Geschichte am Historischen Seminar der Universität zu Köln. Studierte Geschichte, Slavistik, Germanistik und evangelische Theologie in Bochum, Köln und Edinburgh, schloß das Slavistikstudium 1974 in Bochum mit der Promotion und das Geschichtsstudium 1978 in Köln mit dem Magisterexamen ab, war Habilitandenstipendiat der Deutschen Forschungsgemeinschaft, habilitierte sich 1983/84 in Köln für Neuere Geschichte, lehrte seit 1984 an verschiedenen Universitäten und Hochschulen: 1984–89 Privatdozent an der Universität Köln, 1985–87 Lehrstuhlvertreter an der Universität Osnabrück, 1989 außerplanmäßiger Professor an der Universität Köln, 1989–90 Lehrstuhlvertreter an der Universität Bonn, 1990–91 Lehrstuhlvertreter an der Universität Göttingen, 1991 Gastprofessor an der Pädagogischen Hochschule Halle (DAAD) und an der University of Leicester/Großbritannien (ERASMUS-Stipendiat); für 1992 Einladung als Gastprofessor an die Emory-University, Atlanta/USA.

Wichtigste Veröffentlichungen: „Die Säkularisation im Herzogtum Westfalen 1802–1834. Vorbereitung, Vollzug und wirtschaftlich-soziale Auswirkungen der Klosteraufhebung" (1980); „Die Lehre von der Macht der Staaten. Das außenpolitische Machtproblem in der ‚Politischen Wissenschaft' und in der praktischen Politik im 18. Jahrhundert" (1986); „Johann Suibert Seibertz (1788–1871). Leben und Werk des westfälischen Historikers" (Hrsg., 1988); „Das Konfessionelle Zeitalter 1525–1648" (1989).

Knaut, Andreas (*1960), M. A., Doktorand am Institut für Neuere Geschichte der Ludwig-Maximilians-Universität München, studierte Neuere Geschichte, Geschichte Ost- und Südosteuropas, Kommunikationswissenschaften und Baltistik in München, Promotionsstipendium der Friedrich-Naumann-Stiftung, schreibt eine Dissertation über die Anfänge der deutschen Heimatschutzbewegung bis 1918.

Maier, Stefan (*1958), M. A., Doktorand am Lehrstuhl für Volkskunde der Universität Regensburg, studierte Volkskunde/Europäische Ethnologie, Kunstgeschichte und Pädagogik in Regensburg und Marburg, schreibt eine Dissertation über die Heimatpflege als Institution der regionalen Geschichts- und Kulturvermittlung in Bayern. Veröffentlichungen: „Feste und Feiern im Zeichen des Nationalsozialismus", in: K. Möseneder (Hrsg.), Feste in Regensburg. Von der Reformation bis zur Gegenwart (1986); „Architektur in Regensburg 1933–1945", in: St. Maier/R. R. Schmidt, Architektur in Regensburg 1933–1945 (1989).

Reulecke, Jürgen (*1940), Dr. phil., Professor für Neuere und Neueste Geschichte im Fachbereich 1 der Universität-Gesamthochschule Siegen, studierte Geschichte, Germanistik und Philosophie in Münster, Bonn und Bochum, in Bochum Promotion 1972 und Habilitation 1979 (venia: Sozial- und Wirtschaftsgeschichte), 1981 bis 1984 Lehrstuhlvertretungen und Gastprofessuren in Bielefeld, Berlin (TU) und Oxford, seit 1984 in Siegen.

Wichtigste Veröffentlichungen: „Die wirtschaftliche Entwicklung der Stadt Barmen von 1910 bis 1925" (Bergische Forschungen, Band 10) (1973); „Sozialer Frieden durch soziale Reform" (1983); „Geschichte der Urbanisierung in Deutschland" (1985); „Vom Kohlenpott zu Deutschlands ‚starkem Stück'" (1990); Herausgeber diverser Aufsatzsammelbände zur Stadtgeschichte, Geschichte der Arbeiterbewegung, Geschichte des Reisens, zur Alltagsgeschichte und zur Geschichte der Jugend und Jugendbewegung.

Riesenberger, Dieter (*1938), Dr. phil. habil., Professor für Zeitgeschichte und Didaktik an der Universität – GH – Paderborn; Studium der Latinistik, Germanistik und Geschichte in Freiburg, Studienaufenthalte in Basel und Rom. 1966 Promotion in Mittelalterlicher Geschichte. 1978 Habilitation in Neuerer Geschichte. Wichtigste Veröffentlichungen: „Geschichte und Geschichtsunterricht in der DDR" (1973); „Die katholische Friedensbewegung in der Weimarer Republik" (1978); „Innen- und Außenpolitik unter nationalsozialistischer Bedrohung" (Mithrsg., 1980); „Geschichte der Friedensbewegung in Deutschland" (1985); „Wider den Krieg!" (Mithrsg., 1987).

Ringbeck, Birgitta (*1957), Dr. phil., Referentin bei der Nordrhein-Westfalen-Stiftung für Naturschutz, Heimat- und Kulturpflege in Düsseldorf, studierte Kunstge-

schichte, Archäologie und Ethnologie in Bonn, Münster und Rom und war wissen-schaftliche Mitarbeiterin in dem vom Westfälischen Heimatbund initiierten For-schungsprojekt „Geschichte der deutschen Heimatbewegung".
Wichtigste Veröffentlichung: „Giovanni Battista Soria – Architekt Scipione Bor-gheses" (1989).